冲冠一怒为红颜（上）

明末清初那些年

吴三桂与陈圆圆

于夫 著

陕西新华出版传媒集团
三秦出版社

图书在版编目（CIP）数据

明末清初那些年：冲冠一怒为红颜：全 2 册 / 于夫著. —西安：三秦出版社，2018. 12
ISBN 978 - 7 - 5518 - 1451 - 5

Ⅰ. ①明… Ⅱ. ①于… Ⅲ. ①中国历史 - 明清时代 - 通俗读物 Ⅳ. ①K248. 09

中国版本图书馆 CIP 数据核字（2017）第 006061 号

明末清初那些年

冲冠一怒为红颜

于 夫 著

责任编辑 高 峰
出版发行 陕西新华出版传媒集团 三秦出版社
社 址 西安市雁塔区曲江新区登高路 1388 号
电 话 （029）81205236
邮政编码 710061
印 刷 西安盛景印务有限公司
开 本 787mm × 1092mm 1/16
印 张 44. 5
字 数 632 千字
版 次 2018 年 12 月第 1 版
2018 年 12 月第 1 次印刷
印 数 1—2000
标准书号 ISBN 978 - 7 - 5518 - 1451 - 5
定 价 96. 00 元（上下）

网 址 http://www. sqcbs. cn

吴三桂与陈圆圆

冲冠一怒为红颜

高建群题

序言

把历史交还给历史

历史没有真相。那些史学家们言之凿凿地为我们所提供的历史记录、碑刻文化，大约只有三分之一是真实的，而另外的、大约剩下的三分之一是谬误，三分之一则是有意而为之的粉饰。所以，前人以感喟的口吻说，历史是一个任人打扮的女孩子。

但是人类有好奇心，据说这种好奇心是天生的，是人类初民时期就有的。人类有好奇心，他总想对任何事情，都探个究竟，而当向历史的深处瞭望时，这个探究有个诗意的字眼称呼，叫“钩沉”。

于夫先生大约不能免俗。他大约从上学时期开始（浙江大学历史系研究生），就突然对中国二十四史中，由明入清这一段历史产生浓厚兴趣。而我等想，冲冠一怒为红颜，大约，吴三桂的故事、陈圆圆的故事，最令他痴迷。后来么，十年磨得一剑成，终于把一本60多万字的大书奉献给了社会，把他对这一段起承转换的民族史的思考和诠释贡献给了社会。

这种写作形式，我们的古人叫它“演义”，也就是说是小说。那是个人化的历史诠释，或者个人视角下的历史诠释。我在这里着重想强调的是，这种有野史性质的演绎或小说，较之正史，似乎更见其真，更见其具有艺术性和广泛的社会性。比如，《三国演义》较之《三国志》，《西游记》较之《大唐西域记》，影响力更见其大，这是不争的事实。

艺术家的一根魔杖，点石成金，于是乎变戏法一般，活灵活现的人物，大起大落的故事，令人伸手可触的时代气氛，一齐奔至阅读者的眼底。而这类题材，所有的那些生发出的东西，都必须有一个牢固的、清晰的、精确的立足点，这个立足点是钉子。所以小说艺术大师、法国作家巴尔扎克说：历史是钉子，在上面挂我的小说。巴尔扎克的话，确实是笔底下走过许多人物和故事，写出长达一百部小说的《人生喜剧》的写作者的经验之谈。

副书名就很有意思，《冲冠一怒为红颜》，写的是吴三桂和陈圆圆的故事。明清之际，朝代更替，历史转折，好一个多事之秋！大明王朝自万历以降，江河日下，民不聊生，尤其是末代皇帝崇祯上台后，内有李自成、张献忠等“流寇”作乱，关外有满洲八旗虎视眈眈，一场逐鹿中原的大戏开锣。战火纷飞，纵横捭阖，一幕幕威武雄壮的活剧上演，怎一个“乱”字了得!

作者条分缕析，娓娓道来：努尔哈赤起兵，皇太极建立大清，多尔衮入主北京，陕北农民起义，张献忠焚烧皇陵，崇祯帝煤山自尽，李自成兵败九江，永历帝夜奔缅甸，吴三贵云贵称王，纷繁复杂的民族纠葛，变幻莫测的敌我态势，不但叙述周详，而且引人入胜。全书史实、人物、时间、地点，都十分真实，绝无“戏说”、随意编造之嫌。对这些历史的钉子，作者予以充分的尊重。置身书中，仿佛听到了生死相拼的呐喊，仿佛看到了宫廷深处的党争。

明清之交，是一个历史大变动时期，瞬息万变，波诡云谲，正史中往往语焉不详，留下了不少千古之谜。如皇太极即位之谜、孝庄太后下嫁之谜、李自成生死之谜、陈圆圆失踪之谜等等。作者旁征博引，深刻分析，对这些历史之谜一一做出了自己的独到解释。虽然不能说这就是定论，也不可能有人能做出定论，但作者另辟蹊径，苦心挖掘，成一家之言这句话是可以说的。

书中对战争的描写有很多处，绘声绘影，精彩纷呈，亦有其独到之处。如：明朝三大征、援朝之战、萨尔浒之战、宁远大捷、宁锦大捷、血战山海关、磨盘山之战、长岳之战等。战争是历史的继续，战争改变了力量对比，战争改变了历史，如是而已。

人物是一本书的灵魂。书中各式各样的人物有数百人之多，刻画这些人物的分寸是很难把握的，纵观全书，作者在对人物的描写上是下了一定功夫的，字里行间对不同的人物有着明显的褒贬之分。如对民族英雄熊廷弼、卢象升、袁崇焕。作者对他们的冤屈而死，表达出极大的同情，同时，也对导致他们身怀忠义、报国无门的封建制度进行了无情的批判。而对于醉生梦死的福王、无恶不作的魏忠贤、无耻淫荡的客氏，作者对他们的种种恶行进行了彻底的揭露，将这些家伙绑在了历史的耻辱柱上。至于性格具有多面性的吴三桂、李自成等人，作者既没有将贴着“汉奸”标签的吴三桂写得一无是处，也没有将民族英雄李自成过度美化。作者所写的，就是还原历史人物的本来面目，将历史重新交还给历史。

历史是一面镜子。与一般小说不同，作者有意在书加入了一些评说，画龙点睛式地阐述了自己的观点。这也是传统话本小说的一以贯之的做法。如对于一些人津津乐道的康熙皇帝平定三藩一事，作者就持否定的态度。一是失之于操之过急，二是陷百姓于水火。如果能接受群臣的建议，待吴三桂死后再行削藩，那就会平稳得多。此外，明军在战争中曾经大量使用了炸药和火铳、火炮，甚至购买西方先进的红夷大炮（红衣大炮）。而到了清朝，清军基本上使用的是冷兵器，这种历史的倒退，加上闭关锁国，使得中国积贫积弱，沦为半封是建半殖民地的国度，每一个怀着中国梦的中国人无不扼腕叹息。

本书的主人公吴三桂投降大顺、投降大清、又起兵反清，其人品的确不值得称道。他的“冲冠一怒为红颜”，接引清兵入关，确实是历史的偶然。但我们从中发现，在历史转折的特殊时刻所产生的历史机遇，能使一个本来平淡无奇的小人物，不经意间成为主角，发挥出无法想象的巨大能量。

一口气读完这部友人的处女作，有些喜出望外，也的确受益匪浅。该书内容丰富，语言流畅，尤其是对古诗词、对联的运用，都为本书增色不少。书中对话多数采用了文言文，对话朗朗上口，简洁而晦涩，足见作者驾驭文言文的功力。读后心潮起伏，百感交集，就以自己的读后感作为这部作品的序言吧！抛砖引玉，推荐读者们认真读一读这部小说，相信会给您带来可贵的正能量。

一卷讲习罢头飞雪。于夫先生是我的好朋友，他是一位资深的编辑家。当年，他曾经主持我出版过大陕北三部曲的第二部《六六镇》，出过中篇小说续集《大顺店》，有提携之恩，这里不敢忘记。且借这个机会，聊致谢忱之意吧！

高建群

2015 年 11 月 4 日

于西巡高看一眼工作室

目录

上　册

下　册

第一章

长白山天女下凡

在我国东北边陲，有一座绵亘千里的长白山脉。这里气候寒冷，白雪皑皑，经常有熊、虎等猛兽出没。山上除了高大挺拔的松树、柏树之外，还长满了各种奇花异草。人说东北有三宝，人参、貂皮、乌拉草，其实，这三宝全都出自长白山。尤其是长白山出产的野山参，那可是送给皇帝享用的贡品。参农要是挖到一棵千年的野山参，一辈子的吃喝可就不用愁了。长白山的主峰名叫白头山，在白头山顶，有一个美丽的湖泊，名叫天池。它的形成，可有年头了。在远古时期，长白山曾是一座激烈喷发的活火山，而天池就是主要的火山口。光阴荏苒，地貌变迁，当年的火山口，而今已变成了一座圆锥形的火山湖。

一天，晴空万里，有三位天上的仙女来到了天池边，她们是亲密的三姐妹。碧蓝碧蓝的湖水，波光粼粼，在阳光的照耀下，熠熠生辉。三姐妹芳心大动，她们情不自禁地脱下衣服，跳进湖中洗浴。正当她们在湖水里嬉戏的时候，有一只神鹊飞来，将口中衔着的一颗鲜红的果子放到了小仙女的衣服上边。洗浴之后，三位仙女上岸更衣。小仙女佛库伦发现了这颗晶莹剔透的朱果，十分喜欢，反复放在手上把玩。穿衣服时，她不想把朱果放在地上，便将朱果含在口中。谁知那朱果非常光滑，一不小心，便落入了腹中。佛库伦立刻感到腹内沉重，她试着跳了一下，怎么也跳不起来了。她不知所措，慌张地对两位姐姐说：

“大姐、二姐，我吞了朱果，感觉肚腹很重，飞不起来了。我不能与姐姐们一道升天了，我该怎么办呢？”

大姐掐指一算，说：

“小妹，姐姐告诉你。你一定是怀孕了。不过我算了算，这也是天意。你就等分娩过后，再回天国吧！”

说完，两位姐姐便一纵身，飞上了天空，霎时就不见了踪影。望着姐姐们消失的方向，佛库伦心里很不是滋味，又是伤心又是无奈。就这样，小仙女佛库伦留在了长白山。饿了，她就吃山上的野果，渴了，她就喝山中的泉水。十个月很快就过去了，佛库伦一个人在山洞里生下了一个男孩。这个孩子见风即长，生而能言，不仅十分聪明，而且力大无穷。佛库伦虽然很喜爱这个孩子，但她不能久留人间，那是会违反天条的。于是，佛库伦把孩子领到一条河边，指着河中的一条船，对儿子说：

“儿啊！娘是吃了神鹊衔来的朱果，才怀孕生下你的。你可以乘着这条船顺流而下，便会到达你该去的地方。娘要走了，你好好记住娘的话。你的名字叫布库里雍顺，你的姓是爱新觉罗。”

佛库伦说完后，便驾起一朵祥云，冉冉升空。乍与母亲分别，布库里雍顺心情沉重，茫然若失。直到看不见母亲的影子，他这才跳上船，然后向下游划去。划了三天三夜，他再也没有力气了，便停了下来。岸上的人告诉他，他到的这个地方叫依兰城。布库里雍顺走在依兰城街上，见很多人都往南街走，便跟着人流，信步走去。在南街当中，搭着一座擂台，擂台前，挤满了看热闹的人群。布库里雍顺挤进去一看，擂台上大张旗鼓，正在比武招亲。原来，依兰城主年迈多病，且只有一个独身女儿，便想出了比武招亲的办法，既想为女儿招个好女婿，也想让城主后继有人。城主的独生女儿百里兰那可是全城最漂亮的姑娘，谁不想娶她为妻？不少后生都跃跃欲试。

布库里雍顺正当壮年，血气方刚，哪肯放过这样的好机会？他纵身跃上擂台，站在了众人面前。打擂开始，布库里雍顺天生神力，只见他抡起簸箕般的拳头，来一个，打一个；来两个，打一双。不到半个时辰，所有上台打擂的后生都七歪八倒地躺在了擂台下。布库里雍顺兴奋地抱起了美丽的新娘，站立在擂台的中央。台下欢声雷动，人们拥护他，推举他做了城主。当天晚上，他便与依兰城最漂亮的姑娘百里兰喜结良缘。在婚礼上，人们吃啊、唱啊、跳啊，彻夜狂欢。从此，布库里雍顺幸福地生活在依兰城，百里兰一连给他生了八个儿子。一个新的民族——女真族诞生了，布库里雍顺就是女真族的始祖。

从此，女真族在我国东北地区生息繁衍，形成了许多大小不一的部落。开始，他们一直以游牧渔猎为生，后来，在汉人的影响下，部分人也开始学习农耕。女真族人家家养马，人人都能拉弓射箭，只要将女真族的青壮年男子集合起来，他们自带武器、自备马匹，立时就能组成一支战斗力很强的骑兵。同时，女真族实行奴隶制，生产力十分低下，日子也过得十分贫困。在这种情况下，女真人经常对汉族聚居区实行大规模的抢掠，不但抢钱、抢粮、抢物，而且还抢人。不少女真族家中的“阿哈”（奴隶），都是被他们抢去的汉人。在十二世纪初，女真族中比较强大的完颜部落，曾经在我国北方建立过金朝。

十三世纪初，蒙古兴起，成吉思汗的铁骑在灭掉南宋之前，首先灭掉了金朝。在蒙古人的威胁之下，女真族首领猛哥铁木儿便带领自己的部族迁徙到了朝鲜境内，在图们江下游斡木河一带耕牧度日。他们向朝鲜国王称臣纳贡，朝鲜国王封猛哥铁木儿为吾都里万户，双方倒也相安无事。明成祖朱棣夺取帝位后，这位好大喜功的皇帝多次派使臣赴朝鲜，找到猛哥铁木儿，劝说女真族人迁回国内居住。猛哥铁木儿思了又思，想了又想，觉得寄人篱下，终非长久之计。计议已定，他便带领族人，偷偷离开朝鲜，返回故乡。永乐皇帝为了表彰女真族的回归，特意在建州卫之外设立建州左卫，任命猛哥铁木儿为指挥使，还送给他许多礼品。猛哥铁木儿对明帝忠心耿耿，又是入朝进贡，又是随军出征，深得朝廷信任。可是，没过多久，猛哥铁木儿便在抵抗鞑靼首领杨木答兀的战斗中牺牲了。

猛哥铁木儿死后，其弟凡察与其子董山不合，多次互相争斗。明帝为求一方安定，采取了和稀泥的做法，增设建州右卫，由凡察担任都督同知；而董山则担任原先建州左卫的都督同知。从此，建州左卫、建州右卫和建州卫，并称为明朝的建州三卫。到了明朝中叶，女真族强大起来，形成了以松花江和黑龙江流域为主的建州、海西、黑龙江、东海四部。其中，黑龙江部和东海部相对落后，人们将这两部合称“野人女真”。明朝末年，比较强大的建州女真和海西女真曾多次进攻明朝内地，对明朝的边境安全形成了巨大威胁。女真骑兵经常进入边境，实行抢了就跑的做法，明政府对其也无可奈何。

好景不长，女真骑兵不久就将遇到可怕的对手。明嘉靖四年（1570年），明穆宗起用了名将李成梁任辽东副总兵。这李成梁是辽东本地人，他家是世袭铁岭卫指挥佥事。年轻时，李成梁以习文为主，希望能中个进士，也好光耀门庭。谁料时运不济，一直考到四十岁，却总是名落孙山。李成梁一狠心，一咬牙，决定弃文习武。他天生异禀，身体长大，尤其是一对胳膊，要比一般人长上半尺多。他使一杆一丈八尺长的蛇形矛，往往是人未到，矛先到。敌人的武器距他尚有一尺，他的丈八长矛却已刺进了敌人的咽喉。靠着这一成名绝技，一般人都打他不过，江湖上送他一个诨号，名叫“通臂猿”。

李成梁有五个儿子，个个都能上阵。他特意训练了一支骑兵，由五个儿子统领。这支骑兵能征善战，威名远扬，人称“李家军”。李成梁守铁岭时，蒙古插汗部的土蛮经常犯境，抢掠杀人，李成梁决心拿土蛮开刀。他不在土蛮抢掠时动手，而是在土蛮大肆抢掠、满载而归时，半路伏击。

当土蛮抢掠成功，驮着抢来的人畜财物返回家乡时，不但失去了警惕性，也失去了战斗力。李成梁这时率领李家军埋伏在半路，进行截击。土蛮做梦都想不到，明军在半路上等着他们。结果，一击即溃，丢掉财物，大败而逃。就这样，李成梁五战五胜，杀死土蛮士兵五万多人。从此，土蛮彻底被打垮，不敢再侵犯明朝边境。

明辽东巡抚顾养谦将李成梁的功绩连续上报，朝廷上一片赞扬之声。李成梁也因战功被提升为辽东总兵，可就从他当上总兵的第一天起，女真骑兵便整天给他找麻烦。他们完全不顾新总兵的好恶，肆无忌惮地骚扰辽东的城市，这可气坏了李成梁。射人先射马，擒贼先擒王。为了树威，李成梁决定先收拾女真族中实力最强的王杲。这王杲是明朝封的建州卫指挥使，他手里有明朝皇帝专门发给他的敕书五十道。凭着这五十道敕书，王杲可以在边境城市与明朝进行合法贸易，用当地的貂皮、人参等物去交换盐、布匹、铁器等生活必需品。可王杲放着现成的生意不做，偏偏喜欢杀人放火，仗着他手底下兵强马壮，他经常亲自带兵去辽东的城市抢掠。

就在李成梁刚当上辽东总兵不久，王杲就带领他的人马到了抚顺，不但杀人越货，还胆大包天，杀死了明朝的抚顺守备裴承祖。这一下可惹恼了新任总兵李成梁，他点齐人马，手执丈八长矛，亲自带兵去追击王杲。这王杲哪里是李成梁的对手，一战即败，只得望风而逃。这李成梁则是马不停蹄，从建州追到海西，紧追不舍。王杲走投无路，只好放下武器，向李成梁投降。李成梁派人将王杲装进囚车，献俘京师。结果，王杲被凌迟处死，而李成梁则因功被封为左都督、宁远伯。可是忙中有错，李成梁大意了。打了胜仗后，他没有仔细清查，乱军之中，有一个人偷偷骑着马逃走了，这个人就是王杲的儿子王台。

万历十一年（1583 年），经过休养生息，招降纳叛，王台的势力又死灰复燃。他不仅四处袭击明军，还口口声声地要为自己的父亲报仇。这李成梁一不做、二不休，决定斩草除根，消灭这个狂妄的家伙。王台连战连败，不得已，退进了自己的老巢古勒寨。这古勒寨三面是山，十分险峻，只有一个入口，确实是易守难攻。李成梁的大军将古勒寨团团围住，尽管用上了火器，而且反复攻打，但连续攻了两天，就是拿不下古勒寨。由于进攻损失了不少兵丁，李成梁决定派人进古勒寨去招降。劝降的人，李成梁找了个附近图伦城的寨主，此人能说会道，名叫尼康外郎。

尼康外郎单骑独马来到了古勒寨前，谁知却在这里遇到了两个老相识——觉昌安和他的儿子塔克世。见面一谈，才知道觉昌安和塔克世父子俩是为自己的私事而来的。塔克世的女儿、觉昌安的孙女几年前嫁给了王台，现在听说明军包围了古勒寨，他们害怕自己的亲人遭遇不测，特地来到古勒寨，想带走自己的亲人。尼康外郎听二人如此一说，正中下怀，他把明军统帅李成梁想劝降王台的想法告诉二人，然后请觉昌安和塔克世代替自己进寨去劝说王台投降，而他本人则在寨外等候消息。觉昌安和塔克世一听这话，不敢耽搁，二人急匆匆进寨去了。

觉昌安和塔克世进了古勒寨，见到了王台，但无论二人如何劝说，王台就是不肯投降。二人又要把自己的孩子带走，王台也不同意。二人还不死心，一直在尽力劝说王台。这尼康外郎见二人进寨多时，总是不见出来，也十分着急，在寨外急得打转转。这时，李成梁却派了一个使者来见尼康外郎。使者告诉尼康外郎，让他赶快做工作，若是一个时辰后王台还不投降，明军就将发动总攻，那时将玉石俱焚。听了使者的话，这尼康外郎更沉不住气了。一等再等，就是不见觉昌安和塔克世出来，这时，他急中生智，想了一个主意。他骑上马，开始不停地在寨门外大声喊话："古勒寨的弟兄们，我是图伦城的尼康外郎。现在，天朝大军已经将你们寨子包围了，你们不投降，只有死路一条。我奉李大帅的将令宣布，你们之中，不管是谁，只要能杀死王台，就让他做古勒寨的首领。"

这本来是尼康外郎情急之下撒的一个谎，其实，李成梁并没有那样说。尼康外郎只是猜度寨中人的心理，说出来试试看，至于这样说能否成功，他自己也没有把握。谁知尼康外郎这一招却歪打正着，起了作用。由于这王台平日十分残暴，对部下非打即骂，不少人早就把他恨得牙痒痒的。一听说杀了王台可以当寨主，登时不少人拿上刀就冲着王台去了。十几把刀同时砍在了王台的脖颈上，也说不清到底是谁把王台杀了。可怜王台没有死于明军，却被自己的部下割了脑袋。王台一死，群龙无首，古勒寨立即停止抵抗，宣布向明军投降。

由于在进攻古勒寨时，损失了不少人马，当明军进入古勒寨时，李成梁决定报复。他命令逢人即杀，一个不留。王台守卫古勒寨的兵士共有二千三百人，全部被明军杀掉，连寨中的百姓也未能幸免。可怜前来劝降的觉昌安和塔克世二人，也在混乱中被明军当作是王台的属下，一起杀掉了。觉昌安和塔克世这次前来，不仅没有救回自己的亲生骨肉，反而白白搭上了两条性命。

李成梁血洗古勒寨，祖父觉昌安、父亲塔克世被杀的消息传来，有一个人怒火中烧，他就是塔克世的长子努尔哈赤。这努尔哈赤是家族的继承人，是一个天不怕、地不怕的汉子。家仇如天，岂能不管不问？他连夜出发，单刀匹马，奔驰百里，到明军的大营求见李成梁。但几次求见，都被门口值勤的兵士挡住了。努尔哈赤怎肯甘休，他下了马，扔下刀，赤手空拳向李成梁的大营闯。由于他力气特别大，三拳两脚便打翻了几十个士兵，只是由于卫兵人数众多，最后才被绑起来，押到李成梁面前。李成梁当面问他：

“你是什么人？怎么竟敢擅闯本帅的大帐？”

“我叫努尔哈赤，我的祖父觉昌安、父亲塔克世，究竟犯了什么罪？为什么会被明军杀掉？”努尔哈赤反问。

“你就是塔克世的儿子努尔哈赤？”李成梁问，但他的脸色已明显缓和下来，因为他已经听尼康外郎说起觉昌安和塔克世被明军误杀的事。这件事，毕竟还是明军杀错了，道理在努尔哈赤一方。

“你的祖父和父亲确实是被我军误杀，实在对不住，也是某治军不严。为了表示歉意，我为你准备了三十匹好马和三十道做生意的敕书，还封你为建州都督。你祖父和父亲的尸体，我已派人装殓好，你可以领回去，好好安葬。如此办理，你意如何？今后你若有什么难处，还可以来找我，我看你是条汉子，倒是很佩服你的胆量和勇气。”李成梁亲自给努尔哈赤松了绑，并提出了自己的解决方案。其实，马和敕书都是李成梁从王台那里得到的战利品，李成梁只是做了个顺水人情，他也不想让事态扩大。

努尔哈赤的双手攥得紧紧的，牙齿咬得咯咯响，他真想冲上去与李成梁拼命，为祖父和父亲报仇。但是，转念一想，面对李成梁的上万大军，自己寨子里只有几十号人，岂能与之为敌？所谓君子报仇，十年不晚，好汉不吃眼前亏，眼下自己力量太弱，只好打掉牙往肚里吞。待来年自己成了气候，到时再清算这笔账。盘算已定，他点了点头，接受了李成梁的安排。于是，他带着祖父和父亲的尸体，以及李成梁送给他的三十匹马和三十道敕书，还有一张建州卫都督的委任状，返回了自己的部落。

努尔哈赤的部落处于连绵逶迤的医巫闾山中段。那里有一座笔直的山峰拔地而起，险峻陡峭，简直是一柱擎天。山顶常年有白云缭绕，山中经常有野兽出没，当地人把这座山叫作烟筒山。烟筒山前，有一条河哗哗流过，除冬季结冰之外，汹涌的河水呼啸而下，大有一泻千里之势，这就是著名的苏子河。苏子河边，是一大片开阔的山岗，土地肥沃，草木茂盛。这是个山川秀美的好地方，名叫赫图阿拉，努尔哈赤的女真族部落，就居住在这里。部落不大，只有几十个人。说是一个部落，实际上也就是一大家人。

就在努尔哈赤返回家的当天晚上，他就把全部落的人都召集到了苏子河旁。没有星星，也没有月亮，更没有人说话，寂静得有些异常。河边燃烧着篝火，还点起了十几支火把。一阵马蹄声响，又来了两个其他部族的人马。简单寒暄之后，大家席地而坐。只要看看人们严肃紧张的表情，就知道显然有大事情要发生。一名阿哈（奴隶）牵来了一头黄牛，黄牛虽然不是很健壮，但少说也有八九百斤重。只见努尔哈赤站起身来，抡起簸箕大的拳头，只一拳，便把那头黄牛打倒在地。他上前抓住那条黄牛的两条后腿，一使劲，一提气，两只粗壮的胳膊左右一分，便生生地将那头黄牛劈成两半，真是天生神力。

一时间，黄牛尸身倒地，鲜血淋漓。努尔哈赤随手用一个盛满了酒的大碗接了一些喷出的牛血，那酒便立即泛起了血红色的泡沫。他带头喝了一大口血酒，然后把碗依次往下传，让那两个部族的首领和所有在场的男人每人喝上一口。火光照在努尔哈赤的身上，只见他中等身材，方面阔口，鼻高眼大，通红的脸膛，一副血气方刚的模样。尤其是那猿臂象腿、虎背熊腰，一举手、一抬足，都显得孔武有力。虽然即将出征，但努尔哈赤仍显得举止从容，镇定自若。

努尔哈赤心里早就盘算好了，父亲和祖父的仇不能不报，既然打不过李成梁，那就吃柿子捡软的捏，先向尼康外郎下手。此外，他还可以借这件事，在族中树立自己的威信。于是，他召集了这次部落会议。见众人都喝了一口酒后，努尔哈赤又倒了两碗酒，将一碗酒洒向空中，另一碗酒泼在地上。只见他三步两步走到了人群中央，“刷”地一下，抽出了锋利的腰刀，接着用腰刀在空中划出一个漂亮的弧形，又挽了一个刀花。然后，他右手举刀，大声说道：

“今天，我们在这里痛饮血酒，对天盟誓，一定要同心协力，打进图伦城，杀掉尼康外郎，为祖父、父亲报仇!”

“报仇！报仇!”众人齐声呐喊。由于都喝了酒，每个人脸色通红，仗着一股酒劲，声音也比平时大了许多。连原来对起兵攻打尼康外郎不那么起劲的那几个人，此时也不由得跟着大伙喊了起来。

接着，努尔哈赤便整理队伍，准备出发。他让阿哈们把家里的铠甲全都搬了出来，分发给大家。由于铠甲一共只有十三副，不够分配，他便首先将铠甲分给前来助战的外族人。他自己不穿铠甲，仍是一身平常打扮，但他那炯炯有神的目光却透出一股逼人的英气。队伍出发了，火把在熊熊燃烧，三十个人显然是少了些，但一种油然而生的勇气，一股按捺不住的豪情，仍然让人振奋不已。努尔哈赤大步流星地走在队伍的前面，跟在他后面的有嘉木湖寨主噶哈善、沾河寨主常书、杨书，还有他的弟弟穆尔哈赤、舒尔哈赤、雅尔哈赤以及他的几位叔父。火把照亮了崎岖的山路，一行人消失在苍茫的夜色中。他们的目的地，便是尼康外郎的图伦城。这是值得纪念的一天，这一天是万历十一年（1538 年）五月十六日，努尔哈赤当时只有二十五岁。

火在心头难消恨，复仇的火焰一直在努尔哈赤的胸中燃烧，但等努尔哈赤等人赶到图伦时，却扑了一个空。原来，尼康外郎胆小如鼠，一听说努尔哈赤带人前来寻仇，吓得急忙收拾东西，领着妻子家人便逃。逃是逃不掉的，努尔哈赤铁了心，不达目的，决不罢休。当他得知尼康外郎逃往嘉班时，便立即带领人马向嘉班进军。在嘉班，尼康外郎仍然不敢迎战，再次逃往鄂勒珲城。努尔哈赤紧追不舍，一鼓作气，带兵赶往鄂勒珲。在鄂勒珲城外，努尔哈赤等人终于追上了尼康外郎一行。

尼康外郎发现追兵赶到，便立刻打马逃跑，同时命令手下人去抵挡敌人。其实，当时他手下尚有四十多人，并不比努尔哈赤的人少。好个努尔哈赤，仇人相见，分外眼红，他一马当先，冲在自己队伍的最前头。他不停地用箭射，用刀砍，疯狂地向敌人复仇。和他一起去的三十个人也拿起武器，紧跟着他冲向敌人。此战努尔哈赤大获全胜，先后砍死、射死三十四人，另外活捉六人。努尔哈赤这边只损失了两个人，但他自己由于未穿甲胄，全身受伤三十多处，已成了一个血人。好在均未伤到要害，这也是不幸中之万幸。

打扫战场时，无论如何也找不到尼康外郎的尸体。努尔哈赤找来俘虏一问，才知道尼康外郎抢先一步，已进入明将防守的抚顺东南的河口台。于是，努尔哈赤将六名俘虏每人身上插一支箭，然后让手下大将额亦都带领，去向明将要人。河口台的守将急忙向李成梁请示，是否交出尼康外郎？考虑到明军曾经误杀了努尔哈赤的祖父和父亲，李成梁同意守将将尼康外郎交出去。于是，额亦都顺利地将尼康外郎从明将那里带了回来。努尔哈赤见到尼康外郎，不由分说，一刀便杀了他。他提着尼康外郎的头，去祭奠祖父和父亲。

一战成名，努尔哈赤信心倍增，他默默地在心里许下了一个宏伟的志愿，要把整个建州掌握在自己手中。万历十二年（1584 年）正月，刚刚过了年，手下便有人前来报告，说是兆嘉城的首领理岱勾结哈达部的兵夺取了努尔哈赤堂弟的瑚济寨。这真是太岁头上动土，太不自量。努尔哈赤当即决定，出兵讨伐理岱。但是这兆嘉城位于浑河流域，进攻兆嘉城，必须要翻越那座雪滑路陡的嘎哈岭。正值严冬季节，冰雪封住了道路，风大路滑，行军时，一不小心，便会人仰马翻。弟弟舒尔哈赤劝哥哥暂忍一时，待到春天天气暖和后再进攻也不迟。努尔哈赤不依，他说：

“理岱是我们同族人，他敢勾结哈达，抢夺我们的城寨，这就是背叛。像这种叛徒，我决不能让他多活一天！”

在大风大雪中，努尔哈赤出兵了。在过噶哈岭时，他命令士兵们用冰镐在前面凿镫开路，又在马的脚上裹了厚厚的布。兵士们在纷飞的雪花中抓着马尾巴艰难行进，尽管有两匹马掉下了悬崖，但努尔哈赤的队伍还是有惊无险地越过了噶哈岭。这理岱听说努尔哈赤领兵前来，早有准备，他立即带领全体家兵上城守卫。只见城寨上旌旗招展，密密麻麻的守军人人手持弓箭，张弓待发。见城寨上人头攒动，戒备森严，舒尔哈赤又劝努尔哈赤，说：

“哥哥，理岱早有准备，我军人困马乏，而且雪天攻城不易，我看还是退兵吧！”

“不行。明知山有虎，偏向虎山行。如果连一个小小的理岱都收拾不了，还怎么能成大事呢？”努尔哈赤说。

说完，努尔哈赤拔出腰刀，带头向城寨冲去。这兆嘉城说是个城，并没有城墙，只是用木头围了个栅栏，栅栏也不太高。努尔哈赤那匹烈马纵身一跃，早跃过了寨栅，还没等守兵放箭，努尔哈赤的大刀早已在他们头上飞舞了。这时，跟随努尔哈赤前来的兵丁也一拥而入。守兵放弃了抵抗，纷纷扔下武器逃跑，理岱也被活捉，努尔哈赤大获全胜。出人意料的是，这次努尔哈赤并没有杀理岱，而是将他放了。惊魂未定的理岱喜出望外，他跪下磕头，并且信誓旦旦地表示，今后一定服从努尔哈赤，绝不敢再有二心。努尔哈赤随即下令，带上战利品和俘虏胜利而归。

可刚回到家中，屁股还没坐稳，手下又来报告，说是噶哈善被人杀死了。这噶哈善是嘉木湖寨的首领，当初努尔哈赤杀牛起兵时，是噶哈善第一个站出来，加入努尔哈赤的队伍。努尔哈赤事后便把妹妹许配给噶哈善，所以他又是努尔哈赤的妹夫。尤为可恼的是，杀害噶哈善的，不是别人，而是努尔哈赤的异母兄弟纳木占和萨木占。两人一直对努尔哈赤担任部落首领不服，所以便在暗地里鼓动噶哈善背叛努尔哈赤。噶哈善对努尔哈赤忠心耿耿，坚决不从。两人很担心噶哈善会向努尔哈赤揭发自己的阴谋活动，便趁努尔哈赤出兵去讨伐理岱时，将噶哈善杀害了。

努尔哈赤听到这个消息后，怒从心上起，恶向胆边生。他独自一人，二话不说，全身披挂，手持弓箭，飞身上马。他在部落的城寨外骑马跑了一圈，弯弓持刀，大声叫喊：

“族中有哪个不服气的，你站出来，与老子决一雌雄。今后，有哪一个敢在我背后捣鬼的，纳木占、萨木占就是下场。”

努尔哈赤跑了一圈，没有一个人敢出来迎战。只见他双腿把马一夹，那马颇有灵性，完全理会了主人的意图，甩开四蹄，旋风般冲进寨内，直朝纳木占、萨木占的毡房驰去。见到纳木占和萨木占二人，努尔哈赤更不答话，一刀一个，将二人剁成两段。接着，他又在寨外找到了噶哈善的尸体。努尔哈赤把尸体抱起，轻轻地放在自己的战马上，他自己则跟在战马后面步行。努尔哈赤一直走到山顶上，才将噶哈善埋葬在那里。对于失去这样一个忠心耿耿的妹夫，努尔哈赤十分悲痛，很长一段时间都心情不好。

万历十三年（1585 年）四月，冰雪刚刚融化，努尔哈赤又出兵了，他和弟弟穆尔哈赤领兵五百人，去攻打浑河流域的哲陈部。没想到，由于冰雪融化，河水暴涨，渡河时遇到麻烦，跟随努尔哈赤渡过河的只有八十人。不过这八十人全是披甲的，三十人披铁甲，五十人披绵甲。努尔哈赤来兵不多，这一消息很快便被哲陈部加哈的首领侦察到了，他立即联络本部的托漠河、章佳、巴尔达、萨尔浒、界藩等五城将领，共同出兵，联合抵抗努尔哈赤的进攻。努尔哈赤的后哨章京能古德及时发现了这一情况，他看到敌人人数众多，又准备有序，便立即派人去向努尔哈赤报告。可是派出去的人迷失了道路，一直没有找到努尔哈赤，也无法报告这一敌情。努尔哈赤情况不明，他和他所带的八十个人的处境十分危险。

终于，在浑河至南山的路上，努尔哈赤的八十人与哲陈部的大部队不期而遇。这时，哲陈各部联合起来的兵士已经有八百余人。一比十，这就是双方兵力的对比。此时，努尔哈赤的士兵多数都非常害怕，尤其是努尔哈赤的侄子扎亲和桑古里二人，他们正在解掉身上的甲胄，准备逃跑。这一下可气坏了努尔哈赤，他向两人一人抽了一马鞭，然后破口大骂：

“你们这些混蛋，胆小鬼，平日在家里作威作福，称王称霸，怎么一遇到敌人，就吓成这个样子！今天，你俩要是敢逃跑，我就把你俩的头割下来当尿壶。”

扎亲和桑古里赶紧又穿上铠甲，加入了进攻的队伍。努尔哈赤看众人还是有些胆怯，便从一名士兵手里接过大旗，然后骑上马，向敌人冲去。敌人见他一个人前来，便伏地不动，只是向他放箭。箭如牛毛，去路受阻，努尔哈赤冲了几次都过不去，只好退了回来。回来后，他下了马，与弟弟穆尔哈赤各带了一名善射的射手，分别从两边向敌人冲去。他们每人一张硬弓、二十枝狼牙箭，一边前进，一边向敌人射箭。努尔哈赤等人射箭的功夫十分了得，走了还不到半里，便射杀了敌方二十多人。哲陈部的人马虽多，但看到努尔哈赤这等架势，早吓得魂飞魄散，纷纷渡过浑河逃走了。努尔哈赤见状，扔下弓箭，哈哈大笑。他说：

“今天，我们只用了四个人，便打跑了八百个敌人，真是天助我也。”

此后，又经过了大大小小无数次战斗，努尔哈赤是打一仗胜一仗。不到一年工夫，整个建州三卫，已经无人敢与努尔哈赤叫板了。而此时，他的手下，也不是当年十三副铠甲、三十个兵了，他已经拥有了上千名精锐的骑兵。战事如此顺利，努尔哈赤信心倍增，又产生了一个新的想法。他要统一女真，当女真族的大汗。同时，他决定，不再依附于明朝，他要建立一个女真族自己的国家。

为了建立自己的国家，从万历十五年（1587 年）开始，努尔哈赤于呼兰哈达山下东南三里的二道河子正式开工营建他的第一个都城——费阿拉城。这里群山环抱，风景优美，依山傍河，草木苍翠。索尔科河与嘉哈河从群山深处流出，在这里汇入苏子河，而新城就建在两河之间的坡地上。城的东、南、西三面都是山，只有北面比较平坦。整座城市为椭圆形，分别用木桩和石块混合建筑而成。整个新城分为三部分，即内城、外城和最外城。内城只住百十户，即努尔哈赤本人和他的主要亲族；外城约住三百户，分别住着努尔哈赤最亲近的将领和他们的家属；最外面的一个城约住四百户，住的是努尔哈赤最得力的士兵和他们的家属。有了新的都城，进可以攻，退可以守，努尔哈赤的势力更加强大了。

万历十六年（1588 年）的秋天，费阿拉新都城建成。同时，在新落成的宫殿里，为淑勒贝勒努尔哈赤举行了盛大的婚礼。说是宫殿，其实不过是些草房，但宫殿虽然简陋，婚礼的气氛却十分热烈。这场婚礼非常特殊，努尔哈赤一次要迎娶两位新娘。其中，一位来自叶赫，一位来自哈达。来自叶赫的是扬吉努贝勒的小女儿，名叫孟古。来自哈达的是哈达首领扈尔汗的女儿，名叫阿敏。由于这时扬吉努已被明军杀死，扈尔汉也因病故去，所以，两位格格均由其兄长亲自送来。孟古格格的兄长是纳林布禄；阿敏格格的兄长是歹商。

两位格格均很年轻，一个是十五岁，一个是十六岁。两位格格的长相那更是千里挑一。一个是杨柳腰肢，美乳丰臀，风情万种；一个是面如桃花，肤如凝脂，柔若无骨。所谓英雄难过美人关，尽管努尔哈赤已经有五位夫人，但要和这两个美人相比，那就差得远了。努尔哈赤此时是又怜又爱，喜不自胜。酒席宴上，他左拥右抱，一会儿摸摸这个，一会儿亲亲那个，一会儿搂搂这个，一会儿捏捏那个，忙得个不亦乐乎。可他在不知不觉之间，却冷落了新娘的两位兄长。歹商和纳林布禄坐在那儿，很不自在，只是一个劲儿地喝闷酒。

回到宾馆，歹商翻来覆去睡不着觉，心里很不是滋味。在海西四部中，哈达本来是最强大的，其族人遍布哈达河和柴河流域。到了歹商祖父王台时期，哈达的发展进入了鼎盛时期。王台自称哈达汗，但他对明帝始终恭顺有加，年年朝贡，岁岁问安。明帝封王台为左都督、龙虎将军，让他统辖女真全族。由于王台是从开原南面的广顺关入贡，所以习惯上又被称为南关。王台晚年，将政事交给自己的儿子、歹商的父亲虎儿罕处理。虎儿罕独断专行，逼得哈达族最能干的几个头目，如虎儿干、白虎赤等都先后投向了叶赫，大大削弱了哈达的实力。万历十年（1582 年）时，王台与虎儿罕先后死去，本应由歹商接替部落首领之位，但歹商的叔父、王台的第五子孟格布禄（温姐所生）却抢班夺权，当上了左都督、龙虎将军。

歹商不服，联合了自己的异母弟弟康古鲁，平分了父亲的家产，与孟格布禄打起了内战。谁知康古鲁这小子比孟格布禄更坏，他迎娶了叶赫首领清佳努的女儿，并且在叶赫的支持下，与孟格布禄联合，共同攻打歹商。歹商战败逃走，康古鲁乘势霸占了自己的继母温姐（清佳努之妹），真是禽兽不如。歹商无奈，才决定将妹妹嫁给努尔哈赤，以取得努尔哈赤的支持，夺回自己哈达汗的汗位。不料，在费阿拉城又遇到了前来送妹成亲的叶赫贝勒纳林布禄，才知道自己这招美人计又落了空。在酒宴上，当着叶赫纳林布禄的面，自己借兵复仇的话连说都说不出来，不由得歹商越想越气。看来，努尔哈赤是靠不住了，歹商决定，立即去找明朝皇帝，希望借助祖父的名声，让明朝皇帝出兵帮助自己。想到这里，歹商才安心地上床睡觉了。

其实，叶赫贝勒纳林布禄从婚宴上回来，心里也是一肚子气。叶赫也是海西女真中的大族，因为其族人均住在叶赫河流域而得名。叶赫的贡市在开原镇北关，所以又被称为北关。到了纳林布禄的父亲扬吉努和伯父清佳努当上部落首领之后，叶赫的发展如日中天。两位首领修筑了两座城，两城相距数里，清佳努住西城，扬吉努住东城。与哈达效忠明朝不同，清佳努和扬吉努兄弟，经常率领人马，攻打相邻的哈达部，并进入明朝境内抢掠。万历十一年（1583 年），清佳努兄弟率兵攻打哈达部，打败了孟格布禄，斩首三百，还俘虏了一百多人。不久，清佳努兄弟又纠合蒙古恍惚太部骑兵，杀进明开原的广顺关，攻下沙大亮寨，并俘虏了三百人。

明辽东总兵李成梁知道这些事后，怒不可遏，他与辽东巡抚李松定下计策，决心要除掉这清佳努兄弟二人。万历十二年（1584 年），清佳努与杨吉努弟兄带领手下二千精锐骑兵，和平常一样，到开原镇北关参加互市贸易。不料，在开原镇北关前，明守备霍九皋带人拦住了清佳努兄弟的人马，并大声斥责说：

“你们是来做生意，还是来打仗的？为什么带这么多的兵马？巡抚有令，你们要想入关互市，最多只能带三百个人。”

清佳努兄弟无奈，只得带三百人入关贸易，而把大批人马留在了开原镇北关外。兄弟俩进了开原城后，首先到衙门去拜见辽东巡抚李松。李松倒很客气，笑脸相迎，端茶让座。清佳努大不咧咧地坐下后，开口便道：

“巡抚大人，我们叶赫现在用于交易的敕书只有四百九十九道，能不能把给哈达的五百道敕书也转给我们？”

“敕书之数目，例有定规，乃皇上钦定。你们已有敕书四百九十九道，怎敢得陇望蜀，去要给哈达的敕书？简直是无理取闹！”李松当下表示拒绝。

谁知清佳努更加狂妄，直接拔出腰刀要动武，守备霍九皋连忙上前拦住。这时，只听城中号炮连声，明参将宿振武和李宁带领大批伏兵拥入衙门，将清佳努、扬吉努以及他们带来的三百人一个不留地全部抓住，并当场杀掉。这其中，有清佳努的儿子兀孙孛罗、扬吉努的儿子哈儿哈麻等骁将。与此同时，在镇北关事先埋伏的李成梁指挥大批明军将清佳努兄弟留在镇北关的人马团团围住，也一个不留地全部杀掉，共斩杀一千五百二十一人，夺得军马一千七百多匹。接着，李成梁与李松合兵，乘胜追击，直抵叶赫，将清佳努和杨吉努居住的西城和东城围了个水泄不通。大军压境，群龙无首，叶赫诸贝勒自知不敌，便打开城门投降。

在李成梁和李松的监督下，由清佳努的儿子布寨和扬吉努的儿子纳林布禄继任叶赫贝勒。二人在明军营内，刑白马攒刀为誓，愿意接受哈达部的约束。盟誓后，李成梁和李松才撤走了军队，但叶赫和哈达之间的仇恨却又加深了一层。这个可耻的城下之盟，这个屈辱的投降场面，布寨和纳林布禄永远都不会忘掉。二贝勒决心团结起来，发愤图强，重振叶赫雄风。这次纳林布禄前来送妹成亲，虽然亲事是父亲多年之前许下的，但纳林布禄还是希望通过婚姻与强大的建州结盟，让努尔哈赤助自己一臂之力。但他万万没有料到，哈达的歹商贝勒竟然也会将自己的妹妹嫁给努尔哈赤，看来这次自己是赔了妹妹又无功了。

却说这歹商事后前往明国，进京朝贡面圣，还真起了作用。明帝发了一道谕旨，念歹商祖父王台事明有功，命辽东总兵李成梁带兵帮助歹商复位。这李成梁接旨之后，哪敢怠慢，立即点齐一万人马，带上儿子李如柏，李如桢，大刀阔斧地杀向哈达。孟格布禄举兵抵抗，失败后被活捉，康古鲁待明军一到，立即投降。李成梁代表明朝政府宣布，免去孟格布禄的左都督、龙虎将军之职，由歹商接替，歹商这才坐上了祖父留下的位子。不久，康古鲁病死，歹商又少了一个劲敌。万历十九年（1592 年），叶赫布寨贝勒假意将女儿许配给歹商，歹商不知是计，兴冲冲地前往叶赫迎娶，不料却在半途中被布寨的伏兵杀死。新娘未娶到，反做了刀下之鬼，真是冤哉枉也。歹商死后，孟格布禄又重新当上了哈达部的首领。

这位孟格布禄是个很有心计之人，他意识到，如果叶赫和哈达世仇不解，长期争斗下去，最后必然会被日益壮大的建州各个击破。于是，孟格布禄派出使者，分别去海西其他三部游说，让他们捐弃前嫌，共同对付努尔哈赤。谁也没有想到，最先响应孟格布禄建议的竟然是哈达的布寨和纳林布禄贝勒，他们也预见到建州女真崛起所带来的危险。海西诸部联合之后，势力大增，贝勒们也都骄傲起来，开始与建州女真分庭抗礼。万历十九年（1592 年），布寨和纳林布禄商量好，派伊勒当阿和拜斯汉二人为使，到建州去见努尔哈赤。努尔哈赤在费阿拉召见了二位使者。谁知伊勒当阿一见努尔哈赤，开口便说：

“奉我们二位贝勒之命前来传话。你们建州和我们海西哈达、叶赫、乌拉、辉发，同是一族，应为一国。一国只能有一个王，这个王应该由叶赫人来当，怎么可以有五个王呢？现在我们贝勒说了，你们人少地多，我们人多地少，你们可将额勒敏或者扎库木两处地方，任选择一处让给我们，以表示友好。”

一番话把努尔哈赤气得面红耳赤，他站起身来，大声斥责二人说：

“你乃海西，我乃建州，尔国虽大，但强不能凌弱；我国虽小，也从不惧强。什么一国一王，都是屁话。五国五王，正是当今的现实。土地是国家的根本，我们的土地再多，也不会给别人一寸一分。你们二人身为执政大臣，怎么不对主人良言相劝，反而说出这种无理之言？赶快回去，劝你们主人，悬崖勒马，我努尔哈赤可不是好欺负的。”

伊勒当阿和拜斯汉回去后，将努尔哈赤的话向布寨和纳林布禄二贝勒复述一遍，可气坏了两位贝勒。二人当即决定，召集海西四部的联席会议，共同讨论如何对付建州的努尔哈赤。会后决定，派遣叶赫的图尔德，乌拉的尼喀哩，哈达的岱穆布，辉发的阿拉敏比作为共同使者，一起去见努尔哈赤，向他表达四部的一致意见，让他乖乖地俯首称臣，否则便兵戎相见。

使者们来到了费阿拉城，努尔哈赤仍然十分殷勤，设宴款待，酒过三巡，叶赫的图尔德首先站起来，向努尔哈赤说道：

“尊敬的淑勒贝勒，我们奉四家贝勒之命，有言相告。但又怕说出来会得罪您，您会责怪，不知当讲不当讲？”

“你们是奉主人之命，与你们有何干系？我怎么会责备你们呢？你们尽管说。如果你们主人的话不好听，我也会用不好听的话来回答。”努尔哈赤心平气和地说。

图尔德于是开口说：

“昔索地不与，令投顺不从。双方若兵戎相见，只有我兵能践尔境，岂有尔兵敢履我地乎？”

这简直是赤裸裸的战争威胁，努尔哈赤再也坐不住了。他扔掉手中酒杯，掀翻面前的酒席，大声说道：

“尔主弟兄何尝与人交马接刀碎烂甲胄血战一场乎？尔地四周果有边垣之阻乎？吾即昼不能去，夜亦能至彼处，尔其奈我何？徒张大言胡为乎？昔我祖、父被明国误杀，我讨回敕书三十道、马三十匹，送还灵柩，坐受左都督敕书。又续得龙虎将军大敕一道，每年输银八百两，蟒缎三十匹。尔主弟兄之父亦被明国所杀，其尸骸收取了吗？连父仇都报不了，还敢在我这里危言耸听，岂不是可笑之极！”

四部使者听后，鼠窜而去。听了使者们的汇报后，四部贝勒不禁大怒，立即于万历二十一年（1593 年）六月，联合派兵，夺走了建州的瑚卜察。努尔哈赤闻讯，毫不示弱，亲自带兵应战。可等努尔哈赤赶到时，四部兵马已退，于是，努尔哈赤便顺路夺取了哈达部的富尔佳齐寨。正当努尔哈赤退兵之际，哈达首领孟格布禄却领兵来追。努尔哈赤决定将计就计，给哈达点颜色瞧瞧。他害怕哈达兵见他兵多会逃回去，便让其他人都躲起来，自己只身一人，站在大路中间诱敌。

果不出努尔哈赤所料，见他只有一人一骑，四个敌人便围拢上来。当前一人劈面一刀，后面三骑同时赶到夹攻。这一次，努尔哈赤真是太大意了，他的马突然被惊尥蹶子，差点把他摔下马来。在这千钧一发之际，幸好手下大将安费扬古冲了过来，奋力将后面三骑杀退。努尔哈赤乘机挽弓搭箭，一箭射中了哈达首领孟格布禄的坐骑，那马负痛，把孟格布禄掀下马来。孟格布禄吓得慌忙弃马夺路而逃，其手下人也跟着一哄而散。这一阵，努尔哈赤杀死敌兵十二人，获马十二匹，甲六副，得胜而回。

这场战斗虽然规模不大，但是却成了一场大战的导火线。孟格布禄逃回去之后，便紧锣密鼓地向各部派出使者，准备联兵进攻建州。在哈达和叶赫的积极串联下，很快便组成了规模庞大的九部联军，参加者除海西四部外，还有蒙古的科尔沁三部以及长白山的纳殷和朱舍里二部。这次战争的规模在女真族的战争史上是空前的。万历二十一年（1593 年）九月，九部联军浩浩荡荡、气势汹汹地向建州腹地杀过来。

九部联军大举来犯的消息，并没有让努尔哈赤慌乱。为了弄清敌情，努尔哈赤派出一哨人马，由武里堪率领，向东去探察敌情。武里堪东行不到百里，便听见一群乌鸦在树林里乱叫。武里堪以为遇到了敌人，便命令众人停下。可等了半天，又不见动静。于是又继续前进，但一直走到边境，连个敌人的影子都没有发现。武里堪立即率队返回，向努尔哈赤报告。努尔哈赤命令他，改道向浑河方向侦查。这一次，没费多大事儿，武里堪便在浑河岸边发现了敌人。星罗棋布的火把，连绵数里的营帐，埋锅造饭的士兵，敌人还真是不少啊！

武里堪等人悄悄接近敌人，并很快抓获了一名敌军巡逻的士兵。这名俘虏是叶赫人，从他口中得知，这次九部联军共发兵三万人。其中，叶赫单独出兵一万，乌拉、哈达与辉发共出一万兵，蒙古三部与长白山二部加起来也有一万兵。得知这一重要情况后，武里堪快马加鞭连夜赶回，去向努尔哈赤汇报。等武里堪赶回费阿拉时，已经快五更了。他不敢怠慢，立即让人叫醒了熟睡中的努尔哈赤，把这一重要情报告诉他。但努尔哈赤听后却显得毫不吃惊，他把武里堪打发走后，自己继续回房睡觉。

这时，努尔哈赤的大福晋衮代在一旁提醒他说："九部兵马来攻，你不是很着急吗？怎么有了准讯，你倒不着急了？还不赶紧早做准备，怎么还能继续睡觉呢？"

努尔哈赤回答道：

"先前道路传言，叶赫兵三路侵我，因不知何时来，故而不安。现已探明，敌军从浑河而来，我就放心了。我承天命，固守疆土，彼不安分，无故纠合九部之兵，欲害无辜之人，上天岂能佑他？我今安睡，养好精神，明日与彼大战。"

说完，努尔哈赤就回房脱衣，继续睡觉，不一会儿，便听见房内鼾声大作。身旁的士兵们见主帅如此镇定自若，原来畏敌的心情也去掉了好多。清晨起床之后，努尔哈赤便派人将小将额亦都叫来，交给他一百名士兵，并吩咐他如此这般，那额亦都领命去了。额亦都领着他的一百名士兵径直扑向数万敌军，虽然敌我悬殊，但他们没有丝毫胆怯，没有丝毫犹豫，仅额亦都一人就砍翻了九名敌兵。大批叶赫兵追了过来，额亦都这时却不慌不忙，带着他的百名士兵缓缓地向古勒山方向退去。

努尔哈赤等额亦都出发后，不慌不忙地召集他的主要将领到费阿拉的寺庙中去拜佛。努尔哈赤带头向佛祖三跪九叩，焚香膜拜，希望神灵保佑，这一次能打败敌人。然后，努尔哈赤就集合全体将士，向古勒山一带进发。走到渡口时，努尔哈赤又发布命令，让所有士兵解下自己的臂手和顿项，留在当地，以便轻装前进。臂手和顿项，是两种护具，一是保护手臂的，一是保护脖项的。但二者都是用铁制作的，戴上后必定行动不便。努尔哈赤命令去掉臂手和顿项，显然是要破釜沉舟，与敌人拼死一搏了。

当部队到达古勒山时，嘉哈守将奈虎山坦前来报告，说上万的叶赫兵正在进攻扎喀关，其余的两万敌军也即将赶到。兵士们听了，不禁大惊失色，少数将官也神情紧张起来。这时，努尔哈赤毫不犹豫地站了出来，他对大家说：

“尔等毋惧，吾必不让尔等陷入苦战。吾立在险要之处，诱彼来战。彼若来时，吾迎而战之。诱而不来，吾等步行，四面分列，徐徐进攻。来兵虽多，但各属九部，杂乱不一。谅此乌合之众，临阵必退缩不前，领兵前进者，必头目也。吾等接战，专挑彼头目。但伤其一二头目，彼兵自走。吾兵虽少，并力一战，战必胜之。”

听了努尔哈赤的讲话后，军心这才安定下来。而此时敌军也在额亦都且战且退的诱引下，陆续来到了古勒山前。努尔哈赤选择在此地作战是很动了一番脑筋的。这里一面是古勒山，一面是大河，道路狭隘，地形复杂，草木丛生，易守难攻。由于道路狭窄，九部联军到来时已成了一字长蛇阵。努尔哈赤的士兵居高临下，抛下大量石块，不少联军士兵被滚石砸死，不少人掉进河里，显得十分狼狈。为了振作士气，叶赫首领布寨和纳林布禄贝勒与蒙古科尔沁三部的翁阿岱、莽古思、明安贝勒，合兵一处，带头冲了过来。见此情景，努尔哈赤也带着自己的人马冲下山来。

仇人相见，分外眼红。那叶赫首领布寨使一口厚背大砍刀，劈面便向努尔哈赤砍来。努尔哈赤也不怠慢，一刀隔过，反手一招“流星赶月”，便往布寨头上招呼。交战不过三合，谁知布寨手下的卫兵突发暗箭，一箭正中努尔哈赤的坐骑臀部，那马负疼乱跳，把努尔哈赤撂下马来。那布寨一看机会难得，挥刀便来取努尔哈赤的首级。就在此时，只听见有人大喊：“休伤吾主！”话音未落，只见一箭已扎进布寨贝勒的面门，眼见是不得活了。射这一箭的，正是建州神箭手额亦都，关键时分，他百步穿杨，救了努尔哈赤。

主将布寨一死，那九部联军顿时就四散奔逃。努尔哈赤挥军掩杀，一直追击到哈达的柴河边上。打扫战场时，大将扬古利带过来一个俘虏，只见他二十多岁，眉清目秀，衣着华丽，原来他就是带领乌拉参加联军的乌拉贝勒满泰的弟弟布占泰。努尔哈赤想了一想，没有杀他，而是把他带回了费阿拉。这一战，战果辉煌，除布寨外，蒙古的明安贝勒也死于战场，共击毙敌人四千多名，缴获马三千匹，铠甲一千副。更可喜的是，此战之后，参加联军的长白山朱舍里和纳殷二部便宣布投顺努尔哈赤，建州的力量更强大了。经此一战，努尔哈赤名声大振，成为当仁不让的女真民族领袖。

参加九部联军的哈达贝勒孟格布禄在联军失败后，逃回了哈达。这次大战中，哈达几乎全军覆没，因此，战后孟格布禄改弦更张，他送三个儿子到建州充当人质，请求建州派兵保护哈达。努尔哈赤当即决定，派遣大将费英东和噶盖领兵二千进驻哈达。但昔日的盟友、叶赫的纳林布禄贝勒不愿意看到哈达就这样投入建州的怀抱，便通过明开原的通事转交给哈达贝勒孟格布禄一封信，信上指使孟格布禄将驻在哈达的建州军队将领费英东和噶盖抓起来，用来交换他送往建州作为人质的三个儿子，然后与建州断交。只要这样做了之后，纳林布禄答应将叶赫布扬古贝勒的妹妹兰音嫁给孟格布禄。

孟格布禄接信后，高兴得睡不着觉，他立即派人去开原，与叶赫商议这一计划如何实行。他愿意抛弃建州，重新与叶赫结盟。这布扬古的妹妹是何许人也？怎么会对孟格布禄有这样大的吸引力？原来这布扬古之妹兰音长得十分美丽，十二三岁时，她的艳名便传遍建州、海西及漠南蒙古。哈达的孟格布禄贝勒，乌拉的布占泰贝勒，喀尔喀部的莽古尔代台吉、宰塞贝勒，辉发的拜音达礼贝勒，都曾先后派人去向布扬古贝勒提亲。真是求亲人踏破了门槛，但布扬古贝勒只是说妹妹年纪尚小，一概加以拒绝。对于布扬古贝勒的拒绝，孟格布禄一直耿耿于怀。现在听说纳林布禄做主，要将这绝代佳人嫁给他，焉有不动心的道理？这也是纳林布禄贝勒的精明之处，他知道，只有这一招才能打动孟格布禄。

谁知此事做得不密，消息被建州驻在哈达的将领费英东和噶盖得知，于是，二人便将叶赫、哈达密谋的情况，飞报努尔哈赤知道。努尔哈赤的眼中揉不进沙子，他一听到这个消息，便决定趁机出兵，将哈达控制在自己手中。万历二十七年（1599 年）九月，努尔哈赤亲自领兵进攻哈达，直抵城下。孟格布禄也早有防备，他组织哈达士兵据城固守，用弓箭来对付攻城的建州士兵。箭如雨下，努尔哈赤一连七天都未能攻破这座城池。

到了第八天，大将扬古利喝了一大碗酒，脱了衣服，赤膊上阵。他双手执刀，飞快地登上云梯，虽然身上中了四箭，但他丝毫也没有停止向上攀登的脚步。离城顶还有五六尺，只见他脚一蹬，足底用力，一个鹞子翻身，便直接跳上了城头。后面的士兵紧紧跟上，一个接一个地由云梯陆续登上了城。哈达士兵停止了抵抗，哈达城终于被攻破了，扬古利活捉了孟格布禄。

扬古利把孟格布禄带到了努尔哈赤面前。孟格布禄贝勒双膝跪下，对努尔哈赤说：

"淑勒贝勒，还请看在侄女阿敏的份上，留我一条性命。"

努尔哈赤双手扶起孟格布禄，将头上的帽子摘下，给孟格布禄带上，又将自己身上穿的貂裘脱下，给孟格布禄穿上。然后对他说：

"我怎么会杀你呢？你放心，你只需要跟我回费阿拉住一阵子。你不是喜欢漂亮女人吗？等明年我将我的第三个女儿莽古吉格格嫁给你，那是我最漂亮的女儿。你就做我的额驸。如何？"

就这样，孟格布禄便跟随努尔哈赤去了建州，而哈达的土地也从此落入努尔哈赤之手。可是，努尔哈赤并没有兑现自己的诺言，他不但没有把女儿许配给孟格布禄，反而在第二年，找了个借口，把孟格布禄杀掉了。哈达是海西女真的一个大部，哈达并入建州之后，不仅土地大增，可供出征的士卒更是增加了很多。兵强马壮，努尔哈赤的胃口更大了，他又选定了下一个进攻目标，那就是海西女真中的辉发。

辉发部居住在松花江支流辉发河流域，在海西四部中最为弱小。辉发北接乌拉，西北是叶赫，西接哈达，南面和东面是建州。在努尔哈赤灭掉哈达之后，辉发的东、南、西三面都被建州包围，努尔哈赤更是做梦都想拿下这块地方。辉发原来的首领名叫旺吉努，他曾率军抵御蒙古骑兵的进攻，保卫了家乡，是辉发的英雄。旺吉努去世后，由于长子早已去世，旺吉努生前准备挑选他的七个弟弟中的一个来接替他。但旺吉努的长孙拜音达里十分强悍，他一口气杀死了七位叔父，自立为辉发贝勒。族人对他的残暴行为普遍不满，不少人携家带口投奔了叶赫，还有更多的部族正在酝酿推翻拜音达里，投向叶赫。

拜音达里无奈，于是遣七臣之子为人质，向努尔哈赤求救。这真是瞌睡遇上了枕头，努尔哈赤当即派费英东带领一千兵进入辉发。叶赫贝勒纳林布禄也想吞并辉发，便派遣使者去对拜音达里说，如果拜音达里能从建州撤回充当人质的七臣之子，叶赫就将遣返已经逃入叶赫的辉发族人。拜音达里头脑简单，连想都没想便同意了，他立即撤回了在建州做人质的七臣之子，并让自己的儿子去叶赫充当人质。他错误地认为，他可以周旋于叶赫和建州之间，左右逢源。但他很快就失望了，纳林布禄的话根本就是个骗局，在拜音达里撤回七臣之子后，他拒不遣返进入叶赫的辉发族人。

这下可把拜音达里坑苦了，他不得不再次派人去找努尔哈赤，说他受了叶赫纳林布禄的骗，今后，他再也不会上叶赫的当了，希望努尔哈赤能原谅他，将原来努尔哈赤答应嫁给常书的女儿改嫁给他。努尔哈赤对拜音达里这种反复无常的人十分痛恨，但是从大局考虑，他还是答应将原来许配给常书的女儿嫁给拜音达里。可是，拜音达里又失信了，他不但不派人去迎娶努尔哈赤的女儿，而是积极备战，加固城池。这下，努尔哈赤真火了，他不能容忍拜音达里这种反复无常的行为。万历三十五年（1607 年）九月九日，努尔哈赤率兵出发，于十四日抵达辉发，一举攻下辉发城，杀掉了拜音达里，将海西四部的又一个部收入了自己的版图。

对于灭掉海西女真的乌拉部，努尔哈赤可谓煞费苦心，他一直把在古勒山大战时俘获的乌拉贝勒满泰的弟弟养在身边，好吃好喝地招待，一直养了三年。万历二十四年（1596 年）七月，听说乌拉贝勒在农村奸淫一农妇时，被农妇的丈夫杀死，努尔哈赤立即派图尔坤黄占和博尔坤费扬古二大臣带兵护送布占泰回国。临行之际，布占泰感激涕零，他跪在努尔哈赤面前不肯起来，说努尔哈赤是他的再生父母，有生之年，他一定要报答努尔哈赤的恩情。回到乌拉后，由于得到努尔哈赤的支持，布占泰顺利地继承其兄满泰当上了乌拉国主。为了表示感谢，他把自己的妹妹滹奈嫁给努尔哈赤的弟弟舒尔哈赤为妻。

万历二十六年（1598 年）十二月，布占泰带了大批礼物和三百个随从，专程从乌拉到费阿拉给努尔哈赤拜年。努尔哈赤十分感动，他当即决定，就在费阿拉，为布占泰举办一个婚礼，新娘就是舒尔哈赤的女儿额实泰。过了年，布占泰高高兴兴地带着自己的新娘回家了。回乌拉以后，布占泰对努尔哈赤更是感激得五体投地。为了报答努尔哈赤的大恩大德，他想了又想，决定在全乌拉挑选一个最漂亮的美女送给努尔哈赤。可是挑来挑去，总没有一个合适的，最后，他选中了哥哥满泰十二岁的女儿阿巴亥。

这阿巴亥虽然年纪不大，但她此时已像一株含苞待放的鲜花，引人注目。她个头不高，但长得十分匀称，突出的胸部和滚圆的臀部已经发育成熟，而纤细的腰身更显出浑身诱人的曲线。她五官端正，尤其是那一双会说话的眼睛和那一对迷人的薄唇，令人印象深刻，一见忘不掉。最难得的是，由于父亲在她幼年便已去世，她养成了善于察言观色和随机应变的才干。她温柔、体贴、善解人意，一举手、一投足，均显得楚楚可怜。布占泰对阿巴亥十分满意，觉得她是送给努尔哈赤的不二人选。

万历二十九年（1601 年）十一月，布占泰亲自送阿巴亥到费阿拉城去与努尔哈赤成亲，还特意挑选了两个容貌娇好的侍女陪嫁。努尔哈赤一见到阿巴亥，两眼就放出光来，他迫不及待，当晚便与阿巴亥进了洞房。第二天，努尔哈赤便传出话来，封阿巴亥为侧福晋。在高兴之余，努尔哈赤还把自己的女儿穆库什及弟弟舒尔哈赤的女儿娥恩同时嫁给了布占泰。努尔哈赤还特意与布占泰共同盟誓，表示两家要世世代代友好下去。双方盟誓后，布占泰便兴冲冲地带着新娶的两位新娘回转乌拉。

布占泰并非无能之辈，他明白只有自身强大，才能立于不败之地的道理。他在千方百计与建州搞好关系之后，便不遗余力地发展自己的势力，大规模地收取藩胡。在元末明初之际，有不少女真人进入朝鲜，在那里进行耕牧，并逐渐定居下来，有些酋长还直接向朝鲜国王纳贡称臣。朝鲜也乐得他们在边境地区定居，成为自己的藩篱，因此不但不驱赶他们，有时甚至在物质上给予一些接济。这些定居在朝鲜边境的女真人便被称为藩胡。藩胡本身就是女真人，如果能让他们成为自己的一部分，当然会壮大自己的力量。努尔哈赤一直很重视藩胡，他一再拉拢他们，并以优厚的条件接纳他们到建州定居。

布占泰的目的与努尔哈赤一样，但采取的手段不同，他直接带兵进入朝鲜，去抢夺藩胡。万历三十一年（1603 年），乌拉军队大举入朝，围攻钟城、潼关，抢走藩胡的不少人口和牛马。万历三十三年（1605 年），布占泰亲自率领乌拉大军，一举攻陷朝鲜潼关，杀了佥使，掳得男女二千余口、牛马上千头。经过几年的辛苦经营，在布占泰的领导下，瘦弱的乌拉已经羽翼渐丰、强盛起来。但乌拉与建州之间的关系却开始恶化了，双方最终因争夺藩胡而兵戎相见。

万历三十五年（1607 年）三月，藩胡一头目、斐优城主策穆特赫决定率领本部族人投奔建州的努尔哈赤。努尔哈赤十分高兴，立即派其弟舒儿哈赤、大儿子褚英、二儿子代善和大将费英东、扈尔汉、扬古利等带三千人马前去接应。斐优城的藩胡有上千家之多，早就在布占泰的惦记之中，现在听说他们要迁往建州，立即带领一万人马前去堵截。三月二十日，乌拉军队在朝鲜境内的乌碣岩与努尔哈赤派来接应斐优藩胡的建州军队遭遇。

乌碣岩在朝鲜钟城县境内，也叫门岩或文岩，是朝鲜通往建州的必经之路。布占泰的人马在数量上是建州军队的三倍，但战斗的结果却出人意料。乌拉军队大败，主将博克多父子被杀，大将常住贝勒父子及其弟胡里布被活捉，布占泰带着残兵败将逃走。建州军队大胜，杀死敌人士兵三千，获马匹五千匹，铠甲三千副，还带回了斐优城的上千家藩胡。乌碣岩之战后，努尔哈赤与布占泰彻底反目，积极准备消灭乌拉。

万历四十年（1612 年）八月二十二日，努尔哈赤亲自领兵，攻下乌拉金州等六城，并将城池建筑以及粮食全部焚烧而归。万历四十一年

（1613 年）正月，努尔哈赤起兵三万，再征乌拉，布占泰也调动了乌拉全部兵力约三万人进行抵抗。胜利没有悬念，努尔哈赤再度取胜，毙敌一万人，获甲七千副。布占泰单人匹马逃往叶赫，乌拉终于也被努尔哈赤以武力兼并。至此，努尔哈赤统一女真的愿望即将实现，整个女真族栖息的土地上，已没有能够与努尔哈赤相抗衡的力量。统一海西诸部后，努尔哈赤决心开始实施自己建立女真族独立国家的计划，与明朝分庭抗礼。

既然要建立一个新国家，费阿拉就显得太寒酸了，努尔哈赤决心建造新的都城。新都建立在离旧城费阿拉五里的地方，名字叫作赫图阿拉。那里本是努尔哈赤祖父觉昌安居住的地方，也是努尔哈赤的出生地。赫图阿拉处于苏子河与嘉哈河之间，苏子河从城前流过，既充当了护城河，又解决了城市的水源问题。赫图阿拉的前面、东面和西面均是开阔地带，可容纳几万人，是一座天然的演兵场。努尔哈赤先修筑赫图阿拉的内城，内城建好后，再续建外城。经过几年的精心营造，赫图阿拉已是蔚然大观了。不仅在规模上比费阿拉大了好几倍，尤其是努尔哈赤居住的宫殿，已经很有些皇家气象了。

赫图阿拉建成后，努尔哈赤便着手抓第二件大事。万历三十一年（1599 年）二月，努尔哈赤召见大巴克什额尔德尼，让他与噶盖一起，创制女真族自己的文字——满文。女真族本来是有文字的，早在四百多年前，金太祖完颜旻曾经让完颜希伊仿照汉人的楷书，参照契丹字，结合女真语言的语法，创立了女真字，史称“女真大字”，并且于天辅三年（1119 年）正式颁行。后来，金熙宗完颜亶于天眷元年（1138 年），又颁行了“女真小字”。这两种女真文字，一直到明朝初年，还在朝廷对女真族下达的诏书中使用着。但这两种女真字，由于书写十分复杂，到明朝中叶，已经基本上无人可识了。

女真人说着女真语，可使用的是俗称“达达文”的蒙古文字，这种奇怪的现象，一直持续了二百多年。但到了努尔哈赤这里，他认为不能再继续下去了。一个国家、一个民族，怎么能没有自己的文字呢？努尔哈赤知道，创立文字是一件不寻常的差事，他挑选额尔德尼去完成，也是煞费苦心的。额尔德尼是女真族中最著名的学者，他自幼聪明，饱读诗书，通晓蒙文和汉文，但让他去创制一种文字，他还是感到力不从心，几次想放弃这项任务。但在努尔哈赤的坚持下，额尔德尼几经努力，最后用蒙古字母，参照女真语的语言特点，制出了新一代的女真文字。由于这种文字没有圈点，所以又被称作“无圈点满文”，也叫“老满文”。这种文字，一直使用到了清朝末年。著名的《满文老档》，就是用这种文字记录的。

为了给即将建立的民族国家打基础，努尔哈赤做了第三件事，在其所控制的地区内将女真族实行的特有的牛录和八旗制度进行了一次全面整编。女真人在农业生产中经常共同使用一条或几条牛，久而久之，共用牛的几个人由于居住集中，联系紧密，便相沿成习，产生了女真族最基层的行政单位——牛录。国主按牛录收取贡赋，战时也按牛录出丁打仗。起初的牛录有大有小，没有定制，有十几户的，也有上百户的。在狩猎或者打仗的时候，规定每十个男丁设立一个头领，这个头领的名字叫作牛录额真。但这个牛录额真的职务只是临时的，一旦狩猎或作战结束，牛录额真也就结束了自己的使命。

万历二十九年（1601 年），考虑到现有的牛录大小不一，组织混乱，努尔哈赤命大臣何和礼和英俄尔岱对现有的牛录进行统计并进行整编。整编过的牛录以男丁为标准组建，每三百个男丁设立一个牛录，委派一能干之人出任头领，这个头领仍称牛录额真，但这个牛录额真已经不是临时性质的，而是常设基层组织的正式官员。经过这次整编后，共设立了四十多个牛录，这说明，当时努尔哈赤已经拥有上万名可以参战的男丁了。

万历四十三年（1615 年），努尔哈赤又命令大臣何和礼和英俄尔岱在整编牛录的基础上，整顿女真族固有的八旗制度。八旗，是在战争中逐渐形成的。女真人在作战时，为了便于管理，将多个牛录固定在同一面旗帜下成为一支队伍，时间长了，便形成了比牛录更高一级的战斗组织——旗。在这次整编前，女真族已经形成了四个旗，即正红、正黄、正白、正蓝。这次整编，每五个牛录编为一个甲喇，甲喇的首领叫甲喇额真。每五个甲喇编为一个固山，固山的首领叫固山额真。固山额真有两个副手，称作梅勒额真。一个固山就是一个旗。

这次整顿时，由于牛录大量增加，便在旧有四旗的基础上，新成立了四个旗。每个旗的标志只是在原来的旗帜上镶一白边，所以，新成立的四旗分别叫作镶红、镶黄、镶白、镶蓝。从此，八旗成为定制，八旗的固山额真分别听命于八位旗主贝勒，而八位旗主贝勒则是由努尔哈赤亲自指定的。这次整顿后，八旗共拥有二百多个牛录，也就是说，努尔哈赤已经有数万名男丁可以上阵参战了。

在努尔哈赤积极进行各项工作、筹备建国之际，明朝也给他送了一个大礼，而送礼的不是别人，正是辽东总兵李成梁。这件事还要从努尔哈赤率众从费阿拉城搬到新建的赫图阿拉时说起，那是明万历三十一年（1603年）的事。当时，努尔哈赤大摆酒宴，连续三天进行庆祝。这天，突然有人向努尔哈赤报告，说是明将韩宗功来访，努尔哈赤立即叫人请进宫里。这韩宗功便装打扮，穿了一件猞猁皮的袍子，戴一顶毡帽。他身后跟着四个从人，抬了两个大礼盒，他一见努尔哈赤，便脸上带笑，单膝下跪，口称：

“大贝勒，小的特来道贺乔迁之喜。”

努尔哈赤连忙扶起韩宗功，说：

“你我乃兄弟也，怎么可行此大礼。迁居小事，怎么敢让你破费，太客气了。”

“小的此来，还想送您一个更大的礼物，不知您敢不敢收?”韩宗功说。

“愿闻其详。”努尔哈赤回答。

接着，韩宗功便详细地谈了他的想法，他要把明朝设在建州附近的六堡送给努尔哈赤。这六堡地近建州，广袤八百余里，土地肥沃，努尔哈赤早就垂涎三尺，只是苦于那是明朝的地盘，不敢染指罢了。听韩宗功这么一说，当然是正中下怀，笑得两眼都眯成了一条缝。他立即设酒宴招待韩宗功，宴后，还让美丽的女真姑娘表演歌舞，那柔软的腰肢，曼妙的舞蹈，把韩宗功都看呆了。当晚，努尔哈赤就安排韩宗功住在自己的新宫殿里，并专门挑了两个绝色的女真姑娘侍寝。这韩宗功乐得逍遥，一夜风流快活不提。

这韩宗功虽只是个参将，但他却是辽东总兵李成梁的女婿。努尔哈赤知道这层关系后，便曲意拉拢，并通过他与李成梁搭上了关系。对韩宗功和李成梁，努尔哈赤就是一个字——送。送东珠，送貂皮，送人参，送金银，送美女。李成梁开始还有些推辞，不好意思收，但慢慢地，也就习以为常了。李成梁的李家军征土蛮、打叶赫，四处征剿，但对日益崛起的努尔哈赤，却从没动过一根毫毛。这也就是俗话说的，拿人钱财，替人消灾。这次韩宗功要把六堡送给努尔哈赤，仍然是慷国家之慨，满足个人的私欲罢了。当第二天韩宗功回返的时候，和往常一样，努尔哈赤又送给他大批财物和金银，还特意加送了四个水灵灵的女真姑娘，说是给韩夫人当使唤丫头。

所谓六堡是指宽甸、大甸、长甸、永佃、新甸和张哈喇甸子等六座城堡，这六座城堡是明万历二年（1574 年）修建的。当时，明兵部侍郎汪道昆视察辽东，辽东总兵李成梁建议，在原来的孤山堡一带，重新修建六座城堡，由军队驻扎并进行屯垦。这样一来，既可以戍边，又可以就地解决军队的粮饷问题。汪道昆觉得这个建议很好，回去后立即上报朝廷并很快得到批准。于是，六堡便建立起来了。后来，由于六堡附近闲置很多良田，不少辽东农民也纷纷迁来，在这里务农，人数有七万多户。所以，如果要放弃六堡，这七万多户人的生计便成了问题。

韩宗功回去后，向岳父李成梁提起此事，李成梁十分犹豫，毕竟这六堡是他一手建立的，而且放弃六堡，一定会遭到当地民众的反对。可是，女婿韩宗功不断在身边游说，自己也收了努尔哈赤大量的礼物，李成梁又有些动心。李成梁想来想去，自己已经八十多岁了，这个辽东总兵也干不了几年了，如果不趁在位时为儿孙们置办些家业，以后哪里还有机会呢？到手的钱财，难道还能推出去不成？想到这里，他一咬牙，下定了决心。他把总督蹇达和巡抚赵楫找来，三人一商量，便联名向朝廷打了个报告。报告说，六堡均系贫瘠之地，在那里置兵守卫，劳兵费饷，还容易与女真发生冲突。不如把六堡交与建州，让建州替朝廷守卫边疆。

糊涂的万历皇帝不加思索，便批准了李成梁的报告，他不仅没有意识到这是一桩卖国交易，还以为此事与国有功，对李成梁等大加赏赐。万历皇帝下旨，加辽东总兵李成梁太子太傅，加蓟辽总督骞达太子少保，升辽东巡抚赵揖为右都御史兼兵部右侍郎，并各荫一子入国子监读书。李成梁接到诏令后，便派遣大批军队，以清理“逃户”为名，将在六堡务农的七万多户百姓全部迁往内地。故土难离，破家难舍，百姓们哭哭啼啼，不愿离开。但赤手空拳的百姓怎能对抗手持刀枪的士兵？在士兵们粗暴的驱赶之下，七万多户百姓最终不得不离开自己已经居住了二十多年的热土。在黑夜里，努尔哈赤在偷着笑，不费一兵一卒，不动一刀一枪，只用了些许金银财宝，广袤八百余里的肥沃土地就到了自己手中，而这些金银财宝又都是他抢来的，真是坐享其成。

明万历四十四年（1616 年）正月初一日，努尔哈赤认为建国的条件已经成熟，决定正式建立女真族自己的国家。申时，称汗大典开始举行，努尔哈赤一身戎装立在中央的土台上，左边是大巴克什额尔德尼，右边是阿敦贝勒。八旗人马分别排列在东、西、南、北四方，旗主贝勒站在最前面，后面一排是本族的其他官员。鼓号齐鸣，八旗的八位旗主贝勒分别手捧写有尊号的书卷向中央土台行进，然后下跪，双手捧着书卷高高举起。额尔德尼和阿敦分别收取八旗旗主贝勒所上的书卷，放在努尔哈赤身前的御案上。然后，由站在努尔哈赤左前方的大巴克什额尔德尼高声宣布：“我们大汗的尊号是——奉天承运养育列国英明汗。”宣读完毕，众人起立欢呼。然后，努尔哈赤走到御案前，向天三叩首，再走回御案，坐到那把用鹿角装饰的金交椅上。这时，八旗诸贝勒、诸大臣依次向努尔哈赤行叩拜礼。

在称汗大典上，努尔哈赤郑重宣布，女真族独立的国家国名为后金，年号为天命。从这天起，原来的女真将与明朝平起平坐，不再纳贡称臣。这一年，努尔哈赤五十八岁。经过三十三年的努力，这个小部落酋长之子终于成就了统一女真、建立国家的大业，在马背上建立起了一个新兴的女真王朝。在称汗大典上，努尔哈赤还宣布了新的人事变动，以儿子代善、莽古尔泰、皇太极和侄子阿敏为四大贝勒，轮流值班，处理国事，并以功臣额亦都、何和礼、扈尔汉、安费扬古和费英东为五大臣，具体参与国政。

建立后金国以后，努尔哈赤的下一个进攻目标便指向了明朝，他要向这个庞然大物不断地发起攻击，为祖父、为父亲报仇。

第二章
紫禁城万历临渊

努尔哈赤叱咤风云，统一女真、建立后金国的时候，大明王朝当政的是第十三代皇帝——万历。与努尔哈赤一刀一枪、在马背上创建后金国不同，万历皇帝的江山是祖宗传下来的，是他的老祖宗朱元璋打下来的。明朝的开国皇帝朱元璋一生信奉五行，他在死前定了一个规矩，即后代子孙的名字必须用五行的金、木、水、火、土做偏旁。朱元璋希望，他历尽千辛万苦所创建的大明帝国，能够像五行循环相生一样，子子孙孙永远传续下去。

万历皇帝名叫朱翊钧，是隆庆皇帝的第三个儿子。万历皇帝的母亲是李贵妃，由于隆庆皇帝的皇后没有生育，母以子贵，李贵妃的身份也大富大贵起来。万历皇帝是幸运的，他虽然是第三个皇子，但他的两个哥哥都先后夭折，他是唯一的皇位继承人。朱翊钧刚长到五岁，就开始了他的读书生涯，他的老师便是大名鼎鼎的张居正。张居正是湖北江陵人，从小便是神童，十二岁考中秀才，十六岁中举人，二十三岁进士及第。张居正是嘉靖、隆庆、万历三朝元老，又是当时首屈一指的大学问家。

朱翊钧每天早晨五更起床，梳洗后便前往文华殿读书。不但要读传统的经书，还要读历史，并练习书法。作为帝师，张居正一丝不苟，小翊钧即使背错一个字，也要受到训斥。小翊钧的母亲对他要求更严，每天晚上要在乾清宫考问他的功课。如果背错或者背得结结巴巴，母亲便会罚跪。在这种严格的教育下，聪明的小翊钧进步很快，但付出的代价也是高昂的。小翊钧经常仰望着殿外的天空，渴望那自由自在的日子。

隆庆六年（1572 年）五月二十五日，正在坐朝的隆庆皇帝突然感到一阵虚火上攻，嘴角抽搐，头疼不止，倒在了龙椅上。一旁的秉笔太监冯保等，慌忙把皇帝扶住，赶忙搀入乾清宫。经太医诊断，隆庆皇帝是中风了。谁知中风的皇帝就此再也没醒过来，第二天就一命归西了。隆庆皇帝三十岁才正式登基，只当了六年皇帝，三十六岁便去世了。根据隆庆皇帝的遗诏，十岁的太子朱翊钧被扶上皇位，改元万历，他就是历史上的万历皇帝。

皇帝年幼，不能主政，朝政由皇帝的老师张居正全权代理。按照明朝开国皇帝朱元璋定的规矩，明朝内阁是不设宰相的，由几位辅臣主持朝政。此时内阁本来有三位辅臣高拱、高仪和张居正。不久，高拱被罢了官，高仪病故，张居正顺理成章成为首辅。张居正是有明一代少有的贤臣，在李太后和大太监冯保的全力支持下，他励精图治，实行改革。他重用戚继光、李成梁等一批智勇双全的将领，去对付倭寇、蒙古、女真等边患。他实行“考成法”，整饬吏治。他创立“一条鞭法”，改革税制。

经过十年大刀阔斧的改革，明朝上下，面貌一新。记得万历皇帝的祖父嘉靖皇帝当政时，严刑苛政，民不聊生。有民谚云：“嘉靖、嘉靖，家家干净”。而此时，明朝的局面却是一片大好，仓库丰盈，边疆安靖，百姓富足，国泰民安。有明一朝，能够出现这种局面，是十分少见的，也是来之不易的。而这一切，不都是张居正大刀阔斧实行改革、全心全意辅佐万历皇帝的结果吗？难道不应该感谢这位鞠躬尽瘁、为国家做出了重大贡献的贤臣吗？

万历十年（1582 年）六月二十日，呕心沥血、肝脑涂地、锐意改革的张居正积劳成疾，因病去世，他只活了五十八岁。张居正全家都陷入悲痛之中，年近八十的老母伤心欲绝，为儿子的早逝哭得死去活来。朝臣们的反应则大相径庭，有的悲痛万分，有的弹冠相庆。对于张居正的死，万历皇帝一开始十分伤心，眼睛也有些红红的，毕竟君臣一场。他亲自赴张家吊唁，还特意下旨，赠老师张居正为“上柱国”，赐号“文忠”，并为之罢朝数日。

万历皇帝亲政以后，讨厌大太监冯保，嫌他对自己管束过严，开始重用另一位大太监张诚。这张诚与冯保一直有过节，得宠之后，便不停地在皇帝耳根子边说冯保的坏话。万历本来就不待见冯保，再经过张诚的反复撺掇，一纸诏命，便抄了冯保的家。冯保多年担任秉笔太监，并兼管东厂，气焰熏天，收了不少贿赂，挣了一副大家当。这一抄家，竟抄出了一百多万两白银和无数奇珍异宝。万历虽然身为皇帝，但生性贪财，得了这笔意外的收获，从此尝到了抄家的甜头。不过，万历尚念及冯宝是自己幼时玩伴，手下留情，没有杀他，将冯保贬到了陪都南京。

冯保和张居正的关系，那可是剪不断，理还乱。冯保一倒，那些被张居正罢黜过的官员们便跳了出来，开始告张居正的状，说张居正的不是。一来二去，谎言成真，万历皇帝对张居正的信任动摇了。受了张居正多年压制，憋了不少的气，加之还想再发一笔横财，万历思虑再三，终于决定，追夺张居正的所有封号，抄张居正的家。什么三朝元老，什么师生之谊，什么功高盖国，早已经抛到爪哇国去了。可怜张居正尸骨未寒，他的家便遭遇飞来横祸。

张居正的家在湖北荆州，圣旨从京师到湖北，还须些时日。可是，墙倒众人推，落井下石的多，仗义执言的少。还没等抄家的钦差到来，湖北当地的官员便抢先行动，一帮如狼似虎的官差就闯进张家，开始抄家。他们见什么抢什么，见什么砸什么，好端端的张家被掀了个底朝天。临走前，他们还将张居正的所有家人，统统关在了张家的一座空宅中，不得随意走动。等正式奉命抄家的锦衣卫赶到湖北时，由于没有吃的，张家已经饿死了十几个人。

抄家过后，锦衣卫向万历皇帝报告，说张居正有三大罪状。一是张居正家中的大厅上挂着一副黄金打造的对联，内容是："日月共明，万国仰大明天子；丘山为岳，四方敬太岳相公。"太岳是张居正的字，这不是明摆着要与皇帝分庭抗礼吗？二是张居正有一座三十二人抬的坐轿，轿中既有客厅，还有卧室，甚至还有出恭的便所。轿中还专门配备两名仆役，伺候张大人的饮食起居。身为人臣，敢坐如此奢华的坐轿，是僭越，是大不敬。当看到第三条罪状时，万历皇帝却有些失望。从张家抄出来的财物，只有黄金一万两，白银十万两。作为执政几十年的当朝首辅，即使不超过冯保，也应该与之比肩。从抄家结果来看，张居正还算不上什么大贪官。

在抄家过程中，刑讯逼供，罗织罪名，无所不用其极。张居正的大儿子张敬修被逼得投缳自尽，次子张懋修两次自杀未遂。看到这种情况，一些正直的大臣开始为张居正叫屈，万历皇帝此时也有些不落忍。反正张居正已经死了，不要做得太过分，最后决定对此案从宽处理。张居正的亲属俱被流放，只留下一座空宅和十顷薄田，赡养张居正尚在世的八十岁老母。可怜这位一代名臣，却落了个家破人亡的下场。后世人提到张居正，总是扼腕叹息，功高震主，未必是福啊！

摆脱了张居正的束缚，万历皇帝自己当家做主以后，他还是十分勤政的。每天五更按时上朝，批阅群臣的奏疏也很及时，万历皇帝也很想有一番作为。此外，万历皇帝还有一个很突出的优点，那就是知人善任，这一点，在万历三大征中表现得淋漓尽致。所谓的万历三大征即平定宁夏、播州叛乱，及抗倭援朝战役。在这三场战争中，万历皇帝的表现，那还是可圈可点的。在整个万历一朝的历史上，最值得称道的，也就是万历三大征。

万历二十年（1592 年），宁夏游击将军哱拜率兵杀死宁夏巡抚党馨，占据宁夏镇，叛明自立，一时声势很大。这哱拜是蒙古人，嘉靖年间投降明朝。他养有上千家丁，在宁夏当土皇帝，到处胡作非为。他的儿子哱承恩、义子哱云、土文秀等，都有万夫不当之勇。朝廷几次派兵征剿，都被叛军打败。万历皇帝龙颜大怒，他撤掉了力主招安的宁夏总督魏学曾，用甘肃巡抚叶梦熊为代总督，名将李成梁之子李如松为讨逆总指挥，宁夏总兵麻贵为副总指挥，征调辽东、宣大、山西、浙江等地强兵劲卒，全力进剿。

这李如松便是镇守辽东的名将李成梁的长子，是李家军最杰出的继承人，当时任战略要地宣府的总兵。李如松率军赶到宁夏时，哱拜已龟缩城内，麻贵围城已经半月，但就是攻不进城。李如松一到宁夏，顾不上休息，便带了十数个从人，骑着马，绕城转了两圈。这宁夏城的城墙虽系土筑，但又高又厚，叛军又十分顽强，这一仗比他预想的要难打。视察完战场归来，他灵机一动，派人把麻贵叫到跟前。李如松对麻贵附耳如此这般讲了一番，那麻贵领命去了。

第二天，三万明军每人扛着一个布袋来到城前，布袋里面装满了沙土。明军将所有的沙土布袋一个一个垒起来，城前顿时出现了一座高台。明军登上高台不断地往城中射箭，又搭起云梯准备登城。哱拜急了，他命令守军用投石机和火炮攻击高台。这投石机用的是杠杆原理，由十几个人操作，可将上千斤的大石头抛向敌人。那土沙布袋哪经得住大石块和炮火的攻击啊，霎时间土沙漫天，血肉横飞，高台灰飞烟灭。高台一毁，明军无立足之地，士兵死伤无数，攻城又失败了。

一个月过去了，明军仍然屯兵于坚城之下。李如松决定强攻，他让弟弟李如樟组织敢死队，一定要拿下宁夏城。翌日炮声隆隆，鼓声阵阵，三千名敢死队员身背短刀，手持盾牌，上身赤膊，爬上数百架云梯，冒死登城。李如樟身先士卒，第一个向上攀登。眼看就要登上城头，不料李如樟腿上中了一箭，两手一松，从云梯上摔了下来。还好，虽然摔得不轻，却无性命之忧。城上守军，此时信心大增，用刀砍，用枪扎，用火药炸，再一次击退了明军的进攻。

两次进攻未果，士卒死伤不少，李如松夜不能寐。第二天天一亮，他又带着亲兵去看地形。绕城转了两圈，他有了新的发现。宁夏城虽然高大坚固，但它的地势却比较低，而且离城不远，就是波涛滚滚的黄河。李如松眉头一皱，计上心来，用水攻。当天他就命令麻贵带领八千名士兵，沿着宁夏城去筑堤，目的是防止灌城时洪水外泄。麻贵率兵昼夜施工，只用了三天时间，一千七百多丈的大堤就筑成了。同时，李如松还派兵从黄河向宁夏城修了一条专用水道。一切准备就绪，明军掘开黄河大堤，滔滔的黄河水如脱缰的野马，流向了宁夏城。

望着浑浊的黄水慢慢升高，一直到了八九尺，宁夏城泡在了河水之中，李如松会心地笑了。这一招真灵，土城最怕水泡，仅仅过了两天，城墙就开始坍塌了。尤其是城北，不仅出现了多处豁口，连北门城楼都倒塌了。消灭叛军，正当其时。李如松命令麻贵，第二天五更造饭，六更从城北发动进攻，要毕其功于一役。麻贵领命去后，李如松又把弟弟李如樟叫到面前，让他率领辽东铁骑，悄悄埋伏在南门之外，等候下一步的命令。

大水围城，城墙崩塌，城内的哱拜心里也清楚，这一回是在劫难逃了。但他不打算投降，他要顽抗到底。他料定，明军必然会从北门一带进攻，他把他的全部主力都调到了北边，准备负隅顽抗。果不其然，一大早，明军就从北城攻了过来。这叛军也真够顽强，前仆后继。拼死抵挡。可就在这时，背后却传来了喊杀声，大批明军从南边进了城，来了个前后夹击。叛军的军心彻底动摇了，士兵们无心恋战，不是投降，就是逃跑，宁夏城被攻破了。从南边杀过来的明军，就是李如松、李如樟亲自带领的辽东铁骑。李如松声北击南，取得了出奇制胜的效果。

城破之后，哱拜全家自焚而死，哱拜之子哱承恩被生擒，宁夏叛乱被平定。这就是所谓的万历第一征。其实，平叛战争还没结束时，李如松就接到了新的任命，万历皇帝调他赴朝参战。朝鲜出了什么事儿？为什么要明军去替朝鲜国王卖命呢？原来，朝鲜出了大事儿。日本军队十五万人，已经分九路杀进了朝鲜，先后攻下朝鲜八道，攻陷汉城、平壤、开城。朝鲜军队望风逃窜，朝鲜国王李昖无路可逃，只得请求中国出兵。朝鲜当时是中国的属国，万历皇帝决定出兵，抗倭援朝。这就是历史上的万历第二征。

日本为什么要攻打朝鲜呢？这要从丰臣秀吉说起。在日本，丰臣秀吉可是个家喻户晓的传奇人物。他出身一介草民，个子不高，其貌不扬，但凭借手腕和战功，傍着织田信长这个大佬，他一步一步，从纷争不断、战乱频仍的战国时代崛起，成为“大名”，成为“关白”，成为“天下人”，成为“太阁”，成功统一日本，成为一代霸主。丰臣秀吉可真是一个猛人啊！这个猛人的野心更是大得惊人，他要取道朝鲜，去夺取大明朝的江山。他向出兵的大名们许诺，胜利后将把明朝的土地分给他们。何等的狼子野心！

对于日本的大举侵朝，明朝的官员们起初却是掉以轻心。第一批援军三千人，由副总兵祖承训带领，行至半路，便被日本兵包了饺子。祖承训仗着个人武艺高超，只身逃回。援朝失利，万历皇帝大梦初醒，急调四万江浙精兵，并指名由李如松担任援朝总兵。此时，李如松还在宁夏的战场上。军令如山，李如松一接到命令，便将善后事宜交给麻贵处理，自己立即启程。进京陛辞后，他星夜出关，不几天，便赶到了鸭绿江边。可是，一连几月，他却一直没有渡过鸭绿江。他在江边徘徊，他在等待，他在等待什么呢？他是在等人。

他等的人来了。他们是他的弟弟李如柏、李如梅、李如桢、李如樟，以及他们家过去的家丁祖承训和查大受。为什么要把他们全等齐呢？因为，作为一名身经百战的宿将，李如松凭他的直觉感到，日本人可不是善茬，这次入朝作战关系重大，不能把一世英名毁于一旦。他要带领父亲李成梁亲自创建的辽东铁骑入朝参战，而现在，辽东铁骑就掌握在他苦苦等待的这些人手里，每个人手中也不过只有一两千人。当然，李如松也有自己的小九九，作为大哥，他不能让弟弟们都去冒险，他只留下了他们手下的辽东铁骑和三弟李如梅，其余三位弟弟就打发回去了。

万历二十年（1592 年）十二月二十六日，李如松率领着辽东铁骑和江浙精兵共五万人，雄赳赳、气昂昂地跨过了鸭绿江，他要在朝鲜的土地上，与日本鬼子一较高下。在鸭绿江边迎接李如松的，是朝鲜国王李**昖**。在苦苦等待了几个月后，李**昖**终于等来了救星。打蛇打七寸，擒贼先擒王，李如松确定，入朝第一战就要收复平壤。为保首战能旗开得胜，李如松做了精心布置。平壤是一座山城，两面是山，另外两面临江。李如松按照兵法上讲的“围师必缺”的原则，命江浙军吴惟忠部进攻北面的牡丹峰，自己亲率大队进攻西面，而南面则由祖承训带领辽东铁骑主攻。为了麻痹敌人，祖承训的辽东铁骑全部换装，穿上朝鲜军的军服。而东面，就是李如松有意留下的缺口。

万历二十一年（1593 年）正月初八，总攻开始了。明军两万余人，由李如松亲自带领，同时进攻西面的小西门、大西门和七星门。守卫平壤的是日军的“名将之花”——小西行长。日军的总兵力约两万余人。小西行长判断，明军的主攻方向是西面，所以，他将自己的主力第一军全部安排在西面防守。日军的主要兵器是一种鸟铳，它就是火绳枪，日本人称其为铁炮。鸟铳的枪管上有用于瞄准的准星和照门，还有类似扳机一样的发火装置，平射射程有八十步，仰射则可达三四百步，在当时是一种比较先进的武器。此外，日军还在平壤城内到处修有一种叫作“土窟”的工事，准备城破时巷战。

明军使用灭虏炮、虎蹲炮、佛郎机等火炮以及火箭向平壤城头射击。一时间，万炮齐鸣，硝烟弥漫，地动山摇。炮声过后，明军全线出击，李如松则带领五百骑兵在城下四处督战。日军十分顽强，尽数登城，在二十余里的城墙上，不断地发射鸟铳，施放滚石，泼洒沸水。明军游击骆尚志腋下夹一小型铳炮，边跑边放，率先登上小西门。祖承训的辽东铁骑用朝鲜军服麻痹了敌人，乘势从南面杀入城中。李如松的战马被鸟铳射死，他换马再战。他还亲自指挥两门大将军炮将七星门的城门轰得粉碎，明军潮水般地涌进了平壤城。与此同时，吴惟忠的浙军也攻上了牡丹峰。

平壤城破，但日军继续躲在“土窟”中用鸟铳射击。李如松吸入了毒烟，鼻孔出血。李如梅的头盔也被鸟铳击中，幸亏盔中垫棉甚厚，才未至重伤。游击骆尚志在登城时被巨石砸伤脚部，一时不能行走。明军死伤的士兵，更是不可胜数。李如松不得已，鸣金收兵。而日将小西行长也趁着天黑，带着五千多残兵败将，从李如松留了缺口的城东，逃出了尸横遍野的平壤城。第二天，明军乘胜追击，收复了黄海、京畿、平安、江源四道，并夺回了重镇开城。

春风得意马蹄疾。现在，侵朝日军已全部龟缩至汉城一带，李如松决定，一举拿下汉城，将鬼子打回老家去。兵贵神速，李如松不顾将士疲劳，不顾道路湿滑，骑兵在前，步兵在后，炮兵继之，顶风冒雪，向汉城杀去。这时，聚集在汉城的日军有宇喜多秀家、小早川景隆、黑田长政等部，小西行长也率领残部退到了汉城，总兵力有五万多人。听说明军来袭，日军头目商量后，采纳了小西行长的主意，在汉城以北三十里的碧蹄馆埋伏，要打明军个措手不及。碧蹄馆本是朝鲜设在小山丘上的一座驿馆，日军埋伏在这里，确实很隐蔽。为了诱敌深入，日军由先锋立花宗茂带领一千人作为诱饵。

明军冲在最前面的是查大受，他手下的骑兵全都是辽东铁骑，虽然只有两千人，但战斗力很强。查大受到达离汉城有九十里的马山馆时，便遇上了立花宗茂的人马。一个冲锋，明军就把日寇冲了个稀里哗啦，仅首级就割取了五百多。查大受心中大喜，他一面派人给李如松报捷，一面继续追击敌人。这立花宗茂逃一程，就回过头来再战几合，不知不觉，已经接近碧蹄馆了。只听一声号炮响，霎时间伏兵四起，把查大受等人包围了起来。查大受叫声“不好”，但他并没有慌张。想这查某人曾是李成梁手下一员悍将，久经沙场，手上功夫也十分了得。他把弟兄们集中起来，顽强抵抗，等候后续部队的增援。他坚信，李如松和大部队很快就会到来。

一接到查大受的报捷信，李如松就觉得什么地方不对劲，他不相信日本鬼子这么不禁打。他让传令兵通知后队的杨元迅速跟上，自己则带领身边的两千名骑兵，快马加鞭，去追赶查大受一行。路上赶得太急，李如松从马上摔了下来，摔伤了脸。但他顾不上这些，换了马继续赶路。还没到碧蹄馆，就听见枪声大作，杀声一片。李如松一紧缰绳，拍马冲了上去，两千骑兵紧跟在他后面。李如松来得正是时候，查大受已经有些顶不住了。李如松带来的这些兵，那个个都是精兵，有了这批生力军，战场局面顿时改观。

可日本兵抱定一个主意，就是不退，而且人数越来越多。他们知道李如松是主将，便把他层层包围，就是不让他脱身。正在此时，李如松腿上中了一枪，从马上摔了下来。见到这个机会，有一身穿黄甲的日将，举起倭刀，就来取李如松的首级。情况紧急，家将李文升奋不顾身地扑在了李如松的身上。李如梅离得较远，他不敢怠慢，拈弓搭箭，一箭射死了那员身穿黄甲的日将。李如松得救了，但家将李文升已被日将的倭刀砍死。

李如松抱着爱将的尸身放声大哭，悲痛不已。这时，副将杨元带着后队人马赶到。明军不敢恋战，连忙将李如松扶上战马，杨元断后，迅速退出战场。这次战斗，明军轻敌，以数千骑与数万鬼子兵对垒，虽精神可嘉，但毕竟寡不敌众，损失不小。但日军经此一战，也领教了明军的厉害，心灰意冷，准备撤军回国了。双方无心再战，暂时讲和，日军将汉城让给明军，退到釜山。明军大部回国，只留下少数部队协助朝军驻守平壤。李如松也率领李家军回到辽东养伤。不久，万历皇帝任命李如松为辽东总兵，加太子太保衔。

在离开朝鲜时，李如松很是感慨，令他遗憾的是，没能彻底打败倭寇。他虽是武将，但却留下了一首诗：

春来杀气心犹壮，此去妖氛骨已寒。
谈笑敢言非胜算，梦中常忆跨征鞍。

和平仅仅维持了三年。万历二十四年（1596 年）九月，丰臣秀吉再一次发动了侵朝战争。还是十多万人马，还是扛着鸟铳，还是小西行长等头目，还是乘船，还是渡过对马海峡，大和武士又一次跨过海洋，来到了异国他乡。他们的目的，是掠夺人家的土地，杀戮他国的人民。这大概就是日本人所谓的武士道吧！日军登岸以后，锁定了第一个进攻目标，那就是首都汉城。小西行长带领四万五千人为左路军，进攻全罗道重镇南原。加藤清正带领六万五千人为右路军，进攻全州。而守卫南原的明将杨元，手下只有三千人。守卫全州的明将陈愚忠，他手下的人更少，只有两千五百人。

杨元是条汉子，与日寇血战三昼夜，守城将士全部阵亡，他匹马单枪杀出了南原。陈愚忠则不同，他不但不救援杨元，反而直接带着部下逃回了汉城。日军在全州会师，对拿下汉城信心满满。而汉城的明军主将不是别人，正是那个在宁夏平叛中立了功的麻贵。麻贵本来已经退休，回家养老去了。可是，日军卷土重来，军情吃紧，老将李如松也已去世，真是千军易得，一将难求啊！万历皇帝强调，一定要选一位久经战阵的老将挂帅，最后才确定，由麻贵担任备倭大将军，兼朝鲜提督。

麻贵是由士兵、把总、千总、游击、参将、副将、副总兵、总兵，一级一级提拔上来的。他多年征战边疆，在枪林弹雨中摸爬滚打，不仅武艺超群，而且有丰富的作战经验。尤其是在对蒙古兵作战中，他出生入死，屡立战功，是一位难得的将才。万历二十五年（1597 年）六月二十三日，他在家中接到赴朝通知，七月七日，麻贵已经在汉城上任了。当十多万日军向汉城推进时，他手上可用的兵力，还不足八千人。

没有畏惧，没有胆怯，麻贵决定，主动出击，他把交战的地点选在了首都汉城以外的稷山。这里道路狭窄，林木丛生，是一个打伏击的好地方。九月七日，日军前锋一万二千人进入埋伏圈。麻贵一声令下，事先埋伏好的明军立刻发射火枪和火炮，日军顿时大乱。日军一面发射鸟铳抵抗,一面四散奔逃，队伍混乱不堪。明军副总兵解生带领两千骑兵斜刺里杀出，逢人便砍，日本兵只恨爹娘少生了两只脚。这时，日本第三军军长黑田长政带领三千人赶到，日军这才稳住了阵脚。在黑田长政的指挥下，日军陆续退出了战场。

稷山一战，麻贵以少胜多，首战告捷。更重要的是，日本鬼子被打怕了，两个月内，都没敢进攻汉城。这宝贵的两个月，为明军争取了时间。兵部尚书邢玠在两个月内，火速从内地调兵四万余人，已经到达了前线。有了人马，麻贵信心大增，他兵分三路，直取蔚山。蔚山是日军的重要据点，是日军回国的必经之路。麻贵的目的很明显，要切断日军的归路，把他们全部消灭在朝鲜。日本方面，防守蔚山的是加藤清正的第一军。

加藤清正还真没把明军放在眼里，明军到达蔚山时，他竟然不在防区，跑到附近的西生浦修工事去了。主将不在，群龙无首，明将李如梅带领辽东铁骑发起冲锋，阵斩日军一千余人。日军城外的阵地被摧毁，赶紧退回城内。第二天，明军开始攻城。这时，加藤清正已经赶回了蔚山。加藤清正这小子，别看打仗不怎么样，修工事可是一把好手。他用石头修的城堡，非常结实，而且又高又滑。城堡上还留有大量的射口，日本兵躲在里面用鸟铳射击。城堡爬不上去，云梯也够不着，日本兵的鸟铳又打得很准，明军伤亡不少。这真是，老虎吃天，无处下爪。直到这时，麻贵才意识到，以目前的兵力，是不可能取胜的。恰巧这时，日本的援军陆续赶到，于是，麻贵决定撤军。

本来，明军没有太大损失，撤军也未尝不可。但最终这次撤军却演变成一场溃败，原因在于一个人，这个人名叫杨镐。杨镐是河南商丘人，万历八年（1580 年）考中进士。按说他是个文人，可他却爱掺和军事，曾跟随总兵董一元在与蒙古兵交战时，取得过两次小胜，从此就更以为知兵了。日本兵二次进攻朝鲜，杨镐被提升为右佥都御史，经略朝鲜军务。蔚山战役中，他一直很积极，穿上铠甲，亲临前线。虽不能上阵杀敌，却也在火线击鼓，鼓舞士气。

可杨镐毕竟没经过大阵仗，撤退令一下，他就带头逃跑。长官一逃，明军就乱了营了。士兵们争先恐后，互相践踏，日军又在后面追击。明军大败，死伤两万余人。杨镐等人一直跑到庆州，才扎住阵脚。堂堂大明，岂能败于区区倭寇，万历皇帝将杨镐撤职查办，另调十万精兵，入朝参战。这其中，最有名的当属陈璘的两广水师和刘綎的四川兵。经过这番安排，明军在朝鲜战场上已投入了十四万兵力，而日军一部分伤亡，一部分先期回国，此时只剩下了八万人。

兵多将广，麻贵的信心又回来了。他重新组织了三路大军，再度向日军发起进攻。万历二十六年（1598 年）七月，三路大军陆续出发。西路军的主将是刘綎，他带领两万人，进攻顺天。中路军的主将是董一元，他带领两万六千人，攻击泗川。东路军麻贵自任主将，领兵三万人，目的地仍是蔚山。最先出发的是麻贵的东路军，他遇到的还是老对手加藤清正。

加藤清正这次学乖了，他缩在城堡里，就是不出来，明军也无计可施。

中路军的明军比较顺利，防守泗川的是岛津义弘率领的第五军。明军用炮火开路，然后使用骑兵冲锋。虽然，副总兵李宁和游击将军卢得功先后死于日军的鸟铳，但泗川的旧城已然拿下。可正当董一元全力以赴，准备攻取新寨时，身后却传来巨大的爆炸声。只见自己营寨内火光冲天，显然是被敌人抄了后路。董一元急忙撤兵，岛津义弘趁势从新寨杀出来，明军大败，退守晋州。事后查明，后营是自己人不慎，玩火引爆了炸药，导致功亏一篑，真是时运不济啊！

万历二十六年（1598 年）九月十九日，刘綎的西路军到达顺天，他的对手是“名将之花”——小西行长。刘綎是江西洪都人，出身于武功世家。他的父亲刘显，曾任左都督。刘綎自幼在军中长大，不喜欢读书，专爱舞枪弄棒。他的兵器是一把一百二十斤重的镔铁大砍刀。这把大刀，一般人拿都拿不动，他却能在马上将这把刀使得轮转如飞，可见其力气之大。多年的军旅生涯，使他获得了“刘大刀”的美名，但同时，也使他沾染了不少兵油子的坏习气。

可这一次，“刘大刀”却没有用武之地，小西行长高悬免战牌，死守内城，就是不出战。攻城，攻不上去，伤亡还特别大。刘綎困在坚城之下，有劲使不上，别提多窝火了。三路明军就这样与日军僵持着，日军是不战、不和、不走，倒使明军无可奈何。其实，这时日本国内出了一件大事，八月十三日，丰臣秀吉死了。日本已经内定，撤军回国，日期定在十一月五日。这个情况只有小西行长等几个人知道，明军就更不知道了。

麻贵并没有闲着，他决定，换一种方式，和日军较量。他命令三路大军都撤回来休整，由水军在海上巡逻，截断日军的运粮通道，把日军饿死、困死。而麻贵之所以能这么做，是因为陈璘到了朝鲜。万历二十六年（1598）六月，陈璘带着五千人的广东水军，来到了抗倭前线。和他一起来的，还有著名的老将邓子龙。陈璘有很多毛病和缺点，但他打仗，确实有一套，无论是陆军还是水军，他指挥起来都得心应手。这次，他一到朝鲜，便立即去拜访朝鲜水军提督李舜臣。

在朝鲜，李舜臣可是个家喻户晓的人物。在日军第一次侵略朝鲜时，李舜臣担任朝鲜水军统制使。他仅带领二十艘龟船，就击沉日船上百艘，打得日本水军找不到北。可这位抗日英雄在胜利后，却被免去了职务。在日军第二次侵朝时，没有李舜臣的朝鲜水军几乎全军覆没。朝鲜国王不得已，才请李舜臣再次出山。对于陈璘来访，李舜臣大喜过望。俩人一见如故，惺惺相惜，真所谓，酒逢知己千杯少，话不投机半句多。临别时，老兵油子陈璘竟然诗兴大发，为李舜臣赋诗一首：

不有将军在，谁扶国势危？
逆胡驱襄日，妖氛倦今时。
大节千人仰，高名万国知。
圣皇求如切，超去岂容辞！

这首诗从文学的角度看，写得并不出彩，但此时此地的李舜臣看到后，却是心潮澎湃，激动不已。李舜臣感到，一位明朝将军能对自己有如此高的评价，是一位难得的知己。感动之余，他对陈璘表示，要在未来的抗倭战争中，与明军并肩作战，让侵略者有来无回。从此，中朝水军共同在海上巡弋，日军的海上补给线经常被迫中断，侵朝日军的粮食已难以为继。一天，正在海上巡逻的陈璘接到了麻贵的通知，要他到汉城开军事会议。他立刻给老将邓子龙交代了几句，就乘船赴会去了。

在会上，麻贵拿出一份东西，说是日本人送来的。上面明晃晃地列出了撤军条件，要求以朝鲜王子为质，并且每年要向日本进贡稻米、虎皮、人参等。麻贵把大家请来，就是要一起分析分析，日本人葫芦里到底卖的什么药？众人七嘴八舌地议论着，陈璘却没有发言。直到最后麻贵点名请他讲话，他才不紧不慢地说：

“我看，日本人要逃！他这一招，是要麻痹我们，想要瞒天过海。”

一语点醒梦中人。麻贵也恍然大悟，恰巧他刚刚接到东厂太监的密报，说是丰臣秀吉死了。这不正好对上号吗！他十分佩服陈璘的老到，姜还是老的辣啊！麻贵激动地站了起来，他说：

“众位将军，七年了，倭寇不仅使朝鲜的三千里江山生灵涂炭，而且，让我们多少弟兄变成了异乡的孤魂野鬼。现在，他们要逃跑了，不能便宜他们！家仇国恨，冤有头，债有主，今天是到了报仇雪恨的时候了！陈将军，你的水师从海上，我们的陆军从蔚山、泗川、顺天三个方向共同夹击，要杀得倭寇有家难回，片甲不留！”

开完会后，陈璘返回水师。半路上，突然发现从顺天方向驶出一艘日军的小船。陈璘的部下准备开船拦截，却被陈璘止住了。陈璘只是派人跟踪那条日船，看它往什么方向去。手下回来报告，日船是驶往泗川方向。陈璘反复琢磨，最后确定，这艘船是小西行长派出的，目的是让泗川的岛津义弘接应他们撤退。陈璘当即派人去知会陆上的麻贵，并对水军做了如下布置，他要在露梁海打一场伏击战。露梁海是一片狭长的海域，也是泗川到顺天的必经之路。他命令老将邓子龙率三千人埋伏在露梁海的北边，朝鲜的李舜臣带领朝鲜水师埋伏在露梁海南边的观音浦，他自己则率主力在露梁海附近的猫岛潜伏。

十一月十八日这一天到来了。岛津义弘率领着六百艘战舰，大张旗鼓地进入了露梁海。当日军最后一艘舰驶入这片海域的时候，炮声响了，老将邓子龙率先杀出，锁住了日军的退路。但由于明朝水师在舰船数量上并不占优势，岛津义弘并未慌张，他下达的命令是，继续前进。这时，事先埋伏在观音浦的朝鲜水师在李舜臣的带领下，也杀了出来。霎时间，一场波澜壮阔的海战展开了。海面上双方的舰船犬牙交错，交火的枪炮声此起彼伏，起火的战船熊熊燃烧。

明朝水军的舰船十分高大，老将邓子龙手下虽然只有三条战舰，却可以在战场上横冲直撞。朝鲜水师的战船名叫龟船。龟船很有特点，它龙首龟尾，浑身用铁皮包裹，一般的弹丸、火箭都伤不了它。船的龙首和龟尾各留有一口，两边船舷上，各有六个方孔，是为施放火器准备的。铁皮船身上，还插满了利刃和尖锥，防止敌人往船上爬。这在当时是很先进的。明军和朝鲜军在战斗中，主要靠火炮和火箭等，让敌船中弹或燃烧。日军则不断地施放鸟铳，向明军和朝鲜军的士兵开火。

在激烈的拼杀中，日军占有数量上的优势，一时占了上风。老将邓子龙亲自带领二百壮士跃上敌船，与日军进行肉搏，不幸中了鸟铳，掉到了海里。朝鲜水军统制使李舜臣也在激战中受了重伤，他让儿子不要告诉任何人，以免影响战斗。陈璘的大队船舰赶来了。明军施放虎蹲炮，用喷筒顺风放火，用长枪刺杀靠近船舷的日军。有两个日军士兵拼死爬上了陈璘的座船，挥刀向陈璘砍来，陈璘的儿子陈九经用身体挡在了父亲身前，替父亲挡了一刀。亲兵们赶过来，杀死了两个日本鬼子。

夕阳西下，岛津义弘带着五十多艘战船逃离了战场。海面上，大批的日本舰船在燃烧，在沉没。海水中，还漂浮着数以千计的日军尸体。明军在露梁海海战中取得了决定性的胜利，日本侵略者得到了应有的下场。与此同时，麻贵、董一元、刘綎的部队在陆上也获得了大胜，小西行长只是在乱中，才带着一千多残兵败将溜上了船，逃回了日本。抗倭援朝战争终于画上了一个圆满的句号。在这场战争中，应该说，万历皇帝的遣将用人，还是值得称道的。

马革裹尸寻常事，古来沙场几人回。万历二十七年（1599 年）四月，备倭大将军麻贵，以及刘綎、董一元、陈璘等，从朝鲜载誉而归。万历皇帝在午门召见了他们，麻贵被授予太子少保衔，刘綎、董一元和陈璘都被提升为都督同知。觐见了皇帝之后，麻贵衣锦荣归，回到家乡养老。董一元仍旧担任辽东总兵，出关上任去了。刘綎和陈璘却和别人不同，他们又有了新的任务，他们要去播州，平定杨应龙发动的武装叛乱。

明代的播州是指今贵州遵义一带，那里山高水深，地势险要，幅员辽阔，与世隔绝。从唐代以来，杨家就世代统治着这块地方。明初，杨铿宣布归附朝廷，朝廷任命其为播州宣慰使。隆庆五年（1571 年），十九岁的杨应龙袭父职当上播州宣慰使，他也是当地的第三十七代土司。他少年气盛，专横跋扈，很不安分。他夜郎自大，自称“千岁”，身着龙袍，养着太监，俨然以土皇帝自居。四川、贵州的官员上书弹劾他的种种不法行为，他干脆先发制人，起兵造反。此时，朝廷正在朝鲜用兵，顾不上小小播州之事，一时竟奈何他不得。万历二十七年（1599 年）二月，四川总督调兵万人前去征剿，不料却在飞练堡被杨应龙的队伍打败，全军覆没。

这一下，可大扫了皇帝的面子。恰巧这时抗倭援朝战争已经结束，万历皇帝龙颜大怒，决心给杨应龙点颜色看看。万历任命前都御史李化龙为总督，并指名由在抗倭援朝战争中表现最突出的刘𬘩和陈璘二将军，担任平叛的主力。李化龙为保证一战成功，决定兵分八路，分别由四川、贵州、湖南三个方向，向播州进军。李化龙与八路总兵约定，八路人马统一在杨应龙的老巢——海龙囤会齐。

万历二十八年（1600 年）二月，八路明军陆续开拔，表现最抢眼的是从綦江出发的刘𬘩的部队。“刘大刀”名不虚传，一路过关斩将，攻城拔寨，很快就逼近了天险——娄山关。这娄山关设有十二座木关，中间是一条羊肠小道，两边是陡峭的山崖。为了守关，杨应龙还在小道上挖了不少陷阱，设置了许多竹子做的尖桩。刘𬘩粗中有细，决定一明一暗，前后夹攻。他一面派人在正面强攻，自己还带着一千人的敢死队，绕到关后。明军前山放火，烧毁木栅，敢死队员则突然从关后冲出，十二座木关一一被焚毁，刘𬘩军占领了娄山关。

明军的进攻势如破竹，陈璘的队伍进展也很顺利。他们从偏桥出发，在袁家渡绑扎浮桥渡过了乌江，沿着楠木关、湄潭方向前进。沿途消灭了数千叛军，最后到达海龙囤，与其他各路人马会师。这海龙囤是杨应龙的老巢，素有“播州第一险固”之称。海龙囤方圆数十里，在悬崖绝壁之上。杨应龙在这里修筑了九道关口，并储备了大量的武器和粮草，准备长期负隅顽抗。现在，二十多万明军将海龙囤围得水泄不通，叛军的覆灭已是指日可待了。

五月初，明军发起了总攻。刘𬘩利用火器开路，他自己亲自率领勇士，利用云梯和巢车，冒着矢石，连破“飞龙”“铁柱”二关。叛军一听说“刘大刀”来了，吓得望风逃窜。陈璘也不甘落后，他率领军士，翻山越岭，从海龙囤的山后，用绳索牵引，攀缘绝壁，直达海龙囤内城。当明军士兵突如其来地出现在叛军面前时，叛军以为是天兵天将出现了。叛军的士气彻底垮了，无论杨应龙给多少钱，他们也不愿意再为杨应龙卖命了。他们放弃了抵抗，不是逃跑就是投降。

杨应龙见大势已去，携带着自己的爱妾登楼自焚。他担心火烧得慢，在火中悬梁自尽。陈璘的儿子陈九经与总兵吴广同时冲进杨府，从灰烬中找到了杨应龙的尸体，割下了他的首级。杨应龙的妻子田氏及他的儿子杨朝栋、杨兆龙等百余人被生擒，献俘京师。这次平叛，从出兵到彻底胜利，只用了一百一十四天。为了长治久安，朝廷改土归流，取消当地实行了数百年的土司制度，将播州改为遵义、平越二府，由朝廷派流官治理。至此，万历三大征的平定播州叛乱的第三征，取得了彻底的胜利。

万历三大征的胜利，是万历皇帝事业的顶峰，也显示了万历的聪明才智。但与此同时，有一件事却长期让他身心疲惫，寝食难安，那就是太子的册立。与女真族不同，汉族皇位的继承是有制度的，那就是嫡长子继承制。它的规矩是，嫡子优先，无嫡立长。换句话就是说，如果皇后生了儿子的，首先要立皇后生的儿子。若皇后没有生养儿子，则优先考虑其他嫔妃所生的年长的儿子。这个制度是很重要的，它确定了继承的先后顺序，也在很大程度上，避免了诸皇子争立、兄弟阋于墙的纷争。

万历十年（1582 年）八月，十九岁的万历皇帝便有了第一个儿子，他的名字叫朱常洛。可是，当了父亲的万历心情并不高兴，因为朱常洛的母亲王氏并不是万历所喜欢的女人。王氏本来是太后宫中的一名宫女，有一次，万历去给太后请安，偶然邂逅，一时心血来潮，便临幸了她。事后，皇帝早就把这个宫女忘记了，谁知无心插柳柳成荫，王氏珠胎暗结，怀胎十月，竟生下一个男孩。万历本不想认这个孩子，但有《内起居注》作证，皇帝想赖也赖不掉。在太后的授意下，万历不得已才封孩子的母亲为才人，后来，又改封王氏为恭妃。

朱常洛刚生下来那几年，倒也相安无事。不久，后宫的李氏又给万历生下第二个儿子，可这个儿子不到一岁便夭折了。万历十四年（1586 年）秋天，皇三子朱常洵降生了，从此国无宁日。问题出在朱常洵的母亲郑贵妃身上。这郑氏于万历十年（1582 年）进宫，她面目姣好，能说会道，深得万历宠爱。她的肚子也特别争气，进宫第二年便生下一位公主，立即被封为贵妃，位在王恭妃之上。自从皇三子诞生后，郑贵妃母以子贵，更是趾高气扬。她没完没了地在万历耳边吹起了枕头风，要让万历立朱常洵为太子。

这一下，搞得万历皇帝左右为难。立皇三子为太子与理不合，但是，不立皇三子，郑贵妃又在那里又哭又闹，纠缠不休。说来也怪，后宫嫔妃无数，可万历偏偏看上了郑贵妃，而且，一天都离不开郑贵妃。于是，事情变得麻烦起来。朱常洛长大了，该读书了，万历不敢叫他开始读书，因为一旦让朱常洛读书，就等于承认他的太子地位。所以，尽管大臣们不断上书，要求让皇长子出阁读书，但万历就是拖着不办。在万历看来，立谁为太子，那是他自己的家事。在群臣眼里，太子是储君，事关国家未来，那当然是国事。大臣们把这件事称作“争国本”。

于是，朝堂上出现了一种怪现象。大臣们隔三岔五地递奏章，或要求立太子，或要求让皇长子出阁读书。皇帝是铁了心，他抱定一个宗旨，既不立太子，又不让皇长子出阁读书。凡是递这类奏章的，不是打棍子，就是免职。万历曾经在十天里，免了十二位官员的职。但万历朝的官员们骨头就是硬，一不怕打棍子，二不怕免职，依旧乐此不疲。到了最后，四位内阁辅臣联名上书，要求立太子。总不能把他们全都免职吧？万历免掉三个，留下一个。但那留下的一个仍在不屈不挠地啰唆这件事。

这唯一留下来的辅臣名叫王家屏，这王家屏有个本事，就是死缠烂打，他认准的事，九头牛都拉不回来。自他任首辅以来，不但不站在皇帝一边，替皇帝挡驾，而是和大臣们一起，整天为立太子的事儿喋喋不休。万历皇帝被这个家伙搞得焦头烂额，但现在只剩下这一个辅臣，免又免不得，真是不胜其烦。经过几天考虑，万历想了一个主意，他把王家屏找来，对他说：

“王爱卿，关于立太子的事儿，朕考虑是否先放一放。皇后春秋正盛，几年内或可诞下嫡子。目前可同时将三位皇子封王，若数年后皇后仍未诞下嫡子，再从三位皇子中择长而立。爱卿以为如何？”

此时，万历已经有了三个皇子。除原来王恭妃生的皇长子，郑贵妃生的皇三子外，张淑嫔又生了个皇五子。万历皇帝之所以搞什么“三王并封”，一是继续拖延时间，二是想以此堵住大臣们的嘴。司马昭之心，路人皆知。万历皇帝的这点小伎俩，怎能糊弄住聪明过人的王家屏，王家屏当下便将皇帝顶了回去，大臣们也都站在王家屏一边。万般无奈，万历皇帝终于下了诏书，万历二十二年（1594 年）春，让年已十二岁的皇长子出阁读书。

皇帝让了步，但大臣们并不领情，他们得寸进尺，坚持要立即立皇长子为太子。这件事终于传进了深宫，传到了李太后的耳朵里。李太后把万历找来，问他：

“外面传得纷纷扬扬，大臣们一直主张立皇长子为太子，你为什么迟迟顶住不办呢?”

“太后息怒，太后您也知道，那皇长子可是宫女所生啊!”万历回答道。太后冷笑了几声，说道：

“你自己不也是宫女生的吗？你不是也当了皇帝吗?”

这个回答对于万历皇帝来说，犹如五雷轰顶。大臣们提出的事，可以不办，但皇太后的话不能不听，那会担上不孝的罪名。皇帝以孝治天下，不孝便是大逆不道。尽管十二万个不情愿，尽管还是想立郑贵妃生的皇三子为太子，但这一次，万历皇帝屈服了。万历二十九年（1601 年）十月，皇帝正式颁布诏书，册立皇长子朱常洛为皇太子。一场长达十多年的“争国本”事件，这才画上了句号。

这样一场“争国本”事件，对万历皇帝打击很大。当皇帝的竟然在立太子的大事上当不了家，反而要屈从于大臣们的主张，他实在咽不下这口气。他的报复措施是，从此君王不早朝。固然，他的祖父嘉靖皇帝便有过二十年不上朝的记录，万历则有过之无不及，从万历十八年（1590 年）起，万历就以身体不适为由，经常不上朝，但这次，他是万念俱灰，足不出后宫，彻底不上朝了。在后宫中，万历纵情声色，玩女人，玩花鸟，酗酒，斗蛐蛐，甚至抽上了大烟。大臣们再也见不到皇帝，就连内阁辅臣，也只能几个月进后宫去汇报一次工作。

万历四十六年（1618 年）六月十一日，紫禁城里景阳钟响了，多年不上朝的万历皇帝破天荒地上朝了。文武百官分成两行，鱼贯地进入了皇极殿。殿内气氛紧张，所有人的目光都盯着御座上的万历皇帝。皇帝真的老了，坐在御座上直喘粗气，布满皱纹的脸上，没有一丝表情。首辅方从哲向朝臣们通报了在辽东发生的新情况。四月十五日，后金汗努尔哈赤率领两万人马，进攻了距建州二百三十里的明朝重镇——抚顺。努尔哈赤的大军一到，城内便有上千的女真人手持武器，杀出来接应。这些女真人是借前一天马市交易之机，化装成赶集的商人，混入抚顺城做卧底的。其实，他们便是由后金大将额亦都率领的一千名士兵。

还不到一个时辰，后金军便攻破抚顺，明中军千总王命印战死，游击李永芳贪生怕死，投降了敌人。和往常一样，后金军拆毁了抚顺城并大肆抢掠，掠走三十多万人口，以及牛羊和无数财物。临撤退时，努尔哈赤让兵士将三百名平民，带到抚顺关前，剥光衣服，一个个杀掉，共杀了二百九十九个。只有一个没有杀，而是割掉了他的耳朵，让他去给明朝官员送信。这封信送到了明辽东总兵张承胤手里。只见信上写着：

“有种，就前来交战；没种，那就送来金银布帛，我可以退兵。”

张承胤看后怒不可遏，立即点起一万人马，带着副总兵颇廷相、参将蒲世芳去追赶后金的队伍。结果，刚到建州边境，就中了后金军的埋伏。四下里伏兵齐出，张承胤、颇廷相、蒲世芳全部战死，他手下的一万多人也全军覆没。

这真是骇人听闻，昔日的小小建州，弹丸之地，竟然攻占了重镇抚顺，抢走了大量人畜，消灭了上万明军，杀死了明军总兵，把堂堂的大明打得威风扫地！

万历皇帝震怒了，从龙椅上站了起来。但很快，他又冷静下来，坐回龙椅，继续听大臣们的高谈阔论。同时，他倒吸了一口凉气。他突然产生了一种不祥的预感，这次的祸事不小，努尔哈赤不可小视，难道自己的一世英名，竟要毁在建州这伙跳梁小丑身上？大臣们群情激奋，朝堂上义愤填膺。这是亘古以来从未有过的奇耻大辱，这是无论如何也不能忍受的。必须给予后金以狠狠的打击，必须要教训这帮不知天高地厚的家伙。经万历皇帝批准，决定由兵部左侍郎杨镐出任辽东经略，从全国各地调集精兵猛将，务必将后金一举歼灭，不留后患。万历当场赐给杨镐一柄尚方宝剑，并亲笔书写了四个大字“如朕亲临”，交给杨镐。杨镐一时感激涕零，不知道说什么好。

捧着沉甸甸的尚方剑回到府里，杨镐深感肩上这副担子的沉重。他曾任辽东巡抚，对当地情况还是有所了解，他也和努尔哈赤打过交道，深知其为人。短短几年，昔日的建州女真已经坐大，不可小看啊！当地有句俗语，女真满万不可敌，现在的努尔哈赤已拥有十万铁骑，已经成为明朝的心腹大患。这次出兵，若不能一举消灭后金，辽东就有可能易手，自己项上的人头也可能不保。想到这里，杨镐不禁有些害怕。他决心，利用皇帝对自己的信任，一定要调猛将，集劲卒，配足粮饷，不完全准备好，绝不轻举妄动。对于参加出征的大将人选，杨镐确实是绞尽脑汁，费了一番心思。这天晚上，他反复比较，权衡利弊，直到确定了大将人选，并写好明日要给皇帝上的奏章，这才上床休息。

尽管有朝廷的大力支持，尽管杨镐也在积极准备，但出征之事，还是雷声大，雨点小，迟迟定不下来。最关键的，还是粮饷问题，所谓兵马未动，粮草先行。没有饷银，内地的兵便无法出关，大将们更是按兵不动。万历皇帝惜钱如命，不愿从内帑里出这笔钱，因为那是他的私房钱。最后，还是首辅方从哲出了个主意，在全国加征“辽饷”。每亩地加征三厘五毫，并专门在广宁设立了辽饷司，辽饷司所征集的税银，全都用来作为出征的饷银。饷银解决了，兵员就好办了。整整用了半年时间，杨镐才勉强从宣大、山西、河北、登莱、四川、浙江等地，筹集了八九万人马。杨镐觉得兵员还不足，又逼着朝鲜出了一万三千兵。叶赫也派遣两千名士兵，参加讨伐后金的行动。

万历四十七年（1619 年）正月十七日，刚刚过完小年，杨镐就带着自己的全部班底离开了北京。作为辽东经略，他可以选择驻在山海关，但为了更接近出征部队，他赶到了沈阳。他发出通知，让所有出征的将领都到沈阳报到。第一位前来前来报到的是现任辽东总兵李如柏，杨镐热情地接待了他。这李如柏是李成梁的第二个儿子，他本来已经退休回家养老去了，可去年辽东总兵张承胤战死，朝廷这才重新起用他担任辽东总兵。这位老将军已年过七旬，头发和胡须已经全白了。就李如柏个人而言，他是既不愿出任辽东总兵，又不愿去与努尔哈赤作战的。至于杨镐选用他，还是想借用乃父在辽东的威名。

第二位前来见杨镐的将领叫马林。他的父亲马芳曾任左都督，长期镇守边陲，威名素著。常言说得好，虎父无犬子，但这句话放在马林身上，并不合适。他是个白面书生，写得一手好字，做得一手好文章，并于万历三十三年（1606 年）考中进士。靠着父亲的关系，他曾短时间担任过辽东总兵，可是由于不谙军事，很快便被革职。这次参加讨伐后金，他是主动请缨的。杨镐一时也选不出更合适的将领，便同意了他的请求。这次一见杨镐，马林还带了一份见面礼，是他自己手书的一副对联。杨镐打开一看，一笔漂亮的柳体字，写的是："十万铁骑伐后金，踏平赫图阿拉；百员上将征建州，活捉努尔哈赤。"杨镐看后，连声说好，并让中军当场将对联挂了起来。

第三个来见杨镐的大将名叫杜松，他是现任山海关总兵。奇怪的是，这位总兵见杨镐时，手脚都戴着镣铐，走起路来叮当作响。杨镐先让亲兵扶他坐下，又忙问怎么回事？那杜松是个爽快人，他说：

"大帅，卑职前几天心情烦闷，喝了点酒，一把火把关上的辎重烧了，故而受到了处罚。"

听他这么一说，杨镐立刻让人拿来钥匙，打开杜松手脚上的镣铐。双方这才坐下，分宾主叙话。杜松是陕西榆林人，是一员出了名的虎将。他是行伍出身，长期在陕西边界与蒙古骑兵作战，从一名普通的列兵，一直升到总兵。他的兵器是两柄重八十八斤的铁锤，每次出马，百八十人近不了他的身。蒙古兵被他打怕了，送给他一个绰号，叫作"杜太师"。蒙古人只要听说"杜太师"来了，马上就溜之大吉。由于他作战勇敢，战功累累，杨镐指名把他要来，就是要委以重任。

茶过三巡，杨镐问他：

“听说将军不识字，是真的吗?”

此话一出，只见那杜松勃然变色。他从椅子上站起来，三把两把脱掉衣服，赤条条地立在杨镐面前。只见他浑身上下，全是伤疤，大大小小，足有一百多处，令人目不忍睹。杨镐轻轻地抚摸着他的块块伤疤，动情地说：

“真将军也!”

杜松从容地穿好衣服，然后一抱拳，对着杨镐说：

“杜某一介武夫，斗大的字，识不了几个。但我杜某不怕死，某此次来辽东，便是要以身报国。宁当马革裹尸的英雄，不当惜命怕死的将军。大帅，您说呢?”

杨镐连忙起身，安慰他说：

“杜将军，我这一问，其实并无恶意。将军以伤疤裸示与众，更显露耿耿忠心，此次伐虏，还要借重将军之力。尚望将军能与我同舟共济，早奏凯歌。”

在明朝末年，官场十分黑暗，武将怕死，文官爱钱，像杜松这样不贪财、不怕死的将领确实是凤毛麟角。今日一见，杨镐更喜欢上了这个耿直的汉子，更坚定了他原来就考虑的，让杜松在这次战役中打主攻的想法。他专门设宴招待了杜松，并亲自陪酒。知道杜松爱喝酒，杨镐用当地著名的高粱酒“关东烧”款待杜松。除了让杜松喝个痛快外，还特意给他送了十坛。酒酣饭饱，杜松心里也是热乎乎的。他对主帅表现出来的异乎寻常的热情，十分感动，他对未来的这场大战跃跃欲试。

最后一位前来报到的将领，是大家很熟悉的刘綎。接到命令后，他一直不肯出关，说要等待他的车军。刘綎有一支自己的私家军——车军。这支军队有五千人，全部由四川人组成。作战时，将大车围成圆圈，组成车阵。首先由火枪兵在阵内向敌人施放火枪，然后，骑兵从阵中冲出，将敌人冲垮，步兵跟进，摧毁残敌。车军进可以攻，退可以守，是一支攻守兼备的队伍。在朝鲜战场和播州平叛中，这支队伍都发挥了不可替代的作用。但这支队伍在作战中也损失不小，所以需要补充和重新训练。

刘綎的队伍一路上磨磨蹭蹭，走得很慢。直到杨镐高悬尚方剑，严令他五日必须赶到时，他才很不情愿地带着队伍出了山海关。二月十日，刘綎到达了沈阳，而杨镐已经决定在第二天召开军事会议。刘綎曾与杨镐在朝鲜战场上一起共过事，他对杨镐的印象并不好，说杨镐是一个不会打仗的文人。其实，“刘大刀”本人名气也不好，他脾气暴躁，好酒贪杯，又曾克扣军饷，向上司行贿，早前已被革职入狱。但杨镐还是很佩服刘綎打仗的功夫，所以这次特意向皇帝打报告，把刘綎从狱中赦出来，让他戴罪立功。考虑到实战的需要，万历皇帝批准了杨镐的请求。可刘綎并不买账，他依然是我行我素，对杨镐也是不理不睬。

万历四十七年（1619 年）二月十一日，杨镐在辽阳巡抚衙门召开出征前的军事会议。除参战的几十员将领外，蓟辽总督汪可受、辽东巡抚周永春、辽东巡按陈王廷都参加了会议。会场外，杨镐特意让人制作的一面大纛旗迎风飘扬，旗上用金线绣出的万历皇帝亲笔御书的“如朕亲临”四个大字，分外耀眼。大厅内正面墙上悬挂着马林手书的对联，中间书案上陈列着皇帝御赐的尚方剑。三声号炮响过，众将逐一点卯。然后，杨镐从厅内走出，在案后的椅子上坐下。他向两厢站立的众将摆摆手，示意他们坐下，然后呷了一口杯中的龙井茶，慢条斯理地说道：

“各位同僚、诸位将军：所谓养兵千日，用兵一时。今天，是到了各位为国出力的时候了。这次对东虏用兵，本帅身负皇命，如履薄冰，如临深渊，战战兢兢，不敢掉以轻心。还望三军用命，诸将同心，务必像马总兵这副对联所写的那样，活捉努尔哈赤，踏平赫图阿拉，建功关外，报效朝廷。如有畏敌不进，临阵脱逃者，本帅的尚方剑定斩不饶。”说到这里，杨镐故意停顿了一下，又将诸将扫视了一遍，这才接着说：

“数月来，本帅殚精竭虑，确定了一个四路出击，会师赫图阿拉的用兵方略。我的计划是：第一路为抚顺路即西路，由杜将军担任主将，王宣、赵梦麟为副将，率领四万人马，从抚顺关出发。第二路为开原、铁岭路即北路，由马将军担任主将，麻岩为副将，率领两万人马，从靖安堡出发。叶赫部随你军行动。第三路为清河路即南路，由李将军担任主将，贺世贤为副将，率领两万人马，从鸦鹘关出发。第四路为宽甸路即东路，由刘将军担任主将，率领你部一万多人马，从亮马甸出发。朝鲜姜元帅和金副元帅的一万三千人和你部一起行动。四路人马均于十天后出发，于赫图阿拉会齐，先到者有奖，后到者受罚。抓到奴酋努尔哈赤者记首功，献俘京师。诸位听明白没有?”

“大帅，卑职有一事不明。兵法有云：攻者，倍之。进攻方的兵力起码要达到守方兵力的一倍以上。据悉，努尔哈赤有精兵六万人，我军目前全部兵力也不到十二万人，集中在一起进攻尚嫌不足，为何要兵分四路呢？兵分四路，很容易被敌人各个击破。”总兵杜松听完杨镐的用兵方案，率先提出了异议。

接着，一直黑沉着脸的刘綎也跟着发言：

“大帅的方略，末将不敢评论。但目前天寒地冻，大雪封山，道路湿滑，难以行走。特别像我部的车营、其他各部的火器营以及辎重，更是寸步难行。大帅可否将进攻日期推迟两月，到开春冰雪消融，道路畅通时再战不迟。”

杨镐听得有些不耐烦，不等刘綎说完，便打断了他的话，说：

“这四路出兵的方略，其中另有奥妙。我方四路大军，只有西路军担任主攻，其他三路，都是佯攻。这样做的目的，一是让敌人摸不清我主攻方向，让敌人无所适从，二是迫使敌人也分兵。努尔哈赤的六万人马，若分成四路，每部的兵力不是都居于劣势吗？况且，我四路人马到达赫图阿拉后，总兵力不是又超过敌人一倍吗？兵者，诡道也。虚虚实实，出其不意，方可迷惑敌人，毕其功于一役。至于道路难行，确系实情，不过圣命难违，进攻日期不可更改。我十余万大军，每耽搁一天，便要花费白银三万两。诸位也要体贴朝廷的一番苦心啊！军令如山，违令必斩，本帅言出必行，切勿玩忽大意，勿为言之不预也！”

杨镐抽出令箭，分别发到四位将军手上。接着，又一起来到演武厅，举行出师祭旗仪式。杨镐首先下令将一名逃兵当场斩首，将人头悬挂在旗杆上示众。接着，又让士兵牵出一头牛，准备将牛杀掉作为牺牲祭天。谁知事先没准备好杀牛的刀，临时只好用战士手中的大刀代替。刀不合适，一连几刀下去，都没能砍死。那头负伤的牛四处狂奔，场面混乱极了。好好一个祭旗仪式，却被一头牛给搅和得乱七八糟，把杨镐气得哭笑不得。无奈之下，只好草草结束了祭旗仪式。这时，杨镐突然产生了一种不祥的感觉，本来信心满满的他，此时却像一只泄了气的皮球，一下子瘫倒在演武场上。

从二月十六日起，辽东就连降大雪，漫天的雪花纷纷扬扬下个不停，整个大地一片素裹银装。天公不作美，杨镐通知各路大军，出发日期推迟到二十五日。实际上，二十五日也并无一军出发，动作最快的杜松军是二十八日从沈阳开拔的。杜松是个急性子，这次受到杨镐重用，他很兴奋，决心要干出点名堂来。西路军二十九日连夜出了抚顺关，第二天便赶到了浑河边。河水冰凉刺骨，水里还夹杂着冰凌，渡河十分困难。

副将王宣和赵梦麟都劝杜松，晚一两天再渡河。可这时杜松喝醉了酒，谁的劝告也不听。他大声喊着："我是来活捉努尔哈赤的，谁也别想跟我抢这个头功。"喊声中，杜松把马一勒，第一个跳进了滚滚的浑河。部队随即涉水渡河，由于水冷流急，不少士兵被淹死，车营、火器营和大批辎重因无法渡河被迫留在河对岸。渡过浑河后，杜松军马不停蹄，傍晚便到达了萨尔浒。萨尔浒距后金都城赫图阿拉只有一百多里，尤其是附近的界藩城，更是防守赫图阿拉的咽喉要塞。

杜松到达萨尔浒后，得到后金军在界藩抢修工事的消息，便决定先拿下战略位置最为重要的界藩城，以便打开进攻赫图阿拉的通道。当晚他亲自带领两万骑兵，进驻二十里外的吉林崖，准备第二天向界藩发动进攻。另外以步兵为主的一万人，则由王宣和赵梦麟率领在萨尔浒山下扎营掩护。没有渡过河的车营、火器营和辎重约一万多人，则由参将龚念遂率领，驻扎在六十里外的斡浑鄂谟。

那天晚上，杜松破例地没有喝酒，但他一直难以入睡。当战士们都已进入梦乡，他还在大帐外走来走去。一阵阵冷风吹来，他不禁打了个寒战。几年前，努尔哈赤去北京进贡，路过山海关时，杜松曾见过他一面，觉得他是个不好对付的家伙。老实说，与努尔哈赤作战，自己心中还真没底。几十年来，他打过大小上百战，从来没有害怕过，可这一次，他总感觉有什么地方不对劲。他默默地注视着黑魆魆的林莽，想从中发现些什么。凭着他多年来的战争经验，他已经嗅出了战争的味道。他敏锐地感觉到，敌人已经来到了身边，而且，来的必然是后金主力。

但杜松还是没有完全猜对，来到萨尔浒的，不仅是后金主力，而是后金军的全部。努尔哈赤并没有睡大觉，自拿下抚顺后，他就知道，明军不会放过他。他早就四下里派出细作，打探着明军的消息。他从八旗各抽调了七千五百人，集中了六万人的大军，准备应战。当他得知明军的统帅是杨镐，而明军是分四路杀向赫图阿拉时，努尔哈赤哈哈大笑，说：

“凭尔几路来，我只一路去！”当大贝勒代善问他为何发笑时，努尔哈赤回答：

“我笑这杨镐不会用兵，这一仗我们必胜无疑。你看，兵法上讲：倍则攻之。攻方的队伍在数量上要有几倍的优势，才能攻城夺地。现在杨镐兵分四路，力量分散，犯了兵家大忌，这不是自取灭亡吗？我们既不能在赫图阿拉被动地等着挨打，也不能兵分四路，分散迎敌。我们的策略是，集中全部兵力，主动出击，将四路敌人各个击破。从探子们报告的情况看，西路的杜松军是明军的主力。代善，你和四贝勒带领将士们立刻出发，到萨尔浒一带迎敌，父汗随后就到。”

三月一日清晨，大地静悄悄的，山边还依稀能看见那月亮的影子。一阵马蹄声响，努尔哈赤骑着他那匹黑马，带着卫队，已经来到了萨尔浒的前沿阵地。他四处转了一下，这才派人把代善找来，问道：

“代善，你将兵力是如何布置的？”

“父汗，杜松的明军分别驻扎在两处，我将我们的人马也分成两部分，每部分四旗人马，天明后同时发起攻击。”代善回答。

可努尔哈赤听后，却摇了摇头，说：

“不能平均使用兵力。你瞧，吉林崖方向有主将杜松的旗帜，应该用六旗人马，重点向吉林崖进攻。萨尔浒方向留下两个旗监视即可，若有动静，再趁势夹击。”

代善听后，立即变更了兵力部署。他让皇太极带领两白旗兵就地监视萨尔浒的明军，自己则亲率六旗人马向吉林崖的明军发起了猛攻。冲锋号响，马蹄声急，人头攒动，长刀高举。女真骑兵以排山倒海之势，雷霆万钧之力向吉林崖的明军冲了过去。明军并不示弱，杜松一马当先，率领着明骑兵迎了上来。一通火铳发射，不少辫子兵从马上摔了下来。为了领功，明军骑兵纷纷跳下马，割取敌人的首级，杜松怎么喊都制止不住。可女真骑兵不管伤亡多大，仍然前仆后继地驰入战场。

好一个“杜太师”，他在马上挥动他的独门兵器——两柄大铁锤，不停地向女真骑兵身上招呼。他铁塔似的身躯里，好像有使不完的力气，敌人来一个倒一个，来两个死一双。明军在杜松的带领下，用弓箭、用竹竿枪、用马刀，拼命抵抗。明军在人数上处于劣势，车营和火器营又没能过河，缺少杀敌的利器，在后金骑兵的反复冲击下，逐渐落了下风。驻扎在萨尔浒的明军发现主将被困，立即在副将王宣和赵梦麟的带领下，不顾一切地向吉林崖冲了过来。

不料，早已等候在附近的两白旗兵从半道杀了出来，一场残酷的战斗就此展开。后金军全是骑兵，兵士又善于使用弓箭，因此，双方尚未近身接战，明军就先死伤一片。明军长于火器，但主要使用火器的车营和火器营却都留在了河对岸，所以，明军的步兵只能用随身携带的短刀和竹竿枪迎敌。双方实力悬殊，还不到三刻钟功夫，副将王宣和赵梦麟相继战死，一死于刀下，一中箭而亡。二将一死，军无斗志，这部分明军除少数逃走外，多数被杀。

消灭了萨尔浒的明军，两白旗兵在皇太极的带领下，也压向了吉林崖战场。如此一来，双方在人数上的对比就更加悬殊。虽然明军死战不退，但伤亡惨重，不断减员。杜松已经成了一个血人，他的周围横陈着上百具后金兵的尸体。杜松已经放弃了武器，他现在只是用双手把敌人抓住，一个个抛出去，他的动作也越来越慢了。他浑身扎满了敌人的箭枝，一共有十八枝箭，像个刺猬一样。他那满是伤疤的身体上，如今又添了许多新伤口，鲜血从伤口中汩汩地流出来。最后，这位勇猛过人的“杜太师”终于倒下了，他流尽了最后一滴血。西路军伤亡殆尽，萨尔浒之战以明军的彻底失败而告终。

最先得知萨尔浒战败消息的是北路军的马林，三月一日晚，他已经率军到达了距萨尔浒只有三十里的尚间崖。倘若北路军能提早一半天赶到萨尔浒，那胜利的天平倒向哪一方还尚未可知？就因为北路军晚到了一天，才没有逃脱被后金各个歼灭的命运。奇怪的是，这位号称“圣手书生”的马林，在得知杜松部溃败，后金军的进攻已迫在眉睫时，又一次将自己的部队一分为二。他自己带领主力扎营于萨尔浒西边的尚间崖，另外一部分人则由监军潘宗颜和副将麻岩率领，驻扎在尚间崖三里外的斐芬山。每部分军队环营挖了三道战壕，壕外摆放一圈大炮，大炮后面是骑兵。壕内则设置火铳和枪炮，最后是大批的步兵。

三月二日，努尔哈赤首先派四贝勒皇太极带领五千骑兵，去进攻杜松余下的龚念遂部。该部大约还有一万人，就是车营、火器营和看守辎重的部队。他们与主力脱离，战斗力相对较弱。后金骑兵迅疾如风，皇太极一马当先，一刀便将明参将龚念遂斩于马下。龚念遂一死，该部明军就如鸟兽散了，大炮、战车、火器，都成了后金军的战利品。与此同时，代善的两红旗在进攻尚间崖明军时却遇到了麻烦，明军挖的战壕延缓了后金骑兵的攻势，明军的骑兵和步兵反而对后金骑兵进行前后夹击。

努尔哈赤发现这一情况后，亲自带两黄旗人马赶来支援，他自己也亲自上阵。女真骑兵左冲右突，势不可挡，明军终于撑不住了。马林的两个弟弟均死于战场，马林不愿被俘，在十多名亲兵的拼死保护下逃走了。可这时，斐芬山的战斗还在继续。监军潘宗颜和副将麻岩指挥着部队，依靠战车和大炮进行顽强的抵抗。但他们也仅仅坚持了半天，炮声逐渐沉寂下来，战车全部被摧毁。监军潘宗颜自刎，副将麻岩战死，北路军继西路军之后，彻底被歼灭。跟随北路军行动的叶赫兵马，一见马林兵败，撒腿就跑回了叶赫。

再说刘綎的东路军。二月二十六日刚出宽甸，就遭遇大风雪，人睁不开眼睛，马看不清道路，行军速度十分缓慢。从牛毛寨到深河只有六十里，不过是一天的路程，可部队整整走了三天。而且跟随刘綎行动的一万三千朝鲜兵，更是添麻烦。他们每人只带了十天的口粮，还没到目的地，朝鲜兵的粮食就吃完了，一个个饿得“哇哇”乱叫。刘綎一气之下，干脆甩开朝鲜兵，直接把队伍带到了阿布达里岗。下了阿布达里岗，就是一马平川，距后金都城赫图阿拉只剩下七十里路了。刘綎很兴奋，决定就在阿布达里岗等候朝鲜军的到来。这时，有一个明军打扮的人手持杜松的令箭来见刘綎，并传令说，西路军已经到达赫图阿拉，命令刘綎军迅速前往会合。刘綎还没听使者说完，便有些不耐烦，问道：

“杜松是总兵，我也是总兵，他凭什么给我下命令？况且，杨经略事先约定，队伍到赫图阿拉后，放炮为号，现在却又为什么派你来传令？”

“杜总兵只不过是让我先来知会将军，一旦向赫图阿拉发起进攻，仍然以放炮为号。”使者被问得有些心虚，但他仍在那里支吾。

刘綎虽然对使者半信半疑，但也并未深究。其实，那时西路军与北路军均已覆灭，那个所谓的使者是大贝勒代善命杜松手下的降卒假扮的。降卒回去后，立即将情况向代善做了汇报。代善听后，灵机一动，命令手下施放号炮，用来引诱刘綎军。刘綎听到号炮声响，怕杜松抢了头功，马上让监军康应乾统领步兵随后跟上，自己则带着全部骑兵冲下岗来。不料，还没跑多远，就陷入了后金军的埋伏圈。后金的四大贝勒各带两旗兵，漫山遍野杀了过来。

刘綎毫不含糊，他与养子刘招孙一人一柄大刀，当先接敌。尤其是刘綎那柄令人生畏的大砍刀，挥舞起来，犹如砍瓜切菜一般，兵逢兵死，将见将亡。刘綎的部下，多数是他多年统带的四川兵，虽然个子不高，但个个不怕死，有相当的战斗力。可是，这次刘綎中了埋伏，没有发挥出他车军的优势。在和敌人硬拼的过程中，后金人多的长处立刻显示出来。在数倍敌人的团团围困下，刘綎与刘招孙的马先后被击毙，两人也跌下马来，被乱刀砍死。可惜“刘大刀”一代名将，就这样死去，他的部下也被敌人屠杀殆尽。

自从四路大军出发后，留在辽阳的杨镐每天也是心急如焚，吃不下饭，睡不好觉。真是怕什么来什么，信使接连传回了西路军、北路军失败的消息，杨镐大惊失色，一下子从椅子上滑到了地上。他的脑子里一片空白，他知道，这一回是彻底完了。他再来不及多想，连夜传令，让东路军和南路军撤回。可是，已经来不及了，刘綎部行进很快，没有接到撤军的命令，便在阿布达里岗遭遇了灭顶之灾。

与刘綎不同，南路军的李如柏虽然也是李成梁的儿子，但他由于怯敌，三月一日才从鸦鹘关出发，走走停停，根本没走多远。接到撤军令后，李如柏如蒙特赦，带着队伍就往回跑。由于撤退仓促，仅自相践踏和被后金兵追上射杀的，就有上千人。这次萨尔浒之战，尽管兵是好兵，将是勇将，朝廷耗费了粮饷，但由于主帅杨镐选择不当，战术失误，酿成了损兵折将、丧师辱国的下场。难怪史圣司马迁在《史记·匈奴列传》的赞语中曾感叹道：“唯在择任将相哉！唯在择任将相哉！”

综观整个萨尔浒战役，明军把总以上的将官有三百一十名阵亡，士兵死亡四万五千八百人，马、驼、骡等损失二万八千余匹，至于损失的枪、炮、火药等，更是不可胜计。萨尔浒战役是一个转折点，从此以后，明军在辽东从进攻转为防守，而后金则从防守转为咄咄逼人的进攻。尤其是损失了刘綎、杜松、赵梦麟、王宣、麻岩等一代能征惯战之将，明军将领中出现了一个断层，这个损失更是无法弥补的。战后，负失败主要责任的杨镐被朝廷处死，李如柏也在一片骂声中自杀身死。

努尔哈赤做梦都没有想到，萨尔浒战役，后金会胜得如此轻松，明军又是如此不经打。得寸进尺，努尔哈赤决定趁热打铁，进攻开原和铁岭。就在当年六月，努尔哈赤亲自带兵进攻开原。明军守开原的将领，不是别人，正是那个在萨尔浒战役中逃生的马林。努尔哈赤故伎重演，他事先派遣了不少女真士兵，化装潜入开原城中。等努尔哈赤大军一到，这些奸细便打开城门、放下吊桥，迎接后金军入城。可怜马林虽然逃过萨尔浒一劫，却最终没能逃出被后金军杀掉的命运，城破时他和副总兵于化龙均战死城中。

又过了一个月，努尔哈赤再度领兵进攻铁岭。铁岭守兵本来就少，后金大军一到，没多大工夫，城池就已失守。守军游击喻成名、史凤鸣都被杀死。辽东总兵李如桢、援辽总兵贺世贤奉命前往救援，但二人畏敌如虎，直等到努尔哈赤大军攻破城池、大加抢掠后离开，他们才赶到铁岭去给后金军送行。蒙古的喀尔喀部酋长斋桑贝勒倒是积极，一听铁岭被攻，马上便率军来援。不过，他的运气可不好，本人被俘，手下军兵也都逃散了。开原、铁岭两座城陷落后，明朝在辽东的重镇辽阳、沈阳就更加孤立了。

萨尔浒战役失败，开原、铁岭又相继失守，明朝上下，一提起努尔哈赤就谈虎色变，辽东经略一职，竟成了烫手的山药，派谁谁不去，无人接印。谁不想当官呢？可是，谁又愿意送命呢？要是没了命，那还不如不当这个官。臣子可以这么想，皇帝可就着急了。眼看北大门即将不保，竟然无人替他分忧，无人替他看家护院，这该如何是好呢？万般无奈之际，万历皇帝想起来一个人，他的名字叫熊廷弼。

熊廷弼字飞白，湖北江夏人。他从小便是神童，在家乡一带颇有名声，十七岁考中秀才，二十岁乡试时考中第一名解元。万历二十六年（1598 年），三十岁的熊廷弼中了进士。中进士后，他被任命为保定府推官，一年后便被提升为御史。他身长七尺，在南方人中是很少见的，即人们常说的南人北相。更难得的是，他文武全才，不仅兵书战策烂熟于胸，而且双手能左右开弓。他为人耿直，不会溜须拍马，因此，整整九年，没有升迁，一直是个御史。

万历三十六年（1608 年），他出任辽东巡按，奉命调查李成梁无故抛弃宽甸等六堡七百里土地之事。上任不到一月，熊廷弼便上书朝廷，揭发辽东总兵李成梁勾结辽东巡抚赵揖等，丧权辱国、欺瞒朝廷、驱赶百姓，将宽甸等六堡白白送给后金的罪行。虽然考虑到李成梁多年来的赫赫战功，以及当时还没有人能代替李成梁的实际情况，万历皇帝并没有处分李成梁等人，但他对熊廷弼却留下了深刻的印象。熊廷弼任辽东巡按三年，整饬军纪，屯田戍边，政绩斐然，但却因为杖责生员的小事被罢官。

辽东为官三年，虽然铩羽而归，但熊廷弼对这块热土，已经产生了感情。在他内心深处，报国之心未泯，总想在有生之年，凭自己一身本事，干出一番轰轰烈烈的事业。万历四十七年（1619 年）八月，离熊廷弼被罢官后八年，万历皇帝亲自点名，任命他为辽东经略，并且在平台单独召见了他，赐给他尚方宝剑。皇帝如此信任，熊廷弼临危受命，感激涕零，决心要一展胸中抱负，为国御敌，为主分忧。

八月十五日，一年一度的中秋节到了，夜空里，好圆的一轮明月。可是，新任辽东经略熊廷弼并没有留京赏月，他已经风尘仆仆地行走在赴辽阳的路上。随行人员只有他的六名家丁，替他捧着皇帝钦赐的尚方宝剑，替他背着那方没有多少人愿意接的辽东经略大印。一路上，熊廷弼遇到了一拨一拨的逃兵和难民。遇上难民，熊廷弼就劝他们返乡。遇上逃兵，熊廷弼就将他们收留在身边。这一路，风餐露宿，说不清的辛苦，道不明的险阻，但当他到达辽阳时，他这位光杆司令身边已经有了一支上万人的队伍。队伍中，还收留了三名逃将，他们分别是守备刘遇节和参将王捷、王文鼎。

熊廷弼一行到达辽阳时，这座辽东最大的城市，已几乎成了一座空城。昔日堂皇的经略府衙门，早已是人去衙空了。熊廷弼到辽阳的第一件事，便是让人做了块经略府衙门的牌子，把它挂在门前。熊廷弼在门口端详了好半天，这才进衙门开始办公。他安排佥事韩源善前往沈阳，了解一下情况。可这个韩源善胆小如鼠，死活不肯去，气得熊廷弼当堂免了他的职。熊廷弼改派佥事阎鸣泰去，可阎鸣泰比韩源善也强不到哪儿去。他出了沈阳城，只走了三十里，到了虎皮驿，便在那里抱头大哭，再也不往前走了。

见到这种情况，熊廷弼不好再说什么，决定亲自走一趟。他带上人，先到虎皮驿把阎鸣泰叫上一起走，当天便赶到了沈阳。沈阳守将总兵贺世贤出城迎接。当天晚上，熊廷弼便要前往抚顺，刚巧那天下了雪，道路也很湿滑。总兵贺世贤再三劝阻：

“大人，天气不好，路不好走。况且这抚顺离建州特别近，女真骑兵随时可能杀到，我劝大人还是不要冒这个险，抚顺就不要去了。”

“吾任辽东经略，抚顺在吾辖区，吾岂能因惧敌而不赴辖区？如果那样胆小，吾就待在北京，何必跑到辽东来呢？”熊廷弼答道。

说完，熊廷弼便头也不回地上马出发，而且还带齐了全部执事。到达抚顺城时，熊廷弼传令击鼓奏乐，一行人堂而皇之、大张旗鼓地进入抚顺城。为了安抚人心，鼓舞士气，他还特意跋山涉水，去视察城防关隘。他从奉集出发，经咸宁、叆阳、宽甸，直达鸭绿江边的镇江城。他渡过夹河，登凤凰山看昔日屯兵处，再经镇夷，镇东、甜水铺，然后返回沈阳。这一路，行程上千里，往返十三天，极大地鼓舞了守军的斗志，安定了当地的民心。

九月二十日，熊廷弼在辽阳演武场举行了盛大的阅兵式，参加受阅的士兵有五万多人。首先，熊廷弼酹酒三杯，祭奠那些在抚顺、清河、开原、铁岭战争中死难的将士和平民。接着，只见熊廷弼脸色一变，请出御赐的尚方宝剑，当场宣布，将在战场上当了逃兵的刘遇节、王捷、王文鼎，以及贪污粮饷的守备陈仑正法。只见不多时，四颗血淋淋的人头便悬挂在演武场高高的旗杆上，在场的兵士人人感到悚然。之后，熊廷弼又当场宣读兵部的决定，免去畏敌如虎的辽东总兵李如桢的职务，由甘肃调来的李怀信接任。

阅兵式结束后，熊廷弼专门召集军官们到经略衙门开会，由他来重新布置辽东各地的防务。进入经略衙门大厅，最醒目的是挂在墙上的一副很大的辽东地图。这张图是熊廷弼经实地勘测后，亲自动手绘制的。图上分别插有各色小旗，并绘制着各种色彩不一的符号。看来，熊廷弼一个多月来，还是没少下功夫。熊廷弼指着这张地图，对李怀信等将领说：

“诸位将军，目前东虏连战连捷，其势正盛。以我军现有兵力而言，攻则不足，守则有余，故而今之计，重在防守。我现在将防区分为四路六点，以便于各执其责。东路驻叆阳，南路驻清河，西路驻抚顺，北路驻柴河。每路设主将一人，裨将十六人，兵三万。另在镇江、辽阳、海州、金州、复州、三岔河等六地，各驻兵一万，共十八万。平时灌壕缮城，敌来则互相支援。这就是我拟定的‘分散防守，交叉支援’的防守方案。”

“大帅所议甚是，我等谨遵实行。”众将齐声回答。

会后，整个辽东都动起来了。战士们挖壕的挖壕，筑城的筑城，造战车，制火器，一片热气腾腾的景象。在辽阳和沈阳城外，明军共挖了三道战壕，每道宽三丈，深两丈。还挖了不少陷阱，上面用柴草覆盖，坑底则布满了锋利的尖桩。熊廷弼的所作所为，得到了万历皇帝的大力支持，一年中便给他拨去两千万两白银。其中，有五百万两白银出自内帑，那就是说是万历皇帝自己掏了腰包。对于平常十分吝啬的万历皇帝来说，那可是动了血本啊！

同时，朝廷按照熊廷弼的要求，从京师武库中调运了数千门大炮到辽东。熊廷弼自己，还在当地让工匠制造了五千辆双轮炮车。即将炮装在有两个轮子的车上，便于移动。其他，如火箭、火药、火轮等，也都在大量制造。熊廷弼为了应对后金的进攻，进行了扎扎实实的准备。而努尔哈赤也时不时地派人去打探熊廷弼的动静，见熊廷弼很懂军事，整个辽东都在厉兵秣马，便暂时按兵不动，等待时机。就这样，在熊廷弼上任后的一年多时间里，辽东竟然出奇的平静。

转眼就到了万历四十八年（1620 年），就在熊廷弼紧张地在辽东积极备战的时候，朝廷中却有人在背后捅了他一刀，熊廷弼莫名其妙地被免了职。接到被免职的敕命后，熊廷弼简直不敢相信，难道一年多来，自己所做的一切，都将付之东流？他郁闷，他痛心，他愤慨，他想不通。但当他回到北京时，他才知道，原来一直支持他的万历皇帝已经去世了，接替万历的泰昌皇帝只当了一个月皇帝，也去世了，新上台的天启皇帝莫名其妙地免了他的职。而接替他的，是一个对军事一窍不通的文人——袁应泰。身在京城的熊廷弼真为辽东的局势担忧啊！但他现在已被免职，他就是再着急，又能为辽东做些什么呢？

万历四十八年（1620 年），这一年，明朝死了两个皇帝，用了三个年号，真是前无古人，后无来者啊！有人说，这都是万历皇帝造的孽。万历曾有过三大征的辉煌，也有过晚年不上朝的荒唐，所谓成也万历，败也万历。清朝负责修《明史》的张廷玉等人便曾经说过，明朝不是亡于崇祯，而是亡于万历。这个说法可谓一针见血，实在深刻。

万历留下的，是一个百孔千疮的烂摊子，真是不好接啊！下面，就让我们来看一看这个接班的具体过程吧！

第三章

魏忠贤独掌朝权

万历四十八年（1620年），大明王朝已经走过了二百六十个年头。

这一年的怪事特别多，大白天，太阳就缺了一大块，好长时间才复原。大地也抖动得特别厉害，像打摆子似的，好多地方房倒屋塌。黄河像脱了缰的野马，奔腾着，咆哮着，冲垮了堤岸，淹没了农田，摧毁了家园。河南、河北、山东等地一片汪洋，百姓们流离失所，不少人家又走上了“闯关东”的老路。

七月，钦天监官员报告说，据天象显示，紫薇星摇摇欲坠，星光若明若暗，若隐若现，这可是不利于国君的征兆啊！果不其然，七月十六日，大明第十三代皇帝朱翊钧病倒了，而且病得很重。整个后宫气氛十分凝重，太医们在宫中出出进进，一个个唉声叹气，束手无策，大小太监们也在窃窃私语。看来，万历皇帝这次是在劫难逃了。

二十一日，重病在身的万历皇帝把太子朱常洛召到病床前，郑重宣布，自己死后，由他继位。朱常洛泪如雨下，半晌没说出一句话。朱常洛告退时，万历用他那骨瘦如柴的手，费尽最后一点力气，将一卷东西塞到朱常洛手中。朱常洛当时没敢打开看，便揣着那卷东西，急忙离开了父亲的病榻。

七月二十二日，万历皇帝咽下了最后一口气，离开了这个他不愿离开的人世。他活了五十八岁，在位四十八年，他是明朝所有十六位皇帝中在位时间最长的皇帝。他也是一位在历史上颇多争议的皇帝。有人说他英明，发动万历三大征，把日本人赶回了老家；有人说他无能，在张居正的淫威下，委委屈屈地活着；有人说他懒惰，几十年不上朝、不见大臣；更有人说，明不是亡于崇祯、亡于泰昌、亡于天启，而是亡于万历。众说纷纭，见仁见智，但有一点可以肯定，他留给儿子的，是一个遍体疮痍、风雨飘摇的烂摊子。

八月一日，红光高照，朱常洛在百官欢呼声中，正式即位当了皇帝。他就是明光宗，他的年号是泰昌。为了这一天，他苦苦等待了三十八年，一直过着战战兢兢，提心吊胆的日子，生怕说错了话，做错了事。作为皇长子，万历因为宠爱郑贵妃，欲立郑贵妃生的皇三子为储君，故迟迟不立他为太子，让他变得唯唯诺诺，谨小慎微，这种生在帝王家的痛苦是别人体会不到的。现在，头顶上的大山突然消失，长时间的压抑得到解放，朱常洛的欣喜是可想而知的。泰昌皇帝开始按自己的意思行事。他一改父亲晚年经常不上朝的惯例，每天临朝，而且是日理万机，事必躬亲。他雷厉风行，说干就干，废除各地的矿税，给辽东前线的士兵发饷，补充朝廷各部门急需的官员。

有一件事他可没有办，倒不是他不想办，而是他觉得这件事可以等一等，不需要急着办。这是件什么事呢？那就是他父亲临终前交办的那件事。万历皇帝临死前塞到他手上的那卷东西，不是别的，而是一份遗诏。遗诏上清清楚楚地写着，要将万历生前最宠爱的郑贵妃立为他自己的皇后，这件事万历活着的时候没有办，死后只有交代给儿子办了。光宗皇帝不急着办，也是有原因的，一是很多事比这件事更急，二是郑贵妃在宫内外的口碑并不怎么好。光宗皇帝这边不着急，郑贵妃那边可是急得要跳墙。因为只有当了皇后，才能名正言顺地当太后，否则，就只有给别人腾地方，搬出乾清宫了。

情急之下，郑贵妃给新皇帝送了一份厚礼，目的是催着新皇帝赶紧按照遗诏办事。这份礼物很特殊，是她精心挑选的八个美女。光宗皇帝倒没客气，照单全收，因为在他看来，郑贵妃当皇后的事迟早要办，礼物不收也是白不收，乐得受用。从此，泰昌皇帝开始放纵自己，八个美女分班伺候。每天晚上，他在龙床上左拥右抱，翻云覆雨，美女们供他轮流临幸，由着他恣意消遣。靠着宫中秘传的春药，泰昌皇帝每晚乐此不疲，好生快活。

谁知好景不长，乐极生悲，女色害人。还不到十天时间，这位本来就体弱的皇帝便支持不住，一病不起了。郑贵妃听说新皇帝病了，她十分关心，马上派她的心腹太监崔文升送去通利药——大黄。这崔太监精通医道，在宫中久负盛名，因此，崔太监拿来的药，泰昌皇帝毫不犹豫便服用了。但皇帝服用大黄后，非但病情没有起色，反而上吐下泻，一昼夜连泻几十次。大臣们急得团团转，可谁也拿不出好主意。这时，有一个七品的兵科给事中却挺身而出，大胆给皇帝上了一道奏疏，他直接批评皇帝不爱惜自己的身体，不该随便吃一个太监送来的药。这个兵科给事中的名字叫杨涟。

八月二十六日，皇帝紧急召见内阁首辅方从哲、吏部尚书周嘉谟、礼部尚书孙如游，还特意叫上了那个上书批评皇帝的兵科给事中杨涟。大臣们都认定皇帝这次一定是要收拾杨涟了，纷纷拜托首辅方从哲，希望他能替杨涟讲个情，开脱他的罪名。方从哲倒很愿意帮忙，他提前找到杨涟，交代他进宫后要态度放好，在皇帝面前磕个头、认个错，这事就算过去了。谁知杨涟根本不领这个情，他说：

“身本无错，焉能认错？死则死耳，更有何惧？”

方从哲见杨涟如此态度，便不再相劝，杨涟也准备好去挨锦衣卫的大棍了。谁知那位躺在床上已经奄奄一息的皇帝，一见几位大臣进来，第一句话就问：

“哪一位是杨涟?”

杨涟赶忙上前一步。皇帝拉住他的手，说：

“见卿疏如见卿心，国家大事，全靠卿等与朕分忧了。”

众人都很奇怪，皇帝非但没有责怪杨涟，反而将一个七品芝麻官招来交代后事，这岂不是有悖常理吗？难道皇帝病得昏了头吗？实际上，朱常洛并不糊涂，他从杨涟的奏疏中看到了他的忠心，他认定杨涟是一个值得信赖的人，他破例要让七品官充当他的顾命大臣。接下来，病中的皇帝让人取出了万历皇帝写的封郑贵妃为皇后的那份遗诏，让太监当着众人的面将遗诏烧掉，并传旨，让郑贵妃立即迁出乾清宫，让太监崔文升去凤阳看守皇陵。做完这几件事后，皇帝喘了喘气，然后让人将太子朱由校带了进来，对诸位大臣说：

“太子年幼，今后请诸位多加扶持。太子无母，就让他认李选侍为母，由李选侍照顾她。李选侍虽然只为朕生了一个女儿，但她伺候朕多年，拟封为贵妃，诸卿以为如何?”

还没等大臣们回答，只见一个披头散发的女人冲了进来。她口中不停地骂，旁若无人，然后一把拉起太子，又跑了出去。她走后，大臣们才知道，这个女人就是李选侍。过了片刻，太子朱由校回来了，他带着一种无奈的表情，走到躺在病榻上的父亲身边，低声说：

“要封皇后!”

这时，半晌没说话的礼部尚书孙如海插言道：

“陛下，若要封皇贵妃，臣当尽速办理。”

“好，那就照此办理。”皇帝表示同意。

这时，皇帝已经累得撑不住了，有气无力地摆了摆手。大臣们见此情况，便没再说什么，鱼贯地退出了皇宫。一路上，大臣们议论纷纷。大家都庆幸杨涟非但没受处罚，反而因祸得福，又称赞孙尚书能随机应变，让李选侍只当贵妃，替皇帝解了围。

又过了两天，皇帝的病情更加严重了。八月二十九日上午，鸿胪寺医官李可灼进宫向皇帝进献金丹。这李可灼是个半医半道之人，他长着一大把白胡须，肩上挎着一个硕大的药葫芦，一副仙风道骨的模样。他替皇帝仔细地诊了脉后，从肩上拿下药葫芦，小心翼翼地倒出了几粒红色的药丸，交给了贴身太监。皇帝当即服下了一粒药丸，他感觉浑身舒畅，大臣们也松了一口气。皇帝又服下一粒药丸，躺下休息，大臣们也退了出来。又过了六个时辰，大臣们被告知，九月初一五更时分，泰昌皇帝服用红丸后驾崩了。朱常洛总共只当了一个月的皇帝，他也是明朝十七位皇帝中在位时间最短的一位。

正当大臣们还沉浸在悲痛中的时候，杨涟首先站出来提醒大家，现在不是哭的时候，要尽快找到皇太子，让他即位。这时，大臣们如梦方醒，几位顾命大臣立即决定，赶紧去找李选侍，因为，皇太子朱由校至今还在李选侍那里。而李选侍却并不着急，她早就打好了如意算盘，只要能控制住皇太子，何愁当不上皇太后。顾命大臣们对宫中情况并不熟悉，找来找去，既找不到李选侍，也找不到皇太子。正在大臣们急得团团转的时候，太监王安走了过来，他在大学士刘一璟耳边，轻轻地吐出了两个字："暖阁"。这王安是司礼监秉笔太监，是泰昌皇帝身边的人，他的话应该是可信的。于是，大臣们便跟随王安来到了暖阁外。刘一璟大喊一声：

"谁敢藏匿天子?"

接着，王安打开了暖阁门，大臣们终于见到了李选侍和她身边的皇太子朱由校。

"还不快走!"杨涟喊道。同时他首先冲进暖阁，拉着太子的手便往外走，诸大臣紧紧地跟在后面。

"哥儿，回来!"李选侍在后面喊，宫中的太监们也随着她的喊声追了过来。

大臣们这时真着急了，他们连推带拉地把太子带到了乾清宫外。可这里只有轿子，却找不到抬轿的轿夫。大臣们也顾不得体面了，内阁大学士刘一璟、吏部尚书周嘉谟、英国公张维贤和给事中杨涟四人，挽袖撩袍，赶紧抬起了轿子，一路朝文华殿奔去。也不知是哪来的劲儿，四人虽然从来没有抬过轿，却一路紧跑，谁也不敢停下来。但毕竟是老胳臂老腿了，还没抬到文华殿，就被李选侍派来的一帮太监给撵上了。为首的一个太监，名叫李进忠的，大声问道：

“你们想把皇太子带到什么地方去?”

“他已经不是皇太子了，我们抬的是皇帝。现在，皇帝要到文华殿去举行登基仪式。你们是什么人？胆敢拦住圣驾？小心把你们抓起来，一个一个治罪。”杨涟赶紧站出来，高声说道。

太监们被杨涟的气势给镇住了，很不情愿地退了回去。大臣们这才把朱由校一口气抬到了文华殿。群臣让朱由校坐在御座上，然后向新君行了君臣大礼。朱由校就这样戏剧性地当上了新皇帝，他就是明朝第十五代皇帝——天启皇帝。举行完登基仪式，群臣把朱由校送回了太子住的东宫。正当大臣们准备离开时，杨涟又提出了一个问题。现在，李选侍赖在乾清宫不走，总不能让新皇帝一直住在东宫吧。如果，新皇帝现在就住进乾清宫，岂不是又被李选侍控制？所以，必须让李选侍尽快搬出乾清宫。群臣们商量了一下，决定由首辅方从哲出面，去和李选侍交涉。

过了几天，还没见什么动静，杨涟心急如焚，就去找方从哲。方从哲对他说，李选侍强调她是先皇指定的养母，住在乾清宫是理所当然的。而方从哲本人也觉得，李选侍或早或晚搬出乾清宫，好像不是什么大问题。杨涟一听，就知道方从哲肯定是受了李选侍的收买，指望不上了。于是，他亲自四处游说，逢人便讲，终于鼓动了数十位大臣和他一同去了乾清宫。大臣们在宫门前大喊大叫，催促李选侍离宫。大臣们扬言，今日李选侍若不离宫，他们就死都不离开。在这强大的声势面前，李选侍撑不住了。两个时辰之后，她乖乖地收拾好行李，哭着离开了乾清宫。

九月六日，在文华殿为朱由校举行了正式的登基典礼。文武百官向这位新君行了三跪九叩的大礼，这就是历史上的天启皇帝。直到这时，杨涟才算松了一口气。十多天来，他为新君登基绞尽脑汁，日夜奔走，连头发都变成了花白色。可实际上，当时他还只有四十八岁。天启皇帝上台后，也没有忘记这个鞍前马后为自己出死力的人。一年之内，杨涟从一个小小的七品兵科给事中，晋升为都给事中、太常少卿、都察院左佥都御使。最后担任从二品的左副都御使，跻身朝廷重臣之列。

天启皇帝登基时，年纪只有十六岁。奇怪的是，他上台后，对国家大事丝毫不感兴趣，却醉心于干木匠活，当油漆工。他不但喜欢干木匠活，而且手艺颇精。他造的水力机械，可以在水流的带动下连环转动，做得十分精巧。他搭建的房屋，构思奇特，每一幢都不重样。他制造的木头器具，都是他亲手油漆。他日复一日地将水力机械造好又砸掉，砸了又重新造；房屋建好便拆，拆了再重新造；新做的家具，漆好了颜色又打掉，重新漆另外的颜色。朱木匠整天乐此不疲，国事可就束之高阁了。皇帝的大权落入一个太监手里，这个太监很有名气，他的名字叫作魏忠贤。

魏忠贤就是那个李进忠，是李选侍跟前很吃得开的一个太监。这李进忠是直隶河间府肃宁县人，从小就不务正业，吃喝嫖赌，打架斗殴，什么坏事儿他都干过。十八岁那年，家里给他娶了一个如花似玉的老婆。老婆也很争气，过门儿一年，便给他生了一个漂亮的女儿。可他这个当爹的却很不称职，有一次赌博输了，便把亲生女儿卖给了别人。老婆见他连女儿都敢卖，怕自己将来和女儿同样下场，便连夜收拾行装，逃走了。女儿卖了，老婆跑了，李进忠又成了一个无家可归的人。实在混不下去了，李进忠一跺脚，一咬牙，决心和当地很多人一样，进宫去当太监。

在明代，河间府是个盛产太监的地方，由于地方当作穷，不少穷苦人为了活命，为了混口饭吃，便进宫去当太监。当太监也不容易，首先要净身，就是请有手艺的人为自己进行阉割。那箭枝种人动手，不仅痛苦小，伤口还愈合得快，但是收费颇高。李进忠光棍一条，哪里去弄这笔钱呢！没有钱，还想当太监，于是他心一横，借了把刀，自己进行净身。由于他手艺不精，阉割时，不仅流了很多血，还差点把小命给搭上。休息了两个月后，能走路了，他便四处奔走，想进宫当太监。可他一没钱，二没门路，跑了好多天，不仅没当上太监，连仅有的一点儿积蓄也花光了，只好沿街乞讨，当了一名乞丐。

天无绝人之路，机会终于来了。万历十六年（1688 年），李进忠进了司礼监秉笔太监孙暹的家，当了一名用人。这李进忠有个长处，就是善于溜须拍马，惯会察言观色。所谓千穿万穿，马屁不穿。靠着一手逢迎功夫，李进忠逐渐取得了孙暹的信任，孙暹只说了一句话，就把李进忠弄进宫去，当了太监。当然，是从最低级的太监——火者干起。这火者在宫里是个什么角色呢？也就是在宫里开开门、打打水、扫扫地，说到底，不过是个最低级的杂工。

熬了这么多年，好不容易进了宫，只当了个杂工，这可不是李进忠想要的生活。每当他低着头提水、开门、打扫院子的时候，心里真不是滋味儿啊！慢慢地，他悟出了门道，要想吃香的、喝辣的，一步一步往上爬，非得有个靠山不可。于是，他留意观察，用心伺候，终于巴结上了宫中的尚膳太监魏朝。这魏朝也是河间府人，李进忠就利用这层老乡关系，每天给魏朝点烟、提鞋、打洗脸水、倒夜壶，而且跟前跟后，一口一个“干爹”，把魏朝叫得浑身酥软，十分舒服。这魏朝一高兴，便找了个黄道吉日，正式认李进忠为干儿子，还给他重新起了个名字，叫作魏忠贤。从此，李进忠便成了魏忠贤，而后世人则只知道魏忠贤而不知道李进忠。

当了干儿子后，魏朝还给魏忠贤弄了个好差事，让他当一名典膳，专门负责宫内王才人的伙食。这王才人本来是个普通宫女，谁知有一天被太子朱常洛看上，春风一度，却怀上了龙种。十月分娩，竟然生了个儿子。这可是朱常洛的第一个儿子，即皇太孙，他的名字叫作朱由校。魏忠贤由于伺候王才人母子膳食的关系，深得王才人母子赏识，成为母子身边的红人。其实，朱常洛事后对王才人十分冷淡，反倒是魏忠贤由于母子二人的关系，成为权倾一时的太监。

朱由校出生后，按照宫里的规矩，要为他物色一个奶妈。挑了又挑，选了又选，最后在保定府选中了一个妇人，名字叫作客印月。这个客印月在当地十里八乡可是个出名的美人，十六岁上嫁给当地农民侯二为妻。侯二是个老实巴交的农民，靠务农为生，很难满足客印月那无休无止的欲望。由于在丈夫那里得不到满足，客印月便红杏出墙，与各种不三不四的人勾勾搭搭。因为她不守妇道，经常受到丈夫侯二的打骂，但她依然我行我素，丝毫不知悔改。到客印月十八岁那年，她生了一个儿子。生儿育女本来是很正常的事儿，但客印月生儿子时，却赶上了好时候。

无巧不成书。客印月生儿子那年，也恰好是宫中太子朱常洛与王才人生朱由校的那一年。客印月容貌姣好，而且奶水特别充足，从早到晚，两只大奶子像两个硕大的皮球，鼓囊囊的，充盈着吃不完的奶水。也正因为这两只大奶子，客印月被选中进宫当奶妈。被皇家选中当奶妈，做丈夫的侯二并不情愿，作好作歹地不想让她去。谁知客印月自有主张，她不顾丈夫劝阻，精心打扮一番，径自跟着前来的太监乘车进了宫，当上了皇太孙朱由校的奶妈。客印月进宫后，身价倍增，人们都称她为客氏，而不再叫她的名字。

这位奶妈不寻常。客印月进宫以后，吃的是鸡鸭鱼肉，穿的是绫罗绸缎，既无公婆管教，又无丈夫打骂，可算是一步登天了。所以，从入宫的那一天起，客印月就打定主意，要尽量在皇宫中多住些日子。但明朝有规定，皇子长到六岁以后，奶妈必须出宫。为了能在宫中多逗留几年，客氏在皇太孙朱由校身上，可是做足了功夫。这个客氏不但长得标致，还生就一张会哄人的甜嘴。她利用给朱由校哺乳的机会，又是哄，又是逗，骗得朱由校一天也离不开她。每当传出要客氏出宫的消息，朱由校便大哭大闹，不吃不喝。就这样，一直到朱由校六岁断奶之后，客氏仍然留在宫中，成了一位特殊人物。

当朱由校长到十三岁的时候，这个大男孩还离不开这位朝夕相处的奶妈。一天中午，正是春暖花开的季节，客氏在暖阁哄朱由校睡午觉。她特意穿了件粉红色的裹肚儿，一头乌黑的长发披在胸前，露出两条丰腴的白腿，也凸现出她那圆滚滚的双乳。朱由校懒懒地躺在湘妃榻上，睡意蒙眬。客氏轻手轻脚地褪掉他的下衣，用酥软的小手来回抚弄那个大男孩的阳具，接着，又用她的小嘴去吸吮那话儿，把朱由校浑身搞得火烧火燎的，欲火难禁。客氏乘机玉体横陈，脱掉身上仅存的裹肚儿，把皇太孙拥进怀里，缓缓地温存起来。就这样，客氏替这个大男孩破了色戒，让朱由校偷尝了禁果。

尽管后来朱由校身边并不缺乏漂亮的女人，但他仍隔三岔五地与这个比他大十八岁的女人亲热一番，因为，他能从这个女人身上找到一种特殊的乐趣。原来，客氏曾先后与不少男人厮混，练就了一套不俗的床上功夫。每次她与朱由校做爱，都使出浑身解数，花样翻新，姿势变换，把朱由校搞得如痴如醉，欲罢不能，每次都让他有新滋味、新感觉。这是那些嫔妃和宫女无论如何都做不到的，这才是朱由校后来不愿离开客氏的真正原因。客氏和朱由校发生性关系后，还产生了一种嫉妒心，她很不愿意朱由校再去接触别的女人。

十六岁的朱由校当上皇帝后，对这位三十多岁的奶妈更是恩宠有加。他封客氏为“奉圣夫人”，并赐给她一座豪华的府邸和一百多名仆妇，还允许她在宫中乘轿。这大概是亘古以来皇帝对奶妈的最高礼遇吧。除此之外，朱由校还在宫中为“奉圣夫人”修了一座宫殿，取名“逍遥堂”。天启皇帝不仅经常去看望自己的奶妈，还时不时地公开留宿在“逍遥堂”中，堂而皇之地与奶妈出双入对。皇帝倒是惬意了，可这样做却破坏了皇家的规矩，大臣们就这件事纷纷上书，强烈要求将客氏赶出宫去。

经不住大臣们反复规谏，天启皇帝终于下旨，将奶妈送出了皇宫。谁知客氏走了还不到半日，天启皇帝便像是变了个人似的，又喊又叫，木匠活儿也不做了，在宫里闹翻了天。早朝刚开始，皇帝便宣布退朝，直接摆驾去了“逍遥堂”。进了“逍遥堂”后，宫室依旧，伊人已去，皇帝更加伤感。他摔碎了堂中的钧窑瓷瓶，又命人鞭打了几名太监，但仍然感到胸中郁闷。他茶不思，饭不想，痴呆呆地坐着，眼前总是晃动着客氏那赤裸裸的胴体，尤其是那对他吸吮了六年的圆滚滚的乳房。见皇帝跟疯了似的，总管太监便不顾大臣们的反对，派人用轿子将客氏重新抬回了宫中。

一把钥匙开一把锁，解铃还须系铃人。客氏一回来，天启皇帝便立即恢复了常态，有说有笑，茶也喝了，饭也吃了，当晚便留宿在“逍遥堂”中。第二天一起床，天启皇帝便传旨，将客氏的儿子侯国兴、侄子客光先、客璠通统封为六品的执戟郎。客氏这些目不识丁的子弟，一夜便位列朝堂。而且，经过这场变故，客氏的地位反而更加巩固了，再也没有大臣敢上书，说什么将客氏逐出宫之类的废话。客氏门前，更是车水马龙，人来人往。人们都知道，这可是个在皇帝面前一言九鼎的女人。

魏忠贤很快便发现，要想飞黄腾达，必须搭上客氏这条船。如何亲近这个女人，并获取她的芳心呢？魏忠贤开始千方百计去接近客氏，今天送珠花，明天送脂粉，经常请她吃饭。今日的魏忠贤早已不是昔日的穷光蛋了，他请客氏吃饭，一顿就上了六十多道菜，花了五百多两银子。一来二去，客氏总算对魏忠贤有了好脸，但仍是不即不离，摆着她那“奉圣夫人”的臭架子，这一点，让魏忠贤心里感到很不是滋味。

思来想去，魏忠贤决定冒一次险，他要使出撒手锏，让客氏成为自己的女人，让她甘心情愿地去为自己在皇帝面前当说客，去谋取那总管太监的高位。一个宫中的太监，怎么敢去和皇帝抢女人，又怎么能让那不可一世的“奉圣夫人”臣服自己呢？魏忠贤自有他的主意。原来，明朝宫中，历来宫女如云，动辄便是数千人。多数的宫女不要说想得到皇帝的青睐，一辈子想要见上皇帝一面都很不容易。长夜漫漫，宫墙难越，这些思春的少女们寂寞难耐，只能在宫里的太监中寻找自己的意中人。太监和宫女结成一对对干夫妻，在宫中俗称“对食”或者“菜户”。

太监和宫女之间的这种关系，虽然不能像真正的夫妻那样男欢女爱，但彼此搂搂抱抱，摸摸揣揣，卿卿我我，也能够相互解渴，甚至还可以用手与对方交欢。这也就是太监和宫女们叫花子翻跟头，在宫里苦中作乐罢了。明朝初年，宫中对这种事儿管理极严，一旦发现，便是双双处死。但法不治众，太监和宫女们冒着杀头的危险，依然组成了一对对干夫妻，私下里寻欢作乐，一有机会，便发泄一番。久而久之，司空见惯，多数人都是睁一只眼，闭一只眼，彼此心照不宣。到了明朝末年，这种现象就更是屡见不鲜了。

一天晚上，魏忠贤打听到皇帝去了皇后那里，便准备好了酒菜，提上食盒，只身溜进了“逍遥堂”。打开食盒，摆上酒菜，魏忠贤和客氏吃喝起来。酒过三巡，二人都有些兴起，一个有意勾搭，一个半推半就，没多时，两人便入了港。这魏忠贤进宫前因为是自己阉割的，割得不是那么彻底，还留下了少许性功能，这在宫中，可就是独此一家，别无分号了。凭着这手独门功夫，魏忠贤把客氏弄到了手。客氏正当如狼似虎的年龄，尽管皇帝十天半月能来上一回，但怎能满足她那强烈的性欲？现在有了魏忠贤这个干老公，也算是奇货可居，聊胜于无了。从此，客氏死心塌地地与魏忠贤结成了半路夫妻，也心甘情愿地替魏忠贤在皇帝面前当起了说客。

有了客氏做内援，魏忠贤的目的很快便达到了，这个一字不识的混混当上了司礼监秉笔太监、东厂提督太监。他现在既管理宫中的大小事物，还可利用东厂这个特殊机关监视群臣，可以说是一人之下，万万人之上了。明朝有个很坏的规矩，那就是将大臣视为外人，而把太监看成是自己的家人。天启皇帝成天醉心于木匠活，魏忠贤便一步一步地把持了朝中大权。现在，人们都知道，要想办成什么事，必须先得走魏忠贤的门路。在宫中，人们称“奉圣夫人”为“千岁”，而称呼魏忠贤则是“九千岁”，这两人俨然已经成为“万岁”了！

为了控制朝政，必须拉帮结派。魏忠贤通过封官许愿、重金收买，很快便网罗了一批死党，重要的有礼部尚书顾秉谦，礼部侍郎魏广微，兵部侍郎崔呈秀，锦衣卫首领田尔耕、许显纯等。他们仗着人多，只要魏忠贤一表态，下面便一呼百应，顺我者昌，逆我者亡。正直的人们将这伙人称为“阉党”。投靠魏忠贤的人越来越多，阉党的势力越来越大，一时成了气候，在朝中气焰熏天。人数实在太多了，名字不太好记，魏忠贤将这些党羽分成“五虎”“五彪”“十狗”“十孩儿”“四十猴孙”“五百义孙”等等。谁说太监没有子孙？魏忠贤的身后便拥有一大群数不清的孝子贤孙。

无毒不丈夫。魏忠贤掌权后，第一个收拾的人，便是他的干爹魏朝。魏忠贤为什么首先向于他有恩的干爹下手呢？这里面有个原因。

原来，在魏忠贤之前，和那个客氏“对食”的，正是他的干爹魏朝。虽然彼此都是太监，与客氏也不过是做个“干夫妻”，但魏忠贤在这方面与普通人的观念一样，女人是不能分享的。于是，魏忠贤假传圣旨，命魏朝去凤阳看守皇陵。魏朝不知就里，只得遵旨上路，可他还没走到凤阳，便在半路上被魏忠贤派去的东厂特务干掉了，尸首扔进了乱葬岗。这个干儿子对干爹的心真是够狠的，干儿子给干爹上了很好的一课。

魏忠贤第二个收拾的人，是太监王安。这王安可不是个等闲人物，他是三朝太监，在宫里是资格最老的。尤其是，在朱常洛父子登基的关键时刻，他都曾立下汗马功劳，因此，连“木匠皇帝”朱由校也敬他三分。按说，王安并没有得罪过魏忠贤。这几年，王安岁数大了，不愿意多过问宫廷事务，只想在宫里混混日子，安度晚年罢了。但魏忠贤不能放过他，因为王安是掌印太监，是皇帝最信任的人。不除掉王安，魏忠贤就不能独揽朝政。

看来要除掉王安，比收拾魏朝要难得多。若是要明刀明枪着来，皇帝是不会允许任何人动王安一根毫毛的。但这丝毫也难不倒魏忠贤，他玩了一招阴的。一天，他在秋季勾决犯人名单上一个极不显眼的角落，偷偷添上了王安的名字。他又找了一个皇帝干木匠活兴致正浓的时候，递上了这份名单，让皇帝审批。天启皇帝这时哪顾得上细看名单，他大笔一挥，就将名单交还给魏忠贤。魏忠贤揣起名单，当晚便派出东厂特务，将这位三朝老太监人不知、鬼不觉的秘密杀害。当木匠皇帝问起王安时，魏忠贤说他暴病而亡。

魏忠贤结党营私，倒行逆施，首先便引起了东林党人的不满，他们非但不买魏公公的账，还时不时地在皇帝面前揭发魏忠贤干的坏事。阉党和东林党人之间的矛盾愈演愈烈，蓄势待发。说起东林党，知道的人可能还不太多，但若说起那副“风声雨声读书声，声声入耳；家事国事天下事，事事关心”的对联，那可是无人不晓了。对联便挂在无锡东林书院的门前，也代表了东林党人的宗旨，是东林党人的旗帜。

东林党人的老祖宗名叫顾宪成，他是明朝万历时的进士，后来当了户部主事。他为人正直，不肯附会皇帝和内阁辅臣，因而得罪了皇帝。万历二十二年（1594 年），他被万历皇帝罢官后，便回到了家乡无锡，将原来北宋时杨龟山讲学的东林书院重修，与高攀龙等人一起在这里讲学授徒，同时抨击朝政。顾宪成讲学的知名度一天比一天高，他的学生也一天天多了起来。久而久之，人们便把顾宪成的学生以及信仰他的思想的人，通统称为东林党人。

东林党人多数是读书人，其中不少人通过科举当了官，有的还当了内阁首辅。从万历朝开始，东林党人便充斥朝堂，而到了天启朝，东林党人则更加强大。东林党人压根儿没把魏忠贤一个太监放在眼里，但他们将为这一低级判断付出惨重的代价。天启四年（1624 年）六月，东林党人的干将、左副都御使杨涟写了一份弹劾魏忠贤的奏折，上列太监魏忠贤的二十四条大罪。为了能让奏折直接交到皇帝手上，杨涟将奏折随身携带，准备第二天上朝时亲自递给皇帝。

谁知东厂特务早就侦知了这件事，并报告了魏忠贤。魏忠贤知道后，大吃一惊，他决定不让皇帝见到这份奏疏。于是，一连几天，皇帝都不上朝。不得已，杨涟只好把奏疏按照常规，交给了管文书的官员。于是，这份奏疏自然也就到了魏忠贤手上。魏忠贤扣留了这份奏疏，皇帝当然也就见不到了。不过，杨涟早就知道魏忠贤会这么做，他还留了一手。就在奏疏递交的当天，他连夜找了些人，将奏疏抄写了好多份，并立即散发出去。

一石激起千重浪。在京城的大街小巷，人们在高声朗读杨涟的奏疏。下面的群众一边听，一边鼓掌，群情激愤。不少官员受到杨涟奏疏的感染，也纷纷上书，弹劾魏忠贤。几天内，弹劾魏忠贤的奏章连篇累牍，反对魏忠贤的呼声倾动朝野。声势如此之大，影响如此之广，终于传进了热心木匠活儿的天启皇帝耳中。皇帝终于停下了手中的木工活儿，派人把魏忠贤找来，单刀直入地问道：

“魏伴伴，听说有不少人弹劾你，这是怎么回事儿?”

“陛下，是杨涟写了一份奏疏，那些东林党人合伙要整我，请圣上明察。”魏忠贤一把鼻涕一把泪地哭着回答。

“奏疏在什么地方？快让人拿来给朕。”皇帝发火了，铁青着脸，厉声说。魏忠贤很少见天启皇帝如此严厉的表情，他赶紧让人拿来了杨涟的奏疏，双手托起，递给皇帝。

“给朕干什么！念给朕听！”皇帝发了话。

"陛下，奴才不识字。"魏忠贤回话。

"朕知道你不识字，找个识字的来，念给朕听。"皇帝说着，脸色似乎比刚才和缓了许多。

魏忠贤偷着笑了。皇帝打小没怎么念书，也识不了多少字，这和自己倒是一对儿。不过，找人代念，名堂可就多了，这里面可以做手脚，自己这下有救了。魏忠贤找来了司礼监掌印太监王体乾，将奏疏交给他，由他一字一句念给皇帝听。这王体乾是魏忠贤的死党，也是魏忠贤一手把他提拔起来的。一接到这念奏疏的任务，他立刻心领神会，不是避重就轻，就是偷工减料，有意回避和省略那些重要的、关键的问题。二十四条大罪读完，皇帝并没有听出什么实质问题。看来，魏忠贤并无甚大过，杨涟等人不过是小题大做罢了。皇帝很快得出了结论，他说：

"卿无大过，可安心供职。这些东林党人，党同伐异，需一体治罪。你去拟个名单交给朕。"

可笑！一大群书生，内阁大臣，闹腾半天，不仅没板倒魏忠贤，自己反而丢了官职，进了囹圄。结果，东林党人，内阁大臣赵南星、高攀龙等被勒令离职回家，而杨涟、左光斗、魏大中等人都被送进了大牢，他们的罪名是受贿。如杨涟就被安上受贿白银二万两的罪名，行贿的被说成是蓟辽总督熊廷弼，因为熊廷弼也是阉党要收拾的人。高压之下，人人自危，东林党人，内阁首辅叶向高和大学士韩爌都被迫辞了职。魏忠贤干脆让他的干儿子顾秉谦接任首辅，让"五彪"之一的许显纯担任锦衣卫指挥使，去出面审讯那些被抓起来的东林党人。杨涟是第一个被从大牢里提出来审讯的，许显纯拿出一份伪造的证词，问道：

"杨涟，熊廷弼是如何向你行贿的？你收了多少银两？你是如何帮他出狱的？"

"辽阳失陷前，吾曾上书弹劾此人，他战败后，吾怎肯帮他出狱？现文书尚在，可以当堂对质。"杨涟回答。

寥寥数语，就让许显纯当时再也说不出话来。他恼羞成怒，大喊："用刑！用刑！"

“大丈夫有死而已，何惧用刑?”杨涟大义凛然地说。

此后，每五天对杨涟拷打一次，杨涟下颌骨脱落，牙齿被打掉，但他依然拒不招供。于是，许显纯使出了他的看家本领，让人用钢刷蘸上盐水在人的皮肤上来回反复刷，杨涟的皮肉均破裂如丝。杨涟从始至终，骂不绝口，死不低头。对于这种硬骨头，魏忠贤指示，必须在狱中将他杀死，不留活口，更不能走漏风声。许显纯接到指令后，便让人晚上趁杨涟睡觉时，用一只装满土的布袋压在他的身上。一般犯人，只要被压上土布袋，第二天早上必死。可是奇迹出现了，杨涟生命力极强，土布袋竟然没压死他，他依然活着。

为了治杨涟于死地，许显纯又命人用铜锤砸杨涟的胸部，所有的肋骨都被砸断，杨涟依然活着。接着，他又让人将一根铁钉钉进了杨涟的耳朵。杨涟依然没有死，但他也很清楚，阉党是不会放他出去的，他逃不出锦衣卫的法网。夜半人静，他咬破手指，撕了块衣襟，留下了他血写的遗书。他把血书藏在枕头里，希望有朝一日，这份血书能替他表明心迹，洗刷冤枉，还他一个清白。

第二天，许显纯下了最后的命令，又一根大铁钉钉入了杨涟的头顶，顽强不屈的杨涟再也顶不住了。他死了，他只活了五十四岁。他死后，看守来整理牢房，在清理枕头时，翻出了杨涟写的血书。他惊喜不已，因为，只要他拿着血书去见许显纯，肯定会领到一笔赏金。但是，当看守看完血书后，他的主意变了，他将血书藏在衣服里，带回了家。妻子发现后，惊恐万状，再三劝他将血书交上去，可是看守紧紧握住血书，说：“不，我不能交。我不能昧了良心。我要留着它，有朝一日，它会赎清我的罪过。”

身为都察院都御使的左光斗，他受得刑并不比杨涟少，但他也是铮铮铁汉，绝不招供，绝不低头。他的腿被打断了，眼睛被打瞎了，脸上被烙铁烙得失去了人形，但他没有屈服。在黑洞洞的牢房里，他心若止水，正襟危坐，默默地咀嚼着痛苦与仇恨。他的一个学生，买通看守，化装成捡破烂的，摸进了左光斗的牢房。他在左光斗面前跪了下来，抱住老师，放声大哭。他万万没有想到的是，他听到的是老师的怒骂：

“蠢材！此何地也，而汝前来。国已至此，吾死何惧？汝却如此轻率，一旦有事，江山、社稷，何人担当？”

左光斗越说越恨，越骂越狠，他摸索着找到地上的镣铐，做出要砸他的样子，说：

“汝还不速去！再不去，无须他人动手，吾自扑杀汝！”

学生含着满腔热泪，悄无声息地退了出去。这一次，老师在监狱里又给他上了活生生的一课。当然，这个学生也没有辜负老师的期望，他就是日后南明的中流砥柱——史可法。就这样，没过多少时间，东林党人的“六君子”杨涟、左光斗、魏大中、袁化中、周朝瑞、顾大章，“七君子”高攀龙、李应升、黄尊素、周宗建、缪昌期、周起元、周顺昌等人全都倒在了魏公公的屠刀之下，正直无辜的东林党人逐一被酷刑折磨至死。

东林党人一个个被从朝廷清除了。魏忠贤大权独揽，无所顾忌。他公开卖官鬻爵，并明码标价，知县三千两，知府五千两，以此类推，唯财是举。仅仅卖官所得的钱，魏忠贤便是数也数不尽，用也用不完。人生一世，无非是名利二字，魏忠贤有了钱之后，还想为自己扬名立万，他授意各地的爪牙为他大建生祠。本来人死了，建个祠堂来祭奠，而魏忠贤偏要活着进祠堂，享受人间烟火。“九千岁”要建生祠，谁敢不遵？一场轰轰烈烈大建生祠的闹剧在全国展开了。

第一个提出为魏忠贤建生祠的人是浙江巡抚潘汝桢，他提议在西湖边为魏忠贤建生祠，并写成奏本交到皇帝手中。可笑的是，天启皇帝见到奏本后，竟立即放下了手中的木匠活，马上签字批准，还亲自为魏忠贤的生祠题了匾额，叫作“普德”。在潘汝桢建成的生祠里，正中供着魏忠贤的塑像。他头戴冠冕，垂旒执笏，双耳垂肩，身穿袍服，俨然帝王形象。殿柱上更挂着一副金字对联：

至圣至神，中乾坤而立极；

乃文乃武，同日月以长明。

上有所好，下必甚焉。此风一开，不可收拾。在中国大地上，魏忠贤的生祠建到了苏州、蓟辽、宣府、大同、凤阳，甚至建到了京城的宣武门外、卢沟桥边。不到一年时间，魏公公的生祠就建了四十多处。每座生祠都极尽奢华，耗费了大量的人力、物力。最无耻的要数国子监生陆万龄，他又不是官，立生祠又不关他什么事，可他偏偏提出，要将阉党头子魏忠贤与儒家所供奉的“圣人”孔子，合在一起，进行祭祀，真叫人哭笑不得。

木匠皇帝不问国政，太监魏忠贤一手遮天，大明王朝江河日下，辽东局势岌岌可危。熊廷弼被免职后，朝廷任命阉党亲信袁应泰为辽东经略。这袁应泰根本不懂军事，上任伊始，便改变了熊廷弼“分散防守、交叉支援”的布置，将各路人马都撤回沈阳或辽阳。此外，他又错误地接纳了六千名流散的蒙古人。当时蒙古出现灾荒，诸部大乱，人畜无食无草，百姓四处逃荒避难，有些蒙古人逃到了关东。总兵尤世功曾劝他不要接纳这些蒙古人，因为蒙古人历来与女真人关系密切，一旦出现战事，他们就可能成为女真人的内应。但袁应泰根本不听，执意将这些蒙古人留在了沈阳。

袁应泰的种种作为，很快便由后金探子报告给努尔哈赤。努尔哈赤觉得机会来了，他要一举夺取沈阳和辽阳，进而将整个辽东据为己有。后金天命六年（1621 年）三月十二日，努尔哈赤亲率八旗劲旅，到达沈阳城东的七里河。这时，守卫沈阳的是贺世贤和尤世功两位总兵，每位总兵手下各有一万余人。袁应泰听说后金大军进攻沈阳，立即派出了三路援军。分别是陈策和董仲揆率领的川浙军，守奉集堡总兵李秉诚和守武靖营总兵朱万良、姜弼的人马，每部都有一万多兵。只要贺世贤、尤世功能在沈阳城坚持一天，援兵就会赶到，沈阳就会转危为安。可事实上，贺世贤、尤世功连一天都没有守住。

十三日早晨，努尔哈赤故意派一百多名老弱残兵在城下叫阵。明总兵尤世功率一支人马杀出城来，杀散了后金兵，斩首四级。这一招还真起了作用，贺世贤认为后金兵不堪一击，执意要出城作战。不管尤世功如何劝阻，贺世贤还是带着他的一千多名家兵，杀出了城门。努尔哈赤就怕守军不出城，现在见明军中计，立即让伏兵尽出，将贺世贤层层围困。后金兵万箭齐发，仅贺世贤一人，身上就中了十四箭，眼见不得活了。家兵们见事不好，拼命将贺总兵的尸体抢进城来。

谁知此时，城里一帮蒙古人冲了出来。他们打开城门，砍断吊桥的绳子，接应后金大军入城。原来，努尔哈赤提前就派人进城，与城内的蒙古人取得联系，让他们充当内应。明军主将已死，群龙无首，除少数人还在抵抗外，多数四散逃走。后金军与城内的蒙古人里应外合，很快便粉碎了残存的抵抗力量，只用了一上午的时间，便攻下了沈阳城。明总兵贺世贤、尤世功，参将夏国卿、张纲，知州段展，同知陈柏等均被杀死。

这时，行动比较迅速的川浙军，已在总兵陈策和董应揆的带领下，赶到了沈阳城外。一见沈阳城已经失守，两总兵便决定撤退。但游击周敦吉不同意撤退，他说：

“身为军人，守土有责。我们在这里待了三年，为的就是与敌一战。现在，敌人就在眼前，我们宁愿战死，也决不后退。”

士兵们也纷纷表示，愿意与后金军殊死一搏。于是，援军分成两部。副总兵秦邦屏与参将吴文杰、游击周敦吉率所部川军渡过浑河，总兵陈策、董仲揆则带领四千浙兵扎营于河南，准备与敌交战。努尔哈赤发现援兵后，便立即指挥数万八旗兵包抄过来。川军士气很高，个个奋勇杀敌。他们与超过自己几倍的敌人殊死格斗，毫无畏惧，绝不退后。这种拼命精神，让努尔哈赤十分震惊，他下令全力进攻，不留活口。毕竟众寡不敌，秦邦屏、吴文杰，周敦吉等将领先后战死。八千多川兵在杀死三千多敌人后，除少数将士渡河逃回浙军兵营外，其余全部牺牲，没有一个投降的。

消灭了川军后，努尔哈赤又毫不犹豫地挥师渡过浑河，继续围攻河对岸的浙军。浙军也不含糊，他们在总兵陈策和董仲揆率领下，早将生死置之度外，刀对刀，枪对枪，以一击十，顽强战斗。最后，在杀死敌军两千余人后，浙军也全军覆没。另外守奉集堡和武靖营两路援军，那可是马尾穿豆腐，提不起来了。当后金军围攻川军时，他们已到达战场。他们的总兵力有三万多人，但勇气实在欠佳。他们见后金军勇猛，不敢冲上去救援，只是在阵前观望。直到后金军渡河进攻浙军时，他们才慢腾腾地向敌人靠近。可一遇到后金军的阻击，三万多人一触即溃，三总兵带头逃跑，两支援军顿时瓦解。就这样，明军在一日之内，便丢了沈阳，一万多人被杀死，五万多人败亡，真是不堪一击。

丢了沈阳，袁经略慌了神，他紧急地将辽东剩下的兵全部调进了辽阳城。从沈阳城外败退回来的李秉诚、朱万良、姜弼也带着一万多残兵进了辽阳。整个辽阳城内已集中了十三万兵马，总兵力已超出后金一倍还多。辽阳是辽东经略府所在地，也是辽东最大的城市。熊廷弼在任时，曾重点维修过辽阳城。辽阳城墙高达三丈三尺，十分坚固。绕城的护城河内，引入了太子河水，全部灌满，水深也有两丈多。熊廷弼还从京城调来上千门炮，其中重三千多斤的七门最重的炮，都放在辽阳。这种炮，一炮便可毙敌数百人。兵员众多，又有坚城利炮，守住辽阳，按说是不成问题的。

三月十九日，努尔哈赤命四贝勒皇太极带领三千人渡过太子河，向辽阳进发。其实，这是努尔哈赤的又一个诱兵之计，他自己则亲率六万大军跟在后面。努尔哈赤十分清楚，凭他的这点人马，要想硬攻下坚固的辽阳城，那是门儿都没有。努尔哈赤的如意算盘是，把明军主力诱出城来，在城外歼灭，然后再攻城，就容易多了。他之所以敢这么想、这样做，就是欺负袁应泰不懂军事。果不其然，袁应泰见皇太极的人马不多，竟然鬼使神差地决定，与后金军在城外野战。他亲自带领侯世禄、梁仲善、李秉诚、朱万良、姜弼五位总兵，领兵五万，出城五里扎营。

这一来，正中努尔哈赤下怀，他连夜率主力赶到了辽阳城外。第二天一早，女真铁骑万马奔腾，呼啸着，向明军阵地冲过来。明军中，李秉诚、姜弼、朱万良所带领的一万多从沈阳败退回来的士兵，早就领教了后金骑兵的厉害，成了惊弓之鸟。所谓，一朝被蛇咬，十年怕井绳。双方一交战，这些兵便带头逃跑。他们这一跑，其他的明军也无心恋战，纷纷逃散。双方还没有交战，明军就败了。后金骑兵在后面紧追不舍，一直追到鞍山，才收兵回营。这一战，明军损失过半。

次日，袁应泰仍不吸取教训，又将城内的三万军马调出，在东门外安营。努尔哈赤见明军陆续出城，心中暗喜。他命令大贝勒代善率左翼四旗攻打辽阳城的小西门，自己则带领右翼四旗去攻打东门外的明军。天亮了，双方首先在东门外大战。明军再败，总兵梁仲善、朱万良战死，袁应泰率部分明军退回辽阳城。当天晚上，左翼四旗在阿敏、莽古尔泰和扬古力的带领下，攻占了西门桥。接着，又利用云梯，登上了西城的角楼。努尔哈赤决心不给明军以喘息之机，亲自带着右翼四旗赶到西城增援。

第三天，明军火药库发生爆炸，炸毁了西门城楼，也炸塌了部分城墙。八旗兵一拥而入，双方展开了巷战。明监军高山等官员逾城逃走，军心动摇，士气大丧，不到半天，明军就停止了抵抗。眼见大势已去，明辽东经略袁应泰与妻子、奴仆等在城东北的镇远楼上自焚而死。明辽东巡按张铨，一直在率兵抵抗。城破后，手下人劝他易服逃走，他一口回绝。被俘后，他破口大骂，拒不下跪。最后，努尔哈赤不得不下令，用绳子勒死了他，并让人掩埋了他的尸体。

就这样，由于袁应泰的愚蠢与无能，后金军只用了三天，便拿下了辽东最大的城市——辽阳。夺取沈阳和辽阳后，努尔哈赤发现，这两座城市城墙高大，殿堂精美，迟迟舍不得离开。最后，他一反常态，不是像过去那样，拆毁城市，抢掠后即退走，而是留了下来，将沈阳、辽阳据为己有。当年（天命六年、1621 年），努尔哈赤就将国都从赫图阿拉迁到辽阳。五年后，又将国都从辽阳迁到沈阳，同时改沈阳为盛京。明朝的两座大城，就这样改变了颜色，而失去沈阳和辽阳后，整个辽东就危如累卵了。

沈阳和辽阳相继失守的败报传到北京，举朝震惊，钟鼓齐鸣，京城九门，白天关闭。哀鸿遍野，怨声载道。天启皇帝也不得不暂时放下了手中的木匠工具，考虑派谁去辽东御敌。皇帝把魏忠贤叫来，大骂了一通，可魏忠贤除了连连叩头，一个主意都没有。急得皇帝在宫中团团转，就是想不出办法。还是皇后在一旁提醒了他，那个不久前被罢官的熊廷弼，不就是个人才吗？

一语点醒梦中人。天启皇帝立即在文华殿设宴，召见熊廷弼。他亲自斟了一杯酒，对熊廷弼说：

“爱卿，千错万错是朕的错。朕不该听信小人之言，将爱卿从辽东调回。真是失却干城，溃之千里哟！朕不胜悔恨之至。尚望爱卿不计前嫌，再赴辽东，为国效劳。不知爱卿可愿再度替朕分忧乎？”

“陛下，自古以来，主忧臣死，为主分忧是臣子的本分。当此国家危难之际，臣早将生死置之度外。驱强敌，御东虏，臣粉身碎骨，在所不辞。恳请陛下降旨，臣当星夜赴辽东，挽狂澜于既倒，立奇功于边陲。”熊廷弼激动地说。

“如此，甚好。朕命你为兵部尚书兼辽东经略。赐卿尚方剑一把，副总兵以下，卿可先斩后奏。卿所需兵员、装备及军饷，朕当令有司办理。卿出京之日，朕还要亲自送行。”天启皇帝说道。

“谢主隆恩。臣定当为主分忧，死而后已。”说完，熊廷弼捧着尚方宝剑，匆匆下殿去了。

七月初二，熊廷弼便离京赴任。天启皇帝也兑现了自己的诺言，放下了手中心爱的木匠活儿，亲自将熊廷弼送出了左安门。熊廷弼容光焕发，信心满满，骑了一匹大红马，身着大红麒麟服，带着全副仪仗，兴冲冲地朝山海关进发。以前的辽东经略，一般由正四品的副都御使或正五品的佥都御使担任，最高的也没超过正三品的兵部侍郎。这次熊廷弼以兵部尚书衔出任辽东经略，官阶为正二品，是历来最高的。熊廷弼身上穿的大红麒麟服，也是皇帝破例赏赐的。按照明朝规定，一品、二品武将的官服上，只能绣狮子，只有公侯的官服上，才能绣麒麟。虽然只是一件衣服，也可看出皇帝对熊廷弼的器重。

此外，天启皇帝还特赐熊廷弼敕书一道，并批准了熊廷弼调兵十五万、饷银一千万两的请求。由于国库空虚，天启皇帝还自掏腰包，两次从内帑中拨银四百万两，用于辽东军务。由于丢失了沈阳和辽阳，广宁就成了明朝在辽东尚存的最后一座大城。广宁背靠医巫闾山，南邻大海，西界锦州，东隔辽河与辽阳相望。明辽东的巡抚、总兵、镇守太监的官署均设在广宁，在所谓河西十一卫中，以广宁命名的便有广宁卫等九卫，军事位置十分重要。

本来，身为经略的熊廷弼，按照兵部的安排，坐镇山海关即可。但熊廷弼不放心，他直接到了广宁。熊廷弼到任后，制定了一个“三方布置策”，即集中马步军守广宁，并以天津和登莱为水军据点，不断袭击后金的南部地区。这个方案仍是立足于守，以陆军守住广宁，而天津和登莱的水军的进攻，不过是为了牵制敌人。在熊廷弼的努力下，不到一个月的功夫，广宁的兵力就增加到十三万人，装备和粮饷也陆续到位，人心也逐渐安定下来。

可是，熊廷弼手下的辽东巡抚王化贞，却对熊廷弼的“三方布置策”不以为然。王化贞擅自给皇帝上书，说只要给他六万人马，他就可以打败后金，收复失地。这真是吹牛皮不腰疼，说大话不脸红。说这话的王化贞是山东诸城人，万历四十一年（1613 年）进士。他原本在前经略袁应泰手下担任广宁道，负责把守广宁。三月二十一日，辽阳陷落，只见明朝的官员在逃跑，士兵在逃跑。仗打得不怎么样，逃跑可真在行，像兔子一样，一个比一个跑得快。

但王化贞没有逃，倒不是他不想逃，而是他不敢逃。按照明律，后金军没有打到广宁，王化贞身为广宁道，要是逃跑，那可是杀头之罪。所以，王化贞赌了一把。他非但不逃跑，还在广宁打出了招兵旗，专门收留那些溃逃下来的散兵游勇。这一招还真灵，两个多月下来，广宁道王化贞的手下，已经增加了上万人。幸运的是，后金没有进攻广宁，于是，王化贞成了英雄。四月五日，朝廷将这位广宁道，直接晋升为辽东巡抚兼右佥都御使。

新官上任三把火，王化贞根本没把熊廷弼放在眼里。仗着朝中有阉党支持，他与上司熊廷弼唱起了对台戏。他反对熊廷弼的“三方布置策”，自己制定了收复抚顺的方案，想要在朝廷面前表功。为了收复抚顺，他写了一封密信，让他手下的心腹大将孙得功，化装潜入沈阳，去劝说投降后金的李永芳反正。孙得功扮成一个商人，费了九牛二虎之力，才在沈阳见到了李永芳。李永芳对他倒是十分热情，酒足饭饱之后两人进书房密谈。孙得功先将王化贞写的信交给了李永芳，等李永芳看过信后，他说：

“将军，所谓非我族类，其心必异。我奉巡抚之命，前来劝说将军。将军若能反正，王巡抚不但不念旧恶，反而会重用您，给您加官晋级。您又何苦甘心为异族卖命呢?”

“孙将军，我看你也是个聪明人。常言道，良禽择木而栖，良臣择主而事。当今之时，后金屡胜，而明军屡败。我主控弦十万，将要横扫明国，一统天下。识时务者为俊杰，我劝你还是及早投降后金，也好取后半生的荣华富贵。你看我如今，有额驸府邸，有奴婢成群。若孙将军能改投后金，我保你高官任做，骏马任骑。将军可不要错过大好机会呀!”李永芳说。

这孙得功本来就对辽东战事没有信心，听李永芳一说，他的心眼儿先活动了。他决心借李永芳这条路子，卖身投靠后金，为自己谋一条出路。这真是，偷鸡不着蚀把米。孙得功没能说动李永芳反正，自己反被李永芳说动投了后金。二人商量已毕，孙得功回转明营为后金夺取广宁做内应。李永芳则立刻去报告努尔哈赤，说明孙得功愿为后金夺取广宁当卧底。努尔哈赤听后，喜出望外。他早就打听出，熊廷弼与王化贞经抚不合，只是忌惮熊廷弼的威名，迟迟不敢进攻。现在听李永芳如此一说，那真是瞌睡遇见枕头，再好不过了。努尔哈赤不再犹豫，决定立即进攻广宁。

后金天命七年（1622 年）正月十八日，努尔哈赤让宗弟泽弼贝勒留守，自己亲率四大贝勒和七万雄兵，顶着凛冽的寒风和漫天大雪，向广宁杀来。二十日辰时，大军到达辽河，夜宿牛庄。得知防守辽河的明军已经逃走，努尔汗赤于是率大军包围了广宁城外的重要据点——西平堡。明军的布置是，重兵驻守广宁城。另在广宁城外，由总兵刘渠带领两万人驻镇武，总兵祁秉忠领一万人驻闾阳，副总兵罗一贯带领三千人驻西平堡，组成了一个品字形的防御圈。

面对后金大军的突然进攻，王化贞的战前准备却十分不足。上百万石的豆、米存放在觉华岛和右屯卫两地，而守军却经常缺粮，士兵怨声载道。大批远道运来的战马疏于管理，病死了不少，剩下的也瘦弱无力。至于从京师武库中调运来的枪支弹药，王化贞也没有及时配发到士兵手中，而是大量堆积在库房中。即使如此，他还大言不惭地向兵部吹嘘，“仲秋之月，可高枕而听捷音”。敌军已经兵临城下，王化贞却无动于衷，摆出了一副被动挨打的架势。

一场兵力悬殊的激战开始了。防守西平堡的参将黑云鹤，凭着一己之勇，不听主将罗一贯的命令，擅自带着家丁出战。结果，黑云鹤遇上了后金猛将额亦都，交手不到三合，就被额亦都斩于马下，他手下的家丁也全部战死。黑云鹤一死，努尔哈赤就让降将李永芳在城下喊话，劝罗一贯投降。罗一贯站立城头，大骂叛徒李永芳，并命令士兵向李永芳放箭。努尔哈赤见软的不行，便指挥后金军大举攻城。

虽然罗一贯在西平堡只有三千士兵，但他们在罗一贯带领下，个个奋勇杀敌。经过一昼夜的战斗，后金数十架云梯断裂，两千多人阵亡，仍然没有攻下西平堡。努尔哈赤眼睛都气红了，嘴里哇哇直叫，他亲自率两黄旗兵继续攻城，后金兵的箭枝像雨一样射向了城上的守军。罗一贯眼睛中箭，但他拔出箭杆，继续战斗。直到第二天傍晚，后金军才攻下了西平堡。罗一贯不愿落在敌人手里，他扔下了手中剑，眼里冒血，大吼一声，抱起一个冲上城的敌人，纵身一跃，跳下城头，与敌人同归于尽。罗一贯的勇敢与无畏，让不少后金将士瞠目结舌。

后金军围攻西平堡，王化贞却迟迟不发兵救援。驻扎在右屯卫的熊廷弼怒不可遏，但他这个经略手里只有五千人，还是熊廷弼从北京出发时，临时从京营中凑集的，根本就没有什么战斗力。不得已，熊廷弼将尚方宝剑悬在辕门之上，并一连八次传出令箭，命王化贞出兵。在这种情况下，王化贞才命令刘渠从镇武出发，孙得功、祖大寿从广宁出发，祁秉忠从闾阳出发，三路军一起增援西平堡。三路人马在平阳桥会师，总人数超过十万人，大大超过了后金军的兵力。

总兵刘渠一马当先，带着本部人马，向敌人冲去。谁知此时，身后的孙得功却突然大喊：“败了！败了！”随着喊声，孙得功带着他的“飞虎军”，快速逃离战场。孙得功是王化贞的心腹，他手下的“飞虎军”是王化贞的王牌主力。孙得功和“飞虎军”一逃，这整个战场就乱套了。正冲向敌阵的刘渠忽听后面乱了，稍一分神，从马上掉了下来，被赶上来的皇太极杀死。祁秉忠挺枪来救，也被乱军挤倒，死于马下。祖大寿等人见势不好，带着自己的亲兵，杀出重围，赶紧逃命去了。

孙得功带着他的“飞虎军”回到广宁。为了向新主子表功，他一面派人把守城门、封锁府库，一面派七个人作为代表，去向努尔哈赤请降。同时，孙得功还让手下参将江朝栋去抓捕王化贞，准备献给努尔哈赤为见面礼。这江朝栋平日就看不惯孙得功的作为，更不愿投降后金，他便借此机会，去救王化贞。兵败城破，心腹倒戈，巡抚王化贞还蒙在鼓里。像平日一样，王化贞此时还在衙门里喝着茶，看着文书，完全不知道大祸将至。

只听门“哐”的一声被推开，江朝栋气急败坏地闯了进来，朝着王化贞大喊一声：“大事不好，快走！”这一喊不打紧，把王化贞顿时吓得腿直哆嗦，说不出话，也走不动路。见此情形，江朝栋不管三七二十一，随手抓了几件行李，放在骆驼身上驮着，又手忙脚乱地将王化贞扶上自己的坐骑，打马便行。走到城门口，孙得功的乱军把他们拦住。江朝栋二话不说，拔刀就砍，霎时间结果了那几个家伙，这才逃出城来。二人走到闾阳驿，正巧遇上从右屯卫赶过来的熊廷弼一行。王化贞捶胸顿足，号啕大哭。他说：

“熊经略，都是卑职误事。事到如今，我们是否收拾人马，固守宁远?”

“晚了！我的巡抚大人！你不是说，你用六万人可以荡平后金么？你不是让我们中秋夜，敬候佳音吗？事已至此，还是保护百姓，撤进山海关再说吧！”熊廷弼不无讥讽地说。

王化贞此时羞愧得无地自容，他没有别的选择，只有跟随熊廷弼的队伍，一道向山海关撤退。沿途大批百姓，携家带口，哭哭啼啼，跟着军队一起行进，真是惨不忍睹。与此同时，后金军于二十三日进入广宁城。努尔哈赤不但给孙得功封了官，赏了金银绸缎，还派他去四处招降。不到三天工夫，在孙得功的游说下，广宁周围的四十多座城堡均向后金投降。努尔哈赤除了在西平堡遭受重创外，依靠叛徒孙得功的帮助，没费多大劲儿，便将明辽东的又一座大城据为己有，这也是他始料不及的。

一路上，熊廷弼百感交集。他一腔热血，满腹经纶，三次出关，任职辽东。本想杀敌报国，重整河山，谁知空怀抱负，举步维艰。经抚不和，阉党掣肘，只落得丧师辱国，愧对皇上，愧对百姓。空负一身本领，有何面目，去见朝廷众臣、江东父老？按照明朝法律，封疆大臣丢失城池或土地，那是要被问罪的！等着熊廷弼的处分，到底是什么，谁也说不清楚。

熊廷弼骑在马上，思来想去，心里纷乱如麻。行进在大批难民入关的行列中，熊廷弼的心情是无比沉重的，他身后的队伍也显得稀稀拉拉的，一个个士兵也都是无精打采的。

第四章
袁崇焕力挽狂澜

人流、人流，一眼望不到头的人流。在锦州通往山海关的大道上，逃难的人流在涌动。广宁失守前，大批辽东难民还在那里观望，他们在心中祈祷，盼望官军能打败后金，夺回故土，让他们重返家园。广宁失守后，后金军接着又攻下了义州，一路烧杀抢掠，并强抢汉人为奴。于是，难民们再也不敢继续等待，他们心中对明军所寄托的最后一点希望也破灭了，纷纷打起包袱，携家带口，匆忙地向关内逃去。

难民队伍中，有乘马车的，有骑毛驴的，有推独轮车的，也有挑着担子、背着包袱的；既有单身一人的，也有拖家带口的。这些人中的多数，都操着河北、山东口音。他们的祖辈、父辈当年辛辛苦苦地闯关东，好不容易挣得一份家业，而今，他们又要离开这祖祖辈辈熟悉的热土，抛弃自己辛勤几辈建立的家园，心中真是悲痛交加、不是滋味啊！

在这些难民中，有的妻离子散，有的家破人亡，有的亲人还被后金兵抢去被迫当了奴隶，所以，他们不得不背井离乡，向关内逃生，其他一切也都顾不得了。难民的脸上，写的是愁苦；难民的心中，全都是悲伤。他们既痛恨后金军的残暴，又痛恨明朝军队之无能，可是，身为百姓，他们又能怎么办呢？这是多么凄惨的一幅图画啊！不幸的难民队伍，长长的，望也望不到头，而这支上百万难民的目的地，便是离开辽东，进入山海关。

山海关坐落在河北与辽宁的交界处，北接蜿蜒盘旋在燕山山脉之上的万里长城，南至浩瀚无边的渤海。明洪武十四年（1381 年），魏国公徐达曾到这里考察，见这里战略位置险要，决定设立山海卫，并建关筑城。关城筑好之后，因此关“襟连沧海枕青山”，徐达将关命名为山海关。他还让人在城砖上刻了“洪武十四年”五个字，亲自将这块砖放置在东城门楼的檐墙上。关城高大，气势雄浑，巍然屹立在山海之间，后人誉之为“天下第一关”。明代文人、著名膀书家萧显曾在这里写下“天下第一关”五个擘巢大字，被做成匾额，悬挂在东城门楼上。

出山海关沿海往东北方向直到锦州，是一道长四百余里的袋状谷地。谷地平坦，土地肥沃，谷地位于辽河以西，因此，当地人便将这道谷地称作辽西走廊。为了加强对辽西走廊的防卫，明朝沿这道谷地设置了八座城，即前屯卫、中后所、中前所、塔山、杏山、松山、宁远、锦州，由于八城均位于山海关之外，故又称关外八城。八座城堡像一串璀璨的明珠，镶嵌在富饶的辽西走廊上。八城之间建有烽火台，敌兵到来，可点燃烽火报警，以便相互支援。八城之中，最重要的当属辽西走廊东端的宁远和锦州。

山海关位于辽西走廊的西端，像一把大锁，锁住了整个关外的咽喉，真所谓“一夫当关，万夫莫开”。山海关有关外八城拱卫，易守难攻，历来是兵家必争之地。山海关又是北京的屏障，只要守住了山海关，关外的敌人便无法向京城进攻，所以，人们才称其为“两京锁钥无双地，万里长城第一关”。山海关的关墙有三丈三尺高，内为夯土，外用大青砖包裹，相当坚实。城堞逶迤，箭楼高耸，连接山海，蔚为壮观。山海关的东西南北四个方向上均设有城门。西门叫迎恩门，南门临海称望洋门，北门叫威远门，东门叫镇东门。东门最为著名，因为人们进出关口，走的便是这座关门。出了镇东门，就到了关外了。

这天清晨，天刚蒙蒙亮，静寂的街道上还少有行人。商铺还都关着门，只有几间卖早点的小贩打开了店门，卖着煎饼果子，包子稀饭等吃食。这时，从关内方向传来“嗒嗒”的马蹄声，不多久，便出现了一位不寻常的早行者，一位孤独的骑马人。由于还不到开关时间，这位骑马人便把马拴在关前的拴马桩上，然后在一家早点铺里，吃了两个包子，喝了一碗稀饭。吃过早点后，关门还没有开，这位骑马人便在关门前四处徘徊，最后来到了关楼前，默默地望着那“天下第一关”的牌匾出神。

又过了一会儿，关门终于开了。可是，还没等骑马人骑上马往出走，大批的难民已经涌了进来，把这位骑马人挤得东倒西歪，趔趔趄趄。于是，他又赶紧下了马，把马牵着硬从人堆里往关外走。好不容易挤出了关门，人也少了一些。这骑马人反倒不着急了，他先后拦住了几拨难民，频频地向他们打问着什么。只见他听着难民们的诉说，表情也在不断变换，时而双眉紧锁，时而扼腕叹息，时而双拳紧握，时而摇头不语。问过几拨人后，他便毅然而然地跨上了坐骑，头也不回地朝关外奔去。

骑马人个头不高，看上去还不到四十岁。他身着一件长衫，腰悬一柄宝剑，是一副不文不武的打扮。他脸色黝黑，面方耳阔，柳叶双眉，尤其是那一双目光炯炯的眼神，给人以英气四射的感觉。他就是明朝兵部的一位官员，不过是一个小官，一个从六品的兵部职方司主事，名字叫作袁崇焕。他为什么这时往关外走呢？这话还要从丢失广宁说起。广宁兵败后，哀鸿遍野，廷议哗然，整个朝廷上下弥漫着一股恐惧情绪，简直是谈虎色变。天启皇帝遇到的第一个难题，便是让谁去接替熊廷弼的辽东经略一职呢？虽然辽东已经丢了，但辽西走廊不能不守，山海关不能不守，明朝总不能开门揖盗吧！

这几天，天启皇帝心绪不宁，连心爱的木匠活都懒得干了。当然，随着沈阳、辽阳、广宁三座大城的连续失守，天启皇帝已经意识到辽东形势的严峻。但他之所以专注于辽东选帅之事，还是有另外一个特殊情由的。

那天早晨上朝时，天启皇帝对众臣讲：

“朕昨夜一宿三次做梦，梦见一异族女子，乘着嘶吼的烈马，手持戈矛，云飞雾舞，对朕刺来。诸位可以不必忌讳，对朕直说，到底此一梦，主何吉凶？”

众人都面面相觑，不敢答话，这时，只见为皇帝讲课的孙承宗站了出来，说道：

“陛下。异族女子者，女真也；手持戈矛者，攻伐也；刺向陛下者，夺我社稷也。陛下此梦，主后金女真将大举进犯我邦，故请陛下对东虏大加防范，万不可掉以轻心！”

联系到女真军在辽东攻城略地，孙承宗的这一番话说得天启皇帝心中发毛，总不能不要江山社稷吧！于是，他决定，要尽快派一德才兼备之人，去担任辽东经略，主持关外的大局。派谁去呢？他第一个想到的便是兵部尚书张鹤鸣。他是内阁大学士，这也是目前明朝所能派出的最高级别的武官了。为了加重事权，天启皇帝又加封他为太子太保，赐尚方剑，并亲自出城十里，送他赴任。虽然皇帝热情有加，但这位张大人可没给皇帝面子。他磨磨蹭蹭，从北京到山海关，六百多里路程，他走了整整十七天，真是比蜗牛还慢。这还不算，到任还不足一月，这位张大人就说自己年老力衰，主动请辞回家了。

没办法，天启皇帝只好派宣府巡抚去接替张鹤鸣的职务。可这位宣府巡抚更绝，他连上三道奏折给皇帝，说他坚决不去。这可把木匠皇帝气坏了，给他来了个就地免职。职是免了，辽东经略还是得有人当，于是，天启皇帝又将接替张鹤鸣的新任兵部尚书打发去。这位新任的兵部尚书叫王在晋，江苏太仓人，是万历二十年（1592 年）的进士。他倒没敢推辞，他已经见到了宣府巡抚的先例，除非自己不想当官了，否则就得去上任。

王在晋毫不含糊，立即出京赴任。可他一到任，就出了个馊主意，要将关外八城全部放弃，另在山海关的八里铺修建一座新城，用来保卫山海关。他专门就此写了道奏章，直接将这个方案报告给天启皇帝。正当天启皇帝要批准这个方案时，却又接到了一个兵部职方司主事的上疏，说王在晋的方案万不可行，怎么能舍弃早就建好的关外八城去兴建什么新城呢？这不是劳民伤财，徒劳无功吗？而且，两座城距离这么近，怎么会比关外八城的防御效果更好呢？

别看这位兵部职方司主事官儿不大，他写的奏章却讲得头头是道，一看就不是泛泛之辈。写这封奏章的人名叫袁崇焕，广西藤县人。他的父亲袁子鹏，继承家业，往来广西藤县和广东东莞之间，做木材、药材生意，晚年就定居在东莞。一家兄弟三人，他排行第二，有兄长袁崇灿，弟弟袁崇煜。他生来好学，博览群书，十四岁中秀才，二十三岁中举人。难得的是，袁崇焕自幼关心国事，从小便胸怀壮志。他在一首《咏独秀山》的绝句中写道：

“玉笋瑶簪里，此山独出群。南天撑一柱，其上有青云。”

袁崇焕中举之后，科场不顺，一连四次，进京参加会试，却都是名落孙山。这期间，他也灰心过、失望过，但他都挺过来了。万历四十七年（1619 年）三月，袁崇焕终于通过了会试和殿试，考中了万历已未科进士。这是他人生路上的一个转折，这是他命运上的一次重大改变。他兴奋地写道：

战罢文场笔阵收，客途不觉遇中秋。
月明银汉三千里，歌碎金风十二楼。
竹叶喜添豪士志，桂花香插少年头。
嫦娥必定知人意，不钥蟾宫任我游。

中了进士并不等于马上就能当官，还要在京城候选。有钱人通过权臣或者太监活动活动，跑跑关系，很快就能走马上任，而且一定是好差事。袁崇焕家倒不穷，但他一介书生，根本不懂钻营。苦苦在京等了两年，他才被派到偏僻的福建邵武，当了一名知县。平生第一次当县官，袁崇焕是勤勤恳恳，谨谨慎慎，规规矩矩。正像他自己诗中写的那样：

侵晨持手版，逐队入军门。
衙鼓三声急，官仪一面尊。
人情今未熟，政事昔曾论。
私谒吾何敢，归来夜未昏。

上任还不到三月，袁崇焕就把衙内所有前任遗留下来的案件，全部处理完毕。一有空儿，他就到民间微服私访，考察民情。他曾遇到几个从辽东战场上回来的老兵，讲起与后金作战，兵败如山倒的往事，袁崇焕是捶胸顿足，扼腕叹息。回来的路上，路过一座土地庙，庙中神像前的供桌上，摆着丰盛的祭品，真是享尽百姓香火啊！这种情景，由不得袁崇焕百感交集，他不由得跪在神像面前，大声说；“土地公，土地公，为何不去守辽东?”

一天晚上，袁崇焕正在衙内熟睡。忽听街上有人喊：“着火啦！着火啦!”他立即起床，带上三班衙役，赶去救火。谁知火势太大，扑救不及，转眼之间，这家的房屋便被烧为白地。家中十几口人都被烧死，只剩下了一个十四五岁的男孩儿。男孩儿哭得不省人事，袁崇焕心里也十分难过，他决定，由自己收留这个无家可归的男孩儿。从此，袁崇焕的家里，又增添了一个家人，他的名字叫罗立。

在邵武知县任上还不到一年，朝廷要进行例行的政绩考核，袁崇焕千里迢迢，来到了北京。带着家乡的土产，按照父亲的嘱咐，袁崇焕特意去拜见了御史侯恂。这位侯恂是位伯乐，发现袁崇焕是个人才，立即上奏皇帝，特意举荐。袁崇焕这才当上了兵部职方司主事，成为一名京官。刚当上主事没几天，他便见到了王在晋放弃关外八城、在山海关重修新城的奏折。年轻气盛的袁崇焕不顾官小位卑，毅然给皇帝上书，表明自己的意见。

两个截然对立的奏折摆在天启皇帝面前，他犹豫了，不知如何批复是好，于是，他再次将自己的老师孙承宗找来，想听一听他的意见。孙承宗看到两份奏章，他的直觉告诉他，王在晋是胡整，袁崇焕是对的。但他没有直接表态，他对天启皇帝说，他要把两个方案回去好好比较一下，再做决定，皇帝当下便同意了。孙承宗辞过皇帝后，便将袁崇焕找来，让他去关外实地考察一下，这才有了袁崇焕单骑出关之举。而且，这次见面，袁崇焕给孙承宗留了一个很好的印象。他觉得，袁崇焕是个可用之才，思路敏捷，处事果断，尤其是那忧国忧民的思想，更是得到了孙承宗的赏识。

再说单骑出关的袁崇焕，出了山海关之后，一路快马加鞭，但他在关外八城的每一座城堡，都要停留下来，观察一下山川形势，记录一下城堡的现存状况。一路上，看到难民们成群结队地涌向关内，袁崇焕心里特别不是滋味。想堂堂大明，今日竟被小小后金欺负到这般地步？难道真的就无计可施了吗？难道大明气数已尽吗？身为军人，守土有责，养兵千日，用兵一时。如今国土沦丧，百姓流亡，自己是兵部官员，怎么能无动于衷？又有何面目面对家乡父老？他走着想着，想着走着，心情越来越沉重，头脑越来越郁闷，不太长的路程也显得遥远起来。

对于这位单骑逆行的骑马人，差不多所有遇到他的难民都投之以疑问的目光：这个人是不是疯了，别人都是往关内逃，他怎么反倒去关外送死呢？还有人窃窃私语，议论这个骑马人有投敌的嫌疑。更有不少好心人苦苦相劝，说关外太危险，这个时候千万不能到关外去。最令他感动的是，难民中的年轻人知道他的身份后，纷纷要求参军，他们要为自己，为亲人报仇。这股不怕死的精神深深感动了他。为什么不能以当地辽民为主组建一支军队呢？他们恨后金，他们不怕死，他们愿意用生命去捍卫自己的土地。这些都是难能可贵的，于是，以“辽土养辽人，辽人守辽土”的念头在他头脑中越来越显得明晰起来，他的信心也越来越足了。他对置疑者不屑一顾，他对好心人表示感谢，他对愿当兵者表示敬意。他的信念越来越坚定了，不管别人对他说什么，他的马头始终朝着关外的方向。

到宁远了，这时已近傍晚，袁崇焕赶到宁远驿站歇息。刚吃完晚饭，还没等袁崇焕回房，整个驿站忽然喧闹起来，人喊马嘶，驿卒们跑前跑后，显然是来了不少人。袁崇焕赶紧拉住一个驿卒，向他打听是怎么回事？驿卒告诉他，是原辽东经略熊廷弼和辽东巡抚王化贞带着不少家卒和广宁败退下来的兵丁来到了这里。兵丁这里住不下，自找地方去了，只有熊大人和王大人以及他们的家眷住在这里。袁崇焕听后十分高兴，原来他早就听说过熊廷弼的事迹，对熊廷弼十分敬重。熊廷弼多次督辽，老谋深算，袁崇焕曾经在京师与他有一面之交。今天在这里巧遇，袁崇焕很想听听这位前辽东经略对未来的防守有什么真知灼见。

可正在这时，驿站里又涌进来一队耀武扬威的锦衣卫，全副武装，手中都拿着火把，把驿站的院子照耀得如同白昼。为首的是一名老太监，名叫王化成，他也是锦衣卫的副指挥使。刚一进院，就听见王化成用他那公鸭般的嗓子大叫："接旨，接旨。熊廷弼接旨，王化贞接旨。"袁崇焕见是这种场面，自己不好出头，只好暂时退回自己房内。过不多时，便听说锦衣卫将王化贞押上站笼，逮捕回京问罪，而对熊廷弼的处分则是削职为民。本来此时时间还不是太晚，但考虑到熊廷弼这时心情肯定不好，袁崇焕便打消了前去拜望的想法，决定第二天再说。第二天一大早，袁崇焕简单地在驿站用过早饭，便直奔熊廷弼所住的后院。二人一见面，都十分激动，熊廷弼热情地招呼袁崇焕坐下，一面让家人给袁崇焕上茶，还没等袁崇焕出言安慰，他便先开了口，说：

"老弟台，京师一别，不意竟在这里相见，我的事，想老弟也听说了，失守封疆，皇上只将我削职为民，已是法外施恩了。只是某数度出关，任职经略，本想恢复故土，保卫辽东，如今是壮志未酬，却报国无门，真是天不佑我。弟台单骑出关，不知为了何事？"

"熊大人，你一心为国，有口皆碑，此次广宁兵败，也都是王化贞用兵不当所致，非大人之罪也。弟今到此，是因为新任辽东经略要摒弃关外八城，重新在山海关外八里筑新城防御。弟以为此举万万不可，孙大人这才遣弟出关，具体考察一下关外的情况。刚好在这里遇见兄台，兄台经营辽东多年，还望不吝赐教。"袁崇焕一口气说明了来意。

"走！我们上宁远城。"刚听完袁崇焕的话，熊廷弼就激动起来，他感到热血上冲，他感到有一肚子的话要讲，他感到这一次真是遇到了知音。他对袁崇焕感到后生可畏，又庆幸后继有人，他恨不得把自己这几年的心得全部传授给袁崇焕。他拉着袁崇焕的手，一口气上了宁远城楼。尽管自己身处逆境，他还是以国事为重，他要把自己的全部经验都说给袁崇焕听，他希望自己的话能对未来辽西走廊的防守起到一点作用。他不愿看到，勇于任事的袁崇焕重蹈覆辙，他不愿看到，辽阔富饶的辽西走廊陷入敌手。

宁远城建于明宣德三年（1428 年），它背靠连绵起伏的热河丘陵，面对浩瀚无边的滔滔渤海，是一座依山傍海的城堡。它位于山海关与锦州之间，位置十分重要。是防守辽西走廊的战略要地，所以明朝在这里设宁远卫，筑宁远城。原来修的城墙高两丈五尺，护城河深一丈，宽两丈。城墙的周长有七里八步，是一个中等城市的规模。整个城为方形，东南西北均有城门。东门叫春和门，南门叫迎恩门，西门叫永宁门，北门叫广威门。嘉靖四十三年（1520 年），为了增强宁远的防御能力，曾经将宁远城重新整修了一次。

熊廷弼拉着袁崇焕上了城墙，到了春和门的城楼上，但眼前的宁远城因年久失修，城垣多处坍毁，城墙矮的只有一丈多高，并且不少处断裂，到处百孔千疮，杂草丛生，早已不复当年的模样了。除了春和门上的城楼还相对完整，其他几座城楼已是断壁残垣了。袁崇焕身临其境，真是不敢相信，这就是当年所修的坚固城堡。城垣残毁如此，又怎能对敌呢？熊廷弼望着城外破碎的辽东山河，手指着宁远残缺不全的城墙，心潮澎湃，思绪如潮。他的手禁不住有些颤抖，他的眼中充满热泪，他激动地对袁崇焕说：

“元素（袁崇焕的字），汝单骑出关，志在保辽，赤子之心，可钦可佩。吾两度督辽，殚精竭虑，规划布置，颇有心得。奈天不佑我，将不用命，终遭败绩。真是有心剿贼，无力回天啊！今日幸逢贤弟，愿将数年心得，倾心相告，望贤弟扶大厦于将倾，为我华夏子孙，重振雄风啊！

“孙子曰：‘知己知彼，百战不殆。’夫后金八旗，以骑兵为主，行动迅疾，善用弓箭，长于野战。而今后金连战连捷，士气旺盛，是其所长，此诚不可与之争锋也。我军多为步卒，行动迟缓，且与后金交战数次，屡战屡败，军心已失，是我之短。故切不可以我之短对敌之长，应尽量避免与后金军平原野战。

“但后金军劳师袭远，粮草难继，利在速战。且其缺乏攻城火器，难以持久，此乃其所短也。我军则配有战车和大量火器，所守各地多有坚城可依，百姓又同仇敌忾，此乃我方所长。比较双方长短，我以为，我方宜取守势，重在防守。依赖坚城，辅以火炮，则可事半功倍。恢复失地虽不易，守住防线却不难。敌军若屡攻不下，必自退去，此所谓扬长避短之道也。贤弟以为然否？

“如今宁远城墙损毁严重，应尽速重修，然后可与锦州形成犄角，以便战时互相支援，不致孤立。此即为宁锦防线，首当其冲，乃重中之重也。同时，可在宁远、锦州附近的大小凌河、杏山、塔山、松山、右屯等地分别驻军，闲时把守各地，拱卫宁锦，战时则调军回城，加强宁锦防守的兵力。如此，便可组成一道坚固的防线，阻敌于坚城之下。守住了这道防线，不仅山海关可保无虞，也守住了京师的门户。若放弃关外八城，那就是自毁长城，自寻死路，误国之策也。退守山海关，孤关岂能守哉？日后贤弟若能督辽，我赠汝九字真言：‘高筑墙、用炮防，守为上’。败军之将，不敢言勇，一己之见，一得之愚，这也算是我给贤弟的临别赠言了。贤弟来日方长，前途未可限量，还望为国雪耻，立功边疆。兄今一介草民，戴罪之身，就此别过。”

“芝冈（熊廷弼的字），听君一席话，胜读十年书啊！兄台所论，金玉良言，诚老成谋国之道，非亲身亲历亲为不可得也。宁远得遇兄台，吾此行不虚也。九字真言使我茅塞顿开，宁锦防线之论得益匪浅，如拨云雾而见青天。今日得兄台指教，吾信心倍增，余勇可贾。回京当面圣请缨，誓与鞑虏周旋到底。今日当面聆听教诲，弟这里先行谢过。”袁崇焕说完，深深地一躬到地。此时他意气风发，豪情干云，面露喜色，慷慨陈词。他已经一扫胸中块垒，而代之以抗战破敌的壮志雄心。

下了宁远城楼，二人依依惜别，互道珍重。临别时，袁崇焕赋诗一首：

五载离家别路愁，送君寒浸宝刀头。
欲知肺腑同生死，何用安危问去留。
杖策只因图雪耻，横戈原不为封侯。
故园亲侣如相问，愧我边尘尚未收。

英雄惜别，二人各跨雕鞍。熊廷弼准备立即启程回京，而袁崇焕则上了他的坐骑，继续朝锦州驰去。他要去实地考察，以掌握最可靠的第一手资料，他要未雨绸缪，去筹备全面的规划。好在有熊廷弼的这一番指点，他觉得已是成竹在胸了。不过，让袁崇焕没有想到的是，二人这一别，竟是诀别。熊廷弼回京不久，就遭到奸臣陷害，一代名将竟冤屈致死，头颅被传至九边示众。袁崇焕见到塘报后，痛哭失声，他写了一首《哭熊经略》的诗，悼念这个惺惺相惜的知音和朋友：

记得相逢一笑迎，亲承指授夜谈兵。
才兼文武无余子，功到雄奇即罪名。
慷慨裂眦须欲动，模糊热血面如生。
背人痛极为私祭，洒泪深宵哭失声。

再说袁崇焕与熊廷弼分别以后，独自在关外整整跑了十天。这十天，他一天也没闲着，白天找当地人了解情况，夜里在灯下依据山川地理形势绘制地形图。他这张图绘得十分仔细，何处有山，何处有水，何处是海，绘得清清楚楚；何处驻军，何处屯粮，何处养马，标得明明白白。他要用实际行动证明，他没有辜负孙承宗的信任，他要交给孙承宗一份合格的答卷。

当袁崇焕回到北京时，他做的第一件事便是带着这张图，去见了内阁大学士、兵部尚书孙承宗，去向他复命。孙承宗听说袁崇焕回来了，立即请他进来。谈话之中，两人惺惺相惜，相见恨晚。袁崇焕与孙承宗彻夜长谈，谈了他构筑宁锦防线的计划，谈了他组建关宁铁骑的想法，谈了他“以辽土养辽人，以辽人守辽土”的方略。他侃侃而谈，口若悬河，慷慨激昂，运筹帷幄，眼睛里发出坚毅的光芒，脸上洋溢着激动的神情。孙承宗听着他周密的计划，看着他自信的表情，被这个年轻人深深地打动了。

这是一个多么难得的人才啊！如果用他去代替王在晋，该是一个多么合适的人选啊！但是孙承宗没有这么做，他不能破坏朝廷的规矩。在明朝，非常讲究论资排辈，官阶得一步一步升。虽然，孙承宗是皇帝的老师，天启皇帝对他言听计从，虽然，孙承宗现任兵部的一把手，提拔一名将领，他还有这个权利。但袁崇焕的官职太低微了，他只是个从六品的兵部职方司主事，要是一下子提拔为正二品的辽东经略使，不仅与理不合，也很难得到皇帝和大臣们的同意。

于是，孙承宗采取了一个面面俱到的折中办法，经他提出，天启皇帝批准，由孙承宗本人兼任辽东经略使，而将王在晋调到南京去任一个闲差——光禄寺丞，任命袁崇焕为宁远兵备佥使、宁前道。对于袁崇焕来说，这已经是破格任用了，他直接从从六品升到了正四品，这对一般官员来说，也是很难做到的。

天启二年（1622 年），孙承宗已经六十岁了。他刚刚接任辽东经略一个月，便不辞辛苦，亲自乘着马车，带着袁崇焕，去关外八城巡视了一圈。出了山海关以后，但见庐舍残破，城池颓毁，田园荒芜，人烟稀少。战乱之后的辽西走廊一片荒凉破败的景象，令人伤感不已。但当他们来到距宁远不远的中前所时，这里的景象却让他们大吃一惊。这里人烟稠密，市井繁华，庄稼茂盛，军营整齐，好像是沙漠中的一块绿洲，与其他地方的残破衰败，形成鲜明的对比。孙承宗停下马车，在这里住了下来，他要问个究竟，弄个明白。

到驿站一打听，原来这一切都是一位副总兵赵率教的功劳。孙承宗立即打发人去请赵率教。可是，去的人却回来告诉他，赵率教刚刚被锦衣卫抓走。孙承宗听后大怒，抓捕自己手下的一位副总兵，竟然连个招呼都不打。他立刻传令备车，亲自乘车去追回这位副总兵。一直赶了二十多里路，孙承宗一行才在一个叫作卧虎岗的地方，追上了押送赵率教进京的锦衣卫。孙承宗让下人拿出了自己的令箭交给锦衣卫，要求把赵率教留下。锦衣卫带队的张龙也认识孙承宗，于是，二话不说，从槛车中放出了赵率教，并为他打开了镣铐，自己回京复命去了。

孙承宗让赵率教与他同乘一车，一道返回中前所。这赵率教比孙承宗高一头，一张红脸，膀大腰圆，一看便知，是个难得的武将。一路上，孙承宗有意和他攀谈，从中了解到，这赵率教是陕西关中人，自幼习武，十八岁从军。万历三十八年（1610 年）就当上了参将，去年被调到辽阳，在袁应泰手下任副总兵。辽阳兵败，大家都跑了，他也跟着跑了，投奔了在广宁的王化贞大人。他不甘寂寞，主动向王化贞请求，要收复失地。王化贞的回答是，失地你尽可以去收复，但我这里派不出一兵一卒帮你。

于是，赵率教就带着他的亲兵、家丁，一共三十八个人，来到了中前所。他在中前所安营扎寨，收容了不少散兵游勇，也收留了大量难民。他们重新修复了损毁的住房，改建了废弃的兵营，开垦了荒废的田地，开设了旅舍商店。短短几个月，中前所就焕发了生机，改变了模样。正在赵率教在中前所带领军民，热火朝天地屯田备战、恢复生产的时候，昨天下午，锦衣卫却突然把他抓走，说要追究他辽阳之战临阵脱逃之罪。

听了赵率教的讲述，孙承宗开始喜欢上了这个率真的汉子，对他也颇有好感。他们一同下车，来到了赵率教的兵营。赵率教的归来，引起了人们的欢呼，看来，他在这里很有人缘。孙承宗在兵营四处转了一转，巡视了兵营、农田，以及百姓的居屋，然后停了下来，问赵率教：

“你这里现在有多少人?”

“民六万多，士兵上万人。”赵率教回答，他仍然操着一口地道的关中方言。

孙承宗从心里佩服这个关中汉子的能力，他能在半年之中召集流民六万人，散兵一万人，而且他把中前所一带的田地都进行了屯垦，真是一个难得的将才！当今用人之际，怎么能让这样的人再去受牢狱之苦呢？这样的人才，真是可遇不可求啊！他决定伸出援手救他，便对他说：

“赵将军，按律，临阵逃脱，罪在不赦。但本经略念你不是主将，又能将功折罪，我便饶恕与你。你能知恩图报吗?”

“谢大人救命之恩。如今某此身乃大人所赐，今后但有吩咐，末将万死不辞。”赵率教答道。

孙承宗派人把袁崇焕找来，对赵率教说：

“这是宁前道袁大人，今后，你就在袁大人麾下负责练兵。一年之内，你要从当地辽民之中选练出二万精兵。而且，你还可建立养马场，驯养军马。后金多骑兵，我们也要训练一支强大的骑兵。知耻近乎勇。我这就奏本，免你逃脱之罪。若练兵有成，本经略还要提拔与你。”

那赵率教千恩万谢，辞别孙承宗去了。这边孙承宗和袁崇焕则继续往宁远、锦州方向视察。当他们一行从大凌河前往塔山的途中，突然从路边窜出一股人马。为首一人，手持大刀，骑一匹赤兔马，眼如铜铃，鼻似鹰钩，满脸的络腮胡子，骑在马上，犹如半截铁塔。他声如洪钟，嘴里大喊：

“此山是我开，此树是我栽，要想从此过，留下买路财。”一阵话声喊过，半空中像响起一阵霹雳。

“什么人？胆敢抢劫辽东经略的队伍?”一路保护孙承宗的副将吴襄一边问话，一边飞跑到了队伍的前面。

那为首三人一听是辽东经略的队伍，立即滚鞍下马，跪在路旁，和他一起的几十个人也整整齐齐地跪在他的后面。只听那为首之人说：

“小人们原本都是当兵的，广宁兵败，逃了出来。因为害怕回去被当逃兵处置，故而临时在这山中落草，不过是混口饭吃。不料今天竟冲撞了经略大人，小人们并不是存心为盗，还望大人恕罪。”

“你们先起来，详细说说你们的状况。”孙承宗发了话。

原来这为首之人名叫满桂，是个蒙古人，他的家在宣府。他力大无穷，善使一把厚背大砍刀，从十五岁起就当兵吃粮，立过不少战功，但升迁却很慢。因为，按照明朝规定，如果取得敌人一个首级，可以升官一级或者赏银五十两。满桂虽然经常斩获敌人首级，但因为他家穷，家中还有老母要奉养，加之他爱喝酒，有两个钱也都换酒喝了。所以他每次杀敌所获的首级，都领了赏银了。他现今已四十多岁，还只是个职位不高的参将。他曾先后在李成梁、袁应泰、王化贞手下为将，但一直未受重用。广宁兵败后，他怕回去被当逃兵处罪，便与几十个要好的弟兄在塔山附近当了山大王，但他并不是想一直把强盗当下去，他还是想找机会，重新为国效力。

孙承宗马上又喜欢上了这个蒙古汉子，一是喜欢他的粗壮体格，二是喜欢他的豪爽率真。为了试试满桂的本事，他让吴襄挑了二十个士兵与满桂比试摔跤。这摔跤可是满桂这个蒙古人的强项，只见他摆出马步，拉开架势，左摇右摆，与这二十个人进行格斗。他或用腿，或用手，拌、摔、扭、挎、背、扫，一会儿工夫，就把二十个兵士打得东倒西歪，躺了一地。而满桂站在那里，心不慌、气不喘，好像没有费多大的力气。孙承宗看后直点头，他对满桂说：

"这么好的身手，怎么能去当山大王呢？现在，正当国家用人之际，你还是干老本行，跟随袁大人去守宁远，你意下如何？日后若能为国立功，我定当一力提携。以前的临阵脱逃之罪，也就不再追究。"

"大人如此抬爱，满某敢不从命。末将日后在沙场上，就用这手中刀，博个封妻荫子，不辜负大人的期望。"

一连收了两将，孙承宗十分高兴，他将这两个人都交给袁崇焕，让他们辅佐袁崇焕杀敌立功。袁崇焕自己虽然也练过几天武，但他毕竟是个文人，比起赵率教、满桂，那就差得太远啦！说实在的，他手下还真需要几个能征惯战的将军。这天，孙承宗已视察完关外八城，临回京时，他又把袁崇焕叫到面前，语重心长地说：

"元素，人才难得。当今之时，拨乱反正，当以人才为先。可不拘一格，唯才是举，万不可求全责备。某今返京，这所有粮饷、器械、火药等事，我当禀明皇帝，一力操办。而修缮宁、锦二城，组建关宁骑兵之事，我就交给你了。别不多说，你费心了！"

送走了孙承宗，袁崇焕一刻也没闲着。他这次到宁远是下了决心的，家眷、家丁都和他一起来了。他现在要做的第一件事便是重新修筑宁远城墙。按照袁崇焕的计划，新修的宁远城墙要比原来增高七尺，达到三丈二尺。城墙的底部也扩宽到三丈，上部则宽两丈四尺。城雉也要加高到六尺，以增大防御面积。城墙全部以石灰和黏土混合搅拌后夯筑而成，外面砌以青色城砖。他将孙承宗送走后，修城墙的款项已经拨下来，开工也有半个多月了，他决定先去看看修城的进度和质量。这一天，风和日丽，袁崇焕的心情也很好，他带着金通判和家人罗立等一干人，兴冲冲地登上了城墙。

这城墙说是重修，其实和新筑一样，因为基础加宽，城墙加高，必须从根基开始，唯一不新的是在原来的地面上重建。望着新筑就的一段城墙，袁崇焕很高兴，这与他和熊廷弼那时看到的颓败的城墙已是今非昔比了。袁崇焕开始检查城墙的质量，他先是用铁锤敲打，一砸一个深坑，强度显然不够。他又让家人罗立用随身带来的钎筒从已夯筑过的城墙中取了一钎筒土，然后进行称量，结果证明，城墙夯筑的力度不够，达不到标准，需要推倒重来。这时，袁崇焕突然变了脸，立即派人去传唤负责筑城的副总兵祖大寿。

祖大寿来了，他人高马大，整个一东北大汉。说话也是高喉咙大嗓门。当袁崇焕质问他修成的城墙为何质量如此低劣时，他不但不低头认罚，反而一蹦三丈高，大声嚷嚷起来：

“你一介书生，倒会挑毛病？现在士兵们三个月的饷未发，粮食也跟不上趟，我这要管练兵，又要管筑城，谁能顾得过来。真是站着说话不知道腰疼。要我说，修成这样就不错了。要不，你领着修？”

“你真是猪八戒倒打一耙，城墙修得不合格，你还有理了？如果鞑子来攻城，这样的城墙能抵挡得住吗？城墙修不好，要多死多少人啊！你道本部院是个书生，本部院偏偏是个将首。从今天起，我就来负责修城，城墙修好后，我看你该当何罪？”袁崇焕不依不饶地说。

“袁大人，祖某是个粗人，但却是个讲理的人，你要是能修好这宁远城墙，到时候我祖某任打任罚，决不食言。”祖大寿爽快地说。

袁崇焕知道祖大寿是宁远当地人，一家几代都是武将，兄弟几个都担任过武职，在打仗上还真有两下子。自己防守宁远，还离不了这样的人。于是，便没有多为难他，只是自己亲自将修城管起来。他要身体力行，高标准地修筑宁远城墙，也要让祖大寿等人心服口服。从此，他安排祖大寿专门负责练兵，特别是要从当地辽民中，招募训练出一支精锐的骑兵，以便在未来的战场上，与八旗骑兵一决雌雄。

祖大寿卸下了修城的重担，高兴地走了，可袁崇焕从此却上了心，他每天办完公事，便带着护卫和家丁，亲自参加宁远城墙的夯筑。袁崇焕以身作则，带头参加筑城，筑城的热情日益高涨起来，不少民众主动参加了筑城的行列，一些士绅还积极捐款助修，真是军民一心，同仇敌忾啊！从早到晚，一筐筐、一车车的石灰和黏土通过滑轮被运上城头，“咳哟、咳哟”的号子声此起彼伏，昼夜不断。夯筑的质量更是严格把关，达不到标准的一律推倒重来。袁崇焕每天还组织一些眷属往城墙上送茶水和绿豆汤，军队和老百姓共同为修筑城墙竭尽全力。特别是参加筑城的士兵，感激袁崇焕为他们解决了积年的欠饷，干活十分卖力。

眼见得这宁远城墙就像得了雨水的庄稼，一节一节地窜了上去。不到一年时间，坚固高大的城墙、连绵逶迤的城堞、高耸巍峨的城楼，便重新出现在人们面前，宁远城又恢复了往日的雄姿。当祖大寿看到竣工的宁远城墙时，他佩服得五体投地，他没想到城墙修得这么快，这么好。他亲自到袁崇焕的衙门负荆请罪，他说：

“末将有眼不识泰山，往日言语冲撞、诸多冒犯之处，还请大人处罚。今后但凭大人驱使，末将刀山敢上，火海不辞。”

袁崇焕离座扶起了祖大寿，大度地说：

“将军，这修城的事已经过去了。你我均为朝廷命官，保卫宁远，责任重大，只有和衷共济，方能保家卫国。今后的战事，还要仰仗将军的大力呢。不知将军练骑兵一事，可有进展？”

“明日上午，就请大人到校场一阅。末将这一年，倒也并未闲着。”祖大寿说。

第二天上午，袁崇焕带齐了三班衙役，准时来到了宁远大校场。只见校场四周，遍插各色旌旗，中央旗杆上悬着一个帅旗，帅旗上写着一个大大的“祖”字。校场上三声炮响，整个演习开始，一队队骑兵，十马并辔，组成方阵，进入校场。每个方队马的毛色都是一样，一队黑马，一队白马，一队红马，一队黄马，煞是好看。祖大寿让副将吴襄在中央挥舞令旗，指挥骑兵在校场中演习阵法，忽而一字长蛇，忽而万马奔腾，忽而狂风骤起，忽而惊涛再现。鱼龙变化，转瞬即逝，真让人看花了眼，把个袁崇焕看得心潮起伏，感慨万千。他激动地对祖大寿说：

“将军练兵，真奇才也。不知练成多少人马？还有什么困难需要帮助吗？”

“大人看到的，共有三千人马，人员均为当地辽民。现在人有的是，惟马匹不足耳。”祖大寿回答。

“我们往日与鞑虏作战，吃亏就在于骑兵太少，不成气候，无法与敌周旋。故组建骑兵，刻不容缓。你继续招兵训练，马匹由我来设法。可赴蒙古各地买一批，再组织当地百姓喂养一批，我们要建立一支上万人的骑兵队伍。我们就将这支骑兵，称作关宁铁骑，你意如何？”袁崇焕继续说。

“就依大人所言。只要大人能筹来马匹，我保证训练出一支战无不胜的关宁铁骑。关宁铁骑，这个名字取得好，我们让鞑子也尝尝我关宁铁骑的厉害。”祖大寿兴奋地说。

观看完骑兵演练之后，袁崇焕一直兴奋不已。他觉得，对于战胜后金，这一来更有把握了。这时，家人罗立递过来一封孙承宗写来的亲笔信。袁崇焕赶忙打开一看，原来是有人揭发驻扎在松山的副总兵杜应魁冒领军饷一事，让袁崇焕出面去替他查一查。本来这冒领军饷的事，在辽东十分普通，但前一阵子孙承宗上任后大张旗鼓地整顿了一番，情况有所好转。现在这杜应魁又跳出来顶风作案，真是罪不可恕。对于老师孙承宗交代的事，袁崇焕可从不怠慢，第二天，他就带着副将吴襄以及大队亲兵到松山去了。

到了松山军营后，袁崇焕饭也不吃，茶也不喝，便立即开始查账。杜应魁手下一共只有两千七百人，但在他所列领取军饷的册子上，却赫然开列着五千多人的名字，其中近半数都是假名字。袁崇焕派人将这个姓杜的副总兵传来，杜应魁吓得腿直打哆嗦，他当即承认了冒领军饷的罪行，并请求饶命。这袁崇焕眼里可是揉不得沙子，见此情景，他当即宣布，根据上级的决定，将杜总兵立即正法。还没等杜总兵手下人清醒过来，杜应魁的人头就落了地，他们就是想反抗也来不及了，更何况跟随袁崇焕一起来的吴襄和众亲兵正虎视眈眈地盯着他们。

可是，当孙承宗事后得知袁崇焕将杜应魁杀掉之后，却着实大发了一顿脾气，把袁崇焕抢白了一番：

“袁崇焕，你好大的胆！一位副总兵，你随随便便就杀了？杀人之前，竟然不请示；杀人之后士兵差点哗变，你也不报告。而且到现在，我也不知道，他犯了多大罪？你为什么要杀他？如果一个普普通通的宁前道就可以随便杀人，那么，还要皇上御赐的尚方宝剑干什么？”

但不管孙承宗怎样骂，袁崇焕就是不开腔。他知道，自己这件事做得有些孟浪。当时一怒之下，就把人杀了，确实不符合办事的规矩。可现在人已死了，后悔也来不及了。孙承宗对这件事尽管很生气，对袁崇焕他是骂了又骂，但最终并没有处罚袁崇焕，而是替他在兵部和朝廷方面掩饰了过去。在目前抗后金的大业方面，袁崇焕是无人可替代的，再说袁崇焕所杀的，毕竟是一个贪官。孙承宗只想利用这件事，让袁崇焕吸取教训罢了。袁崇焕虽然认识到自己没有尚方宝剑就杀人是不对的，但他并没有从更深的层次考虑一下这个问题。百密一疏，这也是袁崇焕一个致命的缺点。

回到宁远后，他想起了熊廷弼“九字真言”中说的“用炮防”，于是，他很快组建起了八个火器营。并在孙承宗的支持下，先后从京师武库中调来各种大炮和火器，计大将军、二将军、三将军、四将军、五将军炮共一千一百三十四门，天威、神武炮各三百门，灭虏枪一万余位，鸟铳、四眼枪等二万多杆。光炮手，袁崇焕就训练了数千名。其中，最大的大将军炮，重量有三千多斤，射程可达三里。但这些国产大炮，有一个共同的缺点，就是爱炸膛，因为炮筒是用生铁铸造的，生铁的成分不很均匀，炸药爆炸后的强大冲力，往往会把炮筒炸得粉碎，炮手也跟着遭殃。

有一天，袁崇焕听说兵部买回来三十门西洋炮，人称红夷大炮，威力大，而且不炸膛。他可高兴极了，立即提笔写信给孙承宗，要求调这种西洋炮到宁远使用。这批炮一共是三十门，是英国造的，因为它的炮筒是钢制的，所以不炸膛。它的设计也更先进，射程更远，威力更大。实际上，只有其中的四门炮是买来的，其余的炮则是从外国沉船上打捞上来的。经过多次倒手，这批炮最后由澳门的葡萄牙人卖给了明朝。

当然，葡萄牙商人和明朝兵部的官员在这笔交易中，可是弄了不少银子，但这批大炮的性能确实是十分优越的。葡萄牙人做生意还是讲信用的，将这批炮卖给明朝后，他还有售后服务。他们办了一个培训班，专门培训了几十个中国炮手，学习使用这些西洋炮。这些炮，兵部买来只是准备装装样子，充充门面的，根本没打算用，一直放在北京。现在，袁崇焕想要，经孙承宗协调，就给袁崇焕发过去了十一门，而且还随炮派去了一个人，这个人名叫孙元化。

孙元化参加过葡萄牙人办的培训班，但他不是个普通的炮手，而是这批炮手的负责人。孙元化是明朝大学士徐光启的学生，徐光启十分注意学习西方的先进科学技术，又很关心民生。他的著作《农政全书》有很高的科学价值。有明一代，像徐光启这样，重视科技，注意科学技术的普及和应用的官员，可以说是凤毛麟角。作为徐光启的学生，孙元化在明朝也是研究炸药、火器等方面首屈一指的专家。孙元化到宁远的目的，是要亲自给袁崇焕、祖大寿、满桂等人演示这种西洋炮，并训练出使用这种西洋炮的第一代炮手。

这种西洋炮的炮身比国产的大将军炮的炮身还要长，但分量却轻得多，只有二千多斤，搬运起来也比大将军炮要方便。由于这种炮是葡萄牙人卖给明朝的，有些葡萄牙人长着红头发，被人称作红夷，所以这炮也被称作红夷大炮，至于后来写作红衣大炮，则真是以讹传讹了。这天，在宁远城外试射这种西洋炮，每个人的情绪都很激动。孙元化事先让兵士们在五里开外，堆了一堆石块作为靶子，每块石头都有几百斤重。袁崇焕不无担心地问：

“这种炮能打那么远吗？是不是将靶子放得再近一些？”

“放心吧，大人，不用移。您就瞧好吧。”孙元化回答。

孙元化亲自装药、装弹、瞄准、点火。只听“通”的一声，炮弹就出了膛，在空中划出一道优美的曲线，正好击中那堆事先摆好的石头爆炸开来。众人跑过去一瞧，禁不住瞠目结舌。那原来堆石头的地方，炸出一个方圆三丈，深一丈多的一个大坑，那些几百斤重的石头被炮弹炸得七零八落，成了一片石砾滩。这堆石头要是换成敌人的话，还不炸死他几百人。这西洋炮的威力如此之大，真是出人意料。袁崇焕更是欣喜异常。他紧紧拉住孙元化的手，激动地说：

“太好了！太棒了！你一定多留几天，给我多培养几个优秀的炮手，让努尔哈赤尝尝我红夷大炮的味道。”

袁崇焕当即让祖大寿挑选了三十名士兵交给孙元化，让他们练习瞄准和发射红夷大炮，并派副将何可纲负责他们的训练。此外，他们还在当地制造了一种三眼神铳，这是在旧时四眼铳的基础上改良的，射程更远，杀伤的面积也更大。袁崇焕还让金启淙通判带领一些民夫在宁远制造火药、火药绳、火药罐等，准备在敌人攻城时使用。在袁崇焕的统一指挥下，宁远城的各项备战工作都在紧锣密鼓、有条不紊地进行着。

天命五年（1625 年）十月，一个惊人的消息传到了宁远，蓟辽总督、辽东经略、大学士，皇帝的老师孙承宗宣布辞职了。这个消息是那样得突如其来，这个消息是如此得令人震惊，尤其是对于袁崇焕来说，简直是塌了头上的天，陷了脚下的地，他不愿意相信这是真的。收到这个消息后，袁崇焕没有犹豫，他立刻带领了十几个护兵，马不停蹄，星夜赶赴山海关，去为他这个亦师亦友的上司送行。

其实，孙承宗这次辞职，是有苦衷的，也是不得已的。几年来，身为一名正宗的东林党人，一直看不惯阉党的所作所为，早就想给阉党点颜色看看。天启四年（1624 年）十一月，当孙承宗得知杨涟等东林党人陆续被抓进诏狱时，他愤怒了，他决定进京，去找皇帝，讨一个说法。这一来，可吓坏了魏忠贤。孙承宗身为帝师，又手握兵权，那可是个举足轻重的人物。倘若孙承宗来到京城，哪有太监们的活路？于是，魏忠贤假传圣旨，命令孙承宗不准进京。其实此时，孙承宗一行已经到了通州。接到圣旨后，孙承宗岂敢抗旨。他望京大哭，然后返回了山海关。但从此，阉党就和孙承宗结下了梁子，一直想找机会，削掉孙承宗手中的兵权。

机会终于被魏忠贤等到了。天启五年（1625 年）八月，山海关总兵马世龙派副将鲁之甲、参将李承先率两千人，夜袭后金耀州。结果，柳河兵败，鲁、李二将战死，兵士死亡四百余人，损失马六百七十四，弃甲六百余副。这本来不是个太大的事儿，但魏忠贤就是抓住不放。因为这马世龙是经孙承宗推荐后任用的，魏忠贤要借这件事说孙承宗举人不当，要追究孙承宗的连带责任。孙承宗写了三次奏章辩白，都被退了回来，这才愤而辞职。

袁崇焕一行赶到山海关时，天已经黑了。当听说孙承宗有可能明天一早就要上路的消息，袁崇焕没敢怠慢，便急忙叩响了孙承宗的家门。孙承宗在山海关的住所十分简陋，只是一座普普通通的四合院，从外表看，更像是一座民居。四年来，孙承宗一直住在这里。现在，主人要走了，院子里更显得格外冷清，除了风吹树叶的飒飒声外，只有几只蟋蟀还在那里“曲曲曲”地叫个不停。行李等物早已收拾好了，客厅里只剩下了常用的桌椅。袁崇焕风尘仆仆地来到客厅，而孙承宗已经在客厅里静静地等着他，面前早沏好了一壶浓浓的茉莉花茶，那是他最喜欢喝的。他脸上的表情仍然是那样的安详和镇静，好像发生的所有这一切都与他无关似的。

袁崇焕一进客厅，便单膝跪下，急切地问：

“先生，您真的要走么？您这一走，辽东的大计谁来主持呢？听说后金的进攻，已经迫在眉睫了。我们准备了四年，怎么能这样半途而废呢？”

孙承宗扶起了袁崇焕，紧紧地握住了袁崇焕的手，不由得老泪纵横。他哽咽着对袁崇焕说：

“元素，非不为也，实不能也。我也不想走啊！想承宗督辽四年，修复大城九、堡四十五，练兵十一万，立车营十二，水营五、火营二、前锋后劲营八、选甲胄、器械、弓矢、炮石、渠答（礌石）、卤楯之具合数百万，拓地四百里，开屯五千顷，岁入十五万。我怎能舍得这一切呢？我虽年逾古稀，但身体尚健，正所谓虎老而雄心在，多想与鞑虏决战疆场，也不枉数载辛苦一场。奈朝中阉党专权，与东林势不两立，魏忠贤更容不得我这个手中握有十几万大军的东林党人。如今，我还能辞职还乡安度晚年，这已是圣上看我多年讲读的情分，对我网开一面了。而我这一走，最舍不得的，便是你们这些和我一道出生入死的将军们啊！元素，我对你寄予厚望，我走之后，这保卫辽西之事，就靠你一力承担了。临行之际，别无他物，我有手书一幅，相赠于你，让我们共勉吧！”

孙承宗说完这番话，就将事先放置在书桌上的一个斗方递到袁崇焕手上，斗方上孙承宗那遒劲的笔用柳体写了掷地有声的四个大字：“重整河山”。看着这四个字，袁崇焕万分感动，他深深地体会到老师对自己的期望之重。事到如今，他也没什么好说的，多年来，袁崇焕也一直受到阉党的压制，所以对孙承宗的遭遇感同身受。他默默地从怀中掏出一顶用关东貂皮做的帽子，递到孙承宗手上，然后说；

“学生数年来，身蒙教诲，受益良多，若无老师慧眼，岂有崇焕今天？大恩不言谢，学生就将忠于王事看作是对老师的报答吧！这顶貂皮帽子，是我专门找人做的，送给老师，以御风寒。日后老师见到帽子，就像见到学生本人一般。还请老师日后保重。学生军务在身，不便久留，就此告辞。明日恩师离关，学生就恕不相送了。”

孙承宗把袁崇焕一直送到院外，两人互道珍重，洒泪而别。袁崇焕带着他的亲兵小队在茫茫月色中，向宁远疾驰而去。孙承宗直到望不见袁崇焕一行的影子，这才回转房中。两人谁也没有料到，这一别竟是永别，山重水复，他们再也没能见面。两个心心相印、志同道合的人，相见恨晚，相聚恨短，相交恨浅，相聚却再难了！

这两位有胆有识、有勇有谋的血性汉子，最终却都成了悲剧性的人物。真是“出师未捷身先死，长使英雄泪满襟”啊！

第五章

宁远城书生鏖战

孙承宗回京了。他毕竟是皇帝的老师，天启皇帝特意在北京赐给他一所宅子，让他在京居住。有些大事情，皇帝还想就近听取这位老臣的意见。孙承宗可是阉党们的眼中钉、肉中刺，魏忠贤等当然想把孙承宗彻底排挤出京，根除后患，但他们对于皇帝的这种安排，不敢公开反对，一时间倒也无可奈何。无奈之下，魏忠贤决定，先安排一个自己人去接孙承宗的班，赶紧把军权控制在手中再说。

孙承宗回京了，但继任的辽东经略却迟迟没有赴任，因为他根本就不想去。魏忠贤物色的继任辽东经略名叫高第，他是万历十七年（1589 年）进士，曾经当过一年的兵部侍郎，但由于年龄原因，第二年他就退休回家了。在任时，他对魏忠贤是百般巴结讨好，魏忠贤也把他当作自己人看待。这次替换孙承宗，想着也只有高第还懂得点军事，所以把已经退休的他又召到了北京。高第到京后，一听说派他去当辽东经略，顿时就傻了眼，情急之下，只好连夜去见魏忠贤。他跪在魏忠贤面前，磕头如捣蒜，坚决表示不愿赴任。他说：

“八千岁，你就饶了我吧。我就剩这把老骨头了，还是让我在家养老吧！辽东经略一职，还望另请高明。”

“不行，这次你非去不可。你瞧瞧，咱们这拨人中，只有你懂点军事，任过军职，你要不去，谁能去呀！你要不去，谁能接替孙承宗那老东西呢？皇帝对他可是恩宠有加，他若是带着十几万关宁铁骑搞个什么‘清君侧’的话，你我的小命可就保不住了。你尽管去当这个辽东经略，一切由咱家担待。至于当了经略之后，具体怎么干，那就是你的事儿了。所谓‘将在外，君命有所不受’，那时你怎么干都由你，咱家不再过问。”

话说到这个份上，高第便不敢再推辞。他硬着头皮，接过辽东经略大印，乘着八抬大轿，提心吊胆地前往山海关接任。就这样，一个已经退休的兵部侍郎，一个怕死不愿赴任的胆小鬼，一个拿国家大事根本不当回事儿的家伙，硬是被魏忠贤逼着当了辽东经略。至于国家兴亡，百姓死活，他们才不管不顾，他们要的是军权，要的是自己的身家性命，要的是在朝中巩固阉党的地位。这样的安排，简直是把国事当儿戏，焉有不败之理？

天启五年（1625 年）十一月，上任还不到一个月的高第便给皇帝上了第一份奏疏。他在奏疏里直接把矛头对准了前任经略孙承宗。他说，据他统计，整个关外的士兵总数也不过五六万人，可孙承宗以前每年上报领饷的兵额却有十多万人，多出的这五万多的空额都让孙承宗吃了。对于孙承宗这个大赃官、大贪污犯，他要求皇帝要从重治罪。天启皇帝看了高第的奏折，只是摇头。他对孙承宗这位老师的人品还是了解的，孙承宗决不会干这种事。于是，他让人把孙承宗请来，当面将高第的奏折拿给孙承宗看。孙承宗看后微微一笑，他对皇帝说：

“陛下，既然高经略说关外只有五万兵，臣也不愿辩解。陛下今后就让兵部按五万人的名额发饷。其余人的饷银，就让高第自己去想办法解决吧。”

孙承宗这一招儿还真绝，到了发饷那一天，有一多半的士兵拿不到饷银。他们可不是吃素的，二话不说，便抄起家伙去经略府向高经略讨个说法。高第哪里见过这种场面，面对着明晃晃的刀枪，吓得头昏眼花。高经略倒也识相，他当即表示，是他的错，他马上给朝廷打报告，给士兵们补发饷银。士兵们这才得意扬扬地回了营房。这真是搬了石头砸自己的脚，想害人却把自己害了，高第只有自己去唱悔不该了。

不过士兵们这一闹，也把高第闹醒了。他意识到，这个辽东经略真不是好当的。跟这一伙兵油子共事，稍有不慎，那就要脑袋搬家，这个责任，他可负不起。思来想去，三十六计，走为上计。高第一不请示、二不汇报，脑子一热，便做出决定。他命令，关外的全部军队和百姓一月之内，从锦州、宁远、松山、塔山、杏山、大小凌河、前屯、右屯、中前所、中后所全面撤退，通统撤入关内。能带走的物资全部带走，带不走的就地销毁。

这真是一个丧心病狂的决定。孙承宗和袁崇焕等人四年多来呕心沥血所换来的近千里土地，数十座城堡、上万亩屯田，以及上百万百姓的家园，一夜之间，便被高第全部断送了。在高第眼里，什么国家的土地、百姓的死活，都没有他的乌纱帽重要，都没有他的性命要紧。但就在高第糊里糊涂地大搞撤军时，危险正在日益迫近。这个引狼入室的撤军决定，岂能躲过虎视眈眈的努尔哈赤的眼睛，凭着多年来养成的战争嗅觉，努尔哈赤意识到，千载难逢的机会来了。

一石激起千重浪。一纸撤军令搅乱了辽东。村村庄庄、鸡飞狗跳，乱成一团。通往山海关的大道上，人喊马嘶，既有拖家带口的百姓，也有全副武装的士兵。最可笑的是，那些撤向山海关的队伍，如惊弓之鸟，如漏网之鱼，跑得比兔子还快，可他们身后，连一个敌兵都没有，不知道他们在害怕什么。田野荒芜了，村舍不再冒烟。这场人为的浩劫，把好端端的关外八城搞得赤地千里，兵荒马乱。

高第撤退的命令到达宁远。袁崇焕看到命令后，气得从椅子上跳了起来，他拿着撤军令的手在发抖，他的心在流血。他对着衙门上下的所有官员，大声喊道：

“撤军、撤退，这是逃跑，这是卖国啊！我不撤。我是宁前道，守土有责，我要与宁远共存亡。我绝不入关，就是剩下我一人，我也要独卧此关。弟兄们，你们愿意走的，可以走，不愿意走的，就跟我留在这里守宁远！”

袁崇焕的情绪感动了大家，一腔热血在胸中沸腾。众人振臂高呼：“情愿追随大人，守卫宁远！”

看到将士们义愤填膺，袁崇焕激动异常。他站起身来，走到案前，对着合衙上下人等，双膝跪下，低头叩拜。众人不知所措，也都连忙跪倒。然后，袁崇焕站起身来，回到座位上，说：

“我这第一拜是代表朝廷谢谢各位以身许国。我这第二拜是本道感谢诸位对我的大力支持。从今天起，我们将与宁远城生死与共。现在，按照高经略的命令，关外诸城的守军已陆续撤入山海关。山海关外，宁远已是一座孤城。因此，未来我们必须孤军奋战，没有援军，没有粮饷接济，没有任何人帮助我们。但是，我们决不后退一步，鞑虏要想得到宁远，必须从我们的身上踏过去。我袁崇焕决心破釜沉舟，与宁远共存亡！”

将士们肃然起敬，齐声高喊：“与宁远共存亡！”

袁崇焕听到将士们的吼声，受到很大的鼓舞，更加坚定地说：

“副将吴襄听令。你派人将我写好的这封信送到山海关高经略处。这封信的内容，我现在就告诉大家，它既不是求援，也不是要求增兵，而是请高经略从今日起，若有从宁远逃往山海关的逃兵，一律格杀勿论。满桂将军听令，你立刻派几拨人不断地出去侦察，将后金的动向随时向我报告。其余人等，分别加紧战备，迎接敌人攻城。”

从衙门出来后，副将吴襄和总兵满桂按照袁崇焕的命令，分别去完成自己的任务。整个宁远城上下，也立即进入了紧张的战前准备。袁崇焕仔细研究了后金攻占抚顺、铁岭、沈阳、辽阳、广宁的战例，并采取了相应的对策。当前的困难，主要是缺兵少将。按照明朝规定，宁远城共有驻军六千八百名，下辖两个千户所及边台一百五十五座。袁崇焕到任后，按照孙承宗的指示，由祖大寿负责，召集当地辽民，训练出辽兵七千人。袁崇焕这时又将驻守右屯等地的副将左辅等调回，他们手下也有三千人。即便如此，防守宁远的总兵力不到两万人，还是显得捉襟见肘。

但现在已经顾不了这些了，大敌当前，只有按现有的兵力进行安排。袁崇焕的布置是，宁远的四座城楼各置步兵一千人，以便集中支援城墙上的守军。炮兵总共约有五千人，分别配置在自己的炮位上。宁远的城墙共有七里多长，东西南北四面，这样算下来，每面的守军也就剩两千人左右了。

其次，根据后金军队远道奔袭，粮草补给困难的特点，袁崇焕决定坚壁清野。将宁远城外的村民全部迁入城内，烧毁城外所有房屋、草料，将粮食全部运入城中，将水井掩埋。这样做的目的是，让后金军来到后抢不上粮，喝不上水，让敌人的马吃不上草。后金军本身所带粮草有限，如果时间一长，粮草就会出现困难。只有当敌人在这里攻不下城，又待不下去时，才有可能退兵，才能守住宁远。所以，袁崇焕这一招看起来是损了点，但针对性很强，还是蛮起作用的。

另外，袁崇焕发现努尔哈赤惯于使用内奸，让敌人不战自乱。于是，袁崇焕安排宁远同知程维楧专门组织起了民兵和锄奸队，在大街小巷站岗，并挨家挨户盘查。只要发现了来历不明的外乡人，立即抓住杀掉。这一招很有针对性，因为堡垒是最容易从内部攻破的，努尔哈赤攻抚顺、清河、开原、铁岭、沈阳、辽阳、广宁，都是“里应外合”才成功的。袁崇焕这一招还真有效，努尔哈赤再想使用内奸或派人混入城内做内应，就都做不到了。当然，这一招也难免会误伤好人。但这就是战争，恐怕也是难免的。

再一项准备就是调动大炮。这些大炮平时都放在城外，后金骑兵一冲过来，大炮很快就会失去作用，往往成为敌人的战利品。宁远城内荐福寺的王喇嘛给袁崇焕提了个建议，将大炮全部运进城来，置于城头，以便增加防守的火力。尤其是威力巨大的十一门西洋炮，更是置于四面的城墙之上。那些吨位较小、炮身较短的灭虏炮，袁崇焕特意让工匠给炮身下面装了两个轮子。这样，这些炮可以在城墙上移动自如，更机动灵活。他还事先安排让自己的家人罗立跟着孙元化学习燃放西洋大炮的技术。这罗立就是那个袁崇焕在邵武当县令时，从火灾中救出的那个孤儿。他跟随袁崇焕多年，十分聪明，什么东西一学就会，深得袁崇焕的喜爱。

正当宁远城风风火火、全力备战之时，满桂手下的侦察兵带回了重要消息，满桂立即向袁崇焕报告。努尔哈赤于天启五年（1625 年）十二月，已经下达了动员令，在八旗大量调集兵马，其进攻的矛头正是针对明朝的辽西走廊地区。沈阳距宁远不过数百里，后金骑兵三四日便可到达，一场大战已经迫在眉睫了。得到这个消息后，袁崇焕决定立即在宁远大校场聚众点将，全面部署抗击后金、防守宁远的大事，进行一次战前总动员。

天启六年（1626 年）正月一日，天气晴朗，西风飒飒，战鼓咚咚，旌旗飞扬。宁远大校场上，黑压压地站满了各路人马，有步兵，炮兵，也有骑兵。袁崇焕一身戎装，端坐在点将台的大案前，宁前道的印信和令箭壶均摆放在案上。满桂、祖大寿、何可纲、吴襄、左辅、朱梅、姚抚民、胡一宁等一干将领整整齐齐地站立两旁，一个个盔甲鲜明，器宇轩昂。三声炮响，旗杆上升起了一面写有“袁”字的巨大帅旗。袁崇焕让副将吴襄开始点名，众将除毛文龙外，全部到齐。只有皮岛总兵毛文龙说他道远，路上又不安宁，特意请假，这次就不来了。袁崇焕听后，心里很不舒服，但他还是硬忍住了。小不忍则乱大谋，今天是要议大事的，不能让毛文龙这颗老鼠屎搅坏了一锅汤。

点名过后，袁崇焕站在将台前，开始讲话，他说：

“兄弟们，养兵千日，用在一时，鞑虏不日将进攻宁远，以身许国、杀敌立功的时候到了。兄弟们，鞑虏占我土地，侵我辽东，虏我人民，毁我家园，致使山河变色，生灵涂炭，国破家亡，妻离子散，是可忍孰不可忍？我等身为军人，不能保家，不能卫国，有何面目立于人世间？本道职在守土，责在护民，愿提一旅之师，与鞑虏血战到底。望我全体将士勠力同心，同仇敌忾，宁愿效死疆场，绝不苟且偷生。将士们，有决心吗？”

“有！有！有！”呐喊声一浪高过一浪，将士们的豪情被激起来了，人人摩拳擦掌，准备立功。接着，举行了盛大的阅兵仪式，一队队步兵，一队队炮兵，一队队骑兵，从袁崇焕身前走过，人人神情严肃，个个斗志昂扬，尤其是新训练出来的骑兵，更是人马合一，分外耀眼。阅兵式进行完后，士兵们回去休息。袁崇焕把领兵的将领都留下了，在宁前道衙门召开重要的军事会议，这也是大战前的最后一次会议，袁崇焕分外重视。等众位将领都坐好后，袁崇焕环视一周，然后开始讲话：

“众位将军，军情紧急，迫在眉睫。大战在即，我先把敌我作战的态势分析一下。后金军以骑兵为主，以弓箭为先，机动灵活，骁勇善战，野战是其所长。故袁某拟定的总方略是：主守，后战。从今日起，各位将军，未得我将令，均不得擅自出战，违令者斩。

其次，这次奴酋努尔哈赤倾后金全国之力，前来攻城，敌军数量将数倍于我。敌众我寡，敌强我弱，故我军作战一定要依靠坚城。且喜宁远城已全部修整完毕，坚固完整，我军要以城为依托，做到以少敌众，以弱胜强。敌军劳兵袭远，利在速战。只要我们能在坚城之下，不断消灭其有生力量，不出五日，敌军便有可能撤退，这是我们能争取的最好前景。

再者，要想大量杀伤敌人，除平时守城用的滚木、礌石外，要特别注意发挥炮火的作用。常言道：工欲善其事，必先利其器。鞑虏虽多骑兵却无大炮，故使用火器乃我方之长。除城上现有的固定炮位外，已将分量较轻的灭虏炮安上轮子，以便于在城墙上来回移动。红夷大炮射程远，威力大，更要物尽其用。我们要让奴酋努尔哈赤，尝尝我炮弹的厉害。以我之长，攻敌之短，必可事半功倍。熊大人临行时，曾指示袁某贯彻‘高筑墙、用炮防、守为上’的九字方针，袁某颇以为然，这次守城，便照此部署，众将以为如何？”

“大人英明，惟大人马首是瞻。”众将齐声回答。

说心里话，众将之所以愿意舍命陪袁崇焕，一是出于爱国，二是出于恨敌，三是有感于袁崇焕的胆量和志气。至于行军打仗，运筹帷幄，他们对这位文人出身的宁前道，还真不太了解。现在听袁崇焕说出这番布置，从心底里佩服袁崇焕有胆有识，增加了抗敌的信心，底气也更足了。在心悦诚服的前提下，他们对袁崇焕选择的这种置之死地而后生的战法，也有了一定的思想准备，一时间，群情激昂，摩拳擦掌，喜形于色。

“既然如此，众将听令。”袁崇焕从座位上站起来，拔出令箭，开始分配任务：

“满桂，你守东城；祖大寿，你守南城；左辅，你守西城；朱梅，你守北城。何可纲、吴襄，你二人各带一千人为预备队。姚抚民、胡一宁，你二人看守觉华岛的粮草。金通判，你负责保证火药和其他后勤的供应。我在城中的魁星楼居中指挥，有情况可及时报告。”

会散后，众将立即分头准备去了。袁崇焕也不敢马虎，每天带着亲兵四处检查备战情况，宁远城的上上下下，充满了紧张的备战气氛。袁崇焕还不停地派出探子，前往后金侦查，以便了解后金进攻的时间，以及后金出动的兵力。未雨绸缪，袁崇焕的准备工作做得是认真细心。在最短的时间内，宁远城已全副武装，准备迎接来犯的敌人。

这努尔哈赤的算盘也打得很精，四年来，他一直在窥伺明军的动向。他感到，孙承宗有威信、知兵事，是个很难对付的人，所以，四年来，努尔哈赤一直按兵不动，他是在等待机会。现在，孙承宗走了，高第来了，高第又将关外的军民一股脑儿撤进了山海关，这不是要将山海关外近千里土地白白送给后金吗？这么好的礼物能不接受？这么难得的时机能不把握？努尔哈赤敏锐地抓住这一战机，调动全部人马，要一举吞掉明朝在山海关外的全部土地。当然，他也没有忘记，在战争中，去抢掠明朝的财物和人口。

天启六年、后金天命十一年（1626 年）正月十四日，后金英明汗努尔哈赤率领代善、阿敏、莽古尔泰、皇太极等四大贝勒，率领八旗兵十三万，号称二十万，杀气腾腾地向辽西走廊杀来。一路上，后金行军十分顺利，十六日到达东昌堡。十七日，大军渡过辽河。沿路，没有遇到多少老百姓，也没有明军进行抵抗。这不是作战，这简直是一次游行，是一次和平的接收。收一城，又一堡，过一村，又一镇。一直到正月二十三日，整整十天，天天都是如此，连一向用兵谨慎的努尔哈赤都感到了奇怪。

正月二十三日，努尔哈赤率领的大军来到了宁远城下。他惊奇地发现，宁远城大门紧闭，城头上插满了明军的旗帜。城墙上每个垛堞的旁边，都站满了全副武装的士兵。垛口上，一门门黑洞洞的炮口全部朝着城外。城楼正中，一面写着“袁”字的帅旗在风中高高飘扬。后金探子向努尔哈赤报告，防守宁远城的，是一名道员，名字叫作袁崇焕。他没有遵从辽东经略高第撤退的命令，自作主张留在了宁远。听完探子的报告，努尔哈赤这才放下心来，区区一个道员，小小一座宁远城，怎能挡住我十多万后金大军？努尔哈赤下令，离城五里安营扎寨，先拿下宁远再说。当然，他更希望能不战而取得宁远城，于是，扎营后他立即派人进城去劝降袁崇焕。

十三万后金军，这是努尔哈赤起兵以来所率领的最庞大的一支队伍，也是他目前所能调动的全部兵力。后金军的军营长达数里，横跨山海大道，显得十分壮观。每座营寨都分别插着代表八旗的红、黄、蓝、绿色旗帜。到了夜晚，军营内灯火通明，犹如一条长龙，充分显示了后金军的盛大军容。安营扎寨后，所有的后金将领吃饱喝足后都可以休息，只有“抚顺额驸”李永芳例外，那个劝降袁崇焕的差事，落在了他的头上。这趟浑水李永芳可实在不想趟，但努尔哈赤的命令他又不敢违抗，这就是当降将的苦衷。思来想去，最后，他还是硬着头皮，带着努尔哈赤的亲笔信，忐忑不安地进宁远城去见袁崇焕。

袁崇焕听说叛徒李永芳要来，立即吩咐，在路两边站满刀斧手，让众将全副披挂站在自己身旁，然后传李永芳进账。李永芳从两行刀斧手中间通过，心中更加害怕，他一步挨着一步，走了过来。进了大帐后，他不敢抬头，只是用眼睛的余光瞄了端坐在上面的袁崇焕一眼。只见袁崇焕按剑坐在帐中，横眉冷对，双目圆睁，真个是不怒而威。两边诸将环立，到处是刀枪剑戟，他不由地双腿发抖，腰一软，就跪在了袁崇焕面前。为了掩饰自己的慌张，他战战兢兢地赶紧取出努尔哈赤的亲笔信，双手递给袁崇焕。信是用满汉两种文字写的，袁崇焕接过来信，一目十行，迅速地扫过一遍，突然拍案而起，厉声骂道：

“李永芳，你这个认贼作父的大明叛徒，民族败类，今日还敢前来劝降？所谓乱臣贼子，人人得而诛之。你有何面目苟活世上，莫非你是嫌本道的刀不快吗?"

"大人息怒。小的背主叛国，本无颜来见大人。只是吃人的饭，端人的碗，上命差遣，又不得不来。还请大人看在'两国交兵，不斩来使'的份上，刀下留情。"李永芳头也不敢抬，说话也有气无力，活脱一副怕死鬼的模样。

只见袁崇焕更不答话，"嗖"的一声，拔出剑来，吓得李永芳脸都白了，赶紧闭上了眼睛。又听"嘶"的一声，李永芳睁眼一看，只见袁崇焕的剑并未指向自己，而是用剑从他身上割下了半幅锦袍。那袁崇焕接着右手中指往剑上一抹，那鲜血立时从手指上涌了出来。"刷、刷、刷"，袁崇焕眉不皱，眼不眨，在锦袍上用血写下了四个大字："宁死不降"。写毕，袁崇焕将写有血书的半幅锦袍用剑尖挑到李永芳的面前，说：

"今日，且寄下你这颗项上人头。回去告诉你的主子，不要用十三万人冒充二十万大军，爷们儿没有一个是吓大的。我袁崇焕生是大明人，死做大明鬼，只有守城的将军，没有降贼的孬种。有本事，叫他来攻宁远城，我已经在这里等他多时了。要我投降，此生休想，今世无门，万不可能!"

李永芳再也不敢说一句话，赶紧拿过那半幅锦袍，抱头鼠窜而去。看着他灰溜溜逃去的样子，明营众将忍不住笑出声来。李永芳出得宁远城，回到营寨，立即去见努尔哈赤。他拿出了袁崇焕写有血书的锦袍，向他汇报了前去劝降的经过。努尔哈赤听后，直气得浑身冒火，七窍生烟。他狠狠地将袁崇焕写有血书的半幅锦袍扔在地上，并不断地用双脚去踩，好像那锦袍就是袁崇焕本人似的。他火冒三丈，怒不可遏，转过身来，对诸将说：

"吾自从以十三副铠甲起兵以来，攻无不胜，战无不克。夺开铁、取辽沈、下广宁，如风卷残云耳！多少明将，杨镐、刘綎、杜松、袁应泰、熊廷弼、王化贞，均败在吾的手下。区区宁远，无名小辈袁崇焕，就凭你也想阻我覆明大计，难道你生了三头六臂不成? 传令下去，明晨五更造饭，六更备马，天明以后，四面攻城。拿下宁远，我要将袁崇焕千刀万剐。”

正月二十四日清晨，血红色的朝阳刚刚从东方升起，后金的大队人马便打破了黎明的寂静。按照努尔哈赤的命令，两白旗攻东门，两红旗攻西门，两黄旗攻南门，两蓝旗攻北门。八旗劲旅同时从四面潮水般地向宁远城涌来。战鼓咚咚，军号声声，努尔哈赤亲自坐镇两黄旗调度指挥，他恨不得一口将宁远城吞掉。

当后金军开始大举进攻时，袁崇焕像平时一样去了宁前道的官衙。当有人向他报告说后金军开始攻城时，他正在接待朝鲜的使者韩瑗。听完来人的报告，袁崇焕非常镇静，他只是对韩瑗说了一句话：“贼至矣。”说完，他便与韩瑗一道乘轿去了南门城楼。上了城楼后，打开窗户一看，只见敌军漫山遍野、鼓噪而进，而城上的守军却执戈待敌，鸦雀无声。看完后，袁崇焕放下窗户，喝了一口杯中的茶，继续与韩瑗谈古论今，好像没有发生什么事似的。

正白旗统领铁克达是后金军中的一员猛将。攻城令一下，他手持开山大斧，奋勇当先，带着本部兵马，直向东门杀来。铁克达手下的军兵对攻城有准备，他们每人身上，都扛着一个沙袋。到达城前的护城河时，士兵们将随身携带的沙袋纷纷投入护城河中，不一会儿，就将两丈多宽的护城河给填平了。铁克达的全部人马都趁势拥过河来。这时，铁克达指挥手下骑兵轮番向城楼上放箭，以便掩护城下的步兵。而城下步兵中的四十几个人，正抬起一根事先准备好的巨木，开始撞击那巨大的城门。一连撞了几十下，木制的门闩被撞断，城门也就被撞开了。铁克达心中大喜，这回可立了头功，他立即率领手下的全部人马蜂拥而入。

其实，这是袁崇焕事先设计好的诱敌之计，是一个圈套。铁克达等人进入的只是宁远城东城的瓮城。瓮城是一座四方城，它的里面还有一道城门。铁克达的人马全部进入瓮城后，守卫东城的主将满桂立即下令，向东城门外集中发炮。只听炮声隆隆，硝烟弥漫，东门前血肉横飞，后金的后续部队被彻底阻断。与此同时，从瓮城之上，明军将无数的草木、火把、火箭、火绳，一起丢了下来。霎时间，瓮城之中，到处烈火熊熊，猛烈地燃烧起来。可怜陷入瓮城的五百多名后金士兵，前无进路，后退无门，叫天天不应，叫地地不灵。血肉之躯怎禁得烈火烘烤，包括一向英勇无敌的铁克达在内，全部被活活地烧死在瓮城内，明军取得了第一个回合的胜利。

努尔哈赤听说铁克达有失，气得两眼冒火，他立即下达命令，让全部楯兵开始出发。所谓楯兵，就是使用楯车的兵。楯车就是木头做的战车，后金共有两种楯车。一种是战车表面覆盖着多层的生牛皮，打仗时在生牛皮上再泼上水，称作“皮头子”。另一种是将车的表面用铁皮包起来，又称作“铁头子”。两种楯车都有轮子，作战时士兵躲在车内，推着车子前进，一般的刀剑很难伤到车内的士兵。楯车推到城墙跟前后，车内的士兵便在楯车的掩护下，使用随身携带的斧、锥等工具开始凿城。一旦将一处城墙凿穿，军队即可由城破处进入城内。这种办法初看起来很原始，但一旦得手，即可顺利地攻破城池，因此，也是不可轻视的。

面对上千辆楯车的进攻，城内早有准备。大部分楯车还未到达城墙之际，便在半路上被守军的炮弹摧毁。这种木制的战车，不管是“皮头子”，还是“铁头子”，只要碰上炮弹，立即灰飞烟灭，大约有三分之二的楯车都被无情的炮弹给摧毁。但还是有少部分楯车，躲过炮弹的袭击。它们到了城墙的死角处，停了下来，楯兵便赶紧开始凿城。一阵紧张的刀砍、斧削、锥凿，一块块城墙的青砖被捣毁，一堆一堆的城墙夯土被挖了出来。宁远城墙有三丈二尺高，而且修得十分结实，因此，凿城的速度不是很快。但尽管如此，大概只过了一顿饭的工夫，宁远城墙已被凿出了好几个两丈多的大洞，虽然城墙还没有倒，但已是岌岌可危。

见到这种情况，守军也非常着急，不断地从车上用滚木、礌石去砸击楯车，但效果不佳。于是，守军抬出一种事先准备好的木柜子，将柜子的一半担在城垛上，另一半突出在城墙之外。明军的士兵可以躲在柜中，从容地用大石和巨木直接向下袭击战车。这样一来，木柜子有效地挡住了敌人射来的箭，柜中的战士又能居高临下攻击楯车，杀伤率大大提高。不少后金的楯车便是被木柜中士兵投出的大石和巨木击毁的，楯车中的后金士兵也死于非命。

现在，后金的楯车已经所剩无几了，为了彻底解除楯车兵凿城的后患，袁崇焕使出了最后一招。他在士兵中专门招募了五十名敢死队员，许以重赏。这些敢死队员口中衔刀，手中攀绳，一个个缒下城去。他们直接用手中的刀去结果楯车里的后金士兵，然后放火将楯车烧掉。最终，敢死队员们只回来了一半人，但努尔哈赤赖以攻城的楯车兵也全军覆没。

夜幕降临了。后金军暂时停止了进攻，宁远城下的战火也沉寂下来。交战双方的士兵都在喝水吃饭，养精蓄锐，准备第二天的战斗。可袁崇焕没有休息，他正在指挥士兵们，不断地往白天被后金兵在城墙上凿出几个大洞的地方浇水。天气奇冷，刚浇上去的水，立即就结成了冰，一层一层的，又硬又滑，成了一堵冰墙。这真是一举两得，既加固了城墙，又给后金兵的攻城制造了障碍。城墙加固完后，已到二更时分，激战了一天的将士们已筋疲力尽，纷纷进入了梦乡。袁崇焕还是没有睡，他又和金通判一起，商量明天如何对付敌人进攻的办法。整整一夜，袁崇焕房间的烛火一直亮着。

天刚麻麻亮，后金军又开始攻城。由于前一天楯车被毁，努尔哈赤改用云梯攻城。只见在不停的呐喊声中，一架架云梯靠上了宁远城头，一队队辫子兵精神抖擞，手持盾牌和短刀，拼命地沿着云梯向城上攀登。士兵们前仆后继，一个从梯子上掉下来，另一个继续上，真有一种不怕死的劲头。努尔哈赤对第一天的攻城很不满意，他甚至有点想不通。他什么仗没打过，怎么会收拾不了一个区区的袁崇焕？他什么城没攻过，怎么会拿不下一个小小的宁远城？这一次，他下了死命令，一定要在当天拿下宁远。为了鼓舞士气，努尔哈赤骑着他的铁青马，在战场上来回奔驰，亲自督战。

明军的目的是摧毁云梯，只要云梯一毁，后金军便无法登城。对付云梯，除了用传统的滚木、檑石砸击外，明军还采用了烧云梯的方法。他们不断地向云梯投掷火绳、火药罐，或是用棉绳蘸上松香、硫黄等引火物，点燃后垂下去烧云梯。云梯被火烧着后就会断裂，而且云梯一旦着火，也没有士兵敢往上爬了。

今天，宁远守军采用了一种对付云梯的新办法，这个办法是宁远通判金启倧发明的。它是将床单、棉被等物裹上干草，再在里面裹上火药，然后用火点燃，扔下城去。火药爆炸后，棉被和床单变成无数燃烧的碎片，碎片到处飞散，飞到哪里，便烧到那里。碰上云梯，云梯燃烧断裂，要是人一沾上，便会被活活烧死。这种土炸药包威力很大，守军们亲切地称之为“万人敌”。在“万人敌”的燃烧中，一座座云梯灰飞烟灭，一个个后金士兵浑身带火，哭爹唤娘，从云梯上跌落下去。攻城的后金士兵被“万人敌”烧死的不计其数。宁远的市民，听说守军需要棉被和床单用来制造“万人敌”，纷纷把自己家里的棉被和床单捐献出来，极大地支援了守军。

尽管明军积极防守，但由于努尔哈赤下了死命令，还是有不少后金兵不顾死活地通过云梯爬上城来。只要云梯顶上冒出一个辫子兵的人头，明军的几杆竹竿梭镖便从不同的方向戳了上去，不能让一个敌人登上城来。战争已经到了白热化的程度，双方谁也不肯退缩。明军负伤的士兵不断增多，轻伤不下火线，实在支撑不住的，只好由其他人赶紧补上。总兵满贵身中数箭，但他毫不在意，拔出箭头，继续在城上指挥作战。明军兵员紧张，袁崇焕不得已，将原来作为预备队的何可纲和吴襄率领的两千人也全部调上城来。

战争进入胶着状态，袁崇焕事先准备好的两轮炮，发挥了很大作用。这些炮炮身短，重量轻，便于在城上移动和变换角度。明军炮手不断地转移阵地，选择更恰当的角度，从城墙的垛口向敌人用来登城的云梯发炮。炮弹所到之处，云梯从中断裂，已经爬上云梯的后金士兵，不是被炸死，就是从云梯上摔落下来。仅仅第二天上午，后金军攻城的士兵就损失了三千多人。眼见攻城损失过大，努尔哈赤改变了策略，他命令部队不再同时从四面进攻，而是集中兵力，重点攻打南城和西城。

这一招果然奏效，过了不多一会儿，有一百多名后金士兵，便通过两架云梯，从南城和西城的结合部，登上了宁远城墙。现在，在这两架云梯上，一个个全副武装的后金士兵正陆续登城，城防在这里被撕开了一个缺口，宁远城危在旦夕。守卫南城的主将祖大寿，一发现城西南角有失，立刻亲自带兵赶了过来。他一来便首先指挥炮手向那两架靠上城墙的云梯发炮，几炮便将两架云梯击毁。云梯毁断，后续的后金士兵便无法登城了。接着，祖大寿又带领城上的明军，将已经上了城墙的后金士兵包围起来，短兵相接，消灭这股敌人。恰巧，袁崇焕和防守西城的副将左辅也带着各自的亲兵闻讯赶到。明军人多，三下五除二，便将已登上城西南角的后金兵全部杀死，宁远城这才转危为安。

夜幕降临了，但后金军的进攻并未停止。努尔哈赤已经杀红了眼，他命令挑灯夜战。一个个灯笼、一支支火把竖立起来，整个宁远城笼罩在一片血红色之中。火光中，一架架云梯上，一串串八旗兵继续往城墙上爬，城下的后金骑兵为了掩护进攻，不断地朝城上放箭。守城的明军这时又使用了一种新式武器，他们将几条长铁链烧得通红，然后用杠杆甩到城墙外来回晃动。只见几条浑身通红的火龙，在寒风中飘来荡去。只要碰上云梯，云梯便立即断裂，只要沾上后金军士兵的身体，士兵便会发出一声惨叫，皮绽肉裂地掉下云梯。

毕竟身体是肉做的，后金军实在顶不住了。不管身后的长官如何漫骂督促，士兵们却再也不肯往云梯上爬了。看着城下堆积如山的尸体，闻着尸体散发出的臭味，努尔哈赤不得不下令收兵。他留下了几队人，将城下的尸体运到城外的砖窑里烧掉。牺牲的十几位将领，则一一派人抬回，他亲自看着，将他们掩埋。整整一夜，努尔哈赤都睡不着觉，他是一个从来不肯认输的人。他怒火中烧，他大声咆哮，要把袁崇焕碎尸万段，要把宁远城碾成齑粉。

战争进入第三天，后金军连夜伐树，建造了新的云梯，努尔哈赤亲自带着八旗的旗主督战，他要在这新的一天里解决战斗。在后金军的连续攻城中，明军炮手死伤严重，很多门炮已经无人发射了。通判金启倧急了，他亲自跑到一门大炮后面，去点燃火绳。火绳倒是点着了，炮弹也飞出了炮膛，但由于他不知道点燃引火绳后要迅速离开，结果被大炮的后坐力震死。这时，袁崇焕正带着一些民兵参加守城，他跑过去，抱着金通判的尸体放声大哭。在所有文官中，有胆有识，给了袁崇焕最大帮助的，正是这位金启倧。

当袁崇焕站起身来，向城下一看，便发现了一个情况。原来，城外二三里处，有几十个身穿铠甲的将领集中在一起。其中有一位身着金甲的将军，一直在那里指手画脚，频频地发号施令。由于离得较远，看得不十分真切，但袁崇焕凭直觉判断，这个金甲将军即使不是努尔哈赤本人，起码也是个旗主贝勒。袁崇焕一招手，将家人罗立叫到跟前。他给罗立指了指远处那个披金甲的将军，让他立刻传令，向那个将军所在的位置发炮。

罗立急忙赶到附近一尊红夷大炮跟前，却意外地发现，那尊大炮已哑火多时。几个炮手都死在炮前，敌箭还扎在他们身上，鲜血流了满地。这罗立十分机灵，他曾经在宁远跟随孙元化学习过这种西洋炮的发射，现在正好有了用武之地。好个罗立，只见他把炮手们的尸体拖到一旁，熟练地装炮弹，仔细地瞄准，然后点着了引火绳，接着，迅速地躲了起来。引火绳在吱吱地燃烧，罗立静静地等着那炮弹出膛的响声。可等了许久，却迟迟不见动静。罗立走过去一看，原来点燃的引火绳拖在地上，半道上浸在了死去炮手们的鲜血里，受了潮湿，已经熄灭了。

罗立拿起引火棒，重新将引火绳点燃，那短短的一节引火绳很快就燃到了尽头。只见火光一闪，接着“轰隆”一声巨响，炮弹携着风声出膛。顿时硝烟弥漫，地动山摇。炮声中，只见后金那名身披金甲的将军应声落马，吓得身旁那些后金贝勒们胆破魂消。他们一拥上前，将那名中弹的金甲将军抢上马，然后慌忙退去。原来那名中弹的金甲将军不是别人，正是努尔哈赤本人。他胸部被弹片击中，流了不少血，铠甲已经被血染红。但弹片入肉不深，并没有伤及要害。尽管如此，也把后金军吓得不轻。努尔哈赤的受伤，极大地挫伤了后金军的士气，本来已经无力发动新一轮进攻的八旗军立即停止了进攻，开始后撤。

这一炮打得太准了，直接命中了后金的最高统帅。这一炮打得太及时了，因为宁远守军的防守也到了极限，快要坚持不下去了。这一炮打得太神了，它结束了这场宁远保卫战，兵力弱的一方，取得了一场难得的胜利。为了防止明军夜间偷袭，后金军连夜移营，将营寨移到了离宁远城十里外的龙宫寺。这一切来得太突然了，宁远保卫战结束了，望着陆续退去的八旗劲旅，城头上的袁崇焕简直不敢相信自己的眼睛。

但发这一炮的罗立并没有看到城下的这一幕，他已经永远地闭上了自己的双眼。当他第二次点燃引火绳后，由于引火绳剩得太短，已经来不及跑开。炮弹发射后的气浪把他掀翻，巨大的后坐力震得他七窍流血，不省人事。当袁崇焕闻声赶过来时，罗立已经停止了呼吸。袁崇焕抱起罗立的尸体，他身上的体温尚在。他望着逐渐退去的后金军，用手擦拭着罗立脸上的血迹，心中百感交集。多年来，在袁崇焕心中，罗立已经不是一个普通的家童，而是一个不可或缺的亲人。

想不到这个受尽苦难的孤儿，还没有尝到人间的幸福，就倒在了保家卫国的战场，他只活了二十四岁。想不到后金军就这样撤走，想不到罗立就这样突然死去，想不到宁远保卫战就这样戛然而止。男儿有泪不轻弹，只是不到心痛时。袁崇焕此时，双眼里噙满了泪珠，心中充满了悲痛。只有他，最了解罗立牺牲的价值，只有他，最清楚宁远之战胜利的来之不易。也就是在这一刻，让他深深地尝到了战争的血腥与残酷。

正月二十七日，在龙宫寺后金军的大帐中，努尔哈赤躺在床上。伤口经过包扎，已经不再出血，只是还隐隐作痛。但更让他心痛的，是败在一个名不见经传的袁崇焕手上，一生好胜的努尔哈赤咽不下这口气。伤亡一万多人，在后金的历史上还从未有过，这个仗显然是打不下去了。诸贝勒围在床前，七嘴八舌地都在劝努尔哈赤退兵，努尔哈赤也违心地点了点头。他一面命令，将后金军死去的士兵尸体全部从城下运回，在砖窑内烧掉，一面将固山额真武格纳叫到身边。他交给武格纳一个特殊任务，去捣毁明军的粮草基地——觉华岛。而他之所以这样做，只有一个目的，就是要出出胸中这口恶气。

觉华岛，又叫菊花岛，处于辽西湾中。它由磨盘岛、张山岛、阎山岛三岛组成。主岛磨盘岛两头宽，中间窄，像一个不规则的葫芦形，面积有三十多平方里。觉华岛距海岸十八里，距宁远城三十里，战略位置十分重要。早在唐朝时，这里已被建成一座军港。岛上建有一座囤粮城，明军的粮食和草料大都储存在这里。孙承宗督辽时，专门在岛上建立了水师，由游击金冠统领。它既是宁远明军的粮草基地，又与宁远互为犄角，是守卫宁远所不可或缺的。袁崇焕深知觉华岛的重要，在战前除由金冠统领的水师驻守外，还专门派副将姚抚民、胡一宁带领三千人马前去增援。

按说，后金没有水师，进攻觉华岛并非易事。但现在时值隆冬，天寒地冻，平日碧波万顷的觉华岛海面，早已冻成了厚厚的坚冰，觉华岛已经失去了自己的天然屏障。对于后金骑兵的袭击，岛上并非完全没有防备，水师游击金冠与副将姚抚民、胡一宁连夜率领官兵掘冰壕十五里，并用战车排列在冰壕后，将士们在战车后列队防守。水师游击金冠身先士卒，他手举大刀，双目圆睁，伫立在战车旁边。兵士们在他身旁站成了整齐的一排。

天公不作美，造化弄人。明军将士为了挖掘冰壕，不少人冻坏了手指，但冰壕并没有发挥作用。朔风吹，大雪飘，刚挖开不久的冰壕很快就重新冻合。当武格纳率领的上万八旗与蒙古骑兵如疾风暴雨般冲过来时，顷刻间，这些以水师官兵为主的守军，便像树叶般被撕得粉碎。金冠，姚抚民、胡一宁等将领全部战斗到最后，壮烈殉国。岛上的七千多名官兵和七千多商民均被杀戮，粮草八万余石、船两千余艘均被焚毁。

正当八旗兵在岛上杀人放火之际，突然有三百多个白衣人来到了觉华岛。为首一人，身材高大，腰悬宝剑，手执哭丧棒。这个人，就是水师游击金冠之子，武举人金世麒。听说父亲遇难，他带领家丁三百余人，身穿孝服，前来迎接父亲的灵柩。但他们还没有见到金冠的灵柩，便遇上了烧杀抢掠的女真骑兵。金世麒一见杀父仇人，分外眼红，他扔掉手中的哭丧棒，拔出宝剑，便冲了上去。

少主人的行动便是命令，三百多家丁毫不犹豫地跟着少主人，向敌人冲了过去。但他们多数没有武器，少数人手里也只有棍棒。但他们没有考虑这些，他们几乎是赤手空拳地与敌人拼命。八旗铁骑可不是吃素的，不到一刻钟功夫，三百多家丁便全部倒在白皑皑的雪地上，鲜血染红了他们身上穿的白色孝服。金世麒是位武举人，他的武功很有功底。他一连挥剑，杀死了十几个敌人。眼见家丁们全部丧生，他不愿被俘，自刎而死。

发现觉华岛遭后金军围攻，袁崇焕已无兵可援，眼见觉华岛上黑烟滚滚，袁崇焕心如刀绞。他大笔一挥，写了一篇《祭觉华岛阵亡兵将文》：

“吁嗟！巨浪茫茫，空山寂寂，皆汝等忠魂之所洒荡也！望故乡以何日，即转劫而无期。茕茕游魂，何不相结为厉，歼仇泄愤？在生之志，藉死以伸，则虽死之日，犹再生之年也。尔其勉之！不腆之奠，涕与俱之。尚飨！”

虽然，明军在觉华岛惨败，但后金军在宁远城前却碰了壁，不仅损失严重，而且还灰溜溜地退回了盛京，所以，在明朝历史上，这一仗被称作“宁远大捷”。当袁崇焕的报捷奏章送到京师时，举国欢庆，朝野上下，一片赞扬声。兵部尚书王永光极力肯定袁崇焕的功绩，并建议皇帝予以重用。他在给皇帝写的奏折中说：

“辽左发难，各城望风奔溃。宁远一战，八年来贼始一挫，乃知中国有人矣！盖缘道臣袁崇焕平日之恩威有以摄之维之也！不然，何宁远独无夺门之叛民、内应之奸细乎？本官智勇兼全，宜优其职级，一切关外事权，悉以委之。”

天启皇帝在听到“宁远大捷”的消息后，也高兴得扔掉了手中的木工斧头，大声说：

“喜讯，喜讯，天大的喜讯啊！袁崇焕建此不世之功，真国之干城。国家幸甚，百姓幸甚！朕从今可以安睡矣！”

三月初九日，朝廷宣布诏命，正式任命袁崇焕为右佥都御史、辽东巡抚。而今，残破的辽东只剩下辽西走廊的关外八城了，袁崇焕用他瘦弱的肩膀，扛起了保卫辽东的重任。

第六章

叆鸡堡名汗归天

宁远战败后，努尔哈赤回到盛京养伤，其实，伤并不太重，他主要是精神上受到了沉重的打击。据他自己说：“吾自二十五岁起兵以来，战无不胜，攻无不克，惟宁远一城不下，遂大怀愤恨而回。”回宫以后，他心力交瘁，夜不能寐，整夜整夜地做噩梦，连昔日的爱妃也都懒得搭理了。几天下来，他须发皓白，容颜憔悴，一下子老了很多。七月二十三日，即宁远之战刚过去六个月，努尔哈赤再也支持不住了，他身心疲惫，决定前往清河温泉疗养。

十三天后，努尔哈赤的病情突然加剧。他的背上长了一个大疮，他本想靠温泉疗伤，谁知大疮见水发炎溃脓，疼得他浑身打战，头上直冒冷汗。他预感到自己的时间不多了，连派三人，前往盛京，急招大福晋阿巴亥前来。他心急如焚，他度日如年。他心里很明白，他现在还不能死，因为他还没有安排好自己的接班人。时间一天天过去，病情一天天加剧。事关女真族的安危，事关后金国的未来。努尔哈赤再也等不及了，他决定立即动身，乘船由太子河返回盛京。

在继承人问题上，女真族不像汉族那样，有着明确的嫡长子继承制，子继父业和兄终弟及都符合女真族的习惯。由于努尔哈赤子女众多，到底由哪个儿子接班，只需要努尔哈赤的一句话。其实，努尔哈赤很早就开始考虑他的接班人问题，他选定的第一位太子正是他的长子褚英。努尔哈赤一共有十六位妻子，十六位妻子为他生了十六个儿子。褚英生于明万历八年（1580 年），他的母亲是努尔哈赤的第一位大福晋佟佳氏。

努尔哈赤一生，妻子虽多，但真正得到大福晋称号的，却只有三位。佟佳氏是努尔哈赤的结发妻子，她为努尔哈赤生有长子褚英、次子代善和一个女儿。褚英诞生的那一年，努尔哈赤才二十一岁。当时，新婚不久，新媳妇便给他生了个大胖小子，初为人父的努尔哈赤别提多高兴了。和所有女真人的孩子一样，褚英从小便练习骑马射箭，很快就长成了一个英俊少年。从十七岁开始，褚英便跟随父亲东征西杀，他作战勇敢，立下不少战功。

万历三十五年（1607 年）正月，努尔哈赤命其弟舒尔哈齐和长子褚英、次子代善及大将费英东等带领三千人去朝鲜接应当地的藩胡。不料，却在钟城的乌碣岩遭遇了乌拉国主布占泰带领的上万名乌拉兵。双方兵力悬殊，形势十分危急。两强相逢勇者胜。褚英一马当先，杀入敌阵，左冲右突，威震敌胆。这一战，阵斩乌拉兵三千名，获甲三千副、马五千匹，杀得布占泰落荒而逃，取得了一次酣畅淋漓的胜利。

当舒尔哈赤率得胜之师返回赫图阿拉城后，努尔哈赤在苏子河边为他们举行了盛大的庆功宴会。努尔哈赤与将士们一起喝酒、吃肉、跳舞，场面十分热闹。突然，努尔哈赤摆了摆手，命令音乐停下来。他站在场中，当众大声宣布，授予在这次作战中最勇敢的长子褚英“阿尔哈图图门”（足智多谋之意）的称号，并正式立褚英为太子，协助他处理日常政务。所有在场的人都热烈欢呼，手舞足蹈。大家一个个轮番向褚英敬酒，二十七岁的太子更是来者不拒，喝得酩酊大醉

第二天，努尔哈赤便在自己的金交椅旁边，给褚英特设了一个座位，

有些日常的政事也交给褚英处理。从此，身为太子的褚英便鹤立鸡群，凌驾于其他皇子之上了。高处不胜寒。褚英当上太子后，麻烦便来了，首当其冲的便是四弟和五大臣的联合抵制。同为父汗的儿子，谁不想成为汗位的继承人呢？四弟即努尔哈赤已成年并经常参与征战的儿子代善、莽古尔泰、皇太极和侄子阿敏。四人都想继承汗位，因此四人便联起手来，向刚刚当上太子的褚英发难。

为了壮大势力，四弟还分别联系了五大臣。五大臣是五个人，其中，额亦都和安费扬古是当年最早跟随努尔哈赤起兵的元勋，另外三人，费英东、扈尔汉和何和礼则是早在万历十六年（1588 年），便带领本部人马前来投奔努尔哈赤的。这是五个功大资深的老臣，努尔哈赤因此让他们担任五大臣，参与听政和决断官司。四弟都是天潢贵胄，五大臣更是老谋深算，深得努尔哈赤的信任，他们一旦结为朋党，在后金朝可是能呼风唤雨的。

有一天，召开由四弟和五大臣参加的联席会议。努尔哈赤身体不太舒服，没有参加，会议便交给太子褚英主持。四弟和五大臣来到崇政殿后，见努尔哈赤的位子空着，只有褚英一人坐在旁边，便没有理会褚英，自顾自找个位置坐下，等候努尔哈赤的到来。褚英这时却发火了。一是这几个人来得晚，害得他干坐了半天，二是来了以后连招呼都不打一个，根本没把他当一回事。于是，褚英怒气冲冲地说：

“你们眼瞎了吗？没看见我坐在这儿吗？我是太子，我是储君，你们怎么不行君臣大礼呢？”

“天无二日，国无二君。我们只向父汗行君臣大礼。”三贝勒莽古尔泰抢着说。

这真是傲慢之极，简直是公开的挑衅，褚英实在无法忍受，他站了起来，冷笑着说：

“好，好，你们今天如此无理，咱们走着瞧。等我将来即位之后，我让你们一个个去见阎王，你们的土地、牛羊和妻妾都将重新分配。你们将为今天的无理付出代价！”说完这番话，褚英便拂袖而去。

听了这话，四弟和五大臣都慌了，他们谁也没想到，事情会发展到这个地步。还是四贝勒皇太极比较有心计，他劝大家分别去找父亲努尔哈赤评理，让父汗还大家一个公道。于是，四弟和五大臣便轮番去向努尔哈赤告状，诉说褚英的不是。努尔哈赤开始对此事并没往心里去，他认为这只是褚英争强好胜，发发太子脾气，说说狠话而已。可是，三人成虎，三人一齐说假话，也会被当真。四弟和五大臣众口一词，喋喋不休，一来二去，努尔哈赤便对褚英产生了恶感。

其实，褚英的性格还是比较单纯的，他早把训斥四弟的那件事儿给忘了。他完全没有想到，自己的亲兄弟会在父汗面前捣他的鬼，他更没想到，五大臣会和四弟串通一气。明枪易躲，暗箭难防，四弟和五大臣的计谋终于成功了。在一次公开的朝会上，努尔哈赤发火了，他当着四弟和五大臣的面，厉声训斥了褚英，并要求褚英今后要善待四弟和五大臣。努尔哈赤同时宣布，褚英今后不再协助他处理政务，褚英在努尔哈赤金交椅旁边的那个座位也被撤掉了。

褚英屁股下面的太子座位还没坐热，便被撤掉了，真是一枕黄粱太子梦。这件事对年轻的褚英来说，犹如五雷轰顶，打击真是太大了。从此，褚英开始酗酒，酒后又难免对父汗发些牢骚，借酒出出气。但这些酒话，也被四弟和五大臣反映到了努尔哈赤那里。努尔哈赤听后，更加疏远褚英，甚至有意识地将他孤立起来。万历四十一年（1613 年），出于对褚英的不信任，努尔哈赤再次出征乌拉时，便没有带褚英去，而是让他留守京城。

一向喜欢冲锋陷阵的褚英这次奉命在家留守，心情很不痛快，努尔哈赤等人刚一出发，他就找来四个家人陪他一起喝酒。三杯酒下肚，褚英可就管不住自己了，他越喝胆越大，越喝话越多。他的酒量并不大，他是借酒消愁。喝了一阵子，褚英的舌头也不听使唤了，但他还在不停地说：

“大汗不让我……我去出征，一定会打败……败仗。他们打了败仗回……回来，我就把城……城门关……关上，一个也不……不让他们进城。”

他不但说，他还要写出来。他让家人拿来纸和笔，在纸上写道：“四弟和五大臣不得好死。”一连写了好几张。写完之后，又一张一张地扔到火里烧掉。褚英又说疯话，又写咒语，可把和他一起喝酒的四个家人给吓坏了。他们又说又劝，但谁也劝不住喝醉酒的褚英。褚英一个人又说又闹，语无伦次，一直到了下半夜，他才昏昏睡去。

话说过了，字写完了，褚英睡觉了，没事儿了，但四个家人睡不着了。他们在一起，嘀嘀咕咕，不知如何是好。后金的法度极严，如果有人知道违法的事而不举报，便会被处死。因此，当努尔哈赤率军回来后，四个家人害怕这件事会连累自己，一人自杀身死，另外三人向努尔哈赤告发了褚英。这一次，努尔哈赤彻底变了脸，他下令将褚英幽禁起来，两年后又下令将他处死。褚英死时，还只有三十五岁，这位阿尔哈图图门，只因当上了太子，却过早地进了鬼门关。常言道，虎毒不食子，努尔哈赤却处死了亲生的长子。

褚英被杀后，努尔哈赤还剩下十五位皇子。这时，他毫不犹豫地又将褚英的同母弟，现存的长子代善立为太子，这代善已经是第二任皇太子了。代善和褚英的生母同为努尔哈赤的第一位大福晋佟佳氏，身份是最尊贵的，褚英死后，他又是最年长的。尤其是，代善从二十四岁起便追随父亲南征北战，战功赫赫，被努尔哈赤封为“古英巴图鲁”，就是最勇敢的勇士之意。因此，代善继褚英之后登上太子之位是很顺理成章的事，但这一十分顺理成章的决定却让四弟之中的四贝勒皇太极寝食难安。

皇太极是努尔哈赤的第八子，他的生母是努尔哈赤的侧福晋叶赫那拉氏，也就是叶赫首领扬吉努的女儿。因此，与代善相比，皇太极一不是长子，二不是嫡子，在正常情况下，他是没有机会成为太子的。可皇太极并不这么想，自从他跻身于四大贝勒之列后，他就开始觊觎努尔哈赤身后的汗位，而且暗地里做了不少工作。皇太极懂得，对他来说，谋取汗位是一条漫长而且荆棘丛生的道路，但他却下定决心要沿着这条路走下去。皇太极深知，女真族是马背上的民族，父亲是马背上的英雄，要想取得父汗的好感，首先要从军功上下手。为此，他苦练骑马射箭，每次战斗都冲锋在前。从二十岁起，在克沈阳、下辽阳，取广宁等一系列战斗中，皇太极总是奋不顾身，屡立战功，他很快就被努尔哈赤确定为旗主贝勒。

后金天命元年（1616年），努尔哈赤正式宣布，以大贝勒代善、二贝勒阿敏、三贝勒莽古尔泰、四贝勒皇太极为四大贝勒。成为四大贝勒之一以后，皇太极仿佛看到了继承汗位的希望。褚英当太子时，皇太极便联合其他的三大贝勒搞了不少小动作。好不容易盼到褚英被杀，没想到努尔哈赤却立即宣布，让代善继任太子。这一来，皇太极要想继承汗位就悬了，代善成为他谋取汗位道路上的一座山，一个实实在在的拦路虎。如何对付代善，成了皇太极的心病。于是，他决定，还是找他的几个心腹商量商量。

这是一次小范围的秘密会议，会议的地点便是皇太极府中的密室。密室建在皇太极书房的后边，是一个夹层，挪开一个书架，便可进入密室。密室上专门设有天窗，既可透光，又可透气。今天，皇太极的几位心腹全都到了，密室里烟雾缭绕，只能依稀地分辨出几个人的影子。来的几位都是吞云吐雾的高手，为了招待他们，皇太极拿出了他早已备好的从关内买的一种云南烟叶，名字叫作“滇金叶”。这种烟叶只有云南出产，叶子又细又小，晒干后其色如金。别看其貌不扬，抽起来却有一种特殊的清香，而且回味悠长，香如花，甘如饴，是烟中极品。而一般女真人抽的“关东黄”，虽叶阔，但色暗，抽起来刺激性强，容易呛人。两者一比，则高下立分了。

来的人共有三位，第一位人称阿敦阿哥。他身宽体胖，是个爱静不爱动的人。他是努尔哈赤的堂弟，皇太极的叔叔。后金国成立大典时，他站在努尔哈赤右边，是武将之首，地位是相当显赫的。他烟瘾极大，又性格内向，不太爱讲话，总是抱着个玉石嘴烟锅，在那里抽个不停。他辈长位尊，没人敢惹，皇太极总是将他待若上宾，礼遇有加。阿敦阿哥也确实对得起皇太极，不管什么事，他总是站在皇太极一边，所以，每次密谋议事，皇太极都要邀请他参加。他虽然不太讲话，但说出来便是一言九鼎，因此，他的话也特别有分量。

第二位客人名叫额尔德尼，他可是女真族中家喻户晓的人物。他的最大贡献是创制女真文字，也称“老满文”。他第一个使用“老满文”来记述后金国的历史，就是那赫赫有名的《满文老档》。他还参与制订后金国的法律条文并具体断案，被努尔哈赤封为最高级别的文官——大巴克什。在后金国举行开国大典时，他站在努尔哈赤的左边，是文官之首。他自幼聪明，饱读诗书，尤其是他通晓汉文和满文，在女真族中文名显赫。他从二十多岁起便秃顶，是一位足智多谋的学者型人物，很多点子都是他想出来的。他是皇太极的娘舅，也是皇太极的智囊。

第三位客人名叫乌尔古岱，他的父亲原本是海西女真四部之一的哈达贝勒。万历二十七年（1599 年），哈达被努尔哈赤吞并，他也就成了努尔哈赤的臣属。努尔哈赤很重视他，将自己的女儿莽古济格格嫁给了他。他官至督堂，又任额驸，人称他为“额驸督堂”。督堂的首要任务是审理重要案件，乌尔古岱在所有八位督堂之中位列第一，人们又称他为“第一督堂”。也就是说，他是后金国的首席大法官。论亲戚，他是皇太极的姐夫，他对皇太极十分看好，皇太极也对他加意笼络。所谓君择臣，臣亦择君，因此，他也就成了皇太极小集团的核心成员。他身体瘦长，背微驼，为人最是深藏不露。

约莫过了小半个时辰，见三人已经过足了烟瘾，皇太极这才开口说道：

“你们不要只顾着抽烟。现在，老二（指代善）又被立为太子，汗父又年事已高，我们到底该怎么办呢?”

“四贝勒（指皇太极），我劝你少安毋躁。依我看，目前形势对我们还是很有利的。现在，老大（指褚英）已死，心腹之患已除，我们应感到庆幸。当今四大贝勒中，二贝勒（指阿敏）是汗王之侄，我族中，从未有侄继叔位的，因此，他可以排除在外，当然，我们还要多争取他的支持。三贝勒（指莽古尔泰）贵为衮代福晋（努尔哈赤的第二位大福晋）之子，又比四贝勒年长，又是正蓝旗旗主贝勒，本不应小视。但他生性粗野，行事鲁莽，说话又不讲分寸，一向不得汗王的欢心，因此，亦不足道。故当今四大贝勒中，唯一能与四贝勒争汗位者，代善一人而已。代善生母尊贵，现年龄又为诸子之长，且统领两红旗，又被汗王立为太子，此诚劲敌也。但汗王身体尚健，代善不能马上继位，所以，我们还有这一段宝贵时间可以利用。我观代善，忠厚有余，机变不足，他也必然会走老大的老路。所以，四贝勒尽可放心，只要我们略施手段，此汗位非你莫属。”

额尔德尼摇着他的秃头，慢条斯理地对形势进行了分析。一番话，倒把皇太极说得心痒痒的，他立刻觉得额尔德尼说得有道理，眼前也豁亮了许多。皇太极说：

“真能如老舅所说，我必不负诸位多年苦心。滴水之恩，必当涌泉相报。”

“谋事在人，成事在天。依我之见，代善太子之位，难出两年。届时四贝勒可一蹴而就。”乌尔古岱说得也很有把握。

“你就放宽心吧！老叔拼着这把老骨头，一定要将你扶到汗位上。”阿敦阿哥也信誓旦旦地说。

“既然如此，今天就议到这里。请三位到外边喝酒，并观赏乐舞。前几天，我让人新弄来几位朝鲜女子，唱舞俱佳。今日可为三位助兴。”皇太极说道。他此时兴高采烈，三人的话对他是极大的鼓舞。他知道这三个人的分量，有了这三个人的支持，他对继承汗位充满了信心。

两年过去了，代善仍然稳坐在太子位上，皇太极可有点坐不住了。后金天命五年（1620 年）正月初八，天气阴沉沉的。冷风在后金都城赫图阿拉的大街小巷穿行，大多数人因为怕冷，都待在自己家中，大巴克什额尔德尼和第一督堂乌尔古岱又应皇太极之约，冒着严寒，来到了皇太极府上。只有阿敦阿哥说他身体有些不适，没有来。二人一进门，皇太极就将他们迎进密室。过不多一会儿，密室内便充满烟味，空气也变得浑浊起来。外面虽然寒冷，但密室内因有炭火取暖，所以仍温暖如春。二人躺在那里，又是吸烟，又是喝茶。不多一会儿，便觉得身体有些犯困，眼睛也有些迷迷糊糊的。

皇太极好不容易等二人吸足了烟，便立即凑上前去，自己啜了口茶，开门见山地说：

“现今大贝勒（指代善）当太子已经两年了，看不出有什么败象。而汗父年事已高，身体又大不如前。倘若我们仍作壁上观，大贝勒继承汗位就将成为定局。那我们这几年，岂不是白忙活了吗？时不我待，今天将二位请来，就是想听听你们的高见。”

“四贝勒，依我看，当务之急是能否让储位再度空置下来？”乌尔古岱开了腔。

“你这真是站着说话不腰疼，难道那大贝勒代善会自动从储位上走下来吗？”听口气，皇太极对乌尔古岱的话不太赞成，说话时也已经带了情绪。

“四贝勒不要着急，大贝勒当然不会自动从储位上下来，但我们可以从后面推他一把。只要如此如此这般，不怕大贝勒不乖乖地给您让位。”额尔德尼阴阴地笑着，一面晃着他的秃顶，一面将他的妙计一五一十地娓娓道出。

皇太极听后非常赞成，他一直紧皱的眉头也舒展了许多。他说：

“这个办法好，就按大巴克什说的办。时间要抓紧，行事要机密，千万不能露馅。我们可就等着好戏看了。”

议定后，三人便分头行事。额尔德尼临走时，皇太极专门命家人拿出十颗东珠，亲手交给了他。额尔德尼接过来，赶紧揣在怀里，从后门悄悄地走了。这东珠是关外特产，珠圆玉润，一直被女真人视为至宝，历来作为贡品。像这么大的东珠，已是极品，等闲人家是不可能拥有的。皇太极一次给额尔德尼十颗东珠，价值不菲，显然是要派大用场。

过了几天，努尔哈赤十分宠爱的一位小妾代音察正好侍寝，一晚上翻云覆雨，极尽恩爱。早晨起身后，努尔哈赤正要离开，那代音察却神神道道地对他说：

“大汗，妾近来发现大福晋举止有些古怪，想说又不敢说。”

“你不要吞吞吐吐的，有什么事，只管说。”努尔哈赤显得有些不耐烦。

“大福晋最近经常派人去大贝勒家，有两次还亲自做了饭菜让家人送去。大贝勒都吃了，还给送饭菜的人打了赏。她还给四贝勒送过一次饭菜，四贝勒可没吃，原封送回来了。还有两三次，我瞧见，大福晋打扮得花枝招展的，半夜离开卧房，不知道去什么地方了，直到后半夜才回来。”代音察絮絮叨叨地说。

“此话当真?”努尔哈赤问。

“句句是实。”代音察回答。

努尔哈赤听后，怒从心中起，恶向胆边生。是哪个畜生，有这么大的胆？这不是要给自己戴绿帽子吗？他越想越不对，但事关大福晋，又不能立即发作，于是下令，由达尔汗虾、雅逊、额尔德尼和乌尔古岱四人成立专案组，对大福晋近来的所作所为进行调查。他们所要调查的这位大福晋，是努尔哈赤的第二任大福晋，人称衮代皇后的富察氏，他也是三贝勒莽古尔泰的生母。努尔哈赤的第一任大福晋佟佳氏已于万历十一年（1583年）病逝。佟佳氏死后，努尔哈赤才将富察氏立为新的大福晋。

按说代音察不过是一介小妾，身份很低，她怎么敢告大福晋的状呢?弄不好，那可是杀头的罪名。其实，原因很简单，她收了额尔德尼送来的五颗东珠（另五颗额尔德尼收入了自己的腰包）。所谓拿人钱财，替人办事。利欲熏心，就顾不上考虑后果了。何况，额尔德尼还答应事成之后让代音察代替富察氏为大福晋，这该是多么大的诱惑呀！这是代音察每天做梦都在想的事，她怎能不出手呢?

案子很快就查清了，代音察所举报的件件属实。当达尔汉虾和额尔德尼向努尔哈赤汇报了案情并请示如何结案时，努尔哈赤却犹豫了，迟迟难做决断。明眼人只要看了案情便一目了然，大福晋富察氏与大贝勒代善之间显然有某种暧昧关系，尽管大贝勒代善是被动的。如果直接就事论事公开处理大福晋与大贝勒，岂不是家丑外扬？汗家的颜面何在，父子之情又何存？但若压下去不做处理，这口气又实在咽不下去。

思虑再三，努尔哈赤做出了一个出人意料的决定。他当众宣布大贝勒代善无罪，并将告状的代音察处死。他说，他曾给大贝勒交代过，待他百年之后便由大贝勒代善负责照料大福晋和其他幼弟，所以，大福晋讨好大贝勒的举动再正常不过了，完全正常。代音察讦告主母，挑拨离间，罪不可恕。就这样，大事化小，小事化了，一场天大的事故就不了了之了。可怜代音察为了几颗东珠，却搭上了一条小命，现在后悔也来不及了。

代音察一状虽然没有告倒代善，但努尔哈赤对大福晋富察氏却起了疑心。他命令侍卫前去，搜查富察氏所居住的界藩山上的宫室。有一个侍女，暗地里向富察氏泄露了要来搜查的消息。富察氏慌了，她平时爱聚财，宫内绸缎、东珠、金银等物众多，一旦被查出来，那可是说不清的罪名啊！于是，她急忙命侍女收拾了一车金银、绸缎、东珠等物，运往他哥哥处暂时藏起来。没想到车刚出门，便被努尔哈赤派来搜查的达尔汗虾抓了个正着。人赃俱获，板上钉钉，努尔哈赤这次便借题发挥，说：

"此福晋奸狡诈伪窃盗，人之邪恶，彼皆有之。吾以金珠饰其身，以人所未见之美帛供其穿，却勾引他人，岂不该杀耶？然若以此罪而杀，则吾爱如心肝之二子一女，将何等悲泣，设若不杀，则该福晋欺我之罪太多。从今天起，吾不与彼同居，将其休离，嗣后，此福晋给予之物，无论何人，皆不得收受，无论何人，皆勿听其言。若违此命，则不论男女，尽皆杀之。"

这位大福晋富察氏本是努尔哈赤堂侄威准之妻，于万历十三年（1585年）被努尔哈赤相中，再嫁与努尔哈赤。其时，第一位大福晋佟佳氏已病故，她便被立为第二任大福晋。她先后生下莽古尔泰、德格类和女儿莽古济格格。这次她遭人陷害，不得不收拾东西，哭哭啼啼地离开了汗宫，准备返回父亲的居所。谁知行至半路，她的亲生儿子、三贝勒莽古尔泰突然出现。还没等富察氏弄明白是怎么回事，莽古尔泰便拔刀杀死了自己的生母，然后，他提着富察氏的人头去见努尔哈赤请功。他说：

"父汗，我已将贱人杀掉，特地前来禀报。"

努尔哈赤见莽古尔泰提着一个血淋淋的人头，再一看，竟是刚刚被自己休弃的大福晋的人头。他差点气昏了，当下给了莽古尔泰一个大嘴巴，并接连踢了两脚，大骂："畜生，畜生。"然后命人将莽古尔泰抓住，囚禁起来。努尔哈赤本来对鲁莽的莽古尔泰便无甚好感，这次竟见他手刃生母，残忍之极，对他更加厌恶，将他禁闭一个月，以示惩戒。从此，莽古尔泰这位五皇子、三贝勒便彻底地被踢出了汗位继承人的圈子。虽然这次事件最终还是替皇太极铲除了一位汗位竞争者，但因为皇太极本来就没把莽古尔泰看作竞争对手，因此，一点都高兴不起来。费了那么大的心机，用了那么大的功夫，结果却是画虎不成反类其犬。皇太极心里别提多窝火了，他再次派人将额尔德尼找来，对他说：

“我聪明的大巴克什啊！你的什么神机妙算，换来的却是偷鸡不成蚀把米呀！”

“不然。四贝勒，我们这次，不过是欲擒一虎、反得一獐罢了，不能说没有收获，毕竟彻底搞掉了三贝勒。而且，通过这件事，大汗对大贝勒已经产生了疑心，只是碍于家丑外扬，不愿意声张而已。疑心既已产生，便不难助其增大。假以时日，必会出现父子阋墙之时，到那个时候，我们的机会就真正来了。还请四贝勒静观其变，我们在旁边推波助澜即可。”额尔德尼振振有词、胸有成竹地说。

话说到这儿，皇太极也不好再说什么，只有沉下心来，继续等待。好在没过多少日子，机会便真的来了。后金天命五年（1620 年）九月十三日，气氛突然紧张起来，努尔哈赤突然下令，封锁所有通往明国的道路，并实行了大规模的搜捕。原来，有人向努尔哈赤告密，说是大贝勒代善的长子岳托和二贝勒阿敏的弟弟斋桑古分别与莫洛浑的两个女儿私通，并相约要一起逃往明国。这莫洛浑便是原哈达国主孟格布禄的儿子，他有两个花枝招展的女儿，而且风流成性，与她们通奸的又何止岳托和斋桑古二人。

其实，通奸在后金并不是什么大问题，现在，问题的关键在于他们要逃往明国，这不是公开叛国吗？巧的是，努尔哈赤派人去传岳托时，岳托不在，家人说是去了拖克索（庄园）。又传斋桑古时，说斋桑古跟随莫洛浑夫妇去了牧场。几个人均不在家，这个情况与说他们准备一起逃往明国的密报相符，由此，更加深了努尔哈赤的疑虑。他决定，立即抓捕岳托、斋桑古和莫洛浑夫妇进行审问，以便弄清事情的真相。

当晚，莫洛浑夫妇在自己的牧场被捕，但并没有在牧场找到岳托和斋桑古。他们二人都已经回了自己的家，侍卫们从他们家里带走了岳托和斋桑古。但当拷问岳托、斋桑古和莫洛浑夫妇时，他们却众口一词，坚决否认有逃往明国的打算。盛怒之下，努尔哈赤下令，杀死莫洛浑夫妇，将岳托和斋桑古囚禁起来。这一来，大贝勒代善和二贝勒阿敏可吓坏了，他们一而再、再而三地去恳求努尔哈赤。但奇怪的是，他们不是去请求努尔哈赤宽恕自己的儿子和兄弟，而是要求努尔哈赤杀掉岳托和斋桑古，因为他们内心深处，是害怕自己受到牵连。

九月二十日，在岳托和斋桑古被囚禁七天之后，努尔哈赤将族中所有的兄弟子侄都召集到一起，然后宣布，将已囚禁的岳托和斋桑古无罪释放。与此同时，他还当着全体人员的面，公开斥责了大贝勒和二贝勒阿敏。努尔哈赤说：

“常言道：虎毒不食子，兄弟如手足。可你们两人怎么动不动要杀自己的亲生儿子和亲兄弟呢？我们家族本来人丁就不算太旺，现在你们还要杀死自己的亲骨肉、亲兄弟，那我们的家族还如何兴旺？我们的国家还如何振兴啊？生而为人，孰能无过？知过能改，善莫大焉。你二人年纪也不小了，怎么还让我来讲这些道理呢？从今往后，你们一定要善待自己的亲生子和亲兄弟！代善，我还听说你对后娶的继妻言听计从，可对岳托、硕托这些前妻之子不够好啊！你也是吾前妻之子，父汗待你如何啊？将心比，同一理，你今后更要好自为之。岳托和斋桑古如果不愿回去和父亲哥哥一起过，可以到我那里，也可以到其他贝勒门下，你们自己考虑。”

代善和阿敏从来没见努尔哈赤如此光火。他俩吓得惊出一身冷汗，双双跪在地下，磕头如倒蒜，说：

“父汗，我们知错了，请父汗饶过我们这次，今后，我们一定谨遵父汗教诲。”

这时，只见四贝勒皇太极也走上前来跪倒，对努尔哈赤说：

“父汗，请您息怒，您的身体要紧。大贝勒和二贝勒也是一时糊涂，做了错事，请您饶恕他们吧！今后，我们兄弟都要听从父汗的教训，和睦相处，和衷共济，振兴我民族，光大我国家。斋桑古弟弟和岳托侄儿可暂时到我那儿住几天，散散心，我们兄弟叔侄也可以在一起聚聚，然后，我再送他们回家。”

“好。就按四贝勒说的，斋桑古和岳托先到四贝勒家住几天，然后再让大贝勒、二贝勒接回去。今后，我们家族再也不许发生这种亲者痛、仇者快的事情了，否则，将严惩不贷。”努尔哈赤最后表了态。他这次对四贝勒皇太极的表现十分满意，认为他识大局、顾大体。努尔哈赤那一直紧绷着的脸这时也露出了微笑。一场突如其来的风波就这样波澜不惊地平息下来。

斋桑古只在皇太极家住了两天，阿敏就把他接了回去，反倒是岳托在四贝勒家里一住就是十多天。在这十多天里，皇太极可谓对岳托关怀备至，又是一同去打猎，又是专门设酒宴，又是陪他看歌舞。岳托也对这位叔叔感激涕零，对皇太极诉说了许多家事。说父亲代善听信继母挑唆，一直虐待他和弟弟硕托，又说他和弟弟硕托所分得的财产、土地比继母的孩子差了很多。皇太极听后深表同情，并反复安慰劝解，使岳托极为感动。岳托回去后，皇太极立即派人将额尔德尼和乌尔古岱找来商量。他对二人讲了代善父子之间的矛盾，问有没有利用价值。额尔德尼听后，拊掌大笑，说道：

“真是踏破铁鞋无觅处，得来全不费功夫。这一次，四贝勒，我们的机会来了。大汗最恨家族不和，只要我们在这上面做做文章，他代善就是浑身有口也说不清。这一回，他大贝勒可是自己往刀口上撞，真是天助我也。”

三人又在一起商议了一番，便各自分头行事。第二天，第一督堂乌尔古岱悄悄地去见努尔哈赤，并告了一纸黑状。说岳托回去后，代善非但不悔罪改过，而是一如既往，宠信继妻，百般虐待前妻的儿子岳托和硕托。努尔哈赤最恨别人不听他的话，即使是亲生儿子，他也不能容忍。代善敢把自己的话当作耳旁风，真是胆大忘了害怕，他立即让大学士刚林对此事展开调查。刚林很快便调查清楚，前来向努尔哈赤汇报，说代善分给前妻之子岳托、硕托的土地、房屋、诸申（部众）都比继妻之子欧桑名下的少了一半。

努尔哈赤听后，马上让人去传唤代善，要将此事问个明白。代善这次也很奇怪，他见了努尔哈赤，不但不先回答努尔哈赤问他的话，而是猪八戒倒打一耙，抢先告了二儿子硕托一状，要求努尔哈赤处置。他说：

"父汗，请您不要相信那些不实之词。我这两个儿子——岳托和硕托，都不是什么好东西。我刚刚查清，使女喀勒珠等二十多人作证，硕托竟与我的小妾通奸，有些事我都难以启齿。如此品行不端之人，请父汗严加惩处。"

本来要马上惩治代善的，可是努尔哈赤听了代善的话后，又改了主意，他决定再调查了解一番。这次他亲自出马，先审理硕托与其父亲的小妾通奸一案。努尔哈赤命人将使女喀勒珠等二十多个证人全部传唤来一一进行对质。奇怪的是，所有的人统统翻供，没有一个人承认知道硕托通奸之事，就连首告的喀勒珠也只是说，硕托通奸之事，她只是耳闻而并非亲眼所见。大贝勒代善简直不敢相信自己的耳朵，就在一天前，这些家仆还对自己斩钉截铁地控告硕托与小妾通奸，怎么过了一夜，会全部翻供呢？他做梦都没有想到，这次他到父汗处告状，不但没有告倒儿子，自己反而成了诬告亲生儿子的罪人。这一切，究竟是怎么回事？

代善哪里知道，是皇太极在中间动了手脚。他暗中让额尔德尼出面，去买通了所有的证人，包括喀勒珠在内。这样，在努尔哈赤审问他们时，他们便全都改了口供，说了假话。问过这些证人后，努尔哈赤大发雷霆，他再也抑制不住心中的怒火。他把代善叫来，大声骂道：

"代善，你这个不肖的逆子！我前些天刚刚说过的话，你难道忘了不成？你怎么那么宠信后妻，甚至不惜杀害自己的亲生骨肉呢？你怎么会有如此歹毒的心肠！虎毒不食子，何况人呢？像你这样的人，又怎么能继承汗位呢？"

见父亲勃然大怒，代善被吓蒙了，一句话不敢说，只是伏在地上，不肯起来。努尔哈赤接着宣布了处分决定，将喀勒珠以挑拨离间罪凌迟处死；废掉大贝勒代善的太子之位，同时解除他掌管两红旗的兵权，让他闭门思过。代善继褚英之后登上太子大位，可前后还不到三年，又被努尔哈赤废了，太子的位置再度空了出来。代善被努尔哈赤的雷霆之举击昏了，但是他很快就清醒过来。他非常了解父汗的性情，如果现在不能挽回父汗对自己的信任，那么，丢掉的就不仅仅是太子之位，他的小命也就难保了。没有人可以帮他，他必须自己挽救自己。

九月二十八日一起床，代善便亲手用刀杀掉了他宠爱的继妻纳拉氏，并提着纳拉氏的头去向努尔哈赤请罪。看到血淋淋的人头，努尔哈赤前嫌尽释，他拥抱了代善，并当场宣布原谅代善的错误，让他重掌两红旗，并继续充当四大贝勒之首。唯独没有恢复的，就是代善原来的太子地位。现在，在四大贝勒中，大、二、三贝勒相继出事，只有四贝勒皇太极独善其身。皇太极也有点等不及了，他急于登上企盼已久的太子之位。这一次，他认为，他当太子已经是板上钉钉的事，轮也该轮到他了。所以，他唆使叔父阿敦阿哥出面，去向努尔哈赤挑明此事。阿敦阿哥也答应皇太极，他一定会见机行事。

天命六年（1621 年）九月，在一次朝会之后，努尔哈赤命朝臣们散去，却单独留下了阿敦阿哥。他对阿敦阿哥说：

“吾弟，吾近日总觉身体困乏，精神恍惚，记性也大不如前了，是到了安排后事的时候了。你看吾百年之后，诸子之中，谁可以充当大任呢?”

“大汗，常言道，知子莫若父。外人怎么好说呢？而且，大汗正在英年，何出此不吉之言呢?”阿敦阿哥小心翼翼地回答。

“但讲无妨，你我兄弟至亲，我很想听听你的意见。”努尔哈赤说道。

“那当然是智勇双全，人人称赞的那位贝勒了。”阿敦阿哥不显山不露水地推荐了皇太极。

“好！我知道了。不过，你出去之后，这件事不要对任何人讲。你下去吧。”努尔哈赤不再问下去，彼此也心照不宣。

阿敦阿哥从崇政殿退出后，慢慢往回走，他越想越高兴，越想越得意。四贝勒皇太极托他的大事，他就这样轻而易举地完成了，方法是那么隐讳，又是那么得体。如果今后皇太极真的登上汗位，他可是第一位功臣啊！这一次，他可是提前站对了队，何愁子孙不富贵呢？他一路想，一路走，一不留神，在乾清门外竟撞到了大贝勒代善身上。大贝勒代善是听到使者宣召，前来见努尔哈赤的。所谓得意忘形，真是鬼使神差。阿敦阿哥突发奇想，他把代善唤到一边，很神秘地对他说道：

“大贝勒，你最近可要小心啊！我听说，阿敏、莽古尔泰和阿济格等人都在背后商量，要加害于你，你可要有所防备啊！”

说完，不等代善回话，他便自顾自地、大摇大摆去了，把个代善听得是丈二和尚，摸不着头脑。他刚刚失去了太子位，难道兄弟们这就要落井下石吗？他们就这么容不得他吗？他平时对兄弟们可是有情有义的，他吸取了褚英的教训，凡事总是让着兄弟们。他越想越想不通，见到努尔哈赤时，他不禁失声痛哭。其实，努尔哈赤把代善找来，是有一番深意的。他早就对皇太极谋太子位并组织小集团一事有所耳闻。他刚才对阿敦阿哥只是假意试探了一下，没想到阿敦阿哥就露出了马脚。他正想和代善商量这件事时，代善却哭着走了进来。他感到很奇怪，便问道：

“你怎么哭了？难道出了什么事吗？”

“父汗，你可要救救我啊！刚才我在路上，碰到了阿敦叔父。他悄悄告诉我，说阿敏、莽古尔泰和阿济格等人都准备暗中谋害我，我可能活不了几天了。”代善哭着说。

“住口。谁这么大胆，敢谋害大贝勒？我努尔哈赤还没死，这件事，我一定要问个水落石出。”努尔哈赤说着，便命人去传唤阿敏等三人。

不一会儿，阿敏、莽古尔泰、阿济格三人都到了。但他们众口一词，并指天发誓，说是绝对没有相约谋害代善之事，阿敦阿哥所说的，纯属是诬陷，他们绝对不会做兄弟阋墙之事。努尔哈赤听后，便立即去传阿敦阿哥前来对质。阿敦阿哥一进崇政殿，见到代善和阿敏等三人，便知情况不妙。当努尔哈赤厉声责问他时，他口不择言，说他只不过是和代善随便开了个玩笑。

“这种事能开玩笑吗？你这是挑拨兄弟不和，唯恐天下不乱。你太令我失望了。”

努尔哈赤说完，便立即让代善兄弟退去，并当场让侍卫将阿敦阿哥捆绑起来，送进牢中，由大学士希福进行审问。这阿敦阿哥哪里能受住大刑？在审问中，他竹筒倒豆子，三下五除二，便交代了自己与额尔德尼和乌尔古岱一起，准备拥立皇太极为汗的罪行。努尔哈赤立即下令，将阿敦阿哥处死，并没收其全部财产。同时，他还派人，秘密监视额尔德尼和乌尔古岱的动向。他已经下了决心，要解决皇太极小集团问题。在努尔哈赤心里，汗位只能由他一人说了算，他想传给哪个儿子，便传给哪个儿子，谁要是私底下想谋取汗位，那只有死路一条。

天命七年（1622 年）正月，时值女真族新年，汉官李兴等人像往年一样，去给大巴克什额尔德尼送礼。可他们刚一走，负责监视额尔德尼的下人塔布兴阿便立即向努尔哈赤告发。努尔哈赤立即派人去搜查，结果在额尔德尼家里搜出李兴等人所送的褪毛整猪八头，鸡和野鸡各三十只，还有面粉和稻米若干。按说，过年女真族也有送礼的习惯，这些礼物既不算太多，也不值什么钱。但努尔哈赤这次却小题大做，下令以贪污罪将大巴克什额尔德尼免职。

天命八年（1623 年）五月，已经被免去官职的额尔德尼又被举报。这次举报他的是使女阿勒珠，说他又收了朝鲜人朴太玄等人的礼物。结果，在额尔德尼家的井里，发现了阿勒珠所说的绢、东珠、珍珠、金银等珍宝和钱财。而且，经过再三追问，额尔德尼也说不清，这些金银财物的来源。其实，他不是说不出，而是不敢说。这些东西，除朝鲜人朴太玄送的绢外，都是皇太极陆续给他送的。这一次，努尔哈赤可没再留情，他下令立即将额尔德尼夫妇杀死，除掉了皇太极身边的另一个心腹。额尔德尼之死对皇太极打击很大，他觉得，自己的一只右臂被砍断了。

就在处死额尔德尼后的一个月，皇太极的另一个心腹、第一督堂乌尔古岱又出事了。出事的方式与额尔德尼如出一辙，仍是受贿。复州备御王炳和永宁监备御李殿魁同时向大贝勒代善反映，乌尔古岱收受了三匹马、十两黄金和三百两白银。代善立即将此事向努尔哈赤做了汇报，努尔哈赤命代善审理此案。在审问中，乌尔古岱供认不讳，不过他说，收受马匹、金银之事他事先都向值月的四贝勒皇太极请示过。不提皇太极还则罢了，一提皇太极就正中努尔哈赤下怀。他早就知道，乌尔古岱是皇太极小集团的成员，整天为皇太极当太子四处游说。这一次，既然抓住了把柄，岂能放过他。努尔哈赤特意将诸贝勒和大臣们都召集起来，当众宣布，将额驸、第一督堂乌尔古岱处以死刑。宣判之后，努尔哈赤却突然把话题一转，对皇太极说：

"四贝勒，乌尔古岱受贿，尔为什么知情不报？是不是因为他是你的人呢？尔若贤良，则凡事须秉公正从实处之。兄弟之间，则需平等相待，相互敬爱。尔却凌越他人，置众兄于不顾，尔欲为汗乎？尔不送众兄，而众兄之子、弟送尔，尔何故默然受之？此岂尔之贤明者乎？四贝勒，吾以尔乃吾之爱妻所生唯一后嗣而不胜眷爱矣，但尔之所作所为令吾失望。尔一向之聪明何在？何其愚也。"

说完这番斥责的话后，努尔哈赤还对皇太极做了处罚。他下令，将皇太极名下的四个牛录（三百丁为一牛录）拨归大贝勒代善所有，乌尔古岱受贿所得的十两黄金、三百两白银和三匹马均由四贝勒代为偿还。听完努尔哈赤的一顿训斥，皇太极如坐针毡。他做梦都没想到，乌尔古岱的一点小事竟直接牵连上自己。他更没想到的是，父汗竟然当着诸贝勒和大臣的面，将他想继承汗位的野心揭露了出来。他不在乎损失几个牛录、马匹和金银，他在乎的是，他多年的经营，一生的追求，几乎就在父亲的一问之间归于破灭。

"尔欲为汗乎？"这一问振聋发聩，说明努尔哈赤对皇太极谋取汗位的企图洞若观火。"尔欲为汗乎？"这一问似晴天霹雳，给了皇太极当头棒喝。他说明努尔哈赤对皇太极的信任已经彻底动摇，他开始撇开皇太极，去物色自己的接班人。而这位新的接班人到底是谁呢？努尔哈赤此时已心有所属，虽然他还没有公开宣布新太子，但我们从下面的这件事便可看出端倪。

天命九年（1624 年）正月一日，努尔哈赤像往年一样，举行了盛大的庆祝典礼。和汉族一样，女真人十分重视正月初一这个庆典，所有的狩猎、征战等大事都是在举行这个庆典之后才进行。每个人在庆典上的先后位置，更表明了这个人在后金朝廷上的身份地位。而各位阿哥在庆典上的先后顺序，则是说明了他们在父汗努尔哈赤心中的分量。这次庆典是在刚刚处理完四贝勒皇太极的两大亲信额尔德尼和乌尔古岱后进行的，它与寻常的庆典相比，有着更为特殊的意义。

这天早晨，后金英明汗在单独祭拜天地和祖宗之后，于辰时在八角殿接受子孙和大臣们朝拜。司仪官按照事先拟好的名单依次念出名字，念到谁，谁便进殿向努尔哈赤叩头行礼。第一个念到的是大贝勒代善，接着便是阿敏贝勒、莽古尔泰贝勒和皇太极贝勒。其后是阿济格阿哥、多尔衮阿哥、多铎阿哥、杜度阿哥、岳托阿哥、硕托阿哥等依次进殿叩拜。以上是第一拨。第二拨是抚顺额驸、石乌礼额驸为首的众臣及汉官。第三拨则是吴纳格巴克什率领八旗蒙古官员进殿行礼。礼毕后，努尔哈赤进偏殿喝茶，至巳时再在八角殿举行庆典宴会，到未时众人散去。

这一叩拜顺序的反常之处在于，十九岁的阿济格、十三岁的多尔衮、十一岁的多铎均直接排列在四大贝勒之后，并且每人均单独向努尔哈赤叩头。而比他三人岁数大的阿巴泰、德格类、杜度、岳托、硕托等人不仅排在他们三人的后面，而且是两人一组进殿，不能单独进殿去给努尔哈赤叩头。这里面到底有什么玄机呢？简单一句话，就是阿济格、多尔衮和多铎三人，其地位仅次于四大贝勒，而居于其他所有子侄的前面。这是什么原因呢？答案只有一个，就是三人的亲生母亲乃现任的大福晋乌拉那拉氏。

这个女人不寻常。她是原乌拉国主满泰的女儿，名字叫作阿巴亥。满泰死后，努尔哈赤派兵护送满泰被擒的弟弟布占泰回国继承了王位。布占泰为了表示对努尔哈赤的感激，于万历二十九年（1598 年）十一月，将满泰的女儿，自己的侄女阿巴亥嫁给了努尔哈赤为妃。当时，阿巴亥只有十二岁，而努尔哈赤整整比她大了三十八岁。刚嫁过来的第一天，努尔哈赤就被这个美貌过人的乌拉女孩吸引住了，当天晚上就和她入了洞房，第二天就封她为侧福晋。

女大十八变。随着一年年的长大，阿巴亥像一朵鲜花，开始绽放。她长高了，腰肢很细，身材十分苗条，出落得楚楚动人。她的皮肤白皙柔软，头发黑得发亮，胸部高高隆起，形成一道深深的乳沟。每个男人见她，都禁不住往那里瞄上两眼。她的五官更是匀称，高鼻梁、柳叶眉，配着一张不大不小性感十足的嘴。尤其是那一双会说话的眼睛，更有着勾魂摄魄的功能。

她不仅貌美如花，更难得的是，她还善解人意。她性格温和，待人体贴，把个努尔哈赤伺候得无微不至。她为人谦和，对下人很宽容，脸上总是带着笑。她很会说话，她常常不是想说什么就说什么，而是时刻观察对方的表情，对方爱听什么，她才说什么。一天天过去，努尔哈赤渐渐感到，他一天都离不开这个女人。正因为如此，当努尔哈赤的第二任大福晋（即衮代皇后）富察氏于天命五年（1620 年）被其亲生儿子莽古尔泰弑杀后，努尔哈赤立即毫不犹豫地将阿巴亥扶正，她也就成了努尔哈赤的第三任大福晋。

阿巴亥的肚子也很争气，她接连为努尔哈赤生下了三个儿子，他们是阿济格、多尔衮和多铎。爱屋及乌。努尔哈赤晚年非常宠爱这位年轻美貌、善解人意的第三任大福晋，也因此格外喜欢她亲生的三个儿子。在温暖的床上，在努尔哈赤的怀里，阿巴亥不止一次地向努尔哈赤吹起枕边风。她说，她多么希望自己的三个儿子中能有一个能够继承努尔哈赤的汗位，这样，自己老的时候，也好有个依靠。但努尔哈赤是个有主见的人，由于阿巴亥的三个儿子岁数偏小，一开始，努尔哈赤并未考虑让他们其中的任何一人继承汗位。

在先后废黜了褚英和代善的太子位后，努尔哈赤最先想到的接班人，便是四贝勒皇太极。但皇太极本人太着急了，他拉帮结派，结党营私，对兄弟很不友善。这些做法引起了努尔哈赤的担心，他最希望看到的，是家族的和睦兴旺，他心目中的接班人，一定要有容人的胸怀。为此，他果断地处死了皇太极小集团的阿敦阿哥、额尔德尼和乌尔古岱，狠狠打击了皇太极的势力，同时，他也开始重新考虑自己的接班人的问题。这时，阿巴亥的枕边风起了作用，努尔哈赤开始认真考虑，在阿济格三兄弟中，挑选一人来继承汗位。在三兄弟中，年纪最大的是阿济格，但他生性鲁莽，办事草率，英武有余，谋略不足，显然难当大任。多铎又岁数偏小，所以，努尔哈赤最终选择了多尔衮。

多尔衮生来聪明，讨人喜欢。女真贵族孩子满月时有抓周的习惯，就是把很多种东西放在孩子跟前，让孩子来抓。孩子抓到什么，便预示孩子将来在这方面会有所发展。与别的儿子不同，多尔衮抓周时，一只小手抓了一把小刀，另一只小手抓了一支笔。努尔哈赤兴奋极了，这等于说，上天昭示，多尔衮将成为文武全才。努尔哈赤高兴地抱起儿子，亲了又亲，多茬的胡子把小多尔衮扎得哭了起来。还是阿巴亥闻声赶了过来，从努尔哈赤手中抢过孩子，轻轻地将他放回了摇篮。

努尔哈赤特别喜欢多尔衮，还有一个原因，就是多尔衮长得很像父亲。不仅模样相像，就是举止动作，俩人也惟妙惟肖。努尔哈赤常说多尔衮类己，经常把他带在身边，还手把手地教他骑马射箭的本领。在一次大规模的狩猎活动中，多尔衮年纪虽小，却独占鳌头，一人便猎到了一只豹子、两头鹿、三只黄羊，还有四匹狼，受到了汗父的重奖。其实，努尔哈赤哪里知道，那些猎物都是阿巴亥事先让人准备好的，多尔衮自己只射中了一只黄羊。骑射和武功，是努尔哈赤特别看重的，从此，他就更加喜爱多尔衮了。

眼看着自己的岁数越来越大了，身体也大不如以前。有一天，努尔哈赤病了，头疼，身上发热，怎么也睡不着。虽然不是大病，但努尔哈赤自己却感觉不是什么好兆头。他让人把自己的十五个儿子都叫到床前，每人发给一支箭，让儿子们折。结果，都轻轻松松地折断了。他又让人将十五只箭绑成一捆，再让儿子们折，没有一个人能折断。这时，努尔哈赤问道：

“儿子们，你们说，为什么一支箭容易折断，而一捆箭却不易折断呢？”

儿子们纷纷抢答，虽然答得五花八门，但却都不中努尔哈赤的意。这时，多尔衮说：

“父汗，这每一支箭就像我们的一个兄弟，如果各自为战，便很容易被击破。但如果兄弟们团结起来，拧成一股劲，那就像一捆箭一样，谁也打不败。”

听了多尔衮的回答，努尔哈赤这才高兴起来。他说：

“今天，我把你们叫来，就是要你们明白这样一个道理。古语说得好：兄弟同心，其利断金。从今而后，你们一定要团结一心，像这一捆箭一样。这样，才能保持我家族的兴旺、后金国的强盛。现在，我再给你们出一道题，看你们谁能答对？一棵大树上落着十只鸟，汗父用箭射下一只，问树上还剩下几只？”

“有九只。”差不多所有的儿子都这样回答。

只有多尔衮的答案与众不同，他说：

“父汗。树上没有鸟了。一只鸟被射死后，其余的鸟都飞走了。”

这时，其他兄弟们才发现，他们这个小兄弟多尔衮，不但精于骑射，才智更在众人之上，他们是万万赶不上的。经过这次考验，努尔哈赤已经认定，自己的接班人，非多尔衮莫属，只有多尔衮，才能将自己开创的事业发扬光大。于是，努尔哈赤开始暗暗地为多尔衮接班做起了准备工作。他先后将自己亲自掌管的正黄、镶黄两旗交给阿济格和多铎，早早就让他们成为权力很大的旗主贝勒，以便将来辅佐多尔衮。他还将原来由杜度掌管的镶白旗收归自己名下，准备日后交给多尔衮。权利来自于武力，努尔哈赤心里是很清楚的，由三位亲兄弟掌管八旗中的三旗，谁还敢与多尔衮争夺汗位呢？

尽管努尔哈赤将多尔衮继承汗位之事计划多时，安排得也十分缜密，但他这次吸取了褚英和代善的教训，迟迟没有对外宣布。自天命十一年（1626 年）正月在宁远作战受伤后，努尔哈赤一直郁郁寡欢，他的心灵遭受了沉重打击。二月九日，努尔哈赤率军回到盛京后，身心俱疲，心情十分烦躁，动不动就发火骂人，只有大福晋阿巴亥一直在身边陪伴着他。夜晚，有好几次，阿巴亥都很想再对努尔哈赤提一提儿子继位的问题，希望把这件事能尽快确定下来，但看着努尔哈赤痛苦的表情和紧闭的双眼，阿巴亥把到了嘴边的话又咽了回去。

七月，努尔哈赤的伤口发炎，又得了痈疽症，医生建议他去清河温泉疗养。二十三日临行前，努尔哈赤让所有人回避，单独召见大贝勒代善。他从枕下取出一卷早已写好的诏书，交到代善手上，对代善说：

“代善，父汗最近感觉不大好。万一发生不测，九王（指多尔衮）可立为汗，但九王尚幼，可由汝摄政，待九王成人后你再还政于九王。这是我亲自写就的传位诏书。切记。切记。”

代善在病床边叩头至地，他泪流满面，哭着向努尔哈赤保证，一定按照父汗说的办，并劝父汗要保重身体，早日回来。父子两人双手紧握，久久不愿意分开。努尔哈赤还再三交代，他去清河疗养期间，日常政务由代善主持，重要的大事可向大福晋请示后再办。

当天下午，努尔哈赤一行便踏上了赴清河的路程。到清河后，一连十多天，努尔哈赤的病情不但没有好转，而且越来越重。八月六日，努尔哈赤一天三次派人去盛京，急招大福晋阿巴亥前来清河迎接。第三个信使走后，他还是不放心，立即传令起驾，返回盛京。这时，努尔哈赤的头脑还十分清醒，他预感到，自己的时间不多了。他急着要见阿巴亥，要见诸贝勒和众大臣，就是要亲自安排后事，将汗位传给阿巴亥所生的爱子多尔衮。

这时，努尔哈赤的身体极度衰弱，他已经不能骑马，甚至忍受不了马车的颠簸，不得不乘船返回盛京。一路上，努尔哈赤不停地命令坐船加速，但是那木船还是慢慢悠悠地往回走，丝毫也不理会努尔哈赤那急切的心情。八月九日，船到浑河，在这里遇上了专门从盛京匆匆赶来的大福晋阿巴亥。但此时为时已晚，努尔哈赤已经进入昏迷状态，再也不能说一句话，再没睁开自己的眼睛。阿巴亥抱着努尔哈赤的头失声痛哭，她为即将离去的丈夫痛哭，也为儿子的未来痛哭。她知道，这样一来，多尔衮登上汗位的希望已经十分渺茫了，她不知道，是什么样的命运在等候她母子四人。

八月十一日，天气阴沉沉的，大地一片沉寂。努尔哈赤和阿巴亥一行走到了距盛京只有四十里的叆鸡堡，但努尔哈赤再也走不动了，他的路走到了尽头。临终前，努尔哈赤突然睁开了眼睛，他拉过爱妻阿巴亥的手，用尽力气在她的掌心写了一个“九”字，这表明他死前还一直惦念着由九王（多尔衮）即位之事。但一瞬间，那只写字的手垂下来了，眼睛也最终闭上了，原来这只是回光返照。就在这荒凉的小镇上，一代名汗离开了，离开了他的妻子和孩子，离开了他的汗国。他赤条条地来，也赤条条地走，留下的，只是一段回忆，那是一段戎马倥偬的经历，那是一段刀光剑影的生活。这位马背上的名汗，开创了一个新的帝国，他的名字也永远地留在了中国历史上。他活了六十八岁，他留下了数不清的妻妾，还有十五个儿子。

命运再一次眷顾了有心人。由于努尔哈赤临终前一直昏迷，他已经没有意识，也不能说一句话。他没能亲口宣布，让多尔衮继承汗位，这就给了皇太极一个机会。按照女真族的规矩，如果先汗没有明确他的继承人，那么，就由当时共同执政的八大贝勒推举出一位合法的接班人。而八大贝勒的核心，便是四大贝勒，也就是说，如果皇太极能得到大贝勒、二贝勒、三贝勒的支持，这个汗位就非他莫属。

皇太极备了两份重礼先去见了二贝勒阿敏和三贝勒莽古尔泰，请求他们的支持，他还郑重地向两位贝勒许诺，一旦自己登上汗位，愿和几位兄长共同执政。二位贝勒非常感动，都收下了礼物，并答应全力支持他上台。这时，皇太极才定下心来，去见大贝勒代善。皇太极比谁都清楚，大贝勒代善在推举后任大汗一事上，可是起着举足轻重的关键作用。

这几天，大贝勒代善如坐针毡，他拿着父亲留下来的传位诏书看了又看，他心里左右为难。一方面，父亲临行前的遗言犹在耳边，他已经答应过父亲，要让多尔衮登上汗位。另一方面，他也知道，皇太极早就有继承汗位的打算，而且，皇太极和二贝勒、三贝勒是不会服气多尔衮的，弄不好会兵戎相见，而他的两个儿子岳托和硕托又一直在身边鼓吹支持皇太极上台。代善心里十分矛盾，事在两难，他举棋不定。正在这时，家人通报，说是皇太极求见。他赶紧收起父汗亲笔写的传位诏书，让人请皇太极进来。

皇太极进门一坐下，就单刀直入地对大贝勒代善说：

“大贝勒，国不可一日无君，现在父汗已故，您是长子，就请您继承汗位，我皇太极竭诚拥戴。”

“四贝勒，我岁数大了，不想再多操那份心了。你正当英年，文武双全，依我之见，弟继承大位，是众望所归啊！”代善赶快回答。

“多谢大贝勒成全。弟若登大位，当与三位兄长共执国政，光大我后金，振兴我女真。”皇太极信誓旦旦地说着，一面站起身来，双膝跪倒在代善面前。

代善赶紧扶起了皇太极，并亲自将皇太极送出门外。然后，他骑上马，立即去见二贝勒阿敏和三贝勒莽古尔泰，征求二位贝勒的意见。没想到二位贝勒意见非常一致，坚决支持皇太极继承汗位，而说起九王多尔衮，他们认为他还只是个不懂事的毛孩子罢了。听了皇太极的话，又弄清了阿敏和莽古尔泰的态度，代善不再动摇了，他决定，坚决支持皇太极继位。回到家中，他立即取出父亲亲自写的传位诏书，就着灯火将它烧毁。随着遗诏一片片地烧成灰烬，多尔衮继承汗位的希望也统通化成了飞烟。

第二天一大早，大贝勒代善便领着全体兄弟子侄一起来见皇太极，并递上劝进表，劝皇太极接受拥戴，早登汗位。没想到，多少年一直处心积虑谋取汗位的皇太极这时却谦让起来，他假惺惺地说：

“汗父生前没有遗命让我做接班人，而且我前面还有好几位年长的哥哥，因此，我不能接受大家的提议，请诸位另选他人。”

这时，大贝勒代善带头，所有人一起下跪，并共同发誓：

“我们一致拥护四贝勒继位，效忠新汗。若有异议，人神共诛之。”

皇太极连忙离座，一一把大家搀起来，然后说：

“既然大家如此诚心，我就恭敬不如从命了。让我们共同努力，把父汗开创的大业继续下去。”

后金天命十一年（1626 年）九月一日清晨，皇太极收拾打扮一新，正式登上了大汗的宝座。代善率众兄弟子侄和诸大臣依次在八角殿向新汗行三跪九叩大礼。皇太极坐在金交椅上，一脸的喜气，频频地点头。众人行礼完毕，皇太极又特意站了起来，他请大贝勒代善、二贝勒阿敏、三贝勒莽古尔泰上座，自己当着众人的面，向三位大贝勒行了三拜礼，然后当众声明：

"三大贝勒年高德劭，从今天起，在我的金交椅后，专门为三大贝勒设置三个座位，他们将与我一同接受臣下的朝拜，一同听政。"

这一招也是皇太极的狡狯之处，因为他首先要兑现称汗前向三大贝勒所做的承诺。其次，他心里十分清楚，他之所以能登上汗位，全靠三大贝勒的拥戴之功，而他要坐稳大汗这把金交椅，目前还离不开三大贝勒的支持。三大贝勒见皇太极不把自己当作一般的臣子看待，当然也十分开心，他们也更加死心塌地地支持皇太极。后金国的第一次汗位继承就这样不显山、不露水地顺利完成了，除了阿巴亥和她的三个儿子之外，后金国的贵族们都十分满意。

皇太极即位后，这位三十五岁的新汗立即宣布，改元天聪，并对国内死刑以下的囚犯统通实行大赦。此外，他很快将努尔哈赤从杜度手中收回的并准备交给多尔衮的镶白旗接管过来，由自己亲自掌控。这样，加上他原来任旗主的正白旗，皇太极手里就有了两旗的兵力。同时，为了强调皇权，他还特意将自己掌握的两白旗易名为两黄旗，而将阿济格和多铎任旗主的两黄旗更名为两白旗。从此，两黄旗便在后金八旗中取得了唯我独尊的特殊地位，而黄色也就成了代表皇权的专有颜色，原来完全平等的八旗，从此也有了高低贵贱之分。

八月十五日，皇太极下令，将父汗努尔哈赤的梓宫临时安放在盛京城西北的一座小山上。同时，他还假传努尔哈赤遗命，让大福晋阿巴亥为努尔哈赤殉葬。皇太极这一招可是够毒的。努尔哈赤晚年最喜爱的女人便是阿巴亥，而且他临终前几日早已口不能言，他是不可能有什么遗命让阿巴亥殉葬的。殉葬是皇太极的决定，他从内心里惧怕这个女人，害怕她成为太后，害怕她兴风作浪，害怕她的三个亲生儿子东山再起。所以，皇太极下了决心，一定要置阿巴亥于死地，不管采用什么手段。

八月十九日，即努尔哈赤死后七天，大福晋阿巴亥身着素服，用一条白绫悬梁自尽。尸体解下来后，她的面容没有多少变化，依然是那样美丽、安详，好像是睡着了似的，只是在眼角处，留下了不易发觉的泪花。按照女真族的习俗，阿巴亥的尸体被装在贵重的柏木棺中，周围塞满了香料。几天后，尸体将会送到努尔哈赤的梓宫旁，等待最后的埋葬。这位可怜的女人死时仅三十七岁，她与努尔哈赤共同生活了二十五年，但是，她不但没能实现让自己的亲生儿子登上汗位的梦想，年纪轻轻的自己反而成了努尔哈赤的殉葬品。

那天晚上，没有星星，也没有月亮，四周一片黑茫茫。阿济格、多尔衮、多铎三兄弟身穿麻衣在母亲的柏木棺前守灵。三兄弟抚棺大哭，难以控制自己。最后，他们泣不成声，悲痛欲绝。末了，三兄弟的悲痛又化为愤怒，他们瞪着眼睛，把三双手叠放到一起。他们在心中暗暗发誓，只要一息尚存，他们要向皇太极讨回血债，他们一定要为母亲报这个不共戴天之仇。

夜深了。三兄弟久久伫立在黑色的夜里，迟迟不肯离去。

第七章

关宁铁骑破敌胆

努尔哈赤死了，皇太极上台了。消息传到宁远，袁崇焕决定派一个代表团赴盛京，既是去吊唁努尔哈赤，也是祝贺皇太极登基。为慎重起见，袁崇焕在派出代表团之前，还专门请示了天启皇帝。皇帝正式回文，表示同意。代表团共有三十四人，为首的是一名宁远的高僧，名叫镏南木座，因他俗姓李，又被称作李喇嘛。这镏南木座在辽东一带僧俗中有很高的人气，袁崇焕也想借宗教的关系给代表团披上一件民间的外衣。在代表团中，袁崇焕特意安排了手下的都司傅有爵和田成等人作为成员，他们的具体任务则是去摸清后金的军事底细。

天启六年（1626 年）十月，袁崇焕的代表团抵达后金都城盛京。皇太极感到意外，同时也十分气愤。杀了人家的老爹，还假惺惺地派人前来吊唁，这实在是欺人太甚。然而，思虑再三，皇太极却忍了下来。他不但忍住了一腔仇恨，还强颜欢笑，对代表团热情接待，礼遇有加。代表团到达第十天，正赶上大贝勒代善率军远征喀尔喀蒙古扎鲁特部归来，皇太极故意邀请代表团全体成员和他一道，出城十五里迎接。皇太极的目的很简单，他要向代表团展示一下后金的盛大军容，他要让明朝人亲眼看见他强大的军事实力。

在盛京城外的大道上，代表团看到的，是一队队剽悍的后金骑兵队伍以及满载而归的战利品——大批抢夺来的奴隶和数不清的财物。俘虏们都用绳子捆住双手，一个连一个，结成长长的一串。一峰一峰的骆驼驮着大小不同、装满财物的木箱和袋子。走近皇太极时，骑士们纷纷在马上敬礼致意，贝勒们则分别向皇太极献上自己的礼物。皇太极一面得意地向代表团介绍他的臣子，一面笑逐颜开地收下各种各样的礼物。大贝勒代善的礼物，是精心挑选出来的八名年轻貌美的蒙古姑娘，褴褛的衣衫遮挡不住她们那窈窕的身材和如花的容颜。皇太极高兴地让手下把八个姑娘带回后宫，自己则和大贝勒代善一起并辔回城。

代表团总共在盛京逗留了一个多月，临行时，皇太极再次筵请代表团全体成员并送上了礼物——一峰骆驼、五匹马和二十八只羊。镏南木座代表代表团向皇太极表示感谢，他将二十八只羊送给了当地寺庙，自己则骑着骆驼、带上马匹，回到了宁远。与代表团一同到来的，还有皇太极派来的代表方吉纳和温塔石等七人，他们向袁崇焕献上了随身携带的人参、貂皮等礼物。袁崇焕接到的指示是，可以与后金代表谈判，但不能轻易答应他们的条件。因此，袁崇焕只是礼节性地会见了方吉纳、温塔石等人，收下了他们带来的礼物，并回赠了宁远当地的土特产，就把他们打发回去了。

仅仅过了一个月，即后金天聪元年（1627 年）正月，皇太极准备出兵朝鲜，他为了避免两线作战，想暂时与明朝讲和，再一次派方吉纳和温塔石带着他的亲笔信来到宁远。皇太极在信中提出了停战的条件，即明朝要送给后金黄金十万两，白银一百万两，锦缎一百万匹，布一千万匹。停战以后，只要明朝每年给后金送上黄金万两、白银十万两、锦缎十万匹，两国便可实现永久的和平。为表示诚意，后金愿意向明方赠送东珠十颗，貂皮千张，人参千斤。在信的末尾，皇太极表示，如果明朝不接受上述条件，那就是明朝不要和平，后金大军将向明朝大举进攻。

这哪里是议和？这简直是厚颜无耻的讹诈和赤裸裸的威胁，袁崇焕可不吃这一套，他决定，以眼还眼，以牙还牙。袁崇焕派杜明忠为使节，跟随方吉纳和温塔石等人赴盛京去面见皇太极。杜明忠向皇太极呈上了袁崇焕给皇太极的回信。袁崇焕在信中义正词严地批驳了皇太极的无理要求，并断然拒绝了皇太极的战争威胁。相反，袁崇焕提出了自己的和谈条件，即后金必须归还通过战争抢夺去的辽东土地和人口。

皇太极当着使者的面，避而不谈归还辽东土地和人口一事，只是说，可以降低条件，将原来向明朝索要的金钱和财物减半。其实这时后金军已经出兵朝鲜，而朝鲜当时是臣属明朝的。袁崇焕得知后金出兵朝鲜的消息后，十分愤怒，命使者向努尔哈赤提出强烈抗议，并断然停止了与后金的和谈。同时，他派遣总兵赵率教和水师统领黄龙率军援朝，并命令在皮岛的明总兵毛文龙部相机展开行动。

皇太极发动朝鲜战争的目的是让原本臣属明朝的朝鲜向后金称臣，以便为下一步进攻明朝解除后顾之忧。同时，皇太极还想借机消灭以朝鲜为基地的明皮岛总兵毛文龙部。皇太极派往朝鲜的远征军统帅是四大贝勒之一的阿敏，军队人数约三万人，由济尔哈朗、阿济格、杜度等贝勒为将。临出发前，皇太极特意把阿敏贝勒叫到崇政殿，当面交代说：

“朝鲜累世忠于明朝而得罪我国，理应征讨。但汝此行非专伐朝鲜，明毛文龙近彼海岛，纳我叛民，故整旅往征。尔可两图之。”

在征伐朝鲜时，为什么皇太极要对阿敏强调，要顺便打击明朝的毛文龙部呢？这是因为毛文龙已经成为皇太极的心腹之患。毛文龙在天启元年（1621 年）三月拿下镇江堡后，立即遭到了后金军的进攻，寡不敌众，毛文龙被赶到了海上。谁知因祸得福，仗着自己那三脚猫的水上功夫，毛文龙竟然利用渔船，在海上建立了一支水师。他占领了鸭绿江口的朝鲜皮岛（一称东江）等岛屿，建起了自己的根据地，与后金展开了游击战。

毛文龙千方百计地搞好与朝鲜的关系，他亲自数次前往朝鲜首都汉城，将抢来的大批财物进贡给朝鲜国王李倧。朝鲜世代与明朝交好，朝鲜国王也一直担心后金对他的进攻，想依赖毛文龙替他抵挡一阵。因此，朝鲜不但允许毛文龙在朝鲜皮岛、铁山等地驻军、屯垦，还不时在经济上给予援助。后金天命十一年（1626 年）冬，毛文龙部缺乏粮食，请求朝鲜支援，朝鲜一次就拨给毛文龙部大米一万石。朝鲜国王李**倧**还对毛文龙说："寡人与贵镇，情同一家。肝胆相照，唇齿相依。一旦有事，必当和衷共济。"

有了朝鲜的大力支持，毛文龙逐渐站稳了脚跟。他在岛上竖起了反后金的大旗，招纳四方流亡，加入他的队伍。打起招兵旗，自有吃粮人。在战火纷飞，民不聊生的辽东，当兵就更是习以为常。毛文龙招兵的方针是：来者不拒，多多益善。一年多功夫，不少破产的辽民和失散的士兵纷纷前来投奔，很快便发展到数万人。朝廷对毛文龙也十分重视，任命他为左都督，皮岛总镇总兵、挂将军印。天启皇帝还特意授给他一柄尚方宝剑，以示与一般普通总兵的不同。

毛文龙很会来事儿，他知道朝廷当时是阉党专权，便时不时地派人弄点珍稀古玩去孝敬阉党头子魏忠贤等人。结果，他只有四万多兵，每月却能领到十万人的军饷。同时，毛文龙也很会弄钱，那年头，没钱什么事儿也办不成。他特意组建了一支海上巡逻队在海上游弋，碰到商船，不是收过路费，就是收保护费。除了收费之外，他还利用自己的船队进行走私，一年靠走私所得的收入也不在少数。

在军事上，毛文龙对后金采取突然袭击，打了就跑的策略。他先后六次派兵沿鸭绿江，越过长白山，去袭击后金的后方。有两次甚至打到了距后金首都只有几百里的鞍山驿、萨尔浒等地。他还派军队从义州城西渡江，在后金的土地上屯田。皇太极对他是又气又恨，但苦于没有水师，对毛文龙也无可奈何。久而久之，毛文龙便成了皇太极的眼中钉、肉中刺，必欲灭之而后快。所以，这次出兵朝鲜，皇太极是一石二鸟，要顺便收拾掉毛文龙。

后金天聪元年（1627 年）正月初八，即刚刚过完新年，阿敏率领的攻朝大军便冒着严寒踏上了征途。正月十三日，后金军进入朝鲜境内，不到半个月时间，便接连攻下义州、定州、郭山、安州四城。同时，按照皇太极的指示，阿敏还分兵五千，由阿济格率领，直捣铁山毛文龙部驻地，杀死近千名明兵。明总兵毛文龙连夜乘船渡海，逃回了自己的根据地皮岛。接着，后金军又兵临平壤，平壤的朝鲜守将和官员们闻风而逃，后金军兵不血刃，占领了朝鲜都城平壤。

二月，后金军渡过大同江，占领了黄州，并进驻平山扎营。朝鲜国王李倧带着王妃和子女逃到了江华岛，皇长子李㴭则逃进了全州城。兵败如山倒，由于朝鲜军队节节败退，朝鲜国王李倧也顾不上尊严与身份了，不得不与后金主帅阿敏派至江华岛的总兵官刘兴祚、巴克什库尔缠签订了城下之盟。和约规定，朝鲜向后金称臣，并献上朝鲜出产的木棉、绵紬布、白苧布、虎皮、倭刀等大批礼物。在礼单之外，还特意送给后金主帅阿敏十个漂亮的朝鲜姑娘。

和约签订后，阿敏不但不开始撤军，反而下令后金部队在朝鲜境内抢劫三天。后金兵抢东西可是老手，他们进东家，出西家，奸淫烧杀，无恶不作，整个朝鲜陷入了灾难之中。后金主帅阿敏搂着漂亮的朝鲜姑娘，清点着抢来的大量财物，过着神仙一般的日子。他真想一直留在朝鲜，就这样自由自在地过下去。可造化弄人，偏偏在三月五日，他就接到了皇太极让他立即从朝鲜撤军的命令。

阿敏正在兴头上，哪里肯撤军啊！他把撤军的命令扔在一旁，照旧我行我素，吃喝玩乐。谁知这时，跟随阿敏出征的济尔哈朗、阿济格、杜度等贝勒却闯进了大帐。他们毫不客气地要求阿敏立即撤军，否则，他们就各自带领本旗的队伍自行回去。这一招釜底抽薪，实在厉害，因为大部分兵士都属于各旗旗主，他们一撤，阿敏就成为光杆司令了。于是，身为主帅的阿敏不得不改变主意，宣布立即撤兵。

再说皇太极忙着打朝鲜，袁崇焕也没闲着。自从担任了辽东巡抚，在别人看来，他是鸿运高照，官当大了。可袁崇焕自己明白，肩上的担子更重了。他脑子十分清楚，后金和皇太极是不会放过辽西走廊这块肥肉的。后金必定会再次向辽西走廊发动进攻，只是时间上早些或者晚些。所以，

“宁远大捷”之后，袁崇焕一刻也没有停止备战。他抓紧一切时间，要打造一个坚如磐石的宁锦防线。

袁崇焕规划的宁锦防线，分为南北两段，以宁远为中心。南段从山海关到宁远，约二百里；北段从宁远到锦州、大凌河，也是二百里。因为立足于守，所以，所谓加固防线，主要任务是修缮城池。袁崇焕首先打报告给朝廷，先修复防线的南段，即修复榆关、前屯，中前、中后四城。谁知当年暴雨成灾，刚修好的城墙很快又被雨水冲毁。雨季过后，袁崇焕又重新组织士兵和民工再次筑城。由于气候原因，南段误了工期，直到年底才完工。

南段一竣工，便立即动工修缮北段的宁远、锦州、大凌河、右屯四城。宁远城是袁崇焕担任宁远道时才整修过的，工程量不大，重点是锦州和大凌河二城。此时已值隆冬，天寒地冻，修复城墙的进度很慢，袁崇焕非常着急。他再次向朝廷上奏，要求增加工程款和加派人手，以便尽早完工。除了整修城墙以外，其他各项准备工作也都在紧锣密鼓地进行着。粮食、大炮、火药，源源不断地从京师运往辽西走廊，到处是一派忙碌的备战场景。

袁崇焕的备战工作还不限于修城墙和储备物资，他还特意对军队进行了整顿。仗是靠人打的，如果打仗的人素质不高，怎么能打赢战争呢？袁崇焕用人的原则是“以辽人守辽土”，其具体的做法是，将荒弃的田地分给返乡的农民耕种。农民得到土地后，便积极参军，保卫自己分到手的土地。当地辽民大多受过八旗兵的欺负，有的家人被杀，有的房子被烧，有的财物被抢。这些人参军以后，一是为了保卫家乡，二是为了报仇，所以作战十分勇敢。袁崇焕将这些精壮辽民补充入伍，淘汰掉那些老弱病残的士兵，军队的素质有了很大的提高。

为了稳定军心，袁崇焕还做了一件事。他万里迢迢，将自己的老母亲和妻子都接到宁远居住，表示他与宁远共存亡的决心。他在宁远城里，买了一座青砖瓦房的四合院，将母亲和妻子安顿在那里。母亲和妻子都很明理，很高兴地来到宁远，与袁崇焕团聚。袁崇焕在繁忙的公务之外，每天都要抽出一点时间，陪伴母亲和妻子。青砖小院虽然很简朴，但每日都是炊烟袅袅，其乐融融。看到自己的统帅将老母亲和妻子都接到前线，将士们更坚定了战胜敌人的信心。

经过一年多的秣马厉兵，袁崇焕手下已经有了九万多精兵劲卒，但朝廷的粮饷却经常不能按时到达。于是，袁崇焕奏请朝廷，准许辽兵进行屯田。袁崇焕将军士分成三部分，三万人参加筑城，三万人进行屯田，三万人就地驻守。但屯田工作收效甚微，因为据探子报告，后金军已经征服了朝鲜，即将从朝鲜撤军了。袁崇焕意识到，后金军的进攻迫在眉睫，留给他的时间不多了。他立即做出决定，将屯田的三万军人全部调去参加筑城，一定要赶在敌人进攻前，迅速将城墙修补完成。

再说皇太极之所以急着从朝鲜撤军，是因为探马给他报告了一个情况，说是袁崇焕正在派人日夜不停地赶修锦州，大、小凌河等城。一旦这些城墙修缮完毕，那再向明朝进攻可就不容易了。所以，远征朝鲜的人马刚回到盛京，皇太极就决定，立即向明朝的宁锦防线发动进攻。皇太极下令，留下贝勒杜度和阿巴泰守盛京，他自己则亲率六万八千八旗兵于天聪元年（1627 年）五月六日出发，直奔辽西重镇锦州。沿途明朝城寨的守军多数撤走，来不及撤走的零星队伍则望风归降。后金军马不停蹄，昼夜兼行，五月十一日便到达锦州城下，并立即将锦州城围了个严严实实，犹如铁桶一般。

这时，防守锦州城的主将是赵率教。其实，赵率教本来不是锦州守将，他只是奉袁崇焕之命前来视察锦州城墙修缮情况的。没想到刚来两天，就被后金军将他围在了锦州。在锦州，赵率教身为平辽总兵，是级别最高的将领，因此，他义不容辞地担起了守卫锦州的重任。面对着城外密密麻麻的后金八旗骑兵，守城的明军可就有些慌乱了。锦州城的守军总共只有两万人，面对数倍于己的敌人，这场仗可是不好打啊！

赵率教却十分沉着，他一面立即派人去宁远，向袁崇焕报告并搬取救兵，一面又使了个小花招，让副将左辅带上一个从人缒城而下，主动到后金营中去和皇太极谈判。其实谈判是假，赵率教的目的是利用谈判麻痹敌人，以便为守城多争取一点准备的时间。左辅知道这不是个轻松的差事，但他二话不说，马上带着书记官和赵率教的亲笔信，坐着箩筐下城，到后金营中去见皇太极。

皇太极倒很客气，他不但热情地接待了左辅二人，还写了一封亲笔信，让二人带回去交给主将赵率教。区区锦州，皇太极并没有放在眼里。他在信中只写了两句话，说双方没有什么好谈的，劝守军早早开城投降。赵率教看到皇太极的信后，只笑了一下，就撂在一旁，因为他不准备答复。赵率教决定继续和皇太极玩下去，因为既然是缓兵之计，那就能拖多久是多久，多拖一天，就多争取了一天准备时间。

左辅二人走后，皇太极便在大帐内等候守军前来投降。他心情很好，喝着热茶，哼起了小调。不战而屈人之兵，这可是《孙子兵法》上所说的最高境界啊！但皇太极左等右等，就是没有守军投降的消息。此时天已黑了，只好等到第二天再说。好不容易等到天明，皇太极仍不放弃劝守军投降的念头，他接连派了三批使者到城下喊话，说是要进城谈判。可是，城上回话说，派来的使者级别太低，不具备谈判的资格，要进行谈判必须派高级别的使臣来。

三批使者陆续被打发回来，可把皇太极气坏了，可是望着城墙上黑黢黢的炮口，他还是忍了下来。他决定，再做一次努力，让贝勒济尔哈朗出面，去和守军谈判。济尔哈朗特意回营，脱了铠甲，换上袍服，然后带上自己的亲兵，再次赶到城门口。可城上守军借口天晚，还是不开城门，济尔哈朗只得扫兴而归。济尔哈朗回来一报告，把皇太极气得跺脚乱骂。他发誓天明后便开始进攻，杀进锦州后，要来它个鸡犬不留。

可谁知第二天一早，锦州守军的使臣左辅等二人又来到了后金营中。左辅一开始便对昨天未让济尔哈朗贝勒进城表示道歉，接着又对皇太极说，目前城中守将还未对投降达成一致意见。他本人和主将赵率教愿意投降，可副将朱梅和监军纪用坚决不同意投降，希望皇太极再给点时间，好继续再做做工作。皇太极转怒为喜，答复说，可以再给一天时间，让守将们统一意见。若到时还不投降，后金大军将对锦州发动最猛烈的攻击，届时锦州城将玉石俱焚。

皇太极在兴奋和焦急中又等了一天，但到了规定时间，仍然不见城中有什么动静。于是，他带领后金的大小将领，抵达锦州西城门前，想了解一下，到底是怎么个情况。说来也巧，锦州主将赵率教正在西门城楼上等着他。皇太极命人大声向城上喊话，问守军为什么还不投降？赵率教在城门楼上用他地道的关中话、高喉咙大嗓子地回答：

"皇太极，你别做梦了！老子是平辽总兵，守土有责，死都不会投降！我劝你还是赶紧撤兵，老子还可以发你点赏钱。如若不然，废话少说，你就放马过来，老子后退一步就是孬种！"

这一番话把皇太极气得浑身冒火，七窍生烟。他脸色铁青，目露凶光，将手中的黄色令旗狠狠地向下一挥。主帅一声令下，八旗将士个个奋勇争先，战鼓声中，一架架云梯向锦州城迫近，大批的骑兵呼啸而来。赵率教也不含糊，几天来早已做好了准备。一声令下，锦州城上千炮齐发。炮声中，一架架云梯断落焚毁；硝烟里，一个个攻城的后金兵倒了下去。自从上次宁远之战后，后金兵士就患上了恐炮症，一听到炮声就吓得魂不守舍，任凭官长督促威胁，就是不肯往云梯上爬。后金军的第一次进攻就这样无疾而终。

进攻受阻，皇太极把将士们撤下来休整，他又重新派出使者，再次去和守军谈判。可这次，赵率教索性连理都懒得搭理，城上连个人影都见不到。于是，皇太极又写了一封信，让人用箭射入城中。这封信写得十分有趣，皇太极在信中向赵率教提出挑战。说有种你就出城来打，不要像乌龟一样老是躲在城里。明军出一千人，后金只出十个人，明军要是打赢，后金就撤兵。明军要是不敢打，就向后金献出城中所有的财物。皇太极的用意十分清楚，就是骗明军出城作战。但是，这种哄小孩子的把戏，怎能骗过赵率教？赵率教打定主意，任凭风浪起，稳坐钓鱼船。不管你皇太极怎么忽悠，我是以不变应万变，就是不上你的当。

赵率教这一招还真让皇太极欲哭无泪。进攻吧，攻不进去；劝降吧，对方不理；忽悠吧，人家不上当。正在皇太极举止不定的时候，大贝勒代善让人给皇太极送来了一封密信，说是刚在半路上从明军信使手中截获的。这封密信是袁崇焕写给锦州主将赵率教的，袁崇焕在信中说：

“惊悉锦州被围，已陆续调水师及驻山海关、宣府、大同驻军至宁远集结，计七万余人。蒙古援军也已在途中，待蒙古援军一到，吾将亲率大军赴锦，望耐心等待。届时里应外合，同时出击，共歼鞑虏。”

皇太极见信后如梦方醒，他这才意识到，赵率教不投降是在等待援军。他立即调整了部队的部署，除留代善的两红旗继续监视锦州守军外，其余的六旗四万多人马，均由他亲自带领，集结在锦州城外，准备与袁崇焕率领的援军交锋。其实，这封信是假的，是袁崇焕故意送到皇太极手上的，是袁崇焕的缓兵之计。哪里有什么七万援军、蒙古援军？袁崇焕这位辽东巡抚手里统共只有八万人马，二万在锦州、三万在山海关，三万在宁远。宁远也面临后金军的进攻，不能抽出兵力援锦。山海关的三万人，袁崇焕也不敢全调，只调了一万人前往锦州增援。这次，皇太极中了袁崇焕的计，暂时终止了对锦州的进攻，使锦州守军有了喘息的机会。

五月十六日，山海关总兵满桂带领的一万援兵赶到了距锦州只有几十里的笊篱山。无巧不成书，后金贝勒莽古尔泰也正好带领他的正蓝旗骑兵巡逻到了这里。仇人相见，分外眼红。满桂二话不说，挥刀直取莽古尔泰。莽古尔泰连做梦都没想到会在这里遭遇明军，他仓促应战，手忙脚乱。尽管莽古尔泰本人武功还是不错的，满桂一时也胜他不下，但还不到一刻钟功夫，莽古尔泰的手下便被干掉了四五百人。莽古尔泰见势不妙，无心恋战，只得匆匆撤走，而满桂因情况不明，也不敢继续追击，乐得见好就收了。

莽古尔泰回来向皇太极一报告，皇太极这才觉得上了袁崇焕的当。区区一万援军，能奈后金军几何？皇太极随即再次变更了部署，重新包围了锦州城。五月二十日，后金军再度向锦州城发动了猛烈进攻。这一天，从上午辰时到下午戌时，在十二个小时中，后金军连续冲击，向锦州城发起了一轮又一轮的攻势。明军主将赵率教与副将左辅、朱梅都分别在城上各处指挥。明军的办法是，先发射火铳和用弓箭射，再用事先准备好的滚木礌石向下砸击，对接近城墙垛口的敌兵则分别用枪挑和用刀劈。当然，城上的大炮也没闲着，不时地变换炮位，向攻城的后金军轰击。

最激烈的战斗发生在锦州城的西南角，当时，这里的守军伤亡殆尽，防线出现了缺口。后金备御觉罗拜山立功心切，带着本部的几十名镶蓝旗士兵迅速从这里登上了城墙，后续的后金兵正通过云梯陆续登城。得到西南角出现了缺口的消息，赵率教不敢怠慢，立即带领他的百名亲兵及时赶了过去。到了西南角后，赵率教当先迎敌，他手中那柄银枪，似出水蛟龙，左点右刺，一连放倒了十多名上了城墙的后金兵。

备御觉罗拜山赶来迎战，赵率教一抖手中枪，使个“二龙戏珠”，银枪直冲觉罗拜山面门而去。觉罗拜山感到势大力沉，使一招“鲤鱼穿梭”，堪堪避过赵率教的枪锋。谁知赵率教“刷、刷”两枪，“三羊开泰”“五丁开山”接连使出来，把个觉罗拜山刺得手忙脚乱，大气直喘。赵率教见此情形，使出他的成名绝技“银蛇锁喉”，一枪将觉罗拜山的颈项刺了个对穿，眼见是不得活了。觉罗拜山一死，那些攻上城墙的后金兵登时胆碎，明军风卷残云，将他们全部消灭，那架靠上城墙的云梯也被掀翻，缺口被堵住了。

一连数天，后金军继续攻城，但没有任何进展。锦州城下，堆满了后金士兵的尸体。由于天气较热，大量的尸体来不及掩埋，已经发出了腐烂的气味。进攻不利，伤亡严重，士气也受到了很大影响。皇太极再施故技，命人将劝降信用箭射进城中，想看看守军有什么反应。谁知赵率教这次连站在城上喊一嗓子都懒得喊，干脆来个不理不睬。赵率教软硬不吃，倒把皇太极弄得进退两难，无奈之下，他只好故技重施。

第二天一大早，锦州城西门外，陆续出现了一群一群的士兵。他们穿着明军的服装，但衣衫褴褛，走路摇晃，显得十分疲惫。有的互相搀扶着，有的显然受了伤，大都蓬头垢面，举步维艰。明眼人一看便知，这是一帮打了败仗的散兵游勇。到了西门后，他们中的许多人，纷纷向城中喊话，让守军打开城门，放他们进城。守城门的士兵不敢擅自做主，赶紧派人去向主将赵率教报告，请示如何处理。

赵率教来到西城门楼一看，城下站的不少人，确实是明军，有的人不仅认识，而且能叫出名字。可到底开不开城门，放他们进来，倒叫赵率教举棋不定。当前，后金军兵临城下，他们却在这时回来，实在令人生疑。万一被敌人奸细趁机混进城来，岂不前功尽弃？辽东不少城池，不正是这样被后金攻破的吗？前车之覆，后车之鉴。身为主将，自己身上干系太重，可不能有妇人之仁啊！正在赵率教犹豫不决之时，只听城下人群中，有一个人大声喊道：

“赵将军，不要开城门，城下有奸细！”

那人话声未了，旁边便冲出数人，拔刀将他杀死。一干众人也一哄散去。原来这又是皇太极的毒计。城下的散兵多数是前不久投降后的明军，但其中，也混有不少精壮的女真军人。皇太极想通过这些人赚开城门，不料却被其中一个明兵喊破，真是功亏一篑。巧计被人识破，攻锦州，也已经难乎为继，但皇太极不肯轻易认输。他一面派人去盛京搬兵，一面亲自带领大队人马，绕过锦州，去进攻宁远。锦州城外，皇太极只留下一万后金兵，用来监视城中守军的动静。

五月二十八日，皇太极率领的后金军抵达宁远。在宁远城外，皇太极见到了一幅从未见过的画面，他甚至不敢相信自己的眼睛。蓝天白云下，宁远城城门大开，城头上旌旗招展。城门楼上，辽东巡抚袁崇焕一身戎装打扮，正襟危坐，两旁的刀斧手戒备森严。宁远城下，整整齐齐地排列着一队队的骑兵方阵，骑白马的、骑红马的、骑黑马的、骑黄马的、骑灰马的、骑花马的，是那样耀眼，是那么雄壮！真是士隔三日，刮目相见。明军什么时候练就了这样一支骑兵？

骑兵阵前，为首一员大将，横刀跃马，那便是满脸络腮胡子的明总兵祖大寿。身旁是他的副将龙世禄、何可纲和吴襄，每个人都是兵器在手，剑拔弩张。一见后金人马到来，祖大寿将手中大刀向上一举，只听上万的骑兵同时高喊：“关宁铁骑，有我无敌。”这喊声充满信心，显示了明军舍我其谁的高昂士气。这喊声，如雷贯耳，表达了明军视死如归的钢铁意志。这喊声，声震霄汉，响彻了宁远城的上空。

明军的气势空前高涨，这也是多年来数度与明军交锋的皇太极从未见过的，他给了对阵的后金军以强大的刺激。这些年来，明朝军队遇到后金骑兵，不是闭城自守，就是望风逃窜，从来不敢和八旗兵一刀一枪地在战场上认真过招，但今天怎么变了？看来是袁蛮子使出了他的撒手锏，要和八旗劲旅见个真章了。什么“关宁铁骑”，难道能和我八旗骑兵相提并论吗？带着这一连串的问号，皇太极不由得陷入了沉思。要不要马上冲上去进攻呢？有备而来的皇太极由于情况发生了太大的变化，他一时还难做决定。他需要冷静一下。

就在皇太极犹豫不决之时，身边的代善、阿敏和莽古尔泰贝勒却都先后发话了。他们的意见惊人的一致，即明军突现城外，显然是做了充分的准备，千万不可轻敌。明军离城太近，炮火便于支援，不宜贸然进攻。是否先休兵一日，再做决断。本来，三大贝勒说的这些因由，也恰是皇太极现在所想的。可一旦从三大贝勒口中说出，却变了味。皇太极顿时头脑发热，暴跳如雷，他勃然大怒，并且改变了主意。皇太极指着三大贝勒，说：

“此战是为父汗报仇，没想到你们却如此胆小，竟然不敢上前。我八旗骑兵从来战无不胜，何必怕什么‘关宁铁骑’？你们要是不敢上前，吾单独带着护卫前去进攻。”

皇太极刚一说完，也不等代善等人回话，便头也不回地跨上坐骑，抽出弯刀，带着护军、侍卫以及两黄旗的骑兵，向宁远城前的明军发起了冲锋。大地在颤抖，战马在呼啸，怒火在燃烧，钢刀已出鞘。以骑兵为主的八旗军像往常一样，跟着自己的统帅，勇敢地向敌阵冲去。诸贝勒见此情况，再也不敢怠慢，他们连甲胄都没来得及穿好，便跨上战马，带着各旗的将士迅速追了上去。

在后金军发动攻势之前，祖大寿早已将自己的队伍进行了严密的组织。在阵前，明军设立了数层鹿砦并挖了好几道壕沟，以延缓敌人的冲击。同时，在面对敌人的前沿配置了弓箭手和手执枪铳的士兵。弓箭手在放完箭后立即退后，由第二排的士兵发射火药枪和火铳。发射完毕后退到后排装填火药，弓箭手重新上到前排放箭。这样交叉配置，轮流射击，可以大面积、不间断地杀伤敌人。弓箭手和枪手、火铳手的后面便是骑兵队伍。骑兵是这支队伍的主力，大约有七千人。骑兵后面是两千名步兵。祖大寿将两名步兵分成一组，使盾牌与短刀的士兵负责砍敌骑兵的马足，而执长枪和竹叶镖的士兵则专挑马上的骑士。整个部队结成了一个完整的方阵，背依宁远城，面对着来犯的敌人。

袁崇焕这时正在宁远的城门楼上观察敌情，他手中的单筒望远镜始终没有放下。当他发现大批后金骑兵开始冲锋时，立即传令，让城上的炮兵开炮。刹那间，宁远城上的千门火炮开始怒吼。炮声隆隆，震天动地；硝烟滚滚，一片狼藉。不少后金骑兵中弹落马，他们的坐骑没了主人，在战场上跑来跑去。还有一些战马中弹倒地，翻滚着，嘶叫着，马背上的骑手早被掀翻在地。在猛烈的炮火打击下，后金骑兵的密集阵型被打乱了，虽然活着的人还在向前冲，但速度明显降了下来，人数也显得稀稀拉拉。城上的炮火给予城下的明军以有力的支援，更重要的是，极大地鼓舞了明军作战的勇气。

当皇太极亲自率领的后金骑兵冲破炮火拦阻，冲到明军阵前的土壕和鹿砦时，祖大寿令旗一挥，摆在最前面的弓箭手和火枪手、火铳手开始轮番向敌人进行射击。霎时间，后金的骑兵中箭、中枪以及被火铳打中的，又倒下了一大片。八旗骑兵不愧是一支劲旅，尽管伤亡惨重，但后续部队还是跟着各自的旗主贝勒和固山额真，向明军冲了过来。

这时，祖大寿一声令下，与尤世禄、何可纲、吴襄等大将一起，率领着关宁铁骑迎上前去，开始与后金骑兵进行面对面、一对一的搏杀。骑兵后面的步兵也开始行动，按照主将事先的布置，各自寻找对象，上挑敌兵，下砍马脚。双方都在做殊死战，战场上杀声震天，血肉横飞，尘土迷漫，人头落地。战场的气氛太热烈了，双方已经杀红了眼，忘掉了死亡，忘记了时间，没有一个退却的。

早已蓄势待发的关宁铁骑将自己的战斗力发挥得淋漓尽致。首先，他们个个不怕死，敢和敌人拼命。俗话说，一人拼命，万夫莫挡。何况是近万人在拼命。其次，他们还得益于手中的武器。这是袁崇焕特意找人研制的一种铁制大棒，它的学名叫作三眼火铳。它本身既可当棒使，挥动起来呼呼作响，谁撞上就皮开肉绽。同时，他又是一种火器，在与敌人战斗时，抽冷子一发射，敌人会当即毙命，真是防不胜防。现在，这支七千人的队伍，个个像出山的猛虎，挥舞着手中铁制的大棒，与后金骑兵展开了厮杀，还真把敌人打了个措手不及。

关宁铁骑的战士全都是辽东当地人，他们之中，有的亲人被后金掠走、杀害，有的家园、财物被八旗兵抢占、夺走。他们与后金有着不共戴天的大恨深仇。今日上阵，他们是来报仇的，一个个眼中冒火，视死如归。他们的想法是，杀一个够本，杀两个赚一个，所以格外卖力。他们的动力还来自于袁崇焕的一项政策，就是将那些荒废的土地当作战利品分给有功的战士。这次作战，袁崇焕还特意从库银中取出三万两，全部是五十两一锭的银元宝，高高地垒在魁星阁上，作为奖赏。所谓重赏之下，必有勇夫，保家卫国、报仇雪恨，又有土地可分，又有银子可拿，哪有不拼命作战的？袁崇焕“以辽人守辽土，以辽土养辽人”的方针，在这次大战中初见成效。

交战中，后金的骑兵也很纳闷。过去与明军交战，明骑兵很好欺负，基本上是一打即跑，一跑即垮。可今天的明骑兵好像变了一个人似的，个个露出了獠牙，不但不跑，而且越战越勇，就连受伤的也宁愿与敌人同归于尽，而不愿意离开战场。后金骑兵仗着人数上的优势，一时并不落下风，但随着战争的进展，时间的推移，后金骑兵的自信心开始动摇了。

正在这时，只见后金骑兵的后方出现了混乱，一个个八旗骑兵人仰马翻。定睛一看，只见一面“满”字大旗迎风飘扬，一名铁塔似的明将，带着大队如狼似虎的骑兵从后金军的背后杀了过来。原来这正是满桂带领的，增援锦州的一万骑兵。他们尾随皇太极的大军从锦州来到了宁远，并在这关键时刻杀了出来。腹背受敌，皇太极再也约束不住四散奔逃的后金骑兵，他不得不紧急下令，迅速退出了战斗。

第二天一早，皇太极重新整顿人马，投入了攻城的战斗，但这时，战争的主动权已经不在他手中了。在前一天胜利的基础上，袁崇焕又将守城的近万名明军派出城来增援，再加上满桂带来的上万骑，明军的总人数已经接近四万，与皇太极的后金军人数大致相当。皇太极本来有六万多人，在进攻锦州时损失了好几千，又留下了一万多人监视锦州方面的动向，再加上前一天攻城的损失，人数也只有约四万人了。

更重要的是，经过昨天一战，明军打出了士气，打出了威风，多年来对后金骑兵的恐惧已经烟消云散。一长一消，胜利的天平开始向明军倾斜。而后金将士则由于攻锦州、攻宁远的连续失利而士气沮丧，斗志已失。尽管他们还不得不按照皇太极的命令走上战场，但心里的胆怯已经注定了后金军的败局。

这时，大将满桂早带着自己的亲兵队伍，凶神恶煞般地杀进了敌阵。他本人力大无比，武艺超群，他身后的亲兵更是“关宁铁骑”中的佼佼者。因此，满桂冲到哪里，那里的敌军就倒下一大片，而他更是挑敌人众多的地方杀过去。突然，满桂在敌阵中发现了一位身着金色甲胄的后金将领，此人周围，簇拥着一大群兵将。满桂心想，看样子，这个将领很可能就是皇太极本人。射人先射马，擒贼先擒王。满桂大刀一挥，毫不犹豫地朝这名后金将领扑去，身后的亲兵们也寸步不离地紧跟着他。

这位穿金甲的后金首领正是皇太极本人。他见自己的骑兵被冲得七零八落，正焦急地发号施令，督促诸贝勒重新整顿队伍，投入进攻。忽然发现一群勇猛的明军骑兵旋风般地朝自己冲来，皇太极心中不由得一凛。他身边的阿敏贝勒也发现了这个情况，连忙指挥众将迅速将皇太极围在中间。与此同时，后金的一位将领也从斜刺里冲了过来，口中高喊：“休伤吾主。”这员将领手持两柄铜锤，骑一匹黄骠马，直奔满桂前去，他便是著名的后金勇士——备御巴希。

满桂更不答话，抖擞精神，大刀一举，使一招“泰山压顶”，朝巴希头顶砍了过去。巴希忙用双锤架过，然后使一招“袖里乾坤”，铜锤巧妙地一分，从左右同时击向满桂。满桂也不含糊，连用“流星赶月”“游龙戏凤”“狮子摆尾”“野马分鬃”数招，将刀使得泼风般快。他身高力大，又沾了长兵器的光，那巴希的铜锤尽管舞得飞快，但始终近不了满桂的身。战到三十余合，那巴希杀得兴起，使出了个奋不顾身的招数。他突然将手中铜锤撒手，先后向满桂掷去，然后欺身上前，仗着力大，要来夺满桂手中的大刀。巴希的这招，是他的成名绝技，叫作“夺命流星”。他先扔出铜锤是个障眼法，目的是分散敌人的注意力，重点是后掷的这柄铜锤，它力道怪异，手法独特，后发先至，往往能置敌死命。

巴希哪里知道，这满桂是个蒙古人，自幼练就一身上乘的马上功夫。一见巴希双锤掷出，使个镫里藏身，已将双锤堪堪避过，然后翻身跨上马鞍，手中大刀一横，一招“拖泥带水”，早将巴希拦腰劈成两段。后金众将见满桂手段如此了得，又折了巴希，锐气尽失，无心恋战，便掩护着皇太极向后退去。此时，城楼上的袁崇焕也担心满桂有失，连忙鸣金收兵。这一天，双方互有伤亡。但由于后金军主动撤退，明军显然又占了上风。

第三天，皇太极继续挥军进攻，而且，特意将他的护身符、五千名巴牙喇护军调来参与进攻。这巴牙喇护军就是平常所说的禁卫军，主要是负责后金汗的安全。他们每个人都是精挑细选的，是后金精锐中的精锐。在一般情况下，这支护军是不参加战斗的，他们只负责保卫大汗。但这次接连受挫，皇太极被迫使出了他的撒手锏，他希望这支看家的队伍能给战争带来转机。然而，在宁远城前，他又看到了奇怪的一幕。满桂、祖大寿带领的“关宁铁骑”踪迹全无，取而代之的是一排排整齐的战车，战车一辆接一辆排开，俨然是一堵移动的城墙，这就是袁崇焕为应付后金骑兵而特意训练的兵种——车营。

车营由步兵和战车组成，战车后面便是大批的弓箭手、火枪手和火铳手。战车可以挡住后金军射来的箭，保证后面步兵的安全。同时战车上配置有火炮，这种火炮的吨位虽比城墙上的大炮小得多，但却更有机动性，发射起来也更加快捷。所以说，战车是将防守和进攻结合在一起的利器。一夜之间，车营已经在成排的战车面前挖出了一道宽、深各数丈的壕沟，壕沟的宽度和深度让所有的战马都难以逾越，这无疑是给后金骑兵设置了一道人工屏障。

勇敢的巴牙喇护军发起了进攻，他们快如闪电，一柄柄弯刀在空中闪着银色的光芒，但当他们冲到壕沟前时，便再也无法前进，又宽又深的壕沟挡住了他们前进的道路。就在这时，明军开火了，战车上的火炮开始发威，战车后的弓箭手、火枪手、火铳手也一轮轮地开始射击。巴牙喇护军成了靶子，炮弹、枪弹、火药、箭枝全部向他们身上倾泻，人和马接连倒地，这道壕沟成了巴牙喇护军的坟墓。英勇的禁卫军也撑不住了，虽然没有接到命令，但幸存的护军们纷纷调转马头，逃回后金的阵地。

在巴牙喇护军之后，两黄旗、两白旗、两红旗、两蓝旗继续组织进攻，但一次次冲锋不过是给壕沟里增加后金骑兵的尸体罢了。更可怕的是，在车营还击的同时，明军城上的大炮也加入了战斗，它们不断喷吐着火焰，制造着死亡。不少后金骑兵中弹而死。就连贝勒济尔哈朗、萨哈廉、瓦克达等人也被炮弹击中，受了重伤。面对炮火，面对壕沟，面对死亡，后金骑兵的士气已彻底崩溃，没有人肯往前冲了，后金军再也组织不起一次像样的进攻。虽然皇太极仍心有不甘，但到这时他也不得不下达了收兵的命令。

当天晚上，焦头烂额的皇太极又收到了一个不好的消息。原来，那一直待在城里的锦州守将赵率教，不知是吃了熊心还是豹子胆，竟敢在大白天，带了一千骑兵杀出城来，冲进了城边的后金大营。后金军猝不及防，一阵乱杀乱砍，早被明军砍死了五百多人。得到这一情报，皇太极再也挺不下去了，他连夜下令，撤离宁远，再度包围锦州。但这一次，皇太极没有贸然下令进攻锦州，部队伤亡太严重了，必须进行休整。同时，皇太极还在等待盛京的援军。

一连几天，后金军只是派出少量骑兵在城外转悠，又击鼓，又吹号，但仅限于呐喊示威，并不进行攻城。皇太极还故技重施，又是写劝降信，用箭射进城去，又是派人喊话敦促守军投降。赵率教也是老办法，不管后金军如何动作，就是不理不睬。六月二日，固山额真博尔金、图尔格率领一万名援军，从盛京赶到了锦州前线。有了这批生力军到来，皇太极的底气充足了，他要进行最后的一搏。

六月四日，皇太极下令向锦州发起了总攻，这次进攻放弃了四面同时攻击的方法，而是将进攻的重点放在了南城。攻城的办法，还是使用云梯。这一次，将所有剩下的几百架云梯都用上了，军队也出动了三万余人。赵率教利用皇太极去攻打宁远的这几天工夫，环锦州城挖出了几道壕沟。后金骑兵冲到壕沟前，难免有一个停顿。这时，城上预先设置的大炮便开了火，后金骑兵不是被轰上天，就是被打下沟。仅仅攻了半天，后金军就损失了三千多人。一连发动了十几次冲锋，多数后金骑兵只能到达沟边，真正能到达城墙的没几个人，更不要说攻城了。眼见得尸横遍野、伤兵满营，这个仗实在打不下去了。六月五日，皇太极下达了撤军的命令，直接撤回盛京。在撤军的路上，后金军路过大凌河城，这时该城只修复了一半，城中已空无一人。为了发泄失败的怒火，皇太极下令拆城，仅仅不到一天，后金军就将大凌河城夷为平地。

从五月六日自盛京发兵，到六月五日从锦州撤退，在一个月的时间里，由于皇太极的冲动，后金军劳师远征，付出了伤亡一万多人的惨重代价，最后无功而返。这对于登上汗位以后，急于夺取明室江山的皇太极来说，无疑是当头棒喝。袁崇焕用自己的行动给皇太极上了一课。从此，后金军中，每当提起“袁蛮子”，无不谈虎色变，一听到明军的炮声，后金骑兵就不寒而栗。八旗军对“关宁铁骑”再也不敢轻视，而后金军也在相当长的一段时间内，再也不敢向宁锦防线发动新的进攻。

六月六日，袁崇焕提笔上疏，向朝廷报捷。他在奏折中写道：“十年来，尽天下之兵，未尝敢与奴合马交锋，今始一刀一枪拼命。诸军愤恨此贼，将士用命，一战挫之。”捷报传到京师，朝野震动，举国欢庆，朝廷上下，一片欢欣鼓舞。天启皇帝再次放下了手中的木匠工具，他在袁崇焕的报捷书上批示说：“十年之积弱，今日一旦挫敌狂锋。”

宁锦大捷充分显示，袁崇焕采取的依靠坚城大炮进行防御的战术，用来对付女真骑兵是十分成功的，是一个创举。宁锦大捷还用实战说明了袁崇焕“以辽人守辽土，以辽土养辽人”的方针是卓有成效的，正所谓兵民是胜利之本。宁锦大捷还证明，组织好的明军不但可以和后金军一刀一枪地过招，而且还可以战而胜之。袁崇焕创建的“关宁铁骑”，一战成名，从此纵横天下。

宁远大捷后，朝廷论功行赏，最大的功臣竟然是连一天战场都未上的魏忠贤，他的三岁从孙鹏翼被封为安平伯、四岁从孙良栋被封为东安侯。阉党大臣如崔呈秀、顾秉谦之流，也一个个加官晋级。宫里的太监们也纷纷得到了皇帝的赏赐，尤其是监军太监纪用。他破格被调回京师，担任尚膳太监。但是，对于殚精竭虑、高屋建瓴、奋不顾身、居功至伟的整个战役的指挥者袁崇焕，朝廷的奖励是，官升一级，奖银三十两、大红纻丝二表里。更有甚者，御史李应荐上书，弹劾袁崇焕，说他在战役中，对锦州救援不力，一身暮气，应该免职。

实际上，是阉党容不下袁崇焕，因为他们把袁崇焕列入了东林党人之中。袁崇焕中进士时的老师是大学士、东林党人韩爌，提拔袁崇焕、推荐他进入兵部的是御史、东林党人侯恂，而最赏识袁崇焕，并悉心培养他的人是大学士、东林党人孙承宗。与这些著名的东林党人过从甚密，阉党当然把他列入了《东林点将录》之内，必欲除之而后快。快人快语、刚正不阿的袁崇焕哪里能受得了这种窝囊气，他不能忍受这种奇耻大辱。

天启七年（1627 年）七月一日。即距宁远大捷的胜利还不到一个月，袁崇焕就以身体有病为由，毅然决然地递上了辞呈。朝廷的答复是，既然有病，就应该回家休息，批准袁崇焕辞职。可怜袁崇焕，还没来得及品尝胜利后的喜悦，就被一纸公文赶回了东莞老家。皇太极做梦都想不到，他用了千军万马都没有干成的事儿，魏忠贤轻轻松松就做到了。他还真要感谢这个明朝的总管太监魏忠贤，看来，他们才是同一条战壕里的战友。也幸亏，阉党对袁崇焕下手比较晚，否则，在中国的历史上，将不会有宁锦大捷。

辞别京师，袁崇焕买舟南归。大运河上，一艘中型帆船在水上扬帆启航，上面坐着袁崇焕一家人。老母亲舟车劳顿，在舱里休息，袁夫人在身边陪伴着她。袁崇焕独自一人坐在船头上，望着天上的白云，听着船下的流水声，浮想联翩。现在，他一身轻松，再不用提心吊胆，再不用担惊受怕，再不用风餐露宿，再不用刀剑相加。失掉了官位，他并不惋惜，但是，他不能忘记关外的大好河山，不能忘记那些死去的军中兄弟，不能忘记家人罗立那稍显稚气的面容。

船行渐远，流水无声。袁崇焕真能开始他那平静的田园生活吗？他能放得下曾经与他生死与共的辽东这块热土吗？是什么命运在等待着他呢？

第八章

崇祯皇帝除魏阉

袁崇焕回了老家，魏忠贤始终提着的一颗心，这才放下了。他是个家乡观念很重的人，闲来无事，便回到肃宁县大兴土木。在明代，河间府肃宁县，是一个很穷的地方，除了以出太监闻名外，没有什么出产。但现在不同了，出了个九千岁魏忠贤，这还得了，小县城终于要出人头地了。魏忠贤特意拨了专款二百万两银子，重新整修肃宁县城。一个小县城，不仅开挖了护城河，在城墙上修了三十座敌楼，十二座城门楼，而且还画蛇添足地在城墙上安置了上百门大炮。其实，这些大炮充其量也就是个摆设，因为没有什么敌人会来攻打小小的肃宁城

正在魏忠贤大兴土木、修建肃宁城的时候，京城传来一个消息，说是有人在皇帝面前把他告了。是谁？真是吃了熊心豹子胆，竟敢在太岁头上动土。魏忠贤一查，他不吭气了，原来告他的是当朝的张皇后。张皇后名叫张嫣，她可是大有来头的。天启二年（1622 年）选秀，一共有秀女三十名。张嫣是第三个出场的，当时她只有十五岁。她一出场，就把天启皇

帝吸引住了，皇帝的目光再也没离开过张嫣那娇小玲珑的身影。她个子不高，却带着一身灵气，一举手、一投足都楚楚可怜。尤其是那莞尔一笑，立即叫天启皇帝走了三魂，亡了七魄。天启皇帝当即宣布，其他的秀女就不看了，封张嫣为贵妃。

这张嫣不仅人长得漂亮，还有一张能说会道的小嘴，真是秀外慧中。她进宫后，把天启皇帝乐得屁颠屁颠的，整天围着她转，连木工活都暂时不做了。还有一点，她的父亲乃是英国公张维贤，这张维贤的先祖是明成祖手下的亲信大将张玉。张玉曾为燕王朱棣登基立过汗马功劳，成祖赐给张玉丹书铁券，子孙世袭英国公。有了这样一个硬后台，又得到皇帝的宠爱，这张贵妃在后宫可就无人敢惹。她压根儿就看不惯魏忠贤和客氏的那一套，不但不买客氏的账，还时不时把魏公公叫进来训上几句，魏公公也只是敢怒而不敢言。

她进宫不到半年，天启皇帝便不顾魏忠贤与客氏的百般阻挠，硬是让张嫣正位中宫，当了皇后。这张皇后也真是争气，入宫不久便怀孕了。她大门不出，二门不迈，一心保胎，要为皇上生个龙子。但张皇后并未如愿，她怀孕三个月就流产了。其实，这次流产也是魏忠贤捣的鬼。张皇后怀孕后，感觉背有些疼，魏忠贤就指派了一个宫女，每天给皇后捏背。魏忠贤暗中使坏，让那个宫女捏背时动了手脚，导致张皇后早产，那产下的婴儿当天就夭折了。

天启三年（1623 年），就在张皇后流产十天之后，天启皇帝的惠妃范氏也生下了一个男孩儿。天启皇帝大喜过望，传旨大赦天下，为孩子冲喜。谁知这个孩子只活了短短的七个月，便被魏忠贤与客氏合谋下毒毒死了。这年五月，裕妃张氏又怀孕了。魏忠贤与客氏假传圣旨，将裕妃囚禁于冷宫，把她身边的宫女全部赶走，并断绝裕妃的饮食。一个下雨天，裕妃不得不挺着大肚子，爬到屋外，喝屋檐上留下来的雨水。最后，裕妃被折磨死，婴儿也胎死腹中。

天启五年（1625 年）十月初一，容妃任氏又为天启皇帝生下了第三个皇子。天启皇帝龙颜大悦，立即封容妃为皇贵妃，并大赦天下。有了前两次皇子夭折的教训，天启皇帝这次格外当心，他再三叮嘱左右，要千方百计保住这个三皇子。此时的后宫，已被魏忠贤和客氏完全控制，他们是不能容忍天启皇帝有儿子的，他们希望保持现状，让他们尽可能长时间地控制朝局。可怜这位皇三子也只活了八个月，便莫名其妙地死去，他也没能逃出魏忠贤和客氏的魔掌。

可惜，这些事情，木匠皇帝本人始终被蒙在鼓里。他至死都不知道，正是他最信任的魏忠贤和客氏害得他断子绝孙，真正成了孤家寡人。三个皇子先后夭折，这成了天启皇帝的心病，整天闷闷不乐。百年之后，谁是大明朝的接班人？这个问题，像一个阴影，在木匠皇帝的心中，始终挥之不去。这时，魏忠贤突发奇想，何不效法当年秦相吕不韦的故事，为天启皇帝制造一个自己中意的接班人呢？

于是，魏忠贤指使客氏先后找了八个已经怀了孕的女人进宫充当宫女，妄图以假乱真，李代桃僵。只要哪个怀了孕的宫女跟天启皇帝上了床，魏忠贤和客氏便达到了目的。谁知这次魏忠贤打错了算盘，木匠皇帝这一段心情不好，除了偶尔还动动木匠活外，对女人提不起任何兴趣，对客氏找来的八个宫女，他连正眼都没有瞧过一眼，更不用说和她们上床了。时间一长，魏忠贤害怕机关败露，便赶快让客氏将这八个怀了孕的女人打发出宫。

张皇后对魏忠贤和客氏的阴谋有所察觉，她也曾多次劝天启皇帝疏远魏忠贤和客氏，但收效甚微。天启皇帝表面上听皇后劝告，但实际上仍是我行我素，继续去干他的木匠活。有一天，他干完木匠活回宫时，发现张皇后在看书，便随口问了一句：

“皇后，你在读什么书呢？”

“《赵高传》。”皇后回答。

皇帝听后笑了笑，指鹿为马的秦赵高，木匠皇帝还是知道的。实际上，他也听出了皇后话中的劝谏之意，但是，他已习惯了魏忠贤的那一套，既不愿、也无力去改变了。这件事传到了魏忠贤耳朵里，他可没有大意，他决心要将张皇后废掉。为了废掉张皇后，他策划了一个阴谋。那一天，皇帝干完木匠活回宫，突然发现路上有几个陌生面孔，他立即召集侍卫，把这几个人抓住。一搜查才发现，每个人身上都带有利刃，竟然是前来刺杀皇帝的刺客。天启皇帝立即将魏忠贤找来，让他处理此案。

其实，这几个刺客就是魏忠贤故意安排的。他的计划是，抓住刺客后，让他们供称，他们是张皇后的父亲张维贤派来刺杀皇帝的。因为，在明朝，尽管你是皇亲国戚，你有丹书铁券，有天大的功劳，但只要沾着谋反、刺杀皇帝，那是必死无疑的。当魏忠贤就要照计划下手的时候，一个人出面阻止了他。这个人便是他的死党、掌印太监王体乾。王体乾对魏忠贤说：

“皇上虽百事不问，但对皇后却情有独钟，事关后父，若皇上追查起来，你我可能就都没命了。”

话虽不多，但一针见血，魏忠贤觉得王体乾说得有理。毕竟皇帝皇后是一家人，稍有不慎，必然惹火烧身。于是，他立即打消了陷害皇后父亲的主意，处死了那几个刺客，把这件事压了下去。刺客虽然这次没能刺杀皇帝，但天启皇帝自己却不行了。天启七年（1627 年）八月，一直忙忙碌碌、干了七年木匠活的天启皇帝病了。他这一病，就病得很重，浑身发热，咽不下任何东西。朱木匠再也拿不动他心爱的斧、凿、刨、锯了。

他虽然还只有二十三岁，但他已预感到，他将不久于人世，当务之急，是赶紧考虑自己的接班人。他当了七年皇帝，他很努力，他也有皇后和无数的嫔妃，但他的耕耘却没有收获，他没有儿子。按照皇家的规矩，既然没有儿子接班，就只有兄终弟及了。他本来有六个弟弟，但其中的五个都在八岁前夭折了。所以，他无须选择，能接班的，只能是现在还活着的五弟朱由检了。

朱由检是天启皇帝的同父异母兄弟，他的母亲刘氏入宫时只是个淑女，地位很低。万历三十八年（1610 年）十二月二十四日生下了朱由检后，不几年就去世了，只活了二十三岁。当时，身为太子的朱常洛，唯恐父皇知道，就嘱咐身边人不准泄露此事，悄悄地将刘氏埋在了西山。刘氏死时，朱由检才五岁。生母去世后，父亲把他交给西宫的李选侍（人称西李）抚育。西李自己生了女儿后，父亲又把他交给了东宫的李选侍（人称东李）抚养。

东李和西李，虽然都是选侍，但秉性大不相同。西李受到朱常洛的宠爱，恃宠而骄，作威作福。东李忠厚本分，刚正不阿，对朱由检尽心培养，视如己出。但东李也没活多久，由于缺乏父爱和母爱，朱由检养成了独立刚毅的性格。天启二年（1622 年）九月，朱由检被封为信王。他十分想念自己的生身母亲，曾经悄悄地带着侍卫去西山祭祀生母刘氏。他还专门请人画了一张生母的肖像，挂在自己房中，每天顶礼膜拜。天启七年（1627 年）二月，十八岁的信王娶了城南兵马司副指挥周奎之女为妃。

别看平日里天启皇帝只专注于木匠活儿，其实，他对自己的亲人还是很在意的，尤其是张皇后和五弟朱由检。天启七年（1627 年）八月十一日，重病中的天启皇帝知道自己来日无多，便派太监将他的五弟信王朱由检秘密召进宫来。在乾清宫西暖阁的病榻前，天启皇帝拉着信王的手，开始对这唯一的弟弟交代后事。他说：

“吾今已病入膏肓，将不久于人世。吾死之后，弟可继大统，望吾弟他日能为尧舜之君。”

此时，十八岁的朱由检连做梦也没想过要当皇帝，他被突如其来的这一切给击昏了，他没有丝毫的心理准备。看着兄长消瘦的面容和凹陷的眼睛，朱由检泣不成声。过了好半天，他才对哥哥说：

“皇兄春秋正盛，不过偶染微恙，何骤谈身后之事？况愚弟资质平平，难继大统，如此重任，还望另择贤能。”

还没等天启皇帝回答，从屏风后面走出了淡妆靓服的张皇后，她一脸凝重，大声对信王说：

“如今事情紧急，不可瞻前顾后。迟则生变，望皇叔以社稷大局为重，万勿推辞。”

这时，信王才不再说话，叩头表示答应。天启皇帝又接着说：

“中宫陪朕七年，常正言匡谏，获益良多。今后年少寡居，良可怜悯，望吾弟善待之。厂臣忠贤，服侍朕多年，忠义可嘉，望吾弟仍加委用。此二事即是兄临终之言。人之将死，其言也善，还望吾弟谨记，不负兄之所托。”

说完这段话，天启皇帝已是上气不接下气，而信王朱由检听了这话却很难回答。照顾皇嫂理所当然，而且他一向视皇嫂若母后，对她是十分尊敬的。就是兄长不说，他也会对皇嫂加意照顾的。可对兄长让他任用魏忠贤这个权奸，他却感到如芒刺在背，十分棘手。答应吧，非己所愿，拒绝呢，恐伤兄心，所以他只是点点头，没说一句话，便含泪辞别，离开了乾清宫。

八月二十二日，天启皇帝在乾清宫懋德殿咽下了最后一口气，他死时年仅二十三岁。当天，魏忠贤封锁消息，秘不发丧，宫内气氛十分紧张。魏忠贤首先找手握宫廷禁卫大权的锦衣卫都督田尔耕商量，准备进行政变。但田尔耕听了他的想法，闷声不响，就是不开腔表态。无奈之下，魏忠贤又找来他的死党、兵部尚书崔呈秀，征求他的意见。崔呈秀也是半天不说话，最后，在魏忠贤再三逼问下，崔呈秀才说了一句话：

“此事关系重大，弄不好就会脑袋搬家。一旦起事，恐外有义兵，届时将不可挽回，还请公公三思。”

这两个掌握兵权的同党都对政变没有信心，魏忠贤感到独力难支，暂时打消了篡位的念头。恰巧这时，他在宫中碰到了英国公张维贤。他问英国公进宫何事，英国公说他接到张太后“召信王入继大统”的懿旨，要进宫迎驾。眼见他秘不发丧的企图已经失败，魏忠贤这才万般无奈地宣布了皇帝驾崩的消息，并派遣忠勇营提督、太监涂文辅准备法驾，跟随英国公张维贤、内阁辅臣施凤来、黄立极等一起去信王府迎接朱由检。

乘着皇帝的全副銮驾，信王朱由检前呼后拥地进了乾清宫。他首先去见皇嫂，现今已成为太后的张嫣。在行过大礼后，由英国公张维贤宣读大行皇帝遗诏：“由信王入继大统。”按照惯例，群臣劝进三次，朱由检推辞三次，最后才勉为其难地答应当这个皇帝。这时，太监和群臣立即向他行三拜九叩大礼，并三呼万岁。等到要辞别太后时，张太后在朱由检耳边悄悄地说了这样一句话：“勿食宫中食。”朱由检听后点点头，然后恭恭敬敬地辞别了太后，去到了他的寝宫。

这天夜晚，天气阴得厉害，浓云压得很低，到处都是黑洞洞的，只有风在不停地吹。当涂文辅等人离开后，就剩下朱由检一个人，他在乾清宫的西暖阁里坐立不安。他开始走来走去，心里七上八下，一阵小风吹过，他感到汗毛都炸起来了。他赶紧走过去，关上了那扇还半开着的窗子。月黑杀人夜，风高放火天。朱由检清楚地知道，入宫的第一夜，对他来说是很不安全的，需要保持高度的警觉性。他也牢牢记住了张太后的临别赠言："勿食宫中食。"

实际上，朱由检早有准备，临出信王府时，他将皇妃周氏递给他的半块麦饼悄悄地藏在袖中。进宫后，无论太监端上什么食物，他都没有碰。一个人时，他就独自啃这块麦饼充饥。已经是二更了，朱由检不敢上床休息，他决定一夜不睡。他脑子很清醒，今夜是非常之夜，必须要加十二分小心。四周都是魏忠贤和客氏的耳目，无论是宫女，还是太监，都不可靠；他的一举一动，都在魏忠贤和客氏的监视之下。

谯楼打了三更鼓，朱由检毫无睡意。他思前想后，觉得自己今天被人抬进宫来当皇帝，简直像做梦一般。直到现在，他都不敢相信这是真的。他试着掐了掐自己的胳膊，感觉还是有点疼。他又往四处看了看，确认他不是在信王府，而是已经到了皇宫。他想起了自己的皇妃周氏，平时有事，他总是和周氏商量，可现在周氏却不在身边，连个说话的人儿都没有。思来想去，辗转反侧，没有一点头绪。正在这时，他突然听到门外有轻微的脚步声，立即起身，大声发问："谁?"

"陛下有何事?"一个低哑的声音在门外回答。

声音刚落，一个身挎宝剑的年轻太监便出现在眼前。他一见朱由检，便俯身下跪，口呼万岁。朱由检一时还有些不习惯，叫那太监起来。见那太监诚惶诚恐的样子，朱由检紧张的心情反而松弛下来。他与这个太监攀谈了两句，又拔下太监腰系的宝剑，拿在手里，看了又看，连呼"好剑！好剑!"看完，他没有将剑还给太监，而是随手放到自己身边的案上。接着，他又让太监去传达他的命令，给今夜所有值夜的太监和宫外的侍卫遍赏酒食。

太监走出去不多时，殿内外便传来一片欢呼声。太监出门后，朱由检拿起太监那柄被他放在案上的剑，拔出剑来，开始在房中舞剑。身边有宝剑防身，朱由检的胆子也壮了许多，一直紧绷着的神经也慢慢放松弛了下来。终于，东方露出了鱼肚白，紫禁城中的景阳钟敲响，天已经亮了。朱由检度过了一个不眠之夜，也迎来了他当皇帝的第一个早晨。他伸了个懒腰，深深地吸了一口气，准备去参加今天要举行的登基仪式。

八月二十四日清晨，紫禁城内锦旗招展，鼓乐齐鸣，朱由检的盛大登基礼在这里举行。青年皇帝朱由检身穿杏黄龙袍，头戴紫金冠，在一大群太监和大臣们的簇拥下，从建极殿、经过中极殿，来到皇极殿。三大殿在万历二十五年（1597 年）曾遭电击引发火灾，最后全部焚毁。虽然，万历皇帝当时便下旨重修，但由于经费不足，三大殿修修停停，一直拖了三十多年。然而，就在朱由检登基的前一天，三大殿的重修正式竣工。新皇帝可以在新完工的三大殿内举行登基大典，这也算是一种新气象吧！

在金碧辉煌的皇极殿，朱由检大步流星地由中径直接登上九级御座。此时，所有的文武官员统统跪倒，山呼万岁。第一次坐在这宽大的龙椅上，朱由检还是感到有些不太自然，双手也不知道放在何处才合适。但他很快便镇定下来，他先看看新修复的高大宏伟的大殿，又瞧瞧那六根饰有金龙的盘龙柱，再望望脚下匍匐的文武大臣。此刻，他第一次尝到了当皇帝的滋味，那真是威风八面，唯我独尊啊！而此时，青年皇帝的目光也是坚定的。他暗下决心，要对得起祖宗，对得起江山社稷。他要挽狂澜于既倒，扶大厦于将倾，当一个有作为的中兴皇帝。

群臣叩拜后，由司礼监掌印太监王体乾宣读朱由检的即位诏书。王体乾站立丹墀，用他那公鸭般的嗓子，大声读道：

“惊闻凭几之言，凛念承祧之重，而文武群臣及军民耄老合词劝进，至于再三。辞拒弗获，乃仰遵遗诏，于八月二十四日祗告天地，即皇帝位，以明年为崇祯元年。”

这份诏书很长，有两千多字，朱由检并没有看过，但崇祯这个年号，却是他自己选的。事先，内阁辅臣呈上四个年号，供皇帝挑选。第一个年号是“乾圣”，朱由检看后，说：“乾为天，圣则安敢当?”于是又呈上第二个年号“兴福”。朱由检仍感不妥，他说：“中兴固好，只是如此大任吾难以担当。”第三个年号是“咸嘉”，朱由检也不满意，他说：“咸旁为戈，此刀兵之象，今方欲息干戈，勿用。”最后，朱由检选中了“崇祯”，作为自己的年号。历史上称他为明思宗或者崇祯皇帝。

从这一天起，崇祯皇帝每日五更起床，天天上朝，亲自处理国家大事。八月三十日那天，崇祯皇帝退朝，照例由皇极殿返回乾清宫。行至神武门时，只听人声喧哗，在皇帝銮驾的对面，出现了一支庞大的队伍。这支队伍约有数百人，前面有十多个红衣的内侍开道，然后是提着香炉、熏炉，手执纱灯、角灯的仪仗队伍。仪仗队后是一乘华丽的锦玉辇，辇后有宫婢上百随行。灯火连绵不断，香味溢于道旁。队伍的阵势，只有皇帝的銮驾可比。崇祯轻声地问身边的太监，是何人如此耀武扬威？太监告诉他，这是“老祖太太千岁”——奉圣夫人出宫。

崇祯皇帝看后，不由得倒抽一口凉气。他早就知道魏忠贤与客氏在宫中一手遮天，但这么大的声势，这么嚣张的气焰，还是出乎他意料之外的。从这一刻起，崇祯下定了决心，他当皇帝后的第一件事，就是要铲除魏忠贤和客氏的势力。他要当真天子，绝不做傀儡。他不能像兄长天启皇帝那样，让太监和奶妈为所欲为。同时，他也明白，此二人在宫中时日已久，他们的关系盘根错节。牵一发而动全身，不能贸然行事，必须瞅准时机再下手。别看崇祯只有十八岁，要论起心思的缜密，处事的果断，那是其乃父、乃兄所远不能及的。

崇祯皇帝刚回到乾清宫，太监便领来了四个花枝招展的姑娘，说是魏公公特意进奉，专门来伺候皇上的。崇祯本想把姑娘直接退回去，可又怕魏忠贤起疑，就将四个姑娘留了下来。姑娘们留了下来，崇祯又不太放心，便让太监将姑娘的衣服全部扒光进行检查。脱了衣服之后，四个姑娘赤条条地站在那里发抖，她们被吓坏了。太监从四人的裙带顶端各搜出一粒黄豆大的药丸。崇祯拿过来摸摸，表面很光滑，闻闻有股香气，便问她们，这是什么东西？四个姑娘中较年长的一个回答说，此物名“迷魂香”，男子一接触，淫心顿起，欲火上升，是女人迷惑男人的迷药。崇祯听后，当场让人将“迷魂香”毁弃，然后将四女另行安置，这才入寝。

崇祯刚要入睡，突觉有一阵暗香袭来，时断时续，若有若无，不由得怦然心动。他立即让太监和内侍们在宫内四处搜寻。一名内侍发现，在殿角处有一丝微弱的灯光闪烁。近前一看，原来有一个小太监坐在夹道内，手中拿着一支点燃的香，殿内的香味正由此而来。还没有拷问，小太监便承认，自己是魏忠贤派来刺探消息的。听了小太监的回答，崇祯不由地长叹一声，说：“原来皇考、皇兄皆为此误。”崇祯本想将小太监处死，又担心打草惊蛇，便把小太监放了回去，只叮嘱他对此事不要声张。

小太监回去后，立刻将此事向魏忠贤做了汇报。魏忠贤听后有些慌，直觉告诉他，皇帝对他已经起了疑心。为了试探一下皇帝对自己的态度，魏忠贤使了一招“投石问路”。九月初一，即崇祯登基后的第八天，魏忠贤便主动提出，辞去自己兼任的东厂提督太监一职。崇祯皇帝见到辞呈后，不但不批准，反而把魏忠贤叫到跟前，好言安慰了一番。崇祯说：

“吾兄临终之际，曾有遗言，要吾相信你、重用你。今皇兄尸骨未寒，遗言声声在耳，吾怎敢违背遗训呢？你一向勤于王事，特赏银一千两，好好继续干吧！”

这一番话，说得情真意切，魏忠贤听了也十分受用。至于那一千两银子，魏忠贤并不稀罕，但新皇此时的赏赐，却让魏忠贤放下心来。过了两天，客氏也使出了同样的招数，她向皇帝提出，要从宫中搬到宫外的私邸居住。客氏以为皇帝会像挽留魏忠贤那样挽留自己，谁知崇祯大笔一挥，当天便批准她搬出宫去。其实，这是崇祯皇帝早就想好的“调虎离山”计，要将客氏和魏忠贤分而治之。打发走这个女人，收拾魏忠贤就会容易许多。对于客氏，他已经是忍无可忍了。

接到出宫的圣旨，客氏如雷轰顶，但出宫是她自己申请的，所以是哑巴吃黄连，有苦说不出来。第二天一大早，客氏白衣素服，头插白花，前往天启皇帝灵前告别。她在灵前号啕大哭，声泪俱下。哭过之后，她从怀中取出一个黄缎小包，从包儿里取出她珍藏的天启皇帝幼时的胎发、头发和指甲，以及生痘所结的痘痂等物，在灵前一一火化。在灵前行了大礼后，客氏这才含泪乘辇出宫。她的哭声中，既包含着失落，而更多的是无奈。她已经感觉到，自己的好日子快到头了。

客氏的出宫，引起了魏忠贤的警觉，他打出了第二张牌，让他的死党、司礼监掌印太监王体乾申请告老还乡，以揣摩皇帝的态度。我们知道，魏忠贤根本不识字，他担任司礼监秉笔太监，只是徒有其名。平日所有一切笔墨文书，全由这个王体乾代劳。王体乾本来只是个不起眼的尚膳太监，他是靠着魏忠贤才爬上司礼监掌印太监的高位，所以，他和魏忠贤是穿一条裤子的，他对魏忠贤是言听计从，狼狈为奸。

虽然朱由检当皇帝还没几天，但这两人的关系，他已经心知肚明，既然现在扳倒魏忠贤还不到火候，这王体乾当然也不能动。九月初七日，崇祯召见王体乾，当面对他说，朝廷离不开他，不同意他退休。同时，崇祯也赏了王体乾一千两银子。这个结果让魏忠贤很高兴，他觉得，崇祯皇帝对王体乾尚且如此，说明对自己还是信任的。

可还没等魏忠贤回过味来，弹劾兵部尚书崔呈秀等四人的奏章便出现了。这四人都是魏忠贤的党羽，弹劾的理由只有一个，那就是不孝。按明朝规定，官员父母去世，必须辞职回家守孝三年，三年后可重新起复为官。如果个别人实在公务离不开，经皇帝批准，可以不回家守孝，继续在朝中为官，这叫作“夺情”。被弹劾的四人，都是利用“夺情”而没有回家守孝，在当时，这个罪名是很重的。可接下来崇祯皇帝的批示是，让崔呈秀继续留任，其余三人辞官回家。崇祯的这个做法，让魏忠贤一头雾水。

第二天，魏忠贤的另一个死党、江西巡抚杨邦宪又提出，要为魏忠贤再修一座祠堂。魏忠贤这回可慌了神儿，心中暗骂杨邦宪没有眼色，关键时候添乱。他连夜叫人替他写了一份《久抱建祠之愧疏》，上交给皇帝，主动提出立即停止为自己建造生祠。崇祯阅后批示，为魏忠贤修的生祠，在建的可继续建，还没有建的，就不要再建了。看来，皇帝对建生祠，是一种既往不咎的态度。同时，为了表示对魏忠贤的信任，崇祯还特意将免死铁券赐给了魏忠贤的侄子魏良卿。

崇祯皇帝这几招，让魏忠贤是丈二和尚摸不着头脑，这东一榔头，西一棒槌，每招都很费琢磨。皇帝究竟是信任自己，还是想收拾自己，魏忠贤一时还真吃不准。经过一番思虑，他决定，再观察观察形势，少安毋躁，暂时不要轻举妄动。应该说，崇祯皇帝这几招拿捏得还是很准的，既有效地打击了魏忠贤的势力，但又让魏忠贤下不了立即谋逆的决心。

为了彻底摧毁魏忠贤阉党集团，崇祯做了精心准备。九月二十七日，在皇极殿为信王妃周氏举行了立后典礼。崇祯皇帝亲自主持，英国公张维贤持节，大学士黄立极捧册，大学士施凤来捧宝，册立周氏为中宫皇后。同时，崇祯还特意让黄立极当场宣布，封皇后父周奎为太师，并将其职务由南城兵马副指挥提升为右军都督同知，将周皇后的两个哥哥周文耀和周文炳，同时封为兵马司副指挥。就这样，崇祯皇帝不显山、不露水地让他信任的外戚——周家父子，掌握了京城的兵权。

在做了精心准备之后，崇祯决定动手了。十月十八日，崇祯突然下旨，免去兵部尚书崔呈秀的一切职务，让他回原籍守制。同时，崇祯还命令周家父子接管禁军，逮捕左都督田尔耕、锦衣卫都指挥佥事许显纯。崇祯的这一霹雳手段，打得魏忠贤乱了方寸。朝臣们此时也回过味来，纷纷上疏，矛头直指阉党头子魏忠贤。十月二十六日，魏忠贤沉不住气了，他跑到崇祯皇帝面前，一把鼻涕一把泪地大声啼哭，说他是冤枉的。崇祯冷笑着，从御案上抓起一把群臣弹劾魏忠贤的奏章，劈头盖脸地扔了下来。

接着，刑部员外郎史躬盛按照崇祯的旨意，开始宣读魏忠贤的十大罪状。当读到"举天下之廉耻泯灭尽，举天下之元气剥削尽，举天下之官吏紊乱尽，举天下之生灵鱼肉尽，举天下之物力消耗尽"时，魏忠贤汗流浃背，双腿发软，身不能支，口不能言，"扑通"一声，倒在殿中。崇祯皇帝见状，只"哼哼"冷笑了两声，没有再说什么，便摆摆手，示意太监将他抬出殿去。

魏忠贤如雷轰顶，不知道如何是好。当天晚上，魏忠贤精心挑选了一对钧窑鸡心杯、哥窑穿带瓶、定窑刻花碗和龙泉窑三足炉共四样宋代珍瓷作为礼品，去见他的赌友，以前一直在信王府当差的太监徐应元，再三恳求徐应元给他指一条生路。这徐应元足智多谋，人称"小扇子"，太监们有了事儿，都喜欢请他出主意。徐应元一见四样礼物，眼睛都绿了，他忙叫魏忠贤坐下，然后装模作样地掐着指头算来算去。最后，他让魏忠贤伸出手，在魏忠贤掌心里写了一个字“走”。

三十六计，走为上计。保命要紧，魏忠贤连夜叫人写好辞呈，第二天一早，便递给皇帝。崇祯提起御笔，当即在辞呈上批了一个大大的“准”字。魏忠贤赶紧磕了一个头，鼠窜而去。一回到家，魏忠贤立即让人收拾行李。无奈东西太多了，装也装不走，包也包不完，只好精挑细选，即使如此，也装了四十多辆马车。十一月三日，魏忠贤带着四十多车金银财宝，还有上千人的卫队，浩浩荡荡地经良乡、涿州、新城、雄县、任丘、河间、献县，向家乡肃宁出发。十一月六日，到达阜城县南关，这里离肃宁只有三十里地了。

御史把魏忠贤前呼后拥，带了大批人马和金银财宝回乡的消息报告给了崇祯。崇祯大怒，立即让锦衣卫捉拿魏忠贤回京。魏忠贤人虽在千里之外，京城的消息还是很灵通的，一路上，原来安插的那些喽啰们不断地给他通风报信。具体的消息是，王体乾已经被打发回家，徐应元发配南京，魏忠贤的党羽，五虎、五彪们通通落马。现在，锦衣卫又来捉拿他了，看来，他的末日到了。魏忠贤知道，他必须做出最后的决定。

就在这天夜里，在阜城县南郊一个破落的小旅店里，魏忠贤和他的心腹太监李朝钦彻夜难眠。已经到十一月了，屋内冷得要命。桌上的酒菜，早已经放凉了，但两人都没有心情动筷子。谁也不开口说话，只是你看着我，我瞪着你，好久才听见一声叹息。窗户纸被风吹得沙沙作响，窗外传来时断时续的夜半歌声。这首歌其实是文人写的一首小曲，它的曲牌名叫《桂枝儿》。一个专门从京城赶到这里的白姓书生，故意在小店外面，怪声怪气地唱着：

听五更，鼓正敲，心儿懊恼。
想当初，开夜宴，何等奢豪。
进羊羔，斟美酒，笙歌聒噪。

如今寂寥荒店里，只好醉村醪。
只怕酒淡愁浓也，怎把愁肠扫？
二更时，辗转愁，梦儿难就。
想当初，睡牙床，锦绣衾裯。
如今芦为帷，土为炕寒风入牖。
壁穿寒月冷，檐浅夜蛩愁。
可怜满枕凄凉也，重起绕房走。
夜将中，鼓咚咚，更锣三下。
梦才成，还惊觉，无限嗟呀。
想当初，势倾朝，谁人不敬？
九卿称晚辈，宰相谒私衙。
如今势去时衰也，零落如飘草。
城楼上，鼓四敲，星移斗转。
思量起，当日里，蟒玉朝天。
如今别龙楼，辞凤阁，凄凄孤馆。
鸡声茅店月，月影草桥烟。
真个目断长途也，一望一回远。
闹嚷嚷，人催起，五更天气。
正寒冷，风凛冽，霜拂征衣。
更何人，效殷勤，寒温彼此。
随行的是寒月影，吆喝的是马声嘶。
似这般荒凉也，真个不如死。

人生苦短，长夜难熬。早知今日，何必当初。天将破晓，时辰已到，小曲实在听不下去了。魏忠贤——这个权倾一时、位极人臣、祸国殃民的人妖终于悬梁自尽。陪他上吊死的，只有一个心腹太监李朝钦。第二天早上，家丁六十儿推开房门，只看见酒壶、酒杯倒在桌上，酒菜撒了一地，房梁上吊着两具直挺挺的尸体，急忙去县里报官。树倒猢狲散。发现魏忠贤吊死后，跟随他的一千多名随从立即瓜分了四十多车财宝，四散奔逃而去。

除恶务尽，崇祯一点也不手软。魏忠贤最亲信的四个太监——秉笔太监王体乾，掌印太监李永贞、李朝钦、刘若愚等，除李朝钦自杀外，均被执行死刑。魏忠贤的侄子魏良卿，客氏的儿子侯国兴，杀！魏忠贤的死党"五虎"，杀！"五彪"，杀！总共清理出阉党分子二百六十一人。首犯魏忠贤虽死但尸身仍被凌迟。主犯三十余人被处决，其他人或判刑，或流放，或撤职，来了一个彻头彻尾的大清算。

那个"五虎"之首、提前被免职回乡的崔呈秀，一听说魏忠贤垮了，就料到自己难逃活命。十一月十一日，崔呈秀在家中大摆宴席，又吃又喝。崔呈秀喝得烂醉，大哭大闹，把所有杯盘等器皿一一砸碎。当晚，崔呈秀和他的宠妾萧灵犀一道，双双上吊而死。崔呈秀死后，崇祯皇帝下令掘坟戮尸，并抄没家产，共抄出黄金三千两、白银三十万两、田地三千余顷、房屋四千余间。至于那位建议将魏忠贤与孔子一起祭祀的国子监监生陆万龄，也被拉出去砍了头。

就在崔呈秀自杀后的第六天，太监王文政奉命将客氏从私宅带进了浣衣局，严刑审讯。客氏是竹筒倒豆子，全部招认。连她按照魏忠贤的指示，私自携带八位怀有身孕的宫女入宫，想效仿当年秦朝吕不韦故事，鱼目混珠，李代桃僵之事，她都供认不讳。招供后，她当即被乱棍打死。她死后，仍被砍下首级，到各地示众。她的侄子客光先、客璠都被流放到两千里以外。

在处理了阉党集团主要成员之后，崇祯皇帝还做了两件事。其一是《三朝要典》的销毁。《三朝要典》是一部二十四卷的史书，在魏忠贤的授意下，于天启六年（1626 年）编撰完成。全书颠倒黑白，混淆视听，歪曲万历、泰昌、天启三朝所发生的梃击、红丸、移宫三案的事实，借此打击、迫害那些正直的东林党人。但这部书的"序言"，却是天启皇帝写的，否定了这部书，就等于否定了天启皇帝，这的确是一个难题。但崇祯皇帝顶住压力，最终还是决定，将《三朝要典》销毁，以正视听。

第二件事是平反冤案。阉党集团覆灭后，他们制造的大批冤假错案，亟待平反。其中，杨涟的儿子杨之易、黄尊素的儿子黄宗羲、魏大中的儿子魏学濂、周顺昌的儿子周茂兰先后向崇祯皇帝上血书，替父申冤。想当年，阉党当权，黑白颠倒，是非混淆，刑讯逼供，屈打成招，冤狱遍于寰中。“六君子”“七君子”之死，惨不忍睹，东厂和锦衣卫联手，干了不少坏事。不彻底平反这些冤假错案，不但是对死者的不公，也会让生者寒心。尤其是看到杨涟的儿子递上的他父亲临终前写的血书，崇祯皇帝流泪了。这封临终前的绝笔是当时监狱里那位有良心的看守保存下来的，内容如下：

> 涟今死杖下矣！痴心报主，愚直仇人，久拼七尺，不复挂念。不为张俭逃亡，亦不为杨震仰药，欲以性命归之朝廷。雷霆雨露，莫非天恩，仁义一生，死于诏狱，难言不得死所，何憾于天？何怨于人？惟我身副宪臣，曾受顾命。孔子云：托孤寄命，临大节而不可夺。持此一念，终可以见先帝于天，对二祖十宗、皇天后土、天下万世矣！大笑大笑还大笑，刀砍东风，于我何有哉！

就在这年九月，崇祯皇帝下旨，为阉党迫害的东林党人平反冤狱，为已故诸君子追赠官衔和谥号。如：

故都察院左都御史高攀龙赠太子太保、谥忠宪；

故都察院左副都御史杨涟赠右都御使、谥忠烈；

故吏科都给事中魏大中赠太常寺卿、谥忠节；

故吏部员外郎周顺昌赠太常寺卿、谥忠介；

整个追赠的封号，都加了一个“忠”字，崇祯皇帝很清醒，选择臣子的唯一标准，便是忠君与否。经过这一番周折，从组织上、舆论上、思想上彻底粉碎了魏忠贤阉党集团，崇祯朝开辟了新气象。这一仗打得真漂亮。登基仅仅三个月，十八岁的青年皇帝乾纲独断，挥起铁拳，拨乱反正，一举彻底粉碎阉党集团，大快人心，大得民心。从此，他把大权紧紧地握在自己手中，把大明江山扛在自己肩上，走上了自己的路。

崇祯时代开始了！

第九章
袁督师千古奇冤

以铁血手段，清算了魏忠贤阉党集团，十八岁的崇祯皇帝如释重负，他初尝胜果，信心满满。他去了天坛，在祖宗牌位前许下誓愿，他要为大明帝国写下新的一篇。

百废待兴，但首当其冲的，是边疆的大患。后金虎视眈眈，辽东命悬一线，北大门危在旦夕。大臣们众口一词，推荐那个取得宁远大捷、宁锦大捷的袁崇焕重新出山，只有他才能挑起这副重担。崇祯虽然没有见过袁崇焕，但他也听说过袁崇焕的事迹，他迫不及待地想见见这位素未谋面的英雄，当面聆听袁崇焕的真知灼见。求贤若渴，他立刻派专使快马加鞭，将重新启用袁崇焕的诏书，专程送往袁崇焕的老家东莞。

早春三月，在辽东还是春寒料峭，但在袁崇焕的老家东莞已是风和日丽、山花烂漫了。辞职后回到家乡，袁崇焕一身轻松，他将家里的几间茅屋修补了一番，便与家人躬耕田亩，当起了农夫，倒也怡然自得。他那首《约同人游拾翠洲》诗表现出他此时的心情：

春风十里五羊城，拾翠洲前绿草生。

君若来时须并马，一樽同去听流莺。

他还特意在家中后园，为战死在宁远的家人罗立筑起了一座小坟，坟前设置了供桌和香烛。每个月袁崇焕都要来坟前祭扫，他早就把罗立当成了自己的亲人。闲暇之际，袁崇焕还是喜欢读一些兵书战策，可谓身在家乡，心系家国啊！袁崇焕平时很少与人交往，就连当地的县令他也未曾前去拜会，倒是县长大人慕名到他的草庐来过一次。月圆之日，望着北方的星空，袁崇焕常常想起那些并肩作战的战友——满桂、祖大寿、赵率教等人。

马蹄声声，打破了乡村的寂寥，紧急前来宣召袁崇焕的钦差队伍，让村民们惊愕不已。“袁崇焕接旨”，一行十几人径直进入了袁崇焕的草堂。袁崇焕见是钦差，连忙下跪接旨。钦差在院中朗声读道：

“奉天承运皇帝诏曰：即日起命袁崇焕为都察院右都御使、兵部右侍郎。接旨后立即起程就道，不得有误。钦此。”

袁崇焕不敢相信自己的耳朵，他木然地接过诏书，一直缓不过神来。可还没等他让家人端茶倒水，钦差已经踏上了回京的路。望着那一行渐行渐远的人影，袁崇焕这才如梦方醒。看着那诏书上血红的皇帝玺印，袁崇焕这才相信，新皇帝想起了自己，看来崇祯皇帝是颇想有一番作为。都察院右都御史、兵部右侍郎，这个正二品的职务，在一般人来说，是可望而不可即的，可对于袁崇焕来说，他并不想接受。曾经目睹过京官那尔虞我诈、钩心斗角的生活，那不是袁崇焕想过的。巴结上司，看别人眼色行事，更不是袁崇焕所能忍受的。因此，袁崇焕接到诏书后借口收拾行李，并没有立即出发，而县令却已经派人来催他上路了。

伴君如伴虎。家人们都劝他不要赴京就任，而是和家人们一起享受天伦之乐。袁崇焕也有些犹豫，他知道家人都是好意，说得也有道理。他也知道官场的黑暗，官与官之间的倾轧。但他唯一割舍不下的，是对辽东的那份情感，同时，他也不想辜负崇祯皇帝对他的期望。一个多月后，就在袁崇焕犹豫不决之际，他又接到了崇祯皇帝的第二封诏命。这封诏书是崇祯皇帝身边的亲信太监曹化淳亲自送来的，诏书上对袁崇焕的任命也变了，变为兵部尚书、督师蓟辽。诏书再次强调，接诏后立即起程，赶赴北京。

接到第二封诏书后，袁崇焕当即决定，立即出发，赴京就任。袁崇焕的变化是有原因的，他并非由于兵部右侍郎变成兵部尚书，正二品职务变成了正一品而动心的。他最感兴趣的是“督师蓟辽”四个字。督师即是皇帝亲派，代天子巡视监督之意。蓟辽则包括蓟州、辽东、登州、莱州、天津等五地。不仅地域辽阔，面积广大，而且是与后金对峙的战场。袁崇焕在这片土地上度过了他一生最辉煌的日子，袁崇焕在这片土地上倾洒过他全部的心血。他与这片土地是有感情的，他不能听任鞑虏猖狂、国土沦丧。

手捧着皇帝的诏书，袁崇焕深深地被打动了。他的手在发抖，他的心在激烈地跳动，他感觉这次是真正遇到了明主。崇祯给了他一个巨大的舞台，他愿意在这个舞台上一展胸中的抱负。自古以来，学成文武艺，售与帝王家。什么官场黑暗，什么个人前途，什么朋友忠告，什么亲人挽留。他已将生死置之度外，他要将自己的余生尽忠报国。虽然他的人现在还在青山绿水的广东，但他的心早已经飞向那白山黑水的辽东。

袁崇焕要进京了，这次是新皇亲自宣召，而且加官晋爵，看来必将重用。消息传开，广东士人奔走相告，前往袁宅拜会的人络绎不绝。有人要请他吃饭，有人邀请他喝酒，都想和皇帝的新宠套套近乎。袁崇焕非常低调，一律谢绝。临行时，一些志同道合的名士和好友，在广州光孝寺为袁崇焕举行了一个隆重的送别茶会，出席的共有二十人。尽管袁崇焕不愿意大事张扬，但都是志同道合的多年老友，盛情难却，他还是早早地就来到了这座岭南古刹。

光孝寺内溪水潺潺，到处是茂林修竹，绿草如茵。如此优雅的环境，最适宜文人骚客遣兴抒怀。这次送别袁崇焕，安排得格外不同，所有来客均沿溪水边随意而坐。寺住持释通炯将一片菩提叶放入溪水中，让树叶随水漂流。当菩提叶流到某人座位处，那人则需吟诗，或作画。所有书画的主题只有一个，那就是送别。二十人中，只有赵焞夫作画一幅，余者每人均题诗一首。其中，好友傅于亮的诗是：

运筹前后著勋殊，拊髀频催入帝都。
圯上有书留报汉，胸中操算立降胡。
天山自昔凭三剑，辽左而今仗一夫。
秉钺纷纷论制胜，笑谈樽俎似君无。

其他友人的诗，内容也大同小异，或壮行，或称颂，或鼓励，或期望。此情此景，令人难忘。好友热情洋溢的诗句，让袁崇焕非常感动，他心潮澎湃，也当场赋了一首诗：

四十年来过半身，望中祇树隔红尘。
如今著足空王地，多悔从前学杀人。

崇祯元年（1628 年）七月，袁崇焕辞别亲友，离开家乡，上路了。他又坐车，又乘船，不顾舟车劳顿，终于赶到了京城。十四日，崇祯皇帝召齐了六部九卿，在平台正式召见袁崇焕。平台是建极殿中门云极门两侧的地方，是皇帝召见重臣的所在。但从万历中期之后，由于皇帝怠政，就不在这里召见大臣了。泰昌、天启二帝，更是将这里弃置不用。崇祯帝上台以后，才重新在这里召见重要的大臣，以示皇帝的重视。袁崇焕就是崇祯在这里召见的第一位大臣。

为了觐见皇帝，袁崇焕精心做了准备。现在，他身着一袭新的大红团云蟒袍，腰束玉带，十分恭敬地跪在平台的地上，三跪九叩，不敢抬头看皇帝。年轻皇帝亲自拉着他的手，扶他起来，并亲切地对他说：

“袁卿家，今日一见，朕心安矣。朕深知，宁远大捷，宁锦大捷，皆出自卿手，卿真帅才也！昔汉高祖歌《大风》，有‘安得猛士兮守四方’句，朕甚感之。而今女真，跳梁十载，封疆沦陷，已成我心腹大患。朕无一日不思收复故土，重整河山。朕求才心切，思贤若渴。今见卿仪表堂堂，堪称我朝栋梁之材。还望卿家，一展雄才，复我辽东。今卿万里赴召，不知有何方略?”

袁崇焕听了皇帝的一番话，热血沸腾，心潮起伏，他激动地说：

“陛下如此待臣，臣百死不足以报君恩。陛下命臣督师蓟辽，臣深知责任之重。臣虽驽钝，但报国之心不减，复仇之志常存。恢复之计，不外臣昔年以辽人守辽土，以辽土养辽人，守为正著、战为奇著、款为旁著之说。首先，恳请陛下与臣足兵足饷，钱粮、器械，不可或缺，户、工两部都要悉心措置。其次，下官须有任人选将之权，所用与罢斥之人，悉听臣便。再者，兵部、吏部须应臣手。臣在辽东所为，言官不得任意攻讦。有此三项，五年之内，虏患可平，全辽可复。”

崇祯皇帝对袁崇焕的回答十分满意，他觉得，他这次真是选对了人。所以，他当着六部九卿的面，郑重宣布：

“诸位卿家，建州东虏为患，已非一日。现已成燎原之势，是我朝第一劲敌。朕今命袁卿家为督师，驱除鞑虏，恢复辽东，各部务必鼎力支持。适才袁督师所提各节，朕一应照准。今后，若各部有推搪阻塞、迟滞延误、办事不力者，均以误国论罪。袁卿家，朕赐你尚方宝剑一口、御马一匹，赏功牌一千面。副总兵以下，卿可先斩后奏。五年灭寇，其志可嘉，功成之日，朕不惜封侯之赏。卿当竭诚努力，以解天下倒悬，卿子孙亦受其福。朕就在京师高坐，静候爱卿的嘉音了。”

平台召对后，袁崇焕意气风发，积极准备赴任。他在《再出关》一诗中写道：

重整旧戎衣，行途赋采薇。
山河今尚是，城郭已全非。
马自趋风去，戈应指日挥。

臣心期报国，誓唱凯歌归。

可正当他要起程赴宁远之时，却从宁远传来了一则爆炸性的消息，宁远发生了兵变。叛乱的士兵因为欠饷四月，不但扣押了总兵朱梅，还杀死了辽东巡抚毕自肃。现在，乱兵见人就杀，宁远一片混乱，任何一个官员都不敢再去宁远。袁崇焕听到这个消息后怒火填膺，他辞别皇帝，立即上道。当崇祯皇帝得知袁崇焕出京赴任的消息后，亲自将袁崇焕送出午门。临行前，赐袁崇焕御酒“长春露”三杯，可见皇帝对他的重视。军情紧急，一路上，袁崇焕风尘仆仆，马不停蹄，只用了七天时间，就赶到了宁远。

这时的宁远军营，已经失去了控制。由于大部分士兵都在闹事，军官们不敢再走进营房，稍有不慎，不是被杀掉，便是被扣留。好一个胆大的袁崇焕，大白天，他单人独骑走进了宁远大营。守卫营门的士兵刚要上前阻拦，一认出是袁崇焕，立刻改行军礼。袁崇焕下了马，往中军大帐走去，当即有人从袁崇焕手中接过了马的缰绳，去安顿马匹。不少士兵为他沿路开道，还有些士兵则欢呼雀跃，奔走相告：“袁督师来了!”“袁督师来了!”

袁崇焕安然地走进了中军大帐，整个宁远大营都静了下来。很明显，士兵们对自己的老上级敬畏有加，当然，他们对袁崇焕的到来更充满了期待。进了大帐，袁崇焕一言不发，十分自信地坐了下来，开始一口一口慢慢地喝中军递过来的茶。这时，总兵朱梅走了进来，士兵们一见袁崇焕进营，当即释放了这位被扣押了十天的总兵。袁崇焕挥手让众人退下，然后请朱梅坐下，问：

“将军受苦了，勿怪在下来迟。请问将军，此次兵变，何人为首?”

“后营参将杨正朝、张思顺。”朱梅回答。

袁崇焕当即让中军传杨正朝、张思顺。很快，两人便自己将自己捆了，跟随中军，来见袁崇焕。刚一进帐，他们便双膝跪倒，说：

“末将自知罪有应得，还望大帅法外开恩。”

“你二人带头发难，杀巡抚，扣总兵，此乃谋反之罪，罪在不赦。不知你二人现在想死还是想活?”袁崇焕先用话语吓唬二人。

“想活，想活。家中尚有老母妻子，请大帅刀下留小的一命。”二人连声回答。

“既如此，倘你们能供出各营闹事的骨干，本督师可饶你二人不死。”袁崇焕说。

杨正朝、张思顺二人磕头如捣蒜，当即供出了各营闹事的骨干分子魏亮、杨平等二十人。袁崇焕将杨正朝、张思顺二人，各打二十军棍，然后释放，二人千恩万谢去了。接着，袁崇焕命中军带人按图索骥，将杨正朝、张思顺供出的二十人一一拿获，然后全部杀掉，只见二十颗血淋淋的人头号令辕门。整座军营迅速恢复了平静，没有一个人敢再继续闹事，袁崇焕以他刚毅的手段很快平定了事变。

当天夜里，袁崇焕便在军营中草就疏章，第二天便派人送往京师，他要求尽快给将士们补发饷银。也许是袁崇焕这次平息兵变干得实在漂亮，崇祯皇帝这次也很痛快，他大笔一挥，当即从内库拨银三十万两，十日内就发到军前。接着，袁督师又向皇帝推荐了三个人选，他们分别是山海关总兵赵率教、宁远总兵祖大寿、锦州总兵何可纲。崇祯皇帝也未食言，他立即在兵部的呈文上，批准了三位总兵的任命。有了这些老搭档在三地坐镇，袁崇焕一直提着的心终于放了下来。

几件大事料理停当，袁崇焕返回了山海关。他写的《关上与诸将话别》一诗，反映出当时那种踌躇满志的心情：

隔别又经年，今来再执鞭。
相看人未老，忆旧事堪怜。
兵法三申罢，军容万甲前。
诸公同努力，指日静烽烟。

后金天聪三年（1629 年）正月，皇太极又一次派使者来见袁崇焕，使者携带了皇太极的亲笔信。皇太极再次提出和谈，并大幅度地降低了和谈的条件。皇太极在信中表示，愿意去掉后金的年号，改奉明朝的年号，只要求明朝给他铸一颗汗印，原来曾经提出的讲和礼物在数量上也可以大大减少。皇太极希望，明朝与后金双方重新划定国界，明以大凌河为界，后金以三岔河为界，今后双方互不侵犯。从表面上看，后金的议和条件一降再降，似乎对和谈很有诚意，但皇太极骨子里只是为了争取备战的时间。宁远与宁锦两次大战的创伤太大了，后金需要抚平伤口，以便卷土重来。

其实，袁崇焕正在苦思冥想，如何实现他向皇帝承诺的“五年平辽”，现在皇太极愿意和谈，他觉得是个机会。如果能通过和谈，从后金手中收回部分辽东失地，哪怕需要花费一些钱财，也是值得的。他认为，凭借着“宁锦大捷”的胜利，皇太极有可能在领土问题上做出让步。为此，他再次派杜明忠为使节，前往盛京，向皇太极传达他的想法。发现袁崇焕急于收回失地，老奸巨猾的皇太极便使了个圈套。他对杜明忠说，你回去转告袁督师，只要他能杀掉皮岛总兵毛文龙，后金愿意将广宁和义州归还明朝，在这两地居住的汉人也可以重新成为明朝的百姓。

归还广宁和义州，这对袁崇焕来说，诱惑力太大了，但杀掉一品武将，身为左都督、总镇总兵的毛文龙，袁崇焕还是很难下这个决心的。毛文龙只有四万人，但他却虚报至十万人，每年向朝廷索要饷银一百二十万两。毛文龙还走私、收保护费，他的部队不像正规军，干的尽是强盗的勾当。毛文龙虚报战功，把小的说成大的，没有的事，他也敢捏造。毛文龙账目不清，有大量经济问题，八年来，他还从不接受检查。再者，毛文龙一直和魏忠贤等阉党有说不清的关系，他就是阉党的走卒。现在魏忠贤也倒台了，早该收拾他了。

袁崇焕在离开京师赴宁远时，曾会见过内阁辅臣、大学士钱龙锡。钱龙锡对毛文龙也十分反感，他对袁崇焕交代：“毛文龙此人，可用则用之，不可用则杀之。”毛文龙的种种劣迹，早就让袁崇焕欲杀之而后快。

最让袁崇焕不满的，是毛文龙一贯桀骜不驯，谁的话都不听。他曾在下面散布说，袁崇焕不过是一介书生，根本不懂打仗，什么宁远大捷，宁锦大捷，都不过是侥幸取胜而已。这些话传到袁崇焕耳朵里，尤其令袁崇焕生气。尽管如此，袁崇焕还是不想杀毛文龙。因为毛文龙在皮岛八年，一直坚持抗后金，他的大节是无可厚非的。再者，作为总镇总兵，一品大员，袁崇焕是没有权力杀他的，崇祯给他的尚方宝剑只能杀副总兵以下的人。但如今皇太极愿意归还义州和广宁，这个提议的诱惑力太大了。只要能收回后金夺取的辽东故土，袁崇焕就可以向崇祯皇帝交差，“五年平辽”就非一句空话，这是袁崇焕一心想要的。因此，袁崇焕决定，先观察一下毛文龙的表现。

不久之后，毛文龙就收到了蓟辽督师发出的这样一个通知，即今后所有运往皮岛的物资，必须先到觉华岛接受检查，然后才能前往皮岛。这一招，一下卡住了毛文龙的脖子，因为毛文龙的船队，不但夹带私货，还顺便带商船上岛，以便收取保护费。如果按照袁崇焕的要求，毛文龙的大笔生意就没法做了。这个通知把毛文龙气个半死，他大叫道：“此乃拦喉切我一刀，必死无疑。”接到通知后，毛文龙立即给皇帝直接上疏诉苦，抗议袁崇焕这种做法。但皇帝的答复是：“从长计议。”这等于是皇帝撒手不管，袁崇焕该怎么干还怎么干。但就在毛文龙气急败坏，走投无路之时，手下却向他报告，袁督师派来二艘船，船上装着给毛文龙的十万两饷银和大批的粮食。

正在骂娘的毛文龙听到这个消息，立刻就把嘴闭上了，不仅如此，他还亲自前往宁远，拜见袁崇焕，以表达感激之情。袁崇焕热情地接待了毛文龙，好酒好肉招待，临走还说，要是毛文龙有什么困难，尽管到宁远找他。袁崇焕这一打一拉，目的十分明显，就是告诉毛文龙，你要听话，要听袁督师的指挥。只要服从命令听指挥，什么事都好商量。袁督师还让毛文龙好好练兵，再过一个月，袁督师要亲自到岛上去，检阅毛文龙的部队。拿了人家的钱粮，毛文龙一时也不好再说什么，他打定主意，先应付一下这位上司再说。由于这次单身前往宁远，安然归来，毛文龙不觉对袁崇焕放松了原有的警惕。

明崇祯二年（1629 年）五月二十五日，天空分外晴朗，海面上风浪也不大。袁崇焕带着水师都司赵可怀，还有一千余名士兵，从宁远海上出发，分乘三艘大船去视察毛文龙的部队。船队乘风破浪，高速前进，船前船后，不时有三三两两的海鸥飞过。袁崇焕站在船头，看着那此起彼伏的海浪，他的思绪也像那海浪一样，七上八下。直到此时，是否杀掉毛文龙，他还没有拿定主意。他想亲自和毛文龙好好谈一谈，看看是不是有比杀毛文龙更好的办法。

五月二十八日，袁崇焕的船队抵达旅顺口外四十里的双岛，双岛离皮岛很近，也是毛文龙的辖区，他与毛文龙相约在双岛见面。从袁崇焕的角度来说，他并不想进入毛文龙的巢穴，毕竟毛文龙在皮岛已经经营了八年。当天晚上，毛文龙带着他的二千多人从皮岛抵达双岛，因为天色已晚，没有与袁崇焕见面。

六月初一，毛文龙拜谒袁督师，送上礼单，两人共进午餐。席间，毛文龙向袁崇焕表示，自己过去不大遵守纪律，也在背后说过袁督师的坏话，还骂过娘，希望袁督师海涵。袁崇焕说，现在是战争时期，他不在乎个人的荣辱，但目前时局艰难，希望毛镇能和他一起，捐弃前嫌，重归于好，共渡难关。谈话进行得很客气，气氛也十分融洽，两人握手而别。

第二天，毛文龙派人在岸边搭起了帐篷，请袁督师一道喝酒吃饭。三杯过后，袁崇焕问他：

“毛镇在东江多年，与东夷频繁交手，不知恢复我辽东，贵镇有何高见?”

“督师大人，不是我毛某吹牛，关、宁兵马俱无用，止用东江二三千人，藏云隐雾，一把火遂灭了东夷!”毛文龙回答。

袁崇焕听后，心里很不以为然。他觉得，眼前此人，非但不像一位将军，简直就是一介狂夫酒汉。但他都忍住了，他觉得时候不到，他还要继续深入地了解一下这个姓毛的人。袁崇焕耐住性子，推心置腹地劝毛文龙，要报答皇上的恩遇，要听上峰的节制，要约束部队的纪律，要加强士兵的训练。毛文龙一一点头答应，宴会一直到晚上二更才结束。

六月三日，毛文龙将他带来的人马和原来岛上的驻军，一共三千多人，在岛上校场列队，听候袁崇焕的检阅。毛文龙显得很紧张，他的直觉告诉他，今天有可能出事，所以他一直提心吊胆，身边站满了拿刀的护卫。袁崇焕来了，他显得很轻松，除了都司赵可怀外，只带了几个卫兵。他从队伍的这头走到那头，一路上谈笑风生，与士兵们问着、说着。接着，他又让都司赵可怀从毛文龙手下的军官那里拿来花名册，开始一个一个点名。

“毛狗娃、毛文生、毛阿炳、毛俊生、毛二愣、毛阿五、毛海生……”

赵可怀从头点到尾，毛文龙部队的士兵清一色的都姓毛，这实在出袁崇焕和赵可怀的意料。难道他们全都是毛姓之人，没有一个外来户，这也太不可思议了吧！点名刚结束，袁崇焕便立刻提出了这个问题：

“毛镇，数千人通姓毛，难道他们都是你毛家的子孙不成?”

“袁督师，这些士兵都是辽东各地流民及散兵游勇，他们的家乡天南地北，各有各的姓氏。到了岛上以后，他们为了表示效忠于我，自愿改姓毛氏，所以我这岛上的士兵，人人姓毛。这也是我这只毛家军的独特之处。大人不必见怪。”毛文龙在一边连忙解释，阅兵也到此结束。

大概是被袁崇焕的诚意所感动，当天晚上，毛文龙只带了两个亲兵，来到了袁崇焕的营帐。袁崇焕阅兵之后，心中发生了很大的变化，这毛文龙把一支朝廷编制的正规军变成了毛文龙的私家军，朝廷出粮出饷，却养活了一群效忠毛文龙的兵痞，这还了得?袁崇焕眼里是揉不进沙子的，他开始对毛文龙起了杀心。不过，杀毛文龙乃是最后的办法，他希望通过谈话，让毛文龙自己走人，让这支军队重归朝廷建制，换自己的人来管理毛家军。于是，他和颜悦色地对毛文龙说：

“毛总兵，你在边疆这么久，实在劳累，你的家乡杭州西湖可是美得很啊！你不想回去看看?”

“袁督师，地是家乡美，水是家乡甜。谁不思念家乡呢?可是奴酋尚在，身为军人，守土有责，我怎么能回去呢?再说，皮岛之军，也离不开我呀！”毛文龙一本正经地回答道。

“只要你肯离开，本督师自会安排人来代替你。”袁崇焕说道。

“袁督师，你有所不知，我这支人马可是乌合之众，除了我，他们可是谁的话都不听啊！我这个位置，可是无人能代。”毛文龙回答得很坚决。

“既然如此，此事就不谈了。本督师这次前来劳军，给你手下兵士每人赏银一两、布一匹、米一石，按人头发放。不知将军手下共有多少人马，我好早做安排。”袁崇焕见话不投机，便改变了话题，但他也想知道这毛文龙手下，到底有多少兵？

“袁督师，我这里有三千五百人，明天便可领赏。”毛文龙只说出了他在双岛的兵士数目，他可不愿意让袁崇焕知道他的真实家底。

“那好。明天上午，你就集合队伍，我在山上靶场校射，你可选一百个射手参加。校射完毕，便在现场开始劳军。你去安排吧。”袁督师说完这番话，便端茶送客，两人间的最后一次谈话也就不欢而散。

第二天，毛文龙陪同袁崇焕一起前往山上校场。见毛文龙带的人太多，袁崇焕说：

“毛总兵，山上狭窄，你只带参将以上将领便可，不必让那么多人上山。”

于是，毛文龙按照袁崇焕的指示，只带了数十名将领，跟随袁崇焕开始往山上走。行至半山，袁崇焕突然停住脚步，向毛文龙带的军官们深施一礼，他说：

“诸位在边疆海岛为国效力，每月的粮饷却只有一斛，实在辛苦，请受袁某一拜。”

众人不知袁崇焕是何用意，纷纷回拜，袁崇焕又说：

“你们只要真心为国效力，今后粮饷问题，就由袁某负责，断不至匮乏。”

这话，毛文龙的部下当然都爱听。众人就这么说着、笑着，很快便到了山上。袁崇焕事先让赵可怀带人专门在山上架了一座大帐篷。毛文龙等人上山以后，便跟着袁崇焕鱼贯地进入了这座帐篷。袁崇焕当先走进帐篷，在中间那张案桌后坐定。他突然一拍案上的惊堂木，脸色一变，大声说道：

“毛文龙，你知罪吗?”

“文龙无罪。”毛文龙回答。

“与我拿下。听赵都司宣读你的罪状。”袁崇焕发了话。同时，还没明白怎么回事的毛文龙已经被赵可怀带来的人脱了官服，五花大绑，捆了起来。

“查毛文龙身为皮岛总兵，勾结阉党，贿赂中涓，其罪一也。虚报名额，冒领军饷，其罪二也。军无纪律，不听调遣，其罪三也。公开走私，中饱私囊，其罪四也。假报军功，骗取赏赐，其罪五也。纵兵扰民，盘剥地方，其罪六也。私设公堂，欺压百姓，其罪七也。假公济私，侵吞军饷，其罪八也。游而不击，畏敌如鼠，其罪九也。强抢民女，聚赌设娼，其罪十也。账目不清，欺上瞒下，罪十一也。设卡收税，形同盗贼，罪十二也。”赵可怀拿出早已准备好的诉状，从头至尾，念了一遍。念完后，袁崇焕紧接着说：

“毛文龙，本督师累次相劝与你，希望你回头是岸。谁知你狼子野心，欺诳成性，丝毫不知悔改。国法无情，本督师岂能容你？你道本督师是个书生，本督师偏是朝廷的将首。你来看。”

毛文龙一看，他的腿便软了，“扑通”一声，跪倒在地。他看到的是，袁崇焕手中举起的那把崇祯皇帝赐与的尚方宝剑。自己虽然也有一把，但那是先皇天启皇帝赐给他的，显然已过时了。活命要紧，他开始连声求饶：

“文龙自知死罪，只求督师宽恕。”

“本督师五年平辽，全凭法度，今日不杀你，如何治军。圣上赐我尚方宝剑，正是为此。今日杀了毛文龙，本督师若不能平复全辽，愿以身试法。”袁崇焕说完，便挥了挥手。赵可怀手下的人立即将毛文龙带出帐外，斩首示众。见此情景，毛文龙手下部将个个胆寒，当即跪倒，请求饶命。袁崇焕当场宣布：

“首恶已惩，胁从不问。从即日起，由副将陈继盛接替毛文龙的职务。

毛文龙的儿子毛承祚提升为参将，你父之罪，与尔无干，你可安心任职。本督师携带赏银十万两，现在就由陈继盛发给大家。”

杀了毛文龙后，袁崇焕命人将毛文龙的遗体装棺埋葬，并且亲自在灵柩前拜祭。袁崇焕流着眼泪，深情地说：

“昨日斩尔，乃朝廷大法；今日祭尔，乃僚友私情。”

处理完善后事宜，袁崇焕等人就开始离岛。在归途中，对于杀毛文龙袁崇焕还是有些后悔的，毕竟毛文龙在抗后金的态度上，一直是很坚决的。他在船上，写了这样一首诗：

战守逶迤不自由，偏因胜地重深愁。
荣华我已知庄梦，忠愤人将谓杞忧。
边衅久开终是定，室戈方操几时休。
片云孤月应肠断，椿树凋零又一秋。

由于袁崇焕采取了快刀斩乱麻的霹雳手段，毛家军的几万人，没有造反，也无人闹事。袁崇焕对于这一点，还是比较满意的。他立即派人去和皇太极联系，毛文龙已经杀了，是否可以兑现交还广宁、义州的诺言？皇太极的回答是，他从来没说过要归还广宁和义州。杀了毛文龙，皇太极偷着乐，这下，他可以长驱直入，再不用顾虑后方有人捣乱了。杀了毛文龙，皇太极高兴至极，袁崇焕确实上了当，中了他的“借刀杀人”之计。当赴盛京的使者返回宁远，向袁崇焕报告这一切时，袁崇焕后悔极了，他这才明白自己受了骗，但大错已经铸成，他只能打掉牙齿往肚里吞了。

毛文龙死后，继任的陈继盛根本无法驾驭毛文龙的部众。短短两个月里，毛文龙的数万名毛氏子弟便如鸟兽散，有的啸聚山林，落草当了强盗；有的遁入朝鲜，做了他国百姓；还有的，干脆投了后金。一个坚持了八年的抵抗后金的根据地就这样土崩瓦解了。身为督师的袁崇焕心里很清楚，他是无权擅自杀掉毛文龙的，皇帝并没有给他这种权利。所以，袁崇焕回宁远后的第一件事就是将杀掉毛文龙一事向皇帝汇报，并请求处分。

当然，从内心来讲，袁崇焕还是希望皇帝能原谅自己。

六月十八日，崇祯下旨，痛斥毛文龙专权跋扈，目无法纪，称赞袁崇焕处理及时，为国除奸。其实，这只是崇祯皇帝的表面文章，他心里并不是这么想的。毛文龙已经杀了，此事无可挽回。袁崇焕是个人才，此人还要任用。所以，崇祯此时的旨意也是无可奈何，他想安慰一下袁崇焕，好让他继续为自己卖命。但崇祯心里，已经对袁崇焕打上了一个大大的问号，他对袁崇焕擅杀大将的做法，已经产生了很重的疑心。袁崇焕执掌关宁铁骑，兵权在手，他连一品大员毛文龙都敢不经朝廷批准就擅自杀掉，那么，他还有什么不敢做的事呢？在袁崇焕的眼里，朝廷、皇帝，到底还有什么地位呢？每念至此，崇祯皇帝都不寒而栗。

毛文龙已经死了，皮岛的根据地已经烟消云散了，没有了后顾之忧，野心勃勃的皇太极元气已复，他准备再次带领大军，向明朝的内地进攻。他这次攻明还有个目的，后金遭灾了，没有吃的，他必须到明朝的地盘去抢夺粮食。后金天聪三年（1629 年）十月，距毛文龙被杀只有三个多月，皇太极在崇政殿召开会议，讨论进攻明朝事宜。但是，皇太极刚刚提出了出兵的打算，就遭到了诸贝勒的反对。大贝勒代善说：

“大汗，我军连年征战，人困马疲，应该休养生息。这两年稍微才缓过点劲来，是否再等一两年。况劳师袭远，自古乃兵家大忌，还请大汗三思而后行。”

三贝勒莽古尔泰也随声附和：

“我看大贝勒说得对。征明谈何容易，前些年攻宁远、攻锦州，我军历次受挫，损失不小，我看还是以休兵养马为上。待过几年，兵马强壮，再行攻明不迟。”

皇太极听后，呷了一口茶，摆了摆手，不再让其他贝勒继续发言。他自己则清了一下喉咙，缓缓地说出了一番道理：

“众家贝勒，对明作战不能只顾眼前，要有一个长远的打算。明朝地大物博、人才济济，其实力远在我国之上。我邦开国不久，疆域狭小，区区二十万八旗兵，要想灭掉明朝，绝非一朝一夕所能成功。明朝这个庞然大物，虽然有李自成、张献忠等到处流窜作乱，加之太监专政，朝廷腐败，气数已尽，但尚有上百万军队，大片的国土，真所谓，百足之虫，死而不僵。何况还有袁蛮子这样忠心耿耿的将领，绝不可能侥幸取胜。

“明朝就像一棵参天大树，要想顷刻将其连根拔除，那是办不到的。我的方针是，要不断地对这棵大树加以砍伐。今天砍一枝，明天伐一叶。夺取其土地、抢掠其人口、消灭其军队。天长日久，其枝叶日衰，根基动摇，最后必将倾覆。故我方要不断出击，不与其缓冲之机，反复削弱其力量。天欲不取，悔之莫及。我们要抓住时机，予以打击。目前，我国水患不断，粮食难以为继，不就食明朝，更待何时？况且，袁崇焕杀了毛文龙，皮岛明军已土崩瓦解，此番进兵，已无后顾之忧。我们不指望一次远征，便可以推翻明室，但不断地予以打击，不断地予以削弱，方能最后毕其功于一役。众家贝勒以为如何？”

听了皇太极的长篇大论，代善与莽古尔泰均不再反对，其他贝勒更是唯皇太极之命是从，所以，便不再议论是否出兵，而是讨论本次出兵行走的路线。经过反复斟酌，最后皇太极决定，本次出兵避开较近的宁锦防线，而是绕道蒙古，经科尔沁，从喜峰口入关。十月二十日，十万八旗大军从盛京陆续开拔。二十四日，后金军齐至老哈河会齐，然后取道蒙古，向西进发。明军虽然在宁锦布防重兵，但是在山海关以西不但无军驻防，而且城垣颓落。后金兵从喜峰口入关后，长驱直入，接连攻下了马兰峪、汉儿庄、潘家口、洪山口诸边城，然后包围了河北重镇遵化。这遵化城距北京不足五百里，骑兵两天即可到达，因此，遵化巡抚王元雅，一边闭城自守，一边向京师和蓟辽督师飞马告急，请求火速支援。

袁崇焕闻报后大惊失色，后金此次出兵的路线之刁和速度之快，都是他事先没有料到的。倘若京城有失，谁能担当起这天大的干系？袁崇焕不敢怠慢，他急令山海关总兵赵率教先行带领本部人马增援遵化，自己则将宁锦防线稍做安排，然后亲自率领关宁铁骑进京勤王。这赵率教是个急性子，接到袁崇焕的命令后，他第二天便带领本部的五千骑兵出发，急驰三昼夜，行三百五十里，到达离遵化不远的三屯营。人困马乏，赵率教想进三屯营休息片刻，但三屯营总兵朱国彦拒不开城。

无奈之下，赵率教只得带领人马继续前进，赶往遵化城。到了遵化城前，赵率教本想带兵进城协助巡抚王元雅进行防守，谁料却在城外遇到了后金军上万人的拦阻，领头那将不是别人，乃是正白旗旗主阿济格。这阿济格乃是后金军中第一名悍将，他手执一杆斩将刀，当先拦住了赵率教的去路。这赵率教也非等闲之辈，他一摆手中烂银枪，更不答话，直接向阿济格刺去。阿济格的刀又快又狠，一刀快过一刀，一刀狠过一刀，直往赵率教身上招呼。赵率教手上也不敢疏忽，他的一杆枪上下翻飞，犹如万点银星，“长虹贯日”“银蛇锁喉”“倒海翻江”“梨花带雨”数招接着使出，阿济格一时也难以取胜。

赵率教急于进城，并不敢恋战。要论武艺，他并不输给阿济格，但今日长途奔波，又没有休息，战过三十合，体力稍感不支，手中枪也慢了下来。突然，阿济格手下一员偏将巴扎克见主将一时难以取胜，便从旁抽冷子射出一支暗箭。那赵率教正全力与阿济格过招，不敢分神，那支箭正射中赵率教的肩头。中箭之后，赵率教手中的枪便拿不稳了，眼睛也看不清了。那阿济格瞅准这个机会，一刀劈来，将赵率教斩于马下。可怜一员立过赫赫战功的猛将，就这样死在遵化城下。

五千明军见主将一死，再无斗志，登时败逃，后金军乘胜攻城。十一月五日，遵化城被攻破，巡抚王元雅自杀。攻下遵化城后，后金军照例又是纵火，又是抢劫，然后，皇太极留下副将英额尔岱和文官范文程守城，自己则亲率大军杀往北京。袁崇焕在宁远得到赵率教牺牲的消息，悲痛不已，他后悔让赵率教独自先去救援，同时，他也察觉到了京师面临的危机。袁崇焕当即决定，留总兵何可纲守宁远，他亲自带领手下大将祖大寿、吴襄等，点齐三万精兵星夜前往驰援。一万骑兵先行，两万步兵随后跟进。袁崇焕心急如焚，他自己策马和骑兵一道行进，为了加快行军速度，将一日三餐改为两餐，并将炮队留在后面。

十一月十日，袁崇焕的援军赶到了蓟州，当绣着“袁”字的大旗立在军营前时，那后金军的人马还未到达，明军已赶在了后金军的前面。袁崇焕决定，在蓟州迎击皇太极的后金大军。十一月十一日，皇太极的后金大军也到了蓟州，皇太极在蓟州城前看到了袁崇焕的旗号后大吃一惊，这个“袁蛮子”来得好快呀！当皇太极再次碰上这个老对手时，他的潜意识告诉他，这场仗又不太好打了。“袁蛮子”、“袁蛮子”，后金军中的许多将士也看到了袁崇焕的大旗。这两年来，后金军中，一提起袁崇焕，不少将官和士兵就感到头疼，他们对宁远之战、宁锦之战的失利仍心有余悸。这一次，如何对付袁崇焕呢？皇太极一个人在大帐内紧锁眉头，踱来踱去，他的脑子里很乱，一时找不到头绪。

正在这时，亲兵来报，说范文程在帐外求见，皇太极大喜过望。这范文程自称是北宋名相范仲淹的后代，他连进士都未考取，只是一个举人。但明朝待他不薄，让他担任辽中知府。后金天命三年（1618 年），当后金军攻破沈阳、辽阳等地时，这个无耻文人便主动投入了后金的怀抱。由于他在文官中，是最早向后金投降效忠的一个，努尔哈赤非常赏识，任他为大学士。他为人精明，善于谋划，皇太极继位后，对他也很器重。后金的政权机构，就是按照范文程的建议，比照明朝的模式建立起来的。此番他跟随皇太极大军征明，也就起个参谋的作用。他进帐后，先施一礼，然后便向皇太极问道：

“主上忧愁，莫非为那袁蛮子乎？”

“然也。你不在遵化守城，到此何干呢？”皇太极反问道。

“奴才此番前来，就是要帮助主上除掉这个可恶的袁蛮子。请主上屏退左右。”范文程故作神秘地说。

皇太极轻轻一挥手，帐中的亲兵和护卫便全部退出。这时，范文程便低声附耳对皇太极说，如何如何对付这个袁崇焕。皇太极听后，笑得眼睛眯成了一条缝，他决定依计而行。于是，皇太极不与袁崇焕正面交战，他率领大军，绕过蓟州，围着北京打转转，接连攻下了玉田、三河和香河等，所过之处，照例大肆烧杀抢掠。袁崇焕率领关宁铁骑尾随后金大军一路追来，但由于袁崇焕的兵力还不到后金军的一半，因此，袁崇焕也未敢贸然出击。双方的军队不像是在战斗，而好像是在进行武装游行。十一月十五日，后金军停了下来，皇太极将他的大营扎在了通州。

通州离北京近在咫尺，袁崇焕担心京师的安危，准备立即带兵赶往通州。但此时，袁崇焕却接到了兵部的一道命令，命令他的部队不得越过蓟州。袁崇焕对这道命令百思不得其解，后金军已兵临北京城下，城中除了少量禁军外，没有多少兵力可以依靠，京师岂不是危若累卵吗？在前来北京勤王的部队中，袁崇焕的关宁铁骑是最有战斗力的，眼见后金大军已逼近京师，难道自己能在蓟州之外作壁上观吗？他不理解兵部怎么会发出这样的命令？

将在外，君命有所不受。袁崇焕决定不理会兵部的命令，继续率兵向通州前进。其实，兵部这道命令是按崇祯皇帝的旨意发出的。因为这几天一直有传言，说是袁崇焕通敌，要把后金的军队领到北京来。这些传言正是皇太极按照范文程的建议派人四处散布的，可崇祯皇帝偏偏相信了这些传言，他对袁崇焕起了疑心，才让兵部发出了那道命令。袁崇焕的大军连夜出发，很快便到达了河西务，这里距后金扎营的通州不到半日路程。这时，副将周文郁向袁崇焕建议说：

“大帅，既然后金兵已屯通州，我军可在对面十五里的张家湾扎营，就食河西务，然后进退有据，寻机进兵。”

这本来是个好主意，但袁崇焕不听，他说：

“军情紧急，京城空虚。通州离京师不足百里，我军应急速进军，以宽君心。”

说完，袁崇焕便指挥队伍继续前进，袁军于十一月十七日抵达北京城南的广渠门，背靠京城，扎下营寨。狡猾的皇太极见袁崇焕已上钩，他高兴极了，他当即率兵离开通州，尾随袁军之后，到达了北京城下。袁崇焕的关宁铁骑刚到北京，皇太极的八旗军就接踵而至，这个事实，更加验证了后金散布的袁崇焕通敌的流言。老百姓们大都相信，是袁崇焕把后金军引到了北京。

到北京后，袁崇焕提出，让他的部队进北京城做短期休整。崇祯皇帝的答复是不行，但袁崇焕本人可以进城，因为皇帝要召见他。崇祯皇帝召见袁崇焕的地点仍然是平台，不过他这次同时召见四个人，除了袁崇焕，还有祖大寿、满桂和黑云龙。祖大寿是袁崇焕的心腹将领，而满桂此时已任宣府总兵，黑云龙是满桂的副手。在这次进京勤王的队伍中，除袁崇焕的关宁铁骑之外，实力最强的，就数满桂和黑云龙所带的两万人马了。

袁崇焕去晋见皇帝时，穿得十分低调，他既不是铠甲戎装，又没穿大红袍服，而是穿了一身布衣，戴了一顶黑色小帽。崇祯皇帝对他很客气，见他穿得很单薄，立刻将自己披的貂皮大衣解下来，亲自给袁崇焕披上，然后说：

"袁卿家，千里勤王，其志可嘉。风餐露宿，实在辛苦。卿如此忠心，朕深为感动。朕命卿为督师，节制城外所有前来勤王的部队。还望与众总兵一道，早日将鞑虏赶出关去。"

"圣上，臣守卫封疆，督师蓟辽，深感陛下恩宠之深，信任之重。今后金军兵临城下，耀威皇庭，京师震荡，圣上忧心，此臣之大罪也。后金八旗，以骑兵为主，以野战为长。臣一在宁远，二在宁锦，均依靠坚城大炮，方能取胜。京城城高墙厚，城上大炮有上万门，是否让臣部进城休整数日，然后再依靠京城的城防和大炮，一战胜之。"袁崇焕仍想沿用他的老路子，所以他再次请求皇帝批准他的部队入城。

"不可。京城重地，除禁军外，其他队伍，一概不准进城。此乃祖制，必须遵守。卿与满总兵等可分头在城外拒敌。朕当令城上炮火予以支援。"崇祯再次当面拒绝了袁崇焕想让部队进城的请求。

北京城内城共有九门。即正阳门、崇文门、宣武门、朝阳门、东直门、西直门、阜成门、安定门和德胜门。外城有七门，即永定门、左安门、右安门、东便门、西便门、广安门和广渠门。十一月二十日，皇太极分别从东西两路向北京城发动了大举进攻。北路军共五万余人，由皇太极亲自指挥，手下有济尔哈朗和大贝勒代善等，进攻城西的德胜门。南路军四万多人，由三贝勒莽古尔泰率领，包括阿济格、多尔衮、多铎三兄弟，进攻城东的广渠门。两边的战斗同时开始。明军方面，守卫德胜门的是满桂和黑云龙，守卫广渠门的正是袁崇焕和他的关宁铁骑。

广渠门外，袁崇焕指挥的关宁铁骑排开了阵势，准备迎敌。莽古尔泰打仗也不含糊，他率领的是两蓝旗和两白旗。莽古尔泰首先命令镶蓝旗骑兵冲袁崇焕的左翼，但很快被密集的弓箭射了回来。接着莽古尔泰又让镶白旗的骑兵冲击袁崇焕的右翼，可又被连发的火枪和火铳的火力给逼了回来。莽古尔泰火了，他与阿济格亲自带着正蓝旗和正白旗的主力发起了冲锋。

眼见八旗骑兵发起了冲锋，袁崇焕也准备上马，要亲自参加战斗，但祖大寿却伸手拦住了他，说：

“督师要保重贵体，不可亲冒矢石。请督师在此坐镇，由某等上阵却敌。”

“吾为主帅，必当身先士卒，以为表率。吾虽武功不逮，也要冲锋在前，激励士气。”袁崇焕坚决地说。

祖大寿见拦不住袁崇焕，急命身旁家将取出自己备用的镔铁连环锁子甲，又摘下自己头上戴的蟠龙豹子盔，亲自帮袁崇焕穿戴好，然后将袁崇焕扶上战马。袁崇焕双腿把马一夹，挥舞宝剑，当即向敌人冲去。祖大寿带领关宁铁骑，紧跟着冲了上去。真所谓主帅当先，万夫莫当。关宁铁骑此时虽只有九千多人，不到八旗骑兵的三分之一，但那种拼死战斗的精神和舍我其谁的勇气，使这支队伍如猛虎下山，势不可挡。

双方的骑兵展开了捉对厮杀，谁也不肯示弱。战场上，刀枪并举，你来我往，互有杀伤。袁崇焕冲在最前面，横剑跃马，左右驰突。他身中数十箭，身上的箭镞像刺猬一般，却毫发未伤。一是因为他身上穿的镔铁锁子甲和蟠龙豹子盔，都是祖大寿的家传宝贝，它们在关键时刻发挥了作用。二是祖大寿带领自己的亲兵不离袁崇焕左右，时刻保护着他。这些亲兵都是精挑细选出来的百战精兵，不但高大威猛，而且武功一流。他们被袁崇焕舍生忘死的精神所感动，保护统帅，奋不顾身。

这是一场史无前例的恶战。双方从巳时至酉时，激战五个多时辰。交战中，阿巴泰贝勒中了火铳，阿济格也身中数箭，两位主将受伤，后金军败退下去。祖大寿带领部下紧紧追赶，一直到通惠河边。时值隆冬，河水结冰，后金骑兵跌入水中，压碎冰层，死伤无数。这一仗，八旗骑兵溃不成军，奔逃三十余里。关宁铁骑在京城以少胜多，初战告捷，消灭了后金骑兵两千多人。贝勒阿巴泰由于作战不力，被削去了爵位。当晚，皇太极在总结此战时，曾感慨地说：

“十五年来，未尝有此劲敌也!”

满桂在德胜门的战斗就没有这么顺利，他的对手是皇太极本人，他的军队也不及后金军的一半。但满桂丝毫没有退缩，当后金精锐的两黄旗和两红旗骑兵冲过来时，他的副将黑云龙带领明骑兵反冲了过去，但不多久，明骑兵就败下阵来。这时，满桂亲自带领明军主力上阵，同时，城上的大炮也开始向后金军射击，城上炮声隆隆，城下杀声阵阵。在满桂的刀下，一个个后金骑兵身首异处，后金骑兵的攻势也被阻挡住了。可就在这时，城上的一发炮弹鬼使神差地却在满桂身边爆炸，满桂受伤倒了下来。多亏他的亲兵一拥而上，掩护着满桂撤退。主将受伤，明军撤进了城，但明军的大炮此时发挥了作用，开始猛烈地向敌军射击，后金军夺取德胜门的企图没有成功。

十一月二十七日，皇太极的后金军经过休整，再次向北京城发动了进攻，这次进攻的重点改为左安门和永定门。双方还是各自的老对手，袁崇焕的关宁铁骑守左安门，带伤作战的满桂则负责永定门。由于不能进城，袁崇焕只能背城布阵，背对着冰冷的城墙，面对着凶悍的后金骑兵，饥肠辘辘的关宁铁骑在凛冽的寒风中，与敌人展开了厮杀。面对后金军潮水般的进攻，关宁铁骑一次次将其击退，留下的只是死去的士兵和战马的尸体。

袁崇焕依然骑着他的黑马，身着镔铁锁子甲，在阵中奔跑指挥。这个手无缚鸡之力的督师，虽然杀不死几个敌人，但他的勇气却激励着关宁铁骑的每一个人。在这场激烈的战斗中，靠着宝贵的铁甲和亲兵的拼死保卫，关宁铁骑的统帅袁崇焕依然是毫发未伤。这场战斗只进行了半天，后金军就撤退了，仅仅在左安门前，他们又损失了一千多人，他们已经没有了继续进攻的胆量。关宁铁骑以自己的血肉之躯捍卫着崇祯皇帝和京城。

满桂把守的永定门也打退了敌人的进攻，明朝的首都北京城终于转危为安。

两次攻城，损失数千人，都被明军杀败，尤其在关宁铁骑面前，以往战无不胜的八旗军占不到任何便宜，这可让皇太极忧心如焚。眼见这一次进攻北京，又将无疾而终，皇太极怎么也咽不下这口气。正在这时，范文程又来到他身边，范文程身后，还带来了两个被俘的明宫太监。两人是出来采买的，一个叫杨仁，一个叫鲍立。这两个太监从小长在宫内，没见过任何世面，如今被后金巡逻兵俘虏，吓得尿了一裤子。一见范文程进帐，皇太极连忙问道：

“范学士带这两个软蛋前来，有何用意？”

“大汗，这是明朝宫里的两个太监。奴才日前给主子出的计策，就用在这两个人身上。”范文程回答。

皇太极恍然大悟，他让手下亲兵将刀搁在两个太监的脖子上，然后问道：

“你们两个家伙，究竟是要死还是要活？”

“要活，要活。请大汗饶命。”两个太监连连磕头求饶，连头都磕青了。

“饶你二人狗命，倒也不难。你二人必须如此、如此。”皇太极说道。

“大汗只要饶命，我二人照大汗说的去做便是。”两个太监回答道。

于是，还是由范文程让两人签字画押后，带着两个兵丁，把两个太监押到永定门外，解开绑绳，悄悄地放了。这天夜里，范文程还派人在德胜门和永定门外到处张贴招降袁崇焕的布告。第二天一早，当东厂的人把发现的招降布告揭下来，送到崇祯跟前时，杨仁和鲍立两个太监也被总管太监曹化淳带到了崇祯皇帝面前。两个太监一见到皇帝，便跪下磕头，说：

“万岁爷，小的昨日出城采买，不小心被后金大贝勒代善的人抓去。大贝勒代善正审问奴才时，又领进一个穿我朝军官服的人。他们便把奴才二人提出了大帐。小的们心疑，便趴在帐外，想听里面说些什么。但只听见了‘袁督师’三字，就再也听不清了。过了一会儿，那个穿我朝军官服的人也出帐走了。奴才二人晚上被关在关马的马厩里，是小的们趁人不备，弄开了手上的绳子，死命逃了回来。小的们一早向曹公公报告了这件事，曹公公说这件事很重要，所以小的们特地来向万岁爷禀告。”

听了两个小太监的一番话，又看到东厂派人送来的后金招降袁崇焕的布告，崇祯的脸色变了。他思虑不定，疑云顿起，半天才定下心来。尽管崇祯粉碎了魏忠贤阉党集团，但那只是个案。和所有明朝皇帝一样，崇祯仍然将太监看成家人、自己人，在任何时候，宁可相信太监，也不相信大臣。还有一点必须指出，崇祯是一个疑心很重的人，同时他又是一个刚愎自用的人。听完两个小太监的话，他已经认定，袁崇焕叛变了。接着，崇祯命人给九门提督传令，让他严守城防，任何人未得皇帝本人的命令，都不准进北京城。然后，他又让曹化淳出去安排，他要再次在平台召见袁崇焕等人。

十二月一日，袁崇焕接到了命令，皇帝要再次召见他，与他同时被召见的还有他的部将祖大寿。奇怪的是，当他和祖大寿走到城门下时，守门的禁军不给他两人开城门。等了半天，才扔下来两个筐子，让袁督师和祖总兵蹲进去，用绳子拉上来。召见还是在平台，袁崇焕已经是第三次来到这个地方了。袁崇焕在这里再次遇到了两个人，仍然是满桂和黑云龙。不过，这次满桂因为受了伤，头上扎着绷带。崇祯皇帝出现了，但这次皇帝的态度，明显与前两次不同，没有了嘘寒问暖，没有了亲切问候，更没有面带笑容。一见到袁崇焕，崇祯就将后金招降袁崇焕的布告从御案上直丢下来，说：

“袁崇焕，你知罪吗?”

袁崇焕匆匆用眼睛扫了一遍布告上的文字，然后镇定地说：

“圣上，此鞑虏诡计耳。崇焕忠君爱国之心，可对天日。”

“你既然忠君爱国，为何擅杀大将毛文龙?”崇祯帝抛出了这个陈案。

“圣上，毛文龙不守军纪，克扣军饷、勾结阉党，私收关税，罪在不赦。圣上授臣尚方宝剑，予臣先斩后奏之权。杀毛文龙后，臣也曾专折上奏，并蒙皇上嘉许。怎么是擅杀呢?”袁崇焕不卑不亢，慢条斯理地为自己辩护。

“袁崇焕，你不要以为你打了两个胜仗就有功了。有人告你通敌，是你将后金军引到北京的?”

“圣上，臣奉命赴辽以来，夙夜不敢懈怠。练兵筑城，历历在目，数年之间，两破强虏。臣每日夜不更衣，食不甘味，惟思守土报国。臣勤于王事，至于忘家，臣之俸禄，悉数赏与将士。臣虽愚钝，但自幼读孔孟之书，朝夕习程朱之礼，忠君爱国之志，常在心头。臣与鞑虏数载恶战，家人殒命，此仇不共戴天，岂能有通敌之事？诬臣通敌，乃敌人奸计，望圣上明察。”袁崇焕越说越感觉委屈，不由得掉下泪来。

“朕来问你，你不通敌，为何将满桂总兵用炮打伤?”崇祯又提出了一个新问题，当然，这也不是他臆造的，而是有人这样给他汇报。他还让满桂当殿脱去袍服，露出全身的伤疤。

“圣上，臣与满总兵同在辽东抗虏数载，勠力同心，情同手足。本次勤王，满总兵在德胜门鏖战时，臣率军在广渠门对敌；满总兵在永定门激战时，臣军在左安门与敌厮杀。两地相隔十数里，满总兵受伤，怎能与臣扯上干系？满总兵负伤，怎能算在臣的头上？还望圣上勿信道路之言，勿中敌人诡计，则天下幸甚！百姓幸甚!”

“你巧舌如簧，百般抵赖，朕不屑与你辩驳。来人，着袁崇焕解任听勘，关宁之旅，由祖大寿统领。城外所有勤王兵马，由满桂继任督师，统一指挥。”

随着崇祯帝一声令下，侍卫们立即拥上来，脱去了袁崇焕的官服，将他绑了起来。但此时，在场的内阁大学士成基命和户部尚书毕自严见状，立刻跪了下来，替袁崇焕求情。内阁辅臣成基命说：

“陛下，大敌当前，鞑虏正盛，怎可临阵易帅？况袁督师镇守辽东，战绩卓著，通敌之说，尚需切实调查。怎可因一时之疑，自弃干城之帅。请陛下收回成命。”

满桂此时连衣服都没顾上穿，也连忙跪下，对崇祯皇帝说：

“圣上，臣之所伤，乃城上炮火误伤，断乎与袁督师无关。某与袁督师共事数年，深知袁督师之为人，臣愿以身家性命担保，袁督师绝不会投敌。臣乃一介武夫，不读兵书，不懂战策，只会上阵杀敌，焉能为帅？袁督师文韬武略，人尽佩服，运筹帷幄，上下皆知。还望圣上，为我朝留一帅才。”

尽管在场的文臣武将都替袁崇焕说情，但崇祯皇帝主意已定，他斩钉截铁地说：

“皇命岂可更改，诸卿毋庸再议。退下！”

人们都知道，自古以来握有生杀大权的皇帝是什么事情都能做出来的，但敌军兵临城下，临阵将己方军事统帅关入大牢的，除崇祯外，却是前无古人。真是视国事如儿戏，非但不可理喻，简直匪夷所思！那个心怀社稷、忠于皇帝，率领关宁铁骑风餐露宿、千里驰援、披坚执锐，与敌血战的袁督师，竟被扣上了“通敌”“叛国”的罪名？那个唯一两次战胜后金军，让敌人闻风丧胆的“袁蛮子”，却被崇祯皇帝投入了诏狱，皇帝究竟是心血来潮，还是头脑发昏？究竟是疯魔缠身，还是精神错乱？这种亲痛仇快、丧心病狂的行为，让胜利的天平，彻底倒向了后金一方。

空荡荡的平台吹过一阵冷风，显得阴森森的。眼看着崇祯皇帝拂袖而去，督师袁崇焕锒铛入狱，诸大臣只有唉声叹气。七十多岁的老臣成基命一直跪在地上，不肯起来。跟袁崇焕一道来的祖大寿，从始至终，一言未发。他知道，人微言轻，说了也没有什么用，弄不好还会惹祸上身。但袁崇焕的被捕还是给他以极大的震动，他的双腿都在发抖，跨出宫门时，连步子都迈错了。这一很小的细节，众人都没有注意，但兵部职方司主事余大成却将它看在眼里。祖大寿刚一离开，余大成便立即找到兵部尚书梁廷栋，急着对他说：

“尚书，后金军兵临城下，现袁督师突然被捕，臣料辽军一旦无帅，必生大乱。”

“辽军有祖大寿在，断不至此。”梁廷栋说。

“作乱者必是此人，请尚书拭目以待。”余大成又说。

梁廷栋根本不信余大成的话，但他进内阁后，却将余大成的判断叫作笑话儿讲给内阁群官听。言者无心，听者有意。多数人听梁廷栋讲过后不过是哈哈一笑，但新进内阁的首辅周延儒却十分重视，他让人立即去把余大成找来。他亲自问余大成：

"你认为祖大寿会反吗?"

"必反无疑。"余大成回答。

"祖大寿若反，须待几日呢?"周延儒又问。

"三日之内，必见分晓。"余大成又答。

一天过去了，又一天过去了，没见什么动静。待到第三天，东厂太监来向崇祯禀报，说是今日凌晨，祖大寿率该部一万人出走。他走时留下话，说是要返回宁远。军无将令，擅自返回宁远，岂不是造反吗？但值此用人之际，还要慎重处置，因此崇祯帝立即传旨，宣辅臣周延儒晋见。周延儒一听皇上宣召，早有准备，他带上余大成，一起上殿面君。崇祯皇帝一见周延儒到来，便着急地问：

"祖大寿率军出走，卿家有何对策呢?"

"祖大寿之所以率军出走，源于袁崇焕之入狱。祖大寿是袁崇焕麾下心腹将领，自然惧怕遭到连累。但臣敢担保，此人虽率军出走，但决不至投敌。"周延儒如此回答。

"京城被围，虏骑仍在，当前正值用人之际，如何能劝说祖将军回京勤王呢?"崇祯说出了自己的想法。

周延儒事先未考虑过这事儿，一时语塞，他望望身边的余大成。余大成说：

"陛下，只要有一件东西，祖大寿必定会回来。"

"何物?"崇祯很感兴趣，立即追问。

"袁崇焕的手谕。"余大成回答说。

"这倒好办。立即派人前往狱中，命袁崇焕速给祖大寿写信，让祖大寿率军返京。"崇祯皇帝说完，便随即命令兵部尚书梁廷栋到狱中去让袁崇焕给祖大寿写信。

袁崇焕被关进了诏狱，这里的守卫由锦衣卫专职负责，一般人只要进了诏狱便很难出去。当梁廷栋进入牢房，见到袁崇焕时，不免有些诧异。虽然只有短短几天，但袁崇焕好像变了一个人似的，不仅面黄肌瘦，胡须也长长了，就连那双炯炯有神的眼睛，也失去了往日的光彩。当梁廷栋提出让他给祖大寿写信，让祖大寿带兵重返北京时，袁崇焕摇摇头，一口回绝。他说：

“此信臣不能写。昔日祖大寿听命于臣，因臣乃他的上司。今日臣已获罪，乃一介罪人。臣即使写信，亦归无用，祖大寿必不肯就范。”

袁崇焕不肯写信，可把崇祯急坏了，他几次三番派大学士和六部官员到监牢去劝说袁崇焕写信，但袁崇焕这次铁了心了，就是不写。哪有将人抓进监牢，还来叫人办事的。既然认为自己通敌，怎么还来叫人写信呢？这一下可难坏了崇祯皇帝和诸位大臣。眼下后金军攻城在即，明朝的援军虽有二十万人，但没有多少能打的，具备关宁铁骑这种战斗力的队伍，更是绝无仅有。虽然满桂担任了城外勤王部队的督师，但各支部队互不统属，满桂根本指挥不动。连满桂自己都整天在那里发牢骚：

“放着袁督师这样现成的大才不用，而用我这样一个粗人，这不是赶着鸭子上架吗？”

到了这个时候，还是这周延儒脑子转得快。他又想到了余大成，他决定让余大成出面再去牢中劝袁崇焕一次。这余大成并不推辞，他只提了一个食盒，带了两瓶绍兴花雕进牢房去见袁崇焕。当年袁崇焕在兵部时，两人过从甚密，袁崇焕还几次想调余大成去参赞军务。只是因为兵部一直不肯放，余大成才未能成行。今日故人相见，袁崇焕十分动情。余大成并不提他来的目的，只是一个劲儿地劝袁崇焕吃菜喝酒。

酒过三巡，袁崇焕的情绪好转了，话也多了起来。这时，余大成说：

“弟知道兄台冤枉，弟知道兄台有气。兄台一向忠君爱国，今日却如此下场，小弟亦为兄台不平。但弟有一言，不知当讲否？”

“但讲无妨。”袁崇焕说。

“倘后金军攻入京师，社稷倾覆，生灵涂炭，袁兄愿意这种事情发生吗？”余大成问。

“当然不愿意。”袁崇焕回答。

“国家兴亡，匹夫有责。况我辈食君禄，居庙堂，自当将国事置于个人恩怨之上。苟利国利民，大丈夫胡不为？弟相信袁兄终不会因个人际遇而置宗庙社稷、天下苍生于不顾。”余大成越说越激动，声音也越来越大。

“老弟不用再说，袁某这就写信劝祖大寿回军。”袁崇焕摔碎了手中的酒杯，拿起余大成事先准备好的笔，蘸饱了墨，在白纸上奋笔疾书。一封书信写完，袁崇焕的眼中已经满是泪水。男儿有泪不轻弹。皇帝可以逮捕自己，百姓可以误会自己，但自己决不可负君恩、负百姓、负社稷。袁崇焕将写好的书信交给余大成，但那种被免任、受委屈的情绪仍让他久久不能平息，他自知难逃一死，但他仍然做了他本来不愿意做的事。

当袁崇焕的这封信由信使递到祖大寿手上时，祖大寿已经带着他的人马回到了锦州。见到老上司的手书，祖大寿放声大哭，全军将士均号啕大哭，对这位与辽军生死与共的统帅，关宁铁骑上下都有着无比深厚的感情。但对于回兵北京，祖大寿却难做决定。皇帝对袁崇焕的处置，仍使他心存余悸。忠心不二的袁督师都能被投入诏狱，一手由袁督师亲自打造的关宁铁骑还会有什么好下场吗？他怎么能够再带领关宁铁骑重返险地呢？但这时，祖大寿八十多岁的老母亲发话了。老母亲说：

“儿啊！袁督师虽然入狱，目前还生死未卜。如辽兵返京，立下大功，袁督师或许有救。如若辽兵不听命返京，那就是叛国，袁督师也就必死无疑了。儿还要三思而后行。”

听了老母亲的话，祖大寿不再犹豫，他二话不说，立即率领全部人马返回了北京。十二月十七日，皇太极再度对北京城发动了强攻，这次，他集中兵力，猛攻永定门。明军见敌人来势凶狠，也集中了全部主力与后金骑兵在永定门外厮杀。明军共有四万人，既有满桂、黑云龙率领的宣府军，也有祖大寿、吴襄带领的关宁铁骑。满桂脱掉了上身的衣服，举起大刀，当先冲进敌阵。他见一个，杀一个，见两个，杀一双，不多时，便杀死了数十名后金骑兵。后金兵见他勇猛过人，不敢接战，便从远处纷纷向满桂射箭。可怜一介勇士全身被射成刺猬一般，死在了乱箭之下。

主将虽死，明军并未落败。祖大寿的关宁铁骑发挥出特殊作用，骑兵们使用了随身携带的三眼火铳，距离远时火铳可用来射击，距离近时就当作一只铁棒向敌人身上抡过去，将后金兵击倒在地。他们高喊着："为袁督师报仇!"仇恨产生力量，关宁铁骑的骑兵，像一头头愤怒的雄狮，把敌人打得哭爹叫娘。经过一天激战，后金军又伤亡了两千余人。眼见得明军勤王部队越来越多，如左良玉部、贺人龙部、曹文韶部、唐通部等都赶到了京城，后金部队伤亡过大，皇太极终于下令撤军。

不过，临撤军前，他留下了阿敏贝勒，并给他留下了一万人马，让他守住这次战役攻下的明遵化、滦城、永平、迁安四座城市。皇太极的主意是，留下这四城为据点，他过些时还会引兵前来。虽然，此役未能攻下明朝的都城，这原本在皇太极的意料之中，但对于利用"反间计"除掉了死对头袁崇焕，他觉得还是收获不小。在皇太极眼里，明朝将军中，除了袁崇焕，没有一个是他的对手。

袁崇焕被抓起来了，但崇祯皇帝当时并没有马上杀他，因为说袁崇焕通敌，并没有任何证据。袁崇焕在诏狱里被关了八个多月，对于如何处置袁崇焕，始终是一个难题。找不到通敌的证据，便从其他方面着手，鸡蛋里面挑骨头，终于被找出了一个破绽。就在袁崇焕被逮捕的第二天，御史高捷就上奏说，袁崇焕与内阁首辅钱龙锡有勾结，袁崇焕是在钱龙锡的授意下，才杀了毛文龙。

袁崇焕杀毛文龙一案，事涉内阁首辅，钱龙锡被迫引咎辞职。但这事儿还不算完，有人要利用袁崇焕这件事，把钱龙锡彻底搞臭，以防他东山再起。现在问题复杂了，放了袁崇焕，就搞不掉钱龙锡，所以，袁崇焕只能做牺牲品。我们知道，明朝从朱元璋起，做了一个规定，就是不设宰相。皇帝设立内阁，由内阁辅臣在皇帝指示下办事，并直接对皇帝负责。内阁辅臣的最大权力叫票拟，即不管事情大小，要先由内阁辅臣写出处理意见，然后报皇帝审批。在正常情况下，内阁辅臣的意见，皇帝都照准不误。

当时，钱龙锡资格老，关系多，在内阁担任首辅的时间长，因此，朝廷的事，基本上是钱龙锡说了算。钱龙锡辞职后，内阁辅臣成基命因年老退休，内阁班子就空出了位子。于是，崇祯皇帝将礼部尚书温体仁，礼部侍郎周延儒选进了内阁。温体仁、周延儒二人都是势利小人，长期混迹官场，惯会玩弄权术。他们非常害怕钱龙锡再度起用，便处心积虑地要给钱龙锡栽赃，只要钱龙锡不重新起用，他二人内阁首辅的位子才能坐稳。

崇祯三年（1630 年）八月，山东道御史史范上疏，说袁崇焕曾送给钱龙锡白银两万两。在明代，边帅与朝廷近臣交结，便是谋反的大罪。有了这桩公案，温体仁与周延儒便趁机下了黑手，他们要借袁崇焕之事彻底搞倒钱龙锡。就这样，温体仁和周延儒在票拟时，便故意将袁崇焕定成死罪，再递交皇帝审批。崇祯皇帝大笔一挥，批示："依律，凌迟。"狱中的袁崇焕知道这一消息后，连眼睛都没眨一下，他早就知道，自己不可能活着出去。他在狱中的墙壁上，留下了这样一首诗：

北阙勤王日，南冠就絷时。
果然尊狱吏，悔不早舆尸。
执法人难恕，招尤我自知。
但留清白在，粉骨亦何辞。

八月二十一日，袁崇焕被用槛车装着，押往菜市口行刑。那天突降大雪，雪花飘飘，下了好几个时辰，天空灰蒙蒙的，大地一片白茫茫。沿途观看的人们成千上万，他们跟着囚车走着，一路上骂袁崇焕通敌，用石块砸他。袁崇焕的头被砸破了，脸上露出了血，但他依然微笑着，没有一丝惧怕。他知道自己是冤枉的，他知道自己是清白的。作为臣子，他无愧于君；作为战士，他无愧于军；作为官员，他无愧于民。

开始行刑时，刽子手用刀子将袁崇焕的肉一片片割下，围观的人们乱挤乱抢，争着用钱买这个叛国者的肉，然后吃掉。肉割完了，再继续割肝肠等五脏。别看明朝的军队老打败仗，可明朝的刽子手还是很专业的。凌迟，又称磔刑，是所有死刑中最残酷的一种。刽子手要割三千六百刀，最后才一刀致命。这一刀要不早不晚，拿捏得恰到好处。整个行刑过程长达两个时辰，所有皮肉和五脏六腑全部割完，仅剩下一个头颅，传送九边（指明北方辽东、宣府、大同、延绥、宁夏、甘肃、蓟州、固原、太原等九座军事重镇）示众。一世救国英雄，却受到如此惨刑，真是令人发指。

皑皑白雪上，流下了忠臣的殷殷血迹。肉割尽了，血流干了，但英雄的身躯并未倒下。从始至终，袁崇焕神态自若，连眉头都没皱一下。在菜市口刑场上，在刽子手的屠刀下，大明督师袁崇焕用他最后的力气，一字一句、清楚有力地留下了他的绝命诗：

一生事业总成空，半世功名在梦中。
死后不愁无勇将，忠魂依旧守辽东。

袁崇焕死后，妻子、兄弟都被流放到三千里外，抄家时，只在家中抄出了三十两银子。忠臣舍生忘家，却被皇帝枉杀。可怜一代名将，竟落得如此下场。

袁崇焕死后，他的骸骨被丢弃在刑场上，无人敢收葬。当天夜里，乌云密布，寒风刺骨，白天行刑的菜市口街上杳无一人。初更时分，一个黑衣人蹑手蹑脚地来到了这里，他取出一个口袋，利索地将袁崇焕的骸骨装进袋中，然后悄悄离去。这个人是袁崇焕的家仆，广东顺德人，名叫佘英。他跟随袁崇焕多年，不忍见主人遭此惨祸，冒着性命危险，将主人骸骨葬在广渠门外的荒地上。他自己则在墓旁搭了一座草庵，终身为主人守墓。他死后，按照他的遗嘱，佘氏的后人一代接一代地为袁崇焕守墓，直到民国初年。有此义仆，袁督师地下可以瞑目矣！

袁崇焕忠君爱国，胸怀韬略，身先士卒，将士拥戴，呕心沥血，有勇有谋，廉洁公正，执法严明，是一位旷世难得的帅才！在后金与明朝争夺辽东的数十年中，尽管也出现过李如松、熊廷弼、孙承宗、满桂等一批优秀将帅，但真正打了大胜仗，战胜过后金的，只有袁崇焕一人。

在袁崇焕的使用上，崇祯皇帝偏听偏信，刚愎自用，功过不分，是非不明，仅以其枉杀袁崇焕而论，明朝的最后覆亡，难道不是他亲手造成的吗？

几十年后，人们在整理《满文老档》文献时才发现，原来袁崇焕是因为皇太极采用了范文程的反间计被害死的，这场千古奇冤终于大白于天下。抗后金的民族英雄却由于通敌罪而被处以极刑，这不但是袁崇焕个人的悲剧，也是民族的悲剧，历史的悲剧。崇祯皇帝自毁长城，自掘坟墓，自寻死路，大明王朝即将走到自己的尽头。

甲申年（1644 年）就要来临了！

第十章

甲申年地覆天翻

地震。旱灾。水患。蝗虫。战乱。

这一年糟极了。中华大地上灾祸频仍，战火蔓延。正月初一早晨，突然刮起了风，又是打雷，又是闪电，皇宫中高大的祈年殿遭了雷击，不仅殿顶被掀去了一个角儿，连屋脊上的鸱吻也摔了下来。奉先殿里摆放的祖宗牌位被震得乱晃，有几块甚至掉到了地上。真是不吉利啊！

大明崇祯十七年（1644 年），黑色的甲申年。

常言道：爆竹一声除旧岁。可今年的北京却没有多少年气儿，由于战事的风声吃紧，连过小年儿的灯会都取消了。城里只有少数人家门前挂起了灯笼，贴上了春联，而大多数居民都是铁将军把门。街道上，偶尔能听见卖糖葫芦的叫卖声，隔几条街，便有几个衣着光鲜的孩子在那里放炮仗，稀稀拉拉的鞭炮声给古城只带来几丝凄凉。把守城门的老兵把红缨枪搭在肩上，双手拢在袖子里在城门洞内来回跺脚。一个白胡子老兵从胸前摸出瓶二锅头，不时地抿上两口儿，以驱赶那逼人的寒气。真是过年难，年难过啊！只有紫禁城那晨钟暮鼓还在那里有条不紊地敲着，报着那永远也报不完的时辰。

通往北京的官道此时却不得清闲，快马加鞭的信使来来往往，络绎不绝，六百里加急的塘报，一封一封地送到了北京城。不断传来的坏消息让深宫里的末代皇帝崇祯坐卧不宁，心惊肉跳：

正月初一，闯王李自成在西安正式称帝，建立了大顺朝。

正月初八，这位刚登基几天的农民领袖李自成便率领百万大军从陕西出发，兵分两路，杀向北京。

看着陆续送到的塘报，崇祯皇帝的心阵阵发冷，他的手也在不停地颤抖。他不敢相信，享国二百余年的大明王朝真的要毁在自己手上？他将要成为亡国之君？他一个人孤独地在高大的宫殿中走来走去，脑子里一片空白。过了好久，他才让秉笔太监王承恩去将道士余平传来。这余平是城南清虚观的道长，这些日子崇祯皇帝道兴正浓，常与他谈天说地。余平来后，崇祯特地沐浴焚香，然后让余平替他扶乩，推算一下国运。只见余平口中念念有词，那乩笔在沙盘上疾走。不一会儿，写出四句话来，是一首五言诗：

帝问天下事，官贪吏要钱。
八方七处乱，十灶九无烟。
黎民苦中苦，乾坤颠倒颠。
干戈从此起，休想太平年。

这乩语显是个不吉之兆，倒让崇祯心里更加烦躁。当天晚上，他翻来覆去睡不着觉，直到三更时分，才迷迷糊糊地闭上了眼睛。他开始做梦，梦中，一个戴着白毡帽的高大汉子，骑着匹黑马，挥着锋利的宝剑朝他胸口刺来。崇祯皇帝大叫一声，醒了过来，吓得不少的太监、宫女也闻声赶到。崇祯揉了揉眼睛，定了定神，这才意识到，他刚才是在做梦。梦中那个汉子，便是李自成，梦中的李自成只是他从大臣们的奏章中得出的形象。实际上，更让他想不到的是，李自成，这个大明王朝的掘墓人，却是他自己将其逼上梁山的。

崇祯二年（1629 年），刚刚上台不久，便收拾掉魏忠贤阉党集团，雄心勃勃的青年皇帝崇祯锐意改革，要挽救行将就木的大明王朝。为了节约经费，崇祯皇帝下旨，要在全国裁撤二百多个驿站，这其中，陕北米脂县一个小小的银川驿站也在裁撤之列。驿站被撤掉了，驿卒们全部下岗了，下岗的驿卒中有一个当地人，他的名字叫李自成。驿站撤了，饭碗丢了，李自成无精打采地回了自己的家——米脂县李继迁寨。这李继迁寨的人据说是从宁夏迁来的，寨中人都有党项族的血统。

李自成生于万历三十四年（1606 年），他的父亲靠养马为生。九岁那年，李自成的父亲将他送进私塾读书，希望儿子能早日跳出农门。李自成在私塾读了六年，他学习很刻苦，不但学会了识文断字，而且还能写诗和算账。李自成的私塾先生是位南方人，他教书认真，对学生也很好。这年秋天，家乡人给先生捎来一篓螃蟹，因为东西难得，先生将学生们叫来一起品尝。看到螃蟹那伸着两只大钳子、张牙舞爪的样子，学生们都很新奇。先生还要求学生们写一首有关螃蟹的诗，这可把学生们难坏了。

学生们抓耳挠腮，在那里苦思冥想。过了半天，才一个一个到先生那里交卷。先生接过学生写的诗，看了一会儿。他始终皱着眉头，显然并不满意。李自成最后一个交卷，没想到先生看了他写的诗后，拍案称奇，连声叫好，说道：“真乱世人杰也！”听到先生的夸奖，学生们都拥上来，抢着看李自成写的诗。只见，在一张方方的白纸上，李自成用工整的楷书写道：

曾在江湖浪里生，何惧虎豹与豺虫，
八足踏平天下路，一身甲胄任横行。

这首诗虽然稍嫌稚嫩，但豪气干云。乡下孩子，没经过什么世面，有如此心志，实属难得。可惜好景不长，李自成十五岁那年，父亲去世了。

家里失去了顶梁柱，李自成只得辍学回家，打起了短工。过了不久，寨里人见他可怜，便推荐他到驿站当了驿卒。从此，李自成在小小的银川驿站打拼，他又当马夫，又当轿夫，从来不知什么是苦，什么是累。三年过去了，李自成也长成了一个高大结实的汉子。他的双臂强壮有力，他的胸脯上有凸出的两疙瘩肌肉，他那高高隆起的鼻梁和那深邃的眼睛，显示出他党项人的血统。

可是，驿站突遭裁撤，家乡又连年干旱，万般无奈，这个老实巴交的庄稼汉，只好铤而走险，参加了同乡王左挂的队伍，成了农民军的一员。凭着一身力气和勇敢，李自成很快便得到了王左挂的赏识，当上了第八队的队长。王左挂手下共有八队人马，每队的队长都有一个绰号，李自成也不例外，他的绰号是“闯将”。八队中有个铁匠出身的刘宗敏，膀大腰圆，一脸的络腮胡子，为人十分豪爽，与李自成十分投缘。二人在一起烧香结拜，成了生死不渝的把兄弟。

好景不长，洪承畴到了陕西，洪家军在韩城杀死了王左挂。王左挂的队伍被消灭，只有李自成和刘宗敏带着八队的百十个弟兄逃了出来，去投靠“不沾泥”的农民军。“不沾泥”的真名叫张存猛，可他一点也不猛，李自成投靠他还不到一年，他便率队投降了官军。李自成可不情愿投降，就在“不沾泥”准备投降的前一天，他和刘宗敏便带着自己的一帮兄弟出走，参加了另外一支农民军。这支农民军人多势众，他的首领名叫高迎祥，绰号“闯王”。

崇祯八年（1635 年）秋，诸路农民军被人数众多的官军在河南包围，官军中有洪承畴的洪家军、左良玉的昌平兵，以及曹文诏带领的关宁铁骑。农民军最害怕的，便是这个曹文诏，当时有个口号：“军中有一曹，流贼闻之心胆摇。”风声紧，形势不利，农民军十三家七十二营的头领们齐聚河南荥阳开会。会议开了半天，大头领们都哭丧着脸，谁也不说话，气氛十分沉闷。前途在哪里？出路在何方？大家都心中无数。这时，绰号曹操的农民军首领罗汝才打破了沉寂，他带头发言，说：

“各位大当家的，官军来势汹汹，要把我们赶尽杀绝，弟兄们疲于奔命，没有休整，难以与官军对垒。我看还是老办法，三十六计，降为上计。不过我们是假投降，为的是骗过官军，赢得喘息时间。待缓过劲来，咱们再重操旧业，各位当家的意下如何?”

在农民军首领中，罗汝才最为狡猾，他的讲话也很有代表性。当下，便有好几位头领赞成投降，看来，下一步只需商量向哪路官军投降，以及送什么礼物等问题就行了。可就在这时，一直坐在闯王身边的闯将李自成站了起来，他操着十分浓厚的陕北口音，大声喊道：

“不可！千万不可投降！一味投降，不管是真降还是假降，弟兄们的心可就凉了。常言说得好：一人拼命，万夫莫挡。何况我们现在还有二十万人！困兽犹斗，何况堂堂七尺男子汉？我们要和官军拼一个鱼死网破。”

“光唱高调解决不了问题。不投降，难道在这里等死吗？不投降，我们往何处去?”罗汝才带头反对李自成的主张。

“不能投降。我们非但不投降，还要去进攻，我们去进攻都城。朝廷有三都，即北京、南京和凤阳。北京和陪都南京不仅路途远，而且防守严，目前都不能打。但中都凤阳的守军只有数千人，距离并不算远，凤阳还没有城墙。出其不意，拿下凤阳，官军必乱，自保犹恐不及，哪里还顾得上围剿我们呢？此釜底抽薪之计，官军只要一招不慎，必然满盘皆输。请诸位大头领考虑定夺。”李自成胸有成竹，说出了自己早就想好的主意。

高，实在是高招啊！这个主意出奇制胜，可以使农民军绝处逢生，难怪各路首领立时对李自成刮目相看。闯王高迎祥当即表示赞同，其他义军首领也纷纷表示同意，就连力主投降的罗汝才，也不再坚持他的主张。会议很快决定，反客为主，三路出击。闯塌天刘国能等进攻山西，曹操罗汝才等去进攻湖北，高迎祥与李自成、张献忠等人去攻打凤阳。八大王张献忠自告奋勇，充当攻打中都凤阳的先锋。

元宵节那天，凤阳百姓还在张灯结彩，大放花灯呢！他们做梦都没想到，大祸已经临头。只听八大王的农民军发一声喊，高举火把，杀进了凤阳。凤阳守军不是被杀，便是逃走，张献忠不费吹灰之力，便拿下了凤阳城。八大王的兵士们到处杀人放火，点着了民房，烧光了衙门，就连当年朱元璋在那里当和尚的皇泽寺也被付之一炬。农民军释放了犯人，打开了府库，虽然没有太多金银，可大批祭祀用的绸缎、粮食还真不少，有些珍宝连见都没见过。张献忠笑了，自己这个讨来的先锋还真没白当。

凤阳是明朝始皇帝朱元璋的发祥地，是所谓龙脉所在。张献忠为了泄愤，特意让士兵们掘开了朱皇帝的祖坟。谁知朱皇帝的祖坟没有什么灵气，挖来挖去，掘地三尺，只冒出一缕青烟，出土了几具枯骨。眼看挖祖坟提不起什么精神，于是，张献忠找来一片纸，亲自在纸上写下“古元真龙皇帝”六个字，然后让人做成小旗，插在挖开的朱家祖坟上，自己看风吹着小旗，在那里哈哈大笑。接着，他在朱家的坟园上大摆筵席，喝酒吃肉，一连三天，尽着性子折腾。后来听说高迎祥、李自成的队伍第二天就要到了，这张献忠也折腾够了，他便叫人将抢来的金银财宝和粮食都装上大车，脚底抹油——溜了。

到处是火烧的痕迹，到处是死者的尸体，看着遍地的瓦砾和一片焦土，可把高迎祥气坏了。张献忠这小子不仅没留下什么金银财宝，连粮食也没留下一颗，真是肉吃了，骨头啃了，连汤都没剩下。听说张献忠的队伍已经开拔了，高迎祥气得牙咬得咯吱咯吱响，立刻要率领人马去教训这个桀骜不驯的八大王。李自成赶紧拉住了高迎祥的马头，说：

“闯王，大人不计小人过。八大王行事一向如此，你又不是不了解他。毕竟咱们义军是一家人，可不能与他一般见识，让官府看咱们的笑话。”

“自成，你说的也对，我不去追八大王，免得伤了和气。可我们千里迢迢来到此地，总不能空手而归吧？总不能饿着肚子吧？既然中都没赶上，我们去打陪都南京，只要打下南京，要什么有什么，何愁区区粮草。”高迎祥说。看来闯王这次是铁了心，非要捞到点东西再走。

“闯王，南京不比凤阳，陪都不是中都，历来防守严密。南京古称石头城，最是易守难攻，千万不要意气用事。弟兄们思乡心切，我看还是先打回老家再说。”李自成继续相劝。

“你要走便走，我带我的人马攻南京，不过，你可不要后悔呀!”高迎祥信心满满，他一旦决定了的事情，那是九头牛也拉不回来的。

李自成见劝说无效，又不愿陪着送死，只好带着自己的人马，往陕西而去。望着李自成那队人马远去的背影，高迎祥马鞭一挥，他的部队也出发了。三万多重甲骑兵在前，五万多步兵在后，人们只能看见队伍的头，看不见队伍的尾。高迎祥首攻江浦，这江浦离南京不足百里，是南京的门户，有官军重兵守卫。高迎祥进攻不利，只好率军撤离，转而进攻滁州。滁州守军本来只有几千人，谁知高迎祥的队伍刚到不久，援军就到了。带领这支援军的人不是别人，正是那被称为“卢阎王”的卢象升。高迎祥这次领教了“卢阎王”的厉害，被官军杀得尸横遍野，落荒而逃。到了这时，高迎祥才后悔没听李自成的劝告，他决定返回陕西，与李自成合兵。

可是，连陕西也回不去了。当高迎祥率领着仅存的三万人马来到汉中时，新任陕西巡抚孙传庭已经率领着新组建的秦军在等着他。这支秦军全部由陕北榆林人组成，他们作战勇敢，个个不怕死。多次交锋，无论农民军如何冲击，就是越不过秦军这道坎，双方一连相持了半个月。这时，高迎祥突然想起，他在看《三国演义》时，大将魏延曾建议诸葛亮走子午谷小路杀向长安。于是，高迎祥传下军令，让部队人束甲、马裹足，神不知、鬼不觉地进入了子午谷。如果能顺利通过这条山路，不出十天，部队即可到达西安。

这位新任陕西巡抚孙传庭是山西代州人，万历四十七年（1619 年）中了进士，一直在京城吏部为官。别看他是个文人，他却是文武双全，不但熟读兵书，一柄大刀也耍得虎虎生风。他率领的秦军丝毫也不弱于卢象升的天雄军，而他之所以出任陕西巡抚，就是想出人头地，为朝廷立功。这次在汉中堵截高迎祥，孙巡抚是志在必得。现在突然发现农民军人间蒸发，他立刻动起了脑筋，掐指一算，农民军岂能飞上天？一定是走了子午谷那条小路。于是，孙传庭立刻带领手下秦军，从大路赶到了子午谷的出口——黑峪口。他让部队埋伏在庄稼地里，以逸待劳，等候着农民军的到达。

话说这子午谷虽然是条捷径，但山路狭窄，林深路滑，十分难走。高迎祥的三万人马在谷中走了半个多月，才艰难地接近了黑峪口。终于熬到头了，将士们开始兴奋起来。高迎祥整理了一下队伍，仍然是重甲骑兵在前，步兵在后，他自己亲自骑马赶到队伍前头，准备出谷。时间已到正午，在阳光的强烈照射下，高迎祥突然在谷口发现了一个骑马人的身影。他以为自己看错了，又重新仔细地看了两遍。没错，确实是那个新任的陕西巡抚孙传庭，而且他身后还黑压压地站满了秦军。高迎祥脑子里立刻出现了一个不祥的念头，官军走在了自己的前头。他手下的农民军将士的心也提紧了，看来，眼前又将是一场恶战。

战争没有悬念，除大将高杰率领一千人突围外，高迎祥全军覆没。闯王高迎祥负伤，他在自己的亲信大将刘哲、黄龙的保护下，躲进了一座山洞。山洞里又黑暗、又潮湿，没有吃的，也无法休息。还没喘过气来，官军便来到了洞前。由于叛徒告密，高迎祥等被官军从山洞中搜出。黄龙和刘哲被就地处决，高迎祥被装上槛车，押送到京师。崇祯皇帝高兴极了，这是他上台以来清剿农民军所获得的最重大的胜利，他感到流贼将灭，中兴有望。为了庆祝这个胜利，他在午门举行了盛大的受俘仪式，然后把高迎祥凌迟处死。

崇祯九年（1636 年）九月，高迎祥手下的爱将高杰带着千余败兵在陕北见到了李自成，他一把鼻涕一把泪地向李自成叙述了高闯王被俘和牺牲的经过，听得李自成双眉倒竖，怒满胸膛。李自成慢慢地站起身来，眼中饱含着泪。他举起手中的花马剑，当着高杰和众将的面，对天盟誓。他说：

“高闯王，你英灵不灭，浩气长存。我和弟兄们一定继承你的遗志，誓灭大明，为你报仇，为天下苍生报仇！请高闯王在天之灵多加保佑。”

从此，李自成不再称“闯将”，他继承高迎祥的名号，改称“闯王”。他为了替闯王高迎祥报仇，主动找孙传庭的秦军作战。可李闯王的战绩也没比高闯王好多少，李自成四战四败，被逼进了陕南汉中。李自成带着不足一千人的队伍，在汉中的深山老林中躲来转去。四川有洪承畴的洪军，陕西有孙传庭的秦军，他感到十分为难。想来想去，李自成决定前往河南。河南地盘大，且守军较弱，加之连年灾荒，民怨沸腾，很适合农民军活动。但要从汉中去河南，还必须小心避开孙传庭的秦军。

李自成的队伍出发了，为免重蹈覆辙，他不走子午谷。为了迷惑官军，他特意让高夫人和大将刘芳亮带着老营，打着他的旗号，继续留在汉中与官军周旋。这高夫人便是高闯王的侄女高桂英，高迎祥生前十分器重李自成，才把自己的侄女许配与他。高夫人虽无如花美貌，但她自幼长于军中，且智勇双全，手下还有一支三百多人的女兵队伍。对李自成来说，高夫人可真是一位难得的贤内助。农民军中家属众多，李自成将他们编为老营，由高夫人统领。这次突围，十分危险，高夫人主动提出，她和老营留下，在汉中吸引敌人，待李自成成功进入河南后，她再赶去会合。

李自成本来不同意高夫人留下，但带着大批家属突围，行动确实不便，他是不得已才同意了高夫人的请求。与高夫人分别后，李自成十分谨慎，昼伏夜行，以免暴露行踪。他们避开居民聚居区，尽量在人烟稀少的山区行军。一路上，他们喝生水，吃干粮，以防举火会引来敌人。经过十多天的艰苦跋涉，农民军即将到达这次行军的目的地——潼关南原。潼关是陕西与河南的交界地，南原是一片不大的丘陵。只要过了南原，义军就可以顺利进入河南，大展宏图了。想到这里，李自成脸上露出一丝难得的笑容，尽管如此，李自成并没有放松警惕。他命令队伍停下来，由义子李双喜带着三十名骑兵，先去侦察一下情况。

李双喜的骑兵出发还没多久，漫山遍野突然响起了明军的鼓号声。刹那间，像变戏法儿似的，从山凹凹里、庄稼地里，冒出来一股一股明军，铺天盖地地朝农民军冲了过来。很快，明军便冲到跟前，当先的几名将领已经看得很清楚了。那手持长枪的是左良玉，那手执大刀的便是孙传庭。而那第三个人更是让李自成大吃一惊，差点儿从马上摔下来。那个人不折不扣，竟是他部下的高杰。高杰是李自成的同乡，与李自成同为高闯王的部下，去年高闯王被杀，他才投靠到李自成手下，谁料他这么快就当了叛徒。

前几天，中军报告，说高杰携带李自成的小妾邢氏私奔，问要不要追杀，李自成摆了摆手。兄弟如手足，女人如衣服，这邢氏虽有几分姿色，但李自成从来就没有把女人放在心上。高杰给李自成戴了顶绿帽子还则罢了，他竟投靠官军，领着官军埋伏在南原，要置李自成于死地。家恨情仇，是可忍，孰不可忍？李自成眼中冒火，他扯下背上的铁胎弓，搭上雕翎箭，一箭射去，只见那高杰应声落马。李自成收起了箭，从腰中拔出花马剑，大吼一声，冲了出去。刘宗敏生怕闯王有个闪失，立即率领亲兵们跟了上去。

尽管李自成的兵士不到一千人，但他们多是老八队中的精英，个个身经百战，人人身手不凡。他们以一敌二、敌三、甚至敌十，与官军生死相搏。他们没一个怕死的，没一个退缩的，人人抱定了一个宗旨，拼一个够本，拼两个赚一个。俗话说，双拳难敌四手，好汉架不住人多。尽管农民军战士英勇无畏，但明军有上万人，他们仗着人多，几个打一个，硬是把农民军杀得所剩无几。眼看形势不妙，刘宗敏双刀在前，亲兵们奋力冲杀，终于杀出了一个缺口。李自成握紧缰绳，夹住马镫，乌龙驹一阵风似的冲出了缺口。狂奔了好一阵子，身后没了追兵的马蹄声，李自成才停了下来。他数了数跟他跑出来的战士，包括自己和刘宗敏在内，一共只剩下十八个人。

李自成一提缰绳，强忍住心中的悲痛，领着这十七个人，进了商洛山。这商洛山是秦岭的一部分，山高林密，官军怎么也找不到他们。但这商洛山又是穷山恶水，俗话说这里“天无三日晴，地无三尺平。”李自成这一小队人马在山里转来转去，除了喝点山泉，采些野果、野菜充饥外，经常吃不上饭。晚上，他们就住在山洞里，在身旁点一堆火，靠着松树火把照明。马匹已经瘦得露出了一根根肋骨，身上的衣服也破烂不堪。李自成病了，一会发冷、一会发热。但他丝毫也没有泄气，和战友们一道忍受着难以忍受的痛苦和寒冷，等待着，等待那一飞冲天的日子。

崇祯十二年（1639 年）的春天，万物复苏，山花烂漫，洞外传来了阵阵笑声。哨兵进洞报告闯王，说高夫人带着老营的人马到了。李自成一跃而起，三步并作两脚，出洞去迎接夫人。一别二年，音讯全无，夫妻见面，又悲又喜，不由得抱头痛哭。原来义军之间，有一种事先约定的秘密联络符号，相互之间，只要看到符号，便可取得联系。高夫人她们，就是看到了闯王留下的符号，才找到这里来的。高夫人不仅带来了上千人马，还带来了一个好消息。原来去年秋天，清兵又一次分两路入塞，崇祯皇帝急了，急调官军勤王，洪承畴、孙传庭、左良玉诸部悉数调至北京。现在，周遭空虚了，闯王可以出山了。

经过反复盘算，李自成决定，放弃往年出潼关，从灵宝进入河南的老路，而是从商洛山出武关，从西峡进入豫西。沿着这条路线，李自成顺利进入河南，“闯”字大旗重新举起来了，义军接连攻下淅川、内乡、栾川等县，杀死县官，释放囚犯，打开粮库，给饥民放粮放账。李自成的到来，在连年干旱的豫西点了一把火，投军的纷至沓来，大小“杆子”也踊跃前来投奔，真是“野火烧不尽，春风吹又生啊!”不到三个月，李闯王的队伍就发展到十万人。李自成将他的老营扎在栾川的二郎坪一带，他一边派出将领四处打粮，一边加紧训练就近参军的士兵。人马多了，但缺乏人才，无论是上阵杀敌的武将，还是运筹帷幄的文臣，都是李自成当前最缺乏的。

就在李自成求贤若渴之际，贤人们陆续到来。第一拨来的是牛金星父子二人。牛金星是卢氏县人，中过举，在卢氏县也算是个财大气粗的地主。他儿子牛**佺**，十八岁便考中秀才，颇有乃父之风。谁料为争娶一房小妾，牛金星得罪了本县另一个大财主王永富。这王永富心狠手辣，花了三千两银子，买通县太爷，直接将牛金星打进了死牢。牛**佺**替父亲上下打点，想救父亲出狱，但知县铁了心，必欲置牛金星于死地而后快。无奈之下，牛**佺**找到了义军头领刘芳亮，恳求他攻下卢氏县，救出牛金星。结果，卢氏县攻下来了，牛举人也救了出来，父子二人千恩万谢，由刘芳亮陪着，来见李自成。

闯王对牛金星父子十分重视，专门在老营设宴，款待牛金星父子二人。那牛金星四十左右，身材修长，虽然只穿一件寻常的长衫，但眉宇之间，隐约有一股傲然之气。他一见闯王，便拉着儿子牛**佺**给闯王叩了三个头。闯王赶紧亲手扶起，并让牛金星坐了客位。酒过三巡，闯王拱手对牛金星说：

“牛先生，你在中州，是位饱学名士，学识渊博，才高八斗，李某仰慕已久。李某幼时虽读过几天书，但后来替人打短工、当马夫、抬轿子，既缺知识，又少见识。今先生驾到，恳请先生教我，下一步该如何走呢?”

“闯王不耻下问，金星斗胆，愿借箸以筹。明朝建国已二百余年，而今文官爱钱、武将怕死，气数已尽。加之内忧外患，神民共愤，已经病入膏肓。古人云：秦失其鹿，天下共逐之。闯王自进入河南以来，民心所向，兵威大振，正可以趁此时，逐鹿中原，有所作为。但目前我军人数虽众，多是新兵，诸事草创，羽翼未丰。河南居天下之中，洛阳乃九朝故都。西有函谷，东有虎牢，依山傍河，富甲一方。当务之急，是攻下洛阳，活捉福王。

洛阳是福王藩封之地，福王是天下最富的藩王。这福王乃万历宠妃郑贵妃所生，万历生前一直想将皇位传于福王，只是由于众大臣反对，才没有实现。为了补偿福王，万历便将皇宫中的大量珍宝都运到洛阳，赏给福王。打下洛阳，活捉福王，可以一举两得。一可为闯王树威立名，二可以得到大批财物和粮食。然后闯王以中州为基地，南可以下江南，北可以取京师，效汤武革命，取明而代之。届时改朝换代，闯王黄袍加身，岂不是天大的功业?”牛金星一口气说出了自己的一番想法。

“先生一言，李某顿开茅塞，多年所思，一朝迎刃而解。几天来，我一直为出兵豫东还是豫中拿不定主意。尤其是近来投军人多，连粮饷都成了问题。先生所言破洛阳，捉福王确是一招好棋，既可解燃眉之急，亦可应将来之需，此事就按先生说的办理。今后就请先生，陪伴李某左右，也好朝夕求教。”闯王十分高兴地说。

崇祯十四年（1641 年）正月，闯王李自成的大军将洛阳层层包围起来，摆出一副强攻的架势。洛阳城内人心浮动，朝廷派参政王荫昌和总兵王绍禹带兵去加强洛阳的守卫。由于几个月没发饷，守城的兵士开始在城墙上鼓噪，没有人愿意饿着肚子为福王卖命。没有办法，总兵王绍禹只好自己去见福王。福王的王府占洛阳城的三分之一，是在过去伊王宫的基础上扩建的，雕梁画栋，庭院连绵，极尽奢华。穿过重重庭院，王绍禹好不容易才见到福王，福王正在那里欣赏歌舞，由于身躯太胖，福王连坐着都困难，他是躺在那儿听王绍禹讲话的。当王绍禹转弯抹角地提出，想请福王拿出些钱财替兵士发饷，以使兵士们安心守城时，福王一口回绝。他说士兵自有朝廷发饷，士兵们守卫洛阳理所应当，他一文钱都不会拿出来。

王绍禹气得说不出话，他离开福王府时，差点在门槛上摔了一跤。还没回营，他就又听到一个坏消息。守卫北门的士兵见无饷可发，已经哗变，他们把参政王荫昌抓了起来，打开城门，迎接闯王大军进城。王绍禹见势不妙，立即带着自己的亲兵溜之大吉。闯王的大军兵不血刃地进入了洛阳城，抓住了福王，只有福王的世子朱由菘趁乱逃出了洛阳城。当义军士兵将福王带到李自成面前时，这个体重三百六十斤重的大胖子浑身发抖。他向闯王跪下，磕头如捣蒜，并连声叫道：

“大王饶命！请大王饶命！”

李自成最看不起这种没有骨气的王爷，他踢了福王一脚，厉声说道：

“你这昏王，平日养尊处优，作威作福，欺压百姓。今日岂能容你，推出去斩首示众。”

福王听了这话，吓得尿了一裤子，他再也站不起来了，硬是让四个士兵架着，把他拖进了法场。福王被处决了，他的头被挂在洛阳的城门上示众，但李自成的怒火并没有平息。想起死去的高闯王和其他弟兄，仇恨一直在他胸中燃烧。李自成下令，将福王的身体洗剥干净，剁成肉块，然后与鹿肉一起放在一口特别大的锅里炖，炖好后，将肉分给将士们吃，号称“福禄宴”。养子双喜也给李自成端来了一碗肉，碗中油滋滋的，也不知是福王的肉，还是鹿肉。李自成实在咽不下去，他让双喜将肉碗放到一边。正在这时，只听门帘一响，牛金星笑嘻嘻地领进一个人来。

闯王打眼一看，此人五短身材，黄色面皮，三绺短髯，眼睛不大。由于他身形猥琐，李自成见了，先有三分不喜。来人长揖不跪，与闯王见了一个常礼。李自成也未起身，只是抱了一下拳。牛金星见此情况，立即走上前来，向闯王介绍说：

“闯王，此人乃牛某挚友，名叫宋献策，河南永城人士，江湖上人称‘宋矮子’的便是。他虽然以卖卜为生，但半世布衣，书剑飘零，胸怀韬略，学富五车。上知天文，下晓地理。兵书战策，无所不精；五经八卦，无所不通。确实是一位难得的人才。闯王大业初创，宋先生才堪大用，牛某特此引荐。”

宋献策是个老江湖，他早发现李自成有些不屑的神色，牛金星一介绍完，他抢先开了腔。他说：

“闯王，某虽在开封相国寺卖卜十年，只不过是古语所谓‘大隐隐于市’也。某一生只羡慕二人，诸葛亮与张子房耳。宋某年少时，曾逢异人传授过五行八卦、奇门遁甲之学，但凡行兵布阵、战守攻伐，在下均曾涉猎，能知过去未来，能算吉凶祸福。只因未遇明主，故而混迹江湖。当今天下扰攘，非但君择臣，臣亦择君。闯王乃人中之龙，上应天命，下合图谶，有人君之像。故宋某愿追随左右，助闯王成就大业。闯王请看。”

这宋献策一开口便目无左右，侃侃而谈，一番话，正说中李自成的心事，因此，闯王的脸色也比先前好了许多。此时，只见宋献策从随身所带的袋子中取出一部蓝布包皮的册子，打开后，纸张很黄，且有些破旧，看起来，是有些年头了。册页上有诗有画，一共是六十帧。宋献策小心翼翼地翻到其中一张，递到闯王面前。这页上有一幅画，画的是一男子张弓射箭，一美女中箭身亡。画下还有两句谶语，写的是：“红颜死，大乱止。十八子，主神器。”又有四句诗曰：

潜龙蛰伏大山中，一入中原鬼神惊。
十八孩儿兑上坐，九州离乱李继朱。

待闯王和在座众人都看过后，宋献策才指着册页，讲道：

“此书名《谶记》又称《推背图》，乃唐代贞观年间易学大师李淳风和袁天罡所著，距今已经有一千多年了。当时，两位大师在编完《甲子元历》后背对背席地而坐，一人写，一人画，将过去未来之事，按天干地支配伍，凑成六十之数，用来兆示后人。有人单夸这书曰：逸士双双降大唐，推图演绎荐华章。穷极玄妙天机泄，意韵深远警世长。历来所传版本甚多，内容大同小异。宋某游历江南，偶得一古本，特来献与闯王。”

听到这里，闯王神情大振，他问道：

“此书难道与李某有些瓜葛么?”

宋献策指着图画，说道：

“闯王请看，适才此张所画美女，即象征着明朝。所谓美女，朱颜也。美女中箭倒地，预示朱家王朝将亡，即谶语上所说‘红颜死，大乱止’之意。至于那身高力大的射箭之人，则非闯王莫属。射箭之人，乃推翻朱氏王朝之人。此人即十八子，乃李姓之人。闯王姓李，正其谓也。这上面写的‘十八子，主神器’，以及‘李继朱’便是说闯王当继朱氏之后荣登大位。此卦属泽。泽者，水也。明乃火德，水可灭之，水必继火。兑者，西方也，闯王起事陕西，正其谓也。这一千多年前的《谶记》上便有‘李继朱’的预言，这就是天意呀！天命难违，宋某愿与众英雄共同拥戴闯王，助闯王成就大业，早登大位。”

一番话说得活灵活现，又有图谶作证，不由得闯王不信。李自成又惊又喜，惊的是，自己起义反明，却是暗合天意；喜的是，本人一介轿夫，竟有九五之分。本来李自成对于看相算命的事，并不太相信，但宋矮子却正好说中他的心事，由不得他不暗自佩服。反正这《谶记》的事于自己是有百利而无一害，宣传出去也大有好处，李自成便抱着姑妄听之，姑妄信之的想法。此时，李自成对宋献策的态度已比刚才有了很大的转变，他对宋献策说话也热情多了。他说：

“久仰先生大名，今日相见恨晚。承蒙不弃，就请先生与启东一起留在我身边筹划军事。但愿如先生所说，我义军能早日定鼎北京，改朝换代，解天下苍生倒悬之苦。”

送走牛金星、宋献策二人后，闯王开始考虑下一步的行动计划。打开洛阳之后，福王府中，金银财宝堆积如山。钱库中，由于年深日久，不少串铜钱的绳子已经腐烂了。粮库中的粮食更是不可胜计，很多陈粮因为保管不善，已经发霉变质了。这个贪婪、吝啬的福王暴殄天物，真是罪有应得啊！李自成吩咐将三分之一的钱粮，用来赈济灾民，其余的粮食和财物统通运回老营。由于东西太多，征集了大量的骡马和车辆，一直运了个把月才运完。现在是要粮有粮，要饷有饷，前来投军的人又是络绎不绝，真是风生水起，形势一片大好啊！现在，攻打个把县城显然已满足不了义军的胃口，闯王决定，进攻河南的省城开封。

谁知开封城城高池深，总兵陈永福守城又十分卖力，加之封在开封的周王还从府里拿出大批钱粮犒赏守城的将士，所以，义军攻城很不顺利。一连数日，义军被困在开封城下，不少士兵在攻城中阵亡，好几员大将也在攻城中受伤。闯王十分焦躁，动不动开始骂起人来。这天，闯王刚从城外视察回来，只见刘宗敏领进来两男一女三个人。为首一人，三十多岁，身穿一身箭衣，腰挂一柄宝剑，双目炯炯，十分有神。李自成还没明白什么事儿，三人便朝着闯王行了大礼，李自成慌忙将三人一一扶起。只听刘宗敏介绍说，这是杞县举人李信，李信的弟弟李侔和红娘子将军，三个人带着三千人马前来投奔闯王。

这可是个好消息，这李公子在杞县一带相当有名气，李自成也听说过李信的事儿。他立即打发李双喜去安排李信带来的人马，自己则亲自在大帐内为李信一行接风。那红娘子身穿一身红色绵甲，头上系一条红巾，柳眉杏眼，面如桃花，犹如一朵红云。她腰悬宝剑，身材修长，浑身不带一丝脂粉气，真是光彩照人，连闯王也忍不住多看了这女将几眼。红娘子坐在那里，不卑不亢，倒显得落落大方。三杯过后，李信才详详细细地向闯王讲述了他们起义的经过。

李信是杞县人，他的父亲李精白做过山东巡抚，礼部尚书，在杞县也算得上是大户人家。李信不到三十岁就中了举人，他不但通文，而且习武，为人又十分豪爽，当地人称他“小孟尝”。一日闲暇无事，李信将县上一个杂耍班子请到庄上表演。班主是个女的，艺名叫作红娘子。她有一手绝活，能在数丈高的单绳上表演各种动作。只见她忽而在绳上游走，忽而在绳上翻跟头，看得人眼花缭乱。只见她在高空脚一滑，从绳上掉了下来，可正在观众惊呼时，她已使了个“千斤坠儿”，笑盈盈地站在大家面前。对红娘子杂耍班的表演，李信十分满意，给了不少赏钱。

又有一天，李信和弟弟李侔带着几个家丁从县上办事回家。行至半路，只见有一伙人在追一帮子卖艺的人。卖艺人已经跑散，其中有个骑着胭脂红马、穿红披风的女子十分了得。只要追的人一靠近她，她手中的弹弓便发出弹丸，一弹一个，弹无虚发。李信生平最爱打抱不平，见此情况，便与李侔及众家丁冲上前去，三下五除二，便把那伙强人打跑了。女班主赶过来道谢，原来正好是红娘子。她们在陆家庄卖艺，谁知陆家庄的少爷看上了她，带着一伙庄丁硬要将红娘子抢走去做小妾。危急之时，幸亏遇上李信兄弟搭救。红娘子十分感激救命恩人，眼中噙满了泪花。

谁料那陆少爷回家之后，却在父亲面前添油加醋地把李信控告了一番。那陆老爷也不是善类，他在县里曾做过刑房书吏。为了给儿子出气，他给县老爷写了一封书信，又附上三千两纹银。收了钱之后，那县官不问青红皂白，便将李信下狱。这飞来横祸弄得李家庄上下不安，弟弟李侔变卖家产，四处打点，但那县官铁了心，就是不肯放人。到处碰壁，李侔欲哭无泪，情急之下，他决定去找红娘子商量搭救兄长之事。听说恩人被送进牢房，红娘子柳眉倒竖，咬碎银牙。她是一个说干就干的人，当夜便率领自己班子的人和李家庄的庄丁一起，前往县城，要劫牢反狱。行至中途，又有不少饥民加入，声势越闹越大。

那晚二更，红娘子等人放一把火，呐一声喊，杀进了县衙。县官深夜惊醒，见四处都是火光，忙钻至床下逃避，没想被李侔搜出，一刀剁为两段。红娘子则亲自带人去救李信。她们砸开狱门，挨号子搜。找到李信后，先砸掉李信手脚上的镣铐，然后由两个庄丁将他扶上车，送回李家庄。红娘子释放了牢中的囚犯，又打开粮仓，将粮食全部发给饥民，然后放火烧了县衙。不少饥民纷纷要求参军，红娘子只吸收了两千多人。她又专门挑选了几百名健壮的妇女，为自己组成了一支女兵队伍。

人马聚集到李家庄，没想到迎接队伍的是噩耗，李信的正室夫人——汤氏，上吊自杀了。她是大户人家的女儿，她不能看到丈夫造反，她更不能跟随丈夫做贼。她活不下去了，所以她走了。李信十分悲痛，毕竟是共同生活了十年的夫妻。安葬了汤氏之后，李信和李侔、红娘子在一起商议下一步的打算。官军马上就会来攻打这支弱小的队伍，目前这支队伍显然不是官军的对手。最后，三人一致决定，去投奔闯王，毕竟闯王在河南的势力已经越来越大，只有闯王，可以充当自己的保护伞。遣散了多余的家丁，烧掉了祖上留下来的宅子，他们义无反顾地前来投靠闯王。

听完李信这一番声泪俱下的讲述，闯王也十分感动，他对李信兄弟和红娘子又平添了一番敬意。见李信谈吐不凡，一表人才，闯王有心笼络，席散之后，他单独将李信留了下来。多喝了几杯酒，闯王红光满面，话也多了起来。他没有一点睡意，他让双喜端来了黄铜木炭火盆，又备了一壶酽茶，他要与李信彻夜谈心。李自成喝了一口茶，坐在火盆前，对李信说道：

"蒙公子不弃，举家来投，李某喜不自胜。你我二人，俱为李姓，五百年前，便是一家，今后当以兄弟相称。吾自幼家贫，读书甚少，常思弥补，但戎马倥偬，有心无力，终究见识浅薄。公子文韬武略，有勇有谋，胸怀宽广，快语直言，李某一见如故。今我军困在坚城之下，举步维艰，还望公子不吝赐教。"

李信刚到闯王营中，本不想说三道四，但感觉闯王对自己十分信任，言语之间，虚怀若谷，便不由得大着胆子说道：

"闯王言重，在下愧不敢当。敢问闯王，您是欲得富贵，快意口腹，称霸江湖于一时呢？还是吊民伐罪，去旧布新，要建立基业于万世呢？"

"李某起义之初，便抱着拯民于水火，灭不义大明之宗旨，苦于时机不到，郁郁不得志耳。今兵雄马壮，上下一心，自当革故鼎新，创建新朝于华夏。"李自成斩钉截铁地回答。

"闯王既有匡济天下之志，首先，则须眼观四海，不以一城一地得失为念。在下愿献三策，以佐闯王。一要严明军纪，以取民心。孟子曰：得民心者得天下。民心向背，重中之重，此万古不易之理。值此天下纷扰、灾荒频仍之际，若军队不扰民、不害民、不枉取民间财物，再辅之以赈灾放粮，接济百姓，民众将箪食壶浆以迎义师，何愁民心不顺？

二要夺取关中，建立根基。官军骂我军为‘流寇’，语实恶毒，但亦透出义军流动作战、无固定根据地之弊端。草无根不生，花无根不发。千里之行，始于足下。凡举大事，不可无准备，不可无根基。河南四战之地，难以守御，唯闯王桑梓之邦关中，可建根基。秦关百二，关中自古为帝王都。楚项羽设三秦王，欲阻止刘邦，而刘邦终取三秦然后得天下。闯王可速取关中作为根据地，设官料民，积草屯粮。今后，每取一地，便设官镇守，长此以往，则大明之地日蹙，闯王之域日广。假以时日，兵出关中，鼓行而北，天下可得。

三要秣马厉兵，整顿军备。目前我军，人数虽多，但多系饥民，缺乏训练。加之缺乏火器，难以攻坚，一遇强敌，则分崩离析。须选择知兵之人，日常统带，集中训练，各军兵种，一应俱全。一旦练成精兵，则无敌不克，无坚不摧，将士用命，大业可成。此三策乃在下一孔之见，斗胆直言，供闯王抉择。”

李信如数家珍，娓娓道来，好似胸中自有雄兵百万。闯王听得也很用心，觉得句句都说在点子上，心里对李信越发佩服。听李信说完三策后，闯王说道：

“公子真国士也！三策高屋建瓴，振聋发聩，如拨云雾而见青天，令人耳目一新！昔日刘备得诸葛亮，刘邦得张子房，今李某能有公子相助，实乃天助我也。就请公子常在左右，运筹帷幄，拾遗补阙，异日大业成就，定当不负功臣。”

“闯王，李信逼上梁山，不为利禄，不为钱财。一旦助闯王登上大位，信便功成身退。为明己志，我已将名字改为伯岩，字林泉，特向闯王禀告。”李信说。

“功成身退之事，到时再说。名字么，我觉得可去掉‘伯’字，就称李岩，这样叫起来也更响亮。你以为如何？今晚就谈到这里吧！”

二人彻夜长谈，不觉已近四更，真是人逢知己话偏多啊！从第二天起，李自成就发出了“杀一人如杀我父，淫一人如淫我母”的口号，并让总哨刘宗敏亲自负责部队的纪律。闯王还让李岩编了不少童谣，如“朝求升，暮求合，近来贫汉难存活，早早开门拜闯王，管教大小都欢悦，”“吃他娘，穿他娘，开开大门迎闯王，闯王来时不纳粮，”“迎闯王，不纳粮”等，让孩子们四处传唱。这些歌谣通俗易懂，闯王义军的名声不胫而走，闯王的人马也很快发展到了近百万人。

崇祯十六年（1643 年）十月，刘宗敏率大军进入陕西，在潼关杀死了陕西巡抚孙传庭，报了一箭之仇。十月十一日，农民军攻下了陕西省城——西安。李自成将西安改名长安，并正式称帝，国号大顺，年号永昌，服色尚蓝。明朝火命，服色尚黄。大顺水命，取水克火之意，故尚蓝。高夫人当了皇后，入主内宫。牛金星当了宰相，宋献策为军师，刘宗敏被封为权将军，李岩被封为制将军。大喜之日，李自成亲自主持，让李岩与红娘子结为伉俪。李岩则在洞房中，与红娘子相约，一旦推翻了明朝，他们二人就归隐山林，做一对白头到老的夫妻。这也是当时李信改名李岩、字林泉的初衷。

这夺取关中，建都长安，本出自李岩的建议。但刚刚拿下长安不久，李自成则在牛金星等人的鼓动下，决定出兵，进攻明朝的首都北京。看着踌躇满志、忙忙碌碌的大顺皇帝，看着摩拳擦掌、进进出出的众将和大臣，李岩总觉得有些不对头。为什么不再等待一二年呢？现在出兵是不是太急促了呢？但他又很清楚，多数人都赞成立即出兵北京，闯王的决定很难改变，他的担心也可能是多余。但他就是不甘心，总觉得不吐不快，他害怕闯王一失足成千古恨，他害怕大好的局面毁于一旦。最后，他硬着头皮去见闯王。由于闯王出征在即，日理万机，李岩等了两个时辰，才在临时的宫殿中见到了带着平天冠的李自成。李自成招呼他坐下，然后笑容可掬地问：

“大军即将北上，林泉匆匆来见，不知有何急事？”

“陛下，臣思之再三，总觉得进攻北京时机未到，眼下进兵，操之过急啊！臣以为当下北进有三不利。我大顺定鼎关中，仅两月有余，诸事草创，人心不稳，地方政权，多前明旧吏，一有风吹草动，这些人便会倒戈。关中作为根据地，根基未稳，此一不利也。江南大部，尚有明军盘踞，史可法在南京，左良玉在武昌，兵力尚有数十万。而且，江南数省，富甲天下，今未攻取，不能收其财源为我用。南方未定，此二不利也。时下我军出征兵力，号称五十万，实际上不过三十万人，且多系乌合之众，精兵不过十万人耳。沿途所下城池，尚需兵将守卫，所以，军队数量不足，质量上更是软肋，此三不利也。

且近来清虏，虎视眈眈，常有吞我中华之心，虏酋摄政王多尔衮，文武兼备，极富野心。满清八旗，坚甲利兵，一旦清虏与我相争，则必捉襟见肘，鲜有胜算。此时，关中未稳，江南有狼，东北有虎，一旦发生意外，则前功尽弃。若陛下再在关中经营数年，派一上将，领兵攻下江南，然后再挥师北上，岂非万全之策？何必为早得北京，而冒如此大的风险呢？此一举关乎我大顺生死存亡，臣职责所在，不得不谏。还望陛下，审时度势，谋定后断，舍一时之快，保万世基业。恕臣莽撞，请陛下收回成命，再做思量。”李岩絮絮叨叨地讲了一大篇。

李自成听完李岩的话，心里很不痛快，难道李岩不希望自己早日拿下北京，当上名副其实的皇帝吗？李岩的行事怎么经常与众不同呢？他是不是有什么不轨之心呢？想到这里，李自成有些不耐烦地说：

“将军所言，确老成谋国之论。但当前举国上下，众口一词，均要求北伐。攻取北京，灭明兴顺，已是箭在弦上，不可不发。将军此论，只可到我而止，否则会动摇军心。将军还是赶紧回家收拾行装，好与朕一同出发。将军的忧虑，朕也会谨记在心。”

话已至此，李岩便不好再说什么。他辞别闯王，无精打采地回了家。见李岩怏怏不乐，红娘子便问他发生了什么事情？李岩便把刚才进宫见闯王的情况，一五一十地告诉了她。红娘子心中自然明白丈夫讲得很有道理，但此事也不能火上浇油，只能好言相劝。尽管红娘子再三劝说，可李岩就是打不起精神。当天晚上，李岩便接到通知，让他和牛金星、宋献策一起，随同闯王护驾出征。一整夜，李岩都辗转反侧，睡不好觉，他实在担心闯王的成败，他实在担心大顺国的命运。

元月八日，李自成在长安发布文告，正式宣布，“嗟尔明朝，气数已尽”，大顺军兵发北京。也就在这一天，闯王率领的最后一批北伐军从长安出发。而先期由一只虎李过率领的五万人和以权将军刘宗敏带领的十万人马，已经在十二月十八日从陕西韩城至山西孟津一线跨过了黄河。三路约定在山西太原会齐，然后经过大同、宣化，出居庸关进攻北京。作为偏师，闯王命刘芳亮领兵十万从河南怀庆、潞安、卫辉一线，直趋河北保定北上，与山西的主力形成钳形攻势。这次闯王进京，志在必得。大顺军共出动兵力三十万，对外则号称百万，长安只留下了高皇后、将军李友和大部分文臣。

十三日，闯王亲率的北征大军到达韩城禹门口，这里是黄河古渡。此时，一泻千里的黄河已经结冰，冰面上覆盖着厚厚的积雪，往日“禹门三尺浪，平地一声雷”的景象早已看不到了。雪在下，风在吹，李自成骑着马站在黄河岸上。河这边是陕西，河那边就是山西了。闯王朝着故乡这面又看了一眼，然后毅然而然地扬起了马鞭。乌龙驹善解人意，大步流星地踏上了黄河的坚冰。闯王身后，是一队队大顺军的将士，他们紧跟着闯王的脚步前进，牛金星、宋献策、李岩都在队伍中间。究竟这次出兵，是福？是祸？历史在这个重大的转折关头，给李自成出了一道难题。甲申年(1644 年)，李自成进京赶考，他的成绩将会如何呢？他能考及格吗？

正月二十三日，闯王大军从蒲州进入平阳。平阳的官吏早就逃走了，城门大开。大顺军不费吹灰之力，便占领了这座古城。二月六日，先后出发的三支队伍会师太原，山西巡抚蔡懋德在府中自尽。十天后，作为偏师的刘芳亮派人向闯王报告，他的队伍已经进至石家庄。两路军进军如此顺利，连李自成事先都未料到。欣喜之余，他命令刘宗敏、李过向大同、宣府攻击前进，让刘芳亮进攻保定，自己则在太原给北京的崇祯皇帝下了一封战书。在战书中，李自成骄傲地向崇祯皇帝挑战，并宣布大顺军要在三月十日进入北京。

面对分兵北上的大顺军一往无前的进攻，沿途守卫的明军根本没做什么像样的抵抗，不是望风而逃，就是开城投降。兵荒马乱，流言四起，北京城已是风声鹤唳，草木皆兵了。肃杀的西北风在城内的大街小巷乱窜，城里弥漫着一股森然的杀气。有钱的人家早已收拾好细软，出城逃命去了，只留下几个老实的家人，提心吊胆地守候在空荡荡的四合院里。街上的商铺大都关了门，货物也早已转移了。粮价一天比一天贵，往往拿着银子也买不到粮食。城中的秩序早已混乱不堪，百姓们人心惶惶，盗贼们趁机抢劫，就连官兵也干起了偷鸡摸狗的勾当。北京——这座明成祖修建的繁华富庶的古都，已是黑云压城城欲摧了。

如今，古老的都城已是辉煌不再，宏伟的紫禁城也失去了往日的威严，红色的宫墙已然斑驳陆离，巍峨的皇宫早露出了暮年的沧桑。虽然立春已过，但今年的北京依然是朔风刺骨，寒气逼人。天安门上空乌云翻滚，金水桥的汉白玉栏杆上也满是灰尘。殿外，硕大的黄铜防火水缸中已结了厚厚的一层冰，那两只伸着长颈的灰黑色铁鹤在冷风中噤若寒蝉。宫殿的檐角上，几只迟归的乌鸦在那里呱呱地叫着，叫声在黄昏的夜晚显得格外难听，格外凄凉。忽然间，电闪雷鸣，风雨大作。在一道灰白色电光的照耀下，血色的紫禁城显得摇摇欲坠。

虽然已是黄昏，但紫禁城勤政殿内却是灯火通明。接到李自成太原发来的战书，崇祯皇帝惶惶不可终日。他连夜在这里召开御前会议，以寻求对策。当了十七年皇帝，崇祯早已不是当年模样了。他大权在握，熟谙权术，喜怒不形于色，好恶不为人知，经常玩弄群臣于股掌之间。此时，他端坐在殿中的龙案前，尽量地挺直腰板，装出一副认真在听的样子。他不愿让群臣看到他慌乱的表情和沮丧的心情。昏暗的灯光照在他清癯的脸上，显得脸色有些苍白。这位三十五岁的皇帝，由于整夜睡不着觉而感到身心疲惫，忧心忡忡的大眼睛消失了往日的神采，紧锁的眉头露出了几道深深的皱纹。

斗转星移，不知不觉，崇祯已经在这把龙椅上坐了十七年。十七年来，为了江山，为了社稷，他丝毫不敢怠慢。他每天五更上朝，从不间断，每封奏疏，他都亲自批阅，常常看折子到深夜，可谓勤政。国库拮据，他节衣缩食，皇家专用的内帑，他全部用于国事，每顿饭不过四菜一汤而已。他不近女色，十七年来，他临幸过的妃嫔屈指可数，内宫美女如云，他连正眼都没瞧过。他不出游，不好玩，唯一的嗜好不过是和周后下两盘围棋而已。

尽管如此，大明朝却每况愈下，灾荒频仍，战祸不断。水灾、旱灾、蝗灾，接踵而来，庄稼歉收，税收无着，国库入不敷出。尤其是山海关外的女真人，已成为明朝最危险的敌人。自打万历三十六年（1618 年）起，后金的努尔哈赤便多次攻打辽东，其继任者皇太极更是变本加厉，不仅将辽东据为己有，并率兵多次攻入内地，大肆抢劫，威胁北京。明廷上下，谈虏色变。

祸不单行，由于陕西连年旱情严重，官逼民反，从崇祯元年（1628 年）起，闯王高迎祥等三十六家揭竿而起，杀富济贫，与官府为敌，到处流窜，成为流寇，最后演变为李自成的大顺军和张献忠的大西军。李自成屡败屡战，张献忠屡降屡叛，终成心腹大患。崇祯曾将“东虏”、“流寇”四字书于西暖阁的屏风上，每天睹之不忘。无奈，顾东不顾西，顾西难顾东，东虏越战越强，流寇越剿越多，终至尾大不掉之势。难道是天亡我大明？每念至此，崇祯总是唏嘘不已。时也？命也？看来是天命如此，在劫难逃啊！

突然，一道闪电划破紫禁城的夜空，一声惊雷响彻了北京城，雷声也把睡意惺忪的崇祯皇帝拉回到现实之中。看起来，会议已经开了相当一段时间，殿上用来取暖的方形铜炭火盆中的木炭已将燃尽。可能是小太监忘了添加木炭，殿内的温度有些低，崇祯皇帝不由得打了个寒噤。菊花香炉里的龙涎香仍然在燃着，那独特的香味使皇帝的精神为之一振。崇祯皇帝看了看面前的文武大臣，虽然各个站立端正，神色凝重，但没有一个人站出来发言。领班的两位首辅大臣、大学士陈演和魏藻德，一高一低，一瘦一胖，就像那哼哈二将，恭恭敬敬、规规矩矩地站在第一排。两人虽位居首辅，但在这农民军兵临城下之际，也是束手无策，一言不发。

崇祯越想越着急，越看越生气，他再也坐不住了，脸色铁青，声色俱厉，开始痛斥群臣：

“古所谓养兵千日，用在一时。现闯逆已逼近畿辅，京师危在旦夕，尔等却尸位素餐，无一谋一策。朝廷养尔等究有何用？大敌当前，为何竟无一人能为君父分忧呢？”

崇祯的话音刚落，群臣中便有了反应。只见官居左中允的李明睿从后排出班奏道：

“陛下，目前形势已危如累卵，事不宜迟，必须当机立断。臣以为而今之际，别无他法，唯有将首都迁往南方，以避敌锋。”

迁都，这倒是个主意。迁都，这可是件大事啊！迁都，这可不是让人随便议论的话题。何况，迁都，又谈何容易呢？一石激起千重浪。还没等李明睿把话说完，殿上群臣便一片哗然，七嘴八舌地议论起来。而李明睿则不管大家在说什么，继续说道：

“陛下，常言说得好，留得青山在，不怕没柴烧。臣请陛下迁都南方，不过是为了暂避闯贼之锋，待形势好转，然后徐图恢复。请陛下从速决断。”

迁都，李明睿的建议让崇祯心里不由地一动，开始暗暗地盘算起来。现今南方还余半壁江山，有财赋可用，有兵将可调。左良玉在襄阳还有三十万重兵，尚可与大顺军继续周旋。就目前来说，这何尝不是一种选择呢？可迁都就意味着抛弃整个北方，丢下半个江山逃跑，难免要背上千古骂名。自己继位以来，一直想成为中兴之主，而迁都，岂不是往自己脸上抹黑吗？他最后决定，先不要匆忙表态，多听听群臣的意见。如果群臣都同意迁都，就来个顺水推舟；如果群臣都反对迁都，自己也犯不着去背那个千秋骂名。正当崇祯还在寻思之际，下边已经传来一片反对的声音。

“不可，不可，万万不可！”一直不发一言的内阁首辅陈演，这时却毫不犹豫地站了出来，由于他站在第一排，又长着个颀长的个子，所以显得尤为突出。

“陛下，迁都之议，是误国之策，是亡国之谋啊！一旦迁都，我大明基业何在？我大明体面何存？况且，我大明宗庙社稷俱在北京，倘若迁都，陛下将何以面对列祖列宗呢？都城南迁，则人心必乱。所谓得人心者得天下，人心一失，江山就不可收拾了。故迁都之策，万不可行!”陈演的一番话倒说得名正言顺，大义凛然。

“迁都万不可行！迁都万不可行!”大臣们纷纷附和，殿上也顿时热闹起来。崇祯帝见众口一词，也就不敢明确表态，支持李明睿的建议了，其实，皇帝内心倒是很同意李明睿建议的。

“陛下，若以为迁都之议不妥，而今太子已逾冲龄，可否由太子率部分臣子南下抚军，以备不测呢?”李明睿还是不愿意完全放弃自己的主张，他仍在据理力争，建议太子南下，就是个变通的办法。

太子南下，这个提议触动了崇祯皇帝敏感的神经，别看他平时不怎么熟悉历史，此时他却想起了明英宗朱祁镇“土木之变”的故事。当时，率领二十万大军的明英宗在太监王振的错误指挥下，兵败土木堡，被瓦剌打得全军覆没，自己也成了瓦剌首领也先的俘虏。为了对付也先利用朱祁镇的阴谋，主战派大臣、兵部尚书于谦等人立朱祁镇的弟弟朱祁钰为皇帝。后来，被俘的朱祁镇被也先放回后，只好当了太上皇。此时此刻的崇祯想到这里，就有些后怕。如果听从李明睿的建议，让太子在南方另立小朝廷，那么，将把自己置于何地呢？难道自己年纪轻轻的便去当太上皇不成？况且，太子少不更事，能担当起如此大任吗？常言道，天无二日，国无二君，此议断不可行。想到这里，崇祯皇帝便不等群臣就这个话题进一步讨论，斩钉截铁地说：

“太子年幼，不谙政事，就是去了南方，亦于事无补。朕意已决，关于迁都和太子南下之事就毋庸再议了。”

其实，崇祯这个决断是一个致命的失误。即以宋朝为例，当时北宋都城汴梁被攻破，康王赵构渡过长江，在杭州建都，另立朝廷，不是成就了一个南宋吗？再就明朝而言，崇祯死后，在南方相继成立的弘光、隆武、永历等南明政权，不是也和清廷对抗了十多年吗？崇祯以一己之私扼杀了一个起死回生的机会，实在是不智之举啊！崇祯后期的刚愎自用，于此可见一斑。

“众卿，除迁都之外，尚有何策可以御敌呢?”崇祯皇帝再次发问。而此时，刚才那种热闹起来的场面已经又冷了下来，众朝官你看看我，我看看你，谁也不出一声。正在这十分尴尬的当口，只见从武将班中走出一位身材相当魁梧的将军，开口大声说道：

“陛下，而今府库空虚，招兵乏饷。河北、山西，凡闯逆所到之处，尽皆易帜。目前，京畿惟余吾蓟门一旅，且兵不足额，将不满员。似此等弱旅，岂能敌闯逆百万之师乎?”说这话的人名叫王永吉，是蓟辽总督。现在，除人数不多的禁军外，能参加保卫京城的，也就只剩下他手下的四万兵丁了。

“那么，依卿之见，难道你我君臣就此坐以待毙，束手就擒不成?”崇祯说这话时，连声调都变了，声音直抖，显然是气得不轻。

“陛下，臣思虑再三，以为而今之计，只有弃宁远，调吴三桂之关宁铁骑入京师一策可行。若如此，则闯逆可剿，京师可保。望陛下圣衷独断，当即实行。此事十万火急，事不宜迟，机会稍纵即逝啊!”王永吉鼓足勇气，说出了他深思熟虑后的建议。

撤宁远，调吴三桂。此议一出，仿佛一声惊雷，在宫廷炸响。撤宁远，调吴三桂，殿上所有的人都感到眼前一亮。撤宁远，调吴三桂，好像溺水的人看到了救命的稻草。撤宁远，调吴三桂，这恐怕在目前也是唯一的选择。撤宁远，调吴三桂，这一建议使崇祯帝顿时觉得似乎出现了一线生机，紧皱的眉头也舒展开来。

众臣都知道，自从松山战败，蓟辽总督洪承畴被俘降清，十三万明军灰飞烟灭。现今，在参战的八镇将中，只有吴三桂一军尚存。战败后，他收拾残部，独处辽东，坚守宁远数年，任凭皇太极百般引诱，拒不降清。如今，山海关外的八城只剩下宁远一城，一向敢战的关宁铁骑也只剩下吴三桂手中的四万精兵了。宁远距京城仅数百里之遥，骑兵勤王，旬日可到。所以，撤宁远，调吴三桂，实在是一个可行的救急办法。

“陛下，臣以为撤宁远，调吴三桂是当前可行的唯一良策，请陛下立即下诏实行。”兵部侍郎杨鹗站了出来，旗帜鲜明地支持王永吉的主张。

“同意！同意!”朝臣中也有不少人随声附和。

“不可!”只见内阁首辅陈演再一次出面反对。

“陛下，普天之下，莫非王土。祖宗之地，寸土不可弃。无故弃地二百里，臣不敢任其咎。且宁远一撤，关外无兵可守，辽东大门洞开，清兵即可长驱而入，后果不堪设想啊!”陈演一板一眼，摇头晃脑，说得头头是道。

“祖宗之地不可弃!”“吴三桂不可调!”只见次辅魏藻德等一干臣子也跟着鼓噪起来。尤其是站在第一排的魏藻德，矮小的个子，却有着圆滚滚的肚皮，一旦开口说话，肚子也跟着上下起伏，一颤一颤的，显得十分可笑。

其实，朝臣们心里都十分明白，撤宁远，调吴三桂是目前唯一可行的办法。这些大臣口中之所以说不赞成，是他们担心崇祯皇帝事后不认账，如果将来把“弃地”的罪名扣在自己头上，那可是掉脑袋的事儿啊！谁不操心自己的身家性命呢?

群臣们都还记得，崇祯十五年（1642 年），崇祯皇帝曾委托兵部尚书陈新甲秘密地与清方进行和谈。由于陈新甲的疏忽，将谈判代表马绍愉的书信看完后随手放在了桌上，仆人以为是普通塘报，交给塘报官发了出去。这样一来，朝野大哗，大臣们纷纷攻击陈新甲，说他主和叛国。崇祯皇帝慌了，他明知陈新甲与满清和谈是他亲自授意的，但为了保护自己的名声，平息群臣的攻讦，还是违心地下令处死了陈新甲。这件事就发生在两年前，群臣记忆犹新。所以，在撤宁远，调吴三桂一事上，多数臣子都是大唱高调，明哲保身，但求无过，不敢再说真话了。这一点，在两位首辅陈演和魏藻德身上，表现得更为典型，把个崇祯皇帝气得牙都打战。

“众卿不用再议，朕决心已定，立即撤出宁远，调吴三桂回京勤王。”崇祯终于做出了决定，虽然他说话时底气还显得有些不足。

“陛下，此事非同小可。臣以为撤宁远，调吴三桂一事，尚需交辽东督抚议决，请皇上三思。”内阁首辅陈演仍不依不饶，不肯让步。

“请皇上三思！请皇上三思!”魏藻德等多数臣子仍表示支持陈演。

“既然如此，那就立即差官前往，速去速回。”崇祯说道。崇祯虽然不得已同意陈演就撤宁远，调吴三桂一事征求辽东督抚的意见，但心里却实在窝火。在这种非常时期、关键时刻，群臣依然是畏首畏尾，竟然无人挺身而出为国担责，替君分忧。朝廷怎么净养这样的臣子呢？崇祯气得在丹樨上走来走去，他发狠说道：

“朕非亡国之君，而众卿皆亡国之臣耳！”

退朝后回到乾清宫，崇祯帝依旧气愤难平。他立即命人传来司礼监秉笔太监王承恩，向他口授了两道旨意。一是即日起将内阁首辅、大学士陈演革职回乡，他再也不愿意见到这位令人讨厌的家伙了。二是将一直赋闲在家的吴三桂之父吴襄，任命为京城御营提督，崇祯要借此笼络吴三桂，希望吴三桂能如愿前来勤王护驾。崇祯亲眼看着王承恩将两道旨写就，并盖好印发出后，这才轻轻地舒了一口气，喝了手中满满的一盖碗儿人参汤，上床睡觉。

本来，崇祯帝在崇祯十七年（1644 年）正月十九日，做出了撤宁远，调吴三桂回京勤王的决定，但这一决定却由于交辽东督抚议决而白白耽误了宝贵的时间，大明王朝这最后的一线生机就这样悄悄地从崇祯身边溜走了。当断不断，反受其乱，崇祯皇帝也只有埋怨自己太优柔寡断了。

那么，有人要问，吴三桂是何许人也？为什么崇祯皇帝和明朝众臣，对这位三十三岁的青年将军期望如此之高呢？吴三桂果真是能挽狂澜于既倒，救社稷出苦难的大英雄吗？吴三桂的四万吴家军难道真有回天之力吗？

吴三桂就是本书的主人公。下面，让我们不妨回顾一下这位传奇将军吴三桂发迹的历史，从他出生的那年说起。

第十一章

武举场上夺魁元

天高云淡，风清气爽，枫叶染红了远山。九月的辽东迎来了金色的秋天，到处是一片丰收的景象。高粱长得有一丈多高，枣红色的高粱像一个个棒槌不断地摇头晃脑，发出窸窸窣窣的响声。个头较矮的玉米，叶子已经发黄，粗壮的茎秆上长满了结实的棒子，棒子上棕色的玉米须已经干透，棒梢上露出了颗颗马牙般的果实。这一望无际的青纱帐在道路两旁伸展漫延，微风吹过，庄稼地里掀起了起伏不定的波浪。

田野中有一条三丈多宽的官道，它是山海关和锦州之间的主要通道。此时已近黄昏，晚霞映红了半个天。空中不时飞过一队队“人”字形的大雁，这些候鸟已开始往南方迁徙。官道上，稀稀拉拉地走着几个收工的农民。道旁的庄户屋里，已经冒出了股股炊烟。几只野狗在官道上窜来窜去，发出“汪汪”的叫声，打破了田野的宁静。

忽然，由远而近传来一阵急促的马蹄声，只见一团黑云从官道那边旋风般地卷了过来，转眼间，一位明朝军官打扮的骑马人，便来到面前。他是一个三十出头的中年汉子，身体粗壮，骑着一匹高大的黑色骏马拼命赶路，右手不停地挥动马鞭。马已经跑得气喘吁吁，浑身淌汗，嘴里不停地喷着白沫，但骑者仍在催马，看来是遇上了不寻常的急事。

这时出现了一只黑鹰，在骑马人的上空盘旋。这只鹰全身黑毛，只有头顶上长着一撮儿耀眼的白毛。它的喙又尖又利，脚爪更是粗壮有力，尤其是那双不大的眼睛十分锐利，就是在数百丈的高空，也能发现猎物。只要它凌空一击，又狠又准，没有什么猎物能轻易逃脱。它经常捕捉的是田鼠、野兔、蛇等。这就是辽东特有的一种兀鹰，当地人称“海东青”。骑马人见这只海东青飞上盘下，心中烦躁起来，便停下马，从背上取出弓，搭上箭，准备射这只扁毛畜生。可这只海东青仿佛有灵性，一见骑马人弯弓搭箭，便一飞冲天，转眼间就看不见了。气得骑马人大声骂道：

“这个畜生，不是老子今天有急事，非收拾了你不可!”

说着话，骑马人收好了弓箭，继续赶路。这个骑马人名叫吴襄，是明宁远总兵祖大寿帐下的一名军官，家传一手相马的绝活，人称“马伯乐”。今天中午，家人突然前来报讯，说是李氏夫人难产，因此，他才火急火燎地往家中赶。

吴襄的家在中后所，是锦州到山海关之间的一座小城，离宁远不到百里，离山海关也不过一百二十里。明代边防城镇以卫所相称，大者称卫，小者称所。中后所虽小，但由于它具有重要的军事价值，也属于拱卫山海关的关外八城之一。小城的城墙保存完整，在东南西北四个方向上，各有一座城门，是一座标准的方城。小城内的街道横平竖直，非常规整。街道的路面都用大块的石条铺成，房屋则是北方常见的砖瓦房。军队以及军队的粮库、军械库、草料场等占据了城内不少地方，城中的居民也多半是部队的家属。

吴襄的家坐落在小城南边的一条胡同里，是一座前后三进的青砖大院。家门口有两个半人高的石狮子门墩，门口还有两根四方的石质拴马桩，每个拴马桩的顶部刻着一个顽皮的石猴。门槛很高，两扇黑漆大门上镶有铜制的铺首以及一排排闪闪发亮的铜泡钉，一望可知是一位殷实人家的住宅。

天刚落黑，吴襄终于赶到了家。由于行色匆匆，加之夜色朦胧，他没有发现，那只一路上一直跟着他的海东青此刻正停在他家的屋脊上。没等吴襄把马拴好，便从院内传来了一阵哭声，吴襄预感到情况不妙，便三步两步跨进了家门。一进院子，便看到他的大儿子吴三凤和几个家人、丫鬟在院中啼哭。一见吴襄进门，家人便拥了上来。吴襄不顾一切地推开众人，直接冲入了上房。眼前的情景让他惊呆了，屋子里一片狼藉，接生的稳婆还在忙着收拾，妻子李氏躺在血污中。

吴襄上前一步，一把抱起了炕上的妻子，只见她满脸煞白，额头上浸出了粒粒汗珠。妻子在吴襄怀中费力地睁开双眼，见是丈夫归来，脸上闪过了一丝笑意。李氏颤巍巍地拉住丈夫的手，上气不接下气地说：

"我不行了。你……一定要……要把孩子……养……养大啊!"说完这句话，李氏就永远闭上了她的双眼，头也垂了下来。吴襄看在眼里，心中是一阵揪心的痛。

原来早晨刚吃过饭，夫人就开始喊肚子疼。管家赶忙请来了事先雇好的稳婆，又招呼家人们赶紧做好接生的准备。不料，孩子临盆时，却发生了意外，胎位不正。胎儿不是头先出来，而是一只腿先伸了出来。这下可难住了稳婆，她这辈子接生也有上百次了，但像这种情况，还是头一次碰上。她赶紧将胎儿伸出的小腿先送了回去，然后再想办法调整胎位。时间一点一点过去，稳婆急得不行，使尽浑身解数，就是不见动静。由于胎儿长时间生不出来，产妇支持不住，出现了大出血，人也昏了过去。等到最后好不容易调整好胎位，将胎儿生出来时，产妇却已是奄奄一息了。

吴襄眼睁睁地看着自己年轻的妻子就这么死去，心中悲痛欲绝，眼泪不由地流了下来。他怎么也想不到，妻子竟这么快与他诀别。他一时呆住了，抱着妻子的双手久久没有松开。他觉得，这一切好像在梦里，简直不敢相信这是真的。

这时，接生的稳婆把刚刚降生的儿子给吴襄递了过来。吴襄没有伸手去接，他甚至连看都没有看这个儿子一眼。他恨这个孩子，是这个畜生害死了他结发十年的妻子。他几次拔刀，想杀死这个孽障。但最终，他还是忍住了。常言道，虎毒不食子，这孩子毕竟是他的亲生骨肉啊！作为生身父亲，他又怎么能下得去手呢？妻子临终前的话语这时又在耳边响起，身边还围着大大小小的一群家人，吴襄看着襁褓中正在大声啼哭的婴儿，一时还真不知该如何是好？

这一天是明万历四十年（1612 年）九月十日，吴襄家这一天降生的男孩，就是本书的主人公———吴三桂。

小三桂出生时，便是一个体重八斤的男婴，长得又白又胖，方面大耳，很是讨人喜欢。由于母亲去世，家里专门找了位奶娘给他哺乳。俗话说，有苗不愁长。在奶娘和家人的精心照料下，小三桂一天天在长大。他越长越结实，也越长越机灵，一来二去，父亲吴襄对他的感情也逐渐从憎恶转成了喜爱。吴襄只要一有空闲，就会回家，把小三桂放在膝头玩耍。他对这个儿子期望很高，之所以给他取名三桂，也是希望他金榜题名、蟾宫折桂之意。

小三桂生性好动，力气也比一般人大得多。他自小顽皮，常和孩子们打架，不少比他大好几岁的孩子也打不过他。哥哥吴三凤更是他经常欺负的对象，往往被打得鼻青脸肿。小三桂还经常和小伙伴们玩官兵捉强盗的游戏。他一个人扮官兵，小伙伴们扮演众强盗，而结局总是官兵把众强盗打得东倒西歪。

小三桂的胆子还特别大，尤其是敢骑烈马。从五岁起，他就敢骑家里的光背马在街上乱跑，吓得一群家人跟在后面撵他。他在马上得意扬扬，变换着各种不同的姿势。对于小三桂骑马，父亲吴襄不但不制止，反而加以鼓励。吴襄自幼和父亲去各地贩马，练就了一手相马的本事，人称“马伯乐”。他也特别喜欢马，只要发现良马，总是给自己留下，不管多么难驯的烈马，在他手里都变得服服帖帖的。

吴襄亲自挑了一匹两岁的小红马送给三桂，并用木头做了个马扎，在马扎上配上坐垫，让小三桂乘骑，省得他整天骑光背马。小红马的身架虽然还没有完全长开，但全身毛色光亮，并且没有一根杂毛，四条腿细长有力，真是头火焰驹啊！有了这么漂亮的一匹小红马，小三桂别提有多高兴了，整天骑在小红马上耀武扬威，练着各种姿势，而他的骑术也更加突飞猛进了。

在三桂五岁那年，军营里买回来一批战马，马都是从蒙古买来的，一头头膘肥体壮，惹人喜爱。其中有一匹黑马长得非常特殊，全身的毛色都是黑的，只有四个蹄子的毛色是白的，相传就是《水浒传》中梁山好汉双鞭呼延灼所骑的那种骏马，名唤“踢雪乌骓”。那马确是一头神骏，毛色黑如墨，白如雪，跑起来四蹄生风，日行千里。可有一样，此马初来乍到，没人能驯服它，只要骑上它的马背，它就连跳带尥蹶子，骑手三下两下便被撂下马来。总兵祖大寿见此马难驯，便让人把号称“马伯乐”的吴襄找了来。

好个“马伯乐”，只见吴襄轻轻捋了捋马的鬃毛，又拍了两下马的耳朵，还没等那匹马反应过来，他已腾身骑在了光马背上。“踢雪乌骓”故伎重演，又尥蹶子又是乱跳，但吴襄好像是焊在马背上一样，怎么样也掉不下来。只见吴襄狠夹了一下马腹，那马便像箭似的蹿了出去。吴襄只觉耳边生风，腿下驾云，别提马跑得多快了。过了一会儿，马跑累了，放慢了步子，吴襄骑着它回到了军营。吴襄叫人给马装上了鞍鞯，这回祖总兵骑上，它再也不闹腾了。这祖总兵一高兴，就把自己的亲妹妹嫁给了吴襄，做了续弦夫人。

这祖家在辽东可是颇有声名，他家世居宁远，五代都在宁远为将。到了祖大寿这一代，祖家更是人丁兴旺，祖大寿排行老大，他还有四个弟弟，大乐、大名、大成和大弼，都有万夫不当之勇，被人称作“祖氏五虎”。明泰昌元年（1620 年），祖大寿被任命为靖东营游击，得到当时任辽东经略的熊廷弼的赏识。天启二年（1622 年），改隶辽东巡抚王化贞部下，任中军游击。在著名的“宁远大捷”和“宁锦大捷”中，祖大寿都立了大功，督师袁崇焕推荐他为前锋总兵，挂征辽将军印，驻锦州。

在明朝，全国的总兵也不过几十个，有明一朝，能当上总兵的，就已经很了不起了。这祖大寿身高七尺有余，脸色发黑，一部茂密的络腮胡子。他的胳膊、腿都比一般人长，长得孔武有力，上阵使一把大砍刀，等闲人近不了身。他手下的祖家军，都是他一手训练出来的，祖家军大量的中下级军官都由他的子侄担任，如：祖泽润、祖泽溥、祖泽洪、祖泽清、祖泽远、祖泽沛、祖泽法、祖可法等。所以，这支队伍，也就是祖大寿说了算。

自从和祖家攀上了亲戚，吴襄家就喜事不断。他先中了武举，不久又被提升为参将，成为一名将军了。他本来只有两个儿子，吴三凤和吴三桂。但这祖氏夫人过门后，又生了一个儿子吴三辅和两个女儿，吴家的人丁也开始兴旺起来。而且这位祖氏夫人因为出身将门，不仅喜欢武功，自己也身怀绝技。这吴襄给儿子们请了武术教师，在家中教孩子们习武。祖氏夫人也经常抽出空来，指导几个儿子练武。吴三桂那一手正宗的“螳螂拳”，便是继母祖氏亲手教给他的。

说起练武，在吴氏三兄弟中，小三桂是最勤奋的，也是天资最好的。他每天黎明即起，先在后院练习举石锁，几十斤重的石锁每天要举上百下，而且乐此不疲。他天生神力，加上勤学苦练，逐渐在三兄弟中崭露头角。拳脚上，小三桂也颇下功夫。南拳北腿、太极八卦，他都兼收并蓄，尤其是一路八十一式长拳，他打起来更是有模有样。这长拳讲究的是环环相扣，细致绵长，如长江之水，一浪接着一浪。小三桂的拳一气呵成，一式未尽，下一式又开始，连接处不露痕迹，而且刚柔并济，精气神兼备，深得拳中三昧。

这继母祖氏名大梅，是祖家兄妹中为唯一的女性。她也是一个狠角色，不做家务，不事女红，整天舞拳弄棒，性格也十分泼辣。毕竟出身于军人世家，倒也难怪她武里武气的。不过，这可正对喜欢练武的吴三桂的脾气。继母祖氏不但非常支持吴三桂练武，还手把手地亲自教他一套祖氏家传的“螳螂拳”。吴三桂习武很有灵性，他又肯吃苦，这套“螳螂拳”演习得滚瓜烂熟，有模有样，得到了继母的多次夸奖。

在器械上，小三桂长短兼练，十八般武器均有涉猎，但他最喜欢的还是大刀。俗话说，一寸长，一寸强。大刀是长兵器，控制范围广，使起来虎虎生威。小三桂虽然人小，但一套三十六路销魂刀法已练得纯熟，他能把专门为他量身定做的二十多斤重的大刀舞得密不透风，一般人根本近不了身。长大后，他最趁手的兵器依然是大刀，只不过已经换成一柄六十八斤重的长柄厚背大砍刀了。

除了练武以外，父亲吴襄也很重视对小三桂文化方面的教育。小三桂六岁时，吴襄便把他送到城里最有名的私塾去读书。小三桂记性好，悟性也高，没有多久便把《三字经》《百家姓》《弟子规》等启蒙读物背得滚瓜烂熟，一部《论语》也讲得头头是道。但实际上，他最喜欢读的还是《孙子兵法》《尉缭子》等兵书，因为他一直想投身军旅，从小便憧憬着戎马倥偬的战斗生活。

有一次，小三桂在读《后汉书》时，读到了这样两句话："仕官当作执金吾，娶妻当得阴丽华"。小三桂对这两句话不太理解，便去请教私塾先生。先生对他解释说，"执金吾"是指皇帝身边最有权势的将军，"阴丽华"则是汉代最美丽的女人。这两句话是汉光武帝刘秀未得志时说的。刘秀最终做了东汉的开国皇帝，也如愿地娶了阴丽华当自己的皇后。小三桂听了私塾先生的解释后，恍然大悟，他十分激动，高声道："大丈夫当有此志！"

快过年了，父亲吴襄特意把私塾先生请到家中吃饭并送上束脩。饭后，吴襄把先生请至书房了解一下儿子们在私塾的学习情况。当问及大儿子吴三凤和小儿子吴三辅时，先生均微微摇头，不置一词。而当问到二儿子小三桂的学习成绩时，先生请吴襄取出笔墨纸砚，然后郑重其事地在白纸上写了四个大字。吴襄接过来一看，只见"孺子可教"四个篆字赫然纸上。吴襄高兴地谢过先生，并把先生写的四个大字妥当地保存起来。

从此，父亲吴襄对小三桂更是另眼相看了，他把全家的希望都寄托在了小三桂身上。而吴三桂的这位私塾先生也不是凡人，他就是日后考中状元，名满天下的大学问家、大书法家——董其昌。早在孩提时代，董其昌就发现了吴三桂过人的潜质和能力，他也是一位相人的"伯乐"啊！由于有名师指点，吴三桂不仅在武功上鹤立鸡群，就是一般的诗词歌赋也难不倒他，而且，他幼年天天练习书法，他的毛笔字还是颇有功底的。

小三桂还有个爱好，那就是打猎。在小三桂所住的中后所的西北，有一大片茂密的林地。不仅有常见的山鸡、野兔、獐子、麋鹿、黄羊等，更有豺狼虎豹一类猛兽出没。父亲吴襄曾多次带着小三桂参加打猎，并且还给小三桂专门制作了称手的弓箭。父亲希望通过打猎从小培养小三桂的胆量和骑射技能，生逢乱世，武功不仅可以防身，而且可用来卫国，身为武将的吴襄对这一点是再明白不过的。

为了打猎，小三桂刻苦地练习射箭。他先是抓了一只甲虫，用线吊起来，每天对着它瞧，练习自己的目力。后来，他让家丁在百步开外，安放几个灯笼作为箭靶。经过一段时日，小三桂练就了百步穿杨的功夫，每支箭都能把灯笼穿个通透。于是，他又将箭靶换成了烛火，只要小三桂射出一枝箭，烛火便熄灭一根。后来，他又将烛火改成香头，并且在夜间练习。香头目标很小，而且忽隐忽现，射起来难度很大。但这些都难不住小三桂，经过一番苦练，他射香头也已是百发百中了。

练就了射箭功夫，小三桂就更迷恋打猎了。从十二岁起，小三桂便经常自己带着家丁和猎狗单独进山打猎。在山林里追逐，在雪原上奔跑，在马上弯弓射箭，在林中点火烧烤，每一项都是小三桂所喜欢的。打猎是那样刺激，打猎是一种享受，当带着猎物满载而归时，小三桂的心里就升起了万丈豪情。小三桂对打猎是那样着迷，简直像上了瘾一样，他有时甚至逃课也要去林子里打猎。家丁们更是乐此不疲，他们经常撺掇着二少爷上山打猎。

这一年，小三桂已经十五岁了，个子也长高了不少。适逢总兵祖大寿的寿诞，祖总兵决定在中后所一带举行大规模的狩猎活动，以示庆祝。这可是个难得的机会，吴襄特意把三个儿子都叫来参加，以便长长见识。小三桂更是非常兴奋，提前几天便摩拳擦掌，准备一试身手。

那是一个初冬的早晨，朔风凛冽，彤云密布，天气灰蒙蒙的。辽东大地早已是千里冰封、万里雪飘了。森林里一片寂静，偶尔能听见树上雪片掉下来的声音，到处都是白茫茫的。突然，林海雪原上响起了声声号角，空气中传递着阵阵鼓声。一队队身着铠甲的士兵排着密集的队形，每个人嘴里大声吆喝着，同时挥动着手里的兵器，分别从东、西、北三个方向包抄过来。林中的飞禽走兽被这突如其来的阵势吓坏了，纷纷向南奔逃。而在南面，总兵祖大寿早带着大批猎手和猎犬，骑着马，挽着弓，候在那里蓄势待发。当成群的猎物冲过来时，祖大寿把手一挥，猎手们便争先恐后地放马追逐，猎狗群也扑了过去，正好截住那些胡奔乱窜的野兽。

小三桂兴奋极了，他早就迫不及待地想发挥一下自己狩猎的本领，只是大人们都没动，他也不好意思先冲出去。祖大寿号令一发，小三桂一马当先冲在前面。他一眼瞅见了一头奔逃的梅花鹿，便奋不顾身地朝逃鹿追去。不大一会，小三桂便脱离了狩猎的队伍，闯进了密林。眼见得离那头梅花鹿只剩十几步远了，鹿身上的斑纹已清晰可见，于是小三桂弯弓搭箭，向梅花鹿射去，那头梅花鹿应声倒地。小三桂喜出望外，“蹭”的一声，跳下红马，向倒在地上的梅花鹿走去。可还没等小三桂走到猎物跟前，只听见“嗷”的一声，一个巨大的黑影向他直扑过来。

小三桂定睛一看，原来是一只人立的黑熊，粗大的熊爪已近在咫尺，熊粗重的呼吸声也清晰可闻。怎么办？说时迟，那时快，小三桂急中生智，使了一个“铁板桥”，就地躺倒，先避开那锐利的熊爪。接着，他顺手抓起地上的两团积雪奋力向黑熊头上扔去。黑熊的眼睛让积雪给迷住了，一时看不清目标，它气得“嗷嗷”直叫，在那里乱扑乱咬。小三桂毫不怠慢，趁机抽出腰中短刀，将短刀连柄刺入了黑熊的胸部。熊血喷射了出来，那头黑熊连声大吼，向前扑了几扑，终于支持不住，身子趔趄，倒了下去。

家丁们赶来了，父亲吴襄也追了过来，他们看到像一座铁塔似的黑熊已倒在血泊中，小三桂的短刀还插在熊的身子里，而小三桂却安然无恙。小三桂满不在乎，嘻嘻哈哈，忙着招呼家丁们把他刺死的黑熊和射中的梅花鹿往回抬。众人七嘴八舌，都在夸奖小三桂的勇敢，可吴襄心里却十分紧张，一个劲儿地为儿子后怕啊！

天到下午了，祖大寿总兵命令收队回营。当盘查这次狩猎所获的猎物时，小三桂杀死的黑熊有五百多斤重，居所有猎物之首。就是那头梅花鹿，也有二百来斤。当天，小三桂手刃黑熊的事迹便传遍了军营，人们都称赞这位勇敢的小猎手。晚上，到处都点起了一堆堆的篝火，祖总兵举办了盛大的野宴，庆贺狩猎的成功。大家一起吃着烤熟的野味，喝着烫热的烧酒，热闹非常。

吴襄来给祖总兵贺寿，他特意带着小三桂来给祖总兵敬酒。祖总兵热情地拉着小三桂的手，亲切地说：

“我们今天能吃到这么香的熊掌，可托了你的福啊！你功劳不小，想得到什么奖赏呢？不要害怕，你尽管说。”

“我想要这张弓。”小三桂指着祖大寿军帐正中悬挂着的一张大弓说。

“弓？”这个要求倒是出乎祖大寿的意外，因为这张镶金雕漆铁胎弓，可是祖家的传家宝啊！它是祖上一代一代传下来的，更是祖总兵的心爱之物。这张弓平日挂在帐内，轻易不许人动，而且一般人，也拉不开这张硬弓。真要是拿它送人，祖总兵心里还真有点舍不得。不过，现在小三桂已经开了口，自己也大话又说在先，此时，还真让他感到有些为难。

“祖帅，您不要见怪。孩子家张口随便说说，这张弓怎么能轻易送人呢？”吴襄见祖大寿沉吟不语，忙出来打圆场。

“不！我一言既出，岂有反悔之理。你今天只要能拉开这张弓，舅舅就将它送给你好了。”祖总兵咬了咬牙，总算是下了决心。不过，他还有个心思，谅你小三桂小小年纪，你也拉不开我这张宝弓。

可祖总兵的话刚落音，吴襄还没来得及制止，小三桂便将袖子一挽，“腾腾”两步，来到弓前。他一把摘下了铁胎弓，挥手用衣袖掸了掸弓上的灰尘，提着弓，回到了大帐中间。只见小三桂足蹬马步，气沉丹田，一手握弓，一手执弦，双臂用力，仰面朝天，连着把这张硬弓拉开了三次。真是弓开如满月，英雄出少年。只听得帐上帐下，响起一片喝彩声。再看小三桂，他稳稳地把弓放下，心不慌，口不喘，气定神闲，好像没事人儿一样。

“小小年纪，臂力过人。这张弓就赏给你了。”祖大寿说着，便将弓递了过去，同时，还让身边的护卫拿来一壶与此弓相配套的狼牙箭，一并交给了小三桂。这二十支狼牙箭用湖南产的箭竹和辽东兀鹰“海东青”的翎毛做成，一看就知不是凡品。小三桂抱着弓箭，连忙跪下磕头道谢，高兴得不知如何是好。接着，祖大寿又转过身来，对吴襄说：

“将门虎子，真是可喜可贺!”

吴襄也连忙谢过，兴冲冲地带着小三桂，走出了中军大帐。这孩子如此争气，给大人长脸，当父亲的也是眉飞色舞。

又过了一年，三桂十六岁了。他长得更结实了，下巴上也长出了毛茸茸的胡须，显得比一般同龄人更加成熟。这一年，京城将要举行两年一度的武举考试，这可是习武人崭露头角的难得机会啊！考虑到三个儿子武功上的差距，父亲吴襄只给二儿子三桂报了名，而三桂的哥哥和弟弟都没能参加。

比武的那一天终于到来了，考场设在京城中心大校场。主考官是当朝大学士、兵部侍郎孙承宗。副主考便是吴三桂昔日的私塾老师董其昌，前几年他金榜题名，现在已是户部尚书了。为了重视起见，朝廷还专门派了大内太监高起潜到场监考。只见，在将台两边的木柱上，一副颜体大字书写的对联非常醒目，上联是“凭伯乐法眼，为军求能征之将”，下联是“仗诸葛慧心，替国揽善战之才”，横批是“忠君为国”。校场上，各色各式的旗帜迎风飘扬，不时还响起阵阵雄壮的鼓乐声。

考官们已经进了场，戎装打扮的孙承宗居中而坐，目不斜视。文官装束的董其昌不苟言笑，风度翩翩。只有监考的高起潜在一旁闭目养神，显得无精打采。考官身后，众将校、护卫均手持刀枪层层站立。手持令旗的传令官全身披挂，骑在马上，随时整装待发。而全国各地前来参加武举考试的武生们，则穿戴得五光十色，分外耀眼。他们每个人都骑着各自的战马，排成了一个不太整齐的方阵，等在将台的前面。

一阵鼓声之后，将台上传下令来。为了照顾武生们的人身安全，这次武举考试不进行捉对厮杀，而是分两场进行，一场比拳脚，另一场比射箭。所有武生分成红、黄、蓝、绿四队，然后徒手比拼拳脚，比赛中不准使用暗器。四队中，各队的前三十名可获得第二场比赛的参赛资格。只见校场上铺上了四块硕大的方形地毯，地毯也分红、黄、蓝、绿四色，正好形成四块比赛场地。每块场地上，由两名评判官员负责判定胜负，以地毯为界，考生被打出地毯即为出界，出界即告负。若考生自知不敌，也可自动退出地毯外，自行认输。而胜者则守擂，迎接其他攻擂者。连胜四人者即告胜出，可参加第二场的比赛。

吴三桂被分在红队，只见他头戴束发银冠，身披红色英雄氅，内扎白色软靠，腰系丝绦，收拾得十分利落。此刻他剑眉凝重，星目圆睁，长身而立，静待出场。当评判官宣布比赛开始时，吴三桂年轻气盛、大步流星，第一个站到了红地毯的中央。他脱去英雄氅，一把甩给场边的家人，露出身上的白色软靠，然后双手打一躬，朗声问道：

“在下辽东吴三桂，哪一位上场指教?”

话音未落，只见一个不起眼的小个子武生便用一连串空翻跃进了场地，真是先声夺人。小个子武生刚报出“岭南潘秀”的名字，劈拳便朝吴三桂打来。吴三桂心里有些恼火，手上却不敢怠慢，一招“敲山震虎”当即使出，既封挡了攻来的拳势，又顺便想掂量一下对手的功力。对方堪堪避过，但下盘已稍显不稳。吴三桂一看，心中有数，连使三招“刘海赶蟾”“野马分鬃”“力劈华山”，向对手攻去，一招紧过一招，一招狠过一招。对手招架不住，一个跟头翻出了场外。评判官宣布吴三桂获胜。

第二个上场的武生是个河北人，名叫魏得力。他长得五大三粗，个子差不多比吴三桂高出一头。他仗着身高力大，一上场便使出“八卦掌”贴身紧逼的招数，连连向吴三桂要害处招呼。只见他身形游动，掌影纷飞，忽而在前，忽而在后，忽而在左，忽而在右，倒是一个不好对付的高手。吴三桂先用“四海为家”“八方风雨”两招护住全身，接着，便用“三羊开泰”“五丁开山”“六鬼断魂”等招向对方反攻，无奈对方贴身游走，拳影飘忽，一时却奈何他不得。

吴三桂这时心想，对方力大，不能和他硬拼，须以巧制胜。只见吴三桂虚晃一拳，使出一招“手挥琵琶”。对方不知是计，依然全力压上。吴三桂突然退步后撤，对方以为机会来了，一招“猛虎扑食”，双拳贯满真力，居高临下，击向吴三桂胸部。吴三桂使一招“白鹤亮翅”拂开对方双拳，同时趁对方闪避不及，失去重心之际，用一招“双峰贯耳”，击向对手头部。对手急忙以拳相护，吴三桂却突然发力，用头一顶。这一招叫作“童子拜佛”，对方猝不及防，一下被顶倒在地毯上，吴三桂又胜了第二个对手。

第三个上场的是来自山东的武生乔占山。他是个瘦长汉子，身体相当灵活。他使一路“醉拳”，力道诡异，动作奇特，脚步踉跄，拳意灵动，向吴三桂攻了过来。吴三桂不敢大意，忙以继母祖氏所授的“螳螂拳”相迎。此“螳螂拳”共有四十八式，乃模仿螳螂捕食的各种姿势所创，往往后发而先至。只见吴三桂双足一前一后，两拳一开一合，进攻中见防守，沉稳中透刚猛，煞是好看。拳过二十余招，吴三桂已基本摸清了对方的路数，突然变招，单拳突击对手的头顶。此招有个名目，唤作“螳螂捕蝉”。那人使一招“洞宾背剑”，一闪避过，同时又攻出一招“铁拐脱靴”。哪知吴三桂拳到中途，却又变招，站桩踢腿，一记“黄雀在后”，踢中对方左腿。乔占山落败，一瘸一拐地走出场外。

吴三桂口说：“承让，承让。”同时双手抱拳，身体如玉树临风，潇洒地站在场内。此时他已连胜三人，气势更盛，等闲武生已不敢上场与他比试。正当吴三桂等得有些不耐烦之时，第四个对手湖广的张天贵又打上场来。他使一套地趟拳，专攻吴三桂的下三路，一时倒把吴三桂逼得手忙脚乱。吴三桂不敢轻敌，连用“老树盘根”“分花拂柳”“绿草如茵”“红杏出墙”数招将其招数一一化解。慢慢地，优势又回到吴三桂这边。张天贵见事不好，把心一横，使出一个与对手同归于尽的招数“一鹤冲天”，跃起扑下。吴三桂趁对手落地不稳之际，突然抱住对方上身，全力施为，一个“倒拔杨柳”，将对方摔倒在地，半天动弹不得。最终，吴三桂以红队第一名的身份晋级，他的出色身手也引来了场上的一片喝彩声。

这次武举考试，因为国难当头，用人心切，为避免考生的死伤，特意取消了以往的马上器械对决，而代之以马上射箭比赛。在第一场考试中已经胜出的每队三十名、共一百二十名考生中，将通过射箭比赛再淘汰掉一半人，最后留下的六十人则可获得武举人的称号。射箭比赛的场地设在大校场的东部。在校场中部偏东的地方，用石灰撒出了一道白线，距白线一百步外，并排设置了六个箭靶。考生须骑着马在白线外射箭，但马匹不能踩上或越过白线。每个考生可各射六箭，最后以射中箭靶的数目和位置来确定名次。

在马上射箭比赛中，吴三桂选择最后一个出场。在他出场之前，还没有一个考生能六靶全中靶心。有的人虽然六靶全中，却将有的箭射在了靶心之外的黄圈和白圈上，只有全部射中靶心的红圈才是最优秀的。吴三桂上场前，父亲吴襄亲自给吴三桂的红马装好鞍鞯，束紧马肚带，并一再殷殷叮嘱，叫他沉着细心，千万不可大意。

吴三桂胸有成竹，只见他马缰一抖，双腿一夹，英俊的红马泼剌一声，向场中疾驰而去，马后扬起一团灰尘。红马在场上跑圈，每圈跑到白线时，吴三桂便射出一箭，一连三箭，箭箭俱中靶心的红圈。到了第四箭，吴三桂故意改变了射箭的姿势。红马快跑到白线时，吴三桂使了个镫里藏身，身子弯下来，从马的右侧射出一箭。第五箭，他干脆在马鞍上站了起来，两只脚像钉子一样，钉在马鞍上。红马平稳地跑着，他站在马上将箭射出。最后一箭，更是匪夷所思。当红马跑到白线后掉头往回奔的那一刹那，吴三桂翻身弯腰，倒对着箭靶，将箭射出。最妙的是，这后三箭虽然姿势奇特，却又是箭箭射中靶心红圈，把那些场边人看得目瞪口呆。

两场考试完毕，吴三桂以骄人的成绩夺得本次武举考试的第一名，真是实至名归。然后，吴三桂骑着红马，戴着红花，绕整个大校场巡游一周，真是少年得志，春风得意马蹄疾呀！孙承宗、董其昌、高起潜等考官和监考官都走下将台，向吴襄表示祝贺。董其昌看着这位昔日弟子出落得一表人才，一直赞不绝口。监考太监高起潜更是亲切地拉着吴三桂的手，对吴襄说：

“有子若此，夫复何求？老夫真是羡慕有加啊！”

吴襄知道这高起潜乃是崇祯皇帝十分信任的太监，见此情况，立即表态：

“犬子蒙公公抬爱，若不嫌弃，就请公公将小儿收为螟蛉之子。”

高起潜兴奋得合不拢嘴，当即从手腕上褪下一串念珠，递给吴三桂，说：

“如此甚好，也是我与此子有缘。这串皇上赏我的珠子就送给你，权作见面礼了。”

吴三桂双手接过念珠，急忙跪倒说：

“义父在上，请受小儿一拜。”

高起潜笑着受了礼，和吴襄等人一块喝酒吃饭去了。别看高起潜是个太监，他可是皇帝身边的红人，连朝廷大臣平时都得让他三分。吴三桂今日认他为义父，可是一桩好买卖，日后还要靠他关照。他就是朝中的一座靠山啊！俗话说，朝中有人好做官，有了这座靠山，吴三桂今后就会飞黄腾达了。

吴三桂由于在这次全国武举考试中声名鹊起，已成为一个家喻户晓的人物，少年武举人的名号不胫而走。当时正值宁锦大捷之后，辽东迫切需要将才，于是舅父祖大寿破格将吴三桂收至帐下，担任中军，成为最年轻的军官。吴三桂穿上了崭新的军装，骑上了高大的战马，心中就别提多高兴了。从孩提时期起，吴三桂就向往着像父亲吴襄那样，驰骋疆场，杀敌立功。现在，他的愿望终于实现了。他骑着马在原野上狂奔，他在马上大喊大叫。他下定决心，凭着自己的一身武艺，他要出人头地，他要光宗耀祖，他要为吴家打出一片新天下！

机会很快就来了。就在吴三桂参军的第二年，即崇祯二年（1629 年）十月，后金天聪汗皇太极亲自领兵，绕道蒙古，从龙井关和大安口入塞，兵临遵化，直逼北京。崇祯皇帝慌了，下旨，命全国各路兵马，立即赴北京勤王。京师危急，蓟辽督师袁崇焕更急，他命令山海关总兵赵率教带领本部五千人马先行启程，赴京救援，自己则率领三万精兵随后赶去。这三万兵中，有一万骑兵、两万步兵。其中，这一万骑兵便是吴三桂所在的祖大寿的队伍。

十月二十九日，宁远大营吹响了紧急集合号，人喊马嘶，一队队骑兵迅速集合起来，排成了方阵，祖大寿的队伍即将出发了。吴三桂的父亲吴襄还没有上马，因为吴三桂正在跟他说话。原来，吴三桂盼望已久的这场战争，他却不能参加。作为中军，吴三桂本来是非去不可的，但他只有十七岁，应该说还是个孩子。这场仗是要和凶狠的八旗骑兵拼死活，其凶险自不待言。所以，父亲吴襄坚决不让吴三桂参加。吴三桂磨破嘴皮子也没用，因为舅父祖大寿也不同意他去。祖大寿是一军之长，他的话可是一言九鼎。

无奈，吴三桂赶来送别父亲。父亲吴襄对他好言安慰，说身为军人，打仗以后有的是机会，并叮咛他在家中，好好训练自己的家兵。关宁铁骑出发了，荡起了一路烟尘。吴襄也跨上战马，绝尘而去。望着逐渐远去的队伍，望着父亲消失的身影，吴三桂有些惆怅，也有些伤心。他其实也明白，父亲和舅父这次不让他去，是对他的爱护，但想起来总是有些不太甘心。

他无精打采地上了自己的坐骑，准备回家去训练家兵。吴三桂十分渴望的人生的第一场战争，就这样与吴三桂擦肩而过。

第十二章

百骑救父美名传

舅父祖大寿和父亲吴襄出发后，吴三桂回到了中后所的家中。他一刻也没闲着，立即开始，训练自己的亲兵队伍。由于这支队伍正好是一百人，吴三桂便将其称之为“百人队”。“百人队”的每一个成员，都是吴三桂亲自挑选的。吴三桂首先从自己家的亲属和家丁中挑选一些人，多数则是从父亲吴襄担任宁远团练总兵的部队中挑选出来的。由于宁锦大捷中的突出表现，吴襄此时也已经被提拔为总兵，他手下也有了数千人马，当然，他的部属主要是辽东当地人。

吴三桂选人的方法很特别，他先让候选者排成一行，每人当着他的面喝一大粗碗辽东当地的“烧刀子”（一种用高粱酿制的烧酒）。然后，他向每个候选者当胸击出一拳。打倒地走人，打不倒地留下。我们知道，吴三桂力大无比，喝了一大碗烧酒，再能经得住吴三桂一拳的人那可真不多。所以，吴三桂精心挑选出来的人个个身高体壮，威猛有力。

对于这特殊挑选出来的一百个人，吴三桂征得父亲同意，每个人也给予了相应的特殊待遇。每个人都拨给三十亩地，并由吴家出钱，给他们盖了房，娶了妻子。每月发饷时，除了朝廷正常发的饷银之外，吴家又单独给他们发一份饷，是谓“双饷”。由于这种特殊的生活待遇，这一百个人完全忠于吴三桂，他们愿意为吴三桂去拼命。吴三桂指到哪里，他们就打到那里，这支百人队就是一支地地道道效忠吴家的敢死队和急先锋。百人队的装备也与众不同，他们一律穿黑色铁甲。铁皮铠甲虽然比较沉重，行动起来不太方便，但保护性能好，一般的箭枝很难穿透。

百人队的战士骑的是黑色蒙古战马。这些马个头不是特别高大，但耐力极好，所有的马匹也是百里挑一选出的。他们每个人都配备两匹马，一匹骑乘，一批备用。百人队使用的武器有三种，分别是长刀、腰刀和弩。长刀又称大刀，刀呈月牙形，背厚刃薄，用精钢打造。吴三桂本人善使大刀，所以他的百人队也是每人配一柄大刀。冷兵器时期，兵器长，往往能占得先机，故有一寸长、一寸强的说法。百人队以大刀为主要兵器，有很强的杀伤力。腰刀挎在腰间，便于骑兵在运动中与敌近战时使用。

弩是百人队特别的独门利器，是吴三桂参考了《诸葛武侯集》中所绘的图样，专门让工匠精心打造的。每支弩只有七寸长短，比弓箭更易于携带。每支弩配有十枚钢制的短箭，锋利无比。弩采用机栝控制，可单发，也可连发，连发一次可发五枝。单发更具准头，连发则杀伤面积大。可以说，吴三桂亲自设计的这种特质短弩，是百人队的奇门兵器。这种兵器轻易不出手，出手即制敌死命。

吴三桂对这支百人队的训练抓得很紧，他首先将自己的一套三十六路六合刀法传授给每个队员，让他们每日练习。他要求队员招式不必太复杂，贵在练得纯熟。这套刀法讲究的是“展、抹、剁、钩、砍、劈”六字刀诀，每六路为一组，三十六路一气呵成。几个月练下来，百人队队员的刀法已然练成，俨然大家风范，大刀舞起来虎虎生威，一般人已是近不了身。练习发弩的准头更是有趣，吴三桂命令队员们对着树上落的麻雀练习。单弩射出，麻雀落地；群弩连发，树无活雀。打死的麻雀用泥裹起来烧着吃，成为百人队训练中的美味加餐。此外，每人每天还要用一个时辰练习用腰刀劈草靶，看谁劈倒的草靶多。所有这些练习都从实战出发，为实战做好了充分准备。

除了训练技击之外，吴三桂更注重的是这支队伍的纪律性。他让自己的心腹家将吴安、吴全分别担任百人队的正副队长，他自己则用三色旗来指挥百人队，红旗进，绿旗退，黄旗则发射连弩。经过半年多的训练，这支队伍令行禁止，进退有据，一百个人行动起来就像一个人一样。有一次演习时，吴三桂故意让人在行进途中设置了一道两丈多宽的火墙。只见他红旗一挥，一百名黑甲骑士便奋不顾身地向火墙冲过去，没有一个犹豫退缩的。另外一次，队伍的前方有一个水很深的大湖，吴三桂再次发出前进的命令，所有的百人队队员连人带马都冲进了湖里。通过这些训练，吴三桂对自己的这只家兵队伍充满了信心。

咱们先按下这吴三桂在宁远训练家兵不表，再说一说赴京参战的祖大寿和吴襄。这次与八旗兵交手，那可是九死一生啊！先是山海关总兵赵率教在遵化被后金军杀死，接着袁督师又率领祖大寿和吴襄的关宁军与后金军在广渠门、左安门血战。谁料崇祯皇帝中了皇太极的反间计，竟然将忠心耿耿的袁督师逮捕入狱。此一举，可是伤透了关宁军将士的心。祖大寿实在忍不住了，他一跺脚，一咬牙，带着自己的部队回了辽东。

这下崇祯皇帝坐不住了，他派人让狱中的袁崇焕给祖大寿写信，叫关宁军赶紧回京救驾。当祖大寿给将士们念袁崇焕信的时候，官兵们是放声大哭。看了袁崇焕的信，祖大寿二话不说，带着关宁铁骑又返回了北京。永定门一战，杀得天昏地暗，接替袁崇焕任督师的满桂与总兵孙祖寿战死，总兵黑云龙、麻登云被擒，只有祖大寿、吴襄的关宁军死战不退，才保住了京师，稳住了局势。崇祯皇帝这一次也真正体会到了关宁铁骑那无人能及的战斗力。但在内心深处，崇祯对祖大寿是不信任的，一个敢于率军出走、背叛朝廷的将领，怎么能够重用呢？

大明督师袁崇焕入狱了，大将满桂在永定门外战死，北京城外二十多万勤王的部队群龙无首。这剩下的烂摊子谁来收拾呢？崇祯皇帝急了，焦急之中，他想起了一个人，决定让这个人担任大学士、兵部尚书兼蓟辽督师，这个人就是曾经给两位先帝担任老师的孙承宗。孙承宗早已退休多年，年纪已经七十多岁了，这样一位耄耋老人，他能担起如此重任吗？但崇祯皇帝坚决地认为，此时此地此职，非孙承宗不可。他当即让秉笔太监写了诏书，宣孙承宗即刻进京赴任。

孙承宗的老家在河北高阳，离北京并不远。当孙承宗在高阳接到皇帝宣他进京的诏命时，他有些吃惊，他没有想到，皇帝还会用他。但他一刻也没有犹豫，君父有难，做臣子的焉能袖手旁观。朝闻命，夕死可也。他接旨后，连饭都没有吃，立即骑上马赶往京城。崇祯皇帝一听说孙承宗到了北京，立即在平台召见。看着这位白发苍苍的老臣跪在地下，崇祯一时有些不忍，心里泛起一种悲凉之感。他亲自扶起孙承宗，对他说：

“老爱卿，事情紧急，鞑虏兵临城下，不得不请你出山。请你即刻前往通州大营，指挥各地来京勤王兵马。兵荒马乱，你又没有一兵一卒，朕将二十七名殿前护卫拨付与你，由他们护送你前往通州。朕再赐你一柄尚方宝剑，凡事由你临机措置。老爱卿，就请立刻出发吧！”

孙承宗叩头谢恩，辞别崇祯，顾不得鞍马劳顿，就带着这二十七名御前护卫上路了。通州离北京不过百里，骑着马，不到半天就能赶到，但由于一路上不断地与后金部队遭遇，他们边打边走，直到半夜才赶到通州大营，而且，一路上还牺牲了五名护卫。当孙承宗一行风尘仆仆地踏入通州大营的营门时，却发现了一个奇怪的现象，不但无人前来迎接，而且兵士们乱哄哄的，都在收拾行李。孙承宗抓住一个士兵，问了一下。原来，大家正在准备逃跑。这一下孙承宗可有些沉不住气了，他三步并作两步，闯进了大营，只见总兵杨国栋也已在打点行李，准备逃跑了。孙承宗二话没说，让护卫将尚方宝剑放在案上，他目光如箭，盯着杨国栋说：

“杨总兵，临阵脱逃，你可知该当何罪吗？你认得这把剑吗？你不想要命了？”

杨国栋脸都吓白了，他“扑通”一声跪下，一脸无奈地说：

“罪臣该死！大帅，现在军心已乱，无人敢战，杨某无能，弹压不住，还请大帅饶命。”

“兵勇，勇一个；将熊，熊一窝。你个孬种，我暂且将你的罪搁着，你去传令，让各营的营官前来见我。”

孙承宗向各营营官宣读了皇帝的诏命，他又训了一番话，然后亲自与杨国栋到各营去巡视。还不到一个时辰，整个军营就安静下来了。其实，此时的通州大营，还有将士一万多名。孙承宗迅速稳住了军心，并在通州竖起督师大本营的招牌。不到十天工夫，不少打散的士兵便陆续聚集到通州，孙承宗的麾下，很快便有了一支三万人的大军，他日夜操练部队，准备与后金军作战。

可还没等孙承宗出兵，皇太极却主动撤军了。在这次攻打北京的战斗中，兵力损失过大，而且队伍中疾疫流行，实在是打不下去了。皇太极接受了诸贝勒的建议，决定大军撤回盛京休整。不过，皇太极的大军虽然撤了，他却留下阿敏贝勒率军驻扎在永平、遵化、滦州、迁安四城，为再次进军留下一块根据地。四城离北京太近了，就像是四根钉子，死死地扎在那里。孙承宗决定，要尽快收复四城，拔掉这四颗钉子。

说着容易，做起来就难了。手上虽然已经有了三万人的部队，但多是散兵游勇，很难形成战斗力。尤其是缺少能征惯战之将，杨国栋没有逃跑已是不易，指望他打仗可就没戏了。思来想去，想到了两个人，孙承宗决心把这两人调来，充当恢复四城的主力。这两个人，一个是祖大寿，另一个是马世龙。祖大寿就不用说了，这马世龙也是孙承宗培养出来的辽东将领，他们手下的兵马都是威名素著的关宁铁骑。但祖大寿和马世龙脾气都不太好，就是朝廷调用，他们也不大会听。所以，孙承宗决心亲自和他们谈一谈，利用自己这个老上司的关系，看他们给不给这个面子。

这时，因为皇太极已经退兵，祖大寿正准备带着自己的队伍返回锦州，没想到孙承宗亲自登门拜访，他倒有些意外。一番客套话后，孙承宗便说明了来意：

“祖将军，袁督师已经入狱，不知你想不想救他？”

“袁督师功高于天，尚且锒铛入狱，谁又能救得了他？就连我自己，也说不定哪天会被抓进监狱呢？”祖大寿满腹牢骚地说。他对崇祯皇帝如此处置袁崇焕始终抱有怨气，不免在他的说话中流露出来。

“祖将军，你我均与袁督师有旧。放眼天下，最关心袁督师生死的，可能也就是你我二人了。如今，你的部队若出现任何问题，不但你本人必遭重处，袁督师也必死无疑。若将军能带领关宁铁骑，再为国家立下大功，那时本督师再在圣上面前保本，则圣上心回意转，释放袁督师，亦未可知。不知将军愿助老朽一臂之力否？祖将军，现奴酋已经退兵，但后金尚占领着永平等四城不走，此肘腋之患，不能不除啊！希望将军能助我恢复四城，只是兵力尚嫌不足，不知能否请马世龙将军前来，一道攻取四城？”

“要是别人，我不敢说。要是请马世龙，包在祖某身上。马世龙与祖某乃结义兄弟，生死相许。前次袁督师写信给我，让我回师北京，那封袁督师的信，便是让马世龙送来的。马世龙本人也一直很同情袁督师的遭遇。去年马世龙奉调到大同任总兵之时，是祖某将关宁铁骑中的两千精锐拨给了他。其中有两员副将曹文诏与左良玉，均有万夫不当之勇，若得世龙兄前来，收复永平等四城，则如同探囊取物一般。就请督师赐书，祖某这就派人送去，那马世龙一定会接信即到。”祖大寿诚恳地说。

马世龙与祖大寿的交情，孙承宗焉能不知。见祖大寿肯出面送信，孙承宗正中下怀。他就在祖大寿营中，找来纸笔，刷刷刷写就一封给马世龙的信。祖大寿派他的心腹家人祖宽，立即出发，去给马世龙送信。当天，孙承宗就留在祖大寿的营中，二人把酒言欢不提。还真叫祖大寿说准了，三天后，马世龙便带着他的一万人马，其中包括那两千关宁铁骑以及曹文诏、左良玉两员大将，来到通州，向孙承宗报到。

孙承宗在通州大营，专门为祖大寿和马世龙设宴，并商议收复永平四城之事。三杯酒下肚，两人豪气干云，争着要当先锋，去攻打永平等四城。孙承宗决定先攻守军较弱的迁安和滦州，至于谁攻哪座城，他写下两张字条，让祖大寿和马世龙抓阄来定。结果，祖大寿抓着的是“迁安”，马世龙拿到的是“滦州”。为了减少损失，祖大寿和马世龙的部队均选择夜间攻城。午夜来临，两部兵马都运动到了城下，只听三声号炮响，两军同时发起攻城，一时间，火把通明，明军扛起云梯，奋力向城墙上攀登。

马世龙手下的左良玉，两手均能射箭，只见他强弓在手，左右开弓，连发十几箭，城头上的守军就应声倒下了十几个。曹文诏则乘着这个当口，脚踩云梯，腾空一跃，率先登上了城墙。曹文诏手中的丈八长矛如蛟龙出海，连刺数十人，很快便消灭了城墙上的敌人。接着，曹文诏带领手下跳下城墙，砍开城门，将明军放入城内。滦州守军，本来只有千把人，事先又没有防备，很快便全军覆灭，马世龙部轻松地攻下了滦州城。而与此同时，祖大寿的部队由祖宽充当先锋，也顺利地攻下了迁安城。第二天一早，祖大寿和马世龙合兵一处，共同攻打遵化。明军的火炮发挥了威力，炮火轰塌了遵化的城墙。关宁铁骑一拥而入，遵化城也拿下来了。

后金防守四城的首领阿敏贝勒是个好酒贪杯的家伙，整天喝得醉醺醺的。当探子向驻在永安城的阿敏报告三城失守时，他正在喝酒。正喝到兴头上的他，听到这个消息，倒一点儿都没有惊慌。他把酒杯往地上一摔，拿起大刀，便带着五千守军出城交战，他还真没把关宁铁骑放在眼里。可是他喝得太多了，骑在马上连刀都拿不稳，更不用说交战了。孙承宗亲临前线，指挥着炮火对后金军一阵猛轰。在大炮的轰击下，后金军阵势大乱，阿敏自己也受了重伤。

炮火过后，祖大寿和马世龙便带着众将和骑兵冲了上来，一阵砍瓜切菜般的猛攻，后金兵死伤了四千多人。只有阿敏贝勒在他的亲兵的拼死保护下，才带着几百个残兵败将，逃回了盛京。在祖大寿、马世龙关宁铁骑的帮助下，孙承宗只用了两天工夫，便收复了永平四城，自此，京城周围，已不见了八旗兵的踪影。阿敏贝勒丢失四城回到盛京后，皇太极一怒之下，将他关进了监狱。四城收复后，祖大寿和马世龙便带着自己的队伍，告别孙承宗，回到了自己的防区。

初战告捷，战胜了敌军，收复了失地，孙承宗十分高兴。但他并没有被胜利冲昏头脑，他在考虑，如何加强辽东的防务，抵抗后金的下一次进攻。崇祯四年（1632 年）正月，孙承宗又一次出关前往辽东巡视，辽东巡抚邱禾嘉一路陪同着他。料峭寒风下，孙承宗不顾年老体迈，坚持骑马走遍了整个宁锦防线的每座城市。他一直在考虑，如何加固这道抵御后金的生命线。遍地风雪之中，锦州城虽然遍体伤痕，但依旧在灰色的天空下巍然屹立，但锦州城周围的右屯以及大、小凌河等城，却已是城墙半颓，一片瓦砾了。与上次他视察辽东相比，故地重来，但袁崇焕已然不在，物是人非，显得有些凄凉，孙承宗不由得长出了一口气。这时，一直陪着他的辽东巡抚邱禾嘉对孙承宗说：

“大帅，右屯、大小凌河等城均系锦州前哨，但城池残破，无法守卫。是否请大人回京之后，上报朝廷，拨款筹夫，重新加以修筑？”

“吾此次实地考察，熊、袁二督所构筑之宁锦防线实乃辽东干城，抵御鞑虏，功不可没。吾思而今之计，仍需继续加强宁锦防线，先修葺好城墙，再辅之以坚甲利兵，方可抵挡后金再度来攻。贵抚所言整修右屯及大、小凌河之事，切中要害，势在必行。但如今国库拮据，大批修城款项一时恐难凑手。吾意既然财力有限，可先集中力量修大凌河城。此城距锦州仅三十里，缓急可为犄角。且该城墙墙基尚存大部，修复亦较易。此城修复后，必可增强锦州的防御。贵抚现在即可筹办此事，吾返京后，立刻申奏朝廷，使修城款早日拨下。一定要集中财力抢修一城，切不可分散财力，请贵抚切记。”孙承宗回答道。

视察刚一结束，孙承宗便立即返回了北京。他说话算数，十五天之内，便如约拨出了白银二十万两，用来修建大凌河城。邱禾嘉对修城之事也十分重视，他特意安排祖大寿携带何可纲及吴襄父子一道前往大凌河，负责修城事宜。吴三桂这次还特意带上了自己的“百人队”，准备让他们也上战场历练历练。不过，巡抚邱禾嘉却忘记了孙承宗临走前的嘱咐，自以为聪明，自作主张在修复大凌河城的同时，开工修复右屯城。在邱禾嘉的主持下，两座城市的修复都在紧锣密鼓地进行着。但永平等四城丢失后，皇太极十分震怒，他一直派人注视着辽东明军的动向，随时准备卷土重来。

大凌河城明代称大凌河中左千户所，位于大凌河西岸，小凌河以东，离锦州四十里，是锦州的门户。城建于明宣德三年（1428 年），嘉靖四十二年（1563 年）曾大规模重修过一次。在与后金的冲突中，多次被毁，又多次重建，战略位置十分重要。这回，当明军再一次动工修复大凌河和右屯城的消息传来，皇太极当即决定，必须在两城未完工前发动进攻，首先摧毁大凌河这座明宁锦防线的桥头堡。

后金天聪五年（1631 年）七月二十七日，后金军兵分两路，杀向大凌河城。一路由贝勒阿济格、岳托和德格类率领两万人马出义州，一路由皇太极亲自率领，走广宁大道，两路军约定在大凌河城下会齐。八月六日，后金两路大军先后到达大凌河城，并立即对大凌河城实行包围。由于巡抚邱禾嘉违反孙承宗的指示，擅自决定同时开始修复大凌河和右屯二城，在财力、物力上均有所分散，因此，当后金军突然围城之际，两座城市的城墙修复均未彻底完工。

大凌河城的修复，从七月中旬开始，到后金军围城时，总共方修了半个多月，连城墙的雉堞也只完成了一半。后金军来得突然，仓促之间，祖大寿只得命令关闭城门，拉起吊桥，准备迎战。大凌河的守军与祖大寿带来的兵共有一万五千多人，因为有二千人被派往外地购马，现在只剩下了一万三千人。此外，这时城内尚有居民一万多人，与守军加起来，总共有三万人左右。城墙未修完，粮草也储备得有限，强敌突然来袭，大凌河城危在旦夕。

后金军包围大凌河城这天，恰巧是吴襄带着大儿子吴三凤与五百骑兵在城外执行巡逻任务。正当他们准备返城之际，突然与大队后金兵遭遇，吴襄的五百人马很快便被敌人包围起来。吴襄毕竟是久经战阵，他丝毫没有慌乱，一面指挥手下骑兵拼死抵抗，一面派大儿子吴三凤回城求援。吴三凤奋力杀回城中，这时他已多处受伤，血染战袍。他下马后，拼着最后一点力气，踉踉跄跄地奔至祖大寿面前，焦急地说："请总爷速速发兵，出城救我父亲！"刚说完这句话，吴三凤就昏倒了，手下人把他抬进了后营。

听了吴三凤的话，祖大寿却左右为难。按说吴襄是自己的心腹爱将，又是自己的妹夫，理当发兵救援。可此时，城外的后金兵已是漫山遍野，有的已来到城门附近。如果开城前去救人，万一被后金军趁机攻进城来，岂不是全军覆没？城内守军人数本来就少，若依靠城防，尚可勉强坚守；若出城救人，只怕是凶多吉少。祖大寿思来想去，犹豫再三，下不了决心。他几次将令箭从令箭盒中拔出，几次又放了回去。这时，祖大寿身边的吴三桂看到这种情形，急得浑身冒火，毕竟城外被围得是自己的生身父亲啊！他再也忍不住了，跪了下来，对祖大寿说：

“舅父既然为难，请让我带自己的家将出城救父。”

话刚说完，也不等祖大寿表态，吴三桂便起身出帐。他在帐外一脚跨上自己心爱的枣红马，然后向自己的家兵“百人队”挥了挥手。“百人队”早就在帐外集合待命，一见吴三桂挥手，便立即催动坐骑，准备出发。这时，只见祖大寿走出帐来，一把拦住了吴三桂，并对他说：

“你救出父亲后，不必回来，可直接到锦州去找丘巡抚求援。我将一直在城内坚守。去吧！”

祖大寿说完话，一松手，吴三桂便一马当先，带着这支“百人队”冲出城去。祖大寿在城上望着这出城的区区一小队人马，心里实在担忧。他有点后悔，还是应该多少再派些人跟吴三桂一起去，说到底，自己的这个外甥还不过是个大孩子呀！可这时后悔已经来不及了，他只有在心里祈祷，祝愿妹夫吴襄能平安归来，祝吴三桂和他的“百人队”有个好运气吧！

现在，吴三桂率领的“百人队”已冲出了大凌河城，包围着父亲的那个包围圈已清晰可见。在行进中，吴三桂将队伍进行了组织，自己带三十人居中，其余七十人由吴安、吴全各带一半分为左右两翼。离包围圈只剩下十多丈时，只见吴三桂一展红旗，一马当先，一百人紧随其后，呈扇面状向敌群扑了过去。刹那间，犹如一片滚滚的乌云遮地而来。到达敌人包围圈时，吴三桂黄旗一挥，百人队连弩齐发。后金兵人仰马翻，哭爹叫娘，不知道从哪里来了这一群凶神恶煞。转眼间，包围圈便被撕开了一个缺口。吴三桂犹如天神下凡，大吼一声，率先从缺口杀入，“百人队”跟随其后，杀进了重围。吴三桂挥动大刀，左劈右砍，锐不可当。百人队百柄大刀挥动，如斩瓜切菜一般，上百名后金兵顷刻倒了下去，其余的后金兵则纷纷向后退却。

吴襄一见救兵来到，立时信心倍增，他马上抖擞精神，指挥残部，死命地向救兵来处杀出。两股明军会合，吴家父子见面，但此时，刚刚冲出的缺口又被大队的后金人马堵死了。见此情景，吴三桂毫不犹豫地向父亲招了招手，然后拨转马头。他高叫一声："跟我走!"半空中犹如响起了一声炸雷，只见吴三桂横刀跃马，当先突围。"百人队"和吴襄带领的剩余骑兵，紧紧跟着吴三桂，向包围圈外冲去。

突然，吴三桂面前刀光一闪，一员后金大将骑匹白色骏马挡在了他的马前，他乃是后金骁将阿格卫。吴三桂更不答话，挥刀砍出，他这一召唤作"横空出世"，疾如闪电，势大力沉。阿格卫用刀架住，只感到两臂酸麻，心中觉得不好。他虚晃一刀，却暗中抽出腰中短剑，一个剑花，刺向吴三桂。吴三桂猝不及防，只觉得脸上一凉。手一抹，全是血，原来鼻梁中剑，鲜血直流。吴三桂受伤以后，怒火填膺，他用尽平生之力，使出一招"平沙落雁"，阿格卫抵挡不住，拍马便逃。吴三桂再次用手抹了一下脸上的血，从背上取出铁胎弓，拈弓搭箭，只一箭，就把阿格卫射了个透心凉，眼见是不得活了。

后金军见主将已死，纷纷后退，包围圈登时出现了一个不小的缺口。事不宜迟，机不可失，吴三桂立即率领"百人队"和父亲所带领的剩余骑兵从缺口处冲出重围，向锦州而去。皇太极从远处发现明军中出了这样一员年轻的勇将，十分惊奇，他下令不要伤吴三桂，要活捉过来。当吴三桂率领明军冲出包围后，皇太极望着那一群远去的人影，感到十分惋惜。

祖大寿也一直在大凌河的城楼上用单筒望远镜观察着吴三桂的行动。当他看到吴三桂救出吴襄，冲出重围的时候，一颗悬着的心这才放了下来。他真没想到，年轻的吴三桂，竟能有这样惊人的勇气和如此出神入化的武功。他更没想到，吴三桂训练出的家兵，竟能有这样高的效率和如此与众不同的战斗力。这位外甥在他心里的分量更重了。吴三桂走后，他命令紧闭城门，并日夜督促兵士守城，当然，他更盼望锦州的援兵能早日到来。

皇太极这次进攻大凌河，吸取了以往的教训，不再硬攻，而是采取了围而不攻的战法。不战而屈人之兵，这可是《孙子兵法》的真谛啊！他命令两黄旗围北面，两蓝旗围南面，两白旗围东面，两红旗围西面，将大凌河城团团围住。各旗军兵沿城遍挖堑壕，一共挖了四道。除了一道宽五尺、深七尺的土壕，在上面铺上秣秸并覆盖上土之外，其余的三道都是宽深各丈许的土沟。皇太极决心打一场持久战，要用这些深深的壕沟，把明军困死在城内。

同时，各旗还在自己营前筑起一道高丈许的土墙，墙上还修有垛口，远远望去，和城墙相似，只是低了一些。皇太极将自己的主力放在通往锦州的大道上，准备围城打援。这一仗，皇太极还破天荒地使用了炮兵，他给每个旗都配备了一个火炮营，各有红夷大炮和大将军炮四十门。这些炮，一部分是从明军那里缴获来的，还有一部分则是自己造的。炮兵则多为投降过来的汉人，由额驸佟养性统领炮兵。皇太极自己，则将大营扎在城南的山岗上，居高临下，观察动静。

再说吴三桂父子杀出重围，赶到锦州城时，已是黄昏时分。检点人马，父亲吴襄所带领的五百骑兵只剩下了一百多人，吴三桂的百人队情况还好，没有一个死的，受伤的也只有十几个人。只是吴三桂本人除了鼻子受剑伤之外，身上还中了两箭。见此情况，吴襄爱子心切，便于途中安排吴安和吴全直接陪着他回中后所老家养伤去了。吴襄进锦州城后，见到巡抚邱禾嘉，立即汇报了大凌河的危急情况，催促丘巡抚尽快发兵救援。

邱禾嘉不敢怠慢，他知道祖大寿在关宁铁骑中的分量。八月十六日他派遣松山守军二千人去增援大凌河。八月二十四日，巡抚邱禾嘉亲自带领吴襄、宋伟二总兵与辽兵六千人从锦州出发，去援助大凌河的守军。但两次增援，都没有成功。由于援军势单力薄，两次都被后金军截在半道，根本就无法到达大凌河城下，更不要说救援了。一直到九月二十四日，朝廷才派张春为监军，会同总兵吴襄、宋伟，领兵四万去解大凌河之围。

九月二十七日黎明，援军出了锦州城，才走了十五里，便在长山遭到后金军的阻击。张春用兵谨慎，他知道明军野战不是后金骑兵的对手，人数上后金也比明军占优，因此，他立即让明军就地扎营，由车营在两边扎住阵脚，进行防守。后金骑兵在皇太极的指挥下由两边同时向明军阵地冲击，明军用枪炮还击。后金骑兵的多次冲击，都被明军的炮火击退，损失不少人马。一怒之下，皇太极调来了后金的火器营，在佟养性的指挥下，后金的大炮开始向明军阵地开火。张春不相信后金会有大炮，他还以为是自己的大炮打错了目标呢？他刚派人去查，后金的炮弹又接连在他身边爆炸，他这才如梦方醒。

在炮火的掩护下，后金骑兵再次发动进攻，失去了炮兵优势的明军再也顶不住了，纷纷开始溃逃。张春杀了几名逃兵，但兵败如山倒，明军已失去斗志，再也无力反抗了。结果，监军张春等三十三名将领被俘，副将张吉甫、王之敬战死，只有宋伟、吴襄仗着个人高超的武艺，带领少数的残兵败将逃回了锦州。这次援救大凌河行动失败后，明军已经无兵可派，再也没有能力对大凌河进行救援，大凌河城已濒临绝境。

围城伊始，祖大寿还不时派出小股明军出城去骚扰一下后金兵，或趁敌不备抢收点庄稼。但随着后金军完成了壕沟和土墙的修建，连这种小规模的活动也无法进行了，只有城门紧闭，等待援军。现在，几次救援行动均告失败，守军的士气跌倒了冰点。在这种万不得已的情况下，祖大寿决定尝试突围。经过一段时间观察，他觉得城南的防守相对薄弱，因此把突围的方向选在了城南。几天后，祖大寿带领三千精锐骑兵从南门冲出，开始突围。

驻守在城南的是后金的两蓝旗，他们的主将是三贝勒莽古尔泰。一见明军从城南冲出，莽古尔泰立刻亲自带领两蓝旗骑兵迎了上去。明军为了求生，人人拼命，况且，这三千人是关宁铁骑中的精锐，所以战斗异常激烈。莽古尔泰一面领兵与明军拼杀，一面派人去搬取援兵，谁知援兵迟迟不到，而自己的两蓝旗骑兵已损失了不少人。好在明军只有区区三千人，眼见着一时冲不出后金军的包围，祖大寿只好下令撤回城去。

祖大寿这次城南突围虽然没有成功，但却让莽古尔泰一下子伤亡了一千多人，加之援兵又迟迟未到，气得莽古尔泰战后直奔大营去找皇太极。皇太极正在大帐内喝茶，见莽古尔泰到来，他一点也不着急。莽古尔泰要求换防，皇太极说各旗的位置不宜轻动，不答应莽古尔泰的换防要求。莽古尔泰急了，拔出腰刀，便向皇太极砍去。皇太极身边护卫很多，当时便缴了莽古尔泰的刀，把他绑了起来。敢对大汗拔刀，这可是杀头的罪名，皇太极当时就免了莽古尔泰的职，派人将他押回盛京。

再说，被围在大凌河城的祖大寿部，突围失败，援军无望，陷入了一种不死不活的状态。皇太极抓紧时机，展开政治攻势，他深知祖大寿在关宁铁骑中的地位，希望能劝祖大寿投降。皇太极先后动员了数十人给祖大寿写信劝降，他们其中有祖大寿的亲戚、老下级、朋友等。皇太极自己还写了一封亲笔信，派人送进城里。祖大寿拒不投降，他愤怒地撕碎了皇太极写的劝降信，并对来使说：

“你回去告诉皇太极，我祖大寿宁愿战死，也决不投降，你就让他死了心吧！”

祖大寿之所以坚决不投降，首先是当时明朝官吏从上到下，深受程朱理学的影响，极为重视气节，他们每个人都以投降异族为耻。其次是由于后金对汉族采取的血腥的屠杀政策。长期以来，后金多次将投降的明兵和俘虏的百姓杀掉，尤其是阿敏贝勒，他在留守永平四城期间，采取了屠城的政策，搞得天怒人怨。与其投降后仍被杀死，不如战死还可青史留名。守城将士怀着这样的心态，宁愿与城俱焚，也不愿向后金投降。

虽然祖大寿和守城的明军不肯投降，但大凌河的形势却是一天天更加恶化了。既没有援军，又冲不出去，守军在思想上已经趋于绝望。更为严重的是，粮食储备不足，围城已近两月，城里的粮食已经吃光了。战马没有草料，开始大批倒毙，兵士们就宰杀战马充饥。战马吃完后，便开始人吃人。活人吃死人，兵士吃老百姓，强壮的人吃体弱的人。吃人肉，用死人的骨头当柴烧，真是闻所未闻，惨不忍睹。到了十月中旬，大凌河城已无法再守下去了，由于没有食物，士兵连拿起武器的力气都没有了，风一吹就倒，实在无路可走了。祖大寿不忍心让这些长期跟随自己的弟兄们活活饿死，便派义子祖可法缒城而下，到后金大营去商议投降之事。

后金贝勒济尔哈朗和岳托奉皇太极之命接待了祖可法。他们不让祖可法跪拜，而是以满族中比较高贵的抱见礼相见。见面后，岳托便迫不及待地问祖可法：

"你们内无粮草、外无救兵，为什么困守孤城三月，却还不投降呢?"

"因为你们屠杀俘虏和降民。"祖可法回答。

"屠杀永平等地百姓是二贝勒阿敏所为，今汗很不赞成，已免去了二贝勒的职务。我们向你保证，今后将不会再发生这种事。"岳托说道。

济尔哈朗和岳托还保证，只要祖大寿投降，皇太极将亲自出迎。不但不杀一人，还要任用所有降将，让他们继续带兵打仗。得到这一保证后，祖可法即返城向父亲汇报。在当时情况下，不可能再有更好的条件了，祖大寿决定投降。祖大寿召集了所有将领议事，宣布向后金投降。其他所有人都表示赞成，只有总兵何可纲反对，他当着众将表示，宁死不降。无奈，祖大寿下令将何可纲处死。十月二十八日，祖大寿派两个人将何可纲押到城外，当着后金将官的面执行死刑。何可纲大义凛然，面不改色，含笑赴死，观者无不动容。

当晚，祖大寿便带着四员副将、二名游击到后金大营面见皇太极，正式投降。原来全城军民三万余人，现只剩下一万一千六百八十二人，马只剩下三十二匹。皇太极对祖大寿降后金十分重视，他命令诸贝勒出营一里相迎，自己则亲自在大帐外迎接。当祖大寿带着张存仁等三十九名将官来到时，皇太极拉着祖大寿的手，坚决不让祖大寿下跪，仍以满洲的抱见礼相见。皇太极在大帐设筵招待祖大寿等人，并把他自己穿戴使用的黑貂皮帽、貂裘、缎靴、白马、雕鞍等一大批物品赏赐给祖大寿，以显示他得到祖大寿的喜悦之情。皇太极亲自用金卮装满酒，递给祖大寿。他说：

"将军大名，如雷贯耳。将军武功，勇冠三军。将军家世，威震辽东。我后金能得到将军，乃我邦之福。我皇太极能得到将军，实乃三生有幸。还望将军摒弃前嫌，再建新功。"

祖大寿接过皇太极斟满的金卮，一口喝干，然后说：

“大汗所言，祖某愧不敢当。战败来降，不敢有非分之想。大汗待我等如此礼遇，真天高地厚之恩，祖某感激不尽。但祖某妻子，尚在锦州，令人牵挂。锦州守将，多系祖某旧部。祖某愿赴锦州，一是接妻子，二是联络旧部，将锦州献与大汗，以报大汗知遇之恩。”

“将军若能赚得锦州，乃奇功一件，我后金必不吝封赏。将军可即刻前往，祝将军马到成功。”皇太极欣然同意，毫不生疑。

“蒙大汗恩准，某即刻出发。三日之后，以放炮为号，某杀掉巡抚邱禾嘉，献锦州与大汗。还望大汗届时前来接应。”祖大寿说。

为了避免引起邱禾嘉等人怀疑，第二天凌晨，祖大寿便带着自己原来的亲信共二十六人，离开后金大营，徒步前往锦州。他们淌水过了小凌河，此时天已大亮。祖大寿这时，似飞鸟离樊笼，似蛟龙归大海，心中无比高兴。虽然子侄都留在后金营中，祖大寿也顾不得了。他并非真心降后金，他之所以投降，是为了那一万多名兵士的性命。现在，他终于骗过皇太极，侥幸逃了出来，他有一种如释重负的感觉。炮声隆隆，这是后金方面为了表示追击，故意放的炮。听到了炮声，邱禾嘉也立即带兵出城查看，正好在半道上遇到了祖大寿等人。祖大寿谎称他们是在大凌河城破后逃出来的，邱禾嘉也深信不疑。邱禾嘉将祖大寿等人接回城中，并让祖大寿继续担任锦州主将。

三日后，皇太极带着大军来到锦州城下，等候祖大寿献城。他等了一天，没有听到号炮。等了二天、三天，还是听不到炮声，皇太极这才明白，自己上当了。他本想攻城，可是他知道锦州城是不好攻打的，他不想再损失更多的人马。于是，他决定撤军，他命令军队将大、小凌河城全部拆成平地，这才率军返回了盛京。

回盛京后，皇太极对在大凌河投降的祖可法、张存仁等，不但未因祖大寿的假降加以责罚，反而礼遇有加，对他们十分信任。皇太极很清楚，要想征服明朝这样的大国，仅仅凭借只有二十万人的八旗军是做不到的，必须要依靠汉人打汉人。用汉人打汉人，是他的既定方针。而要笼络汉人，没有更好的办法，只有用金钱和地位。有钱能买鬼推磨。名利之下，没有人是不能收买的。他还相信，就是祖大寿，有朝一日，还是会归降后金的。放长线钓大鱼，鱼儿早晚是要上钩的。

到底祖大寿是真降还是假降，其实连祖大寿自己也未必清楚，祖大寿当时的心理是很矛盾的。这一点在他自己写的一首诗中，已经反映出来。诗中写道：

孤城独立剑生光，一度峰尘一断肠。
渐觉所为皆逆世，岂宜有道任粗狂。
旧山无意抚宁远，大国幽弱惧杀伤。
但见袁公终不见，暗垂珠泪负兴亡。

此诗虽无甚文采，祖大寿也不善辞章，但我们仍旧能从中听出他的无奈，他的惆怅，他的忧伤。

第十三章

山东平叛奇功建

大凌河城最终陷落，残存的守军全部投降，连一向敢战的祖大寿也都降了后金，大凌河城保卫战彻底失败了。但在这次战役中，吴三桂却一举成名，他百骑救父的事迹不胫而走，传遍了整个辽东，而且越传越神，连后金的军营中，也知道明军中出了一位横刀跃马、所向无敌的青年将军。此战过后，吴三桂被破格提升为游击将军，这一年，他正好二十岁。在这场战役中，吴三桂鼻梁受了伤，还留下了一块不太明显的伤疤。此后，他在情绪激动或是心情不快时，总喜欢用手去摸这块伤疤，成为一种习惯。

大凌河兵败的消息传到京城，朝廷议论纷纷，孙承宗也因此辞去了大学士、兵部侍郎、蓟辽总督的职务，回高阳老家了。崇祯皇帝震怒，下旨处死了救援不力的总兵宋伟，并且免去了吴三桂父亲吴襄的职务。免职后，吴襄郁闷地回到了他中后所的家中。奋斗了大半生才得到的总兵职务就这样丢掉了，他真有些不甘心。尽管祖氏夫人一直开导他，对他很体贴，把他照顾得无微不至，但他的心情一直不好，他感到很委屈、很冤枉、也很无奈。

吴襄的大儿子吴三凤在这次战役中，跟随祖大寿降了后金，是一件很丢脸的事。尽管吴襄在战斗中与吴三桂拼尽全力、舍生忘死，吴三桂还负了伤，但这些都于事无补，自己还是被免了职。这个总兵职务，是他几十年效命疆场，出生入死才得来的，今日失去，他怎么能不耿耿于怀呢？他已经快五十岁了，身体也大不如前，总感到力不从心。由于心中苦闷，意志也更加消沉，除了每天与在家养伤的吴三桂谈论些武功阵法之外，总是借酒消愁，打发着难熬的日子。

经过长达数月的等待，机会终于来了。明崇祯五年（1632 年）五月，一位骑着快马的信使来到了中后所吴襄的家。信使向他传达了兵部的命令，命他立即启程，参加由总兵祖大弼、金国奇率领的关宁铁骑，赴山东平定孔有德等人的叛乱，戴罪立功。吴襄听后十分高兴，这可是他战场上建功、重新复职的大好机会呀！他立刻振作起来，披上战袍，跨上战马，去山海关军中报到。恰巧这时吴三桂的伤也养好了，父子二人便一道前往。

这孔有德是山东聊城人，自幼家贫，在家务农。他有一副好身体，身长八尺，膀大腰圆，眼若铜铃，声如洪钟，加上一脸的络腮胡子，显得十分威猛。十八岁那年，因收成不好，他就跑到开滦煤矿上，当了一名矿工。他有一把子力气，又好打抱不平，在矿上干活，也交了不少朋友。有一天，他正拉着煤车在平巷里推煤，突然，把兄弟耿仲明跑过来，让他扔掉煤车，拉着他便跑。他还不知道是怎么回事儿，傻乎乎地跟着耿仲明一块儿跑。刚跑到平巷出口，只听“轰隆”一声，矿井冒顶了，跑得稍慢的人都被堵在矿井里边。孔有德本来和耿仲明就是铁哥们，这一来更成了生死之交。矿上冒顶了，这矿工也干不成了，反正都是单身汉一条，两人便相约去闯关东。

谁料这时明朝正与后金在辽东打得不可开交，哪有用人的地方啊？工作找不到，但总得吃饭啊！两人咬了咬牙，狠了狠心，到皮岛去投奔毛文龙吃粮当兵。毛文龙倒很欣赏二人，不久就破格提拔他们当了毛文龙的护卫，并改姓叫毛有德和毛仲明。天有不测风云，他二人跟毛文龙干了两年，正在红火之时，谁料袁崇焕上岛来用尚方宝剑斩了毛文龙。继任的都司陈继盛可管不住毛文龙手下的兵，结果岛上的士兵哗变，死的死了，散的散了。这孔有德和耿仲明二人一看岛上呆不成了，索性溜了出来。二人回了老家种地，那日子可比当兵差得远了。听说登莱巡抚孙元化那里招兵，二人一合计，就投奔孙巡抚去了。

这孙元化就是曾去宁远教士兵放西洋炮的那个教官，他是徐光启的学生。几年没见，他也出息了，当上了登莱巡抚。孔有德和耿仲明很受孙巡抚赏识，不久，孔有德当上了参将，耿仲明也当上了游击，两人对孙巡抚那可是感激涕零啊！转眼到了崇祯四年（1631 年），祖大寿在大凌河被围，兵部到处调兵前去增援大凌河城，这调兵的命令也到了登莱。这登莱巡抚孙元化知道孔有德在毛文龙手下干过，又有一定的水上功夫，便派孔有德领兵三千，走海路去增援被围的祖大寿。这孔有德那是一百个不情愿，可是上命差遣，又不得不去，只得在烟台征集了上百艘渔船，渡海前往大凌河。

谁料天公不作美，船队刚刚出海不久，便遇上了飓风。一时间狂风大作，浊浪滔天，那些征调来的小渔船哪经得起这种大风大浪？登时翻了不少，孔有德不得不传令返回。回到烟台后，清点人马，三停已去了二停。孔有德只好回登州向孙巡抚请罪，孙元化倒是没有过多责备孔有德，只说是遇到天灾，非人力所能挽回，让孔有德回去休息。可还没休息几天，这孙巡抚又把孔有德叫到衙门，说是兵部催兵很紧，让他再次带八百人从陆路前往大凌河城。

只带八百人去关外，这岂不是去送死吗？这孔有德气坏了，怎么这倒霉差事总是派他去呢？可他又不好推脱，毕竟这孙巡抚待自己不薄。万般无奈，只得带着八百人上路。一路上磨磨蹭蹭，十一月出发，走到邹平，就用了一个多月。当队伍走到河北吴桥时，队伍缺粮，有几个兵便偷了当地老百姓的鸡煮来吃。不料被人发现，鸡没吃成，还被打了个半死。这孔有德一听士兵被打，火冒三丈，干脆把八百人都放出去，又是抢劫，又是奸淫，把吴桥折腾了个底朝天。事情闹大了，这孔有德也有些后怕。正当他举棋不定之时，被孙元化派到塞外去买马的李九成恰好带着二百个士兵，赶着五百匹新买的马，也到了吴桥。

孔有德本来和李九成关系就不错，现在遇上难事，便在一个小酒馆请李九成喝酒，想和他商量下一步怎么办。这李九成是个兵游子，虽然也当了个参将，但一直心里不舒服，早就想离开部队，去当个草头大王。现在见孔有德找他拿主意，便直接劝孔有德带头造反。这孔有德也有此意，他乡遇故知，二人一拍即合，决定就在当地起事。二人吃过饭后，便把队伍召集到一座破庙里在一块议事。这孔有德首先发言，他说：

“兄弟们，这数九寒天，冻得要死，上峰却让我们到关外去。就我们这几百人，吃没吃的，穿没穿的，就是到了关外，也是去送死。现在，弟兄们又抢了吴桥，犯了军纪，回去也是死罪。我看，与其出关送死，回去也是死，不如铤而走险，死里求生，找一条活路。我想和弟兄们像当年陈胜、吴广那样，揭竿起义，杀回家乡，杀了狗官，大块吃肉，大碗喝酒。王侯将相宁有种乎？此时不反，更待何时？不知弟兄们意下如何？”

“我们愿跟随将军造反！”李九成首先跳出来响应。

“我们愿跟随将军造反！”士兵们一致附和。

于是，孔有德当即与李九成率领手下的一千人举旗造反。他们杀进县衙，杀了县官，又到监狱，释放了囚犯，然后打开武器库，给前来参加叛乱的人发放武器，正式发动了叛乱。叛军一路攻陷临邑、陵县、商河、青城等，声势越来越大，人马也越来越多。这孙元化一见孔有德造反了，心里很害怕，他立刻打发人去见孔有德，劝孔有德回登州，说只要他肯回来，什么事都好商量。

于是，孔有德便随着使者来到登州城下，不过他可不是来投诚的，他是来攻打登州城的，他率领叛军将登州城包围了起来。这孙元化一看不好，赶紧命令守军关上城门迎敌。谁知当晚，孔有德的把兄弟耿仲明便偷偷打开了东城门，把叛军放进城来。孔有德就这样兵不血刃地占领了登州，逮捕了巡抚孙元化。不过，孔有德、耿仲明念及旧情，决定将孙元化释放。谁知叛军将他放了，皇帝放不过他。等孙元化一到天津，便接到皇帝的诏命，被锦衣卫逮捕，押送到北京，不久就被判了死刑。

孙元化死了，孔有德的叛乱却成了气候，他的队伍已有四五万人。拿下登州以后，他们推举岁数最大的李九成担任都元帅，孔有德等人担任副都元帅，声势日渐壮大。明旅顺参将陈有时和广鹿岛副将毛文龙的儿子毛承禄也率领部分官兵造反，跨海前来投奔他。现在，叛军不但有陆军，而且有了水军。人马多了，胃口也大了。孔有德接连打败了前来征剿他的保定、天津、昌平诸镇兵马，率领叛军包围了莱州。

接替孙元化的新任登莱巡抚谢琏是受朝廷委派，前来收拾叛军的。没想到自己刚到莱州，便被叛军包围起来。谢琏连忙指挥守军守城，可叛军弄来登州的大炮，开始向城上猛轰，连新任的山东巡抚也死于炮火。正当谢琏已经快守不住莱州城时，他却意外地收到了叛军的一封信。叛军在信中说，朝廷的援兵就要到了，他们决定投降。这谢巡抚是进士出身，是个书呆子，一见叛军要降，那真是求之不得，他决定亲自出城受降，还让莱州总兵和他一道去。

这莱州总兵杨御蕃可是个见过世面的人，他不但自己不去，还劝谢巡抚也不要去。他再三告诫谢巡抚，说叛军有诈，不可轻信。可是，谢巡抚急于立功，不听莱州总兵的劝告，带上莱州知府便出了城。孔有德在城外张灯结彩，让叛军列队欢迎谢巡抚，并且把谢巡抚迎到了自己的军营。可一到军营，孔有德便翻脸了，他命人将谢巡抚捆了起来，还逼着和谢巡抚一道来的莱州知府朱万年到城下喊话，劝城内守军投降。但这位莱州知府真是个好样的，当他被逼着去城下喊话时，这位知府还真不怕死，他大声喊道：

“城上守军听着，你们要好好守城，不要管我的死活。杨总兵，朝我站的地方开炮，狠狠地杀这帮叛匪！”

城上的莱州总兵也真够狠，他立即命守军装填炮弹，向城下射击。几炮下去，叛军死了不少，可那位喊话的莱州知府朱万年和巡抚谢琏也被自己人的炮弹干掉了。打死了山东巡抚和登莱巡抚，占领了十多个州县，这事儿可闹大了。而且，孔有德连胜了官军几仗，就不知道姓啥为老儿了，他狂妄地叫嚣，要带兵打到北京去，自己当皇上。这下可把朝廷逼急了，崇祯皇帝连忙召集大臣们开会，商量对策。

最后，崇祯皇帝听取了户部右侍郎刘重庆和四川道御史王万象的建议，决定征调关宁铁骑前往山东进行平叛。当然，这也是没办法的办法，目前，真能拿得出手的，也只剩下关宁铁骑了。为了确保平叛成功，朝廷特别挑选锦州祖大寿的弟弟祖大弼和另一员宿将总兵金国奇统领这支关宁劲旅，并派太监高起潜当这支队伍的监军。我们知道，高起潜可是吴三桂的义父，他特别关照，让吴家父子参加这支平叛大军，以便早日立功。

八月十五日中秋节这天，平叛大军在山海关聚齐，五万名将士都是关宁铁骑中的精锐，其中多数是骑兵。这平叛大军的主将祖大弼是吴三桂的舅父，在祖家兄弟中，他的脾气最火爆，绰号是“祖二疯子”。当然，他的武艺和韬略也是首屈一指的。他和他的副手金国奇在山海关大校场点过兵后，这位急性子的总兵便命令吴襄父子担任部队先锋，立刻起程。三声号炮响过，平叛大军从山海关大校场出发，浩浩荡荡地杀向山东。

八月十九日，平叛大军到达沙河镇，在这里遇上了叛军孔有德的队伍。孔有德因为在山东屡胜官军，并没有把这支关宁劲旅放在眼里。他与李九成带领十几员骁将，在沙河城外布成了一个方阵，公开向关宁军挑战。祖大弼、金国奇以及吴氏父子都来到阵前，准备厮杀。由于这是平叛大军与叛军进行的第一次战斗，两位总兵叮嘱军中的先锋吴襄父子，强调这一仗只许胜、不许败，定要一战打出关宁铁骑的威风。

两阵对垒，战鼓敲响。孔有德阵中当先出马的是一位骑白马的武将。他身如铁塔，手执铁槊，头一个跑出来叫阵。他是孔有德手下的第一员猛将，本来是在山寨落草的草寇，名字叫作赛张飞管宁。明军这边，只见金国奇手下一员偏将名叫王国真的，执一杆银枪，冲出阵来与管宁交锋。这管宁势大力沉，一根铁槊不下六十斤，被他使得上下翻动，得心应手。这王国真显然不是他的对手，十合下来，只有招架之功，无有还手之力。交手不到二十合，只听半空里一声吆喝，那管宁将铁槊抡圆，一槊将王国真打落马下，眼见是不得活了。

说时迟，那时快。一见王国真失手，这边吴襄立功心切，早拍马上前，敌住管宁厮杀。这吴襄的拿手功夫是一套六十四路的杨家枪法，刺、挡、挑、扎，使得是滴水不漏。管宁虽身高力大，桀沉招猛，但对吴襄绵密的枪法，一时却奈何他不得。要说这姜还是老的辣，吴襄的银枪始终不离管宁的面门，“平沙落雁”“金蛇狂舞”“二郎担山”“玉女穿梭”，一招招使来，刚中带柔，稳中有狠，连绵不断。这管宁桀沉，不耐久战，四十合刚过，他已是气喘吁吁了。

那挂名的都元帅李九成见管宁有些吃力，亲自出阵助战。他使一杆方天画戟，骑马冲出，就要向吴襄下手。吴三桂恐父亲有失，不敢怠慢，立刻飞马出阵，用手中大刀敌住李九成。这吴三桂一上来便使出连环三招，“凤凰点头”“豹子摆尾”“老虎下山”，想试试那李九成的功力，李九成不慌不忙，一一加以化解。接着，吴三桂再不客气，连用“五郎下山”“八步赶蟾”“千壑生风”“万山红遍”等招，一招比一招紧，一招比一招狠。李九成画戟舞动，左拦右挡，盘上护下，硬接下吴三桂的招数。

吴三桂突然刀锋一收，马头一转，卖个破绽，拖刀便走。那李九成不知是计，打马上前，挥戟赶来。吴三桂突然调转马头，不偏不倚，停在了李九成身后。他大吼一声，手中大刀，高高举起，一招“力劈华山”，将李九成拦腰砍成两段。这就是当年关云长使的那招拖刀计，今天被吴三桂使出，斩了那李九成。那边管宁见李九成落马，稍一分神，吴襄的银枪便刺进了他的咽喉，一时血流如注，倒地身亡。

这吴家父子双双得胜，关宁铁骑士气大增。祖大弼令旗一挥，骑兵在前、步兵在后，大批官军排山倒海般压了过去。此时，孔有德的军队见两将身亡，阵势早乱，哪里还顾得上抵抗，撒丫子就跑，不论是将军和士兵，只恨爹娘少生了两只脚。回营后，孔有德点检人马，折了八千有余，加上都元帅李九成和先锋官管宁身亡，真是元气大伤。他暗自后悔，自己大意轻敌，看来这关宁铁骑并非浪得虚名。第二天，孔有德便带着残兵败将，退守白马镇。

在白马镇，孔有德得到了登州叛军的增援，兵力又增加了。但经过沙河一战，他已经领教了关宁铁骑的厉害，所以命令紧闭寨门，拒不交战。祖大弼见叛军高挂免战旗，不来交战，心情便急躁起来，他性如烈火，要发动强攻，将叛军一鼓荡平。吴三桂见祖大弼就要发令，连忙挥手止住，他建议道：

“舅父，若强行攻营，我军虽可取胜，但必然损失巨大，请令侄儿今夜前去劫营。那贼新败，必不防备，可杀他个出其不意。待贼军逃跑时，舅父再率领大军追击，必可事半功倍。”

“这个主意不错，就照此办理。”祖大弼点点头，同意了吴三桂的建议。

当天晚上，吴三桂带着他的“百人队”和一千名士兵衔枚疾进，人不知、鬼不觉地接近了敌营。到营前时，吴三桂先让士兵将肩扛的沙袋丢进叛军挖的堑壕里，堑壕顷刻便被填平了。这时，众人发一声喊，点亮了火把，吴三桂一马当先，杀向敌营。吴三桂黄旗一举，“百人队”用短弩射杀了看守营门的敌兵，士兵们掩开鹿砦，吴三桂和他的“百人队”率先闯进了敌营。他们一边放火，一边高喊：“敌人来了，快跑啊！”

整个孔有德的军营乱成了马蜂窝，睡梦中的士兵们东撞西跑，马踏人挤，自相践踏。吴三桂的“百人队”如百名天将，在营中乱杀乱砍，整座敌营乱成一团。祖大弼趁势挥军大进，一部分叛军被杀死，大部分敌兵则向官军投降。孔有德见势不好，只带着少数亲信，一溜烟儿逃回了登州。

孔有德逃回登州后，紧闭城门，他已经被打怕了，再也不敢与关宁铁骑正面交战。祖大弼、金国奇指挥辽兵，将登州城紧紧地包围起来。这登州城墙高大坚实，是孙元化当巡抚时特别加修的，它能经得住一般大炮的轰击，所以辽兵数次攻城，都无法得手。登州是孔有德的老巢，城内粮草充足，辽兵一连围困了三个月，叛军拒不投降，双方就这样一直僵持着。可这时间一长，孔有德就有点坚持不下去了。一无斗志，二无援兵，困守下去，只有死路一条。思来想去，孔有德决定，不能在城里等死，必须冒险突围。

十二月二日，孔有德手下一个叫洪成训的小头目，从登州城缒城而下，向官军投诚。这个洪成训向官军透漏了一个重要情报，说孔有德将要在三日夜里从登州城西门出逃。这个消息太重要了，只要叛军敢从城里出来，这个仗就好打了。祖大弼和金国奇商量以后，决定在西城外设下埋伏，要趁孔有德出逃的机会，一举将叛军解决掉。

三日晚，孔有德率其全部主力从西门倾巢而出。西门外，金国奇的士兵刚一接仗，就故意后退，孔有德的大队人马陆续出了西门。当叛军行进至官道的半路时，只听三声号炮响，道路两边点起了灯笼火把，叛军这才知道中了埋伏。祖大弼亲自带着吴襄父子及其全部精兵从埋伏处冲了出来，同时，金国奇的士兵也从后面包抄过来。孔有德只叫得一声苦，他知道这次又冲不出去了，遂下令前队改为后队，重新杀回登州。祖大弼本想跟着孔有德的溃兵，顺势攻进城去，不料城上的叛军一见孔有德等主将进了城，便立即扯起吊桥，又向追来的官军不断射箭。一时间万箭齐发，连叛军自己的士兵也射死不少，可这一延误，官军也没能够攻进登州。

三十六计，走为上计。孔有德这次突围又赔上了五六千人，他再也无心恋战，第二天晚上便与耿仲明带上家属以及抢来的财宝，还有上万名士兵，坐上事先准备好的几百艘海船逃跑了。当初孙元化修登州城的时候，不仅将城墙修得又高又厚，他还将登州城一直扩建到海边，靠海的那面还专门修了一个门。只要打开这个门，便可以从海上出走。孔有德和耿仲明仗着在毛文龙手下学过点航海技术，从登州逃出来后，便带着自己剩下的这点家当，一直在海上游弋。

他们在海上漂泊了两三个月，粮食快吃完了，淡水更加缺乏，于是孔有德率领着他的船队驶向旅顺，准备上岸补充一些给养。无巧不成书，此时在旅顺担任总兵的，是他们的老冤家黄龙。黄龙曾经继陈继盛之后担任过皮岛总兵，孔有德、耿仲明就是在他手下逃跑的。这黄龙听说是孔有德、耿仲明率领的叛军即将来到，恨得牙痒痒的，他二话不说，立即带领水师出海截击。这场海战是一边倒，孔有德的队伍又渴又饿，哪有精神作战，被黄龙的水师在海上一顿猛揍，手下人又损失了不少。战败之后，孔有德率领着残存的船队，逃到了双岛的安塘，暂时驻扎下来。最倒霉的是毛文龙的儿子毛承禄，他在这场海战中被官军俘虏，送到京师，判处了磔刑，也算是罪有应得。

到了此时，山穷水尽，走投无路，孔有德和耿仲明一商量，再也无处可去了，决定背弃老祖宗去投降后金。于是，孔有德先派游击张文焕和都司杨谨带着一百多人，从盖州登陆，去向后金联系投降事宜。皇太极听到孔有德等人前来投诚的消息，他还不敢相信，特地派范文程前去探听虚实。范文程在盖州见到了张文焕等人，落实情况后，立即飞马赶回盛京，向皇太极报告。听到范文程的汇报后，皇太极大喜过望。以前虽有汉将投降，多是战败后才来投降的，像孔有德这样主动投顺，而且还带着大批兵将的，这可是第一遭。

皇太极立即发出两条指令，命范文程、刚林等前往镇江，迎接孔有德部，并将孔有德的部队安排驻扎在东京（辽阳），其家属和随来的百姓则可在盖州、鞍山、东京等地安插。今后，除用刑、出兵二事，需事先请示外，日常活动可自行安排。考虑到孔有德、耿仲明等渡海来归，缺少马匹，皇太极自己献出马一匹，诸贝勒各出上等带鞍的马一匹，不带鞍的马四匹，其余满、蒙、汉人等按职务每十名备御出马一匹，共约二百匹马。这些马当即交给范文程、刚林等带往镇江，去送给来降的孔有德等人。

五月，孔有德、耿仲明等一行抵达镇江。这次随二人来投降的有副将、参将、游击等一百零七人，兵士三千六百四十三人，家属共七千四百三十六人。此外，还有水手四百四十八人，水手的家属六百二十四人。他们共携带各种炮六百门，船二百六十艘。皇太极又命正在蚰岩、揽盘、通远堡三城巡视的贝勒济尔哈朗、阿济格、杜度率兵到镇江迎接，他们又带去了两千匹马，供孔有德的部下乘骑。五月二十六日，皇太极又专程派龙什、范文程等官员前往东京，迎接孔有德、耿仲明等人到盛京相见。

六月三日，龙什等引导孔有德。耿仲明一行抵达盛京城外。皇太极亲自率诸贝勒大臣等出德盛门十里相迎。在浑河岸边，皇太极为孔有德投诚，举行了盛大的欢迎仪式。后金特意在河边搭建了一座黄色的大帐篷，左右还各设五座青色帐篷。在黄色大帐篷中，孔有德、耿仲明与投降的将领，先向皇太极行三跪九叩之礼，接着，皇太极还和他们一一行了满族的抱见礼。行礼后，皇太极用丰盛的酒宴款待孔有德和耿仲明等，皇太极又赏赐给孔、耿等人蟒袍、貂裘、撒袋、鞍马等礼物。孔有德和耿仲明也向皇太极献上了他们抢来的金银珠宝等物品。六月十三日，皇太极正式封孔有德为都元帅，耿仲明为总兵官。

吃过酒宴，回到住处，孔有德和耿仲明在一起攀谈。他们都没想到，皇太极待他们如此热情，也没想到能享受到如此高规格的礼遇。二人一商量，一定要用实际行动去报答皇太极的知遇之恩。他们决定，稍做休息后，一同去广鹿岛，说服在那里当副将的把兄弟尚可喜也来投降后金。

几天后，孔有德和耿仲明便带着本部两千兵丁，乘坐二十艘海船，去广鹿岛见尚可喜。这尚可喜原本也是矿工，在皮岛时和孔有德、耿仲明同为毛文龙的义子，关系非比寻常。毛文龙被杀时，他就在广鹿岛任副将。当时他也想到过逃跑，以免被毛文龙连累，但过了些日子，见没什么动静，又留了下来。尚可喜现在还是广鹿岛副将，手下有四千多人，还兼管着长山、石岛两岛。对孔、耿二人的来到，尚可喜热情接待，听到皇太极对他们二人的待遇，心里又感到十分羡慕。当孔、耿二人劝他投降后金、共享荣华富贵时，尚可喜毫不犹豫地答应了。孔有德见尚可喜如此爽快，更是喜不自胜，他说：

"兄弟此番前去投诚，须带个见面礼，我想，我们一起去拿下皮岛献给大汗。这样，一来可以为旧主报仇，二来又为新主立功，你们觉得如何?"

尚可喜完全同意，当即点齐本部二千兵丁，与孔有德和耿仲明合兵一处，去进攻皮岛。风顺船快，孔有德等人的船队于第四天便接近了皮岛。三人对皮岛地理十分熟悉，遂决定由孔有德和耿仲明正面进攻，而尚可喜则率领本部人马从岛的另一边登岸，杀他个措手不及。拂晓，孔有德和耿仲明的船队开始向皮岛发起攻击，船上的炮火射向岛上，岛上的大炮也不断还击。这时，担任皮岛总兵的是沈志祥，一发现敌情，他就与监军一起下了战船，准备在海上迎敌。

突然，岛上出现了火光和呐喊声，原来是尚可喜已经得手，杀上了岛。沈志祥一见大本营丢失，无心再战，于是，他杀掉了监军，挂起了白旗，宣布投降。孔有德和耿仲明与尚可喜的队伍再次在岛上汇合。他们没费多大力气拿下皮岛，信心倍增，于是决定让沈志祥继续留守皮岛，他们三人则合兵去进攻明朝的重要军港旅顺。沈志祥也很高兴，他拨出二十艘战船和一千名士兵协助孔有德等人去攻打旅顺。尚可喜则将原来留守皮岛、石城的水军两千人也调了过来。七千多人马，一百多艘战船，已经是一支很可观的力量，他们在广鹿岛略微休整后，便杀奔旅顺而去。

此时担任明旅顺总兵的黄龙一直是孔有德等人的宿敌，当时就是黄龙继陈继盛之后担任皮岛总兵，才把孔有德和耿仲明吓得逃往山东投奔登莱巡抚孙元化的。而当孔有德、耿仲明起兵叛明失败后，曾在海上遭到黄龙水师的痛击。所以，孔有德等人对黄龙恨之入骨，他们决定进攻旅顺，既可以为自己报仇，又可以取悦新主子。

孔有德船队到达旅顺的时间太巧了，黄龙已将他的水师主力派到鸭绿江一带作战，旅顺十分空虚。突然遇到孔有德等人从海上来攻，黄龙猝不及防，他只好命令海岸上的炮台发炮进行还击。还不到两个时辰，孔有德等人的军队便冲上了岸，攻进了旅顺，缺兵少将的总兵黄龙兵败后自杀身死。就这样，孔有德和耿仲明又为新主子立了一个大功。夺取旅顺后，他们留三千人镇守，自己则带着尚可喜一行到盛京去见皇太极。

皇太极别提多高兴了。他不费吹灰之力，便消灭了多年来一直与他为敌的皮岛的明军，并得到了辽东最重要的港口——旅顺，尚可喜还带来了四千多人马和大批战船。皇太极决定，封尚可喜为总兵官，与耿仲明同样待遇。同时，考虑到现在归顺后金的汉族人马多了起来，皇太极决定在孔有德、耿仲明、尚可喜三人军队的基础上，开始筹建汉军八旗和后金的第一支水师。孔有德等人相继投降后金，对后金来说，是一座划时代的里程碑。过去，后劲除了女真八旗外，只有蒙古八旗，而且都是陆军。现在，又增加了汉军八旗，而且还诞生了炮兵和水师，后金的军事实力上升到了一个新的台阶。军力的膨胀，也让皇太极进一步增强了取明朝而代之的信心。

且说孔有德从登州逃跑之后，登州成了一座空城，当即被明军收复。至此，叛军被彻底击败，平叛战争也就胜利结束。在论功行赏时，监军太监高起潜特别欣赏勇冠三军的吴三桂，他对吴襄说：

“这次平叛，你父子俱立大功。尤其我这个义子更是出类拔萃，我回京后，一定要上报朝廷，予以重用。”

“全仗公公栽培。”吴襄连忙叩谢不迭。

平定山东后，关宁铁骑返回了辽东。崇祯皇帝通过这次战争，真正见识了关宁铁骑的价值，他对监军太监高起潜说：“关宁军者，真干将也。”至于吴襄父子的功劳，崇祯也没有忘记，他不仅下令恢复了吴襄原来总兵的职位，还特别授予都督同知的职衔。在高起潜的推荐下，二十一岁的吴三桂战后被提拔为参将。年轻轻的，就当上了参将，这在当时也是不多见的。

回到了宁远总兵的位置，又是在家乡任职，吴襄的心情还是比较愉快的。儿子吴三桂就在自己手下，也给自己帮了不少忙。转眼间，从山东平叛回来已经快一年了，正在这时，吴襄接到了兵部的命令，让他火速驰援京师。原来后金的皇太极又一次向明朝发动了进攻，这一次后金进攻的目标是宣府和大同。宣府本是秦汉时的上谷郡，距北京不过三百多里，明初便在这里设立开平卫，其中紫荆关、居庸关都是辖区内的重要关口。大同是秦汉时的云中郡，西汉名将飞将军李广就曾在这里担任过太守。明初设大同府，明太祖朱元璋特意命其子代王在此镇守。宣府、大同，自古以来便是兵家必争的战略要地，也是中国历代王朝抵御北方游牧民族侵扰的边防重镇。

后金天聪八年（1634 年）五月，皇太极亲率八万大军，再一次绕过宁锦防线，对明军发动进攻。皇太极将兵马分为四路，由不同地点突破长城杀入内地。第一路由贝勒德格类率领进独石口，第二路由代善及其子硕托、萨哈廉带领入得胜堡，第三路由阿济格、多尔衮、多铎三兄弟带领入龙门口，第四路由皇太极亲自率领从尚方堡入口。七月八日，四路后金军分别袭破关口进入长城。皇太极此次用兵的目的不在于取得城池和土地，而是为了掠夺明朝的财富和人口。后金军对所过城镇能攻就攻，攻不下来就放弃改攻别处。一路上烧杀抢掠，无恶不作，先后攻破应州、代州、保安州等地。老百姓兵连祸结，不堪其苦。

皇太极这次选择宣府、大同作为这次战略行动的突破口，正好避实击虚，击中了明军防守的软肋。由于辽东战事吃紧，连年将宣、大之兵调往辽东参战，致使这一段塞垣空虚，防守薄弱，给了皇太极可乘之机。一个月后，皇太极将四路大军聚齐，开始进攻明朝军事重镇大同。这时大同守将正是曹文诏。自从攻下永平等四城后，曹文诏被升为山西总兵，他率官军屡破农民军，立下赫赫战功。宣府、大同吃紧，他又被任命为大同总兵。曹总兵手下虽有二万多人，但真正能战斗的，还是一直跟随他的关宁铁骑，人数只有一千多人。曹文诏决心死守大同，等待援军。

崇祯皇帝在山东平叛中尝到了甜头，他知道，真正能打硬仗的只有关宁铁骑。于是，他迅速下令，命宁远总兵吴襄和山海关总兵尤世威各率两万精兵，赴宣府、大同驰援。八月十三日，吴襄和尤世威带领的关宁军在同一天到达大同城外。终于盼来了救兵，又是老熟人，曹文诏遂率兵一万出大同南门，与吴襄的军队合兵一处，准备和皇太极亲自带领的后金军进行正面交锋。双方在大同南门外摆开了战场，皇太极在华盖之下，用鞭杆一指对阵的明军，说：

“谁肯为我后金去擒明将？”

“末将愿往。”答话的是后金礼部承政巴都礼。这巴都礼也是后金一员勇将，他身高七尺有余，骑一匹黄骠马，使一根镔铁狼牙棒。说话间，他一马当先，已经冲到阵前。明军这方，曹文诏正要出战，忽见吴襄下首一员小将，手持大刀、骑红马、背雕弓，早蹿到了阵前。这员小将不是别人，正是吴襄之子吴三桂。那巴都礼更不答话，抡起狼牙棒，就向吴三桂的头顶砸去。吴三桂不慌不忙，举起大刀架住，两员将就在场中走马灯似的大战起来。只见尘土飞扬，刀和棒上下翻飞，八只马蹄转动，你来我往，把双方的将士都看得呆了。

好一个青年将军吴三桂，一柄大刀使得神出鬼没，“苍龙出洞”“五丁开山”“翻江倒海”“横扫千钧”，招招透出凶狠，招招显出力量。巴都礼被逼得手忙脚乱，心里越来越虚，手上越来越慢，头上也沁出了冷汗。“嗨！”吴三桂一声怒吼，一招“横空出世”，向巴都礼拦腰劈去。巴都礼连忙横起手中狼牙棒一档，谁知吴三桂这一招去势出奇，力道诡异，一刀竟将巴都礼的狼牙棒劈成两截。巴都礼这一惊非同小可，扔掉手中的断棒，拍马便逃。吴三桂不慌不忙，带住坐下马，背后摘下铁胎弓，搭上雕翎箭，只一箭就将巴都礼射落马下。

吴三桂趁势挥动红旗，他的“百人队”当先冲上，一顿猛砍，早杀死数百个后金骑兵。吴襄和曹文诏挥兵继进，勇不可当。后金军抵挡不住，大败而逃。与此同时，龙世威在北门外率军与阿济格三兄弟率领的两白旗骑兵杀得天昏地暗，难解难分。这时，传来皇太极大军在南门外战败的消息，阿济格兄弟再也无心恋战，迅速传令，撤离了战场。就这样，一战失利，皇太极心情十分不好，但他觉得已经达到了打击明朝的目的，遂放弃了进攻大同的念头，决定班师回朝。

当年闰八月七日，皇太极带领的后金军从尚方堡出塞，返回了盛京。这次后金兵大举入塞，以宣、大为中心，攻围大小城镇堡寨五十多个，将沿途州县抢掠一空，还掳走了二十多万平民，给当地百姓带去了一场浩劫。明军虽然再次依赖关宁铁骑，赶走了入侵者，但也暴露出明军长城一线防守薄弱的缺陷。明军拆东墙补西墙，在对待外来侵略时，兵力已显得捉襟见肘了。在这次救援宣、大的行动中，吴三桂又一次展露出英勇善战的才华，不但威震敌国，而且因功被提拔为右营前锋副将，吴三桂的职务又前进了一步。这一年，吴三桂才二十三岁。

吴三桂担任副将之后，更加一心一意地练兵，他将自己的“百人队”由一支扩大到十支，总共发展到一千人。这十支“百人队”，每队皆有队长，吴三桂将十个队长的名字都写在小竹牌上。作战时，他只要从靴子里抽出一个竹牌，念出竹牌上队长的名字，那一支“百人队”便随他出战。

有了这一千名精兵，吴三桂信心倍增，这就是他的本钱，他要靠这支基本队伍，在作战中建立功勋。他希望在三十岁之前，进入总兵的行列。明朝末年，战事频频，但能当上总兵的，总共也不过三四十人，所以说年轻的吴三桂，还真有些野心勃勃。

历史将把这位青年将军再一次推上风口浪尖！吴三桂还将续写自己的人生传奇！

第十四章

建州女真开新篇

从宣府、大同撤军回来后，皇太极就觉得身体很不舒服，于是，他把政事交给济尔哈朗代理，自己则带着大福晋博尔济吉特氏与嫔妃等赴清河温泉疗养。每天晒晒太阳，在温泉里洗洗澡，再骑上战马在野外跑上几圈，皇太极感到了极大的放松。虽然，脸晒黑了，但他的精神却大大好转，他觉得又可以扬鞭跃马、驰骋疆场了。恰巧也快过年了，皇太极决定起驾回宫。当皇太极一行从温泉返回时，济尔哈朗带着诸贝勒和大臣们出盛京十里迎接，皇太极在百姓们的夹道欢呼中返回了清宁宫。

新年刚过，皇太极就得到了一个消息，说是有人在黄河边上发现了蒙古林丹汗的儿子额哲的踪迹。皇太极十分兴奋，他决定，派他的弟弟、二十三岁的多尔衮挂帅，带领他的侄子豪格，侄子岳托、萨哈廉等，领兵一万，去黄河以西寻找额哲。不管是死是活，都要把额哲抓回来。为什么皇太极对这个逃跑中的额哲十分重视呢？这还要从额哲的父亲林丹汗说起。

我们知道，元朝灭亡以后，庞大的帝国土崩瓦解，蒙古民族也日渐衰落，但蒙古族并没有灭亡。到了明朝末年，蒙古族大部在长城以北，东至黑龙江，西至阿尔泰山这样一个辽阔的地域里活动。他们以中部的戈壁大沙漠为自然的分界，其南部称漠南蒙古（今内蒙古），其北部称漠北蒙古（今蒙古），西部称漠西蒙古或额鲁特蒙古。这其中，漠南蒙古西与明朝接壤，东与后金相连，战略位置十分重要，所以，漠南蒙古也一直是明朝与后金争相拉拢的对象。

早在后金天命四年（1619 年），即努尔哈赤准备攻取明朝广宁之时，漠南蒙古察哈尔部的首领林丹汗就曾派人给努尔哈赤送过信。林丹汗在信中称“蒙古国统四十万众英主”，嘲笑努尔哈赤只有三万兵马，并公开发出军事威胁，不许后金攻取广宁。听到信的内容后，诸贝勒的鼻子都气歪了，大贝勒代善请求让他带兵去讨伐林丹汗，三贝勒莽古尔泰则让父汗杀掉林丹汗送信的来使，起码要割掉来使的鼻子。但努尔哈赤没有这样做，后金的当务之急是夺取辽东，目前根本无力东顾，他决定既不给林丹汗复信，也不理会林丹汗的威胁，而是将林丹汗的使者扣留，以表示后金绝不屈服的态度。

这位林丹汗是成吉思汗的后裔，他的祖先达延车臣汗是成吉思汗的十五世孙。林丹汗从幼年起，便立下了宏图大志，要恢复远祖成吉思汗的伟大事业。从明代初年元顺帝被逐出大都，远遁大漠之北开始，统一的蒙古便陷入了四分五裂的状态，各部落之间常年征战不已。到了明朝中叶，达延汗的诸子先后进入内蒙古，在察哈尔一带游牧，当时的察哈尔被称作“插汉儿”。由于诸子分处各部，最终便形成了科尔沁、喀喇沁、乌珠穆沁、敖汉、奈曼、扎鲁特、克什克腾、苏尼特、鄂尔多斯等九部。

明万历三十二年（1604 年），十三岁的林丹汗在部族拥戴下，继承了汗位，号库图克图汗。林丹汗即位后，励精图治，颇有建树。他建立了一支十万人的骑兵队伍，东征西讨，用了十年时间，征服了察哈尔诸部，统一了漠南蒙古，达到了事业的顶峰。林丹汗的势力范围，东起辽东，西至洮河，有八大部、二十四营，号称“四十万蒙古”。林丹汗自称全蒙古大汗，他说：“南朝只一大明皇帝，北边只我一人。”

由于漠南蒙古介于明朝与后金之间，战略位置十分重要，遂成为明朝与后金相互争夺的对象。此时的明朝，内有农民军起义，外有后金军为敌，不得不对林丹汗采取赎买政策，每年送给林丹汗黄金八万一千两，希望林丹汗能与后金为敌。收到明朝送来的金子后，林丹汗不但出面写信给后金，不让后金出兵征明，还不断地派兵骚扰后金的边境和属地，弄得后金很不安宁。皇太极决心尽快征服漠南蒙古，但他一时还没有动手，他在等待合适的机会。

林丹汗早年笃信黄教，他曾下令将一百零八卷的《甘珠尔》经译成蒙古文，并用金字抄写在蓝纸上。他还建造了著名的黄教寺院“察干召”（即白寺），编撰了蒙古文的《大藏经》。在他的号召下，整个漠南蒙古寺院林立，每个家庭都要送一个男孩子进寺庙当和尚。“察干召”的喇嘛们还用千两黄金，铸造了一尊嘛哈噶喇金佛。金佛、金《甘珠尔》经，以及祖传的传国玉玺，成为漠南蒙古的三大镇国之宝。宗教的力量是不可忽视的，黄教成为整个漠南蒙古百姓的信仰。

这时，西藏红教的喇嘛们，利用林丹汗崇拜忽必烈和红教始祖八思巴的关系，一批批地来到漠南蒙古，反复劝说林丹汗改信红教。鬼使神差，林丹汗头脑发热，最终竟听信了喇嘛们的蛊惑，改信了红教。这一念之差，使得林丹汗与多数信奉黄教的民众离心离德，而一个不得民心的大汗，又岂能长久坐稳他的汗位呢？欣欣向荣的漠南蒙古，从此开始走下坡路。此外，除了宗教的原因之外，林丹汗晚年的任性和堕落，也使他的汗国内部逐渐分崩离析。

林丹汗统一察哈尔九部之后，扬扬得意，骄傲起来，开始沉迷于享乐。他喜好女色，在各部落里搜罗来五百多个年轻美貌的姑娘充实他的后宫。他那位人称“囊囊太后”的正妻，是科尔沁远近闻名的美女。他的侧室，奈曼部落美丽的格格窦土门，是有名的“草原之花”。林丹汗开始大兴土木，在归化修起了豪华的汗宫，建起了阔绰的园林。每日里，林丹汗左拥右抱，喝着清醇的马奶子酒，吃着香喷喷的手抓肉，欣赏着曼妙的歌舞，过着花天酒地的日子。

林丹汗还有个毛病，就是特别贪心，一旦得知别人有了什么好东西，他总想据为己有。这天，他听说科尔沁部首领土谢图额驸有一匹千里马，便派人前去索取。蒙古人最爱的就是好马，而土谢图额驸的这匹马更是他的心肝宝贝。这匹马本来是草原上一群野马中的头马，有一次在湖边喝水时被土谢图额驸碰上。土谢图额驸为了抓住这匹马，派了十个套马好手，弄坏了好几支套马杆子，才把这桀骜不驯的野马给套住。他又让三个驯马好手，用了整整一个夏天的功夫，才把这匹野马驯服。

这真是匹万里挑一的宝马，它浑身雪白，没有一根杂毛，尤其是脖子上那长长的鬃毛，就像那美丽姑娘头上的秀发。它体型高大颀长，两耳直竖，一副雄赳赳、气昂昂的样子。特别是它那四条优美修长的腿，令人赞叹不已。这匹马跑起来快如闪电，而且十分平稳，骑在马上有一种飘飘欲仙的感觉，实在是一种享受。土谢图额驸每天都要亲自把这匹马牵出来，骑一骑，遛一遛。他用蒙古的圣山杭爱山的名字，给马起名叫“杭爱”，以表示他对马的喜爱。可刚刚还没骑上几天，林丹汗就派人来要，真是好马难舍啊！可是，又有什么办法呢？他毕竟是林丹汗啊！当心爱的宝马被牵走的那天，土谢图额驸的心都碎了，这个七尺高的汉子也不由得掉下了眼泪。

鄂尔多斯的卓里克图亲王养了一头猎鹰，名唤“宝力格”。猎鹰的双腿长得像两根柱子，爪子有人的手掌那么大，它的喙又尖又硬，眼睛更是锐利无比。“宝力格”整天在草原上空翱翔，它飞得又远又高，不时为主人抓回猎物，一会儿是一只兔子，一会儿是一条蛇，一会儿是一只鸟。有一次，竟抓回来一只几十斤重的狐狸。卓里克图亲王别提有多开心了。猎鹰每抓回一次猎物，便停在亲王肩上，亲王便喂它一片烤肉。可惜好景不长，不知怎么搞的，林丹汗知道了这只猎鹰的消息，便派来使者，要求亲王将猎鹰进贡给林丹汗。卓里克图亲王怎么能舍得呢？但汗命难违，若是抗命不贡，林丹汗的大军到来，自己的身家性命都会不保。无奈何，亲王咬了咬牙，挥手让来使带走了猎鹰。“宝力格”临走时，极不情愿地叫着。亲王伤心地转过脸，不忍心再看到它。

秋天到了，马也肥了，草原上的牧人们也欢腾起来，但喀喇沁部的首领拉斯喀布却犯了难。他刚刚收到了林丹汗派人送来的一副甲胄，指名要用这副甲胄换他两千匹马。一副甲胄能值多少钱？怎么能换两千匹马呢？这不是强盗上门来抢劫吗！拉斯喀布怎么也想不通，但林丹汗的命令，敢不听从吗？于是，他请使者先回去，并对使者说，过些日子，他会挑选两千匹好马亲自给大汗送去。

打发走了使者，拉斯喀布的心里却起了波澜。难道真的白白送去两千匹马吗？今天要马，如果明天要羊，后天要粮，也全部照送吗？这样下去，何时是个头呢？拉斯喀布也是蒙古堂堂男子汉，难道就这样忍下去，听任林丹汗任意宰割不成？不行，我就不听他林丹汗的，我要带头，造他林丹汗的反。想到这里，拉斯喀布终于拿定了主意。但他知道，反抗林丹汗，仅靠自己的这点力量是不够的，必须与其他部落的人联合。于是，拉斯喀布立即派人去联络蒙古各部的首领，他首先想到的，便是和他同病相怜的土谢图额驸和卓里克图亲王。

土谢图额驸和卓里克图亲王秘密地来到了喀喇沁草原，拉斯喀布用草原最高的礼仪热情地接待了两位首领。茶浓酒热之后，拉斯喀布开门见山，说出了他要反抗林丹汗的想法，并希望两位首领给予支持，实现三部联合。土谢图额驸和卓里克图亲王听后深表赞同，但他们同时又提出，三部的力量仍然太弱，难以对抗林丹汗的大军，能不能再联系几部，共同起事。这时，拉斯喀布又说：

"二位王爷，要想成大事，就不能三心二意，希望二位不要犹豫。二位的担心，我也想到了。我这就派出使者，一方面联络我们察哈尔其他部，另一方面去请求后金汗皇太极的支持。只要有强大的后金为外援，我们还会惧怕林丹汗吗？"

土谢图额驸和卓里克图亲王听后大喜，他们也早就听说了后金汗皇太极的大名。于是，三人商定，一旦获得后金汗的承诺，三部便立即起兵，共同反抗林丹汗。三人在一起郑重喝血酒盟誓，结成生死同盟。结盟后，土谢图额驸和卓里克图亲王便告别拉斯喀布，回去进行准备。二人走后，拉斯喀布也立即开始行动，他亲自挑选了十匹上等的好马和十峰骆驼作为礼物，让他的大管家巴哈带上，到盛京去见皇太极。

大管家巴哈到了盛京，他通过钻门子，送银子，很快便见到了皇太极。他首先献上带来的礼单，然后说明了蒙古三部准备联合反抗林丹汗，希望后金能出兵支持的来意。皇太极看着手上丰厚的礼单，又听了巴哈说三部准备联合反抗林丹汗，在心里偷着乐。真是正瞌睡时，就来了枕头。他正在等机会，机会就送上门来，这真是求之不得的好事。但在表面上，皇太极却不动声色。他眼珠一转，对巴哈说：

“礼品我收下了。回去告诉你们主人，我可以出兵，但要师出有名。我希望你们蒙古三部先与我后金会盟，尊我为盟主。这样，我便可以用盟主的名义出兵，帮助你们。只要有了我后金的支持，打败林丹汗不在话下。”

巴哈兴冲冲地走了。他返回草原后，立即向拉斯喀布传达了皇太极的要求。拉斯喀布与土谢图额驸和卓里克图亲王简单会商后，一致同意与后金结盟。恰巧，这时奈曼与敖汉两部也表示愿意加入反林丹汗联盟，于是，五部便派出以四位大喇嘛为首的五百三十人的庞大代表团前往盛京与后金结盟。

后金天聪二年（1628 年）八月，双方在盛京郊外杀白马乌牛，共同盟誓。誓词说：

“我察哈尔喀喇沁、科尔沁、鄂尔多斯、奈曼、敖汉等五部，向伟大的长生天发誓。从今天起，五部与后金正式结盟，以皇太极大汗为盟主，共同对抗林丹汗。我们一定听从盟主的号令，服从盟主的指挥，永不背盟。若有三心二意，违背誓言者，人神共诛之。”

双方盟誓后，皇太极也兑现诺言，亲自率两黄旗骑兵两万，西征察哈尔。九月二日，后金大军到达巴林，喀喇沁等五部首领各率本部人马前来会合，总兵力超过五万人。这时，探马前来报告，说林丹汗正率领两万人马在锡林浩特一带进行大规模的狩猎。皇太极眉头一皱，计上心来。他让拉斯喀布先以献马名义带领一万人到锡林浩特去见林丹汗，自己则率领满蒙大军悄悄跟进，伺机杀他个措手不及。

林丹汗这次狩猎，收获不小，听说喀喇沁部前来献马，更是眉飞色舞。他让手下准备酒宴，以便招待前来献马的拉斯喀布等人，自己则哼着小曲，在豪华的汗帐里转来转去。亲兵来报，说前来献马的喀喇沁部的人马到了，林丹汗这才懒洋洋地走出汗帐。眼见大队的马群向自己这边跑过来，林丹汗笑得眼睛眯成了一道线。突然，林丹汗的眼睛又睁大了，他看见每匹马下面都钻出来一个武士，正持刀向自己这面杀来。变起仓促，林丹汗急忙传令，让心腹大将巴拉格率兵抵抗，同时，他自己也赶紧跑回汗帐，披甲上马。

有备而来，拉斯喀布所带的一万人马气势汹汹，杀声震天。准备不足，林丹汗的队伍临时迎战，乱作一团。但当林丹汗发现喀喇沁的兵马只有万把人时，他的心又放了下来，他自信，凭他的两万精兵完全可以对付喀喇沁的叛军。不料，在喀喇沁兵之后，大队骑兵出现了，而且，除蒙古兵外，还出现了后金的八旗兵。林丹汗这一惊非同小可，他做梦都没有想到，后金的军队会从天而降。他再也无心恋战，立即下令逃跑。

主帅一逃，林丹汗的士兵再也没有斗志，纷纷溃逃，大将巴拉格也死于乱军之中。蒙古五部和后金的联军乘胜追击，直杀得尸横遍野，血流成河。这一战便消灭了林丹汗的精锐骑兵一万五千多人，林丹汗带着不到五千人的残兵逃回了归化。林丹汗被这一仗吓破了胆，从此，他再也不敢与后金军正面交战。战后，为了笼络蒙古五部，皇太极慷慨地将所有的战利品都赏给了五部联军，自己则带着两黄旗兵返回了盛京。

又过了三年，皇太极决定再次讨伐林丹汗，彻底征服漠南蒙古。后金天聪六年（1632 年）三月，皇太极亲率五万大军从盛京出发，并事先派出使者，通知结盟的蒙古各部在昭乌达迎候。四月一日，后金军到达辽河。由于前几天刚刚下了雨，河水大涨，缺乏渡船，大部队难以渡河。皇太极决定，自己与济尔哈朗贝勒等少数人先乘船过河，大部队则由阿济格统领，让他寻找水浅的地方涉水过河。

四月五日，皇太极的大军按期抵达了昭乌达，蒙古四部的首领也带兵在昭乌达等候后金大军，只有奈曼部的巴音迟至六日才到。四月八日，皇太极在昭乌达搭建了三十六座巨大的帐篷，举行了盛大的宴会。皇太极将蒙古五部首领都请到中间一座最大的黄色帐篷中会面。他让手下给每位首领面前都倒满酒，然后他自己端起牛角做的酒杯，开始讲话：

“各位王爷，本次集会定在四月五日，其他各部都提前到达，惟奈曼部迟到一日。俗话说，没有规矩不成方圆。身为盟主，我决定，对先到的各部，每部奖马十匹，对迟到的奈曼部罚羊一千只。你们服不服?”

“我们服从。”各部的首领都表了态，就连迟到的奈曼部的巴音也表示认罚。

“接下来，我们言归正传。今天，我们总共汇聚了十万兵马，在这里誓师出征。这一次，我们要一举捣毁林丹汗的巢穴，会师归化，将林丹汗彻底消灭。不达目的，决不收兵。”皇太极说道。

“不达目的，决不收兵!”蒙古各部首领齐声响应。

接着，皇太极一一给蒙古各部首领亲自敬酒，宴会的气氛十分热烈。会后，满蒙大军便挥师出发，部队星夜兼程，准备给林丹汗一次出其不意的打击。大军穿过兴安岭，急行军一千二百多里，到达了达尔湖附近的公古里河。奇怪的是，走了一路，怎么连林丹汗的一个兵也没碰上。皇太极怀疑是走漏了消息，于是他下令追查。结果查明，镶黄旗固山额真达尔哈手下有两个蒙古人，夜盗良马六匹，提前向林丹汗报告了后金和蒙古五部联军前来攻打归化的消息。经过上次与后金交战后，林丹汗已成惊弓之鸟，他一听满蒙联军前来进攻，便二话不说，立即下令将汗宫中的珍宝财物装上车，带着亲属和大批部众连夜向西逃去。

皇太极的探子侦察到了林丹汗逃走的情况，立即返回向皇太极报告。皇太极考虑到十万大军行进，需要大批粮草，粮草若接济不上，势必无法追上林丹汗。于是，他决定暂不追击逃走的林丹汗，而是集中兵力，攻占林丹汗的老巢——归化。在进军归化的路上，大军遇到了前所未有的困难。千里迢迢，荒无人烟，只有一座又一座沙丘，只有一望无际的戈壁。漫漫黄沙，浩浩瀚海，除了偶尔能看见骆驼刺外，什么草木也不长。

白天，火辣辣的阳光直射下来，把沙子晒得滚烫。士兵们被晒得脚上起了泡，身上脱了皮，再也走不动了。大沙漠里不但没有食物，而且还缺乏饮水。没有食物，开始宰杀战马；没有水，开始喝尿。渐渐地，士兵连尿都很少了，不少士兵掉了队，还有些士兵饿死、渴死在路上。将士们望着一眼看不到边的沙漠，叫苦不迭，能不能走出沙漠，谁心里也没底。贝勒们也撑不住了，纷纷向皇太极诉苦，要求赶紧撤军。

虽然困难重重，虽然道路险阻，虽然士兵抱怨，但所有这一切，丝毫没有影响皇太极打到归化的决心。十万大军，一天要耗费多少钱粮，怎么能说撤军就撤军呢？但贝勒们说的缺水缺粮，行军苦不堪言，也是实情。如果出不了戈壁，大批将士死亡，那也不堪设想。皇太极虽然表面上不慌不忙，心里头也是七上八下。思来想去，皇太极坐不住了，他下了马，一个人跪在路边默默地对天祈祷。他祷告说：如果上天佑我后金，请帮助我顺利地通过沙漠，到达归化，我将杀牛宰羊隆重地祭祀。

不知上天是否听到了皇太极的祷告，但奇迹出现了。大军行进到朱儿格，遇到了漫山遍野的黄羊，多得数也数不清。这真是久旱逢甘霖啊！皇太极高兴得眼睛都绿了，立即下令部队猎捕黄羊。他自己也亲自带头，射杀黄羊。皇太极箭法极准，每箭必中，有一箭竟然贯穿了两只黄羊。一天下来，仅皇太极一人就猎杀了五十八只黄羊，军队的士兵们总共猎到黄羊好几万只。这群黄羊确实帮了皇太极的忙，成了后金军的救星。没有水，喝黄羊血，没有粮，吃黄羊肉，有的士兵还用黄羊肉找当地的牧民换水喝。

靠着这群黄羊的支撑，皇太极的大军终于渡过了难关，走出了沙漠，于五月二十三日，到达木鲁哈拉克沁。部队在这里休整了三天，补充了粮草，喂养了马匹。二十七日，皇太极将部队分成三路，一路由阿济格率领两白旗兵及蒙古诸部人马去攻占明宣府、大同以外的察哈尔属地；一路由济尔哈朗贝勒领兵二万为先锋，直趋归化；皇太极自己则与大贝勒代善、三贝勒莽古尔泰一起，率大军随后进发。

三路军日行数百里，几乎没遇到抵抗，分别于五月底到达归化。林丹汗一个月前便率众渡过黄河向西逃去，后金军兵不血刃，占领了林丹汗的老巢。皇太极在归化停留了十天，他将林丹汗的部分属地分给了与后金结盟的蒙古五部，其余地方则收归后金，重新任命官员管理。接着，皇太极让蒙古五部的兵马返回各自的部落属地，然后亲率后金军班师，于七月二十四日回到盛京。这次远征，往返上万里，前后近四个月，虽然没有抓到林丹汗，但察哈尔部已土崩瓦解，林丹汗的十多万部众被收服，整个漠南蒙古被纳入后金版图，后金的领地增加了三分之一还多。

皇太极临从归化班师前，派阿济格率五千轻骑兵去追击林丹汗。一直追到黄河边，也没有发现林丹汗的踪迹，于是，阿济格停止了追赶。这时，林丹汗和他的部众及亲属则惶惶如丧家之犬，渡过黄河后，不敢停留，慌忙向图白沁部（即西藏）逃去。树倒猢狲散，一路上，林丹汗所带的人马逃的逃，散的散，加上病死的，已十不余一。牲畜由于缺乏草料，大批死亡。人没有吃的，互相抢夺，整个队伍已溃不成军。

当林丹汗一行逃到青海湖边时，身边只剩下几百个人。青海气候寒冷，湖边湿气难耐，林丹汗出痘，最后病死，其手下也如鸟兽散。这个狂妄一时、不可一世的一代天骄的子孙，在后金大军的打击下，众叛亲离，最后只落得个妻离子散、身死荒滩的下场。按照蒙古人的习俗，林丹汗的尸体被送到青海湖附近的日月山上，实行天葬。

斩草要除根。后金天聪九年（1635 年）二月，皇太极任命他二十三岁的异母弟多尔衮为帅，带领一万骑兵，再次进入察哈尔草原，去寻找林丹汗的儿子额哲。他命令多尔衮，无论付出多大代价，都要找到额哲，以防止察哈尔部死灰复燃，东山再起。其实，皇太极还有一个不可告人的目的，他听说林丹汗临死前将一枚极其珍贵的传国玉玺传给了额哲，他要多尔衮抓住额哲，设法找到这枚传国玉玺。

为了寻找额哲的下落，多尔衮派出十多路斥候，在茫茫的大草原上搜索前进，不放弃任何一个可疑的线索。踏破铁鞋无觅处，得来全不费功夫。三月十五日，多尔衮的斥候回来报告，在西拉珠儿格发现了刚刚从青海归来的林丹汗的妻子囊囊太后，她带着大约一千五百个牧民才到达这里。多尔衮急忙挥军前进，在半路上遇到了前来投降的囊囊太后。经过询问，多尔衮从囊囊太后口中得知，林丹汗的儿子额哲一直在伊金霍洛旗一带游荡。多尔衮大喜，他派手下的温泰带兵一千先护送囊囊太后回盛京，自己则和侄儿岳托等轻骑西进，去抓捕额哲。

四月二十日，多尔衮的骑兵渡过黄河，按照囊囊太后的指点，终于在伊金霍洛旗附近的托里图，找到了林丹汗的儿子额哲。当时，额哲正和几个手下人在一起开会，此时，额哲身边还有大约一千户牧民。他们正在商量，是返回察哈尔牧场，还是继续往西逃向西藏。多尔衮的骑兵一到，额哲未做任何抵抗，便立即宣布投降。为了表示诚意，额哲向多尔衮献出了他从父亲林丹汗手里继承来的国宝——传国玉玺。

这枚传国玉玺是中国历代王朝的镇国之宝，神秘的玉玺有着鲜为人知的传奇经历。相传春秋时楚国人卞和发现一块璞玉，他将玉石献给楚厉王。楚厉王交给玉工辨识，玉工说是石头，楚厉王以欺君罪将卞和刖去左足。楚武王时，卞和再次献玉，仍以欺君罪被刖去右足。楚文王即位后卞和不敢再献，只是抱着玉石在宫外大哭。楚文王将卞和带回宫中，并命人将卞和怀中所抱的玉石剖开，果然得到一枚举世罕见的宝玉，史称和氏璧。

后来“和氏璧”从楚国辗转到了赵惠文王手中。秦昭王得知消息后，声称愿意用十五座城市来交换“和氏璧”。赵国的蔺相如在渑池会上，智斗秦昭王，最后完璧归赵。到了汉代，和氏璧被制成皇帝专用的玉玺，开始在一代一代的皇帝手中流传。三国时，天下大乱，在讨伐权贵董卓的时候，东吴的孙坚意外地从宫廷的一口废井中打捞出一个宫女的尸体，宫女的怀中就藏着这枚传国玉玺。孙坚得到玉玺后，认为自己有希望当皇帝，便不辞而别，连夜带着玉玺返回了江东。后来孙坚因为要向袁术借兵，不得已将玉玺献给了袁术。袁术得到玉玺后，也做起了皇帝梦。后来袁术兵败，玉玺遂再次进入宫廷。

经过了两晋、南北朝、隋、唐、五代、宋等时代的变迁，玉玺传到了元朝皇帝忽必烈的手里。元朝末年，朱元璋的农民起义军攻进了元朝的都城。元朝的末代皇帝元顺帝带着这枚传国玉玺，匆匆忙忙地逃出了元大都，在蒙古的草原上流亡，后死于应昌。此后，传国玉玺就好像从人间蒸发掉了，再也找不到它的踪迹。但这枚神奇的玉玺并没有被人忘记。

又过了二百多年。有一天，一位蒙古的牧羊人图力格在美丽的鄂尔多斯草原上放羊，他意外地发现了一个奇怪的现象。他那头头上长着黑斑的头羊，一连三天都不吃草，一直用它的前蹄刨地，而且刨的总是同一个地方。图力格很好奇，便找来了镬头，在这只羊刨过的地方挖掘。没过多久，他的镬头在土中碰到了一个硬东西，他立即用双手去土里刨。他把土中的硬物取出来后，突然眼前一亮，他挖出的正是那枚久已失落的国宝——传国玉玺。

当时，图力格并不知道这枚玉玺的价值，他用这枚传国玉玺只从王爷手中换到了一匹马和六只羊。人们普遍猜测，是元顺帝逃跑时把玉玺埋在了这里，而从此，这枚玉玺便在蒙古王爷中流传开来。林丹汗征服了蒙古九部，从博硕克图汗手中得到了这枚传国玉玺，玉玺成为漠南蒙古的镇国三宝之一。林丹汗一直将其秘藏，不肯轻易示人。林丹汗临终前，才将传国玉玺传给了他的儿子额哲。

看着额哲献上的传国玉玺，多尔衮浮想联翩。他把玉玺拿起来又放下，放下又拿起来。玉玺是皇权的象征，玉玺是权力的体现。鬼使神差，传国玉玺竟到了自己手中。多尔衮此时，玉玺在手，也做起了皇帝梦。他想，难道自己真能位登九五？命里该自己当皇帝？但自己手中目前只有不到一万人马，怎么能与经营多年的皇太极对抗？虽然皇太极夺走了自己的汗位，杀死了自己的母亲，但现在反抗显然还不是时候。

君子报仇，十年不晚，他还需要等待时机。想来想去，多尔衮改变了将玉玺据为己有的想法，他将玉玺仔细收了起来，准备献给皇太极。多尔衮提前派人将抓住额哲和得到传国玉玺的消息，飞马去向皇太极禀报，自己则带着额哲等人和传国玉玺凯旋。皇太极得知多尔衮班师的消息，尤其是得知传国玉玺到手的消息后，决定率诸贝勒和大臣们出城迎接。

九月五日，皇太极带领大队人马出了盛京城，来到阳石木河岸，他决定第二天在这里举行接受传国玉玺的仪式。兵士们连夜在河岸边筑起了一座长宽各三丈，高七尺的方形土坛，土坛上特意安放着从宫里运来的香案和龙椅。土坛周围插满五颜十色的旗帜，两黄旗的护兵们彻夜在土坛附近巡逻，不准任何人靠近。

第二天清晨，红日东升，河岸边响起了呜呜的长号和咚咚的战鼓声。皇太极斋戒沐浴后容光焕发，他大步流星地从修好的台阶上登上了土坛。皇太极默默地点起了三炷香，对天焚拜后，端坐在香案前的龙椅上。土坛前，多尔衮跪在地上，双手高举，他的手中拿着光彩夺目的传国玉玺。正黄旗梅勒额真纳穆泰和镶黄旗梅勒额真图尔格两人同时从多尔衮手中接过玉玺，放置在一个事先专门备好的乌木几上。然后，两人一同举起乌木几，缓步走向土坛，将玉玺献给皇太极。皇太极接过玉玺后，双手高捧，向天行跪拜礼，再将玉玺放回乌木几内，由两大臣将乌木几摆放在香案上。这时，坛下的群臣和士兵全部跪下，山呼万岁，声震霄汉。

传国玉玺为正方形，是用一块完整的天然羊脂玉雕刻出来的。玉的正面刻有四个隶书字“制诰之宝”，玉的两边各雕有一条身形灵动的飞龙。真是世所罕见的国宝，其质地之高贵，造型之华美，雕工之精到，都是无与伦比的。皇太极看着玉玺，越看越兴奋，越看越激动，眼睛里透出一种贪婪的欲望。此时此刻，他真是心花怒放，喜不自胜。他想，既然上天让他得到了传国玉玺，那就说明，天意要让自己统一天下，成为天子。推翻明朝，入主中原，这是后金两代人为之奋斗的目标，眼看着这一天即将到来，能不感到欢欣鼓舞、感慨万千吗？传国玉玺，这真是上天送来的最好的礼物。

献玉玺仪式结束以后，皇太极设宴欢迎多尔衮远征归来。多尔衮特意在宴会上向皇太极介绍了前来投降的林丹汗之子额哲。皇太极用满族的最高礼仪抱见礼欢迎额哲。他亲切地挽起额哲的手，问这问那，显得十分兴奋。皇太极当场宣布，封额哲为亲王，并将自己的次女玛哈塔公主嫁给额哲为妻。至于林丹汗那两位年轻漂亮的妻子囊囊太后和窦土门，皇太极更是一个也不肯放过，全部弄进了自己的后宫。

阳石木河岸献玺仪式结束后，后金全国上下都处在一种节日气氛之中，满、蒙、汉各族贝勒大臣纷纷上书，要求皇太极趁得到传国玉玺的机会，正式称帝。其中，弘文院的大学士希福和刚林二人的联合上奏，最具代表性。奏疏说：

“孔、耿、尚三将既归，蒙古插汉儿国（即察哈尔）又附，是边外诸国俱属一统，请上尊号。汗或以为未见天意，何可辄受大名，倘蒙天佑，得有四海，大业告成，受之未晚。然今插汉儿汗太子举国皆附，又得历代帝王相争之玉玺，是上天默助，可概见矣。当应天意，以成大名。”

皇太极何尝不想称尊号、当皇帝，只是他城府极深。他故意不答应诸贝勒和群臣的请求，就是想借此机会再考验一下群臣对他效忠的程度，尤其是诸贝勒所持的态度。大贝勒代善看出了皇太极的心意，他亲自率领诸贝勒进宫面见皇太极，宣读事先写好的誓词，诸贝勒均跪在大贝勒代善身后。誓词说：

“此后若于汗前起不良之念者；虽非躬为作乱，倘知兄弟辈有作乱而隐匿不首者；及汗所议国事，归而告于妻子及闲散员役者；思布间谍流言者；天地诛之，夺其纪。若竭力尽忠，汗必怜之，天且佑之，裨益寿算。”

誓词宣读后，代善又当着皇太极的面，将誓词焚毁，以表示诸贝勒拥戴皇太极称帝矢志不移。这时，皇太极才假惺惺地表示，接受诸贝勒和群臣的拥戴，同意即皇帝位。他说：

“尔诸贝勒大臣等，以朕安内攘外，大业渐臻，宜受尊号。两年以来，合辞劝进，至再至三。朕唯恐上无以当天心，下无以孚民志，故未俞允。今勉从群议。朕思既受尊号，当益加乾惕，忧国勤民，若有所不逮，惟天佑助之。”

后金天聪十年（1636 年）四月十一日，皇太极在盛京举行了隆重的称帝大典。事先，他专门斋戒三天，并进行沐浴，以表示虔诚。到了吉日那天，皇太极很早就起了床，然后穿戴一新，骑着他心爱的骏马“小白”，在百官的簇拥下，到德胜门外的天坛祭天。其实，这个天坛并没有高大的建筑，它只是一块长方形的场地，场地中央，是一个四面有台阶的高台。

在高台的正中，设立有“天帝”的牌位，牌位前，还陈列着香炉和三牲等各种祭品。

清晨，天色大亮，一轮红日从东方冉冉升起，遍天的彩霞光照大地。皇太极在满族贝勒多尔衮和汉族官员孔有德左右陪同下，健步登上高台，然后从引导官希福手中接过已经点燃的香，向“天帝”牌位祭拜并三次上香。这时，诸贝勒和大臣等都肃立在高台的东西两侧。在百官之外，则一层层站满了满洲八旗、蒙古八旗和汉军八旗的士兵，各式各样的旗帜在空中迎风飘扬。此外，参加皇太极登基大典的，还有朝鲜国王派来的两名使臣。

上香过后，皇太极又从希福的手中接过各种锦帛和装满酒的爵，恭恭敬敬地摆在香案上。皇太极敬献完毕后，读祝官刚林手捧祝文登坛，面向西北跪下，高声朗读祝文：

> 惟丙子年四月十一日，满洲国皇帝、臣皇太极敢昭告于皇天后土之神曰：臣以眇躬，嗣位以来，常思置器之重，时深履薄之虞，夜寐夙兴，兢兢业业，十年于此。幸赖皇穹降佑，克兴祖、父基业，征服朝鲜、混一蒙古，更获玉玺，远拓疆土。今内外臣民，谬推臣功，合称尊号，以副天心。臣以明人尚为敌国，尊号不可遂称，固辞弗获，勉徇群情，践天子位，建国号曰大清，改元为崇德元年。窃思恩泽未布，生民未安，凉德怀惭，益深乾惕，犹惟帝心昭鉴，永佑家邦。臣不胜惶悚之至，谨以奏闻。

刚林念完祝文后，皇太极再次向天跪拜，然后，便将所有的祭品分赐百官。以前，满族的祭品为“生太牢”，即都是生肉，大臣们必须将分到的生肉用刀切成小块带回家煮熟后才能吃。这次，皇太极下令进行了改革，将祭品一律改为熟食，仪式一结束，祭品便当场分发给群臣吃掉。祭品吃过后，皇太极开始在大政殿接受群臣奉上的“御用之宝”，这是一枚刻着满文的小一些的玉玺。

接着，满、蒙、汉各派一名代表当场宣读称颂皇太极的表文。表文尊皇太极为“宽温仁圣皇帝”，皇太极坐在那里，心安理得地接受了这一尊号。读完表文后，立即在殿前立鹄，就是竖起箭靶，让几名射箭高手当场比试射艺。这也是满族中流传下来的一种习惯。其实，这只是一种表演，显示满族是马上民族，时刻不忘武备。较射后，仪式即告结束，由皇太极在大政殿设宴招待群臣，以示庆祝。

四月二十三日，为祝贺皇太极登上帝位，皇太极在崇政殿大封他的臣属。大贝勒代善封为和硕礼亲王，贝勒济尔哈朗封为和硕郑亲王，多尔衮为和硕睿亲王，多铎为和硕豫亲王，豪格为和硕肃亲王，岳托为和硕成亲王，阿济格为多罗武英郡王等。除满族诸贝勒大臣外，蒙古贝勒也被封为外藩亲王、郡王。汉官中，孔有德被封为恭顺王，耿仲明被封为怀顺王，尚可喜被封为智顺王，时称“三顺王”。其余诸贝勒、大臣的部下，也都受到了封赏。

从此，后金国改称大清朝，天聪年号改为崇德，都城定在盛京。一个新的时代开始了，皇太极成为第一任大清皇帝。皇太极一生的愿望，便是要以大清代替大明，他本人也为这一目标奋斗到了最后一刻。

有人认为，清朝建国应从崇德元年（1636 年）算起，清朝的第一个皇帝是清太宗皇太极。这是一种说法。还有一种说法是从努尔哈赤建立后金的天命元年（1616 年）算起，因为清朝是继承后金而来，二者是一脉相承的。按照这种说法，清朝的开国皇帝则应为努尔哈赤，努尔哈赤被称作清太祖。但若作为通史，年代不能重复计算，因此把清朝的开国时间定为明朝灭亡的崇祯十七年（1644 年）。三种说法是因为角度不同，各有各的道理，可以并行不悖。

第十五章

卢象升血沃中原

皇太极当上了大清皇帝，野心也随之膨胀起来，他开始实施自己朝思暮想的梦，即彻底征服明朝，并取而代之。他之所以建立大清，说白了，就是为了灭掉大明。他知道，明朝是棵大树，疆域辽阔，人口众多，要灭掉如此大的一个国家，绝非一朝一夕所能实现。他的方针是，反复征伐，不断打击，今天伐一枝，明天再伐一枝，久而久之，不愁这棵大树不倒。清崇德元年（1636 年）五月二十七日，即皇太极刚当上大清皇帝才一个多月，他就在翔凤楼召见了多罗武英郡王阿济格，急不可耐地让他领兵十万，挂帅征明。本来，皇太极是打算亲自领兵出征的，可这半年来，他身体不适，一直咳嗽，鼻子还时不时地出血，于是，他这次才命令阿济格统兵入关。

五月三十日，皇太极亲自为征明大军送行。大清早，皇太极就起身到堂子对天行三跪九叩大礼，祈祷得到上天的庇佑。当他走出堂子后，仪仗队吹响了海螺号和蒙古长号，迎面的护军八纛旗随风招展，他的精神也为之一振。皇太极跨上他的爱马小白，到西演武厅接见了即将出征的将士，并慷慨激昂地讲了一番话。将士们见到皇太极，山呼万岁，掌声雷动。这时，皇太极亲自将出征的令旗交到了阿济格的手上。阿济格接过令旗，高高举起，只听三声号炮响起，十万八旗将士束甲荷戈，陆续出发。

按照皇太极的安排，清军这次出征再度绕过宁锦防线，从蒙古那边斩关入塞。六月二十七日，清军分三批从独石口入边，基本没遇到什么抵抗。八天后，清军攻下了距北京城不到四百里的延庆。此时，明廷上下，一片混乱。北京全城戒严，崇祯皇帝急派大学士李辅国等人分别领兵去把守长城上的紫荆关、倒马关、龙泉关和固关，上次清军就是从这些关口攻入长城的。可是，清军在攻破延庆后，却不走这几个关口，而是直接从居庸关杀入关内，真是防不胜防。七月七月，清军越过天寿山，突然出现在昌平城下。前一天，阿济格便秘密安排二千名明军降兵随难民一起混进了昌平城。等清军一到，这些混进城中的降兵便充当内应，打开城门，迎接清兵。昌平城顷刻陷落，总兵巢丕昌投降。

清军在攻下昌平后，焚毁了位于天寿山的明德陵，然后南趋良乡，两天后，移兵至沙河、清河一线。清军又一次打到了北京城外，崇祯皇帝除了急派城中的文武大臣前往各个城门去参加守城外，还紧急下令各地兵马赴京勤王。这时，兵部尚书张凤翼硬着头皮主动要求出城去统领各路援军。崇祯皇帝终于找到了救命稻草，他立即批准张凤翼的请求，并赐给他尚方宝剑和五百面赏功牌，同时任命监视关宁道太监高起潜担任各路勤王兵马的总监军。

在明朝，由太监监军早就成为惯例，但监军太监一不知兵，二爱弄权，往往贻误战机，领兵将领虽然感到十分掣肘，却往往是敢怒而不敢言。这次，河南道御史金光宸针对这一顽疾，大着胆子，上了一道奏折，请求罢黜太监监军的惯例，让将帅自主领兵作战。崇祯皇帝看到奏章后，龙颜大怒，不但不采纳金光宸的建议，还让锦衣卫当殿脱去了金光宸的朝服，将他关进诏狱。虽然，崇祯上任之初，曾诛杀了权倾朝野的太监魏忠贤，但那是一个特例，打倒魏忠贤的目的在于收回失去的大权，并不是针对所有太监。在崇祯皇帝的心中，和历代明朝皇帝一样，都认为太监是皇帝的家臣，是最可靠和最值得信用的，而一般的文武大臣则是外人，是不能完全信任的。也正因为如此，金光宸的一纸奏章，才把自己送进了诏狱。

尽管逮捕金光宸后，朝中大臣不断上疏，要求释放金光宸，外省的督抚也有不少人为金光宸说好话，但崇祯皇帝一概不听，他执意要把这个逆龙鳞的金光宸杀掉。谁知天有不测风云，锦衣卫前往诏狱提取金光宸要执行死刑时，忽然间，狂风大作，又是响雷，又是闪电，一场猛烈的暴风雨不期而至。这可把崇祯皇帝给吓坏了，他觉得自己此举是犯了天怒，触怒了天神，于是他赶紧下旨，收回成命，释放了金光宸。但金光宸之后，再也没有人敢出面反对由太监实行监军，这种由太监监军的制度一直与明朝相终始。

其实，清军并未向北京发动进攻，按照皇太极的指示，清军这次入关的目的也不是攻占北京城，而是像过去一样，抢掠明朝的财物和人口，以达到逐渐削弱明朝国力的目的。因此，阿济格接下来没有进攻北京，而是指挥清军在京畿地区大肆抢掠。七月十五日，清军攻克宝邸，杀知县赵国鼎。七月二十一日，清军下房山，战涿州，转攻香河，攻破顺义，知县上官荩自杀。八月十九日，清军又连续攻克密云、平谷。短短一个月里，清军连下北京周边十二城，获人畜十七万九千八百二十，简直如入无人之境。而那位自告奋勇担任督师的兵部尚书张凤翼和总监军高起潜，虽然拥有上十万兵马，但只是率军跟在清军后边，一直不敢与清军交战。

清军在进攻定兴府时，却出乎预料地遇到了坚决的抵抗。辞官在家的原光禄寺少卿鹿善继是定兴人，他主动带领自己的家丁协助知州薛一鹗在定州坚守了六天六夜。但毕竟定兴城小兵微，又没有救兵，最终定兴城被清军攻破。城破时，鹿善继正率领家丁在南门守城。当大批清兵拥上南门时，鹿善继拒不投降，拼死抵抗。清兵对他连砍三刀，又加上一箭，才将他杀死。鹿善继死时已有六十二岁。鹿善继宁死不屈的抗敌精神令人感佩，人们赞扬他虽然明知于事无补，但“犹捧一篑以塞溃川，挽杯水以浇烈焰。”

八月三十日，阿济格的清军在大肆烧杀抢掠后经雄县北归，从冷口出关。守关的明将崔秉德请示总监军高起潜，是否率兵守住关口，截断清军的归路。高起潜却回答说，清军要退回老家，求之犹不可得，何必断其归路呢？于是，崔秉德放弃了守关，清军带着大批辎重和十八万抢来的人畜大摇大摆地走出了冷口关。由于人畜众多，清军出冷口关整整用了四天时间，他们奏着军乐，马匹上加了各种彩色的装饰，根本不把明军放在眼里。临出关前，阿济格还让兵士们将沿路的大柏树一一砍倒，剥去树皮，在树身上写上“各官免送”的字样，然后将这些柏树丢弃在出关的大路上，用来嘲笑明军。

实际上，明督师张凤翼和宣大总督梁廷栋这时已带领大批明军赶到了冷口关，但他们眼睁睁地看着大队清兵旁若无人似的朝关外撤，就是不敢发起进攻。直到清军全部出关后，高起潜和张凤翼才装模作样地将明军开进了石门山。事后，高起潜和张凤翼还联名打报告给崇祯皇帝，说他们打退了清军，并斩首三级，获马一匹。报告送走后，督师张凤翼和宣大总督梁廷栋自知消极避战，瞒不过崇祯，朝廷必然会向他们问罪。于是，这两个人，每天故意在军中吸食毒品大麻，过了十几天，二人便相继在军中死去。果不其然，朝廷下令将张凤翼和梁廷栋逮捕回京问罪，只是因为二人已死，才不再追究。但与他二人一样消极避战且应负有更重要责任的总监军高起潜不但没有受到任何处分，反而继续掌管军权。

又过了两年，即清崇德三年（1638 年）八月，皇太极又一次下令，第四次入关征明。由于身体原因，皇太极这次仍未亲自领兵，他将入关的清军分为两翼。左翼以睿亲王多尔衮为奉命大将军，豪格、阿巴泰贝勒为副手，统领镶黄、正白、镶白、正蓝四旗兵。右翼以贝勒岳托为扬武大将军，贝勒杜度为副手，统领正黄、正红、镶红、镶蓝四旗兵。两翼兵可分可合，合在一起时，便由睿亲王多尔衮统一指挥。八月二十七日，岳托率领右翼兵先行出发。九月四日，多尔衮带领的左翼兵也跟着离开了盛京。

九月底，两翼兵再次避开了宁锦防线，分别由墙子岭、青山关突入关内。这两个关口都设在燕山山脉的长城之上，山势陡耸，十分险要，尤其是密云北边的墙子岭，更是一座易守难攻的险关。谁知清军不走关口，而是一直爬到山顶，从修城墙的缺口处冲了下来。密云总督吴阿衡当时喝酒喝得醉醺醺的，把害怕也忘了，他带着几千兵丁，仓促应战，结果是关破身死。两翼兵入关后，长驱直入，越过迁安、丰润，在通州的河西务会合。接着，清两翼兵绕过北京，到达涿州，再在涿州，将两翼兵分成八路，采取拉网的方式扫荡。一路直指太行山下，一路沿大运河而行，中间的六路齐头并进，所到之处，烧杀抢掠。

十月初的北京再度紧张起来，面对清军的又一次大举进攻，由谁来挂帅抵挡呢？崇祯皇帝把眼前的文臣武将像过筛子似的过了一遍，总觉得没一个合适的。祖大寿带领关宁铁骑已经来了，但祖大寿不太听话，他有些信不过。左良玉一人又难当重任，且左军纪律很坏，还真不敢让左良玉到京城来。想来想去，他的脑子里突然蹦出来一个人，这个人就是曾担任过五省总督的卢象升，他能文能武，是一员敢战之将。现在，身为宣大总督的卢象升因父亲去世，已经回家奔丧，所以不在现任将军之列。想到了卢象升，崇祯皇帝兴奋起来，他让秉笔太监立刻拟旨，让卢象升夺情，立刻进京候用。

卢象升字建斗，江苏宜兴人。卢象升和一般的南方人不同，他虽然生于江南水乡，但身长却七尺有余，是一个标准的大汉，两臂孔武有力，双手均能射箭。俗话说，南人北相，必有大福，卢象升就是一个有着北方人相貌的南方人。天启二年（1622 年），卢象升考中了进士，并且当上了户部主事，不久，他又被任命为大名知府。崇祯二年（1629 年），皇太极进攻北京那年，袁崇焕、祖大寿率领关宁铁骑勤王，最后袁崇焕被逮捕，被杀掉。当时，担任大名知府的卢象升自发组织了一万多人的军队，自己亲自带领，前往北京勤王，只是因为他的军队到得较晚，没有赶上和后金军的交战。虽然没打上仗，但崇祯皇帝还是发现了这位知府的忠心，后金军退走后，崇祯皇帝将卢象升提拔为参政，让他专门负责练兵。

卢象升练兵的北直隶一带，民风强悍，家家都有练武的习俗。他的兵主要来自大名、广平、保定，这些地方的人长得高大，从小又练过武，在冷兵器时代，这可是一大优势。卢象升的兵还有一个特点，他把一个村子招来的兵都放到一起，相互之间，不是兄弟、父子，也是亲戚，最大不济也是同学、同乡，所以特别有凝聚力。所谓打虎亲兄弟、上阵父子兵。这些人同仇敌忾，同生死共进退，特别有战斗力。加之，卢象升练兵特别认真，一个普通农民，经他训练半年，就成了一名好兵。三年兵练下来，卢象升手底下已经有了一支上万人的部队，他们敢于死战，服从命令，特别能战斗。要说打仗，在当时，除了关宁铁骑之外，明朝的正规军就属卢象升的部队了。卢象升很喜爱自己的队伍，他给自己这支队伍起了一个响亮的名字，叫天雄军。

天雄军第一次崭露头角，那是在崇祯六年（1633 年）。当时，山西总兵曹文诏将三十六家农民军打得东奔西逃，紫金梁逃入河南，老回回回到陕西，过天星带领两万人马进入直隶。一听到过天星进了自己的防区，卢象升二话不说，骑上他心爱的菊花青，抄起大刀，带上天雄军，便直奔农民军而去。卢象升打仗有个习惯，他总是冲在最前边。他的大刀有相当水准，加上他的胳膊又长又有力，所以一上阵就砍倒了一片敌兵。农民军仗着人多，围了上来，由于近不了身，只砍坏了卢象升的马鞍。卢象升下马步战，他的大刀仍然是所向无敌，一个个敌兵倒在他的刀下。农民军开始射箭，一箭射中了卢象升的肩膀，另一箭射死了卢象升的护兵。卢象升一手将箭拔出，连眉头都没皱一下，就继续投入战斗。天雄军跟在卢象升的后边奋勇杀敌，不到一天，过天星的人马便损失了十之七八，连夜逃出了直隶境。

这场战斗之后，卢象升又升了官，崇祯皇帝将他提升为郧阳巡抚。郧阳在明朝末年是个很特殊的地方，它到处是山，老百姓的日子特别穷。郧阳属湖北，但它临近陕西、河南，是个三省交界的地区，也称作三不管。所以，明末的农民起义军，打败了，或者打累了，都喜欢到这里来歇歇脚。因此，这里的巡抚真是不好当，不是被朝廷撤掉，就是被农民军杀掉。卢象升由知府、参政、升到巡抚，表面上看是好事，但是到郧阳当巡抚，可是把脑袋别到裤腰带上，没有几个人愿意来。

卢象升来了，上任了。他前脚刚到，农民军也跟着来了。崇祯七年（1634年），闯王高迎祥从陕西来到了郧阳，当然，他不是一个人来的，和他一起来的，是他的全部家当，总共有二十万人马。卢巡抚刚上任，连板凳都没坐热，这些人就来了，真是不给面子。卢巡抚也生气了，他抄起大刀，领着自己一手训练出来的天雄军，就要去和高迎祥玩命。但就在他即将走出营门时，他被一个人拉住了。这个人名字叫罗岱，是卢象升手下的游击，他奉命去侦察敌情，所以，他拉住了卢象升，将他侦察到的情况汇报了一番。听了罗岱的话，卢象升脱下了铠甲，放下了手中的大刀，他的坐骑菊花青也被马夫牵去喂草料了。

到底罗岱说了些什么？竟然让说一不二的卢象升改变了主意呢？原来，罗岱打听到，这高迎祥在农民军中不是个一般角色。在三十六营（一说七十二家）造反的农民军中，高迎祥独树一帜。每支农民军的首领都有一个绰号，如闯塌天、过天星、混世龙等等，但高迎祥的绰号与众不同，叫闯王。敢于称王，说明他是有长期打算的，是要闯出一点名堂的，而他的队伍也是农民军中实力最强的。

高迎祥颇有心计，他从来不打无准备之仗，一切按计划行事，所以，与和他一同起事的农民军首领相比，他的行事，高人一头。他无论是打了败仗，还是胜仗，都面无表情，所谓喜怒不形于色，他是在心里做功课。高迎祥手下的军队也与众不同，他有一支重甲骑兵。这支骑兵有三万人，一律穿着铁甲，颇有一些正规军的味道。骑兵每人配备三匹马，可以换着骑，行动十分飘忽。高迎祥还很有号召力，好几次败得只剩下几千人，但转瞬之间，他又拥有了数十万人马。

面对这样的敌人，仅凭卢象升手上的两万天雄军，恐怕是打不败的。再说高迎祥部下多为骑兵，而天雄军尽是步卒，不要说打仗，就是跑起来，步卒也撵不上骑兵。所以，斟酌再三，卢象升接受了罗岱的建议，派罗岱通过兵部去向关宁铁骑借将。祖大寿手里的关宁铁骑岂是好借的？但这次好像有些例外。在所有将领中，祖大寿最佩服的便是卢象升，所以，他接到兵部的公文后，立即派大将祖宽带领三千关宁铁骑去协助卢象升作战。这祖宽本来只是祖大寿家里的用人，因屡立战功，也当上了宁远参将，他带领的三千骑兵，是关宁铁骑中的精锐。

有了祖宽这支精兵，卢象升决心与高迎祥较量一番，他把决战的地点选在汝宁，因为高迎祥的队伍正在进攻汝宁。可是等到卢象升和祖宽到达汝宁时，高迎祥却撤走了，卢象升扑了一个空。卢象升决定追击，官军日夜兼行，在陕州追上了高迎祥的队伍。其实，高迎祥是故意在陕州等着卢象升的，因为他事先已经将他手下的闯将李自成和八大王张献忠邀来，三股人马合起来，已经超过了二十万人。据侦察，卢象升和祖宽的部队顶多超不过二万人，以十人对付一人，高迎祥稳操胜算，他决定在陕州给官军一个教训。

祖宽作为先锋，逢山开路，遇水搭桥，走在明军的最前头。走到卢氏时，祖宽遇到了一个老熟人——左良玉。这左良玉过去曾在马世龙手下为将，也是关宁铁骑的旧部，与祖大寿关系非常亲近。现在，左良玉在河南当总兵，他手下有一支自己调教出来的队伍——昌平兵。祖宽是个见面熟，一见左良玉，便盛情邀请他，一道去打农民军。左良玉不好意思推辞，便带着自己的昌平兵与祖宽一道，来到了陕州。

双方在陕州摆开了战场，高迎祥的重甲骑兵居中，左为李自成，右有张献忠。他们踌躇满志，准备为官军掘下一个坟墓。可令人不可思议的事情发生了，在二十万大军面前，祖宽只带着他的三千人的关宁铁骑便冲了过来。关宁铁骑威风不减当年，他们照旧挥舞着独门兵器，每人手里都有一根铁质的大棒，那就是专门配备的三眼神铳。快到高迎祥的重甲骑兵跟前时，三千骑兵突然发射三眼神铳，高迎祥的重甲骑兵未及防范，立时倒下一片，出现了一个缺口。祖宽趁势带着三千骑兵冲进了这个缺口，举着铁质大棒在阵中横冲直撞，碰上的，非死即伤。左良玉的昌平兵顺势攻上，后面卢象升亲自带领的天雄军也冲了上来。二十万之众的农民军乱了，他们开始逃跑，很快便溃败了，三万多人被消灭，高迎祥和李自成一股，张献忠一股分两路逃跑。

祖宽率领关宁铁骑和左良玉的昌平兵一起，追击张献忠，而卢象升带着他的天雄军追击高迎祥和李自成。祖宽的关宁铁骑速度奇快，很快便赶上了张献忠的队伍，一阵猛杀猛砍，八大王的逃兵伏尸二十余里。卢象升可就没有祖宽那么幸运了，他的天雄军主要是步兵，根本追不上高迎祥、李自成的队伍，但也缴获了不少马匹和辎重。胜利的捷报传到北京，崇祯皇帝兴奋至极，他亲自批准，将卢象升提拔为五省总理，掌管河北、河南、湖广、四川、山东的军务。明朝总共只有十三个省，所以，可以说，崇祯皇帝把半个中国的防务都交到了卢象升手里，这该是多么大的信任啊！

卢象升没有辜负崇祯皇帝的信任，很快，在他当上五省总理之后，他又为崇祯皇帝献上了一份厚礼。这是又一个大胜仗，对手仍然是高迎祥，不过地点从河南的陕州换成了河南的汝阳。当时，高迎祥集中了二十万兵马，把汝阳城团团围住，必欲破之而后快。农民军的营地连营数十里，确实是声势浩大。卢象升率领祖宽、罗岱等将，前往汝阳救援，但他手上的兵力，也只有一万多人。卢象升作战，从来是以少胜多，所以，当他来到汝阳城外时，信心十足。安下营寨后，他做的第一件事，便是亲自绕城一周，了解敌军的情况，以便选择适当的攻击点。

经过仔细观察，卢象升发现城西的农民军队伍不整，是高迎祥诸部中最薄弱的，遂决定集中攻击城西的敌军，然后再进一步扩大战果。卢象升通知军需官，让大家下午饱餐一顿，明天与敌军大战。可军需官告诉他，军中已经无粮。这个消息让卢象升大吃一惊，兵马未动，粮草先行。没有粮，怎么作战呢？总不能临阵脱逃吧！于是，卢象升决定，就是不吃饭，也要照常作战。他从自己做起，率先垂范，他本人不但不吃饭，而且，连水都不喝。兵士们深受感动，纷纷表示，就是饿着肚子也要击败敌人。

第二天一早，当曙光升起的时候，卢象升率领的这支饥肠辘辘的军队，像饿狼一般朝敌人扑去，仍然是祖宽率领的关宁铁骑居前，卢象升的天雄军在后。为了对付高迎祥的重甲骑兵，卢象升特地让人设计并造出了一种强弩，这种弩不但射程远，而且力量大，能穿透重甲骑兵身上的铁甲。祖宽的骑兵又一次挥舞大铁棒，冲向敌阵，高迎祥的重甲骑兵也迎了上来。不过，它遭到了强弩的突然攻击，强弩发射出的箭不仅射杀了战马，也把马上的骑士射下了马。高迎祥的队伍中还夹杂有不少家属，一见官军冲过来，这些家属先乱了，又是逃跑，又是乱叫，整个队伍溃不成军。此一战，高迎祥的主力被消灭了三万多人，其余的也都四散奔逃，二十万大军灰飞烟灭，只有高迎祥和李自成带领残兵败将逃往江苏。

汝阳惨败，但高迎祥并非浪得虚名，他到江苏以后，立即召集李自成、张献忠等人带兵前来，他的队伍很快又壮大了，达到了三十万人。高迎祥的大军开始攻打庐州，庐州攻不下来，农民军又退走了，很快攻陷了和州。然后，高迎祥以迅雷不及掩耳之势猛攻江浦。江浦离明朝的陪都南京只有几十里，南京有明太祖朱元璋的陵墓，所以，南京的兵部尚书集中了重兵死守江浦。一连几天强攻，还是无法拿下江浦，于是，高迎祥指挥农民军转攻滁州。滁州守军只有几千人，高迎祥以三十万之众，志在必得，可他万万没有想到，他的老对手卢象升又带了两万多人赶来救援了。不过高迎祥也没有泄气，不就是两万多人吗？我十五个对付一个，难道还打不过？

高迎祥又错了，他再一次低估了卢象升的实力。战斗在滁州城东五里桥展开。还是祖宽的关宁铁骑当先锋，还是卢象升率领他的天雄军跟在后面。战斗从早晨开始，到下午结束，高迎祥在城东五里桥的两万人全部被消灭。故事在重演，张献忠首先带着他的部队逃跑，其他各支农民军也开始奔逃。卢象升不依不饶，一直追了五十里，农民军共损失了五万人。农民军士兵的尸首到处都是，填平了沟壑，填满了河流，平日汹涌的滁水由于积尸而断流，整条滁水成了一条血河。此战过后，农民军为之胆丧，他们给卢象升起了一个绰号，叫作“卢阎王”。

高迎祥在安徽待不下去了，他准备渡过黄河前往河南，但在黄河边，他遇到了明朝总兵刘泽清。刘泽清把所有的船只都集中起来，放到了对岸，使高迎祥的队伍无法渡河。高迎祥不得已准备改道去河南，却又迎头遇上了祖大乐，祖大乐的手下又是关宁铁骑，高迎祥无心恋战，带着十多万人马到了开封。防守开封的是著名的黑旗军将领陈永福，两军在朱仙镇会战，结果，高迎祥的农民军再次战败。这时，高迎祥才意识到，自己已经陷入了卢象升布置的陷阱之中，他已经无路可走。

在河南南阳附近的七顶山，高迎祥再次遇上了等在那里的卢象升，而且，在卢象升的身边，除了祖宽、罗岱之外，又增加了两个新面孔，他们是祖大乐和陈永福。按照卢象升的计划，这一次，明军集中兵力，要将高迎祥的农民军在七顶山一举歼灭。高迎祥此时还拥有十万之众，更重要的是，他手下的重甲骑兵还有二万多人。困兽犹斗，况高迎祥乎？高闯王又一次与卢象升的明军进行了一场殊死的战斗。不过，这一次高迎祥败得更惨，十万多人中，只剩下一千多人保护他逃出了重围，他多年打仗的老本儿损失殆尽，他已经很难东山再起了。

崇祯九年（1636 年）九月，由于阿济格率领的清军在京畿地区大肆攻掠，尽管卢象升在和农民军的战斗中打得风生水起，崇祯皇帝还是不得不将卢象升调离了五省总督的岗位，让他担任极为重要的宣大总督一职，准备对清作战，毕竟保卫首都、保卫皇帝本人才是头等大事。谁都知道，宣大总督是不好当的，是个出力不讨好，甚至要丢掉性命的角色，但卢象升二话不说，接到敕命的当天，就带着护兵上路了。君命大于天，在卢象升的头脑里，忠君是第一位的。但是，卢象升就任宣大总督还没有多长时间，就接到了家信，说他的父亲在家乡去世了。

按照明朝的惯例，父母亲去世，当官的必须回家守孝三年，这就是所谓的“以孝治国”。卢象升也不例外，他打了丁忧的报告，兵部立即批准，让他回家守孝。离开了战火纷飞的北方，回到了江南水乡宜兴，但卢象升的心情却好不起来。由于战事紧张，路途耽搁，他没能见父亲最后一面。等到他回到家乡时，他所见到的，只是荒坟孤冢，父亲已经由家人掩埋了。

卢象升在父亲的坟前搭了个茅草庵，身上穿着麻衣，腰上系根麻绳，脚上穿着麻鞋，开始终日在坟旁守孝。卢象升是个孝子，守孝他也是一丝不苟，吃着粗食，喝着凉水，几个月下来，人都瘦了一圈。除了在坟前守孝外，卢象升还在坟前读书，他天天捧着的，仍然是经常熟读的兵书。虽然在守孝期间，虽然悲痛难忍，以泪洗面，但卢象升始终没有忘记，自己是一名总督，他还要重回战场。

崇祯十一年（1638 年）九月末，卢象升连续接到三次诏命，让他星夜启程赴京，夺情出征。好个卢象升，他接到即刻回京的圣旨后，丝毫不敢怠慢。他烧掉了父亲坟前搭建的茅庵，在父亲坟前磕了三个头，连麻衣草履都没来得及换，便掩泪而别，骑马上路。军情急，卢象升的心也急，一路上，他只在驿站更换坐骑，稍微吃点东西就继续赶路。总共不到十天，卢象升就从宜兴赶到了京师。这时，崇祯信任的兵部尚书杨嗣昌力主攘外必先安内，对清议和，全力征剿农民军。所以，当他见到卢象升后，曾经试探卢象升的态度。卢象升这时已经知道自己被任命为督师，即以前袁崇焕曾担任过的职务。他也知道杨嗣昌力主议和，所以，他只说了一句话：

“圣上命臣督师，臣只知有战而已。”

杨嗣昌听了卢象升这句话，心里很不舒服，但他又说不出来，他只是觉得他和卢象升是话不投机半句多了。十月十四日，卢象升抵达京师的第二天，崇祯皇帝就在文华殿召见卢象升。见卢象升一身孝服，满面悲容，崇祯皇帝也有些不忍，他让卢象升坐下，然后说：

“爱卿，当此国家危难之日，朕思之再三，不得不让你夺情出任督师。对此，朕亦于心不忍，尚望爱卿节哀顺变，努力杀贼。不知大敌当前，爱卿有何方略？”

卢象升稍微沉思了片刻，回答道：

“陛下委臣重任，足见陛下对臣的信任之深，期望之重。而今清虏兵临城下，来势汹汹。臣以为，若清虏逼陵寝以震人心，可虑也；趁神京以撼根本，可虑也；集重兵扼我粮道，可虑也。但现今观清虏兵分六路，四处掳掠，此不可惧也。臣愿提一旅之师，会集天下勤王兵马，亲自披坚执锐，与敌血战，以期杀退敌兵，解民倒悬。倘有不测，臣当一死以报陛下。”

卢象升说完，长跪不起，叩头出血。崇祯忙命内侍扶起，亲自执卢象升之手，说：

“爱卿一番话，有胆有识，也说明朕没有看错人。而今朕赐你御马一匹，尚方剑一口，赏功牌五百面。还望卿奋力杀敌，将清虏赶出国门。成功之日，朕还在文华殿为卿庆功。”

卢象升辞别崇祯皇帝后，立即脱掉孝服，换上一身戎装，当天即赶赴昌平大营。他骑的马，就是崇祯皇帝所赐的御马，由于这匹马的马背上，有五个毛旋，形似元宝，故名五明骥。这匹马果系神骏，行走如风，日行千里，不到半日，卢象升便到了昌平。卢象升一进入军营，立即引起了一片欢呼，大家热烈欢迎这位老总督担任督师，觉得皇帝选对了人。将士们群情激奋，信心倍增。

卢象升了解了一下情况，整个昌平大营兵士只有三万多人，对付十万人马的满洲八旗，兵力显然是单薄了些。卢象升挖空心思，筹划着从什么地方可以调兵。可就在这时，崇祯皇帝又派太监送来犒军银三万两、御马一百匹、太仆寺马一千匹、镶银铁鞭五百条。收到这些东西后，卢象升感动得热泪盈眶，他跪在地上，望着东南的天空谢恩。他暗暗发誓，绝不辜负皇上的信任。

同时，他又得到了一个令他不快的消息，就是太监高起潜这次又奉命担任监军太监。卢象升过去就与这位亲信太监面和心不和，发生过一些摩擦，可崇祯皇帝却一向以为高起潜知兵，经常委以监军的重任。兵部尚书杨嗣昌与自己意见相左，高起潜又担任监军，这两件事都让卢象升感到如芒刺在背，不寒而栗啊！而且，这监军太监高起潜与兵部尚书杨嗣昌也都有丧在身，以三个不祥之身带兵，这可不是个好兆头啊！

心里虽然一百个不愿意，但思虑再三，卢象升还是主动去见了这位监军太监。当着高起潜的面，卢象升拿出了他的兵分四路，月夜袭击清军大营的计划，征询高起潜的意见。高起潜正悠然自得地喝着盖碗茶，仔细地品着茶香。听完卢象升的计划，他又呷了一口茶，慢条斯理地说：

“昔日唐李愬雪夜袭蔡州，今日将军月夜袭清营，可谓异曲同工啊！

不过，清军有兵十万，月夜明亮，如何偷袭呢？将军此举是否有些冒险啊！我劝将军还是慎重些。”

“看来，公公是不同意本督师的计划了？总不能畏敌如虎，坐以待毙吧！”卢象升有些不高兴地说。

“不，你尽管照你的计划办。我作为监军，只是提醒将军一下，别无他意。”

告别了高起潜，卢象升立即召集游击以上将领开会，并宣布了一条军令：

“今夜之战，刀必见血，马必喘汗，人必带伤，违者处斩!”

十月十五日夜，趁着依稀可见的月光，卢象升大刀在手，天雄军兵分四路，杀向清营。临近清军大营，一声呐喊，四路军兵同时杀进清军大营。清兵猝不及防，乱成一片，自相践踏，夺命逃生，死伤无数。好个“卢阎王”，挥舞大刀，冲在最前头，几十名清兵，已死在他的刀下。冲着，冲着，卢象升感到不对劲，后军怎么没有跟上，身边的明军怎么越来越少。原来是监军高起潜擅自扣留了后军，不让他们出发。高起潜认为，月夜袭清营就是送死，他要留住后军，免得他们去送死。而经过突然袭击后，清军也苏醒过来，开始组织有力的反击。眼看着这次突袭又是功败垂成，卢象升不得不下令撤退。

回营之后，卢象升气得去找高起潜算账。但当他赶到后营时，高起潜已然走了，人去营空，让卢象升有火都发不出来。就在这时，他又听到了一个不好的消息，高阳失守，孙承宗被俘。我们知道，孙承宗辞职后退休回家，今年已经七十六岁了。他一听说清军攻来，便拔出宝剑，率领着全家丁壮二十多人上了城墙。他还把全部家财都拿出来散给守城的士兵。高阳城又矮又破，守兵只有数百，但当地百姓数千，在孙承宗的感召下，全部上城参加防守。寡不敌众，第三天，高阳陷落。孙承宗让他的子侄们分别逃生，可他们一个都不肯走，二十多人全部战死在城墙上。清军十分器重孙承宗，抓住他后不断地劝降。孙承宗破口大骂，最后自尽而死。

孙承宗去世的消息，让卢象升悲痛欲绝，孙承宗也是在大臣里面，最让卢象升敬重的人。孙承宗的去世，让卢象升更感到形单影只。而现在，最让卢象升头疼的是高起潜，他事事掣肘，让卢象升战不能战，守不能守，只当了一个空头的督师。卢象升气不过，便向时任兵部尚书的杨嗣昌提出，与高起潜分兵，各自为战。杨嗣昌不敢得罪皇帝信任的太监，便把三万精锐的辽兵分给高起潜，而把两万天雄军旧部拨给卢象升。卢象升只想早日脱离高起潜的控制，分兵之后，他二话不说，带着自己的二万兵离开。谁知行至半途，兵部又下令将卢象升手下的一万兵丁拨给新任兵部侍郎的陈新甲指挥。这样，身为全国督师的卢象升手上只剩下了一万人马。

卢象升就带着这一万人马沿途转战，困难重重。保定巡抚张其平听命于高起潜，他不但不给卢象升的部队发饷，更不让部队进城休整。当卢象升的军队行至巨鹿的贾庄时，一万人打得只剩下了五千人，而且军中已经无粮，兵士们只得饮水充饥。卢象升派人去见高起潜，要求他派出援军和支援粮饷，高起潜一概拒绝，既不发兵，也不助饷。其实，这时高起潜的营地鸡泽，离卢象升驻军的贾庄，相距还不到五十里。此时，卢象升已经绝望，他的眼前又浮现出袁崇焕的身影，与其被人冤枉而死，不如战场上了此残生，他不能当第二个袁崇焕。卢象升狠了狠心，决定第二天以死报国。

黄昏，卢象升的军营点起了篝火。卢象升把所有的士兵集中起来，他给大家深深地鞠了一个躬，然后开始讲话。从昨天开始，将士们没有吃饭，只喝了一点水，而卢象升自己不但没吃饭，他连水也没有喝。他说：

“兄弟们，吾身为督师，一无军饷，二无粮食，我对不住大家。吾与将士们共受朝廷恩，患不得死，勿患不得生。明晨，我军将与敌进行最后一战，有不愿参战者，可自去逃生。我这里便提前与大家道别了。”

在熊熊的火光中，卢象升那高大的身躯像铜铸的一般，他的脸红光满面。他将手中以水代酒的水洒在地上，将碗高高地抛起，然后拔出手中剑，击碎了还在空中的碗。天雄军的五千将士，没有一个人离开，他们愿意与自己的统帅一起，用自己的血肉之躯，去进行最后的决战。生死早已被他们置之度外，他们也不单纯是为国家而战，他们是为卢象升而战，他们被卢象升的人格所感动，他们是五千决心赴死的斗士。他们腹内无粮，衣不蔽体，但他们有一腔热血、一身正气。

第二天清早，朝阳冉冉升起。卢象升脱掉铠甲，身着白色孝服，跨上了崇祯皇帝赐给他的御马——五明骥，五千将士紧跟在他的身后，向前进发。行至蒿水桥，遇到了大股清军。这是阿济格亲自指挥的两白旗人马，总共有三万多人。卢象升把马一夹，把刀一举，奋力杀进了清军队中。他一刀一个，更不思虑，望着清军稠密的地方杀去。他身后的五千兵士，更是个个奋勇，人人争先，各自寻找对手，与敌人拼命。卢象升部队的火炮，已打得没有了弹药，被兵士们抛弃了。卢象升部下的弓箭，已射出了全部箭枝，弓也被扔掉了。还不到中午，五千将士已伤亡殆尽，但卢象升仍然在战斗。

卢象升骑着五明骥在挥刀与敌血战，他身上穿的白色孝服，已被敌血染成了红色。此时，他已中四箭三刀，但依旧与敌死战。他接连砍死几十个敌兵，最后口中喷血而亡，死时仅三十九岁。清兵见他勇不可当，无一人敢近前，只是朝卢象升连连放箭。卢象升的亲兵李忠，不愿敌箭伤害卢象升的尸体，他全身趴在卢象升身上，替他挡箭。当清兵把他硬从卢象升的尸体上拽起来时，李忠的全身像刺猬一般，共中了二十四箭。至此，卢象升的部队全军覆没，他们用生命谱写了一曲不朽的赞歌。

在尸横遍野的战场上，明军已无一人幸存，只有那头卢象升的坐骑——五明骥，在战场上跑来跑去，嘶鸣不已，它仍在不停地寻找自己的主人。当卢象升和他的亲兵李忠的尸体被兵士们抬到清军统帅阿济格面前时，阿济格肃然起敬，他向这位敌军统帅行了一个军礼，然后命令兵士们以礼安葬。而就在卢象升率部与敌血战之时，监军高起潜离他只有咫尺之遥，但此时高起潜已经魂飞魄散，他领着三万辽兵不但不去救援，反而率军逃跑。逃至半路，又中了清军的埋伏，高起潜大败而逃，只带着少数残兵败将，逃回了北京。高起潜用自己的行动证明，太监监军是一个巨大的错误，但崇祯皇帝对此却至死不悟。

第十六章

洪承畴兵败松山

负责保卫北京的督师卢象升全军覆没，本人战死，崇祯皇帝乱了方寸，急调正在清剿农民军的三边总督洪承畴和陕西巡抚孙传庭的队伍进京勤王。可还没等洪承畴、孙传庭的部队到京，清军却主动撤兵了。难道清军被洪承畴和孙传庭的名声吓跑了吗？非也。原来统领清军右翼兵的扬武大将军岳托与其弟马瞻相继病死军中，这接踵而来的变故让右翼兵的统帅多尔衮伤感不已，他决定退兵。三月，大队清军满载着抢来的财物和人口北归，由于东西太多，队伍稀稀拉拉地拖得很长，达上百里。士兵们躺在马上，哼着小调，根本没把尾随在身后的明军放在眼里。而明军也根本没打算攻击清军，只是远远地跟在后面。三月十一日，全部入侵的清军通过青山口出了长城。

这次清两翼兵入侵，从崇祯十一年（1638 年）九月至次年三月，持续了半年还多。清军深入内地两千里，破城七十余座，攻入顺天府、保定府、河间府、真定府、兖州府、顺德府、济南府，如入无人之境。其中，尤以济南府受害最烈。山东巡按御史宋学东、布政使张秉文被杀，德王朱由枢等好几位皇亲国戚被俘。清兵退出济南城时，仅城内遗留的尸体便达十三万具之多。清兵共俘获人畜四十六万两千三百，获黄金一万四千零三十九两，白银九十七万七千四百六十两，是清军掠夺人畜财物最多的一次。崇祯皇帝震怒之下，决定严惩此次清军入关的渎职将官，一次处死三十六人，其中包括蓟镇总监邓希诏、山东巡抚颜继祖、援剿总兵祖宽等，可惜一代名将祖宽竟这样离开人世。

庆父不死，鲁难未已。还没等明朝君臣缓过神来，皇太极又出兵了。崇祯十三年（1640 年）正月，皇太极派多尔衮率领马步军十二万，将领有多铎、阿济格、济尔哈朗等，突然包围了锦州。对于攻打锦州，清军曾有过教训，因此，这次为了防止人员损失，清军采取了围而不攻的战略，整天在锦州城外挖壕沟，就是不攻城。防守锦州的明军主将仍然是辽东明将祖大寿。祖大寿守城十分有信心，他只是在清军围城三个月之后，才向朝廷请求救兵。锦州被围，非救不可。崇祯皇帝这次却不慌不忙，因为在他心目中，早就确定了援辽督师的人选，那就是刚调到北京不久的原三边总督——洪承畴。

已经是春天了，但北京城那料峭的寒风仍然没有停息，乾清宫阴面的琉璃瓦上还残留着一层白色的积雪。养德斋里，批了一夜奏折的崇祯皇帝昏昏欲睡。他精神很不好，坐在木炭火盆前打盹儿。已经过了早朝的时间了，没有人敢惊醒这位彻夜未眠的帝王。掌玺太监王承恩轻手轻脚地进来，他把散乱在御案上的奏章稍加整理，把掉在地下的奏章一一拾了起来。崇祯皇帝睡觉十分警醒，王承恩的动作虽很小，但皇帝已经醒了。王承恩立刻向崇祯皇帝禀报，说是三边总督洪承畴在宫外等候召见。崇祯皇帝打了一个呵欠，又揉了揉惺忪的双眼，传旨在文华殿召见。他匆匆忙忙地在宫女手端的面盆上，用水擦了一把脸，便乘辇出宫了。

崇祯皇帝刚在文华殿坐定，太监便报告洪承畴在殿外候旨，崇祯命小太监将洪承畴宣进殿来。这洪承畴是福建南安人，万历二十一年（1593 年）出生，万历四十四年（1616 年）考中进士。他本来在陕西粮道参政任上，当一个小小的文官。谁料时来运转，机缘巧合，陕北发生了大规模的农民起义。洪承畴先后率兵剿灭了王嘉胤、王左挂、点灯子等多股义军，又与新任陕西巡抚的孙传庭一起生擒闯王高迎祥，将李自成带领的农民军杀得只剩十八骑，遁入了商洛山。洪承畴因围剿流寇有功，升任三边总督，成为一名正三品的封疆大吏，同时手上还拥有了一支屡战屡胜的洪家军。正当他与孙传庭紧密合作，准备彻底消灭李自成残部时，突然接到了进京勤王的圣旨。救君如救火，洪承畴不敢耽搁，立即与孙传庭率军赶往北京。

当洪承畴风尘仆仆地带兵赶到京城时，入侵的清军却已经退到了关外，可洪承畴正准备返回陕西时，兵部尚书陈新甲却通知他等候皇帝的召见。洪承畴虽然已是三品大员，但他却是平生第一次觐见皇帝，所以十分紧张。当他在文华殿跪在皇帝面前，口呼万岁时，心跳得几乎喘不过气来。他不敢抬头，周围非常安静，只能听见自己心脏“砰砰”跳动的声音。当崇祯皇帝赐座时，他才小心翼翼地坐在一边的官帽椅上。他紧绷着嘴，全神贯注地等待皇帝的问话。

崇祯皇帝仔细地打量了一下这位战功赫赫的总督，心里也很吃惊。洪承畴个子不高，身体瘦弱，一副文质彬彬的样子，与卢象升的高大威猛不可同日而语，倒是和袁崇焕有几分相似。这副容貌显然与崇祯心目中那屡次打败农民军的将军形象相去甚远，顿时，皇帝对洪承畴的期望值也下降了许多。可转念一想，人不可貌相，海水不可斗量，行非常之事，必是非常之人，也许这总督还真是位人才？想到这里，崇祯皇帝这才开了腔，想当面测试一下这位总督的才华。崇祯皇帝问道：

“洪爱卿，目前国难当头，内有流贼，外有东虏。孰轻孰重？孰先孰后？事在两难。请爱卿为朕决之。”

“陛下，自古以来，安内必先攘外。当今，流贼经臣等清剿，已成强弩之末。张献忠已在谷城投降，李自成只剩残兵数百，假以时日，流贼等乌合之众必遭全歼。蕞尔东虏，小丑跳梁，破我城池，掳我百姓，抢我财物，杀我兵将，威逼京畿，是可忍，孰不可忍也。今辽东已去三分之二，仅余关外八城，山河残破，民不聊生，且虏势正炽，方兴未艾。虏酋皇太极称帝建国，其狼子野心，是要覆我大明，倾我社稷啊！臣以为，而今之计，需择一能臣，统重兵，出雄关，立足关外八城，御敌于国门之外。如此，一可以积蓄力量，徐图恢复，二可以阻敌扰京，巩固边陲。不知陛下以为如何？”洪承畴成竹在胸，侃侃而谈，词如泉涌，滔滔不绝。

崇祯皇帝连连点头，面露喜色，他说：

“爱卿所言，正合朕意，卿所言御虏之策，顿解朕胸中块垒。朕今日便拜你为大学士，太子太保、兵部侍郎、蓟辽总督，全权负责抗清大计。今后，卿但有所求，可直接上奏，朕将做到有求必应。功成之日，朕不吝封侯之赏。”

“谢主隆恩。臣敢不尽犬马之劳，定当殚精竭虑，为大明镇守辽东。臣当九死一生，以报陛下知遇之恩。”洪承畴信誓旦旦，千恩万谢，捧着御赐的尚方宝剑，下殿去了。

洪承畴征战多年，但对手都是国内的农民军，而对于清兵，洪承畴却知之甚少。身为蓟辽总督的他，决定先去关外八城巡视一番。此时明朝在辽东，也仅剩下辽西走廊这一小块地盘了。在这条狭长地带上，前屯、中后、中前、塔山、杏山、松山、宁远、锦州等八城，像一串棋子，由西南朝东北一线分布着。洪承畴沿着八城走了一遍，感到很不乐观，除宁远、锦州两城城墙高大、粮草充足外，其余六城均形同虚设，不堪一击。名闻遐迩的关宁铁骑人员不足，又缺乏训练，其实力已经大打折扣了。他只是在吴三桂的队伍中，才看到了当年关宁铁骑的影子。

洪承畴到达宁远时，吴三桂特意让他的“百人队”为这位总督演练了阵法。出场时，一百名剽悍的骑兵分成两队，从左右两边像旋风一样冲入场内，然后由两队变为四队，同时向四个方向冲杀，行动如急风暴雨，攻势如排山倒海，最后又在同一时间排列成八个方队，马和马上的骑兵都屹立如山，一动不动。真是“静如处子，动如脱兔”啊！然后，又由每六人组成一个小队，同时向一个方向挺进，互相照应，前后结合，宛如十六条游鱼在大海中劈波斩浪。最后，十六队又合并成一个三角形，由队长居中指挥，分别向前后左右冲突，行动一致，速度敏捷，宛如一条势不可挡的游龙，使人不得不佩服吴家军的勇猛和训练有素。

结合演练，吴三桂告诉洪承畴，第一阵名“两仪四象阵”，出自诸葛武侯的“八阵图”，取“太极生两仪，两仪出四象，四象生八卦”之意。第二阵名“鱼龙阵”，是唐朝名将李勣在对阵突厥颉利可汗时创造的，取“鱼化为龙，龙翔九天”之意。过去的阵法都是步兵使用的，吴三桂将其用于骑兵，阵势的变化更加迅疾，阵势的效率也更加明显。看着“百人队”的演练，听着吴三桂的讲解，洪承畴频频点头认可，脸上也露出了满意的笑容。演练结束后，洪承畴由衷地夸奖道：

“贤侄，你年纪轻轻，练兵有方，今日一见‘百人队’风采，真是大开眼界啊！”

“大帅，些微末技，难入大帅法眼。末将早闻大帅在西北剿贼威名，十分佩服大帅的文韬武略，常恨不能追随大帅左右，聆听大帅教诲。今日能得大帅当面指点，可谓三生有幸。如大帅不弃，三桂愿拜大帅为师，不知大帅肯收留否？”吴三桂一边说着，一边就跪了下来，向洪承畴行拜师大礼。

“起来，起来。承畴爱才心切，今天就收下你这个学生。你的‘百人队’训练有方，战斗力很强，今后要训练出更多的‘百人队’。在这方面，我会全力支持你的。希望你在辽东，练出一支能攻能守、战无不胜的精兵。”洪承畴伸手扶起吴三桂，语重心长地说。

“全仗大帅栽培，三桂愿效犬马之劳。”说着，吴三桂向身后拍了拍手。

拍手声刚落，手下便牵出一匹浑身褐色斑点的高大白马。此马脖颈很长，两耳直立，尤其是那一团雪丝般的鬃毛和那四条结实有力的长腿，一看便知是一头神骏。吴三桂指着这匹马，对洪承畴说：

“大帅，这匹雪花青是百里挑一的千里马，送给大帅乘骑。一来聊表学生孝顺的心意，二来希望大帅骑着这匹千里马，带领关宁铁骑打胜仗。”

看着这匹高大的骏马，洪承畴打心眼里喜欢。他虽然不太懂马，但一见它神采奕奕，浑身散发着活力，就知道不是凡品。他掩饰不住内心的高兴，说：

“行军作战，战马可是宝啊！我正好没有满意的坐骑，这次就却之不恭了。贤侄前程远大，还望好自为之。老夫这次回京，便当大力提携，请贤侄放心。”

洪承畴走了，吴三桂还有些心疼那匹宝马，但仔细品味一下洪承畴的话，他觉得还是值得的，自己要升迁，还真得仰赖这位蓟辽总督呢！洪承畴没有食言，就在这次视察不久，他便与辽东巡抚方一藻联名上奏，举荐吴三桂为宁远团练总兵。当然，为了吴三桂的事，他的义父，身为关宁总监军的太监高起潜，更是上下奔走，全力以赴。真是朝中有人好做官，吴三桂升任总兵的提名很快便被朝廷批准，而与他同时被提名且资格还比他老的刘肇基却被搁置起来。二十七岁便当上位居方面、手握军权的总兵，而且是父子二人同时任总兵，这在整个明朝都是不多见的。这固然是由于吴三桂上下关系顺畅，但也确实说明，他在同辈人中，是出类拔萃的佼佼者。

吴三桂担任总兵后，洪承畴立即从辽军中拨出两万名士兵归他训练。吴三桂的练兵方法是“不独练人，尤宜练器，必人与器相合，器与人相合，而后方可言练。”他手下参将董永显按照吴三桂的要求，起早贪黑地苦练，吴三桂每月还要亲自考核，两万辽兵很快便练成了一支士气高昂、技艺娴熟的生力军。这些经过严格训练的兵士，除部分补充其他部队外，大部分都留在吴家军中，因此，吴家军也成为关宁铁骑中一支最有战斗力的劲旅。当吴三桂听说舅父祖大寿镇守的锦州被围时，他主动请缨，要求去解锦州之围。

明崇祯十三年（1640 年）四月十一日，皇太极命睿亲王多尔衮统领大军包围了宁锦防线的支柱之一——锦州城。皇太极此举有两个目的，一是要想攻破宁锦防线，必须先拿下锦州。二是他要报仇，既要报两次锦州城下战败之仇，又要报祖大寿诈降之仇。现在，皇太极踌躇满志，朝鲜已经归顺，蒙古也被征服，他现在可以一心一意地对付明朝了。此战，皇太极做了精心准备，为了解决粮食问题，一年前，他就派郑亲王济尔哈朗带兵在距锦州九十里的义州进行屯垦。

清军这次围攻锦州，准备打持久战，采取了围攻大凌河城的手法，放弃强攻，实行长期围困。清军在锦州城的四面各设八营，每营沿营寨挖一道壕沟，用挖壕的土筑成土墙，土墙上还筑有垛口。然后，在沿城墙一侧，再挖一道长壕，并安排哨兵不分昼夜地沿壕巡逻。一有风吹草动，则吹起长号，八营齐上，共同出击。皇太极的战略目的很明显，要将锦州饿死、围死、困死，让锦州城不战而降。而防守锦州的明军主将祖大寿守城是相当有经验，锦州城墙高大坚固，锦州城内粮草充足，他还真没把围城的清军放在眼里。可祖大寿忘记了重要的一点，就是替他防守锦州外城的士兵，不是汉人，而是蒙古人。

祖大寿手下有六千多蒙古兵，祖大寿安排他们防守锦州外城，他们的首领有两个，一个叫诺木齐，另一个叫吴巴什。当这些蒙古兵发现清军在城外扎营挖壕时，他们故意向清军喊话，说：

“你们围城有什么用？凭你们挖的这破土壕还能困住老子？老子城内的粮食足够吃两三年，看你们能围得住？”

“你们的粮食能吃两三年，那么，到了第四年、第五年呢？我们大汗说了，不拿下锦州城，决不撤兵！”清兵在城下回答说。

这些蒙古兵都是直肠子，听了清兵的回答，他们知道清军这次是王八吃秤砣——铁了心了，反倒有些害怕起来，便立刻将这些清兵的答话报告给自己的首领。这诺木齐和吴巴什一商量，觉得他们犯不着为汉人卖命，决定背叛祖大寿，向清军投降。二人派一小校去往清营，约定三月二十七日夜，他们举火为号，献出外城，投降清军。谁想事机不密，那个负责联络的蒙古小校回营时，被祖大寿的亲兵抓个正着。严审之下，小校很快就供出了他们准备献城投清的阴谋。祖大寿不动声色，放走了蒙古小校，他决定将计就计，提前于二十四日夜里动手，抓捕诺木齐和吴巴什，粉碎这起叛变阴谋。

可被捕蒙古小校一回营，便将实情汇报给两位首领。一见阴谋败露，诸木齐和吴巴什决定铤而走险，一面与城外的清军联络，一面便向锦州内城的明军发起了进攻。刹那间，杀声震天，由于事起仓促，锦州城内一片混乱。在蒙古兵的配合下，闻讯赶来的两白旗清兵开始爬城，他们用绳索缒住城垛，登上了城墙，锦州城危在旦夕。千钧一发之时，主将祖大寿亲自带领大批援军赶到，这才将蒙古兵和清兵击退，保住了内城。此战，清军不但占领了锦州外城，而且还有六千多蒙古兵投降。消息传到盛京，皇太极万分高兴，他命令在盛京城八方击鼓以示庆祝。而外城丢失，也给锦州守将祖大寿一记当头棒喝，他再不敢大意，立即上书朝廷请求救援。

锦州地当冲要，失去锦州就将失去辽东，所以明朝势在必救。明崇祯十三年（1640 年）五月，大学士、督师、蓟辽总督洪承畴带着大队人马出了山海关。归他指挥的共有八镇总兵，即玉田总兵曹变蛟、蓟州总兵白广恩、宁远总兵吴三桂、前屯卫总兵王廷臣、宣府总兵杨国柱、大同总兵王朴、密云总兵唐通、山海关总兵马科。八镇总兵共下辖马步卒十三万人，在人数上已经超过了清军。这差不多已是明军主力的大部，也是崇祯皇帝的最后一副家当。

应该说，明、清双方都意识到，这是一次历史大决战，也是一次空前的大赌博，战争的结局将关系到国家的生死存亡。老谋深算的洪承畴并没有急于向锦州进军，他十分清楚，虽然明军在数量上已经超过了敌人，但要与清军正面交锋，明军根本不是对手。在八镇总兵中，真正敢战的，也只有吴三桂、王廷臣、曹变蛟等三人。其中最胆小的要数大同总兵王扑。洪承畴之所以摆出一副进攻姿态，只是为了减轻锦州的压力。洪承畴知道自已输不起，他可不愿意步杨镐、袁应泰、熊廷弼等人的后尘。他要稳扎稳打，他在等待适当的战机。

洪承畴的十三万大军，从受命援锦就拖拖拉拉，一直过了半年多，队伍才陆续到达宁远、杏山、塔山一带。到达宁远后，年轻气盛的吴三桂，升任总兵不久，很想在这次大战中表现自己，积极地寻找机会，与清军作战。一天夜里，吴三桂带领他的“百人队”和五百骑兵袭击了清军的镶蓝旗营地。吴家军一声呐喊，冲进了清军军营，睡梦中的清军在贝子罗托的率领下，仓促应战。夜色中，吴三桂命“百人队”突发连弩，辫子兵立即倒下一片，贝子罗托也中弩受伤。吴三桂不敢恋战，迅速撤出了战斗。这次夜袭虽然规模不大，但挫伤了清军的锐气，镶蓝旗第二天便转移了营地。

比较大的一场战斗发生在夹马山，那是明军一次诱敌深入的伏击战。当时，吴三桂率领五千名骑兵从杏山城出发，大摇大摆地朝着包围锦州城的清军方向前进。行至五道岭时，与大批清军遭遇。吴三桂与副将于永绶、张鉴等主动向清军进击，双方交手不多时，吴军便告撤退。待清军追过来时，吴三桂等反身再战，然后再退。清军紧追不舍，吴三桂不时地停下来，向敌人射箭。吴三桂箭法奇准，每射一箭，对方便有一人倒下。追兵见状，也不敢靠得太近，远远地朝吴军放箭。

退至夹马山时，埋伏多时的骁将曹变蛟等率兵杀出，吴军也转身迎敌。清军突遭埋伏，猝不及防，损失惨重，但很快就清醒过来，向明军拼命反扑。不少明军士兵下马割取敌人首级以便请功，不料却被敌军杀害。吴三桂立即制止兵士下马，不许再取首级。锦州守将祖大寿发现城外有变，也派其弟祖大乐率兵从城中杀出，夹击清军。清军腹背受敌，这才拖着尸首，逃回了义州。此战毙敌三千余人，吴家军在这次伏击战中立了首功。

转眼间，就到了崇祯十四年（1641 年），清军对锦州的围困已超过半年，锦州明军的存粮所剩无几，必须尽快补充粮食。但由于清军对锦州封锁很严，粮食已经准备好了，没有人敢冒险往锦州送粮。这可急坏了洪承畴，正在他左右为难之时，吴三桂再次站了出来，他自告奋勇，愿意押送粮食去锦州。这一次，又是吴三桂解了洪承畴的燃眉之急，洪承畴对这位小将，倒真要刮目相看了。

过年了。虽然与清军在宁锦一带对峙，但年总是要过的。吴三桂特意交代多杀了几十头猪、几十口羊，让弟兄们打打牙祭。初四、初五两天，吴家军忙碌了起来，他们把一万五千石大米，装上了大大小小的骡车、牛车、驴车。初六一大早，吴三桂便亲自带着队伍，护送这支运粮车队出发。可能是清军麻痹，也可能是吴三桂运气好，这次往锦州送粮十分顺利。前后不过三天，大米运到锦州，车队安全返回。通过这次运粮，吴三桂这位青年总兵，在洪承畴眼里，还真是个有胆有识的人才。

十三万明军到达前线已经一年多了，除了与清军有过几次小的交手外，明军并没有主动出击。洪承畴的打算是，打持久战，步步为营，拖垮敌人。因为明军可以通过海路补充粮草，而后金方面后勤补给则相对困难。只要坚持下去，待后金军一撤，锦州之围一解，明军就完成任务。在当时的态势下，这是一个十分妥帖的计划，是上策。但洪承畴的计划被打乱了。朝廷派来了两位监军，一个叫马绍愉，一个叫张若麒。别看两人官不大，但却是代表皇帝的。他们带来了崇祯皇帝的旨意，要速战速决，以免劳师糜饷。

皇上的旨意，谁敢不遵？洪承畴违心地变更了原先的作战部署。崇祯十四年（1641 年）七月二十八日，洪承畴率领十三万大军进抵松山、塔山、杏山之间的战略高地——乳峰山，并建立了七座大营，摆开了和清军决战的架势，准备一战解锦州之围。明军出动了。消息传到盛京，皇太极欣喜若狂。围点打援，引蛇出洞，这正是皇太极的如意算盘。清军以骑兵为主，长于野战，如果明军龟缩在坚固的城中是不好对付的，也不利于发挥清军的长处。只要在野战中，消灭了明军的有生力量，何患明朝江山不落入大清手中？

皇太极当机立断，将前线指挥官济尔哈朗亲王调回来守卫盛京，他自己亲自赴松山坐镇指挥。将后方所有十五岁以上男子全部紧急征集入伍，投入松山会战。皇太极原定八月十一日从盛京出发，可是因为鼻子流血不止，推迟到十四日。到了十四日，皇太极的身体丝毫没有好转的迹象，鼻血依然在流。皇太极决定，不能再等了，必须立即出发。但阿济格和多铎却提出，由他二人带兵先行，劝皇太极随后赶来。皇太极坚决不同意，他说：

“明军主力倾巢出动，此千载难逢之机，若明军主力撤回，岂不遗恨终天？我恨不能插上翅膀飞到前线去。我们闲话少说，现在立即出发！”

说完，皇太极便跨上了他的坐骑“大白”，用棉球塞住流血的鼻孔，带领三千骑兵，不分昼夜，向着松山前线，疾驰而去。血流得多了，就用一口碗接着。渴了，喝一口冷水；饿了，啃一口干粮。就这样，皇太极以其惊人的毅力和勇气，马不停蹄，连续六天，于八月十九日，赶到了松山附近的戚家堡。顾不得鞍马劳顿，顾不得病痛在身，第二天一早，皇太极便出现在双方犬牙交错的阵地上。他仔细地观察着明军的七座大营。突然，他拍了一下脑门，大声说：“此阵有前权而无后守，可破也！”

所谓“有前权无后守”，是一个军事术语，意思是说，前方布置得很严谨，而后方有疏漏。明军此战是为了解锦州之围，所以，洪承畴把主力都集中在前方，即朝着锦州的方向，而忽略了自己的后方。不幸的是，这一漏洞恰恰被老到的皇太极捕捉到了。回营之后，皇太极立刻重新将部队进行了部署。他命令多铎率军去夺取明军储放在笔架山的粮草，阿济格率军在松山与杏山之间扎营，并挖掘长壕，布置岗哨，彻底切断明军的退路，将十三万明军反包围起来。

皇太极的这一手可是够歹毒的。要知道，军中无粮则必乱，军心乱则必败，败则必逃，逃亡无路，必被全歼。可怜十三万明军的性命，就这样被活活断送了。明军只携带了三天的口粮，当得知笔架山的粮草被清军夺走之后，明朝的军营就像炸了锅似的，军中汹汹，惶惶不可终日。洪承畴心中也是一惊，但身为主帅，他只能故作镇定。缺粮只有速战，只有战胜敌人，才能全身而退。于是，洪承畴决定，翌日与敌开战。

崇祯十四年（1641 年）八月二十日，明清双方在乳峰山一带血战。宣府总兵杨国柱率先向清军豪格部把守的西石门发起猛攻，西石门山势陡峭，明军刚冲到一半，杨国柱就中箭身亡。清军趁势反扑，吴三桂带领吴家军增援，将杨国柱所部官兵接应回营。多尔衮率领清军从东石门杀向明军营地，洪承畴亲自率领曹变蛟、王廷臣等部迎敌。从清晨到日落，两军进行着殊死战，哪一方也不肯后退。经过一天激战，双方不分输赢，互有伤亡。

当天夜晚，洪承畴将八镇总兵召集到帐中，举行军事会议。宣府总兵杨国柱战死，由副将李辅明接任。洪承畴首先讲话，他的方案是，明天全军与清军决战，争取一战取胜，彻底解锦州之围。但经过一天激战，多数将领都心有余悸，根本没有战胜清军的信心，都不赞成洪承畴的意见。双方争执不下，一时议论纷纷，难做决断。这时，监军张若麒提出了他的方案，即撤退回宁远。众将立即表态，支持张若麒的撤军主张。

洪承畴见张若麒都愿意撤军，便借坡下驴，决定当晚初更时分，全军分两路突围南撤。王廷臣、曹变蛟等为左路，马科、吴三桂等为右路。会议结束后，各镇总兵便返回自己的营地，进行突围前的准备。不料，大同总兵王朴胆小如鼠，回营后，立即吩咐手下收拾行李，撤回宁远。他自己则不管不顾，跳上坐骑，带着几个亲兵，拍马便逃。他的部下不敢怠慢，赶紧跟着他开始逃跑。兵不管将，将不管兵，性命要紧，真是爹死娘嫁人，个人顾个人。只听见人声扰攘，战马嘶鸣，乱成一片。

吴三桂正在军中布置撤退事宜，听到营外到处喧哗，马上派人前去打探。当得知王朴军已经逃跑的消息后，他再也不敢犹豫，立即传令出发。吴家军唯一与王朴军不同的是，他们的撤退是有组织的。吴三桂带领两个“百人队”走在前头，接着是骑兵，最后面是步兵。一见王朴和吴三桂率先逃走，明军就乱了营了。唐通、马科、白广恩、李辅明四部也争先逃遁，马步混杂，互相践踏，弓甲满地，尸横遍野，狼狈不堪，惨不忍睹。

事起仓促，变发突然，待洪承畴发现六镇兵马已经逃走时，他一筹莫展，束手无策，两手一摊，说：“大事去也！”这时，洪承畴的身边，只剩下了王廷臣和曹变蛟两位总兵以及辽东巡抚丘民仰，他们劝洪承畴先退入松山城再作打算。事到如今，也由不得洪承畴了，他只得在两位总兵的保护下，带着一万余兵众，进入了松山城。他们紧闭城门，等待援兵。但是，朝廷会派援兵来吗？他们能等到援兵吗？城里的粮草能坚持多长时间呢？这一切，洪承畴心中都没有底。

皇太极对明军的动向了如指掌，他在通往杏山、塔山、宁远的高桥大路上都布置了埋伏。当溃逃的明军遇到埋伏时，根本无法抵抗，被清军杀得丢盔撂甲，血流成河。总兵吴三桂、王朴仓皇逃进杏山城，总兵马科、李辅明狼狈逃入塔山城，他们手下的部队已伤亡过半。吴三桂觉得杏山城小，很不安全，第二天，便与王朴一道，率残部逃往宁远。半路上，又中了清军的埋伏，几乎全军覆没。凭借着最后一个“百人队”舍命相拼，吴三桂和王朴才侥幸逃进了宁远城。

大队明军逃往海边，监军张若麒、马绍愉也在其中。在接近海边时，又遭到清军骑兵的截杀，不少明军被杀死，尸体倒在沙滩上。大量尸体被冲入海中，鲜血染红了海水。有些伤兵还在海水中挣扎，但最后还是被淹死。在卫兵的保护下，监军张若麒和马绍愉踉踉跄跄上到一艘渔船上，马上传令开船。当时还有不少明军士兵正在上船，张若麒下令用刀剑砍断那些还扒住船帮的士兵的双手，强行开船。海上立刻漂浮起无数的断指。

在前后十天的松山会战中，清军取得了辉煌的胜利。明军士兵五万三千七百八十三人阵亡，损失战马七千四百四十四匹、驼六十六峰、甲胄九千三百四十六副。还有数万士兵尸沉大海，无法统计。松山会战是明清双方军事上的一个转折点。明朝元气大伤，已无力再次调兵遣将与清军在辽东对抗。而清朝则实力大增，信心满满，时刻准备着，要夺取明朝的锦绣江山。一代能臣洪承畴辜负了崇祯皇帝对他的信任，丢掉了大明王朝的最后一副家当。

再说被清军困在松山城内的洪承畴，一面向朝廷求救，一面也尝试突围。九月，洪承畴曾率军冲出城，企图奔往宁远，但遭到清军阻击，不得不退回城内。十二月，趁着夜晚，总兵曹变蛟带领六千人，闯进清军大营。但清军戒备森严，曹变蛟虽然勇冠三军，无奈兵力单薄，损失四百余人后，再次退入松山城。两次突围都没有成功，洪承畴十分灰心，欲战则势单力薄，欲守则存粮无几，只得紧闭城门，等待救援。

洪承畴乃朝廷重臣，岂能不救？朝廷先派顺天巡抚杨绳武前往救援，但兵微将寡，根本就不敢出战。接着，又派副将焦埏率兵万余往救，兵出山海关不久，就全军覆没，焦埏战死。副将杨振主动请缨，率军行至吕洪山，遭遇清军埋伏，兵败被俘。清兵押着杨振到松山城外喊话，让他劝城内明军投降。杨振在城外大声喊道：“明军兄弟们，你们一定要坚持住，援军马上就会到来!”还没等他喊完，看押他的清兵就将他杀死。

援兵左等不来，右等也不来。松山城内的粮食已经吃完了，大凌河的那一幕在松山重演。先是杀马充饥，马吃光了，出现了人吃人的现象。洪承畴本人已经做好了杀身成仁的准备，但并不是所有人都这么想。副将夏承德熬不住了，他秘密派人与城外的清军联系，约定献城。二月十八日夜，夏承德的部下打开了松山的城门，清军顺利进入松山城。在夏承德的指引下，洪承畴、丘民仰，总兵王廷臣、曹变蛟等人均被俘。按照皇太极的吩咐，辽东巡抚丘民仰，总兵王廷臣、曹变蛟立即被斩首，只将洪承畴一人，解送到盛京。

皇太极在盛京见到了在押的洪承畴，他早就知道洪承畴的大名，而且很欣赏他的才干。皇太极决心，要采取一切办法，让洪承畴投降。但出乎皇太极意料的是，洪承畴被俘以后，意志坚定，拒不投降。在牢房中，洪承畴蓬头垢面，衣衫不整，绝食数日，只求速死。这倒难坏了皇太极，在很多人劝说无效的情况下，皇太极再次找到了范文程，让他出面前去劝降。在皇太极眼里，由足智多谋的范文程出马，是劝说洪承畴投降的不二人选。

范文程心里明白，劝降洪承畴，不是什么好差事，但皇命难违，他抱着试一试的心理，来到了关押洪承畴的小院。洪承畴被关在小院的东屋，那是一间简陋的柴房。范文程进门一看，屋里的陈设很简单，只有一床、一桌、一凳。洪承畴和衣在床上躺着，听见有人进屋，这才坐起身来。范文程进门后，双手作揖，深施一礼，然后自我介绍说：

“在下范文程，乃北宋名相范仲淹第十七代孙，现为内秘书院大学士。奉我主之命，前来看望先生。”

洪承畴很不屑地用眼角瞥了他一眼，然后用他那很多人听不懂的闽南话，慢吞吞地吐出了一句话：

“范文正公族中也会出你这种败类吗?”

短短的一句话，却噎得范文程半天说不出话来，脸色一会儿白，一会儿红。不过，范文程就是范文程，他很快就平息下来，继续做他的说客。

他说：

“常言道，良禽择木而栖，良臣择主而仕。如今你朝已日薄西山，气息奄奄，而我大清则如日中天，方兴未艾。假以时日，大清必取大明而代之。以先生之慧眼，定能洞悉此中趋势。以先生之大才，何不顺应时势，弃暗投明。你我共侍明主，将来同为开国之臣，名标青史，封妻荫子，也不负先生满腹经纶、胸中韬略？”

“你也是读过圣贤书之人，岂不知民族大义、君臣之道？非我族类，其心必异。道不同，不相为谋。我世受国恩，生为明臣，死为明鬼。你走你的阳关道，我走我的独木桥。话不投机半句多，你还是不要在此浪费口舌了。”洪承畴大义凛然，说完这番话后，就紧闭双眼，再也不搭理范文程了。范文程讨个没趣，只得悻悻离去。

范文程离开关押洪承畴的小院后，直接去见皇太极。这时，皇太极正在永福宫庄妃那里，范文程便进了永福宫。皇太极一见他，开口便问：

“吾让你去劝说洪承畴，怎么样了？”

“皇上容秉。那洪承畴冥顽不化任凭臣费尽口舌，就是不肯投降。”范文程说。

听了范文程的回答，皇太极显得很失望，他有气无力地说：

“如此说来，卿此去是徒劳无功了？”

“皇上，也不是毫无所获。臣在与洪承畴谈话之时，梁上正好有一粒灰尘落在其衣衫之上，洪承畴立即用手将灰尘拂去。皇上试想，洪承畴到此时尚如此爱惜衣衫，岂是不爱惜生命之人？贪生怕死之辈，岂能为崇祯皇帝尽忠？臣料其不出数日，必将归降我主。”范文程如是说。

听了范文程的这番话，皇太极将信将疑，但脸色明显舒缓了许多。一旁的庄妃这时插话说：

“这个洪承畴难道对我朝真的如此重要吗？”

“爱妃有所不知。这洪承畴乃大明督师、蓟辽总督。此人有宰相之才，倘能归顺我朝，为我所用，何愁大明江山不落入我大清之手？”皇太极解释说。

“既然如此，妾身愿前往一试，说降洪承畴。”庄妃说。

“爱妃若能将洪承畴劝降，那可是我朝的第一大功。就请爱妃出马。我就在宫里等候好消息了。”皇太极答应了庄妃的请求。

第二天傍晚，精心打扮过的庄妃，换了一套婢女的装束，出现在关押洪承畴的房中。柴房四处漏风，屋里很冷，洪承畴和往日一样，和衣躺在木床上。一阵香气扑鼻，洪承畴朦朦胧胧，睁开了眼睛。屋内突然暖和起来，原来，不知何时，屋中多了一个炭火盆，盆中的木炭烧得通红，整个房间也显得亮了。洪承畴坐起身来，只见一个女真族打扮的妙龄女子站在他的面前。蛮夷族中竟也有这般人物？洪承畴下意识地揉了揉眼睛，他以为自己是在梦中。

“先生冷吗？要不要吃点什么？还是喝点水？”那个女人说。

女人的嗓音是那样甜美，女人的表情又是笑靥如花，洪承畴不由自主地多看了两眼。他有点莫名其妙，低声问道：

“你是谁？你来干什么？”

“我是主人派来服侍你的人。天气寒冷，喝口参汤吧！”女人说着，便走近洪承畴身边，一股沁人肺腑的体香立时传了过来。

那女人从怀中掏出了一个精致的银扁壶，打开壶盖，不由分说，便将壶嘴递到了洪承畴的嘴边。说也奇怪，此时的洪承畴忘记了自己正在绝食，迷迷糊糊地张开了嘴。一股暖流进入了洪承畴体内，又香又甜，是那么舒服，又是那么自然。按说，洪承畴是个见过大世面的人，他自己家中，也有好几房妻妾，其中也不乏有姿色的女人。但不知为什么，自打他见到庄妃起，他就拜倒在这个女人的石榴裙下，心甘情愿地成为这个女人的俘虏。这大概就是俗话所说的一物降一物吧！

喝了人参汤，洪承畴身上也有劲了。他慢慢地站起身来，对着这个女人深施一礼，说：“多谢神仙姐姐……”

还没等洪承畴说完，只听门响了。几个带刀的侍卫走了进来，后面跟着一个身着皇服之人，那人器宇轩昂，一看就知道是位有身份的人。只见那位身着婢女服装的女子立即跪倒，口称“陛下”。皇太极双手将女子扶起，同时说道："爱妃请起。"

原来那女人竟是皇妃，洪承畴这一惊非同小可，想起刚才那一幕，倒有些不好意思，一时间手脚无措，不知道如何是好？谁知这时皇太极却走到洪承畴身边，脱下自己穿的貂裘，披在洪承畴的身上。口中说道："先生难道不冷吗？"

洪承畴此时心中像打翻了五味瓶，百感交集，不知道如何是好。事已至此，也不由得洪承畴再装模作样了。他感动地说：

"真命世之主也！罪臣愿降。"

于是，洪承畴跪在地上磕头，然后剃发，正式投降了清朝。那一天是崇祯十五年（1642 年）五月五日。他是迄今以来明朝投降清朝的最高级别的官员，他也是皇太极最器重的一位前明官员。但是，诸王公贝勒却对此不以为然，觉得犯不着为了一个洪承畴，下这么大的功夫。阿济格抱怨说：

"一个汉人，要降便降，不降便杀，何必费这许多功夫？"

皇太极回答说：

"凡事要看得长远一些，不能鼠目寸光。我们不是要征服整个大明吗？依靠我们区区二十万人马办得到吗？我们必须将蒙古人、汉人，都招致麾下，才能夺取中原。洪承畴是个榜样，他会使更多的汉人望风而降。洪承畴又是向导，他最熟悉明朝的国情，有了这个向导，我们就可以长驱直入了。一个洪承畴可以顶五十万人马，这个买卖，我们是赚大了！"听了这一番议论，诸王公贝勒才觉得皇太极目光远大，一个个心服口服。

再说松山战败，北京城一片哗然。尤其是崇祯皇帝，他清楚地感觉到，自己的宝座已经岌岌可危了。再次向关外派兵？不仅无兵可派，而且无将可遣。无奈之下，他只好将一股无名火全部发泄在臣子们身上。他首先将率先逃跑的大同总兵王朴斩首示众，将在战场上胡乱指挥、临阵脱逃的兵部主事张若麒抓进大狱，将作战不力的总兵唐通、白广恩、马科一律降职。对于在战争中牺牲的官员，皇帝也没有忘记，命设坛祭奠。

松山战败后，消息混乱，据战场上逃回来的洪承畴的家人说，洪承畴与辽东巡抚丘民仰均在城破时被杀。因此，崇祯皇帝特别命人在北京城正阳门外，建祠祭奠。祭祠修得高大庄严，三个月工夫，就已完工。按当时条例，一品大员祭祀时，可用九坛。崇祯皇帝为重视起见，采用了最高礼遇的十六坛。祭祀那天，皇帝亲临，仪式非常隆重。当祭到第九坛时，接到辽东巡抚黎玉田的报告说洪承畴并没有死，而且已经降清。

这真是天大的笑话，简直是奇耻大辱。崇祯皇帝气急败坏，扔掉了手中的线香，立即起驾回宫。闷坐宫中，崇祯皇帝越想气。他恨满清，恨皇太极，他不能放弃山海关外的辽西走廊，不能放弃祖宗留下的大片土地。他传唤秉笔太监前来，起草了两项任命。一是任兵部左侍郎范志完为督师，兼辽东巡抚。二是任总兵吴三桂为提督，负责山海关至宁远之间的防务。这两颗棋子能让辽东的局面起死回生吗？可能崇祯皇帝自己都不敢相信？

第十七章

色甲天下陈圆圆

吴三桂被任命为提督，全面负责关外的军事，他感到十分意外。松山战败，和吴三桂一起逃跑的总兵，有的被杀，有的被逮，有的被降职。为什么吴三桂却不降反升呢？原来，崇祯皇帝手中，已经无将可用。吴三桂年轻、敢战，当时情形下，舍吴三桂其谁呢？这也是崇祯皇帝的无奈之举，总不能弃山海关而不守吧！这一次，崇祯皇帝不但任命了官吏，而且，还动了血本。除户部拨出折色银三十万两外，皇帝还从内帑中拿出了二十万两银子，用于关外的恢复，这在整个崇祯一朝，都是很少见的。

有了银子，什么事儿就好办了。吴三桂是个懂得感恩的人，他从逃到宁远的第二天起，便开始招兵买马，积极整顿宁远的防务。那时，逃兵遍野，土地荒芜，挂起招兵旗，就有吃粮人。而且这些人，本来就是当兵的，稍加训练，就能上阵打仗。吴家军很快就扩充到了三万多人，其中还有一万骑兵。除了招兵之外，吴三桂还利用这段时间加固了宁远的城墙，另外，还从京师调运来上百门大炮，以及火药和军械。他又重新恢复了十个“百人队”，吴三桂的翅膀又硬了起来。整个宁远城枕戈待旦，随时准备迎接清军的进攻。

再说，松山城陷落，主将洪承畴被俘，一直苦苦坚守锦州的守将祖大寿坚持不下去了。不会再有救兵了，城内的粮食全部吃光，所有的战马也都杀光吃净了。祖大寿本想一死了之，但他又不愿意连累那些多年来跟着他出生入死的弟兄。继续守下去，只能是等死。崇祯十五年（1642 年）三月十日，祖大寿在走投无路的情况下，带领城中尚存的三千多兵士，向城外的清军投降。皇太极不咎既往，仍旧热情地接待了他，但皇太极对锦州城恨之入骨，他命令部队，将锦州城夷为平地。

祖大寿投降后，为皇太极做的第一件事，就是劝说外甥吴三桂投降。皇太极是个爱才之人，早在吴三桂百骑救父的时候，他就看上了这位勇冠三军的骁将。他朝思暮想，要把这位小将招致麾下。在皇太极的授意下，祖大寿、祖大乐、祖可法，吴三桂的哥哥吴三凤，姨夫裴国珍，表兄胡宏先，好友张存仁等，均给吴三桂写了信，劝他早日归降。但吴三桂对这些人的劝告置若罔闻，既不回信，也不表态，倒把皇太极弄得不知所措。于是，皇太极亲自给吴三桂写了一封信。信的内容如下：

“大清国皇帝敕谕宁远吴大将军：

朕以大兵围困松锦，松山副将夏成德先行纳款，率众来归。故彼眷属、并所部之人俱加留养，洪承畴亦留养之矣。其余抗命者尽行诛戮。惟祖大乐等，因系将军之戚，故留之。锦州祖大寿归命，其眷属部众俱获保全。此正大将军趋吉避凶建功立业之秋也。倘狐疑未决，不速来归，尔明国皇帝有不疑将军而加之罪者乎？将军果能乘机构会，决意来归，则明哲之志、诚附之功，与迫而后归之松锦诸臣，大相悬决。将军之亲戚可以完聚，富贵可以长保矣！否则，将军之全军已为我所取，印信已为我所夺，松锦陷没，坐视而不能救，种种罪愆，尔明国皇帝宁有轻恕将军之理耶？

曩者祖大寿之在锦州也，尔明国皇帝每疑之而欲加之罪，然而终不能者，以其族党甚强，且据锦州故耳！今将军以孤立之身，负危疑之迹，岂能自保无虞？况尔明国，流寇转炽，土宇凋残，倾亡之象，将军已目击之。时势若此，将军虽勇，一人之力，其奈之何哉！将军不于此时幡然悔悟，决计归顺，劳我士兵，迟我时日，彼时虽降，亦不足重矣。今尔明国皇帝，虽遣使讲和，其诚伪难知，成否亦未可必，而将军亲故，俱在于斯，归我之念，诚宜早定。朕以真情反复开谕，将军其详虑而熟思之。”

皇太极这封信实际上是出于范文程的手笔，信中既有利诱，又有威胁，既有深刻的分析，又有委婉的劝诫。这封信很有针对性，击中了吴三桂的要害，是很有说服力的。可吴三桂非但没有理睬，而且用实际行动做了回答。就在收到这封信的第二天，吴三桂亲自率领四千人马，进攻了清军的塔山营地。他采取打了就跑的策略，杀死了数十名清兵，就撤退回营。他是要用行动表示，他是绝对不会降清的。

面对皇太极的威逼利诱，面对亲戚朋友雪片似的劝降信，面对困守孤城，不能说吴三桂没有过动摇。他徘徊过，他苦闷过，他彷徨过，但在内心深处，始终有一个信念在支撑着他，那就是正统观念。作为华夏子孙，他不能屈身东夷；作为大明臣子，他必须忠于皇上。其实，这也是当时明朝所有人的共同想法。认贼作父、为虎作伥，甘心当汉奸的人，毕竟是少数。不过，清军兵临城下，宁远摇摇欲坠，吴三桂始终没有投降，还有一个原因，那是因为一个女人，一个对他一生影响重大的女人。

这个女人就是本书的女主人公，她的名字叫陈圆圆。说来话长，吴三桂认识陈圆圆已经有些年头了，但他真正得到陈圆圆，那还是不久前的事情。陈圆圆是一个传奇性的女人，她的一生有着坎坷的经历。陈圆圆本姓邢，她的家乡在苏州府武进县，她的父亲是一个贫苦的渔民。陈圆圆的生母李氏，嫁到邢家后，接连生下了一个儿子和一个女儿。这个女儿就是陈圆圆，她的父亲给她起名叫邢沅。邢沅出生还不足百天，父亲便得了暴病，一病而亡了。

失去丈夫的李氏没有了生活来源，她只得靠给别人缝缝补补、浆洗衣服为生。孤儿寡母，生活不堪重负，思来想去，李氏狠了狠心，将不满百天的邢沅用小被子包好，扔到了镇子上的小河边。她希望邢沅能有好心人收留，给女儿找条生路。在重男轻女的社会，她这样做也是很自然的，当然，更多的是出于无奈。在扔掉女儿前，细心的李氏还特意给女儿系上了一个家传的银锁，以便日后相认。

这个镇子叫金牛镇，是江南水乡很典型的小镇，镇上有个不起眼的巷子名唤金牛里。金牛里前边是小河，河水一年到头潺潺地流着，碧绿的河水十分清澈，人们经常在河边淘米和洗衣裳。巷口有一座弯弯的石桥，相传是宋代建的，已经有些年头了。从早到晚，一艘艘木船从桥下经过，既有渔船，也有货船。石桥旁有个开满鲜花的院落，院子的主人姓陈，他每天走街串巷卖些针头线脑的杂货，人们都叫他陈货郎。陈货郎三十多岁了，由于是小本生意，仅能糊口。他没什么积蓄，一直是单身一人，连个老婆也娶不起。他白天上街卖货，晚上回家睡觉，日子过得平平淡淡。

陈货郎虽然家境贫寒，但却生就一副好嗓子和好脾气。他早出晚归，嘴里都在不停地唱，真是安贫乐道，自得其乐。他是靠自己的歌唱来招揽顾客，那些普普通通的江南小调从他嘴里哼唱出来，总显得格外委婉，格外动听。每当顾客们喊出“陈货郎，来一个”时，他是有求必应，立刻不紧不慢地唱了起来。歌声使他陶醉，歌声使他忘忧，歌声也使他忘掉了贫穷。有时只顾唱了，把卖货都耽误了。由于他人缘好，而且货真价实，所以虽是小生意，温饱却不成问题。武进县里，人人都知道金牛镇有个爱唱歌的陈货郎，快乐的陈货郎也始终生活在歌声中。

这天，陈货郎起个大早，准备去临镇赶集，也好发个利市。不想刚出门几步就听到桥旁传来“呱呱”的婴儿啼声。陈货郎是个心慈的人，他循着啼声走去，很快便在桥边找到了那个被母亲遗弃的婴儿邢沅。陈货郎伸手抱起了襁褓中的婴儿，心中不觉一喜。婴儿虽是个女孩，但长得相当秀气，头发黑黑的，鼻梁高高的，眼睛圆圆的，皮肤有红有白，尤其是那双玉镯粉团般的小手，真让人觉得可爱。婴儿的脖子上，还挂着一把小小的银锁。

更奇的是，陈货郎一抱起她，她立时就不哭了，睁着那又圆又黑的大眼睛，一直盯着陈货郎看。陈货郎心想，这大概就是缘分。俗话说，救人一命，胜造七级浮屠。我反正也娶不起妻子，不如将这女孩养大，日后也好有个送终的人。于是，他也不去赶集了，将女孩抱回家中，熬了米汤喂她。从此，父女两人相依为命，陈货郎那破旧的小屋也终于像个家了。

小女孩圆头圆脸圆眼，长得十分乖巧，陈货郎替她起了一个名字，叫圆圆。真是有苗不愁长，小圆圆一天天长大了。由于受到陈货郎的影响，耳濡目染，圆圆从小便喜欢唱歌。不论什么歌曲，她只要听上两遍，便能模仿出来。她天生一副好嗓子，每当她去河边打水或者洗衣服时，嘴里总哼着江南小调，她最爱唱的，便是那首脍炙人口的“茉莉花”。小女孩那过人的美貌和悦耳的歌声，吸引了不少路人，无论她走到哪里，都有很多人的目光追随着她。陈家有女初长成，小荷已露尖尖角。

到了十三岁那年，早熟的圆圆已出落成一个亭亭玉立的翩翩少女了。瓜子脸上，弯眉如月，鼻如悬胆，杏眼含波，口似樱桃。五官长得那么精致，又那么协调。双峰微凸，柳腰柔细，秀腿颀长，纤足娇小，身段是那样苗条，举止又是那样得体，有道是嫦娥入世，人疑是织女临凡。尤其是她脸上那对迷人的酒窝，那可真是笑靥如花、勾魂摄魄。她已经不满足于在家唱歌了，她请求养父让她去戏班学戏。良家女子，如何要入风尘？陈货郎怎么都不答应，但他禁不住圆圆那软磨硬泡，心一软，最后同意圆圆进了戏班。

当时我国南方流行的是南戏，陈圆圆所进的“鸿庆班”，是当地一个唱弋阳腔的小戏班。小孩子投身戏班，生活是很苦的。每天除了学戏之外，还要伺候班主，替班主做家务，而且任打任骂。不少孩子忍受不住，便偷偷逃跑了。可圆圆不然，虽然日子过得苦不堪言，她却安之若素，甘之如饴。她太喜欢唱戏了，她在唱戏中找到了乐趣，她在唱戏中找到了自己的天地。陈圆圆美艳如花，又有一副天生的好嗓子，再加上她的勤学苦练，在戏班里真是如鱼得水。她从配角演到主角，一来二去，在当地已是小有名声。

她扮相俊美，嗓音甜润，尤其擅长表演。她对表演十分投入，一举手，一投足，一颦一笑，皆恰到好处。她一上台，就和台下判若两人，她的喜怒哀乐，都随着剧情的变化而变化。台下的观众经常被她的表演所感染、所倾倒、所征服，时而开怀大笑，时而泪眼唏嘘。特别是她扮演《西厢记》中那憨态可掬的小丫头红娘，真是出神入化，演得活灵活现，绘声绘影。名不见经传的“鸿庆班”，自打陈圆圆出台，知名度是越来越高。陈圆圆更是声名鹊起，成为苏州一带远近闻名，色艺双全的歌妓，人们称赞她“声甲天下之声，色甲天下之色”。

陈圆圆十八岁了，她像一朵出水芙蓉，美丽绽放。她的个子又长高了，胸部高高隆起，走起路来微微颤动，尤其是那丰满的乳沟，显露出一种成熟的美。王孙公子们纷至沓来，“鸿庆班”门庭若市。陈圆圆的身价也不断提高，陪人喝茶一次收银十两，唱一个曲子是二十两，但不管客人出多高的价钱，陈圆圆坚持卖艺不卖身。尽管如此，客人们趋之若鹜，公子哥们馋涎欲滴，都想尝尝这颗成熟的葡萄。班主程阿炳此时倒是对陈圆圆呵护有加，专门派四个小丫头伺候她。程班主明白，陈圆圆是一个不可多得的人才，也是他“鸿庆班”的金字招牌，更是他一棵金不换的摇钱树。只要有陈圆圆在，他就会日进斗金，名利双收。

在众多的公子哥儿中，陈圆圆倒真相中了一位，他的名字叫冒辟疆。这冒辟疆在当时也是大大的有名，他出身世家门第，满腹经纶，一表人才，又爱广交朋友，与侯方域、方以智、陈定生并称为“江南四公子”。这冒辟疆阅人无数，但当他见到陈圆圆时，竟不敢相信自己的眼睛，疑为天人。他每天都要去看陈圆圆，真是为见美女，一掷千金。陈圆圆也爱上了这位风度翩翩、年少倜傥的冒公子。冒公子画出梅树的树干，陈圆圆点染出簇簇梅花。冒公子吟诗，陈圆圆相合。冒公子出上联，陈圆圆对下联。花前月下，二人相携相随；湖上扁舟，二人相对相拥。虎丘山下，试剑石旁，他们山盟海誓，约定白头到老，永不分离。在这十多天里，陈圆圆享受了初恋的幸福，也体验了被爱的温馨。可惜好景不长，冒公子收到一纸家书，说父亲染病在床，他不得不离开圆圆，返乡探望。分别之际，陈圆圆送了一程又一程，殷殷叮嘱，希望他早日来迎娶。

谁知冒公子走后，竟是音讯全无，陈圆圆望穿秋水，就是不见冒公子的踪影。原来是冒辟疆的父亲听说儿子要娶一个歌妓，勃然大怒，一气之下，就把冒辟疆关了起来。冒辟疆此时，纵有三头六臂，也是无可奈何。这陈圆圆哪知就里，她茶也不思，饭也不想，独卧妆楼，大病了一场。陈圆圆这一病就是一个多月，人也瘦了，泪也干了，但冒公子仍是泥牛入海无消息，真是多情女遇上了负心汉。日子还得过下去，生活还得继续，在程班主的百般劝说之下，陈圆圆只好重施粉黛，再度登台。

转眼到了清明时节，陈圆圆思念冒公子的心也慢慢淡了下来。这天丫头来报，说是有客到访。陈圆圆本不想见，但程班主已经收了人家的银钱，她只好略施粉黛，换了一件衣服出来见客。来客是一青年男子，长得虽不及冒公子，但皮肤白皙，五官端正，身材魁梧，举止之间，透出一股阳刚之气。聊了一会儿，见来客谈吐不俗，而且彬彬有礼，陈圆圆颇有好感。来客请圆圆唱曲，陈圆圆并不推辞。她让丫头抱出琵琶，自己接过。略一思索，只见陈圆圆一手轻拨，一手揉弦，短短的过门之后，她轻声唱道：

荫绿围红，梦琼家在桃源住。画桥当路，临水双朱户。柳径春深，行到关情处。颦不语，意恁风絮，吹向郎边去。

歌声出陈圆圆之口，入来客之耳，真让人骨头都酥了。来客哪里听到过这样美妙的音乐，来客哪里听到过如此动听的声音。真是，此曲只应天上有，人间哪得几回闻。来客对陈圆圆唱的冯延已的《点绛唇》实在是似懂非懂，但陈圆圆的美貌和歌唱都征服了他。他情不自禁，又是拍手，又是叫好。一时倒弄得陈圆圆玉面含羞，有些不好意思。为了掩饰自己的窘态，她赶紧去倒了一杯茶，双手递与来客。来客接过，一饮而尽。放下茶杯后，他在身上摸索半天，掏出一颗核桃般大小的明珠，放在桌上。他说：

“听君一曲，如痴如醉；见君一面，如梦如幻。在下一介武夫，祖籍高邮，但生长关外，性格粗鲁。今日一见，小子三生有幸；今日聆歌，实在大开眼界。这颗东珠，乃关外之珍，赠予小姐，以供闲时把玩。军务在身，就此别过。还望小姐珍重。”

“将军请留步。初次见面，怎好收此重赐？却之不恭，暂且收下。来而不往，非礼也。妾有玉箫一支，送与将军留念。睹物思人，他日或能再见。”

来客欣喜地从陈圆圆的手中接过玉箫。那玉箫虽长不盈尺，但通体皆白，无一瑕疵。拿在手上，熠熠生辉，一看便知不是凡品。来客道声珍重，告辞而去。陈圆圆送至门首，心中若有所失。这来客就是本书的主人公吴三桂，他二十七岁当了总兵，父子元戎，荣耀无比。父亲吴襄认为这都是祖宗积德，故命他清明返乡祭祖。吴三桂在高邮祭扫过祖墓后，听说苏州风景最是有名，更兼秦淮名妓名满天下。他年少心性，便抽空来苏州游玩。不想在这里得见陈圆圆，让他魂牵梦萦，忘乎所以。

可一来时日无多，二来囊中羞涩，只得强忍满腔欲火，匆匆返回军中。但陈圆圆的模样，陈圆圆的歌声，他从此再难忘怀。陈圆圆送他的那支玉箫，他小心地保存在身边，时不时拿出来把玩一番。他和陈圆圆虽然天南地北，相隔何止万里？但那思念之情，却是越来越深，越来越浓。他默默地祷念着，何时能再见伊人一面？

不说吴三桂在关外思念圆圆。且说陈圆圆自吴三桂走后，依然是粉墨登场，日日笙歌。这天，陈圆圆出演《长生殿》中的杨贵妃，台下叫好声、喝彩声如雷贯耳。陈圆圆经历这种场面多了，倒也没当回事。孰料演完戏回到后台卸妆，还没等她坐稳，便有十多个人闯入后台。为首的是一个肥头大耳的家伙，正是刚才那个在台下拼命叫好的，一看便知是一个纨绔子弟。他的名字叫窦富贵，连声说要请陈圆圆出去吃夜宵。陈圆圆不肯，他就伸手来拉。闻讯赶来的程班主慌忙上前挡驾，说陈圆圆演戏演累了，此时需要休息。那窦公子不容分说，伸手就给了程班主一个巴掌，然后破口大骂：

“一个唱戏的，也不看看自己的身份，还摆什么臭架子！大爷请你吃夜宵是大爷看得起你。既然不识抬举，敬酒不吃吃罚酒。小的们，给我砸，砸他的戏台；给我抢，把人抢回去。”

整个后台顿时乱成一锅粥，十几个如狼似虎的打手见东西就砸，见人就打。程班主和几个戏班的人欲待相拦，早被打倒在地。他们在窦富贵的吆喝下，七手八脚地把陈圆圆架出戏楼，塞进一乘小轿，飞也似的抬了便走。可怜娇弱无力的陈圆圆只好在轿子里“嘤嘤”地啼哭，就这样被抢进了窦家。窦富贵的爹是当地有名的绸缎商，挣下偌大家私，是苏州首富。相传苏州城中一半以上的产业都是窦家的，人送绰号“窦半城”。窦富贵是窦家的独养儿子，从小娇惯，任意胡为，横行乡里，仗着家里有钱，真是无恶不作。他早就听说陈圆圆貌若天仙，垂涎三尺，想弄到手。这次便借机生事，硬是将陈圆圆抢回家来。

在窦家的小楼上，陈圆圆早已哭得两眼红肿、泪流满面了。她又惊又怕，不知什么在等着她。望着那燃烧的红烛，望着那紧锁的门窗，陈圆圆是那样可怜，又是那么无助。可是，小鸟已入樊笼，她又有什么办法可想呢？“嘭”的一声，门被推开，喝得半醉的窦公子摇摇晃晃地闯了进来。见到这个恶少，陈圆圆本能地往后退。陈圆圆退一步，窦公子便进一步，陈圆圆退到了小楼内的一个角落，她已经没有地方可退了。看到陈圆圆那娇美的面庞，微露的酥胸，玉笋般的双臂和浑圆的双臀，窦公子欲火**渍**张，他的下腹部阵阵发热，他的全身都在微微地颤动。他像饿虎扑食一般，不顾一切地扑向了这个尤物。

陈圆圆左闪右躲，但无论她如何挣扎，也抵挡不住那恶棍的蛮力，她终于被窦公子拖到了床上。欲火中烧的窦公子急不可耐，他三把两把便扒掉了陈圆圆的衣裳。霎时间，陈圆圆便已是赤身露体，圆圆那雪白的胴体，高耸的双峰，深深的乳沟，平坦的腹部，一切都暴露无遗。陈圆圆此时已无力反抗，她喘着粗气，双手抱肩，闭上了自己的双眼，躺在那儿一动也不动。窦公子淫性大发，他扯下了自己裤子，扳开陈圆圆的双腿，粗暴地将陈圆圆压在了身下。

他疯狂地抽动着，发泄着，全然不顾陈圆圆的死活，这位名满苏州的一代名妓就这样被野兽似的窦公子强暴了。更让窦公子没有想到的是，陈圆圆竟然是一个处女。陈圆圆只觉得眼睛发蒙，下腹部有一种撕心裂肺的痛，她疼痛地晕了过去。窦公子志得意满，瘫软了下来，昏昏睡去。床上留下一摊红色的血水，一片狼藉。陈圆圆醒过来后，已是欲哭无泪，她只有抱着那只绣花枕头，不停地抽泣。她感到的是屈辱，是悲伤，是无奈，是绝望。可谁又能为这样一个弱女子伸张正义呢?

一连十多天，陈圆圆都是以泪洗面。她眼圈发黑，身体消瘦，头发也掉了不少。那窦富贵哪里是怜香惜玉之人，他只是把陈圆圆当作他发泄兽欲的工具，至于陈圆圆的感受，他从来都没有考虑过。窦富贵虽然也派了两个丫鬟伺候陈圆圆，但陈圆圆由于惨遭蹂躏，茶饭不思，精神恍惚，简直是度日如年。在那暗无天日的窦家小楼上，陈圆圆孤独地期盼，何时能出现救星，帮她结束这非人的生活，让她重返戏剧的舞台。日子一天天过去，希望越来越渺茫，陈圆圆真想豁出去，结束自己这年轻的生命。

突然有一天，窦府内闯进来几十个黑衣打手，他们一不抢钱，二不抢物，而是直奔陈圆圆所住的小楼而来。窦富贵闻讯赶紧带着自己的家丁赶到小楼，但不过三下五除二，便被来人打得七零八落，窦富贵本人也挨了二拳一脚，躺在地上直哼哼。为首的黑脸汉子指挥打手们上楼，抢了陈圆圆就走，窦富贵只气得叫苦不迭。窦富贵认识这为首的黑脸汉子，他叫麻虎，是黑道上有名的恶霸。他养着一批地痞无赖，在苏州一带为所欲为。他的势力很大，官府拿他也无可奈何，可以说没有什么坏事，是他麻虎不敢干的。他个子不高，腿还有一点毛病，江湖上人称“矮脚虎”。

麻虎早就听说“鸿庆班”有个出了名的女戏子名叫陈圆圆，长得十分美貌，一直想据为已有。不想被窦富贵捷足先登，提前一步将陈圆圆抢入了窦家。麻虎听说此事后，直气得连连跺脚、七窍生烟。在自己的一亩三分地上，窦富贵竟敢在太岁头上动土，老虎嘴里夺食，真是吃了熊心豹子胆。他事先派人将陈圆圆的藏身之处打听清楚后，一不做，二不休，直接带着手下的打手，光天化日之下，冲进窦府，将陈圆圆从窦家抢了出来，带进了自己的公馆。

可怜陈圆圆才出狼窝，又入虎口。这麻公馆与窦府不同，简直像坐监牢，无论白天还是晚上，门前总有几个打手站岗，陈圆圆甭说逃走，就是连一步也不能迈出门口。更可怕的是夜间，这麻虎精力过人，每晚必到，别看他腿脚长得不灵便，却偏偏有一套床上功夫，什么“老汉推车”“倒灌洋蜡”，三十六式，他是样样精通。他对陈圆圆更加野蛮，不管圆圆愿意不愿意，他是霸王硬上弓，每晚都把陈圆圆折腾得死去活来。陈圆圆多次寻死，但都被救了下来，麻虎手下将她看管得很紧，陈圆圆是欲哭无泪，欲死不能。

陈圆圆被抢走之后，“鸿庆班”的程班主一直在四处奔走，设法营救，可他刚打听到陈圆圆在窦府的藏身之处，又听说陈圆圆被恶霸麻虎抢走。这麻虎在苏州是赫赫有名，他是苏州的一霸，等闲人谁敢碰他。走投无路，程班主托人给苏州知府霍天海送了两千两银子，希望官府出面，追回圆圆，惩办抢匪。这霍天海已在苏州当了两任知府，他当然知道麻虎的为人。霍知府本不愿去招惹这个苏州有名的恶霸，但一听说事关陈圆圆，他又改了主意。谁不知道陈圆圆是苏州第一美女，这个案子要是办得好，说不定还能人财两得、名利双收。于是，他大笔一挥，开出传票，让手下衙役出动，去捉拿抢匪麻虎。

这霍知府开传票容易，可把手下的衙役给难住了，捉拿麻虎可不是一件容易的事。思来想去，衙役们想了一个办法，特意请了一队官兵一道前往。官兵把麻公馆围了个严严实实，又撞开了麻公馆大门，让衙役们冲进去抓人。这麻虎做梦都没想到，官府会派官兵和衙役们来抓捕他。此时，他正在陈圆圆身上快活，被逮了个正着，结结实实捆得像个粽子似的，由衙役们押回府衙。陈圆圆也被衙役们一道带走。霍知府将麻虎收监，可他并没有把陈圆圆送回戏班，而是以审案需要证人为由，将陈圆圆留在了府衙。霍知府将陈圆圆安排在府衙的后花园修养，住在西南角的一个僻静的小院，同时，还拨了四名侍女专门服侍。陈圆圆暂时脱离了虎口，又没有人前来骚扰，休养了几天，身体逐渐复原，面色也红润了许多。

其实这霍知府并没安好心，从他第一眼见到陈圆圆起，便被她的美貌惊呆了。他目不转睛地盯着陈圆圆，半天说不出话来。站班的衙役们更是丑态百出，他们一个个东倒西歪，口水直流，好几个人的水火棍都从手上掉了下来。霍知府家里也有几房妻妾，有的也颇有几分姿色，但要是和陈圆圆一比，那简直是一个地下，一个天上。陈圆圆那姣好的面容、曼妙的身体，一直在霍知府眼前晃动。他魂不守舍，他心不在焉。他下定决心，一定要占有这个女人。所谓色胆包天，霍知府此时早将官场的禁忌、事情的后果都抛到爪哇国去了。如此标致的美女来到身边，他怎么能放过呢？

陈圆圆在府衙花园内将息十多天后，霍知府打扮得十分光鲜，到小院来看望陈圆圆。他布置专人准备了丰盛的酒菜，送到了小院中的石桌上，他要亲自为陈圆圆压惊。陈圆圆见到霍知府后深施一礼，她再三感激霍知府的救命之恩。霍知府连忙招呼陈圆圆坐下，并殷勤地劝酒夹菜。月光如水，照在小院中，照到石桌上，浓浓的月色使人陶醉。一阵小风吹过，传来阵阵花香。陈圆圆先向霍知府敬了一杯酒，霍知府接过来一饮而尽，其实他根本没品出那酒的滋味。接着，陈圆圆站起身来，轻启朱唇，唱了一曲辛弃疾的《蜡梅前》：

一轮秋影转金波，飞镜又重磨。把酒问姮娥，被白发，欺人奈何？乘风好去，长空万里，直下看山河。斫去桂婆娑，人道是，清光更多。

吴侬细语，娓娓唱来，百啭千回，柔情似水。甜美的嗓音，婉转的歌喉，在那夜半时分，听来如泣如诉。月夜阑珊，烛影摇红，歌犹在耳，余音绕梁，只听得霍知府如痴如醉。霍知府虽是风月场中老手，且已经四十多岁了，但此时也由不得血脉偾张，欲火上涌。霍知府抓过酒壶，自斟自饮，连干三杯，然后借着酒劲，趁势抓住了陈圆圆的手。陈圆圆此时想抽回自己的手，但霍知府紧抓不放，那只温暖柔软的纤手在霍知府的手中微微颤动。霍知府心旌摇动，再也控制不住自己，情不自禁地将圆圆抱在怀里，然后拼命用自己的大嘴去亲吻陈圆圆的樱唇。

酒壮色狼胆。当天晚上，霍知府就宿在了陈圆圆修养的小院中。出于感激，也出于无奈，陈圆圆半推半就，又成了霍知府手中的玩物。从此，霍知府整天在花园小院中，与陈圆圆出双入对，形影不离，所有的案子他都懒得审了，恶霸麻虎也被他释放回家。那麻虎虽然心有不甘，但他怎敢找官府的晦气，一时间倒也安分守己起来。只有“鸿庆班”的程班主三天两头跑到知府衙门来打听陈圆圆的下落，可谁敢将真实情况告诉他。后来，衙役们干脆给他来个闭门羹，让他丈二和尚摸不着头脑。程班主吃了个哑巴亏，弄了个人财两空。

谁知好景不长，没等霍知府在温柔乡里逍遥多久，他就接到了上司的通知，说是当朝田贵妃的父亲田弘遇从南海进香回来路过苏州，让他好生接待。这田贵妃是崇祯皇帝的宠妃，他的父亲田弘遇更是仗着皇亲的身份到处为所欲为。霍知府知道田弘遇来头不小，赶紧离开了后花园，去驿站恭候田皇亲。田弘遇这次奉旨出京，带了上千随从，一路上狐假虎威，强吃恶要，弄得是鸡飞狗跳墙。沿途官员为了巴结田弘遇，又是送钱，又是送礼。田弘遇更是过足了官瘾，捞够了钱财。这次路过苏州，田弘遇突发奇想，听说苏州女子长得漂亮，如果能物色几个绝色女子献给皇上，还怕皇上不给他加官晋爵吗？因此，他一到馆驿，便紧急召见霍知府，说有要事相商。

田弘遇一见霍知府，便传下话来，让他把苏州的美女统统找来，由田弘遇亲自挑选，然后献给皇上。田弘遇还威胁说，要是办不好这桩差事，唯霍知府是问。这霍知府岂敢怠慢，他连忙回府，传齐三班衙役，由他亲自带领，四处搜罗美女。苏州城顿时乱了营，有钱的富家女纷纷躲到乡下，还有的父母让待字闺中的女儿立即出嫁。霍知府忙活半天，只搜罗到了十多名美女，其中较有名气的是歌妓顾寿、杨宛等人。出于私心，霍知府有意向田弘遇隐瞒了陈圆圆的下落，他就带着这十几名女人去向田弘遇交差。

田弘遇挨个看了这些女人一遍，觉得没有一个十分出色的。他心中很不满意，一手指着霍知府，劈头盖脸地骂道：

“你这狗官，带来的都是什么货色？这样的货色能献给皇上么？你这差事是怎么办的？我看你这知府是不想当了吧？”

霍知府一见田弘遇动怒，慌忙上前赔罪，他对田弘遇又是打躬又是作揖，说：

“皇亲大人要是对这几个女子不满意，下官立刻再带人去找，千万请大人息怒。下官有几个脑袋，怎敢误了皇亲大人的大事？”

“我听说戏班里有个叫陈圆圆的，是苏州女中魁首，怎么不见她呢？你去把陈圆圆找来，田某若能相中，定当有赏。你要是再耽误了我的事，我就要了你的小命！”田弘遇恶狠狠地威胁说。

田弘遇怎么会指明要陈圆圆呢？霍知府一直都没弄明白，但他有一点是明白了，这一次陈圆圆是保不住了。自己的官运要紧，自己的小命更要紧，他一介小小的知府，可得罪不起势焰熏天的皇亲国戚。尽管他舍不得如花似玉的陈圆圆，尽管他想留住陈圆圆归自己受用，但权衡利弊，他只有忍痛割爱。霍知府回到后花园，待陈圆圆梳洗打扮停当，备了一乘暖轿，亲自把陈圆圆给田皇亲送去。进了驿馆，陈圆圆下了轿，莲步轻移，直接来到了田弘遇面前。

田弘遇上上下下、仔仔细细地打量着眼前这名女子，他不由得惊呆了。这陈圆圆不高也不低，不胖也不瘦，眉若春山，眼含秋水，肤如凝脂，面如桃花。举手投足，柔若无物，一颦一笑，夺人心魄。得山水之造化，钟自然之灵秀，真是天姿国色，好一个南国佳人。田弘遇立时觉得眼前一亮，这就是他要寻觅的美女，这就是可以取悦皇上的尤物。他重赏了霍知府，并决定，立即带着陈圆圆上路。人逢喜事精神爽，田弘遇别提多高兴了，这一次真是不虚此行。他深信，陈圆圆一定会给他带来好运气。

田弘遇得意扬扬、大摇大摆地乘着官船，沿运河而上，顺顺利利地把陈圆圆带进北京，在自己府里安顿下来。田弘遇将陈圆圆等人养在府中一个单独的院落里，每天好吃好喝，还请来专门的教师给他们教歌舞和一些宫廷礼仪。陈圆圆本身是唱戏的，脑筋又是玲珑剔透，什么东西一点就会，在众女子中总是先拔头筹。田弘遇每天要到院里视察，尤其对陈圆圆关心备至，而他对陈圆圆的表现，更是看在眼里，喜上眉梢。锦衣玉食的生活让陈圆圆比在苏州时胖了一些，但却更显得丰满和性感，那灵动诱人的曲线更增添了几分风韵。

经过三个月的细心调教，田弘遇这才从中挑选了十名女子，准备呈给崇祯皇帝。当然，陈圆圆是其中的第一号美人，田弘遇也在她身上寄托了全部希望。崇祯皇帝在文华殿接见田弘遇一行，由于连续几天没睡好觉，皇帝的眼圈有些发黑，说话也显得有些心不在焉。田弘遇先向崇祯皇帝行了三跪九叩大礼，然后又详细汇报了他去南海进香的经过。见皇帝有一搭没一搭地提不起精神，田弘遇便长话短说，立刻变了话题。他指着身后那花枝招展的十名美女，对皇帝说：

“陛下日理万机，夙夜辛劳，还是要多保重龙体。臣这次在江南觅得女子十名，个个能歌善舞，色艺双绝。尤其是这位陈圆圆更是色甲天下，请陛下纳入后宫，供陛下消愁解闷。这些美女弹唱俱佳，陛下要不要她们当场表演一下？”

崇祯皇帝向田弘遇身后的女人瞟了一眼，实在提不起兴趣，因为他的心思压根不在这里。连日来，流贼复起，清兵入寇，他寝食难安，万念俱灰，连宫中的嫔妃，也很少临幸，哪里能顾及这些陌生的歌女们？崇祯皇帝用力地眨了一眨眼睛，然后轻轻地挥了一下手，说：

“皇亲这次长途跋涉，南海进香，为国祈福，一路辛苦，朕心甚慰！但国难当头，朕岂能纵情声色，歌舞度日？美女十名，还请卿家带回。你的孝敬，朕心领了。跪安吧！”

崇祯皇帝连陈圆圆等美女看都没仔细看，便把她们打发了，这个结果大出田弘遇的意料。他忙活半天，没想到碰了一鼻子灰，真是拍马屁拍到马尾巴上，心里别提多窝火了。触了这次霉头，田弘遇心灰意懒，索性将陈圆圆等十名美女留在身边，自己受用。从此，每晚田弘遇安排陈圆圆等人轮流陪侍，无奈他已年过六旬，身体不济，早已是力不从心了。每到夜里，田弘遇左拥右抱，两手上下乱摸一气，又不断地变换各种姿势。但不管他使尽浑身解数，奈下半身不给力，无论他如何猴急，就是入不了港，反倒把自己弄得气喘吁吁的。姑娘们正当青春年少，被田弘遇折腾得人不人，鬼不鬼的，背地里都在骂这个老不死的。陈圆圆本来心想，若能成为皇帝妃嫔，也不枉来京走这一遭，没想到自己和姐妹们却成了这老色鬼的侍妾。清夜扪心自问，只有抱怨自己的命运不济了。

陈圆圆万万没有想到，就在她十分绝望的时候，她在北京又一次遇见了她一生中最重要的男人——吴三桂。按说吴三桂率孤军镇守宁远，他怎么能到北京来呢？原来，崇祯十五年（1642 年）秋，清军在阿巴泰贝勒的带领下，第五次入关伐明，连克蓟州，兖州，纵横河北、山东，直接威胁到北京。面对清军大举入关，明廷是外甥打灯笼——照旧，再次征召全国各地兵马入京勤王。崇祯十六年（1643 年）春，吴三桂与山海关总兵马科、山东总兵刘泽清等均亲自率兵驰援京师。当时，大学士周延儒奉命督师，他集中明军各路兵马与清军在河北螺山展开激战。在勤王诸军中，表现最突出的还要属吴三桂和马科率领的关宁铁骑。战后，清军从冷口退回关外，京师也暂时转危为安。

五月十五日，崇祯皇帝亲自在武英殿设宴款待前来勤王的各镇总兵。这是吴三桂平生第一次，也是最后一次见到崇祯皇帝。他是既兴奋又激动，一直小心翼翼，怕出什么差错。崇祯皇帝对吴三桂十分器重，多次赞赏他孤守宁远的勇气和决心，当殿赏赐给他金马鞭、银马鞍、玉璧等珍宝。崇祯还端着酒杯，走到吴三桂面前，亲自给吴三桂敬酒。吴三桂诚惶诚恐，不知所措。崇祯端起手中盛满琼浆的玉杯，对吴三桂说：

“吴将军系人中之龙，国之干城，关外的御虏大任，朕就托付给你了。望将军勿负朕望。”

“陛下但放宽心，只要有臣在，誓与东虏在关外周旋到底，绝不辜负陛下待臣的天高地厚之恩！”吴三桂慷慨陈词，一边叩谢皇帝的赏赐，一边信誓旦旦地向皇帝做出保证。

皇帝接见之后，勤王的各镇总兵就陆续返回驻地，吴三桂也准备回转宁远。可就在这时，他收到一封请柬，皇亲田弘遇邀请他到田府赴宴。本来吴三桂和这田皇亲并没有什么交情，吴三桂也不想和他套什么近乎，可转念一想，田皇亲是崇祯宠妃田贵妃的父亲，倒是不好得罪，只好打马前往。这次宴请吴三桂，是田弘遇自己的主意，他认为生逢乱世，还是要巴结住一位得力的将军，才能保护自己的家园和财产。这吴三桂很受皇帝重视，关宁铁骑又名声在外，因此，田弘遇便特意设宴，与吴三桂结交，拉拉关系。吴三桂来到田府时，田弘遇亲自在门前迎接，他准备了丰盛的酒宴，招待这位青年将军。

酒酣耳热之际，田弘遇在花厅陪同吴三桂一起欣赏他家中歌妓表演的歌舞。音乐声徐徐响起，一队身着薄纱的女子悄无声息地从屏风后面飘了出来。众女伴翩翩起舞，为首的一个女子，头挽高髻，身穿红衣，怀抱琵琶，边舞边唱。她唱了一首汉代的乐府诗《迢迢牵牛星》；

迢迢牵牛星，皎皎河汉女。
纤纤擢素手，札札弄机杼。
终日不成章，泣涕零如雨。
河汉清且浅，相去复几许？
盈盈一水间，脉脉不得语。

这田府的歌妓端的不同凡响，其舞姿绰约翩跹，其歌声莺啼燕啭。她们的长相，更是像仙女下凡，一个赛过一个。长期驻守边关的吴三桂几时见过这等阵仗，直看得如梦如幻，直听得如痴如醉，尤其是那为首的红衣女子，他好像在什么地方见过，歌声也是那么熟悉。吴三桂正在回想，这位红衣女子是谁，神情恍惚之间，已是曲终舞阑。只见那为首的红衣女子冲着吴三桂深施一礼，然后莞尔一笑，转身缓步退去。这一次，吴三桂看清楚了，那女子云髻高盘，粉黛薄施，瓜子脸，杏核眼，樱桃小口一点点。秋波流蕙，春柳迎风，眉若远山，鼻若悬胆，十指似葱，玉臂如藕，双峰巍巍，莲足尖尖，尤其是脸上那对圆圆的酒窝，勾魂摄魄，真是一笑倾人城，再笑倾人国啊！

她眉不描而黛，发不漆而黑，颊不脂而红，唇不涂而朱。她的身材，增一分嫌肥，减一分嫌瘦，添一分嫌高，损一分嫌矮，真正是沉鱼落雁之容，倾国倾城之貌。吴三桂目不转睛地望着那红衣女子退到了屏风后面，半晌说不出话来。突然，他眼前一亮，这不就是他两年前在苏州见过的那位名妓，声甲天下之声，色甲天下之色的陈圆圆吗？她怎么到了北京？她如何进的田府？吴三桂暗中拿出那管陈圆圆赠给他的玉箫，轻轻地抚摸着，心中充满了疑问。陈圆圆，一个令天下男人神魂颠倒、无法自拔的女人！

田弘遇看着吴三桂那直勾勾的眼睛、痴呆呆的神情和那副急巴巴的样子，就知道吴三桂一定是看上陈圆圆了。他特意将陈圆圆叫了出来，让她给吴三桂敬酒。只见刚才那为首唱歌的红衣女子，再次从屏风后面袅袅婷婷地走了出来。她伸出玉手，将酒斟满，然后捧起酒杯，笑眯眯地来到了吴三桂面前。看着她修长的十指、微露的酥胸，一股如兰似麝的香气油然而至。吴三桂慌慌张张地接过陈圆圆递过来的酒杯，一饮而尽。

吴三桂满脸通红，他有些醉了，醉倒在陈圆圆的石榴裙下。吴三桂，这位在战场上出生入死、杀人连眼都不眨一下的铁血汉子，却经不起这个柔弱的江南女子的诱惑。常言说得好，牡丹花下死，做鬼也风流。吴三桂下定决心，再不能错过这千载难逢之机，今天就要把陈圆圆据为己有。所谓英雄难过美人关啊！吴三桂借着酒劲，试探性地对田弘遇说：

“皇亲大人，吴某是个粗人，不懂礼数。蒙大人抬爱，荣登贵府。今日赐宴，又赏佳乐，实在是身心俱爽、美不胜收啊！大人若有用得着吴某的地方，便请开口，在下赴汤蹈火，万死不辞！”

田弘遇正中下怀，他哈哈一笑，立即接过吴三桂的话头，说：

“将军英武，田某早有所闻。今日一见，果然豪爽过人。生逢乱世，这舞榭歌台、官场富贵，俱是过眼云烟。某与将军相交，实指望在危机之时，将军能伸出援手，给我田家以保护。日后，田某的身家性命，就托付给将军了。不知将军能慷慨允诺否？”

“区区小事，何足挂齿。某这就拨百名弟兄，替田府看家护院。他们都有一副好身手，皇亲尽可高枕无忧。一旦有风吹草动，吴某当亲自提兵前来，为皇亲两肋插刀。如此安排，不知可中皇亲大人之意？不过，吴某尚有一不情之请。适才唱歌的红衣女子，实在可人，某欲收为小妾，还望大人玉成。”吴三桂单刀直入，趁势将想要陈圆圆的心事和盘托出，他已经迫不及待地要占有这个美丽的女人。

老奸巨猾的田弘遇早就猜出了吴三桂的心事，他在吴三桂说出这番话之前，就预先做了权衡。说实话，他当然舍不得貌若天仙的陈圆圆，漂亮女人，哪个男人情愿撒手啊？可是他家中姬妾如云，倒也不缺陈圆圆一人，况且他年老力衰，留下陈圆圆也只能充当摆设。更重要的是，他现在正有求于吴三桂，如不答应吴三桂，岂不是前功尽弃？舍不得孩子套不住狼，田弘遇做出了决定，把陈圆圆送给吴三桂，以换取吴三桂对田家生命财产的保护。他觉得，这个买卖还是不亏本的。于是，田弘遇大大方方地对吴三桂说：

“将军既然相中了圆圆，老夫就将他送给将军做妾。择日不如撞日，就请将军今夜在我府与圆圆成亲。老夫这里一切现成，还请将军不要推却。”

“大恩不言谢，吴某受之有愧，却之不恭。在此当面谢过。”吴三桂边说，边向田弘遇行礼。他这是瞌睡遇上了枕头，何乐而不为？

就在当天夜里，田府张灯结彩，让吴三桂与陈圆圆成亲。吴三桂身穿红衣，胸配红花，走进了田弘遇精心安排的洞房。陈圆圆此时已卸去了晚妆，她微施粉黛，玉面含羞，一声不响地坐在垂着纱帐的床边上。她并没有认出吴三桂就是当年她在苏州一见倾心的男人，那时吴三桂青衣小帽，与今日一身戎装自是不同。再说，她也没敢往那方面去想。说实话，田弘遇把她许给吴三桂，她心里还是很高兴的。一年来，侍候田弘遇这个老色狼，她是身心俱疲，万念俱灰，早就想离开田府。经历了一系列的悲惨遭遇之后，陈圆圆已不敢有非分之想。她只希望，有一个港湾，自己可以停泊；有一个男人，自己可以依靠，至于做妻做妾，她已经无从选择了。作为一个风尘女子，能得到吴三桂这样一位青年将军的青睐，已是一种上佳的选择。现在，在纱灯的闪闪红光之中，陈圆圆的心跳得像兔子一样，又是激动，又是期待。

红烛高烧，檀香袅袅。吴三桂进了洞房，见到了他魂牵梦萦的女人。

他从身上拿出了那管晶莹的玉箫，递给了坐在床边的陈圆圆。陈圆圆接过玉箫，又上下将吴三桂打量了几遍，这才认出，今日的吴将军就是那昔日的赠珠人。她感谢天地的造化，她感激老天爷的安排。当年苏州初相识，前度吴郎今又来。她的手慢慢地抚弄着玉箫，眼泪不由得滚了下来。吴三桂上前一把将她抱住，趁势将陈圆圆的小嘴噙在了自己的口里。陈圆圆的身子在吴三桂的怀里抖动着，她踮起脚跟，双手搂住了吴三桂那结实的身体，口中香舌不停地摆动。霎时间，两个人的身体紧紧地扭在了一起。

突然，吴三桂放开了怀中的陈圆圆，他三把两把扒光了身上的衣服，又迫不及待地吹熄那还在燃烧着的红烛。由于吹的气太小，红烛没有灭，只是烛光强烈地闪了几闪。陈圆圆摇了摇头，示意他不必在意那燃烧的红烛，而她自己则一口吹熄了床边的纱灯，然后从容不迫地脱掉身上一件件衣服，一丝不挂地站到了吴三桂面前。洁白如玉的胴体，浑身诱人的曲线，弹性十足的双峰，还有那一股青春的气息，这一切，都让吴三桂呼吸加快，血液沸腾，急不可耐。

吴三桂一把托起陈圆圆那赤裸裸的玉体，然后轻轻地放到那张围着帐幔的床上。他的双手首先抓住那高高耸起的绯红色双乳，开始揉捏起来。他的舌头则贪婪地在那深深的乳沟中上下耕耘。接着，他的手开始往下移动，舌头也裹住了那酥胸上的乳头，细心地品味着那醉人的乳香。陈圆圆浑身发痒，情不自禁地开始呻吟。吴三桂慢慢地分开了陈圆圆那抬起来的双腿，缓缓地进入了那神秘的领地。陈圆圆彻底兴奋起来，她的声音由呻吟变成了叫喊。她尽量地挺起双臀，暗暗用力，曲意地配合着，她要让吴将军得到真正的满足。此刻，她感到好像在高高的蓝天上翱翔，一会儿飞上了重霄，一会儿又飞下了地面；她感到好像在浩瀚的大海中游泳，一会儿潜入了水下，一会儿又浮到了水上。

心有灵犀一点通。终于，在一番鏖战之后，两人在同一时间迎来了兴奋的高潮。一阵排山倒海的战栗之后，吴三桂瘫软下来。筋疲力尽的他沉沉地睡去，但他的左手还搂着陈圆圆的脖子，右腿还搭在陈圆圆的腰上。陈圆圆则像一只乖巧的小猫一样，温柔地偎依在吴三桂的怀里。不知过了多长时间，吴三桂又醒了过来，他再度感到欲火难忍，情不自禁地又一次进入了陈圆圆的身体里。迷迷糊糊的陈圆圆不由自主地承接着那股悸动，再一次享受着那快意的满足。整整一夜，两人翻来覆去，几度云雨，几度春风，几度缠绵。两人身体就像两条蛇一样紧紧地缠在一起，迟迟地不愿分开。

鸡啼数遍，日上三杆。吴三桂和陈圆圆还兀自沉睡不醒，两个赤裸裸的身体还肆无忌惮地搂在一起，公开地向世人宣示着他们之间那浓浓的爱意。由于田弘遇特别关照，没有任何人敢来打扰这相爱的一对。吴三桂先醒了，他看着熟睡在身边的陈圆圆，总觉得犹如做梦一般。吴三桂已结婚多年，有了几房妻妾，连孩子都生下了，可是他却觉得昨夜像新婚一样，甚至胜似新婚。他从来没有品尝过这种酣畅淋漓、腾云驾雾的感觉。此刻，他并不感到疲劳，他的身体是那样放松，他的精神却是无比亢奋。

陈圆圆也醒了，她下意识地扯过一件衣服，遮住了自己的私处。她又扔开衣服，拽过吴三桂的胳膊，将她的头枕了上去。一挨上陈圆圆那光滑的身体，吴三桂便不由自主起了一阵冲动，再一次驶入那甜蜜的港湾，享受那美妙无比的感觉。暴风雨过后，陈圆圆静静地躺在吴三桂的怀里，像一艘小船停泊在平静的港湾。她舒服极了，像干柴遇烈火，像久旱逢甘霖，是吴三桂那旺盛的生命力点燃了她的青春之火。她激动地品尝，她尽情地享受，她痛快地呻吟，她幸福地陶醉。她甚至觉得这只是一场梦，一场永远也不愿意再醒过来的梦。她在心里已经认定，吴三桂就是她这辈子所要寻找的男人，吴三桂就是她这辈子可以依赖的靠山。她感谢上苍眷顾她这个可怜的女人，她愿意永远地依偎在这个男人身边，从此不再分开。

第二天，吴三桂带着陈圆圆上路了。临行时，他还给田弘遇留下了一千两银子，他不愿意欠田弘遇过大的人情。吴三桂还怕陈圆圆骑不了马，特意弄了辆骡车，让陈圆圆乘坐。吴三桂一步也离不开这个温柔的女人，他把陈圆圆带到了烽火连天的宁远，与自己同吃同住，而他的发妻张氏，却一直在中前所的家里。军营里生活十分枯燥，但自从陈圆圆来了之后，情况就发生了改变。吴三桂与陈圆圆双宿双飞，情投意合，如胶似漆，如鱼得水。每当吴三桂为是否降清郁郁寡欢之时，陈圆圆就为他唱曲解闷，真是位难得的红颜知己。吴三桂沉醉在温柔乡中，所有的烦心事都跑到爪哇国去了。

好景不长，探子来报，清军即将进攻宁远城。形势岌岌可危，说不定哪一天清军便会兵临城下，吴三桂决心抵抗到底。这时，他首先担心的，是陈圆圆的安全。尽管陈圆圆一再表示，愿意留在宁远，与丈夫一起抵抗清兵，但吴三桂不由分说，还是让他最信任的副将杨坤将陈圆圆送去父亲那里。父亲吴襄此时已在北京当了御营提督，同时也在北京安了家，那里相对比较安全。

陈圆圆离开宁远的那天，天上下着蒙蒙细雨。陈圆圆坐在有篷的骡车上，副将杨坤带着一个“百人队”在车前车后护卫。吴三桂舍不得陈圆圆离开，他骑着马，走在骡车旁边，送了一程又一程。陈圆圆心中也恋恋不舍，暗自在车里垂泪。不知不觉，吴三桂已经送出了六十多里。送行的队伍行至望海，在一座长亭旁边，陈圆圆招呼骡车停了下来。

陈圆圆下了车，深情地对吴三桂说：

“将军不要再送了。古语说，千里送行，终有一别，你我就此别过。贱妾至京，一定恪守妇道，还盼能早日再次见到将军。临别之际，贱妾为将军再歌一曲，以表真心。”

说完，陈圆圆让丫鬟轻敲檀板，她自己则舒展歌喉，为吴三桂唱了一曲汉乐府中的《上邪》：

上邪！我欲与君相知，长命无觉衰。山无棱，江水为竭，冬雷震震，夏雨雪，天地合，乃敢与君绝！

歌声如泣如诉，似断似连，尤其从陈圆圆口中唱出，更显得凄婉愁绝，伤心无限。这也是陈圆圆自己的真情流露。唱至末尾，由于情绪激动，她已经泪流满面，唱不下去了。吴三桂赶忙上前挽住她的手，并用丝帕为她抹泪，同时，还不断地轻声安慰。士兵们都知趣地退到了远处，不敢打扰这一对情人。

骡车终于启程了，杨坤带着“百人队”也上路了。骡车渐行渐远，最后消失在一片梢林深处。吴三桂久久地站立在长亭边，目送着远去的车影，直到车队看不见了，他兀自不肯离开。身边的亲兵提醒他说：

“将军，走远了，看不见了。我们还是回去吧！”

吴三桂随手给了亲兵一个嘴巴，他对副总兵郭云龙说：

“云龙，你带五百兵去，砍掉前面那片梢林，它让我看不到心爱的圆圆。”

郭云龙立即领着五百战士，挥刀跑了过去。吴三桂看着远去的队伍，铁青着脸，没有再说一句话。可他心里并不平静，他一直在想：

圆圆啊圆圆，这一次离别，究竟何日能再相见呢？

第十八章

皇叔摄政为哪般

不出吴三桂所料，就在他送走陈圆圆后的第四天，清军就对明朝残存的关外四城，发动了进攻。清崇德八年（1643 年）七月，按照皇太极的布置，郑亲王济尔哈朗和多罗武英郡王阿济格统兵，绕过宁远，进攻中后所、中前所和前屯卫三城。清军的策略是先易后难，宁远城城墙坚固，又有悍将吴三桂防守，所以放到最后，先进攻防守比较薄弱的中后所等三城。

七月二十四日，清军携大批沙袋，抵达中后所城。他们用沙袋填平了堑壕，然后竖起云梯，开始攻城。守军顽强抵抗，双方激战了一夜。第二天，清军使用红衣大炮，将城墙轰塌了好几处，从缺口处一拥而入。明游击吴良弼、都司王国安等战死，守城的四千五百名明兵被歼，中后所失守。接着，清军用同样的方法转攻前屯卫城，明总兵李辅明被杀，四千多士兵被歼，两千多名士兵被俘。明中前所守将黄色听说中后所和前屯卫已失，连忙弃城而逃。清军兵不血刃，占领了中前所。清军摧枯拉朽，不到十天工夫，就拿下了中后所、前屯卫和中前所三城，整个山海关外，就只剩下宁远一城了。

按照清军的计划，下一个进攻的目标，必然是宁远城无疑。按照中前所等三城很快被清军攻破的情况而言，清军拿下宁远城只不过是时间问题。这时，宁远城危若累卵，吴家军已濒临绝境，但吴三桂拒不投降，他要与清军拼他个鱼死网破。但奇怪的是，清军并没有向宁远发动进攻，而是卷旗息甲，连夜撤回了盛京。清军此举，弄得吴三桂一头雾水。他急忙派出细作，前往盛京，打探消息。两天后，细作回来报告，原来清朝内部，果然出了大事情，身体很健壮的皇太极突然死了。这到底是怎么一回事儿呢？细作一五一十地向吴三桂做了汇报。

清崇祯八年（1643 年）八月九日，清太宗皇太极和往常一样起得很早，用过早餐后便开始忙碌起来。他首先接见了前来贡马的土默特部落的甲喇章京大、小诺尔布一行十五人。皇太极很仔细，亲自去查看了他们这次进贡的一百匹马。马匹高大健壮，毛色发亮，显然是精心挑选的。皇太极很满意，命令贴身太监赏给他们白银两千两。接着，他又召见了土默特部落车克车木章京所属的诺木刁礼等人，他们安全地将当地高僧格隆喇嘛护送到了盛京。这位喇嘛在当地名声很大，皇太极特意请他到盛京的喇嘛庙担任住持。今天，皇太极心情很好，也赏给诺木刁礼等人白银五百两。

午后，皇太极与皇后和其他四位妃子一起，在崇政殿会见了即将下嫁察哈尔奇塔特和科尔沁弼尔塔哈的两位固伦公主，以及她们的额驸。每位公主和额驸都得到了皇太极赏赐的华丽仪仗。然后，皇太极又亲自带着大家饶有兴趣地去挑选衣料，这些衣料都是阿济格从明朝那里抢来的，各式各样的布匹绸缎令人目不暇接。忙活了半天，皇太极有些累了，他吩咐由皇后带领妃子、公主们继续挑选，自己则先行回清宁宫休息去了。

当天晚上，皇太极吃完晚饭，在东暖阁与皇后博尔济吉特氏在一起边喝茶边说闲话。皇太极拿起茶杯，觉得有点烫，皇后连忙招呼宫女去换一杯茶来。不料，正在此时，皇太极突然从炕上一头栽了下来，倒在地上。皇太极身体很重，皇后和宫女们扶不起来，只好让太监们来帮忙。太监们七手八脚地将皇太极抬到炕上，只见皇太极牙关紧闭，口吐白沫，已经昏迷不醒。皇后急招御医前来诊治，谁知等御医们赶到时，这位年仅五十二岁的君主已经停止了呼吸。事情发生得太突然了，宫内的妃子、太监、宫女们都大声痛哭起来。一时间哭声动地，皇后也不知所措，她急令太监宣睿亲王多尔衮进宫商量。

听说皇太极突然去世的消息，多尔衮心里像打翻了五味瓶，说不出是什么滋味。他感到，他等待多年的机会到了，他一定得做点什么。可他来不及多想，强忍住心中惊喜的心情，换上朝服，跟着传事太监进了清宁宫。进宫后，多尔衮首先让宫女将皇后和妃子们扶回宫内休息，然后又传令护军都统图赖全面加强对清宁宫的警戒。最后，他亲自看着太监们将皇太极的遗体装殓起来，放进事先准备好的柏木棺材中，梓宫暂时安放在崇政殿内。忙完这些，多尔衮才急急出宫。他顾不上回家，先去找郑亲王济尔哈朗，商量如何办理皇太极的丧事。

第二天一早，和硕亲王、多罗郡王、多罗贝勒、固山贝子等宗室人员，均前往皇太极生前的寝宫焚香跪奠，三巡后起立举哀。至于公主、和硕格格、多罗格格、固山格格、和硕福晋、多罗福晋、固山福晋等女人们，一律素装素服，在大清门外举哀。其他满、蒙、汉官员则全部集中到崇政殿前跪哀。朝廷宣布诏命，为皇太极举哀五天，王公大臣们须斋戒三日，在皇太极死后的十三天内全国禁止屠宰。生前服侍皇太极的两位章京，一个叫敦达里，另一个叫安达里，他们两人均表示，愿意为皇太极以身殉葬。

一时间，宫内宫外都挂满了白色的幔帐，来来往往的诸贝勒和大臣们都穿上了白色的孝服。盛京城的大街小巷，到处是一片哭声，街上的行人明显比往日减少了很多，王公大臣们的脸上都写满了悲悲戚戚的表情，至于他们心里是怎么想的，那就只有天知道了。此时此刻，整个盛京最忙碌的、恐怕也是心情最复杂的，要数当政的多尔衮亲王了。对于皇太极的猝死，他是受益最大的，而且，也只有他，才知道这皇太极的真正死因，那是一个精心策划的阴谋，那是一个不为人知的秘密。

早在三年前，多尔衮就开始了他谋害皇太极的行动。多尔衮用重金收买了皇太极身边的两个亲信章京敦达里和安达里，给他们买地置房，送金送银，还答应给他们全家办理“抬旗”的手续，这可是相当难得的。敦达里和安达里是兄弟俩，他们是奴隶出身，依靠在战场上出生入死博得了皇太极的信任，他们也曾赌咒发誓，要忠于皇太极一辈子。但是，谁能抵挡住“抬旗”的诱惑，谁能经得住金钱的考验？他们被多尔衮拉下了水，干起了谋害皇太极的勾当。

开始时，他俩的行动十分诡秘，只是在皇太极的食物上做了一些手脚。他们利用安排皇太极伙食之便，尽量让皇太极吃些含油脂高、易发胖的食物。久而久之，皇太极逐渐发胖，体重不断增加，腿脚也不那么灵便了，稍微多走几步，就气喘吁吁。这种做法丝毫未引起皇太极的注意，他觉得人到中年发胖，那是很自然的事情。他丝毫也没有觉察，有人在他的饮食上动了手脚。

皇太极有两匹最心爱的战马，都是白马，一匹叫“小白”，一匹叫“大白”，它们都是经常陪伴皇太极上战场的坐骑。现在，由于皇太极身体发福，“小白”只能载他行五十里，“大白”也只能载他行百十里路。所以，“小白”他只是在盛京骑骑，上战场只剩“大白”了。即便如此，他在骑“大白”时，“大白”也如吴牛喘月，累得呼哧呼哧的。由于体内燥热，皇太极的火气也越来越大，脾气也越来越坏，动不动就打骂下人。后来，还出现了经常流鼻血的症状，松山之战时，他就因为鼻血不止而推迟了三天才赶到前线。此时，尽管皇太极身体已大不如前，但并无大碍，他照常处理政务，生活也还正常。

眼见得仅靠食物作用难以致皇太极于死命，多尔衮有点等不及了。半年前，他秘密托人从方士手中弄到了一种慢性毒药，这种药是从剧毒的毒蛇毒液中提取出来的。这种毒药的特点是很容易在水中溶解，溶解后的溶液既无颜色也无异味，所以很难被察觉。这是一种慢性毒药，不可能一下子置人于死地，而是一天一天、日积月累才会最后起作用。它主要是麻痹人的神经，尤其是脑神经。人服用后，会出现眩晕、耳鸣、手足颤抖、嘴歪眼斜等症状，中毒的人就好像是得了中风症一样。

这种毒药隐蔽性极强，很难被人识破。这一次，敦达里和安达里每天在皇太极喝的茶水中，只放了一点这种药。这不，还不到三个月，皇太极就一命呜呼。可在《清史稿》的记载中，皇太极却是“无疾而终”，可见这种药的妙用。当时，多尔衮为买这种毒药花了千金，还有点心疼，现在看来还是很值得的。只有五十二岁，平日身体十分强壮的皇太极，就这样神不知、鬼不觉地被人毒死了。

为什么多尔衮要下此毒手呢？要知道，皇太极生前对多尔衮是十分器重、十分重用的。说来话长。第一个原因是，皇太极抢了多尔衮的皇位。当年，老努尔哈赤临终前曾有意让多尔衮继位，但由于他临终前一直昏迷不醒，让皇太极钻了空子。更有甚者，皇太极不但抢去了多尔衮的皇位，还假传诏命，让阿济格、多尔衮、多铎三兄弟的生母阿巴亥殉葬。这个仇，多尔衮一直记在心里，已经忍了十七年了。君子报仇，十年不晚，现在多尔衮终于品尝到了复仇的快感。

此外，还有一个鲜为人知的原因，是皇太极抢走了多尔衮最心爱的女人。事情发生在后金天聪九年（1635 年），当时，多尔衮受命统兵进入蒙古，去寻找察哈尔部林丹汗的儿子额哲。途中，在科尔沁草原赛桑贝勒的帐篷里，多尔衮意外地遇上了自己的意中人——赛桑贝勒的小女儿。那是一个风和日丽的艳阳天，草原上绿草如茵，鲜花盛开。科尔沁赛桑贝勒的大帐篷外张灯结彩，赛桑贝勒在自己的家里盛情款待多尔衮一行。身为统兵元帅，此时的多尔衮是春风得意马蹄疾啊！他到赛桑贝勒家的兴趣不在马奶酒，也不是手抓肉，而是他家的那个小女儿。

赛桑贝勒一辈子没有儿子，只有两个女儿，但他的两个女儿远近闻名，是整个草原的两朵鲜花，都长得十分漂亮。大女儿叫大玉儿，小女儿名叫小玉儿。求亲的人挤破了赛桑贝勒的帐篷，但赛桑贝勒主意很正，不轻易许人，这也是奇货可居啊！后来，他把大玉儿嫁给了当今皇上皇太极，去年入宫，被皇太极封为关雎宫宸妃。此后，他推说小玉儿年龄还小，把她留在家里。其实，赛桑贝勒心中早盘算好了，一定要为小女儿也找一个有钱有势的人家。

酒宴开始，主人赛桑贝勒殷勤地劝酒，他亲自端着酒杯，唱起了祝酒歌。可贵客多尔衮却一直不怎么端杯，他心不在焉，仿佛有什么心事。接着是摔跤比赛，两个身高体粗的壮汉，使出浑身解数在较量。但这个多尔衮平常特别喜欢的节目，今天也引不起他的兴趣。过了一会儿，在悠扬的马头琴声中，小玉儿出场了。她穿了一身近乎透明的粉红色纱裙，头上扎了一条鲜红的纱巾，跳着欢快的舞蹈，来到了客人面前。

年方十六岁的姑娘已经发育成熟，酥胸高高隆起，双乳若隐若现，尤其是她那柔软的腰肢，像水蛇一样弯来扭去，吸引着众人的目光。她的双眼清澈明亮，像两颗闪亮的星星，她的眉毛又细又长，玉石般的鼻子微微上翘，玫瑰红的小嘴总是带着笑。特别是她那雪白的皮肤，和那马奶子的颜色一个样，是那样细腻光滑。她那窈窕的身材配上曼妙的舞姿，把个二十三岁的青年王爷看得如痴如醉，目不转睛。他也见过不少美丽的女子，但像小玉儿这样的，还真是不见不知道，一见吓一跳。

一曲歌舞下来，塞桑贝勒让小玉儿亲自给多尔衮亲王敬酒。可这位痴情的王爷只顾盯着姑娘的酥胸，手中酒杯的酒都洒了出来，至于酒的味道，他完全没有品出来。姑娘给王爷敬过酒后，又深情地向多尔衮望了一眼，莞尔一笑，然后转过身跑了。姑娘头上的红纱巾在多尔衮眼前一跳一跳，姑娘那丰腴的双乳在多尔衮面前摇来摆去。多尔衮怅然若失，半天都说不出话来。随行的贝勒岳托看在眼里，早就心知肚明，他悄悄地把塞桑贝勒拉到一边，为自己的叔叔多尔衮做媒。塞桑贝勒满口答应，虽然他知道小玉儿嫁给多尔衮当不了正妻，因为多尔衮已经有了三房妻子，但身为王爷，谁没有三妻四妾？多尔衮年轻英俊，位高福隆，塞桑就是要找这样的女婿。

话已挑明，多尔衮乐得合不上嘴。他当下将自己骑的一匹带着金鞍的宝马送给塞桑作聘礼，口里还“岳父大人”“岳父大人”地叫个不停，把个塞桑叫得心里热乎乎的。多尔衮这次在草原上一直待了三天，小玉儿也一直陪着他玩了三天。他们并肩骑着马，一起看日出日落，一起打猎，又一起野餐，多尔衮简直一刻都离不开这善解人意的姑娘。可是君命在身，军情紧急，多尔衮只好在第四天早上辞别小玉儿出发了。小玉儿骑着马把多尔衮送出了很远很远。送行路上，小玉儿还面带羞色地告诉他，只要多尔衮回到盛京，父亲就会亲自带着她去盛京完婚。多尔衮出发了，他离开了心爱的姑娘，但心里却喜滋滋的，因为姑娘已经成了自己的人。

赛桑贝勒是个信守承诺的人，当多尔衮找到林丹汗的儿子额哲，并意外地得到了传国玉玺回到盛京时，赛桑贝勒也如约派他的儿子吴克善台吉将小玉儿送到盛京与多尔衮完婚。多尔衮别提多高兴了，虽然他不是第一次结婚，但他仍特别重视，他亲自命人将王府上下整修一新，里里外外挂上了红灯，收拾好新房，准备迎娶小玉儿。结婚前一天，小玉儿提出想进宫去看望一下自己的姐姐，多尔衮连想都没想就答应了。小玉儿的姐姐大玉儿是皇太极的宠妃，被封在关雎宫，人称关雎宫宸妃。她虽不是皇后，在妃子中也仅排第三位，但她却是皇太极最宠爱的人，连皇后也得让她三分。

这天，宸妃听说妹妹要进宫来看望自己，早早就梳洗完毕，在宫里等候着。常言道，宫门似海，大玉儿自嫁进宫里就再没见过小玉儿，她急切地等待着妹妹的到来。小玉儿终于来了，姐妹俩拥抱到一起，跳啊！唱啊！俩人有说不完的体己话，好像这世界上只剩下她姐妹二人。谁知这时，太监传旨，皇太极驾临关雎宫。小玉儿躲避不及，只好出来见礼。可事有凑巧，皇太极见到这位小姨子后，觉得比大玉儿还胜几分。小玉儿又年轻又漂亮，加上那种憨态可掬、天真无邪的样子，让人忍俊不禁。英雄难过美人关，皇太极可是头色狼，岂能放过这到手的肥羊。他当即传旨，封小玉儿为永福宫庄妃，即日成亲。当天晚上，皇太极就和小姨子结了婚，睡到了一起。可怜多尔衮和小玉儿，就这样被皇太极棒打鸳鸯两离分了。

这真是晴天霹雳，多尔衮乐极生悲，他快要疯了。多尔衮几次拔出宝剑，要冲出宫去和皇太极拼命，但都被哥哥阿济格和弟弟多铎拉住了，劝他不要因小失大，不要为了一个女人把自己的性命搭上。有什么办法呢？

谁让皇太极是皇帝呢？他就是再娶一百个妻子，有谁敢说个“不”字呢？有道是君命难违啊！现在，多尔衮只有打掉牙往肚里吞了。杀母之仇，夺妻之恨，不共戴天哪！作为一个女真汉子，他发誓，他现在就是为报仇而活着。

今天，他终于巧妙地干掉了皇太极，总算是报了仇，雪了恨，那种胜利者的喜悦是不言而喻的。但他此时的头脑还很清醒，他明白，下一步，那就是要夺回本属于自己的皇位和心爱的女人——小玉儿。想到这里，多尔衮觉得再不能等下去了，现在是千载难逢的好机会，机会可是不等人啊！毒死皇太极只是第一步，当上皇帝才是最后的成功，这一仗必须打胜。所谓上阵亲兄弟，打虎父子兵啊！为了打赢这一仗，多尔衮首先要找自己的亲哥哥阿济格和亲弟弟多铎商量。

八月十一日夜，刚刚在大殿守了一天灵的阿济格和多铎兄弟，急不可耐地来到了睿亲王府。实际上，两兄弟这几天比多尔衮还着急，谁不知道现在是特殊时期，机会是稍纵即逝啊！三兄弟是同母所生，较其他兄弟更近一层，三人平日来往密切，兄弟之间更是无话不谈。现今，阿济格是正白旗旗主，多铎是镶白旗旗主，多尔衮负责户部，执掌朝政。三兄弟是要兵有兵，要权有权。在皇位继承上，三兄弟拥有充分的话语权。事关重大，阿济格和多铎一来，多尔衮就把所有下人打发开，三个人关起门来密议。这不，还没等完全坐稳，多铎就抢先发了言。他说：

“王兄，这次皇上突然去世，这可是个可遇而不可求的机会啊！这几天，我和大哥一直想找你谈谈，可你却一直忙着丧事抽不出时间。今天，我们一定要合计出个结果才是。小弟听说，当年皇父过世时，就留有遗命，由你继位。可四贝勒（指皇太极）不但夺走了皇位，还将我两黄旗改成两白旗，并且下令让我们的亲生母亲殉葬，是可忍孰不可忍啊！每当想起母亲临去时那种期望的眼神，我的心都在颤抖啊！有仇不报非君子，现在是夺回皇位、报仇雪恨的时候，王兄可要当机立断，该出手时就出手啊！”

听了多铎的话，多尔衮也激动起来，他热血沸腾，胸膛也上下起伏，但是他没有马上表态，他还想听听长兄阿济格的意见。阿济格在三兄弟中是最年长的，脾气也是最暴躁的。他接着多铎的话题，说：

“十四弟（指多尔衮），你就大胆地干吧！量小非君子，无毒不丈夫。现在，我们手中拥有两白旗，硕托的正红旗也支持你。有此三旗，谁敢不听招呼，我们就兵戎相见。有我和十五弟（指多铎）保驾，何愁大功不成？天予不取，悔之晚矣。此时不可再犹豫。”

多尔衮听完两位亲兄弟的话后，却摇了摇头，说：

“此事不可莽撞。我并不是不能当皇帝，也并不是不想当皇帝。但目前，由皇子继承皇位的呼声很高，主要是肃亲王豪格，他是皇长子，这次是志在必得。他们手中有两黄旗，两黄旗下猛将如云，一旦动起手来，孰胜孰败，尚难预料啊！”

“打就打，谁怕谁啊！我们两白旗手中的刀剑也不是吃素的。从来打天下、坐江山，都靠的是武力，哪怕血流成河，也要当上皇帝。你如果实在不愿背这个恶名，那就由我来出面。反正我们三兄弟中，要有一个继承皇位，否则，我们就永无出头之日了。”多铎再次开了腔，看来，他真是有点着急了。

“我看还是十四弟出马，现在十四弟大权在手，继位易如反掌。豪格那小子，想都不要想，谁敢与我十四弟争位，我先废了他。在咱们女真，皇子是继位的人选，兄终弟及也屡见不鲜。现在不要想得太多，所谓成者王侯败者贼，只要继承了皇位，谁还敢再说个‘不’字。”阿济格再次明确表示。

“两位兄弟啊！我先谢谢你们二位的好意，但我以为还是以国事为重。我皇父以十三副铠甲起兵，创业维艰，目前八旗兴盛，国势日隆，有一统天下的可能。若自相残杀，互相内讧，不但消灭不了明朝，还会动摇国本，实在不是社稷之福。所以，我以为我们以不动用武力为底线，先观察一下诸位王爷和大臣们的意向。要能不费一刀一枪当上皇帝，固然是好，但如果要以武力继位，我宁愿以大局为重，不当这个皇帝。所谓社稷为重，君为轻。但即便我不当皇帝，也绝不能让豪格继位。豪格此人心胸狭隘，利欲熏心，刚愎自用，结党营私。他若上台，我大清永无宁日。所以，即使动用武力，也必须阻止豪格继位。只要豪格不当皇帝，就以不用武力为宜。我们谋而后动，不知二位兄弟意下如何？”

多尔衮慢条斯理地讲出了他自己的想法，他对这件事早已深思熟虑过了。事情说到这个份上，阿济格和多铎也就不再坚持己见，各自告辞回府去了。但二人心中对多尔衮的考虑并不以为然，他们认为多尔衮过分小心，净说些冠冕堂皇的套话。而且，目前是千载难逢的机会，要是错过了这个机会，两白旗就永远再没有出头之日了。所以，两人回府之后，并没有休息。他们各自召集本旗的骨干，秘密商议，准备在必要时，背着多尔衮，以武力夺取政权。

就在多尔衮三兄弟在家密谋之时，肃亲王豪格也没闲着，他紧急召集起两黄旗的骨干在一起商议对策。皇太极生前后妃很多，仅为他生过子女的便有十五人，这十五位妻妾为他生育过十一个儿子和十四个女儿。其中，有三位王子夭折，只剩下了八位皇子。八位皇子中，只有长子豪格三十五岁，比睿亲王多尔衮还大三岁。再下面的叶布舒和硕赛只有十五六岁，尚未成年，而高赛以下的五人则均为幼童。所以，若由皇子继位，不出意外的话，则非豪格莫属。豪格自己也踌躇满志，迫切地想登上皇位。

豪格虽然身为亲王，又立有军功，而且是皇长子，但他若要继位，也有很多不利因素。首先，豪格的母亲乌拉那拉氏并非出自名门，她嫁给皇太极、生下豪格后不久就撒手人寰，连个正式封号都没有。在子以母贵的大清，豪格母亲的卑微也影响了他的地位。其次，是他始终不为皇太极喜爱。他经常出言不逊，受到皇太极的谴责和惩罚，先后两次由亲王降至郡王，甚至贝勒。他的两上两下，也反映出皇太极生前对他的态度。再者，皇太极生前曾亲自掌管正黄、镶黄和正蓝三旗，但始终未把任何一旗交给豪格掌管，豪格只辖有若干牛录。豪格没有成为旗主一事，也影响了他在八旗中的势力和发言权。

尽管有着许多不利条件，但两黄旗的多数人还是支持豪格，因为只有皇子上台，才能维持两黄旗高于其他六旗的特殊地位。豪格自己更是以当然继承人自居，一定要把皇位抢到手。这时，在昏暗的灯光下，豪格周围共聚拢了八个人。这八个人是：图尔格、索尼、图赖、钖翰、巩阿岱、鳌拜、谭泰和塔瞻。这八个人都是两黄旗中的头面人物，如图尔格是开国元勋额亦都的第八个儿子，现在担任内大臣。图赖是开国元勋费英东的第七个儿子，鳌拜是费英东三侄，武功高强，人称“满洲第一勇士”。他们二人都是巴牙喇章京，即近卫军的首领。塔瞻是努尔哈赤女婿扬古利的儿子，谭泰则是扬古利的从弟，他们都是两黄旗的固山额真。钖翰和巩阿岱乃是亲兄弟，他们的祖父巴都喇是努尔哈赤的弟弟。这两人都是正黄旗中有名的虎将，立过不少战功。

看着身边的八个人，虽然觉得少了点，但毕竟两黄旗的精英都在其中，肃亲王豪格的底气也顿时大增。他有意不先发言，想让他们先开口，以便了解一下他们的心态。这八个人中的核心人物乃是索尼，他是这八个人中唯一的文臣。索尼是两朝重臣，现在吏部任启心郎。他足智多谋，是两黄旗中的重要谋士，他的话对豪格来说，有着很重的分量。豪格之所以不先发言，就是想先听听索尼的见解。索尼见众人都盯着他看，也知道是到他发言的时候了。他坐在豪格身边，清了清嗓子，努力地睁大他那本就不大的双眼，说：

“这次皇上突然去世，各方面都没准备好。凡事预则立，不预则废，机会总是留给那些有准备的人。因此，在这个成败的关头，我们两黄旗要尽快制定出自己的方案。依我看，继大位的人选出不了八王这个圈儿，这也是老祖宗留下的规矩。八王之中，郑亲王（济尔哈朗）是旁枝，自不在其列。礼亲王（代善）虽年长，但他数度蹉跎，早已雄心不在了。成亲王（罗洛浑）和颖亲王（阿达理）均系后辈，资历尚浅，可以排除在外。而在英郡王（阿济格）、睿亲王（多尔衮）和豫亲王（多铎）三兄弟中，豫亲王和英郡王均不会和睿亲王相争。所以，形势很明显，唯一可以与肃亲王您一较高下的，睿亲王一人而已。换句话说，击败睿亲王，我们肃亲王才能登上大位。”

说到这里，索尼停顿了一下，他故意看了肃亲王一眼。肃亲王豪格知道是该他出面表态的时候了，他不失时机地站了起来，对大家说：

“索大人分析得十分精到。现在是到了决战时刻，一定要做好充分的准备。古语说，江山血染红。我们两黄旗可不是任人宰割的，这次要真刀真枪地见个真章。子继父业，理所当然。即便是血流成河，也在所不惜，我一定要登上大位。顺我者昌，逆我者亡。关键时刻绝不能手软，绝不能有妇人之仁。诸位请放心，只要我上了台，我一定优先考虑两黄旗的利益，让诸位高官任做，骏马任骑，长享荣华富贵，以报答诸位的拥立之功。目前要决定的是，我们怎么做？做什么？只要能达到目的，可采取一切手段。下面，我们还请索大人布置安排。”

肃亲王杀气腾腾地讲了一番，但他自己心中也没底，所以，他还是请索尼进行具体的安排。索尼此时也当仁不让地把他早已想好的一整套办法，一股脑儿地端了出来：

“诸位，所谓名不正则言不顺，言不顺则事难成。首先，我们要大造舆论，亮明自己的旗号，那就是‘立皇子’。立皇子，当然就是立肃亲王，但我们不直接提立肃亲王，这是一种策略。一般人很难对‘立皇子’说三道四。只要定下了‘立皇子’的调子，睿亲王就无法染指，那皇位就非肃亲王莫属。这几天，所有的人都要四处串联，宣传立皇子，为肃亲王上台大造声势。肃亲王本人要做的有两条，一是要加强与皇太后的联络，争取后宫的支持；二是要立即去见郑亲王。郑亲王是执政的王爷，又是镶蓝旗之主，一直与两黄旗过从甚密，如果有了郑亲王支持，那我们的胜算就更大了。最后一点，到正式议定继嗣的那一天，图尔格和鳌拜可带领我们两黄旗的巴牙喇精骑到崇政殿宣示武力，表面我两黄旗拥立皇子的决心。万不得已时，我们便以武力拥戴肃亲王继位。肃亲王，我想到的就是这些，您意下如何？”索尼一口气将自己的一套说完后，等候肃亲王定夺，他觉得他已经考虑得很周全了。

“索大人分析得十分透彻，布置得也很恰当，我看就照索大人说的办。从今天起，两黄旗进入临战姿态。大家每晚在我这里聚齐，汇报当天的进展，并商讨第二天的行动。从现在起，两黄旗将士人不卸甲，马不离鞍，随时准备行动。今天就议到这里。”

肃亲王说完了这段结束语，不知为什么，又停顿了一下。直觉上，他认为提“立皇子”，不如直接提立自己。可碍于面子，他张了几次嘴，又都没说出来，干脆咽了回去。众人见肃亲王没再说什么，便纷纷离去，准备第二天的行动。

送走八人之后，肃亲王十分兴奋，他无论如何也难以入睡。他叫来手下的固山额真何洛会和议政大臣杨善，让二人连夜去见郑亲王济尔哈朗，告诉他两黄旗已确定立自己为君，希望得到他的支持。这位郑亲王本是镶蓝旗下一名普通的贝勒，他是努尔哈赤同母弟舒尔哈齐的第六个儿子，当时担任镶蓝旗主的是他的二哥阿敏贝勒。天聪四年（1630 年），阿敏丢失了永平四城，皇太极革去其二大贝勒的尊号并将济尔哈朗改任镶蓝旗旗主。不久，皇太极又封济尔哈朗为亲王，让他与多尔衮共同辅政。正因如此，济尔哈朗一直对皇太极感激涕零，从感情上讲，他应该支持皇太极的儿子继承大位。

另外，从实力上讲，如果郑亲王站到两黄旗一边，两黄旗加上镶蓝旗，在力量上，就会超过多尔衮兄弟的两白旗。加之，济尔哈朗在八旗王公大臣中威信很高，他的话说出来是很有分量的。所以说，郑亲王的镶蓝旗有着举足轻重的作用，他投向哪一边，就对哪一边有利。因此，索尼让肃亲王去寻求郑亲王的支持，实在是一个高招。果不其然，在听了何洛会和杨善的传话后，郑亲王当即表示，“我意亦如此”。这句话明显是支持肃亲王继皇位的。不过，这位郑亲王一向圆滑老到，在说了“我意亦如此”之后，他还加了一句：“睿亲王尚未知，待我与众商之。”这后一句实在有首鼠两端、左右逢源之嫌，不过肃亲王觉得有郑亲王一句“我意亦如此”就够了，肃亲王对济尔哈朗的答复还是满意的。

八月十三日一大清早，多尔衮也开始了行动，他约老臣索尼和他在大清门附近的三官庙会面。多尔衮此举是想摸一下两黄旗的底，想弄清两黄旗究竟支持谁继承帝位？多尔衮心中透亮，他知道，索尼的意见就是两黄旗的意见。至于多尔衮自己是否出面去争这个皇帝，他想先侦察侦察，了解一下两黄旗的打算。多尔衮见到索尼后，单刀直入地便向他提出了皇帝继承一事。而索尼也毫不避讳，他回答说：“先帝有皇子在，必立其一，他非所知也。”索尼说完这句话，便头也不回地走了。

索尼离开后，多尔衮独自留在三官庙，咀嚼着索尼留下的那句话。从索尼说话的语气和他铁青的脸上，多尔衮读懂了这句话的含义，那就是，在皇位继承上，两黄旗是绝不会让步的。他们已经有了准备，要立皇子，换句话说，两黄旗是坚决反对他多尔衮当皇帝的。弄清了这一点，多尔衮犹豫起来，难道真要为帝位与两黄旗火并吗？一旦大清内讧，那么，占领明国、入主中原，岂不全部落空。大清几代人的努力岂不付诸东流？自己为此岂不要背负千秋骂名？想到这里，多尔衮焦躁起来，他冷汗直流，他越想越怕，越想越不对劲。当皇帝的欲望和为大清社稷着想这两种念头，在他心头激荡，在他心中冲突，在他心中煎熬。

从索尼的话中，多尔衮还悟出了弦外之音。即两黄旗坚持的是立皇子，而并非一定要立肃亲王豪格。多尔衮在和阿济格、多铎的谈话中，曾经说起过他的底线，那就是豪格不能当皇帝，只要豪格不当皇帝，他也情愿舍弃皇位。但是，豪格不当皇帝，哪位皇子来继承皇位呢？有没有一个折中的办法呢？有没有一个双方都能接受的方案呢？有没有一个避免流血冲突的方法呢？他在脑子里把其他皇子都匆匆地想了一遍，突然，他眼前一亮，他想起了庄妃和庄妃那六岁的儿子福临。如果由福临即帝位，而由他多尔衮掌实权，这岂不是一个两全齐美的办法。想到这里，多尔衮清醒了。他毅然决然地离开了三官庙，他的眉头也舒展了许多。

当天晚上，多尔衮进了清宁宫，皇太后博尔济吉特氏紧急召见他。多尔衮在向皇太后请安之后，皇太后特意让人给多尔衮端来椅子请他坐下。皇太后告诉他，关于由谁来继位的事，后宫不明确表示意见，而是愿意按照惯例，由八旗诸王召开会议决定。但前提是，必须保证大清社稷延续、八旗和睦兴旺、百姓富泰康宁。多尔衮听后说，他一定按照皇太后的懿旨办理此事，他将负责于十四日召集由诸王爷、贝勒、贝子、宗室及诸大臣参加的公开会议，议定继嗣问题。他本人一定以大清国事为重，秉公办理这件大事。说完他就向太后告辞，退出了清宁宫。

多尔衮并没有立即出宫，他特意到永福宫去见庄妃。那位庄妃不是别人，就是被皇太极生生抢走了的多尔衮的意中人——小玉儿。虽然永福宫距清宁宫并不太远，但多尔衮一路上仍走得很急，他的心里像装了头小鹿，一直不停地跳。自从小玉儿嫁给了皇太极之后，多尔衮很少与她见面，那是因为内外有别，他即便作为亲王，也不能出轨。但多尔衮心中却从来没有忘记过小玉儿，这个他唯一爱过的女人。他相信，小玉儿也不会忘记他，两人之间那种心心相印的感情，是只有他们自己才能体会到的。

却说这蒙古博尔济吉特氏，倒真是和皇太极有缘，他家先后有四个女子，都嫁给了皇太极，人称“一门四皇后”。早在明万历四十二年（1614年），庄妃的姑姑就嫁给了当时的皇太极贝勒，可惜她命薄，不几年就死了，死后被封作孝端文皇后。孝端文皇后死后，皇太极又迫不及待地娶了她的妹妹，即现在的皇太后。天聪八年（1634 年），皇太极又将庄妃的姐姐接进宫来，封为关雎宫宸妃。宸妃小名大玉儿，她最得皇太极宠爱。当年松锦大战时，正在前线指挥清军与明军决战的皇太极，一听说宸妃病重，便撂下十万大军，连夜赶回盛京。宸妃于崇德六年（1641 年）病逝，皇太极伤心得死去活来。而当皇太极见到小玉儿时，又横刀夺爱，硬是将她从多尔衮怀中抢过来封为庄妃。

深夜的永福宫静悄悄的，没有任何人走动，地下连掉根针的声音都能听到。两枝红烛高烧，映出两团红光，庄妃满脸悲泣，在烛前闷坐。听到人报睿王爷到来，她迅速地站了起来，整理了一下头发，起身迎接。头戴白花，穿一身孝服的庄妃在多尔衮眼里显得与平日更加不同，真是出水芙蓉，楚楚动人。庄妃见到多尔衮也是喜出望外，本来已经哭得红肿的眼睛突然发出光来，脸上也绽放出了灿烂的笑容。叔嫂相见，又是夜深时候，一对旧情人在这万分敏感的时刻相会，心中有万千言语，一时却说不出口。过了好半会儿，庄妃才抹去眼泪，低声对多尔衮说：

“睿王爷，皇上去世，我们孤儿寡母可就靠你了。你若登上大位，可千万不要忘记我们母子啊!”

多尔衮望着一脸悲容的庄妃，又是怜惜又是心疼，他的心都要碎了，他见不得心爱的女人掉泪。他说：

“小玉儿，你为什么这样想呢？这些年来，我们虽然很少见面，但我没有一天忘记你。你当年送给我的香囊，我一直带在身边。”

说着，多尔衮便从贴身的口袋中摸出了一个绣有荷花的香囊。香囊显得有些旧了，但还散发着香气。庄妃接过尚有多尔衮余温的香囊，望着那亲手绣的荷花，不由得眼泪像断线一样洒落下来。她很感动，她没有想到，身为亲王的多尔衮竟然还是个情种。一个旧香囊又使她想起了多少当年的往事，她情不自禁地倒在了多尔衮的怀里。多尔衮紧紧地抱住了她那柔软的身体，深情款款地说：

“小玉儿，你放心，为了你，我可以放弃皇位。不过，江山美人，我总得得到一头吧！如果我放弃皇位，你要答应嫁给我，让我们长相厮守，白头到老。”

听到这句话，庄妃挺起身来。她伸出了洁白如玉的胖手，对多尔衮说：

“睿亲王，我俩击掌为誓，只要你能把九阿哥（即庄妃生的福临）扶上大位，我到时一定嫁给你。”

爱江山更爱美人，望着庄妃那湖水般清澈的眼睛，此时的多尔衮暗下决心，他准备放弃多年来孜孜以求的皇位，把庄妃亲生的福临扶上宝座。想到这里，他毅然伸出了自己那结实有力的右掌，与庄妃击掌，发誓要兑现彼此的诺言。其实，多尔衮内心还是很想当这个皇帝的，他只要当上皇帝，还怕她庄妃不肯就范？他这时只是将立福临作为他的第二套备用方案。此时此地，他还没有完全放弃当皇帝的打算，他将见机行事，他要视两黄旗的态度而定。这一点，即使对他最心爱的女人，也绝不能说破。当然，这其中也包含着作为一位大政治家的多尔衮不愿大清发生内讧的良苦用心。

多尔衮离开永福宫回到王府已经是深夜了，管家告诉他，礼亲王代善和郑亲王济尔哈朗都来找过他，并且在府里等了很久。多尔衮知道，这两位王爷也必定是为皇位继承人而来，他也知道，这两位王爷在这一问题上说话的分量。他当即让管家派人去通知两位王爷，明天一早，三人在三官庙相见。这一晚上，多尔衮辗转反侧，难以入睡。皇位近在眼前，却是难以到手，皇太极刚去世时那种复仇的快感，此时已不知跑到什么地方去了。不过，庄妃的表态，还是让他得到了些许安慰。把玩着那只还带有庄妃体香的香囊，他不知不觉地睡着了。

八月十四日，天气阴沉沉的。今天是八旗宗室议定皇位继承人的日子，有关人的心情格外紧张。每个人的脚步都是压着走，相互之间讲话也不敢高声。全副武装的巴牙喇护军在崇政殿前层层环立，剑拔弩张，有一种如临大敌的气氛。风中，四色龙旗高高飘扬，不时发出噼噼啪啪的响声。诸王、贝勒、贝子，宗室重要成员及大臣们，大都来到了崇政殿。每人都穿着孝服，殿中一片白花花的。皇太极的梓宫现在还停放在大殿中央，平日议政的崇政殿今日也显得非同寻常。来宾们都在交头接耳地议论，怎么还不见三位主事的王爷出现。这三位王爷不是别人，正是睿亲王多尔衮、礼亲王代善和郑亲王济尔哈朗。

此时此刻，这三位王爷正在大清门旁的三官庙里秘密会晤。礼亲王和郑亲王早早就到了，而睿亲王却因一夜都没有睡好而姗姗来迟。礼亲王代善是努尔哈赤现存皇子中最年长的，他家还是两红旗的旗主，皇太极生前也很重视这位长兄，所以代善的地位是无法忽视的。郑亲王济尔哈朗自幼由皇太极养育，也是皇太极一手提拔的。他虽是叔伯兄弟，但由于深得皇太极的信任，一直位居诸王爷的前列。两人早已看出两黄旗和两白旗由于争夺皇位而引发的尖锐矛盾，两人今天来见多尔衮的目的，就是想劝多尔衮以大局为重，放弃继承皇位的打算。他们也都认为，多尔衮并不是一个利欲熏心的人。

睿亲王一到三官庙，见到早已候在那里的礼亲王和郑亲王，便赶忙上前两步，说：

“失礼，失礼。让两位王爷久等啦。”

礼亲王代善一见多尔衮，也顾不上寒暄，便单刀直入，迫不及待地问：

“十四弟（多尔衮排行十四），你一定要坐那个位子吗?”

多尔衮听后一笑，他没有直接回答，而是反问道：

“大哥，我为什么不能坐那个位子呢?”

礼亲王还没答话，郑亲王就开了腔：

“十四弟，我们不是说你不能坐那个位子，可我们要提醒你，你有没有注意到豪格和两黄旗的动向?”

“我正是不想让豪格坐上那个位置，才准备自己出马的。两位王爷想想，如果豪格继位，以他的人品、德行，能团结我八旗吗？能弘扬我大清吗？不知道有多少人要人头落地呢？豪格继位，非社稷之福。”多尔衮答道。

“我们也不看好豪格的才能和人品，只是两黄旗拥戴他，豪格自己又志在必得。如果你也要争位，那么双方火并，你就不怕人头落地、血流成河？那种结果难道是社稷之福？我一向以为你见识不凡，能顾全大局，而且已故皇上对你也十分器重。但你今天这种态度，还不是和豪格一样，实在是令人失望。”礼亲王一时口无遮拦，语气也加重了，他丝毫不掩饰自己的不满。

“两位王爷少安毋躁。我今天来见你们，就是想找出一个两边都能接受的办法，既要使江山永固、大局稳定，又要避免发生火并、血流成河。我的底线是，只要豪格不当皇帝，我也可以不坐这个位置。”多尔衮先扬后抑，直到这时，才说出了自己的真实想法。

听到这里，两位王爷这才松了一口气。郑亲王立刻问道：

“那么，有没有一个双方都能接受的合适人选呢？睿王爷，你心中已经有人了吗?”

“九阿哥福临。”多尔衮不慌不忙地抛出了自己的第二方案。

“可又为什么是福临呢?”郑亲王继续问。

“两位王爷。按照咱们满族的规矩，子以母贵。豪格虽然年长，但其母并无地位。皇后无子，只生有三女。关雎宫宸妃虽生过一子，但早已夭折。衍庆宫淑妃无子无女。麟趾宫贵妃虽生有一子，但她原来是蒙古林丹汗的皇后，名分不正，况其子博穆博果儿现今只有两岁多，我们总不能抱着皇帝上朝吧！叶布舒、硕塞等虽年龄稍长，但其母均无名号，因此，亦难考虑。惟福临是永福宫庄妃所生，先皇生前又十分宠爱庄妃，因此身份贵重，无可替代。若立皇子，则非立福临不可。二位王爷，我分析得对吗？”

多尔衮早有准备，说起来条分镂析，头头是道。礼亲王和郑亲王听后，倒是挑不出一点毛病。尽管如此，礼亲王还是不太放心，他又追问了一句：

“福临只有六岁，六岁的孩子如何执政呢？”

“不妨。可由我和郑亲王共同辅政，待福临成年，再归政不迟。”多尔衮说。

话说至此，礼亲王和郑亲王才听出了弦外之音，这不是让福临当傀儡，而由他多尔衮掌实权吗？可他们又想，只要眼前不为皇位事发生流血冲突，平安度过这一危险时期，由福临继位也不失为一种过渡方式。再说，两黄旗只是要立皇子，福临正是皇子，谅两黄旗也无话可说。况且目前时间紧急，三人也顾不得再说了，就此取得了一致意见。睿亲王见两位王爷已经上套，心里偷着乐。而礼亲王和郑亲王见有了解决方案，也感到如释重负。时间已经不早了，他们不敢再耽搁，三人一起朝崇政殿走去。

当三位王爷同时出现在众人面前时，最为吃惊的，莫过于肃亲王豪格了。他的脑子飞快转动。他在想，这三个人怎么凑到一起了？这可是目前说话最有分量的三位王爷啊！难道礼亲王和郑亲王串通好了，共同支持多尔衮即位？如果真是那样，对自己可是大大地不利。不过，他又一想，现在说什么也来不及了，反正今天是孤注一掷，不管有多少人反对，他也要把皇位抢到手。只要有两黄旗支持，他的胜算还是很大的。于是，他强自镇定，朝左右望了一眼。他发现，他的支持者们也都在看着自己，便狠狠地咬咬牙，挺直了身板，强打精神，端坐在自己的椅子上。

由于大殿中央停放着大行皇帝皇太极的梓宫，会议在崇政殿的东厢房举行。崇政殿分为三部分，除了中央大殿外，两边便是东厢房和西厢房。皇太极的棺材表面整整涂了七七四十九遍漆，黑得发亮，光彩异常。它的存在给整个大殿增加了几分肃穆的气氛。在棺材两边，各站着四名高大的武士。他们一动不动，眼睛注视着前方。这时，东厢房中十分寂静，大家都等着主持会议的睿王爷开始讲话。看看人已到齐，多尔衮便拿出皇太后的懿旨，准备当众宣读。正在这时，殿外传来杂乱的脚步声和刀枪之间的撞击声，好像整个大地都在微微颤动。所有的人都吃了一惊，只见护军统领图赖上气不接下气地跑进殿来。他报告说：

“睿王爷，两黄旗的巴牙喇兵来了一千多人，他们已闯到了殿外，奴才的护军阻挡不住，特来请王爷的示下。”

“大家先等一等，我出去看一下。”睿亲王说着，便从容不迫地走向殿外，看不出他有丝毫慌乱的表情。礼亲王、郑亲王、肃亲王等也跟着睿亲王后面走了出来。

崇政殿外黑压压地站了一千多名全副武装的两黄旗巴牙喇精兵。他们个个刀枪在手，甲胄在身，背上还背着弓箭，一脸怒气，大有不达目的、誓不罢休的架势。见多尔衮等几位王爷从殿内走出来，他们不由自主地后退了一步，有一个兵的刀还掉在了地上，发出“当啷”一声响。兵士们站得齐刷刷的，但没有一个人出面说话。带领这一帮人的是图尔格和遏必隆，他俩站在队伍的最前头，右手都握住了各自的剑柄。这次巴牙喇精兵闯会，是索尼给豪格出的主意，目的是来给会议施加点压力。当然，也准备在万不得已时直接以武力夺取政权。他们一路上没有受到任何拦阻，因为他们和图赖率领的护军本身就是一伙儿的。两黄旗的精兵一大早就集合起来，掐着点儿，准时到达崇政殿门前。

多尔衮走到兵士前面站住，他用目光从前到后把这些兵士扫视了一遍，最后目光停在了队伍最前面的图尔格和遏必隆身上。他有意停顿了半会儿，才大声问道：

“图尔格、遏必隆，你俩是领头的吧？你们来干什么？谁让你们来的？”

“回王爷的话，是两黄旗的弟兄们让我们来的。大家都是自愿来的，我们要求立皇子。”图尔格回答。

“这里是你们能来的地方？这里有你们说话的份儿？立皇子，由你们说了算?”多尔衮眼内寒光四射，他连声喝问，吓得图尔格低下了头，没敢再搭腔。

“吾等食于帝、衣于帝，养育之恩，与天同大，今若不立帝之子，吾等宁愿从帝死于地下。”遏必隆大着胆子，把本来预先准备好的话说了出来。

“好啊！你们拿死能吓唬谁？本王爷可不是吓大的。你们要立皇子，那要不要让王爷们给你们腾地儿，让你们在这儿开会立皇子？嗣立大事，哪有你们插嘴的地方。先帝的梓宫还停在这里，你们竟敢全副武装地到这里闹事。我看你们是要造反?”

多尔衮越说声音越高，声调也越来越重，声音中含着一股霸气，充满了威慑力。多尔衮心中有数，因为五千名两白旗的巴牙喇兵，早已按照他的指令，埋伏在大清门外，他可以招之即来。动武他并不怕，他是有准备的。但与此同时，理智也告诉他，面对两黄旗如此坚决的态度，他要坐上皇帝宝座也是很困难的，他庆幸自己及时准备了第二套方案。

“奴才们不敢。请睿王爷开恩。”在多尔衮的强烈逼视和厉声责问下，图尔格和遏必隆首先害怕了。他们一边说着，一边解下腰中的佩剑，带头跪在了地上。接着那一千多兵士也纷纷跪了下来，把手中的武器乱撂一气，刀剑在地上发出了杂乱的响声。现场的气氛缓和了，多尔衮身后的王爷们也松了一口气，眼见得一场一触即发的危机已经过去。多尔衮发了话：

“肃亲王，由你来处置你的这些人吧！其他人继续开会。”说完，睿亲王就和王爷们一道返回了崇政殿。

“你们这些不中用的东西，都给老子滚回去！回头老子再收拾你们!”豪格气急败坏地骂道。

眼看着这干人连滚带爬地退出去，豪格更是气不打一处来。他恨这些士兵胆小，更恨图尔格和遏必隆窝囊。他恨不得杀了图尔格和遏必隆两个怂包，一到关键时刻就下软蛋了。多尔衮只用了几句大话，就把他们镇住了。真是成事不足、败事有余，好好的一出戏生生被他们演砸了。更叫他生气的是“立皇子”这个口号。他本来坚持提“立皇长子”，可索尼硬说那样提太明显，提“立皇子”比较策略，可豪格总觉得这个口号别扭，没有“立皇长子”来得直接。不过，也没有时间再想了，豪格得马上进崇政殿去，千万不能误了大事。

等肃亲王回到崇政殿时，会议还没有开始，睿亲王有意在等豪格回来。直到豪格在自己的位子上坐好后，睿亲王这才开始宣读皇太后的懿旨。懿旨的内容很简单，就是后宫不提继位的人选，继位人交八王联席会议决定。懿旨给会议留出了一个很大的空间，所有参加会议的人也都听明白了。读完懿旨后，多尔衮坐了下来，他以主持人的身份宣布，接下来，各位可以根据自己的意愿，自由发表自己的意见。当然，在他内心深处，多尔衮此时并没有完全放弃希望，他希望多数人能同意自己继位。可多尔衮话音刚落，两黄旗的索尼和鳌拜便同时站了起来，异口同声地说：

“一定要立皇子！”

“啪”的一声，多尔衮拍了桌子，他一脸怒气，大声说道：

“你俩人好大的胆子！什么时候，我八王会议改了规矩？诸位王爷还没有发言，你俩人就抢先说话。还不与我退了出去！”

说实在话，多尔衮发火是有道理的。自从努尔哈赤实行八王议政以来，各旗的固山额真、巴牙喇纛章京、梅勒额真、内大臣等虽可列席会议，也可以发言。但有一个不成文的规矩，即这些人的发言必须在诸王爷之后，而且还需经主持人同意。像议立新君这样的头等大事，索尼和鳌拜抢先发言，显然是破坏了规矩，所以当即便被赶出了会场。索尼和鳌拜退出会场后，豫亲王多铎便和英郡王阿济格双双站了出来，兄弟俩力主由多尔衮继位。多尔衮本人还在想刚才两黄旗巴牙喇兵大闹会场那一幕，他有些犹豫，所以迟迟没有表态。多铎见多尔衮一直没说话，便急了起来，他毛遂自荐，说：

“睿王若不做，当立我，太祖遗诏中便曾有我的名字。”

“遗诏中不独有你的名字，也有肃亲王的名字。”多尔衮开了腔，他明显不同意多铎出来搅局。

“既如此，还是由睿亲王来当此大任吧！”多铎被多尔衮抢白，知道自己说错了话，他立刻又回到了原来的立场。平心而论，他和哥哥阿济格都希望多尔衮能登上帝位。

“睿亲王”“睿亲王”“睿亲王”，只见英郡王、颖亲王、硕托、阿达礼等都表态支持多铎的提名，多尔衮的支持者显然占了上风。

“反对”“反对”“反对”，还没等睿亲王高兴多久，从肃亲王阵营中便传出了叶布舒、高塞、硕赛等皇子的一片反对声。

“本王才疏学浅，不能胜任大位，请诸位另选他人吧！”睿亲王突然表了态。他这一表态，立即在会议中引起了轩然大波，尤其是让豫亲王、英郡王等诸多支持者感到不快。肃亲王和他的支持者更是感到意外，他们不敢相信，帝位的最有力的竞争者会如此轻易地退出，这是所有人都始料不及的。肃亲王感到帝位在向他招手，他的胜利几乎是铁定的了。他有点忘乎所以了，脑子里一片空白。

“如果睿亲王不愿担此重任，我推荐礼亲王。礼亲王年龄最长，最有资格继承大位。”豫亲王多铎见睿亲王已经表了态，又害怕有人提豪格的名字，便带头提出了另一个人选。

“如果睿亲王能够应允，那当然是国家之福。如今睿亲王不答应，那么论理，应立皇子，至于我本人么，年纪老迈，精力不佳，早已是万念俱灰，不适合担当大任了。”礼亲王代善见多铎提到了自己，不得不站出来说两句。不过他这番话说得很圆滑，既不得罪睿亲王，也不得罪肃亲王，但其一句“立皇子”还是对两黄旗很有利的。礼亲王代善是努尔哈赤的第二个儿子，由于长子褚英已死，他就成为现今的长子。他不仅年长，还掌管着两红旗，加之又曾是四大贝勒之首，所以代善的话还是相当有分量的。

“既然睿亲王、礼亲王都不愿接受，我看，还是立肃亲王吧！他是皇长子，又年富力强，是最合适的人选。”豪格的弟弟，辅国公叶布舒见多尔衮、代善都不答应，便趁机提出了肃亲王作为人选。其实，这也是豪格一派在底下事先商量好的。

“反对”“反对”“反对”。英郡王、豫亲王、硕托、阿达里等人均连呼反对，他们要坚决阻止豪格登上帝位。

“肃亲王，你本人意下如何?”主持会议的睿亲王及时把话头交给了肃亲王，他要肃亲王当众表明自己的态度。这时，肃亲王还没有从多尔衮的拒绝中清醒过来，加上豫亲王等人的一片反对声也给了他很大的刺激，他有点不知所措。见多尔衮点名问到自己，他实际上还没考虑好，便顺口说道：

“我才德不足，我也……”

还没等肃亲王完全把话说完，睿亲王便拦住了话头，果断地说：

“既然肃亲王也不愿继位，那就选其他皇子吧！请各位继续发表意见。”

睿亲王刚一说完，豪格就后悔了，他立刻意识到自己说错了话，他真想撕烂自己的嘴。关键时刻，怎么能谦让呢？这不是白白便宜了其他人吗？可一言既出，驷马难追，眼看朝思暮想的皇位即将从自己身边溜走，肃亲王肠子都悔青了。

“我提议立皇九子福临为帝，他是先皇嫡子，身份高贵，堪继大位。”这时，一直未发言的郑亲王济尔哈朗突然将福临抛了出来，这个提议也是在座众人所未想到的。

郑亲王此话一出，立时冷场，谁也不知道再说什么好了。郑亲王是皇太极生前一直重用的重臣，他又是镶蓝旗的旗主贝勒，加之他长期辅政，所以，他的建议也是举足轻重的。加之，他本人不参加帝位的角逐，无须避嫌，说起话来反而更加超脱。这个提议太出人意料了，彻底打乱了肃亲王阵营的全盘计划。豪格本指望郑亲王会支持自己，没想到他却提议立福临，真像是前敌倒戈，豪格的心一下子凉了半截。按照肃亲王的计划，两白旗提出立多尔衮，两黄旗坚持立自己。这样，最后必定出现僵局。如果僵持不下，他就出动两黄旗的巴牙喇精骑，用武力夺取皇位。现在郑亲王提出立皇九子福临，倒使得两黄旗师出无名。你们不是提出“立皇子”吗？福临正是皇子，这一闷棍打得肃亲王有口难言。

“福临太年幼，一个六岁的孩子如何能临朝主政呢?”肃亲王豪格赶紧出面反对。他现在已经清醒了，并且迅速调整了思路。他希望赶紧否决掉福临，然后自己的同党再次提名自己，那时，他就不再谦让了，他可以坦然地接受提名，登上大位。到那时，谁要是再出面反对，他就可以大打出手，用武力登上皇帝的宝座。

“福临确实年幼，可由郑亲王和睿亲王共同辅政，待福临成年后再亲政。诸位以为如何?”礼亲王代善这时又站了出来。他此言一出，几乎是板上钉钉，谁也不好再反对了。而这个方案本来就是三位王爷在三官庙商量好的，礼亲王感到，要尽快把这个方案定下来，以免再生他变。

“我同意。”睿亲王当即表态，他已经不想当皇帝了，但这个第二方案则是他的底线，是不能再退让的。这本来就是多尔衮提出的方案，但为了避嫌，他故意让郑亲王和礼亲王先提出来，这也是在三官庙事先确定了的。现在，他看大势已定，便立即出面配合。此时，他已决定，会议该结束了。

“同意”“同意”“同意”。双方阵营中先后传出了一致的赞同声。这毕竟是一个双方都能接受的折中方案。这个方案既避免了分裂，又避免了刀刃之灾，同时保住了双方的面子，所以，此方案一出，很快取得了一致。其实，三位王爷定下的方案，谁要是想推翻，谈何容易啊！所谓八王会议，实际上也就是由三位王爷做好套，其他人往进钻罢了。

“那就决定由皇九子福临继承大位，由郑亲王和我担任辅政王。会议到此结束。”睿亲王一锤定音，毫不犹豫地结束了这次非同寻常的会议。

会议结束了，每个与会的人都长舒了一口气。他们三三两两地结伴走出崇政殿，嘴里还在说着什么。睿亲王则独自一人返回了王府。人们都散了，但肃亲王却坐在自己的椅子上站不起来了。他呆若木鸡，已经麻木了，他无法接受这彻头彻尾的失败。他感到自己像猴一样，被人耍了。睿亲王一招“立福临”就把他耍了，郑亲王也和他是一伙儿的，还说什么“我意亦如此”呢？他更是被索尼等人耍了，提什么“立皇子”，正是这个立皇子，让睿亲王钻了空子。在内心深处，他已经意识到，他失去的，不仅仅是皇位，还有自己的性命，执掌大权的睿亲王是不会放过他的。

一场危险的政治危机化解了。从表面上看，是两黄旗取得了胜利，因为他们实现了自己提出的“立皇子”的主张。新皇帝既然出自两黄旗，两黄旗也继续拥有特殊的地位，所以，两黄旗的多数人是满意的。睿亲王失败了，他没能当上皇帝，而当皇帝本来是他十七年来孜孜以求的目标。这本来是一个绝佳的机会，但他在最后关头放弃了，既是为了大清这个大局，也是为了自己心爱的女人。也算是有所失有所得吧！而且，皇帝只有六岁，大权必然掌握在他这个辅政王手里，虽然没有皇帝的名分，但他却是一位事实上的皇帝。

大清崇德八年（1643 年）八月二十六日，所有满洲亲贵和蒙汉各族大臣齐集笃恭殿前，恭候新主登基。六岁的福临在众人的簇拥之下，迈着小腿，走出了宫门。天气很冷，嬷嬷捧来貂裘让福临穿，福临却摆了摆小手，示意他不怕冷，不用穿貂裘。出宫门上御辇，御辇有些高，奶妈想把福临抱上御辇，却被福临制止。福临对奶妈说：“此辇非汝所宜乘。”福临自己爬上了御辇。御辇出东掖门，把福临送到笃恭殿。临行前，福临曾问过母亲，当伯伯、叔叔、兄长等人下跪时，自己是否需要回礼。庄妃告诉他，不需答礼，坐着便是。所以，当郑、睿二王带领诸王公大臣行三跪九叩礼时，福临在御座上只是睁大了眼睛，一动不动。行礼后，由大学士刚林宣读登基大赦诏书，宣读完毕后，仪式便告结束。诏书宣告，改第二年为顺治元年。

九月二十一日，王公大臣们再次集合，他们将皇太极的梓宫从崇政殿直接送往城外的陵宫。梓宫由马驼为前导，出大清门，后面是一长串穿着孝服的王公大臣。通往陵宫的道路两旁，则跪满了满、蒙、汉各族大大小小的官吏，景象十分壮观。虽然当时陵宫尚未全部完成，但为了给新皇帝腾出崇政殿以便上朝，还是将梓宫放进了陵宫。皇太极的陵宫称为昭陵，在清代陵墓中规模并不是最大的。在昭陵墓前的墓道旁，设置了不少石兽。其中，有一对石马，是特别仿照皇太极生前的坐骑“大白”“小白”雕刻的，为的是纪念皇太极马上得天下的功绩。

就这样，皇太极的时代结束了。一个偶然的机会，六岁的皇九子福临当上了大清国又一任皇帝，他就是历史上说的顺治皇帝。

第十九章

冲冠一怒为红颜

六岁的福临登上帝位后，由多尔衮和济尔哈朗两亲王辅政。这个由多尔衮一手操纵的接班方案虽获通过，但却一直有人反对。就在福临继位的第二天，所有王宫贵族集体向福临宣誓效忠时，镶蓝旗固山额真、镇国公艾度礼便跳了出来，拒绝参加盟誓。这还了得，多尔衮和济尔哈朗当即决定，将艾度礼和他的妻子以及儿子海达礼同时斩首，家产和属下牛录全部没收。

艾度礼刚被处死，代善家又出事了。大贝勒代善的儿子硕托和孙子阿达礼，一直不赞成福临为帝。他二人在集体盟誓之后，仍四处奔走，多方游说，要拥立多尔衮为帝。代善怕二人出事，干脆将二人锁在屋内，可他们跳墙而出，去找多尔衮和多尔衮的兄弟阿济格和多铎。多尔衮避而不见，阿济格和多铎却接待了这两个人。大贝勒代善害怕引火烧身，亲自出面，告发了自己的儿孙。多尔衮也不手软，尽管这两个人是拥护他的，他还是下令，将硕托和阿达里赤身露体，绑赴法场，处以斩刑，并将知情的硕托的母亲和阿达里的妻子一并缢死。这件事就发生在福临为帝的第二天（八月十六日）。

又过了几天，肃亲王的爱将何洛会出面告发肃亲王，说他到处散布多尔衮面相不好，是个福薄命短之人，活不长久，不适合当摄政王。其实，这只是豪格因为多尔衮的原因，没有当上皇帝，心中郁闷，发发牢骚而已。可多尔衮不放过他，趁机小题大做，将肃亲王贬为庶人，并没收他七个牛录，还罚银五千两。树倒猢狲散，肃亲王身边的两黄旗要人纷纷背叛了豪格，去投靠多尔衮等人。比如那个告发肃亲王的何洛会就死心塌地地当了多尔衮的走狗。

多尔衮是个喜欢独揽大权的人，和济尔哈朗一起当摄政王，老觉得济尔哈朗碍手碍脚，心里很不舒服。所谓卧榻之侧，岂容他人鼾睡？他一直想找个机会，收拾掉这个老家伙。这时，两黄旗的干将，拜音图的弟弟巩阿岱跳了出来，揭发郑亲王背地里有怨言，说他这个摄政王有职无权，只是个聋子的耳朵——摆设，什么都是多尔衮说了算。

这本来只是几句气话，但多尔衮却把济尔哈朗找来，当面兴师问罪。这一来，气得比他大十三岁的郑亲王，干脆撂挑子，不当这个摄政王了。多尔衮正中下怀，直接免去了济尔哈朗摄政王的职务，让自己的弟弟多铎担任摄政王。从此，多尔衮成了事实上的皇帝，一个无冕之王。总之，顺治上台之后，内部不太稳定，多尔衮这个摄政王要操心的事儿太多了，弄得他无法分心，倒把攻打宁远的事，搁在了一旁。

清军不来进攻，这给了吴三桂一个喘息机会。他既然不想投降，就抓紧时间，继续招兵买马，准备固守宁远。局势虽然紧张，但宁远城却出现了一段短暂的平静，萧条的市井又热闹起来，人们好像已经将战争丢在了脑后。转眼间，又快过年了。战乱中的百姓比平时更盼望过年，不少人开始准备年货，妇女们也忙碌起来，为一家大小赶制新衣。这一年，便是崇祯十七年（1644 年），即农历的甲申年。它是中国历史上非常重要的一年，翻天覆地，改朝换代的一年。

甲申年（1644 年）第一天的钟声敲响了，钟声标志着新的一年开始了。乾清宫中的崇祯皇帝心情却很不好，他一脸怒容，在宫中踱来踱去。御案上堆着一封封各地发来的告急文书，耳边听到的是大顺军急促的马蹄声。李自成已经在西安宣布建立了大顺朝，而且就要向北京进军了。凭着自己的直觉，崇祯皇帝并不相信清兵能打进北京，他真正担心的，能够推翻大明王朝的，其实是农民军。

三月初，李自成的大军经平阳、太原、宁武、大同，抵达宣府，距京师只有数百里之遥了。另一路偏师在汝侯刘芳亮的带领下，沿黄河北上，经固关、真定，到达保定府。两路人马像一只巨大的铁钳向北京夹来。黑云压城城欲摧，大顺军对北京的进攻已迫在眉睫。可崇祯皇帝束手无策，他一无兵马、二无粮饷，急得直跺脚。他再也沉不住气了，不顾大臣们继续反对，亲自拟诏，封吴三桂为“平西伯”，让他放弃宁远，星夜入京勤王。

三月四日，亲信太监高起潜带着诏书，匆匆赶往宁远，去向吴三桂传达诏命。与吴三桂一道接到进京勤王诏命的，还有蓟辽总督王永吉、昌平总兵唐通和山东总兵刘泽清。刘泽清吓破了胆，他谎称从马上摔下来，摔断了腿，一直在山东按兵不动。王永吉倒是愿意领兵勤王，可他手下的人马一听说要进京打仗，一哄而散，只剩下几千人的老弱残兵，气得王永吉是欲哭无泪。吴三桂远在关外，一时半会儿还无法赶到京城。只有昌平总兵唐通，一接到诏命，便带领手下八千兵马上路，第一个赶到北京。

崇祯皇帝见唐通奉诏而来，喜出望外，当即在文华殿召见，并当殿封唐通为“定西伯”，让他率本部人马与监军太监杜之秩一起，赶往居庸关去抵挡农民军的进攻。不说唐通去增援居庸关，且说这高起潜一行出得关来，少不得风餐露宿，日夜兼程，不几日便到了宁远。吴三桂一听义父到了，立刻大开城门，排队出迎。高起潜一进城，便当面向吴三桂宣读了皇帝亲自拟就的，让他弃宁远、进京勤王的诏书。吴三桂跪接诏书后，将诏书交到副总兵杨坤手里，站起身，慷慨激昂地对高起潜说：

“义父但放宽心，三桂立即发兵，进京勤王。区区流贼，岂是我关宁铁骑的对手！义父鞍马劳顿，孩儿已摆好筵席，替义父洗尘。”

高起潜拒绝了吴三桂的宴请，他强调皇命在身，不敢停留，换了马后，立刻赶回了京城。救兵如救火，高起潜一走，吴三桂便立即召集众将，准备发兵。可当吴三桂举起令牌，正要发布行军命令时，他发现副总兵杨坤悄悄地给他使了一个眼色。于是，他又把令牌收了回去，准备好的话也咽进了肚里。吴三桂宣布散会，让众将散去，只单单把杨坤一个人留了下来。众将一散，还没等吴三桂发问，杨坤就主动说道：

“大帅，我听说几路勤王兵马均尚未到京，咱们是否也先少安勿动。那李闯王带着百万人马攻打京城，咱们若孤军前往，岂非以卵击石？如果轻易断送了这数万人马，大帅今后将何以安身立命？且此次放弃宁远，大批百姓势必随行，我军将士的眷属也不在少数，岂能不稍做准备，再行撤退？末将为我军着想，还望大帅三思。”

吴三桂听了杨坤的一番话，觉得言之有理。虽说救君如救火，但一事当前，谁不为自己考虑呀！松山败后，自己好不容易收拢了这四、五万人马，这副家当，来之不易啊！乱世之际，身为大将，手中岂能无兵？想到这里，他命令杨坤去组织随军撤退的民众，又让游击郭云龙负责将士们眷属的撤退事宜，大军则暂时待命不发。布置过后，他还不放心，又派出几拨探子前往北京打听情况。一来二去，吴军的出发便耽搁了几天，这却是关键的几天、致命的几天。就因为关宁铁骑迟出发了几天，北京城就陷落了，大明王朝这艘破船也终于驶到了尽头。这一切，也是吴三桂所始料不及的。

三月十日，吴三桂才下令撤离宁远，吴家军开始向北京进发。随军的民众和家属有五十多万人，他们拖家带口、杂乱无章。由于道路拥堵，秩序混乱，每天的行军速度还不到五十里。就这样，一直拖到三月十六日，吴家军才到达山海关。进山海关后，吴军又停下来休整。吴三桂在山海关给朝廷打报告，一是要调拨一万军马给他，二是要用五天时间安顿家眷。实际上，这只是吴三桂的借口，是缓兵之计。因为他已经听探子们报告说，大顺军即将开始进攻北京城，他可不愿意用自己这最后一点血本，去为行将就木的大明王朝殉葬。

吴军继续慢吞吞地行军，三月二十日到达丰润，这里离北京已不到三百里。吴家军在丰润安营扎寨，停了下来。先期派出的探子回来报告说，李自成的大顺军已于三月十九日攻进了北京城，崇祯皇帝已经在煤山自尽。听到这个消息，吴三桂大叫一声，从椅子上跌了下来。一阵子手忙脚乱，当诸将把吴三桂救醒后，他泪如雨下，捶胸顿足地说："是我误了陛下。"此时，他对自己的迁延不进十分后悔，对自己的行为感到由衷地惭愧。吴三桂下令全军换上素服，为崇祯皇帝戴孝。他自己也是白马白袍，连大刀的刀穗也换成了白色的。想起皇帝生前待他的恩德，吴三桂哭得如丧考妣。第二天，吴家军便撤离丰润，返回了山海关。

原来早在三月十五日，李自成的大军便到达了居庸关。奉命增援居庸关的唐通见势不妙，未做任何抵抗，直接投降了大顺军。进入居庸关后，大顺军便再未遇到任何障碍，长驱直入了。三月十六日，农民军占领了昌平，李自成下令将这里的明十二座皇陵全部焚毁，将所有的松树柏树全部砍伐，以解其心头之恨。三月十七日，大顺军到达了北京城外，头戴青色帽子、穿着白衣的农民军将北京城一层一层地包围起来，一门门大炮的炮口对准了北京城。明襄城伯李国祯自告奋勇地担任督师，率领着三大营京兵开至城外御敌。谁知大顺军一到，这些平日鱼肉百姓的京兵立即扔掉手中的刀枪，一哄而散了。李国祯无奈，只好带领剩下的几百名老弱残兵退守彰义门。

李自成骑着他的乌龙驹来到了彰义门前，并让人向城上喊话。守城的襄城伯李国祯在城头对李自成说：

"我愿入你营为人质，希望将军能派人去与皇上讲和。"

李自成挥了挥手中的马鞭，说：

"不用你当人质，我这就派人进城与皇上谈判，谅你们这些人也跑不掉！"

李自成说完，就派已经投降的太监杜勋，坐上城上缒下来的竹筐，进城去替自己传话。这杜勋本是昌平的守陵太监，大顺军一到，他就投降了农民军，此时，李自成便派他进城去给崇祯皇帝传话。进城后，杜勋不敢怠慢，他一路小跑，跑进了文华殿。杜勋见到了崇祯皇帝，恰巧首辅魏藻德也在场。杜勋首先给皇帝跪下磕头，然后才战战兢兢地说：

“陛下息怒，奴婢死罪。闯贼人强马壮，其锋不可挡。奴婢今日前来，是闯贼让小的来向陛下传达议和的条件。奴婢以为，这个条件虽属苛刻，但仍给陛下留下了一条生路，故冒死前来向陛下禀告。”

“是何条件？快说！”崇祯忙问。

“闯贼说，只要陛下允许他在西北立国，并赏赐一百万两白银犒军，他就立即退兵。此外，他还愿出十万精兵前往辽东抗清。不知陛下以为如何？”

按说兵临城下，李自成提出的这个条件还算宽厚，既保存了皇帝脸面，又愿意出兵抗清，不失为一条退路。崇祯皇帝初听之后，实在是大出意外，他甚至差点笑出声来。崇祯皇帝斜眼看了一下魏藻德，期望他能表态。这位身躯肥大的首辅自从陈演被革职后，是更加小心谨慎了，什么事他都不拿主意。他只记住了一条，伴君如伴虎。他只说一句话，那就是“陛下英明”。所以，在这个重要关头，他更是咬紧牙关，死不开腔。皇帝拿这种人还真没办法，眼看魏藻德是靠不住了，大主意还得自己拿。此时的崇祯心里好像装了好多只吊桶，在那里七上八下。如果同意李自成的条件，也许时局还能挽回，等李自成退了兵，还可以重整山河。

可他转念一想，自己身为大明皇帝，怎么能与昔日的轿夫谈什么议和条件？这事要传出去，只会在历史上留下骂名，百年之后，如何去见自己的列祖列宗？况且，当前国库如洗，那里去筹措李自成索要的百万两白银？真是一文钱难倒英雄汉，崇祯皇帝实在迈不过去这个坎！其实，李自成提出这个条件，是因为他有浓厚的家乡观念，他实在想回到生他养他的陕西。当全国的皇帝，他还没有做好充分的准备。可崇祯皇帝没有抓住这稍纵即逝的机会，他不能丢弃皇帝的尊严，他不愿身后留下骂名。他决定，宁为玉碎，不为瓦全，谢绝这个颇为宽厚的和谈条件。于是，崇祯皇帝说：

“天无二日，国无二君。我堂堂大明天子岂能与流贼议什么和？况如今国库空空如洗，莫说百万两白银，就是十万两，寡人也拿不出。和议免谈，你下殿去吧！”

杜勋再次叩头，含泪起身而退，回去向李自成复命。这唯一能挽救大明帝国的和议，就这样告吹。后人都想不通，崇祯为什么不接受李自成如此宽宏的议和条件？不知是崇祯此时方寸已乱，已经失去了正常的判断能力，或是他不愿青史蒙羞，留下骂名。反正，这最后的一线生机转瞬即逝，大明朝的命运被崇祯皇帝亲自断送了。

杜勋一走，崇祯便着手安排后事。他招来三位皇子，让宫女找来平民穿的旧衣服，亲自给他们换上，并系好衣带。然后对他们说：

“你们今日还是太子、亲王，但城破之后，你们就是普通小民，各自逃生去吧！你们一定要小心，遇到当官的，要称呼老爷或相公；遇到普通百姓，年老的要称呼老爹，年轻的要称呼老兄；对文人要称先生，对军人要称长官。如果能活下来，不要忘记替父母报仇。你们去吧！不要管我，为父要为国尽忠。”

说完这番话后，崇祯已是泪流满面，声音哽咽。他让太监取来文房四宝，亲笔写下传位诏书，将皇位传于太子朱慈烺，并派太监将太子送到皇后父亲周奎的府上。接着，他又命太监将二子定王朱慈炯和三子永王朱慈炤送往田贵妃的父亲田弘遇那里，让他们先躲起来，以图东山再起。

送走了太子和二王，崇祯又让太监将周皇后和袁妃唤到面前。看着二人容颜憔悴、衣衫不整、哭哭啼啼的样子，崇祯心中也有些不忍。他停了片刻，勉强忍住就要掉下来的眼泪，对她们说：

“皇后、爱妃，流贼已至城外，即将入宫。身为皇后、贵妃，不可受贼辱。你二人可回宫自行了断。朕就在此与你们诀别了。”

说完，崇祯便轻轻地挥了挥手，周后和袁妃便由各自的宫人搀扶回了宫。二人回宫后，各寻三尺白绫悬梁自尽。周皇后当即气绝身死，袁妃由于身体过肥过重，脚下的凳子倒后，白绫断开。所以，袁妃虽摔了下来，但依然活着。崇祯皇帝闻讯赶来，只见袁妃还在地上挣扎，便一剑刺去，刺伤了袁妃，顿时血流如注。崇祯手软了，不忍再刺，转身离去。回到寝宫，崇祯又吩咐心腹太监王承恩带人去各宫，把他临幸过的妃嫔、宫女通统杀死。王承恩带着一帮太监，领命去了。

王承恩走后，十六岁的长公主前来请安。崇祯绷着脸，二话不说，一剑便向长公主刺去。长公主下意识地伸出胳膊来挡，一只胳膊登时便被砍了下来，顿时血流如注。长公主不明情由，只是疼得连声高呼："父皇！父皇！"崇祯也不忍心继续再砍受伤的长公主，他放下剑，只说了一句："汝何生在帝王家？"几个小太监见势不妙，急忙将长公主抬出宫去。

长公主刚被抬走，六岁的小女儿昭仁公主却出现在崇祯皇帝面前。她天真地伸出两只胖乎乎的小手跑过来，想让父皇抱。崇祯平时最疼爱的便是这位小公主，经常把她抱到膝上逗她玩。可今天崇祯心情糟透了，他一剑刺去，小公主还没明白怎么回事儿，便被父皇结果了性命。其实崇祯这样做，心中也很不忍，但他要谨遵祖训，绝不能让任何一个亲人，落到大顺军手里受侮辱。

折腾了半天，已是下午了。崇祯皇帝也已经疲惫不堪，坐在龙椅上休息。在黄昏的灯光下，崇祯眉头紧锁，脸色蜡黄，一言不发。他的手上，仍然拿着那柄沾满血迹的龙泉宝剑。小太监们见主子十分恼怒，纷纷躲开了。空荡荡的大殿内寒风刺骨、阴气逼人。这时，内官张殷从屏风后走了出来，慢腾腾地来到崇祯面前，说：

"皇爷不必忧虑，奴婢倒有一计。"

"你有何计？快说。"崇祯此时已是六神无主，巴不得有根救命稻草，他以为张殷有什么灵丹妙药，催着他快说。

"贼若入城，皇爷只需投降，便无事矣。"张殷说道。

"简直一派胡言，天下焉有投降的天子？"崇祯气不打一处来，一剑便刺死了张殷。小太监们见状，赶紧跑了过来，将张殷的尸体抬出宫外。

乾清宫内此时已乱作一团。眼见得崇祯皇帝杀红了眼，太监和宫女们都吓坏了，各自收拾东西，争相逃命。崇祯顾不得管太监和宫女们的死活，他命令王承恩将老皇亲巩永固和刘文炳二人召进宫来。二人颤颤巍巍地来到皇帝面前，才知道皇帝是让他们带领家将保护皇帝逃出宫去。两位老皇亲叩头至地，说家将们早已跑光，只有他二人愿意陪着皇帝一同去死。崇祯早就料到这两个老废物指望不上，便挥挥手，打发两个老家伙回家了。

崇祯决定自己带着太监们往出闯，他扔掉了手中带血的宝剑，提了一只三眼铳，领着三十多个太监向宫外冲去。走至齐化门，大门未开，管门的太监也不知去向。他只好又向朝阳门和永定门冲去。但此时朝阳门和永定门外人声鼎沸，火光冲天，一队队的大顺军士兵已出现在街头。原来是把守彰化门的太监曹化淳已向大顺军投降，他打开城门，将大顺军迎进城来。眼看是冲不出去了，就是出去也是送死，于是崇祯又带着太监们出了后宫门，登上了煤山。他在山顶上看得很清楚，城内大街小巷都拥满了头戴青色帽子、身穿白色衣服的大顺军兵士，北京城彻底陷落了。崇祯皇帝绝望了，他深深吸了一口气，带领太监们下山，回到了武英殿。

夜色降临，奔波了一天的崇祯皇帝来到前殿，他手执钟锤，亲自敲钟，他要最后一次召集百官，来一个大登殿。他不愿意做一个孤家寡人，临死连个伴儿都没有。景阳钟响起来了，钟声依旧是那么清脆、响亮，钟声显得有些急促，因为崇祯皇帝敲钟，根本没有什么节奏，只是一个劲儿地在那里狠敲。可钟声响了半天，并没有一个官员现身，这可把崇祯皇帝气坏了，他愤怒地扔掉了敲钟用的钟锤。崇祯回头一看，不但官员们没来，连身边的太监们也一个个溜之大吉了，只剩下王承恩一个人。崇祯皇帝感到浑身无力，他一屁股坐到地上。王承恩赶紧跑过来，扶起了皇帝，又去掸皇帝袍子上的尘土。崇祯站起来后，让王承恩搀着，君臣二人摇摇晃晃地出了宫门，朝后山走去。

此时已是十九日子时，没有星星，也没有月光。烟雾弥漫，细雨中夹杂着雪花，整个后山漆黑一片。慌不择路，崇祯皇帝和王承恩在没足的杂草中乱走。风并不大，但两人的头发却被风吹得竖了起来，远远看去，像两个倜倜独行的鬼魂。走不多远，崇祯气喘吁吁，走不动了。他的头发散开，披落下来，脚上的一只鞋也不知去向，身上的蓝纱道袍也挂破了好几个口子。

王承恩扶崇祯皇帝坐在地下，然后按照崇祯吩咐去寻找自尽的场所。周围有几棵槐树，都不太高。王承恩在一棵较高的树上系好了三尺白绫，又找了一块石头放在地下。王承恩把崇祯皇帝扶过来，崇祯皇帝自己站到石头上，把脖子套进了白绫。他最后用眼望了望那破碎的山河，然后毅然决然地蹬开了脚下的石头。看崇祯皇帝自缢后，王承恩也在旁边较低的树上悬枝自尽。崇祯皇帝吊死在煤山，他只活了三十五岁。

就这样，历时二百七十六年的大明王朝寿终正寝了。在位十七年的末代皇帝崇祯，饱经内忧外患，可以说没过过一天安生日子。他临朝三月，杀魏忠贤，起用袁崇焕，颇想有一番作为。他布衣蔬食，不好女色，每天五更起床，深夜还在批阅奏章，一心想成为中兴之主。但他刚愎自用、喜怒无常、自毁长城、信用太监，终酿灭顶之灾。直到临终前，他虽数发“罪己诏”，但心里却埋怨臣子误事，说“文臣人人可杀”，真是至死不悟啊！可是，作为一代封建帝王，他敢于面对失败，面对死亡，也还算是一位尽职尽责的君主吧！

三月十九日，下了一天的小雨已经停了，但浓云密布，整个北京城显得灰蒙蒙的。大顺军已经占领了北京全城的各个角落，重要的地点都有士兵把守，不时有一队队的大顺兵士在街道上巡逻。由于守城的官员和太监们纷纷献城投降，北京并没有遭受多大的破坏，大顺军除了向城墙开了几炮外，几乎是兵不血刃地拿下了都城。农民军纪律严明，没有奸淫抢掠的事情发生。市民们也显得很平静，不少人家门口摆上了写着“大顺永昌”的香案，门上贴了写有“顺民”的黄纸。街上的行人仍在不停地走动，极少数的店铺还在开门营业。主要街道上，一些大顺军士兵正在进行打扫，洒水的洒水，扫地的扫地，准备迎接闯王李自成进城。

中午时分，闯王李自成进了北京城。队伍从德胜门进城，这是宋献策的主意，为的是取“得胜”之意，也好讨个吉利。队伍的最前面是一百名骑兵，他们都骑着清一色的枣红马，手里举着各色旗帜，接着是两个骑兵方阵，每个方阵有二百名骑兵。第一个方阵的骑兵统一骑着铁青马，个个手执大刀，每柄大刀上都绑着一条鲜亮的红绸子。第二个方阵的骑手骑着一水儿的黄骠马，人人手执长枪，枪尖儿上一簇硕大的红缨子格外醒目。骑兵方阵之后，便是李自成本人，他的头上由一名壮汉打着一顶黄罗伞盖，这大概也是他和其他将领的唯一不同之处。

李自成头戴白毡帽，腰悬花马剑，身穿玄青色短袖剑衣，腿跨乌龙驹，雄赳赳、气昂昂地走在前头。他精神抖擞，脸放红光，只有脸上右眼附近的一道伤疤显得有些不太协调。他的身后紧跟着宰相牛金星、军师宋献策、制将军李岩，以及其他大小将领。大家都很兴奋，不时传出笑声和话语声。将领们后面，便是一眼望不到头的大顺军步兵队伍，这支队伍的步伐虽然不很整齐，但衣甲鲜明，斗志昂扬。进了德胜门后，李自成停了下来，因为有一群事先进城的将领在这里迎接闯王。为首的一人，便是大名鼎鼎的权将军刘宗敏，平时兵士们又称他为“总哨刘爷”。

刘宗敏骑在马上，行了个军礼，然后用他那一口纯正的关中方言大声说：

“臣中军营左都督刘宗敏迎接圣驾！”

李自成在马上欠了个身，算是回礼，然后笑着问道：

“捷轩，那崇祯老儿和他的几个儿子可曾抓获？”

“回圣上，周皇后自缢，但崇祯皇帝、太子，还有永王、定王均不知去向。臣已悬赏黄金万两，寻找他们的下落。”刘宗敏回答。

“当务之急，是必须将崇祯父子缉拿归案，这是头等大事。”李自成吩咐道。

“臣遵旨。”刘宗敏说完，便率领众将领加入了进城的队伍。可还没等李自成动身，只见一拨打扮十分古怪的人，大概有三百多个，拥到了李自成马前。他们跪下磕头，半天不肯起来。见闯王一时摸不着头脑，刘宗敏赶忙上前解释说：

“圣上，这是一帮子前朝太监，为首的叫王德化，他们想请圣上赏一口饭吃。”

“明天叫他们在宫门外候着，由李双喜挑选，择优录用。现在让他们散去。”闯王吩咐道。

大顺军的将士们都没见过太监，觉得这帮人很古怪，看着他们一个个抱头鼠窜，由不得大笑起来。见太监们纷纷散去，李自成遂率队前行，经过正阳门，来到了大明门。这大明门的正面是一座精美的石牌坊，正中刻着“大明门”三字，两边石柱上，刻着一副对联：

“日月光天德，山河壮帝居。”

这副对联是明代四大才子之一解缙的手笔，不仅书法端庄，更是寓意深刻。李自成看后，也不觉心里叹服，他对身后的宰相牛金星说：

“丞相，我看这副对联可以保留，只需把‘大明门’换成‘大顺门’即可。”

“谨遵圣旨，在下也有此意。”牛金星点头答道。

再往前走，便到了金水桥前，桥上的汉白玉栏杆排列整齐，尤其是桥边那一对硕大的汉白玉华表，更显得气势非凡。过了金水桥，便到了承天门，这座城楼巍峨庄严，雕梁画栋，一派皇家气象。城楼正中竖放着一块匾额，四个楷书大字“承天之门”非常醒目。李自成看得高兴，急呼：

“快拿箭来！”

义子李双喜立刻递上了宝雕弓和一支狼牙箭。只见那李闯王在马上轻舒猿臂，拉开宝弓，在万人欢呼声中，将箭射出。那支狼牙箭不偏不倚，扎在了竖匾的“天”字之下。那闯王平日一手好箭法，他本想射中“天”字，也好夸耀一番。谁知那箭鬼使神差，偏偏射在了“天”字之下，李自成顿时感到有些下不来台，脸也沉了下来。他把弓还给双喜，口中一言不发。这时，人称“宋矮子”的军师宋献策从人丛中骑马走来，他连声说道：

“恭喜陛下，贺喜陛下！”

李自成不以为然地问道：

“宋军师，何喜之有？”

“陛下一箭，射在‘天’字之下，是表示我大顺要得天下，闯王要坐天下，岂不可喜可贺！”宋献策说道。军师一说完，众将领们纷纷鼓掌欢呼，李自成的脸色也好了许多。

队伍进了午门，只见斗拱飞檐，直上云天。黄绿色的琉璃瓦，闪光夺目，城垛连绵逶迤，城门高大厚重。不少大顺军士兵纷纷咋舌，真是闻所未闻，见所未见。牛金星主动走到闯王身边，讲解说：

"陛下，这就是午门，民间称作五凤楼。进了午门，便是皇帝上朝的三大殿了。"

进了午门之后，迎面又跪着好几百人，他们多是青衣小帽，老百姓打扮，有的衣服上还有补丁。但眉宇之间，一股傲气尚存，举手投足，倒是不卑不亢。为首一人，是个矮胖的家伙，他自己报名，说：

"臣前朝首辅魏藻德率一干文臣恭迎圣驾，罪臣等皆愿为新朝效犬马之劳。"

原来这些人都是前朝的官员，共四百余人，他们从早晨便等在这里，希望能在大顺朝捞个一官半职。李自成很瞧不起这班人，从心里憎恶他们，他说：

"你们辅佐崇祯，弄得国破家亡，怎么还有脸来见我？我要尔等尸位素餐之辈，又有什么用呢？"

"禀告陛下，国事非臣等不尽力，乃皇帝不纳忠言耳！"魏藻德回答。

李自成懒得与这班人废话，他招了招手，让宰相牛金星去处理这班家伙，自己则继续向宫内走去。进了皇极门，三大殿便进入了眼帘，毕竟是皇家宫殿，红柱层檐，金碧辉煌，殿堂高大宏伟，殿前台阶重重。台阶中间，装饰的是用汉白玉雕刻出的九条龙。殿周是一圈汉白玉雕成的石栏，石栏的角部雕有龙首，龙首中有水流出。殿前方砖铺地，一尘不染。殿内四根柱子上有金龙缠绕。殿中是皇帝的御座，两旁是大型的铜质熏炉。李自成迈过数级阶梯，坐在了龙案前。他坐了一会儿，又招呼刘宗敏等人轮流在御案上坐了坐。李自成高兴地大声对众人说道：

"原来坐天下就是坐在这儿啊！今天，我们泥腿子也坐上了金銮殿。来，大家都尝一尝坐天下的味道。弟兄们劳苦功高，今后，我们可以刀枪入库、马放南山了。"说完，李自成便大笑起来。

本来，按照牛金星、宋献策的安排，让闯王在武英殿接受文武群臣的三跪九叩大礼，也作为新朝开国的一种仪式。可李自成不同意，他还不习惯接受当皇帝的这一套。他还像过去一样，让弟兄们不必拘礼，大家围坐在一起商量国事。入城前，牛金星等反复劝李自成早日即皇帝位，可李自成坚持要缓一缓，他一时还真不习惯皇帝那孤家寡人的角色。众人说说笑笑，轮流坐了一会儿龙椅，过了一把瘾。只有李岩退到一边，一直没去坐这个崇祯坐过的龙椅。这时，义子李双喜前来向闯王请示，说：

"义父，后宫中孩儿初步进行了清点，虽然大部分太监宫女都已逃走，但留在宫内的太监还有上千名，宫女也有一千余人，请义父示下，如何处置他们?"

"多数太监遣回原籍，留上百十个较为老实的仍在宫内伺候。至于宫女么，她们都是美女。我们拼死拼活打下江山，还不是为了金银、美女吗？我看这样，我和捷轩（刘宗敏）每人留下三十名，其余的分给众文臣武将，每人分十名。今天我也累了，就到这里吧!"李自成说过后，被李双喜等迎进了乾清宫，众人也就一哄而散了。

三月二十二日，太监在煤山发现了崇祯皇帝的遗体，李自成命李岩去察看处理。李岩带着十几名亲兵由两名太监带领，来到煤山。只见有两棵古槐，一大一小，一高一低。崇祯在那棵大槐树的南枝上上吊而死，太监王承恩吊死在较低的那棵树上。李岩命军士们将崇祯的遗体放了下来。只见崇祯皇帝以发覆面，上身穿蓝袍，下身白绸裤，一脚赤足，另一脚穿着绫袜和红鞋。在他怀中发现藏有一白绸背心，崇祯用血在背心上写着："诸臣误朕，朕无颜见先帝于地下，以发覆面。任贼分裂朕尸，勿伤百姓一人。"

李岩命军士和太监用门板将崇祯皇帝的遗体抬到东华门外的茶庵，专门搭了一顶芦棚。又将先前自缢的周皇后的遗体也抬过来一起停放，然后去请示李自成如何发落。李自成决定，按照帝后的礼仪，将崇祯夫妻殡葬，他自己还要亲自到崇祯夫妻的尸体前拜祭。于是，李岩找来新任顺天府尹赵一桂，让他全权办理帝后的丧葬事宜。

赵一桂找来两口柳木棺材，一口漆成红色，一口漆成黑色。红色的盛殓崇祯，黑色的装殓周后，并为二人穿上帝后的冠带袍服。时间紧张，来不及再修陵墓。四月初四日，便将崇祯夫妻草草地葬在昌平先死的田妃陵中。现在，总算找到了崇祯的遗体，又进行了礼葬，这件事办完后，李自成的心彻底放下了。

就在这时，有人又来报告，说是国丈周奎和皇亲田弘遇分别献出了藏在他们家的太子和二王。李自成让把他们带进来。只见三个衣衫褴褛的少年出现在李自成面前，他们戴的帽子上还贴着“顺民”二字。永王和定王年纪较小，显得十分胆怯。太子朱慈烺已有十九岁，他在李自成面前，反而显得从容不迫。李自成问他：

“汝家何以失天下？汝父何以至此？”

“愿杀便杀，何必多问。”太子回答。

“汝无罪，我岂能妄杀？”李自成说道。

“他是前朝太子，应以礼待之，可以封王。”军师宋献策建议道。

“斩草必须除根，留下必生后患。应将这三人立刻处死。”宰相牛金星提出了不同的意见。

李自成稍微考虑了一下，然后说：

“这样吧！先给他们把衣服换了，找个地方看管起来。留着这三个人，我以后还有用处。”

太子和二王下去后，李自成又召见刘宗敏和李过，询问比饷镇抚司的情况。进入北京以后，李自成公开宣布，继续执行“迎闯王，不纳粮”的政策，实行“三年免征”。这就是说，三年内，大顺政权不向百姓征收各种捐税。话虽好说，可是大顺庞大的军饷开支如何解决呢？大批军队可是要吃要花的。于是，李自成决定，成立比饷镇抚司，由刘宗敏和李过具体负责。比饷镇抚司的任务，是逼迫那些前明的贪官污吏缴出银两赎罪，还制定了统一的收费标准。即原内阁成员为十万两，其他部、院、科、道级官员分别按七、五、三、二万两收取。大批前明官员被逮捕，缴出银子的，当即放人，若抗拒不交，则用夹棍对付。

虽说设立了比饷镇抚司，但并没有专门的衙门，而是分别在刘宗敏和李过的宅邸里办公。大顺军进城后，将领们纷纷抢占了前明官员的房屋，作为自己的居室。刘宗敏就占据了田弘遇的府第。田府在北京铁狮子胡同，那可是北京数一数二的宅院。房子有三百多间，前后几十进，房后还有一座上百亩的大花园。

这座宅子本是太监王体乾的私宅，后来崇祯将其赏给田妃之父田弘遇，又动用数十万国库银两进行了修缮，可谓富丽堂皇。刘宗敏入住后，除了选择十数间房屋用来关押那些前明官员外，自己也占用了几十间，但多数房间都空着。白天，刘宗敏由四名亲兵陪着，在街道上巡视，然后回到府第检查对那些前明官员追赃的具体情况。当然，严刑拷打是在所难免，有些经不住拷打的官员就死在了夹棍之下。

夜里，刘宗敏则在自己的小院里纵情享乐。他把李自成分给他的三十名宫女，每五人分成一组，轮流陪他玩乐。他让这些宫女把衣服脱光，赤条条地趴在那里。刘宗敏则像骑马一样，一个个跨上去，由着性子折腾。这些宫女虽然进宫多年，但从未被崇祯皇帝临幸过，所以还都是处女。她们趴在那里，虽然有些害怕，紧张地等待刘宗敏扑上来，但心里还是乐滋滋的，这辈子也算当了一回女人。那刘宗敏铁匠出身，体壮如牛，有的是力气。他每天一直折腾到后半夜，才昏昏睡去。

每天重复这一套，没过几天刘宗敏就玩腻了。他觉得这些宫女千人一面，缺少情趣，便想另外找些女人，也好换换口味。于是，刘宗敏将田弘遇原来的管家田旺找来，问他在什么地方还可以找到漂亮女人？刘宗敏还特别强调，不要一般漂亮的，而是要找绝色的。田旺一听，当即跪倒，说：

“刘爷，这北京城别的没有，但漂亮的女人那可多了去了。就我们这田府，少说也有上百个漂亮女人。但奴才今生见过的最漂亮的女人，还要数那陈圆圆了。”

“陈圆圆是谁？她现在在哪里？”刘宗敏急切地问。

“她远在天边，近在眼前。刘爷，这陈圆圆本来是苏州一个著名的戏子，名列江淮歌妓之首。我们老爷把她带到京城，本想送给皇帝，可那崇祯皇帝没福消受，硬是把她退了回来。她不但长得美如天仙，唱歌、跳舞、弹琴也都是一绝，那真是美比貂蝉、赛过西施啊！要说小的这辈子也见过不少女人，可要是论模样、论才艺，那可没一个能赶得上陈圆圆的。刘爷来得晚了，上个月，我们老爷才把她送给吴将军当了小妾。听说她现在住在吴将军父亲府上。"

这一番话把刘宗敏说得心痒痒的，口水直流，他赶紧追问：

"吴将军是谁？他的父亲在哪里？能找到陈圆圆么？你刚才不是说'远在天边，近在眼前'吗？"

"刘爷不必着急，听小的一一道来。吴将军就是那镇守辽东的总兵吴三桂。他父亲叫吴襄，是京营提督，就住在帽儿胡同。"

"你现在就带我去找。"刘宗敏说完，立即点了二十名亲兵，跟着田旺直朝帽儿胡同奔去。

"咚、咚、咚"一阵猛敲。等不及屋里人开门，便把门砸开了，天神般的刘宗敏大不咧咧地带兵闯了进来。吴襄情知是遇到了麻烦，他这几天一直担心会出事，想不到祸事还真来了。吴襄慌忙迎了出来，又是赔礼，又是说好话。他不知来的是什么人，也不知道他们要干什么，只好连声叫下人倒茶。

"你就是吴襄，赶紧把陈圆圆给我交出来！"刘宗敏吼道。

"我就是吴襄，不知大人是哪位？陈圆圆是我儿媳妇，你们找她干什么？"吴襄明知故问，他想多拖一些时间，看看有没有什么机会。

"我就是大顺的刘宗敏。奶奶的，凭你，也敢问老爷的名号。少啰唆，先把他给我抓起来。你们进屋给我搜，一定要把陈圆圆找出来。"刘宗敏发火了，他一面说着，一面指挥着自己的亲兵开始行动。

亲兵们立刻将吴襄五花大绑地捆了起来，然后四处搜索。吴襄住的院子本就不太大，通共只住了几十号人，工夫不大，全部被带到了刘宗敏面前。刘宗敏一眼就认出了自己要找的人，她太突出了，简直是鹤立鸡群，她的天生丽质和无法掩盖的光彩立刻显露出来。刘宗敏让亲兵把陈圆圆带到自己面前，他大惊失色，立刻就酥了半边。

那陈圆圆的长相就像说书人描绘的那样，瓜子脸、杏核眼，樱桃小口一点点，眉如弯月，鼻似悬胆。尤其是她的皮肤，那么白皙光滑，似乎吹弹得破。脸上那对迷人的酒窝，笑起来勾魂摄魄。她的身材是那样协调，举手投足之间，如风中摇摆的杨柳，全身浑圆的曲线，是那么性感诱人。真是艳惊四座，名不虚传，有闭月羞花之貌，沉鱼落雁之容。刘宗敏的亲兵，一个个都看呆了，手中的刀枪都掉在了地上。刘宗敏顿时呼吸急促，他二话不说，一把将陈圆圆抱到马上，然后扬尘而去。

刘宗敏一路狂奔，陈圆圆在马上只觉得腾云驾雾一般。回到府第，刘宗敏将陈圆圆扔在床上，即刻就要宽衣解带，但他突然又停住了。如此国色天香，应该让闯王首先享用，自己身为臣子，怎么能占先呢？刘宗敏决定，将陈圆圆送进宫去献给闯王，闯王一定会欣喜若狂的。于是，刘宗敏硬是压住了自己那浑身的欲火，将陈圆圆独自留在了屋内。第二天，刘宗敏让陈圆圆精心梳洗打扮之后，亲自带着她到乾清宫去见李自成。

闯王李自成自那日住进乾清宫，就过上了帝王生活。前明的太监在他身边伺候着，崇祯留下的宫女晚上陪伴着他。李闯王左拥右抱，住在了温柔乡里。他最喜爱的是崇祯皇帝的四位掌书宫女窦氏、陈氏、王氏和杜氏。其中，窦氏最受宠爱，李自成封她为贵妃，与她形影不离。那天，她让窦氏坐在自己的腿上，唤来随军的乐队，准备一起欣赏家乡的乐舞。这时，李双喜前来报告，说是权将军刘宗敏到了，李自成赶忙让窦氏从腿上下来，坐到一边，然后连声说请。

见到李自成，刘宗敏并不叩头，只是施了一个常礼。他一见李自成身边又是宫女，又是女乐，便知道自己来得正是时候。他连忙让手下将陈圆圆送上殿来，然后说：

“大哥，兄弟今天得了一绝色美女，名叫陈圆圆。这个陈圆圆不但人长得漂亮，尤其是有一副甜美过人的好嗓子，还会弹各种乐器，舞姿曼妙，为兄弟生平所仅见。兄弟不敢占先，特来献与大哥，还望笑纳。”

陈圆圆万万没想到，刘宗敏会把她送给闯王李自成，她也知道，这闯王可是大顺朝的皇上。她心里一直对那粗暴行事的刘宗敏有些惧怕，所以此时，若能到闯王宫里，她自己还是愿意的。因此，她冲着闯王，深深地拜倒在地，脸上也堆满了感激涕零的表情。李自成让陈圆圆站起来，仔细地将她全身上下打量了一番。只见她略施粉黛，五官小巧，皮肤白皙，赛过霜雪，玉面含羞，秋波流蕙，脚不过三寸，腰不逾尺五。站在那儿，亭亭玉立，楚楚可人。走起步来，风摆杨柳，真是梨花带雨，海棠迎风，千般可爱，万种风情。

霎时间，李自成就被她惊人的美貌打动了，他看得心里怦怦直跳。不过，李自成并不愿夺人之美，尤其是不愿从刘宗敏手中接受这个女人，加之他与窦妃等宫女正打得火热，也不缺陈圆圆一人。因此，他按捺住心情的骚动，摆了摆手，让陈圆圆站过去，然后说：

“刘将军说你唱得不错，你就当殿给大家唱一曲听听。”

陈圆圆立刻点了点头，她略一思忖，便从殿上乐工手中拿过一个琵琶，弹了起来。她微移莲步，走至殿中，然后轻启秀口，唱了一曲白乐天的《杨柳枝》词：

苏州杨柳任君夸，更有钱塘胜馆娃。
若解多情寻小小，绿杨深处是苏家。
叶含浓露如啼眼，枝袅轻风似舞腰。
小树不禁攀折苦，乞君留取两三条。

虽只短短数句，但陈圆圆的嗓音柔和甜美，婉转悦耳，如银燕绕梁，如黄鹂鸣柳，配着那似断似续的琵琶声，像小河淌水，余音袅袅，久久不息。

李自成听后，听出了陈圆圆的弦外之音。他也很佩服她那锦心绣口，只是他听不惯这种吴侬细语、娇腔媚声。陈圆圆唱完后，还没等闯王开口，刘宗敏却先叫了起来：

“这曲子真好听，赶明儿给爷多唱几个，叫爷受活受活。”

李自成听了刘宗敏的话，却不以为然，他说：

“捷轩，此乃靡靡之音，亡国之声，切不可听。古人曾说：‘商女不知亡国恨，隔墙犹唱后庭花。’说的就是这种腔调。捷轩，你还是听听我们家乡的曲子吧！”

闯王一声令下，殿上的乐工便敲起了锣鼓，弹起了三弦，吹起了唢呐。十几个粗手大脚的陕北姑娘，红袄绿裤，跳起舞来。其中有一个姑娘高声大嗓，开始唱曲。她唱道：

天下黄河九十九道弯，九十九道弯里有九十九条船，九十九条船上有九十九个艄公，九十九个艄公手里有九十九支篙，九十九个艄公用九十九支篙，齐把船来板。哟呵！

舞蹈雄壮有力，音乐节奏明快，歌声高亢激昂，鼓声整齐划一。李自成看得眉飞色舞，听得激动不已。他合着节拍，击着掌，兴奋异常。两首歌曲，风格迥异，气氛也大不相同。姑娘唱完时，李自成哈哈大笑，他说：

“捷轩，这才是我们堂堂的大顺之声啊！就是你们关中的秦腔，我也非常爱听。陈圆圆，你说我家乡的歌好听吗？”

“臣妾之歌，小河淌水；大王之歌，大河滔滔。涓涓细流怎比荡荡之水，南国之音难登大雅之堂。两下一比，高下自分。贱妾自愧不如。”陈圆圆低声下气地回答。

“捷轩，这个女人，你还是领回去吧！有道是君子不夺人所爱。我们这些泥腿子如今坐了天下，你也好好享受享受！”

刘宗敏大喜过望，他立即让亲兵找来一乘小轿，将陈圆圆抬回府第。他自己也兴冲冲地告别闯王，骑马赶了回去。当天夜里，刘宗敏就开始寻欢做爱。刘宗敏可不是怜香惜玉之人，他那亢奋的肌体，重重地压在陈圆圆身上，陈圆圆被压得连气都透不过来。他那粗鲁的发泄，只会增加陈圆圆的痛苦，陈圆圆只能咬着牙忍受。自从有了陈圆圆，刘宗敏倒是变得专一了，他不再理会李自成分给他的那些宫女。可陈圆圆就倒霉了，她每天以泪洗面，每天晚上对她来说，都是一场噩梦。她暗地里思念她的吴郎，希望吴三桂能把她救出来。当然，她也知道，这种希望是那么渺茫，那么的不切实际。

然而，没过几天，陈圆圆却发现情况有了变化。刘宗敏府里逐渐热闹起来，在田弘遇的管家田旺的带领下，刘宗敏将田弘遇原来养的那批乐工、戏子、歌妓全部弄了回来。最让陈圆圆高兴的是，这其中有她在苏州一起唱戏时的小姐妹顾寿和杨宛。从此，陈圆圆有了无话不谈的朋友，她的脸上开始出现了笑容。刘宗敏是个喜新厌旧的人，有了新欢，他就把陈圆圆丢在一边。陈圆圆却乐得歇息歇息，而且，她正秘密地策划出逃。顾寿和杨宛也都同意逃跑，只是逃跑的路线不同。她二人想逃回苏州继续唱戏，而陈圆圆则想出关北上，去寻找她心爱的吴郎。

一个月明星稀的夜晚，刘宗敏被李自成召进宫去议事，他的亲兵也跟去了不少，将军府的警戒顿时比平常松了许多。陈圆圆和顾寿、杨宛，抓住这个机会，带着几个男优，一起潜入后花园。她们打开了花园后门，逃出了刘府，混在了一批老百姓的队伍中，溜出了北京城。顾寿和杨宛等人化装成要饭的，结伴往南方逃去，而陈圆圆和两个男优一起，雇了一辆骡车，向山海关方向进发。可事不凑巧，三人走到永平，陈圆圆就病倒了，她浑身发烫，一点力气也没有。没有办法，三人只好在永平找了个旅舍，暂时住了下来。

刘宗敏回府后，发现陈圆圆等人逃跑，他勃然大怒，拿起马鞭抽打那些在家负责看守的兵士。兵士连连求饶，刘宗敏让他们连夜追赶逃走的陈圆圆等人，不把她们抓回来，就军法从事。兵士们不敢怠慢，立即出发，分头寻找。顾寿、杨宛等人化妆巧妙，她们躲过了追兵，顺利地返回南方。而陈圆圆就没有那么幸运了，她很快就被追兵发现，押回了北京。刘宗敏立即下令，处死了那两名与陈圆圆一起逃跑的男优，但陈圆圆他却舍不得杀，他将陈圆圆留下，供自己享受。金丝鸟被捉回了笼中，这一次，士兵们对陈圆圆的看守更严了，谁也不敢跟自己项上的脑袋开玩笑。

日子过得真快，大顺军进入北京已经十天了。闯王住在宫中享乐，刘宗敏霸占了陈圆圆，大批的明朝降官被拷打，被逼着缴出赃银，这些事儿，都被制将军李岩看在眼里。李岩是个头脑清醒的明白人。进京后，几十万大顺军都进了北京城，只有李岩让红娘子和兄弟李侔带领本部人马在城外驻扎。他严格要求，不准自己的士兵违犯军纪。平日里，李岩只带着十数个家丁出入北京。现在，他觉得有必要提醒闯王，大功尚未告成，不能这样下去。李岩心急如焚，一连数日进宫去求见闯王，可他都被挡驾了。李双喜告诉他，说闯王没工夫接见他。想来想去，李岩决定去见高夫人。高夫人听了李岩的一番话，非常重视，她决定亲自去见李自成，让闯王把一些当紧的大事先确定下来。

闯王一听高夫人进宫，便连忙推开了怀中的窦贵妃，不好意思地站起身来迎接。高夫人单刀直入，向李自成讲述了李岩的忧虑，她还再三强调，自己完全赞成李岩的意见。听了高夫人的话，李自成拍了拍自己的头，连忙表示道歉，承认自己的不是。他当着高夫人的面，把李双喜叫来，让他通知丞相牛金星、军师宋献策、副军师顾君恩、权将军刘宗敏、制将军李岩、汝侯刘芳亮等明天一早到武英殿开会。他还特别强调，请高夫人也来参加这次重要的军事会议。

第二天一大早，李自成便让李双喜带了五六个亲兵，从西华门前往武英殿。他还是进城的那身打扮，既不要任何仪仗，也不讲什么排场。高夫人和群臣都到了，李自成不要他们行大礼，大家仍是像过去一样，围坐在李自成身边。李自成这几天还没有静下心来考虑一些大事，因此他点名让李岩首先发言，让李岩把自己的一些想法说出来，然后供大家讨论。李岩见闯王点了自己的名，也毫不推辞，他稍微整理了一下自己的思路，便痛痛快快地将这几天所深思熟虑的意见和盘托出。他说：

“闯王，我们已经拿下了北京，消灭了大明，但目前我们只占有山、陕、冀、豫数省地方，还不到全国的三分之一，我们打天下的任务还远未完成。山海关外，二十万八旗兵正虎视眈眈，他们随时准备进取中原。宁远的吴三桂，是一员悍将，他手下虽只有四五万人马，但关宁铁骑的战斗力非一般明军可比，听说他已率部进至山海关。满清和吴三桂乃关外二虎，尤为可惧的是，若吴三桂降清，则东北关门大开，清兵可长驱直入。故二虎为我腹心之患，要尽量防止二虎联手。再看南方，南方各省乃国家赋税重地，南明小朝廷已经在南京建立。所谓百足之虫，死而不僵。南明政权在民众中享有一定的号召力，必须尽早铲除。尤其是盘踞武昌的左良玉，尚拥兵三十万，拒不投降，可算是一狼。二虎一狼尚在，我大顺岂能掉以轻心，必须及时拿出适当的对策。

“再看我军的实力。我军号称百万，但经过多年征战，精锐损失不小。目前多数乃乌合之众，其中加入队伍的大批饥民，尚未形成战斗力。更可虑者，新近投降的明朝的降兵降将，多数是迫于形势，他们首鼠两端，还在那里观望，随时都有重新叛变的可能。而我军进京以后，纪律开始涣散，已发现抢劫和强奸现象，还有不少兵将趁火打劫，为自己聚敛钱财。玩物丧志，试想，怀揣大量钱财的士兵还会上战场拼命厮杀吗？所以，现在还远远不是高枕无忧的时候，如果心存侥幸，措置不当，防备不足，我们好不容易到手的江山，也会得而复失。

“有鉴于此，臣提出以下八策，请闯王与诸位参酌。一是速选良辰吉日，请闯王在京登基称帝，以示我大顺朝继明而立，便于号令天下。此所谓：名正则言顺，言顺则事成。二是立即将城内大部分军队迁至城外驻扎，城内只保留少量守军即可。如此一来，既可以严明军纪，又方便军队训练。三是派大批细作出关，侦察清军动静，一有风吹草动，便可早做防范。所谓知己知彼，百战不殆也。四是将明朝降官加以甄别，可用则用。这部分人人数虽少，但能量不小，任用他们可以补目前官吏之不足，尽快恢复各地政府职能。任用他们后，也可以促使这些人安下心来，防止他们反水。

“五是抓紧赈灾。目前全国各地灾情严重，老百姓嗷嗷待哺，必须尽快派官放赈。这样做，一可以安民心，二可以保稳定。六是撤销比饷镇抚司，代之以正常的收税征赋，以保证政府、军队的日常开支。过去的‘迎闯王，不纳粮’乃战时的权宜之计，今海内归一，应及时变更，否则，将把不少人逼到我们的对立面去。七是选一上将统兵，进剿武昌左良玉部，并进而消灭南明政权。此举可使大江南北均归我大顺旗下，富庶的南方各省又可以给大顺提供充足的财源。

“八是要立即确定对待吴三桂部的方针。臣意可先进行招抚，若吴三桂举军投降，则国门可暂时无忧；若吴三桂拒不投降，则须以迅雷不及掩耳之势，用武力消灭吴三桂部，并派出一名上将扼守山海关。山海关乃京城门户，万不可失。以上八事，均当务之急，但重中之重是对吴三桂的措置，请闯王定夺。臣之所虑，百密一疏，虑所未及，尚请各位指教。”

李岩一口气将他这几天考虑的军国大事一一说完，在座众人，包括闯王在内，不仅认真聆听，而且还不断点头，对李岩提出的八条建议深表赞同。可还没等李自成出面表态，刘宗敏就很不耐烦地开了腔。他说：

“好你个李将军！你这是危言耸听，长敌人志气，灭自己威风。现京城已克，明朝已亡，全国可指日而定。清兵远在关外，吴三桂只有区区数万人马，左良玉更是手下败将，什么二虎一狼，纯粹是杞人忧天！说什么撤销比饷镇抚司、停止追赃派饷，更是扯淡，难道让我们百万大顺军去喝西北风吗?”

“捷轩！你先不要匆忙表态，全盘否定。其实，制将军所提数事，也是我这几天正在考虑的。制将军所提八策，多数乃真知灼见。我意诸位可就此八策，共同议一议，定下几条，立即实行。尤其是吴三桂的关宁铁骑，乃肘腋之患，必须早做打算！”

李自成的这番话，立即止住了刘宗敏的话头。在李自成的心里，他对李岩是十分器重的，认为他是个人才。李岩的八策考虑得很全面，而且非常及时。这些事，本来是他这个闯王应当做的，因此，李自成有些愧疚。他已经觉察到进城的这些天，自己有些荒唐，必须立刻纠正。现在，要不失时机、雷厉风行地办几件事。

一听李自成发话，刘宗敏立即就不再说了。刘宗敏虽然性情粗鲁，但他对李自成忠心不二，只要是李自成定下来的事，就是他心里再不愿意，他也会去执行。刘宗敏虽不再说话，但还是气鼓鼓的，因为李岩所说的比饷镇抚司的工作，就是由刘宗敏亲自负责的。身为大顺的副统帅（军中人都称他为“二王爷”)，大顺军的供给全由他负责。负责比饷镇抚司以来，他和李过抓捕了大批前明官员，费了不少心血。在他眼里，这些贪官污吏，个个家缠万贯，让他们拿出点钱来充做军饷，岂不是天经地义的事。

刘宗敏办事认真，前明官员们也是欺软怕硬，夹棍拷打之下，纷纷上缴银两赎人。那个当年被崇祯关进监狱的武清侯李国瑞，宁死也不缴出一两银子，但这次他先后缴出了五十万两白银。周皇后的父亲周奎成天装穷，这回也缴出了白银十万两。每天追缴出的大量金银，刘宗敏分文不取，全部上缴国库。因此，他对李岩提出的撤销比饷镇抚司，更是从心里反对。现在，闯王表了态，刘宗敏哑了火，不开腔了，于是其他人纷纷开始发言。宰相牛金星首先接过李自成的话头，表态说：

“李将军所提请闯王登基称帝一事，正中下怀。吾与前明降官们每逢三、六、九赴午门劝进，闯王就是不听。请闯王速听众议，立即称帝，牛某当竭尽全力，办好这件大事。”

闯王听后，却不大赞成，他说：

“登基称帝之事虽然重要，但当前国家初创、百废待兴，要务实事、戒虚名。称帝之事，缓后再议，制将军所提其他各策，还望畅所欲言。”

军师宋献策接过李自成的话头，说道：

“我听了李将军的话后，觉得言之凿凿，十分有理。尤其是所提八策，切中实弊，令人茅塞顿开。其中，军队调防、停止追赃派饷及赈灾等事，更是直接关系到民心向背。民心者，最可虑也，所谓得民心者得天下，若一旦激起民变，我们可就不战自乱了。”

一听宋献策又提出追赃派饷之事，刘宗敏刚刚忍住的火气，又升了起来。他再也忍不住了，立即接口道：

“军师，此言差矣。此时但畏军变，不畏民变。军者，我所持以攻取，稍失意则不为我用。民者，我已制其肘腋，设有动摇，闭门分剿，不烦鸣金击鼓，一时可尽。且军兴，日费万金，若不强取，安能得到?”

宋献策听了刘宗敏的话，也不让步，立即展开了反驳。他说：

“二王爷，此话非当。我大顺军之所以一路斩将夺关，顺利进京，靠的就是民众支持。打天下，靠民众，坐天下，则更需得民心。孟子说过，民心似水，水可载舟，亦能覆舟。对百姓，需施仁政，且不可动武。明朝之所以江山倾覆，就是失去民心所致。前朝教训，岂能不记取？我同意将大批军队撤出北京，同时停止追赃派饷。”

刘宗敏还想反驳，被李自成摆摆手止住了。在李自成的主持下，众人开始对李岩的八策逐条进行了讨论，有人支持、也有人反对。经过一番争议，最后由李自成拍板，做出了四条决定。一是撤销比饷镇抚司，停止追赃派饷。二是由留守陕西的主将高一功负责，筹划对武昌的左良玉进剿之事，剿抚并用，克期建功。三是由丞相牛金星牵头，负责筹备闯王登基大典和建立各级地方政府。四是派降将唐通为专使，携白银四万两、锦缎一万匹，去关外招降吴三桂。

闯王宣布决定之后，就准备散会。可正在这时，李岩又站起来，说道：

“闯王，既然决定招降吴三桂，还请刘将军迅速释放吴三桂之父吴襄和吴三桂的爱妾陈圆圆。”

闯王一听，又坐了下来，他对刘宗敏说：

“捷轩，吴襄和陈圆圆是怎么回事？”

“吴襄乃吴三桂之父，乃京营提督，按规定应缴出白银三万两，可至今吴襄只缴了五千两。陈圆圆乃吴三桂之妾，就是上次臣献给大哥的那个苏州歌女。现今二人都押在刘某下处。”刘宗敏回答道。

“捷轩，你太糊涂。如今要劝降吴三桂，岂可拘其父，纳其妾？况且你上次献陈圆圆之时，怎么不说明她是吴三桂之妾？你回去，立刻释放吴襄，并让他给吴三桂写信劝降。立刻将陈圆圆送回吴家。千万不要因小失大。”李自成迅速做出了决断，只是碍于刘宗敏的面子，他没有对这位“二王爷”多加斥责。

会散了，刘宗敏闷闷不乐地返回府第。比饷镇抚司的撤销，他觉得倒问题不大，因为经过十多天的拘讯拷打，大部分前明官员都交出了银子，就是继续拷问下去，也没有多少油水了。对于释放吴襄，他也没有意见，只是他不打算马上释放，他要逼吴襄再拿出些银两。最头疼的是陈圆圆，他无论如何舍不得释放这个尤物，天下可再没有第二个陈圆圆了。凭什么吴三桂可以享受，我刘宗敏就不行。想来想去，他还是将陈圆圆悄悄留下了，并且专门派了四名亲兵，日夜看守。刘宗敏把陈圆圆藏了起来，谁也不知道在什么地方。他自以为做得很隐秘，他不愿意放弃这个美貌的娇娘。

再说唐通接到闯王的指令，立即点齐他的八千人马，带着四万两白银和一万匹锦缎便出发了。不几日，唐通的队伍就到达山海关。唐通将大队人马留在了关外，自己只带了几百人，拉着银两和锦缎，去见吴三桂。他和吴三桂是老熟人了，在松山战役中，两人一起共过事。松山战败后，两人又一起逃到杏山，说起来，关系还是不错的。所以，一听说唐通来到，吴三桂亲自出关迎接。进了山海关，两人分宾主坐下，唐通献上四万两白银和一万匹绸缎，并将李自成写的亲笔信交给了吴三桂。

李自成的信内容很单一，就是劝吴三桂投降。李自成在信中许诺，若吴三桂愿意投降，将不失封侯之位。看信后，吴三桂将唐通等人送进驿馆休息，又让副总兵杨坤收下了唐通带来的绸缎和银两，然后，一个人迈步登上了山海关的城头，他要一个人好好思虑一番。望着眼前一望无际的大海，吴三桂思绪如潮。他在城上走来走去，他在思考着一个问题，是否向李自成投降？他只有将这个问题考虑好，才好回复唐通，也好告诉自己的将士。说实话，做出这个决定，对吴三桂来说，还是很痛苦的。

吴三桂二十七岁就被朝廷封为总兵，后来又被封为平西伯，明廷待他不薄。松山之战，吴三桂当了逃兵，崇祯不但没有加罪，还让他继续镇守辽东，君恩不谓不厚。所以，对大明，对崇祯，吴三桂充满了感激之情，矢死效忠大明是他的一贯方针。但现在崇祯已死，大明已亡，他是无国可报，无君可忠啊！目前，以他的这四、五万兵力，无论是单独去对付清军，还是对抗大顺军，都是以卵击石，都是自不量力。所以，到底是投降清廷，还是投降大顺，二者必居其一，必须做出抉择。

从感情上讲，吴三桂是不愿降清的。他父子两代长期与清军作战，国恨家仇，可谓不共戴天。吴三桂自幼接受传统教育，对夷虏十分鄙视。当时，在汉族人眼中，如果向满清，向夷虏投降，那就是汉奸，那就是民族败类，是最大的不忠，也是最大的耻辱。他之所以长期坚守宁远，拒不降清，也是基于上述思想。所以，降清的想法，只在他脑中一闪，就消失了。堂堂大汉子孙，岂能认贼作父？他想好了，绝对不能投降清朝。

投降大顺？吴三桂也有些犹豫。他一直看不起李自成这帮流贼，他本来已经下定决心，要和大顺军进行一场真刀真枪的较量。要是他及时赶到北京，这场仗早打过了。可是现在，形势变了，而且是翻天覆地的变化。大顺军进了北京，李自成坐了天下，大明朝成百上千的臣子都投降了大顺。这在当时是很自然的，改朝换代的时候，大家不都是这样做的吗？所谓成者为王、败者为寇么，这个道理吴三桂还是懂的。

再说，李自成毕竟是汉人，向汉人投降，吴军中的多数人还是能够接受的。况且，李自成现在还派来了使节，送来了礼物，还答应对自己予以重用，这些都给足了自己面子。按说，四万两银子、一万匹绸缎不算多，但目前吴军已经十四个月没发饷，吴军正处于困难之中。这些礼物能解吴三桂的燃眉之急，真是雪中送炭。拿人钱财，替人消灾，接受了别人的礼物，当然要为人家卖命了。反复权衡，吴三桂终于下定了决心，他要和大多数明朝臣子一样，向大顺投降称臣。当他走下城头时，吴三桂的脚步明显比上城时轻快了许多，因为他已经拿定了主意。

回到军营，吴三桂立即下令，全军游击、参将以上将领全部到他帐中开会，他要宣布重要事项。不多大功夫，杨坤、郭云龙等二十多名心腹将领都来到了帐中。吴三桂朝众将拱了拱手，然后郑重地说：

“弟兄们，而今主上蒙尘，大明沦亡。大顺派唐通携礼物前来招降，斩之乎？迎之乎？我军何去何从？还望众将各抒己见。”

“我等生死，唯将军令。”众将齐声回答。

“既然众将相信我吴某，就请听命令。我决定，向大顺投降。即日起，回营做好准备。三日后，全体启程进京，听候闯王安排。”吴三桂宣布了向大顺投降的命令。

“谨遵将令。”众将一致回答。众人对投降大顺并没一人表示异议，这倒是出乎吴三桂意外的，不过，这也让他彻底地放下心来。

在这三天里，吴三桂对他的队伍进行了整顿。队伍中的老弱病残全部淘汰回乡，家属进行了就地紧急安置，无法带走的辎重也全部留在了山海关。经过这次整编，吴家军总数只剩下四万人，其中，骑兵、步兵各占一半。这也就成了关宁铁骑硕果仅存的最后一点家当了。临行前，吴三桂把山海关的防务全部移交给了唐通。

三月二十四日，在山海关大校场，吴三桂大张旗鼓地为崇祯皇帝和周皇后举行了治丧仪式。吴军上下，一律头裹白巾，身穿孝服，整个校场上一片白色。吴三桂带头，众将随后，向崇祯帝后灵牌敬酒、上香，然后行三跪九叩大礼。仪式结束后，吴三桂在将台上大声宣布，吴家军投降大顺，即日起入朝面君。三声号炮响过，队伍开始出发。骑兵在前、步兵在后，鱼贯走出了校场。吴三桂骑在马上，身后是郭云龙、杨坤等一干将领。巨大的“吴”字帅旗迎风招展、关宁铁骑在朔风中顶风前进。吴军虽只四万人马，但他对外号称十五万。一路上，吴三桂到处张贴告示：“本镇率部朝见新主，所过秋毫无犯，尔民不必惊恐。”

三月二十七日，吴家军到达永平府的附郭县卢龙，并在这里停了下来。山海关距北京只有七百多里，到卢龙时，已经走了二百多里。吴三桂在永平停留，一是稍做喘息，二是想再了解一下，看最近北京有没有什么变化。他在从山海关出发前，便派出了好几拨细作，提前行动，去打探消息。当天夜里，细作们便先后回来，向吴三桂汇报侦察过的情况。第一拨探子回来报告说：

“大帅，老太爷（指吴襄）被大顺军抓走，关在刘宗敏那里，日夜遭拷打追赃，老太爷苦不堪言。”

“这不要紧，我只要一到北京，闯王知道我来投降，一定会把老太爷放回来。”吴三桂信心满满地说。

第二拨探子回来报告说：

“大帅，吴家在帽儿胡同的府宅已被充公，家产也被大顺军全部籍没。”

“这也不要紧，只要我到京投降，闯王一定会发还房屋和家产。”吴三桂沉着地说。

第二天，吴三桂率军拔寨，继续向北京前进。三月二十九日，吴家军抵达玉田县，这里离北京只有二百多里地了。当天夜里，亲兵将一个人带来见吴三桂，只见他衣衫褴褛，浑身是伤。一进帐，来人就哭着跪倒在地。吴三桂定睛一看，原来是父亲手下的旗鼓官傅海山。这傅海山可是吴家军的老人，一直在北京家中伺候父亲吴襄。吴三桂一见傅海山来到，便叫人将他扶起来，又让他喝了点水。吴三桂迫切地想从他嘴里知道家里和陈圆圆的真实情况。

傅海山哭着说道：

“少将军，老太爷七天前被刘宗敏派兵抓去，硬逼着让老太爷交出三万两银子。家里东挪西借，好不容易凑了五千两银子交上，可刘宗敏就是不放人，还继续拷打讯问，并将家中财物全部抄没。还在抄家之前，如夫人（指陈圆圆）便被刘宗敏那贼抢到他府里，现在死活不知。大顺军进城十来天，我吴家是家破人亡啊！少将军一定要为老太爷和如夫人报仇啊！”

还没等傅海山说完，吴三桂就忍不住了，他眉毛倒竖，嘴唇流血，怒发冲冠，仇满胸膛。只见他猛地拔出了腰中宝剑，只一剑，就将面前的木案劈成了两半。吴三桂举着剑，跳着脚，咬牙切齿地说：

“大丈夫一女子尚不能保，有何面目立于人世间？李自成、刘宗敏，我与你们不共戴天！我吴三桂不报此仇，誓不为人！”

清代诗人吴梅村在他写的《圆圆曲》中描述这一情景时，曾这样写道：

恸哭六军俱缟素，冲冠一怒为红颜。

这一怒，山河变色。大顺政权只在北京存在了四十一天，就慌忙退向了山西、陕西。李自成、刘宗敏等人也终于成为历史上的匆匆过客，他们用自己的双手葬送了已经到手的胜利成果，并从此走上了不归路。他们的失败并不仅仅是个人的失败，他们的失败使他们成为民族的罪人。在世界民族之林中，一个古老的、创造过四大发明的、正朝着资本主义世界迈进的帝国，最终沦为一个半封建半殖民地的国度，被人侵略，受人欺负，这实在是文明的沉沦，民族的悲哀。

这一怒，神州易帜。吴三桂打开山海关，迎接清兵入关，成就了清朝二百六十七年的统治。一个野蛮、落后的少数民族政权仅仅依靠二十万八旗兵就入主了中原，这真是历史的偶然。实际上是大顺政权栽植了桃树，而让清朝摘得了成熟的果实。一个马背上的民族将自己的风俗习惯、生活方式强加在一个拥有五千多年辉煌文明的农耕族身上，使这个泱泱大国一步步走向了衰落。一系列不平等条约、一次次割地赔款、一年年外族入侵，文明古国饱受了侮辱与欺凌。多少有志之士扼腕叹息，一个女人改变了中国的命运。

这一怒，人头落地。吴三桂开门揖盗，不仅让农民军领袖李自成等人血染荒山，也给中国人民带来了无尽的灾难。嘉定三屠、扬州十日，史可法等民族英雄倒在血泊中。吴三桂这个曾经不可一世的枭雄也走向了自己的反面。降清的行为，使他成为汉奸、成为卖国贼、成为千古贰臣。最后，他家破人亡，身败名裂，真所谓，天作孽，犹可恕，自作孽，不可活。吴三桂先降大顺，再降大清，最后又叛乱反清，他所追求的，不过是他个人的荣华富贵，而他的倒行逆施也将自己永远地钉在了历史的耻辱柱上。在历史的转折关头，一个人的举动又会给民族、给国家带来多么大的变化啊！这个历史的教训，是值得人们永远记取的。

第二十章

清军直入山海关

吴三桂一怒之下，命令部队后队改为前队，掉转方向，杀回山海关。别看吴家军往北京走时走得慢，杀回马枪时可去得快。四月二日，没有喧哗，没有骚动，吴家军悄无声息地来到了山海关下。山海关上灯火通明，守将唐通正在与手下喝酒，呼五吆六，酒兴正浓。

吴三桂命步兵从西罗城入城。西罗城是去年才开始修的，并没有完工，所以，吴军从低处登城，然后一拥而入。西罗城守军本来就少，又没有防备，吴军很快得手。然后，他们押着西罗城的降兵，叫开了西门。顷刻间，唐通的人马死的死，逃的逃，被杀了个七零八落。唐通本人喝得醉醺醺的，连刀都拿不动，乖乖地当了俘虏。吴三桂念及旧情，释放了唐通。唐通只带着几个亲兵，灰溜溜地逃回北京。

四月十二日，李自成见到了逃回北京的唐通。听到吴三桂降而复叛、重新占据山海关的消息，李自成大惊失色，急忙召开会议，商量对策。刘宗敏来的最早，李自成一见他就埋怨，说你为什么不放回吴襄、陈圆圆？

为什么不按自己说的办？刘宗敏连声请罪，说这事儿全怪自己，他立刻释放吴襄和陈圆圆。李自成气得脸色铁青，冲他摆了摆手，说：

“现在再放，太晚了。如今，吴三桂已重新占据了山海关。今天把大家找来，是想议一议，我们现在该怎么办？再不能有一丝一毫的大意了！”

宰相牛金星首先发言。他说：

“陛下，依臣之见，还是继续招降为上。这么多明朝官员都投降了，他吴三桂岂能例外？这一次，直接封吴三桂为侯，让吴襄再写封亲笔信，然后多带金银绸缎。吴三桂一定会降，我就不相信天下会有不爱官、不爱财的人？”

军师宋献策不赞成牛金星的意见。他说：

“不然。吴三桂是个血性汉子，我们抄了他的家，抓了他的爹，抢了他的妾，他怎么会再降？如今，山海关举足轻重，若吴三桂开关降清，清兵便可长驱直入。当务之急是要阻止吴三桂降清，并将山海关控制在我们手中。可速派大军去捉拿吴三桂，夺取山海关。只要占据了山海关，就可御清兵于关外，就可以争取到时间，巩固我大顺江山。”

“丞相和军师的话都言之有理，不如两策并举，双管齐下。一方面，再次派人去招降吴三桂；另一方面，立即遣将去攻打山海关。如吴三桂投降，可令他回京任职，派我方将领去把守山海关。如吴三桂不降，就立即用武力夺取山海关。兵贵神速，机不可失。吴三桂是否降清，他还在犹豫之间，我们一定要抢在他与清军联络前行事。请闯王当机立断。”李岩说出了他的意见。

不待其他人再说，李自成就表了态。他说：

“李岩兄弟说得对。我决定，再派李甲、陈乙二人带十万两白银和一张侯爵的任命书，去山海关招降吴三桂，明天就动身。我们还是希望吴三桂能够投降。至于去征讨吴三桂，由谁带兵呢？”

“我去。”“我去。”“我去。”“我去。”刘宗敏、李过、刘芳亮、李岩都应声愿去。

“不妥。我考虑无论是招降还是讨伐，必须当场决定。此举关系重大，我必须亲自前往。众将听令。李岩与兄弟李侔协助牛丞相留守北京。其余众将都随我到山海关去打吴三桂。他吴三桂又没有三头六臂，有什么不得了的。我就不信，多年打雁，还能叫雁啄了眼？大江大浪都过来了，小河沟里还能翻船？就这样定了，大家下去分头准备。”

当天夜里，按照李自成“根绝后患”的指示，大顺士兵将大学士魏藻德、定国公徐允贞、新建伯王光通等六十多名前明降官与贵戚斩于西华门外。李过也将他中吉营拷讯的彭琯等五十三名前明官员全部绞死。关押在刘宗敏府第的明官也大都处死，只释放了少数人。直到深夜二更，才宣布封刀。大批明降官被杀，京城人心惶惶。一些前明太监、官员开始秘密串联，准备乘李自成大军前往山海关讨伐吴三桂之际在北京起事。留守北京的李岩、李侔兄弟不敢懈怠，日夜亲自带兵在京城各处巡逻。

四月十三日清晨，天刚麻麻亮，大顺讨伐吴三桂的二十万大军便陆续从东长安门出城了。当先是李过的“中吉营”，接着是刘宗敏的左营和刘芳亮的右营，最后是李自成的中军营。军师宋献策和刘宗敏等一班战将都簇拥在李自成的周围。李自成仍然骑着乌龙驹，腰挎花马剑，头戴白毡帽。但这次出城显然和他二十多天前进城的心情大不相同。他有一种不祥的预感，他对战胜吴三桂有些信心不足。这位身经百战的农民军领袖第一次感到力不从心，他后悔在北京的耽搁，觉得不该放纵自己。他更不能原谅刘宗敏，竟然做出如此荒唐的事情。

大顺军十四日到通州，十五日抵密云，十七日在永平停了下来。李自成虽然出兵，但他心里仍然希望吴三桂能投降，他真不愿意与吴三桂刀兵相见。为了招降吴三桂，这次出发时，李自成还专门交代，带了几个有特殊身份的人。他们是明太子朱慈烺和他的弟弟永王和定王，吴三桂的父亲吴襄，还有一个自称与吴三桂私交甚好的降官张若骐。张若麒本来是关在大狱内等待秋决的，大顺军攻入北京，将他释放，他当即投降了大顺。李自成想利用这几个人与吴三桂的旧关系去感化他，他始终未放弃招降吴三桂的主意。他想，他亲自出马，也算给尽了吴三桂的面子。于是，李自成顿兵永平，他在等待李甲、陈乙去招降的结果。

就在李自成进军山海关犹豫不决之时，吴三桂却已是磨刀霍霍了。他首先将西罗城未完工的城墙修补完毕，又准备了大量的滚木、礌石等，随时迎接大顺军的进攻。另一方面，他将老百姓中的青壮年一律武装起来，这些民兵也武装了四万名左右。当然，指望他们与大顺军厮杀显然不切实际，但用来守城，则可以将训练有素的关宁铁骑解放出来。此时，李自成指派的招降特使李甲、陈乙带着十万两白银和一纸辽东侯的任命状，已经来到了山海关。他们还交给吴三桂一封父亲吴襄亲笔写的劝降信。信中写道：

"三桂吾儿：汝以君恩特简，得专阃任，非真累战功历年岁也；不过为强敌在前，非有异恩激劝，不足诱致英士，此管子所以行素赏之计，而汉高一见韩、彭即予重任，盖类此也。今尔徒饬军容，巽懦观望，使李兵长驱直入，既无批亢捣虚之谋，复乏形格势禁之力。事机已去，天命难回。吾君已逝，尔父须臾，呜呼！识时务可以变计矣。昔徐元直弃汉归魏，不为不忠；伍子胥违楚适吴，不为不孝。然以二者揆之，为子胥难，为元直易。我为尔计，不若反手衔璧，负锧舆棺，及今早降，不失通侯之赏，而犹全孝子之名。万一徒持愤骄，全无节制，主客之势既殊，众寡之形不敌，顿甲坚城，一朝歼尽，使尔父无辜并受戮辱，身名俱丧，臣子俱失，不矣大可痛哉！语云'知子莫若父'，吾不能为赵奢，而尔殆有异于括也。故为尔计，至嘱，至嘱。"

李自成本想吴三桂接到父亲的信后，有可能重新回头。但他哪里知道，吴三桂此时已是王八吃秤砣——铁了心了，九头牛也拉不回来了。四月九日，吴三桂在山海关大校场举行了誓师大会，除吴家军外，当地不少士绅也被请来参加。开会时，吴三桂先给士兵们发放肉、酒和饷银。然后，他命令刽子手将闯王派来招降的正使李甲杀掉，将李甲的头挂在旗杆上祭旗。接着，又把副使陈乙抓来，削掉了他的两个耳朵，陈乙头上鲜血直流。吴三桂说："老子放了你，你回去告诉李自成，让李贼自送头来。"

陈乙抱头鼠窜去了。陈乙走后，吴三桂走上校台，亲自向大家宣读了他写给父亲吴襄的回信。信的全文如下：

“不孝男三桂泣血百拜，上父亲大人膝下：

儿以父荫，熟闻义训，得待罪戎行，日夜励志，冀得一当，以酬圣眷。属边警方急，宁远巨镇，为国门户，沦陷几尽，儿方力图恢复，以为李贼猖獗，不久即当扑灭。恐往复道路，两失事机，故尔暂稽时日。不意我国无人，望风而靡。吾父督理御营，势非小弱，巍巍百雉，何至一二日内便已失坠。使儿卷甲赴关，事已后期，可悲，可恨！侧闻圣主晏驾，臣民戮辱，不胜眦裂。犹意吾父素负忠义，大势虽去，犹当奋椎一击，势不俱生。不则刎颈阙下，以殉国难，使儿缟素号恸，寝戈复仇，不济则以死继之，岂非忠孝媲美乎？何乃隐忍偷生，训以非义，既无孝宽御寇之才，复愧平原骂贼之勇。夫元直荏苒，为母罪人；王陵，赵苞二公，并著英烈。我父嚄昔宿将，矫矫王臣，反愧巾帼女子！父既不能为忠臣，儿亦安能为孝子乎？儿与父诀，请自今日。父不早图，贼虽置父鼎俎之旁以诱三桂，不顾也！

男三桂再百拜。”

吴三桂在誓师大会上慷慨陈词，宣布与父亲决裂，也同时宣布了与大顺的绝决。他决心已定，要报仇，表面上是报国仇，实际上是报私仇，他要报的乃是大顺夺走陈圆圆之仇。别看他嘴上声色俱厉，但他内心里还是空虚的。他知道，以自己区区四万人马去对抗李自成的数十万大军，无异是以卵击石，不自量力。即便是鱼死网破，自己今后又何以立足呢？冷静下来后，他思虑再三，决定先和自己的心腹幕僚方光琛商议，看看他有什么高招。

这方光琛是原明辽东巡抚方一藻的大公子，方一藻对吴三桂有举荐之恩，吴三桂将其子招入幕中。这方光琛虽肩不能扛，手不能提，更没有武功，但他自幼饱读兵书，为人颇有智谋，人称“小诸葛”。吴三桂很尊敬他，虽然名义上他只是个幕僚，但实际上吴三桂待他是亦师亦友，对他是十分器重的。方光琛进帐之后，吴三桂屏退左右，单刀直入地对他讲了目前的困难处境，希望方光琛在这关键时刻，能给自己出个好主意。方光琛听吴三桂说完后，稍微喘口气，略微思索了一下，便说：

“将军所虑，与方某同。以我关宁四五万众，若想独树一帜，自立于天下，难矣！既难自立，则必须投靠一方，或大顺，或大清，二者必居其一。投大顺，确属明智之举，大多数明臣均降了大顺。但如今将军生父被执，爱妾被辱，与大顺决裂，亦在情理之中。况今日杀大顺使节，发抗顺之檄文，投大顺之路已绝。若不投大顺，则势必降清。将军父子，累年与清军血战，深仇大恨，非一日可解，故将军降清，实有不甘。况一旦降清，终身名节全失，落个千秋骂名，为将军计，亦不可取。不投大顺，不降大清，大顺军朝发夕至，又如何抵挡？而今之计，唯有效法当年伍子胥向吴国借兵复仇之计，打出为大明、为崇祯复仇的旗号，向清廷借兵。为先帝兴兵，名正言顺；向清廷借兵，化敌为友。既可避降清之恶名，又可为我军邀一强援。我关宁居中，让大清与大顺鹬蚌相争，不失为眼前一可行之计。将军以为如何？”

“借兵固为好计，但这是我们的一厢情愿，清廷会借兵给我们吗？”吴三桂心有疑虑地说。

“清人欲得中原久矣，苦于关宁铁骑之阻，苦于山海关之坚。若将军向其借兵，答应事成后裂土以酬，岂不等于向清人送去开关锁匙，助其夺取中原，清人岂有不肯借兵之理？但目前，大顺军近在咫尺，数日可至关前，而清兵却远在盛京，远水难救近火。将军可派人诈降李贼，尽量延缓其进兵时日。另择能者，携将军亲笔书信，快马加鞭，赶赴盛京借兵。二策并举，双管齐下，定可解眼下之危。”方光琛寥寥数语，让吴三桂顿开茅塞，他一时疑虑尽消，决定按方光琛的计策行事。

吴三桂让方光琛代自己拟就书信一封，亲笔抄好，还特意加盖平西伯的印信，派心腹将领杨坤和郭云龙为使，星夜前往盛京借兵。然后，他又从军中挑选了高选、李友松、谭遂环、刘泰临、刘台山、董镇庵等六将，前去向李自成诈降。这六人官职并不高，但能说会道，尤其是对吴三桂忠心不贰，所以这也是吴三桂挑选这六将的原因。六将早打听得李自成驻军永平，因此便直奔永平而去。他们在永平的大顺军驻地见到了闯王。闯王刚刚接见了双耳流血的陈乙，没等陈乙把话说完，闯王便大发雷霆。所谓

“两国交兵，不斩来使”，吴三桂不仅杀了李甲，还将大顺的十万两白银据为己有，并且还出言不逊。李自成怒火中烧，即刻就要发兵。正在这时，帐外又说有吴三桂手下六将前来投降，李自成只得暂时先压下火气，看六将有何说法。

六将进得帐来，立刻跪倒在地，真是卑躬屈膝。为首的高松，对闯王说：

“陛下，前番我们吴帅已率兵来降，因误听人言，返回了山海关。不该杀了贵使，更不该口出狂言。我们众将相劝，吴帅悔之莫及。以我区区数万关宁之师，岂敢对抗陛下天兵，故我六人奉吴帅将令，先行前来投降，并将内情禀告。只等陛下大军一到关前，吴帅则自率全军投诚。千错万错，吴帅之错，还望陛下大人大量，宽恕吴帅反复之罪。我等生死，听凭陛下发落。还望陛下开恩。”

这种诈降的伎俩，本不难识破，但李自成先入为主，他一直期盼吴三桂投降，他不相信吴三桂会降清。所以，他对高松的话是半疑半信。他决定姑且让这六将，跟随大军一道前往山海关。若六人投降是真，可化干戈为玉帛；若六人投降是假，到时再杀不迟。于是，由六将在前边带路，大顺军浩浩荡荡地杀向山海关。

六将故意拖延时间，带着大军向密云方向走去。一直走到承德以东的潘家店时，六将突然跨马急奔，准备逃走。刘宗敏见势不对，命令箭手向六将射箭。其中五人被射杀，只有董镇庵一人，虽中三箭，仍被他骑马逃脱。虽然李自成最终识破了六将诈降的伎俩，但时间却被耽搁了两三天。大顺军本来从北京到山海关只需五天，却整整走了九天。正是这致命的耽搁，断送了大顺朝的命运。一直觊觎中原的清军正是利用李自成耽搁的这几天时间，也赶到了山海关。

清军为什么像事先约好了似的，来得这么快，这么巧呢？这其中，还真是事出有因。原来，三月十六日，宁远守将吴三桂突然带着大批兵民从宁远撤进关内。这个异乎寻常的举动，立即引起了多尔衮的警觉。他意识到，一定是明朝国内出了大事。多尔衮立刻派遣大批探子，入关打听情况。情况很快就打听清楚了，据探子报告，李自成的大顺军已于三月十九日攻入北京，明末代皇帝崇祯煤山自尽。眼见得清朝多年垂涎三尺的大明江山落到了李自成手里，多尔衮是又气又急。他眼中冒火，急不可耐。他立即召集群臣开会，商议对策。他要立即出兵，与大顺朝逐鹿中原。

会议很重要，开了整整一天，但多数人都是大喊大叫，拿不出什么好主意。于是，多尔衮专门让大学士范文程发言。范文程本来正在盖州温泉疗养，被多尔衮专门派人招来。现在，见多尔衮指名道姓让他发言，他便轻咳一声，慢条斯理地讲了起来。他说：

“睿王爷，臣以为现在是我大清入主中原的千载难逢之机，我们等待了多年的机会终于来了。闯贼虽已占据了京城，但臣以为他有三必败。逼死其主，天怒矣。刑辱缙绅，士忿矣。抢掠民财，民恨矣。备此三败，行事骄横，我军可一战而破也。不过此次出兵，与往日不同，一定要严明纪律，不可任意掠取，务必做到秋毫无犯。要得到天下，必先收买民心，所谓得民心者得天下，失民心者失天下。万不可因小失大。天予弗取，时机不在。兵法云：动如脱兔。望王爷当机立断，率领大军，即日出发，夺取中原。”

“先生所言，正合吾意。吾当奏明幼主，即日兴兵。”多尔衮听范文程说完，立即毫不犹豫地做出了决定。

次日早朝，多尔衮向顺治皇帝报告了要进攻中原的决定，小皇帝立刻照准。下朝后，多尔衮便开始大举征兵，全国七十岁以下、十岁以上的男丁一律参军，就这样，总共也才凑集了二十万人的军队。四月七日，按照惯例，多尔衮到祖宗的牌位前祭祠，希望太祖、太宗保佑这次出征顺利成功。四月八日，七岁的顺治皇帝在笃恭殿大会群臣，亲自授予多尔衮“奉命大将军”印信。同时宣布，由多尔衮“代统大军，往定中原”，一切赏罚，由多尔衮“俱便宜从事”。

四月九日，征明大军从盛京出发。多尔衮将八万军队留给郑亲王济尔哈朗，由他负责留守盛京。而多尔衮本人则率领十二万精兵，浩浩荡荡地杀向中原。多尔衮骑着高头大马，走在队伍的中间，他的前面，是顺治帝钦赐的黄罗伞、豹尾枪等仪仗队伍。紧紧跟在多尔衮身后的是英郡王阿济格、豫亲王多铎、恭顺王孔有德、怀顺王耿仲明、智顺王尚可喜，以及范文程、洪承畴等一大批满汉将领及谋士。可以说，这次出征的能臣将领之多，军容之盛，都是前所未有的。多尔衮信心满满，他此行志在必得。

按时令说，这时已是春天，但辽河平原上依然是风沙遍野，加上大军行进时荡起来的灰尘，让人睁不开眼睛。军队行进的速度并不快，每天约走五十里。四月十三日，队伍渡过了辽河。别看多尔衮表面上趾高气扬，但他内心里尚未拿定主意，究竟从何处入关。洪承畴建议，从密云、蓟州一线突入长城，然后向北京进攻。此时，多数人对大顺军了解很少，而唯一与大顺军交过锋的将领便是洪承畴。所以，多尔衮将洪承畴带在身边，对他是言听计从，行军路线也就按洪承畴建议的方向行进。

四月十五日清晨，清军才走出五里多地，到达翁后，突然停了下来。众将都摸不着头脑，互相在打听消息。后来才知道，清军在此时遇到了吴三桂派来的信使郭云龙和杨坤。郭云龙和杨坤本来是奉命前往盛京的，但他们走到盘锦时，却意外地打听到多尔衮率军出兵的消息。二人知道，现在清廷当政的，首推辅政王多尔衮。所以二人立刻改道，去追赶多尔衮的队伍，终于在翁后遇到了清军。二人见到多尔衮后，立即向他呈上了吴三桂的亲笔信。吴三桂在信中写道：

“大明国平西伯宁远总兵吴三桂顿首，谨致大清国摄政王麾下：

“三桂初蒙我先帝拔擢，以蚊员之身，荷宁远总兵之任。王之威望，三桂素有深恭，但春秋之义，交不越境，是以未敢通名于王。人臣之谊，谅王亦知之。

“今我国与宁远右偏孤立之故，令三桂弃宁远而镇山海，思欲坚守东陲而巩固京师也。不意流寇逆天犯阙，以彼狗偷乌合之众，何能成事？但京城人心不固，奸党开门纳款，先帝不幸，九庙灰烬。今贼首僭称遵号，掳掠妇女财帛，罪恶已极。诚赤眉、绿林、黄巢、禄山之流，天人共愤，众志已离，其败可立待也。

“我国积德厚仁，讴思未泯，各省宗室，如晋文公、汉光武之中兴者，容或有之。远近已起义兵，羽檄交驰，山左江北，密如星布。三桂世受国恩，悯斯民之罹难，拒守边门，欲兴师问罪，以慰人心。奈京东地小，兵力未集，特泣血求助。我国与北朝通好二百余年，今无故而遭国难，北朝应恻然念之，而乱臣贼子亦非北朝所宜容也。夫锄暴剪恶，大顺也；拯顺扶颠，大义也；出民水火，大仁也；兴灭继绝，大名也；取威定霸，大功也。况流寇所聚金帛子女，不可胜数。义兵一至，皆为王有，此又大利也。

“王以盖世英雄，值此摧枯拉朽之会，诚难再得之时也！乞念亡国孤臣忠义之言，速选精兵，直入中协，西协。三桂自率所部，合兵以抵都门。灭流寇于宫廷，示大义于中国，则我朝之报北朝者，岂惟财帛？将裂地以酬，不敢食言。本宜上疏于北朝皇帝，但未悉北朝之仪，不敢轻渎圣聪，乞王转奏。”

读罢吴三桂的信，多尔衮心中暗喜，这不是天上掉馅饼吗？这不是瞌睡送枕头吗？如果如信中所说，清军便可自山海关杀入中原，夺取汉人的江山就成功了一半，三代人的梦想便可在自己手中实现。这个惊喜太大了，大得叫人不敢相信。想到这里，心中的怀疑又占了上风。吴三桂是不是在耍阴谋呢？吴三桂会不会已经投降了李自成，又前来诈降，诱骗清军进攻北京，好顺势把清军一网打尽呢？对于这个多年与清军作战且一直不肯投降的吴三桂，多尔衮实在不敢相信。

为了慎重起见，多尔衮又将自己的亲兄弟阿济格和多铎叫来商量，结果他二人也拿不出什么好主意。机会不可错过，行动不可冒失，多尔衮决定，派妻弟拜然与郭云龙一道回山海关去见吴三桂，而把杨坤留下来作为人质。

拜然与郭云龙走后，多尔衮又把吴三桂的信拿出来，反复看了又看。多尔衮最不满意的，是吴三桂只提“借兵”，而不是“投降”。我堂堂大清，凭什么借兵给你吴三桂呢？这次进攻中原，如果得手，整个江山都是我大清的，谁稀罕你“裂地以酬”？吴三桂信中还给清军规定了行军路线，即走中协和西协。当时入关有三条路，即走山海关一线的东协，走墙子岭、密云一线的西协和走赤峰口、龙井关的中协。三条路，西协最远，东协最便捷。清军现在走的正是西协。出于对吴三桂的不信任，多尔衮决定走东协，直奔山海关。他要搞清吴三桂的意图，他要逼迫吴三桂向清军投降，这就是多尔衮的“反客为主”之计。

从翁后出发后，清军明显加快了行军速度，由原来每天五十里变成每天八十里路，直接奔向山海关。而与此同时，多尔衮又派学士詹霸前往锦州，调取红衣大炮，准备攻城。此时，多尔衮主意已定，如果吴三桂借兵是真，清军就可借这个机会，从山海关入关。如果吴三桂有诈，则先消灭吴三桂再入关。这个天赐良机，多尔衮无论如何也不能放过。行至十九日中午，清军到达离宁远不远的连山驿。在这里，多尔衮又遇到了吴三桂派出的第二批使节郭云龙和孙文焕，并且向多尔衮呈上了吴三桂的第二封求救信。

吴三桂在信中仍然未答应投降，他只是请求多尔衮不再走“西协”和“中协”，而是直奔山海关，对付大顺军。信中的口气十分迫切，多尔衮从信中嗅出了火药味，直觉告诉他，大顺军离山海关不远了。多尔衮立即下令，连夜出发，全速行军。清军骑兵在前，步兵在后，甩掉粮草辎重，像一支利剑，直插山海关。道路漆黑，风沙扑面，过度疲劳，饥渴难耐，但多尔衮毫不动摇，不准部队休息，冒着风沙赶路。半夜到达宁远时，清军绕城而过。拂晓时分，队伍到达沙河所。这时，清军已前进了一百五十里，离山海关只剩下不到一百里之路了。

清军在沙河所进行了短暂休息，然后继续赶路。这时，风沙已停，天已大亮，路也好走多了。清军经中前所、前屯卫、中后所，于傍晚时分，赶到了山海关。此时已是二十一日夜，清军一天一夜便走了二百五十里路，及时赶到了战场。只听山海关上，炮声隆隆，估计吴军已和大顺军交上了手。因为情况不明，多尔衮下令在离山海关五里的欢喜岭扎营。欢喜岭又叫凄惶岭，是说出征将士离开这里心情凄惶，回到这里又十分高兴得名的。明军曾在欢喜岭建有一个观察所，是为瞭望敌情而设置的，名叫威远台。多尔衮就将自己的大本营，设在了威远台。

李自成的大顺军比多尔衮的清军早一天到达山海关。一到山海关，李自成便与过去作战一样，立即带领军师宋献策和刘宗敏、刘芳亮、李过等主要将领去前沿观察地形。这山海关是一座四四方方的关城，周长有八里多，城外有一道宽五丈、深二丈五尺的护城河。关城东至大海，西接万里长城，城墙高三丈余，确实易守难攻。为了加强防御，还在东、西门外，修有东西罗城；南北门外，修有南北翼城。此外，还有水门两个，角楼两座，敌楼七座。这种城外有城，门外有门的结构，组成了一座完整的防备体系。

山海关的西南面，则是一马平川。一股从燕山流出的石河水从中间流过。河水清澈见底，河底遍布着大大小小、形态各异的卵石，石河因此得名。石河是季节性河流，有时有水，有时甘涸，即便有水时也不深，人马可蹚水而过。石河两岸，长满了一人多高的芦苇。此时的苇叶多数还是去年的枯叶，一有风吹来，苇叶便会沙沙作响。在山海关的西北方，有一座地势较高的山岗，名唤红瓦店。此时，李自成等人正立马红瓦店在观察未来的战场。李自成发现在石河西边有一处开阔地，是一处理想的战场。士兵报告说，那片地叫一片石。李自成对宋献策等人说：

“我们就在一片石，与吴三桂决战!”

视察完战场后，李自成便打马回营，准备与众将商议具体作战计划。众将都等着李自成发令，但李自成此时情绪变化很大。他一改往日雷厉风行的作风，皱着眉头，在那里沉思，半天都没说一句话。记得在北京时，他还真没把吴三桂当回事儿，他曾对众将说：

“吴三桂兵仅三千，我兵三十万，以百人捉一人，用靴尖即可踢倒。三桂与北兵（指清军）长期交战，互相仇杀，必不相救。即使北兵来救，北兵从满洲来，也得旷日累月。等我攻下山海关，我再即皇帝位。”

但当李自成来到山海关，并亲自视察了一圈后，他立即意识到自己的想法错了。吴三桂的部队军容整齐，训练有素，而且士气很高。人数也远不是其原来所传的三万人，而是有十万之多。看来，关宁铁骑并非浪得虚名，吴军是一个可怕的对手，吴三桂是一个劲敌。他深感此行的唐突，他后悔事先没有掌握准确的情报。但现在已经不能再顾虑这些了。箭在弦上，不得不发。他只有硬着头皮，与吴三桂决一死战。想到这里，李自成咳嗽了一声，直起身来，开始进行战斗部署。

他首先命令明降将白广恩率本部六千人马把守山海关西北一带长城。又派降将唐通带领一万人马绕道出关，在长城外驻扎，以防止北边清兵的增援。李自成也清楚这两名降将没多少实力，但为了集中主力攻打吴三桂，这时也顾不得了。山海关城城墙又高又厚，急切很难攻下，所以，李自成命李过的中吉营和刘芳亮的右营分别攻击东罗城和北翼城。两座小城只要拿下一个，便可顺势攻取关城。攻打东罗城和北翼城还有一个目的，就是想诱使吴三桂主力出关。李自成特意在一片石布置刘宗敏的左营主力，准备一举歼灭吴三桂的精锐。李自成自己则和宋献策、李双喜等率中军二万人，作为总预备队，随时准备增援。在这个方案中，最顾虑的是吴三桂闭关不出，龟缩死守，那就要耗费时日了。

四月二十一日中午，李自成带着大批将领以及前明太子朱慈烺、永王、定王，吴三桂的父亲吴襄，吴三桂的挚友张若骐等一干人，浩浩荡荡地来到了山海关迎恩门前。吴三桂也带着他的副将、参将等将佐登上了迎恩门的城楼。李自成在马上向吴三桂拱了拱手，然后大声说道：

"吴将军，听说你要降我大顺，我在京恭候多时，为何出尔反尔？今大军兵临关下，我再次劝你投降。只要你能归顺，我仍封你为侯，并让你继续把守山海关。你来看，故太子、永王、定王，你父亲吴襄和你的好友张若骐都在我这里，北京还有你的家人。只要你今日投诚，故主重逢，合家团聚，将军仍可安享荣华富贵，我们之间，也可化干戈为玉帛。将军以为如何？"

吴三桂在城楼上往下一望，只见大顺军的队伍密密麻麻，盔甲鲜明，倒不由得吃了一惊。想不到闯贼这几年倒真成了气候。他再看看闯王身后的太子、永王、定王，以及父亲吴襄和张若骐等人，一个个无精打采，灰溜溜的，心里像打翻了五味瓶，不是个滋味。但此时，他已横下了一条心，与大顺为敌到底。因此，李自成说的一番话，他根本没听进去。他的头脑里，除了恨就是仇，他已经豁出去了。他指着李自成，在城楼上放声大骂：

“李贼，你弑我先帝、掳我太子、捕我慈父，辱我爱妾，国恨家仇，不共戴天。以你这禽兽不如的昏君，老子岂能降你？今天你既然来到山海关，就让你尝尝吴家军的厉害。我吴三桂今生今世，不报大仇，誓不为人！你想叫老子投降吗？瞧瞧你的使臣李甲，这就是老子的回答。”

吴三桂话声刚落，只见从城楼上扔下一颗血淋淋的人头，不是别人，正是李自成派来劝降的李甲。见到人头，李自成怒自心中起，火从胸内生。他立即传令，将吴三桂的父亲吴襄斩首，同时下令攻城。眼见父亲被杀，吴三桂五内俱焚，他让人取来铁胎弓，搭上雕翎箭，照着李自成一箭射去。耳听雕翎声响，李自成下意识地低了一下头，但头上所带的白毡笠的红缨子已被射落，倒把李自成惊出一身冷汗。众将忙簇拥着李自成退到后面。按照事先的计划，大顺军并没有直接进攻山海关的主关城，而是由李过的中吉营和刘芳亮的右营分别向西罗城和北翼城发起了进攻。

大顺军毕竟是大顺军，李自成这次带来的人马，多数是跟随他身经百战的主力。只见闯王一声令下，一架架云梯立时竖起，一队队白衣士兵手持团牌、短刀，奋不顾身地朝城墙上攀登，前仆后继，势不可挡。防守西罗城和北翼城的守军并不是吴军的主力，多是一些临时凑集起来的民兵，这帮乌合之众，哪里是大顺军的对手？还不到一个时辰，李过手下的悍将李友就带着百十名兵士，登上了西罗城的城墙。听说西罗城告急，吴三桂亲自领着三千士兵来救。那李友正在城头上拼杀，忽见一将拦住去路，他也不向来将通名，挥着大砍刀就向来将砍去。来将不是别人，正是吴三桂本人。他见李友大砍刀砍过来，偏身一让，顺手一招“力劈华山”，向李友的天灵盖砍去。那李友猝不及防，被吴三桂一刀将头和肩膀砍了下来。李友一死，手下人无心恋战，跳城而逃。

大顺军攻打北翼城更是独出心裁。刘芳亮的手下有一营工兵，他们贴近城下，用铁钎去凿城基处的砖石，每隔一段留一个土柱，一旦掏空了城基，便在土柱上拴好绳子，然后几百人一齐拉绳子，土柱崩断，城墙倒塌。大顺军就这样把北翼城的城墙挖出了几个缺口，刘芳亮的大队人马趁势从挖开的缺口一拥而入，很快便拿下了北翼城。吴三桂分身乏术，只好派副总兵杨坤率兵前去增援。几次连续冲击，都被刘芳亮的部队击退。经过几次反复争夺，北翼城依旧在大顺军手里。眼见得天已黑了，双方鸣金收兵，准备翌日再战，双方的部队也暂时脱离了接触。

大顺军攻关迅猛，吴军难于招架。不得已，吴三桂又派出山海关当地士绅冯祥聘、吕鸣章、曹时敏、程邱古和佘一元等五人，作为民众代表，前往欢喜岭，请求多尔衮尽速出兵。多尔衮在范文程陪同下接见了五位民众代表。他殷勤地请五人喝茶，还不断地嘘寒问暖，并表示此次清军若入关，将严守军纪，决不扰民。但当五人提及请清军迅速出兵一事时，多尔衮则是王顾左右而言他，岔开话题，就是不正面回答。五人一直不知道多尔衮葫芦里卖的什么药，只好告辞，回来向吴三桂禀报。

五人回来时，已是夜晚。当吴三桂得知清军仍不发兵时，急得像热锅上的蚂蚁，不知如何是好。通过半天交战，北翼城已丢，东罗城也是朝不保夕，吴三桂初步体会到了农民军的强悍。他意识到，如果没有清军的援助，他不是这支大顺军的对手。眼见得第二天农民军的进攻会更加猛烈，山海关可能不保。吴三桂实在坐不住了，他决定亲自出马，去见多尔衮，请求清军出兵。事关吴家军的生死存亡，吴三桂没有别的选择，他挑选了两个“百人队”，跟着他连夜出发了。

刚出山海关，就碰到唐通的队伍拦截。“百人队”弓弩齐发，吴三桂一马当先，没费多大力气就冲了过去。到达欢喜岭后，吴三桂让“百人队”留在岭下，独自一人到威远台去见多尔衮。手下报告吴三桂求见，多尔衮高兴极了。多尔衮之所以迟迟不发兵，就是要吴三桂亲自出面，就是要吴三桂当面表态。现在，吴三桂终于来了，他兴奋地对身旁的洪承畴说：

“这回，天下在吾掌中矣！”

多尔衮和洪承畴一起在威远台接待吴三桂。双方见过礼后，多尔衮便明知故问：

“将军此来何意?”

“请王爷发兵，共诛李贼耳!”吴三桂回答。

“你真是这样想的吗?”多尔衮再问。

“三桂为报君仇，焉得不真?”未等吴三桂回答，洪承畴先插了一句。

“吾主自尽，吾父被杀，吾妾被辱，此等血海深仇，若不能报，何以为人?”吴三桂声泪俱下地说。

“倘若我朝借兵给你，我们能得到什么好处呢?”多尔衮连续向吴三桂发问。

“从吾言，并力击贼，吾取北京归汝。不从吾言，王自便。吾将与李贼拼个鱼死网破。”吴三桂说。

“你还有别的什么要求吗?”多尔衮又问。

“王爷出兵，望勿伤百姓，勿犯陵寝，访东宫及二王所在，立之南京。双方以黄河为界，南北通好。”吴三桂和盘托出了自己的底牌。

“兵者，国之利器，岂可私相授借。若将军降清，我军当与将军并力杀贼；若将军仅为故主借兵复仇，恕我无能为也。”多尔衮问了半天，摸清了吴三桂的底细，直到这时，才说出了自己的真实意图。

多尔衮太狡猾了。他东问西问，吴三桂本以为他同意借兵，谁知他一句话就否定了吴三桂借兵的请求。这时，多尔衮已经看清楚了，大顺军兵临关下，吴三桂已是穷途末路，吴三桂若不降清，只有死路一条。多尔衮迟迟不发兵，就是要等这个机会。此时，他使出撒手锏，逼吴三桂投降。多尔衮想要的，是明室的整个江山，而不是划黄河而治。吴三桂想以借兵的名义，恢复明室，那只是他的一厢情愿。他低估了多尔衮的狼子野心。

多尔衮的一句话，如当头棒喝，彻底否决了吴三桂只借兵而不降清的打算。现在，对吴三桂来说，要么降清，要么死于大顺军之手。时间不等人，必须当机立断。到了这个时候，吴三桂即便有一百个理由拒不降清，也由不得他了。他已经与大顺彻底决裂，已经没有第二条路可供选择了。是涧，是崖，也只得往下跳了。吴三桂咬了咬牙，定了定心，突然跪了下来，对多尔衮说：

“王爷，吴某愿意降清。”

多尔衮笑了，他终于达到了自己的目的。多尔衮伸出了双手，扶起了吴三桂，并立即在威远台与吴三桂举行了隆重的结盟仪式。大帐外，敲起了军鼓，吹起了螺号，杀白马祭天，宰乌牛祭地。多尔衮与吴三桂对天行礼，歃血盟誓，斩衣折箭为盟，并立下了文书。吴三桂发誓向清朝投降，永不反悔。多尔衮答应，封吴三桂为王，待灭掉大顺后，裂土相酬，吴氏子孙可以世袭。盟誓后，多尔衮立即吩咐随军的剃头匠为吴三桂剃了头，扎起了辫子。吴三桂此时脑子有些麻木，他不由自主地按照多尔衮的吩咐去做。多尔衮表示，明日发兵，并约定吴军胸前佩戴白布标志以资区别。商量好后，吴三桂即刻下岭，带着自己的“百人队”，杀回了关城。

四月二十二日清晨，决定命运的一天开始了。多尔衮指挥着八旗兵杀散了白广恩和唐通的人马，直奔山海关。吴三桂命令打开海口关、南水关、北水关、旱门关，迎接清军入关。十多万的八旗兵潮水般地涌进了山海关。清朝三代人为进入山海关付出了巨大的代价，但一直没能通过这道关口。而今，这扇从未向清军打开的关门被吴三桂打开了。清军不费吹灰之力，进入了山海关。一道关门的开闭，改写了整个中国的历史。清军入关后，多尔衮并没有让清军立刻参战，而是派吴家军去打头阵。吴三桂不敢怠慢，立即带领他的全部人马，从西门出关，与大顺军决一死战。

太阳出来了，薄雾逐渐散去，露出一片蓝天。微风中，“吴”字帅旗在迎风飘扬。四万吴军，胸配白布，迅速在石河西边摆开了阵势。无独有偶，吴三桂选中的战场和李自成一样，都是一片石。因为，只有这块地地势辽阔，便于大队人马厮杀。按照吴三桂的布置，弓箭手在前，步兵随之，火器营在中，由骑兵殿后。吴军在人数上虽不占优势，但士气高昂，他们的底气来自于作为后盾的清兵。吴三桂穿一身银白色的铠甲，骑了头高大的白马，一脸杀气，立在阵中。他的旁边簇拥着杨坤、郭云龙、孙文焕、吴国忠等十多个偏裨将领。身后整整齐齐排列着十个精悍的“百人队”。吴三桂没做任何保留，没有预备队，没留一个人，他要破釜沉舟，与大顺军一较高下。

李自成一听说吴三桂的大部队出了关，大喜过望。他原先最担心的，就是吴三桂死不出关。如果强攻山海关，不但旷日持久，也会造成大量伤亡。所以吴军出关，正中李自成下怀。李自成传令，由刘宗敏的左营做正面进攻，让李过的中吉营和刘芳亮的右营从北翼城和西罗城撤出，改为从左右两翼对吴军实行三面合击，务必将吴家军的有生力量歼灭在关外。同时，李双喜和张鼐率领的两万中军骑兵则由他亲自掌握作为总预备队，随时准备投入战斗。

李自成的指挥所设在红瓦店的高地上，宋献策等人在他的身边。乌龙驹拴在他身后的树上，漫不经心地在啃着地上的草。李自成一手持望远镜，一手攥着花马剑。他有点紧张，手上都浸出汗来。李自成此时只有一个想法，不惜一切代价打败吴三桂，攻下山海关，关住这扇北大门。

军号响起来了，战鼓敲起来了。刘宗敏左营的四万将士率先向一片石的吴军发起了排山倒海般的进攻。呐喊声震耳欲聋，刘宗敏上身赤膊，手舞双刀，冲在队伍的最前边。吴军的弓箭手开始放箭，第一排射完，第二排接着射。吴军的火器营也开始向大顺军开炮，炮弹带着风声落在冲锋的大顺军队伍中。大顺军不愧是百战雄师，他们用盾牌护住身体，奋勇地冲向吴军。炮弹在冲锋的队伍中炸开，一批士兵倒下了，但后面的士兵继续向前冲。不管伤亡多大都挡不住大顺军前进的脚步，这是一股不可战胜的力量。

刘宗敏骑着马，带着他的亲兵队伍，冲在整个队伍的最前头，这也是刘宗敏的一贯作风。冲入吴军阵中，刘宗敏跳下马，赤着膊，挥起双刀，砍瓜切菜般地杀向吴军，几十个吴军士兵顷刻间死在刘宗敏的刀下。刘宗敏的亲兵也不含糊，一个个锐不可当，不一会儿，便把吴军阵地撕开了一个大缺口。吴家军也不示弱，作为关宁铁骑硕果仅存的队伍，作风十分顽强。虽然人数处于劣势，虽然形势落了下风，但他们没有一个后退的，每六人一组，结成渔网阵，与大顺军的战士以死相拼。战场上到处是喊杀声、兵器的撞击声和骨肉的断裂声。到处都淌着血，遍地都是尸体。双方的将士都杀红了眼，尽管不少人都受了伤，但只要还有一口气，就依旧在战斗。

吴家军仍在力战，但由于人数上的差距，已经渐渐不支。吴三桂见状不妙，立即从靴筒上拔出两块牌子，口中叫出牌子上两个“百人队”队长的名字，然后亲自率领两个“百人队”，向大顺军冲过去。弩箭射出，大顺军倒下一片，长刀挥起，不少人身首异处。看到吴三桂身先士卒，一马当先，剩余的吴军将士也来了精神，战场又恢复了势均力敌的状态。正在这时，刘芳亮和李过率领了大队骑兵，从左右两侧包抄过来，他们专找骑兵下手，用弓箭、用刀矛，无情地杀向吴军。吴三桂的两个“百人队”顷刻间损失大半，吴三桂本人也被十多名大顺骑兵包围着，一时间难以脱身。

在这个危急关头，杨坤带着一队骑兵杀到，拼力死战，才救走了吴三桂。两个多时辰过去了，喊杀声逐渐减弱了。在方圆二十多里的战场上，横七竖八地倒下了数万具尸体。残破的旗帜丢弃的到处都是，无主的战马毫无目的地在战场上狂奔，殷红的鲜血染红了清澈的石河河水。吴三桂的队伍已经伤亡过半，但吴军并没有放弃抵抗。困兽犹斗，吴家军不愿任人宰割。他们一面咬着牙拼死作战，一面焦急地等待清兵的出现，正是这种对清兵的期待才使吴军没有发生溃败。

吴三桂本人仍旧挥舞着大刀，领着最后的两个“百人队”在做殊死战，吴军的悍将吴国贵也一直不离吴三桂的身旁。两人武艺超群，两杆大刀下，不知多少大顺兵士成了鬼魂，但不知什么原因，大顺兵将越战越勇，越杀越多，他们就是不离吴三桂左右。原来，李自成在红瓦店的高地上设有指挥令旗，吴三桂冲到哪里，令旗便指向那里，大顺军的将士也就冲向那里。所以，尽管吴三桂左冲右突，就是冲不出大顺军的包围圈。

吴三桂银白色的铠甲已经变成了血红色，他手上的大刀也舞得慢下来了。吴三桂在心里暗骂，不知道多尔衮这狗娘养的为什么还不出兵。是想让吴家军与大顺军鹬蚌相争，拼个两败俱伤，他好坐收渔利呢？还是背信弃义，置吴军生死于不顾呢？战场上的吴三桂又一次领教了多尔衮的狡猾与狠毒。

其实，关内的八旗军早就枕戈待旦、整装待发了，只是没有接到命令。多尔衮和清军的重要将领都登上了角山关，在观察战场上的形势。一开始，他们都为吴军的作战能力所鼓舞，到底是关宁铁骑，关键时刻还能不畏强敌，一往无前。但慢慢地，他们就发现，大顺军的将士更英勇，这支农民军更不简单。在大顺军的猛攻下，吴家军以少敌多，已经渐渐顶不住了。阿济格、多铎等都要求立刻出兵，可多尔衮铁青着脸，只说了一句话："再等等。"

风在呜咽、芦苇在呜咽、石河水在呜咽。这场惊心动魄的战斗，直打得风云变色，直杀得天昏地暗，其惨烈的程度，难以用言语来形容。大顺军三面进攻，仗着人多，已明显地取得了战场上的主动权。包围圈在逐步缩小，吴军的阵线已经开始后退。正在这时，天气突然起了变化，晴空万里的石河两岸，突然刮起了大风，一刹时飞沙走石，尘土蔽日。对面都看不见人，交战的双方都被风沙淹没了，战士们不知所措，连久经沙场的战马也分辨不清方向。

突然，响起了三声号炮，关门上鼓号齐鸣。多尔衮一声令下，在一阵震天动地的呐喊声中，六万名八旗骑兵出动了。阿济格、多铎在前，两白旗一马当先，从北水门、南水门、西门，同时冲出了关。刹那间，万马奔腾，大地颤动，八旗骑兵以排山倒海之势杀入了一片石战场。"清兵来了！""辫子兵来了！"战场上响起了阵阵惊恐的喊声。刚才还精神百倍地与敌人激战的大顺军将士突然像泄了气的皮球，士气一落千丈。他们纷纷扔掉手中的武器，开始逃跑。而得到增援的吴家军顿时勇气倍增，浑身突然增加了使不完的力气。

大顺军溃败了，主将刘宗敏身上中了三箭，受了重伤，他的亲兵们拼死才将他救了下来。眼看即将胜利的战局顷刻间发生了逆转，大顺军的将士们本能地开始逃跑，而逃跑又使他们丧失了最后的抵抗能力，不少人成了清兵和吴家军的刀下之鬼。

闯王李自成一直在用单筒望远镜注视着战局的发展，他为大顺军的英勇作战而激动，他为即将消灭吴家军而兴奋。这位在战火中成长起来的农民军领袖，凭着他多年的作战经验，此刻已成竹在胸。他断定，这场仗，已经离胜利不远了。正当他准备将作为预备队的中军两万骑兵投入战斗、对吴家军发起最后总攻的时候，他的望远镜里出现了不同颜色的、从未出现过的三角形龙旗，以及一队队扎着辫子的骑兵。他们是什么人？李自成忙将手中的望远镜交到军师宋献策的手中。宋献策只看了一眼，便对闯王说："清兵，清兵来了。"

"撤退！"李自成果断地下达了命令，他跨上乌龙驹，宋献策和李双喜紧随其后，从红瓦店高地上撤退下来。两万中军骑兵紧紧地跟着闯王，保护他撤往永平方向。左营、右营、中吉营的败兵也接到了命令，陆续撤往永平。吴军和清兵在大顺军身后穷追不舍，一口气追出了四十多里才收兵。一路上，不少大顺军的兵士被杀死。部分大顺军士兵跑到海边，被斩杀，被海水淹死，蓝色的海水也变成了红色，真是惨不忍睹。'

尘沙远去，喧闹的一片石战场顿时沉寂下来。空旷的土地上，到处是横陈的尸体和丢弃的武器，不少战马也永远倒在了这片黑土地上。石河两岸的大片芦苇被烧成了灰烬，只有那未烧着的芦根还躲在浑浊的泥水里。天上，有几十只海东青在空中盘旋，它们匆匆赶来，是为了享用这场人肉大餐。空气中充满了血腥的味道，微风吹散了四处的硝烟。一场空前惨烈的大战结束了。在这场战争中，双方的死亡人数达到十多万，一片石是交战最激烈的地方。据说，战场上遗下的白骨，当地百姓用了三年时间都掩埋不完。

二十年后，担任山海关守备的陈廷横写过一首《石河吊古》诗，诗中写道：

二十年前战马来，石河两岸鼓如雷。
至今河上留残血，夜夜青鳞照绿苔。

山海关之战是明末清初最重要的一场战争，它改变了大顺与大清之间的力量对比。这场战争不仅改变了大顺朝的命运，也改变了整个中国的命运。对这一结果，当时有一则民谣曾经形象地说：“朱家面，李家磨，做好了馍馍，送给对过的金大哥。”李自成一错再错，将已经到手的胜利果实拱手让人。吴三桂以一己之私，接引清兵入关，终于使一个野蛮、落后的少数民族政权入主了中原。在此战之前，明王朝的历史被大顺军翻过去了，而经此一战，大顺朝的历史又被清军翻过去了。如果李自成能够采取正确的政策，成功招降吴三桂，历史将不是如今的模样！

这真是一个历史的偶然。可惜！历史没有如果。

第二十一章

李自成败走西安

兵败如山倒。大顺军从山海关战场上败退下来，那真是跑得快，仅仅用了一天多的功夫，就退到了永平。李自成在永平查点人马，三停去了两停。除保留了作为预备队的中军二万骑兵外，陆续回归的刘宗敏、李过，刘芳亮等又带回来两三万人。一片石一战，死伤大将李友等十五员，损失了十多万精兵，大顺军真是伤了元气。刘宗敏身受多处伤，被亲兵们用担架抬着走，但是他性如烈火，就是不服气，一直在担架上哇哇大叫，要与吴三桂再决一高低。但身为主帅的李自成此时已经冷静下来，他后悔，后悔没有听李岩的话，后悔自己轻敌，更后悔自己上了吴三桂的当。

李自成明白，目前得到清兵援助的吴家军已不可小看，尤其是经过一片石之战，大顺军失了锐气，丧了斗志，此时已不宜再战。必须使部队有个缓冲的时间，休息整顿后再作打算。为此，他派张若骐为使，出面去和吴三桂谈判。再说在一片石之战中，由于清军迟迟不参战，吴家军也损失惨重，部队减员两万多人，最精锐的骑兵剩下还不到壹万人，自己多年培养的“百人队”已十不剩三。但在一片石大胜之后，吴军信心大增，吴三桂率领着他的部队追赶大顺军，也只用了一天多的功夫，就赶到了永平。

亲兵通报说张若骐来见，吴三桂慌忙出迎。他已经猜到了张若骐此来的目的，必定是来求和的。吴军急需休息，急需补充兵员，急需整顿，所以，吴三桂故意卖个人情给张若骐，同意不再追击，放大顺军返回北京，而吴三桂提出的条件也很简单，就是大顺军要将太子朱慈烺和永王、定王三人交给吴三桂。李自成连考虑都没考虑就接受了这个条件，立即将明太子和二王交给了吴三桂。吴三桂也知道穷寇勿追的道理，他必须保存吴家军的实力，如果没有实力，就是降清也没什么好果子吃。于是双方达成协议，大顺军返回北京，吴三桂也率领自己的队伍回到山海关。

一片石得胜，最高兴的要数多尔衮。清军没用多大力气就进了山海关，并且打败了大顺军，这对清朝夺取中原可是个好兆头，可谓是旗开得胜。多尔衮亲自出关迎接从永平回来的吴三桂，并为他举行隆重的庆功宴会。在宴会上，多尔衮兑现了他的诺言，他以顺治皇帝的名义，封吴三桂为平西王，并赏给他蟒袍、玉带、貂裘、名马、撒带、弓矢等礼物。吴三桂也成了清朝继孔有德、耿仲明、尚可喜之后的第四个汉人王爷。宴会之后，吴军的全体将士就一律剃了头，留了发辫，正式皈依了大清。吴三桂用农民军的鲜血换回了一顶王冠，但他的心中是苦涩的。

吴家军喘息未定，多尔衮便下达了命令，让吴三桂担任先锋，去攻打北京。吴三桂对这个命令，是一百个不愿意接受。部队尚未休息好，兵员也未能补充，就被派去打头阵，这充分显示了多尔衮的狡猾。他让吴家军打先锋，就是让他们当炮灰，去送死。但同时，多尔衮又不完全信任吴三桂。他委派英郡王阿济格率兵两万与吴三桂一同出发。表面上阿济格的军队是为了给吴军提供支持，实际上则是为了监视吴三桂的部队。尽管吴三桂心里一百个不愿意去攻打北京，但他还是不敢违抗多尔衮的命令，这也让刚刚投降清朝的吴三桂心里窝了一肚子火。

四月二十五日，多尔衮给即将进攻北京的吴军和清军的联合部队举行欢送仪式，黑压压的四万多人齐刷刷地站在大校场上。仪式开始，多尔衮首先下令将大顺军的兵部尚书王则尧杀了祭旗。这王则尧原本是明朝的密云巡抚，投降大顺后被封为兵部尚书，又被李自成派到山海关去劝吴三桂投降。一片石大战前，吴三桂将他扣押起来，战后，又将他交给了摄政王多尔衮。王则尧手中一无兵、二无将，多尔衮觉得他没有多少利用价值，所以将他杀掉祭旗。接着，多尔衮亲自斟酒给吴三桂和阿济格，为他们送行。吴三桂饮过送行酒后，就跨上了征鞍。吴军在前，清军在后，四万人马杀气腾腾地向北京进发。

四月二十六日，李自成率领败兵回到了北京。这时的北京流言四起，人心惶惶。街头小贩中都在流传着一首歌谣："自成割据非天子，马上登基未许年。"听到这些流言，再加上大顺军败后士气低落，李自成也有些沉不住气了。李自成紧急召见留守北京的宰相牛金星和制将军李岩，想和他们商量一下下一步的打算。牛金星首先建议道：

"陛下，我军新败，京中人心不定，岂可久屯与此。关中险固，所谓秦关百二，易守难攻，不若退回关中，另作他图。北京皇宫壮丽，宜付之一炬，效楚霸王咸阳故事。陛下临行前交代臣准备登基之礼，已然就绪。臣意大王可先择日在京登基，然后率军退往关中。"

李岩稍微考虑了一下，说：

"闯王，丞相建议退往关中，是目前可行之策。但臣以为臣部可留守北京，能守则守，守不住再退。实在不济，也可为大军撤退争取时间。闯王以为如何?"

李自成听二人说完后，立即做出了决定。他说：

"秦，吾之故乡也。富贵必归故乡，即十燕京未足易一西安。我早就想回故乡了。现在我军人数锐减，林岩兄亦无须守京，我们一同退往陕西，彼此也好有个照应。牛丞相可速速准备登基大典，形式务要简便。大典礼成后，大军立即退出北京，返回陕西。"

闯王做出了撤退的决定，大顺军上上下下都在作撤退的准备。最大的问题是，比饷镇抚司从前明官员身上缴获的大批金银如何处理。据统计，仅仅十多天时间，比饷镇抚司共获得白银七千五百万两，黄金一千七百万锭（每锭合旧十六两称的半斤）。此外，还意外地在崇祯皇帝极为秘密的一处内库发现白银两千万两，崇祯皇帝为筹军饷费尽心力，但他至死都不知道还有这样一大笔财产。这样一大批金银财宝是一定要带走的，铁匠出身的刘宗敏想出一个办法，他让士兵们大造熔炉，把这批金银全部融化，然后铸成百两大小的金饼、银饼，方便携带。这些金饼、银饼，由骡马驮运，先行运往西安，运不走的，就交给士兵们随身携带。

四月二十八日，吴三桂的追兵已到达北京城外。吴三桂一路上到处张贴檄文，宣传吴军不日进京，要求原先投降大顺的明朝官员立即改正，为崇祯帝服丧，迎接太子即位。李自成听说追兵又到，派刘宗敏、李岩、李过率军八万，连营十八座，在北京郊外迎敌，由唐通担任先锋。一片石战败后的大顺军已成惊弓之鸟，而打了胜仗的吴家军却士气高涨。两军对圆，吴三桂亲自挥着大刀上阵，与大顺军先锋唐通交手。那唐通哪里是吴三桂的对手，交战不到十合，便败下阵来。唐通不敢回营，拍马落荒而逃。吴三桂令旗一举，吴家军乘胜追击，连夺大顺军八座营寨。在战斗中刘宗敏再次负伤，大顺军败退入城。

李自成回到城中，越想越气，他恨死了吴三桂。他当即下令，将住在北京的吴三桂继母祖氏、吴三桂的弟弟吴三辅、吴三桂的妹妹以及族人共三十四口全部处死，尸体就丢弃在王府二条胡同。吴家遭到了灭顶之灾，只有吴三桂的发妻张氏（因随军）和吴三桂的哥哥吴三凤（已降清）幸免于难。吴家为吴三桂的降清也付出了惨重代价，而李自成也用这种方式报了仇，泄了愤。

四月二十九日辰时，李自成在武英殿举行了称帝仪式。三声净鞭响过，全体文臣武将在殿前向身着冠冕的李自成和高夫人行跪拜大礼，李自成正式成为大顺朝的皇帝。李自成封高夫人为皇后，并追赠自己的七世先祖妣为帝后，宣布以今年为大顺永昌元年。为了简化仪式，连去天坛太庙祭天的活动，李自成也委托他的丞相牛金星替他进行。登基仪式草草结束了，虽然当了皇帝，李自成的心情却很郁闷。今天，是大顺军进入北京的第四十二天，而他就要在今天撤离这个中国最大的都市。上天还能保佑他卷土重来吗？他的大顺朝以及这支大顺军的前途又将如何呢？他确实感到茫然，心里十分烦躁。

四月三十日，大顺军将士都在紧张地收拾行装，将宫中的财宝和大量的金饼，银饼装车或用骡马带走。大量的木柴被运进皇宫和九门城楼，兵士们在木柴堆上倒上了芒硝、硫黄、桐油等引火物。晚上二更时，开始在宫内放火，接着便是烧九门城楼。军士们将火把抛进木柴堆中，硫黄、桐油等物见火即着，随即引燃了木柴。燃着的木柴发出噼里啪啦的响声，冲天烈焰顿成燎原火势。大殿的木柱开始断裂、倒塌，巨大的屋顶坍落下来。火光照亮了北京城，雄伟的宫殿很快就变成了一片瓦砾。

五更时分，在熊熊大火和建筑物的倒塌声中，大顺军排着队伍徐徐地从齐化门撤出北京。农民军用一把大火发泄了心中的愤怒和仇恨，但这杯苦酒，难道不是李自成，刘宗敏等人自己酿成的吗？兵士们默默地向前行进着，表情十分严肃，谁都没有话说，只是一脸苦涩，这和大顺军开进北京城时的表情，真是有天壤之别。李自成命令大将谷可成和左光先率万名骑兵负责断后，自己则与刘芳亮、李双喜等人走在撤退队伍的最前头。

谁知队伍刚走出齐化门，便出了事情，队伍中人仰马翻，大呼小叫。李自成立即命令李双喜去看个究竟。原来吴三桂料到农民军会从西边撤出，他找来了几千个废弃的酒坛子，在里面装上石灰，然后埋在路上。每隔两步埋上几个，再在上面盖上浮土。撤退中的大顺军经过时，马蹄子踏破了酒坛，里面的石灰飞溅出来，一时灰尘大作，进了将士们的眼睛，引起了一片混乱。好在有惊无险，没有遇到敌兵的阻击，大顺军终于踉踉跄跄地撤出了北京城。

望着北京城的漫天大火，城外的吴三桂也是心惊肉跳。他最担心的，莫过于家人的安危，尤其是陈圆圆的死活。正当吴三桂准备下达命令，将队伍开进北京城的时候，亲兵突然地向他报告，说武英郡王阿济格来了。阿济格不是一个人来的，他的身边还有一千名铁甲骑兵。吴三桂对这位傲慢的王爷一直没有好感，但此时他别无选择，只有笑脸相迎。阿济格是来传达命令的，摄政王命令吴三桂不准进入北京城，而是要他与阿济格一道，立即率军去追击逃走的李自成大顺军。吴三桂听后，怒不可遏，他大声对阿济格说：

“王爷，当初借兵时，我就曾声明，要辅佐明太子在北京登基。如今怎么能变卦呢？况且，我全家老小都还在北京城内，我总得去看看家人的死活吧！”

“你现在是大清的平西王，不是明朝的平西伯。什么辅佐太子登基，通统扯淡！你必须无条件地服从摄政王的军令，否则，我就让你见识见识八旗铁骑的厉害！”阿济格斩钉截铁地回答。

是服从命令，去追击大顺军，还是违抗军令，进城去找陈圆圆和自己的家人？吴三桂事在两难。他思虑再三，如果抗命不遵，自己这两三万人马还不是八旗军的小菜一碟。他现在还没有抗命的本钱，真是人在屋檐下，怎敢不低头。想到这里，吴三桂在城外跪下，望着城中的方向拜了三拜，然后起身，强忍住眼中的泪花，跟随阿济格，追击大顺军去了。他只是在私下里，布置自己的心腹将领杨坤，带着十几个弟兄，一律换上便衣，秘密进入北京城，去寻找自己的爱妾陈圆圆和打听家人的下落。而吴三桂在心里，不知把摄政王多尔衮这个狗娘养的骂了几千回。

与此同时，北京城中的士绅以及大部分前明官员还都在翘首以待。他们读了吴三桂发出的檄文，正焦急地等待吴家军进城和祈盼太子登基。米巷的商人们自动组织起来，筹集了一笔银两，为吴三桂被杀的家人置办了三十四口棺材。棺材还是比较考究的，成人用的棺材，每具耗银百两，就是小孩的棺木，每具也花费了三四十两纹银。他们雇人将被大顺军杀掉并丢在王府二条胡同里的吴家眷属的尸体穿戴整齐，装殓起来，停放在路口，准备向吴三桂请功。谁不想捞个一官半职，就是再不济，保个阖家平安也是好的。退一万步讲，改朝换代之际，先得巴结好新主人么！

三天来，北京城成了一座无主之城。大顺军已经全部撤走，吴三桂追赶李自成去了，而多尔衮的清军还迟迟没有进城。前明官员们开始活跃起来，如原来的御史曹溶以及张懋爵、柳寅东、韩文铨等人主动跳出来，充当四城的巡防使，带人巡夜、缉盗，维护京城的治安。原明朝锦衣卫指挥使骆养性和一批前明官员在午门设置了崇祯帝的牌位，并在牌位前烧起了香烛。他们还特地将皇帝原来乘坐的车辇銮驾找了出来，以备太子登基时乘坐。

一场大雨从天而降，浇灭了北京城的熊熊大火。雨后的故宫除武英殿、文华殿及太庙外，均被烧毁。宫外除大明门、正阳门外，其他建筑均荡然无存。宫内石桥上的汉白玉栏杆虽然被烧得一片漆黑，完全变了颜色，但栏杆本身因为是石质的，基本完好无损。在那些残壁断垣的上空，只有往日那些筑巢于宫殿重檐之间的燕子无家可归，在那里上下翻飞，并凄凉地叫个不停。远处的朝阳门外，传来了杂沓不一的马蹄声，那是摄政王多尔衮亲自带领的八旗骑兵逼近了北京城。北京——这座古老的都城，又即将迎接新的主人。

五月二日清晨，朝阳门外的大道两边，早早地就聚集了不少前明的遗官遗民们。他们又一次在沿街摆上了香案，头上再次戴着写有“顺民”二字的帽子。为首一人，便是那前明锦衣卫指挥使骆养性，他的旁边，赫然醒目地停放着不知从什么地方找到的前明皇帝专用的銮驾。远处尘埃渐近，一队人马迤逦而来。众人慌忙点了香烛，齐刷刷地跪在道路两旁，有的人还开始高呼万岁。谁都没有想到的是，当这队人马走到跟前，从马上下来的，既不是明太子，也不是吴三桂，而是身着满服、头系辫子、嘴里说着一口满语的大清摄政王多尔衮。跟随多尔衮进城的正是两白旗的骑兵，不多时，白色的三角旗便插满了北京城。

空气顿时凝滞了。一心盼望明太子和吴三桂的遗民们目瞪口呆，不知做何是好。多尔衮也觉得很尴尬，强装出笑容，不知该说些什么。不过，大家很快就缓过劲来，前明遗民们将错就错，热情地欢迎清军入城。多尔衮也颇为大度地拍拍这人的肩膀，拉拉那人的胳膊，露出了胜利者的微笑。为首的骆养性，连说带比画，请摄政王多尔衮乘坐他事先准备好的车辇，而多尔衮不知就里，还一直在那儿推辞。多尔衮说：

“我不能坐，我是效法周公辅佐幼主的，不宜乘坐皇帝的銮驾。”

“摄政王，周公是执掌国政的，理应由摄政王代表大清皇帝乘辇入宫。

这个位置，只有摄政王能坐。请摄政王登辇。”骆养性在一旁低头哈腰，反复劝说。

“我今天是来安抚天下臣民的，当然不能违背你们众人的意思。我这就乘辇入宫。”多尔衮见众人不依不饶，干脆直接答应下来。

于是，众人七手八脚地把多尔衮扶上龙辇，多尔衮跷着二郎腿，大不咧咧地坐在上面。队伍开始出发，明朝銮驾在前，清朝仪仗在后，一路上乐队奏着音乐，由长安门向皇宫进发。多尔衮乘辇直接到达武英殿，护卫将金爪、玉节、红伞、团扇、豹尾枪等一应仪仗罗列于殿前，然后把多尔衮从辇上搀扶下来。多尔衮下辇升座，接受数千人的朝拜。多尔衮端坐御座之上，下面黑压压的人群都在下跪叩头，山呼万岁，感觉确实不错。多尔衮头一次在这里品尝到了当皇帝的滋味。接受朝拜之后，便打发那些前明遗民散去。多尔衮在太监的导引下，由众将陪着，视察了整个紫禁城。

宫中的大火虽然已被昨日的大雨浇灭，但经过这场浩劫，这个当今世界上最庞大的宫殿群早已是满目疮痍，面目全非了。多尔衮一行在宫殿中穿梭行走。耳目所及，到处是焦木和瓦砾，到处是残墙和断壁，空气中弥漫着一股烧焦了的味道。走在废墟中，多尔衮却兴致很高，不停地问东问西。特别是在残存的武英殿、文华殿和太庙前，他站立了好久。这座建于永乐年间的宫殿群，其整体的规模和宏大的气势，让多尔衮叹为观止。虽然已经过去了二百多年，但昔日皇宫的雄姿依旧，和清朝在盛京的宫殿相比，简直不可同日而语。多尔衮暗下决心，要统治整个中国，必须定都北京。

再说去追击大顺军的吴三桂吧。当他绕过北京城，骑在马上，与阿济格一道向河北出发时，他的心情是极其矛盾的。他多想进北京城去见一见家人，找一找陈圆圆啊！他更想实现自己的诺言，让明太子在北京登上帝位，复辟大明王朝。但如今，这一切都不可能了，他不敢违抗多尔衮的命令。而且阿济格的清军就在自己身边，只要一不小心，吴家军就会有灭顶之灾。这是吴三桂不能不顾忌的。

现在，还有一件事，让吴三桂非常担心，太子不但无法上台，而且连太子和二王的安全，也成了问题，因为阿济格已经提出，要把太子和二王交给清军看管。太子和二王成了烫手的山芋，吴三桂还真不知如何是好？恰巧吴军那天路过保定城外的皇姑寺，意外地在那里遇见了义父高起潜。吴三桂眉头一皱，计上心来，索性将太子和二王托付给义父，让他设法将太子和二王送往南京。高起潜二话没说，很痛快地答应了。吴三桂也如释重负，总算卸下了一个包袱。

更让吴三桂闹心的，是和他一道行军的阿济格和他所统带的八旗兵。这个阿济格不仅十分霸道，而且脾气暴戾，动不动就骂粗话，根本就没把吴三桂放在眼里。阿济格和他的八旗兵的所有待遇均比吴家军高一等，并且还对吴家军的一举一动进行监视，打仗时还总躲在吴家军的后面。但尽管吴三桂一肚子不情愿，行军速度却不敢放慢，因为后面的阿济格一直盯着。出发不久，吴军就追上了殿后的谷大成和左光先率领的大顺军。

大顺军在撤出北京之后，行动十分缓慢，每天只走三十里路。队伍中的骡马、车辆都装载着满满的财物，士兵们每个人也都肩背手提着钱财和绸缎，一支曾经有着严明纪律的农民军现在变成了一支腰缠万贯的富家军。兵士们希望用这些财宝去舒舒服服地度过自己的下半生，他们打算用这些钱财去改变自己的命运。李自成和刘宗敏万万没有想到，他们费尽心机从北京弄到的金银财宝，已经成了瓦解大顺军的毒药。有了白花花的银子和数不尽的财宝，谁还会再去为大顺江山卖命呢？

五月三日，吴家军到达河北保定，在这里追上了大顺军殿后的队伍。此时的大顺军战士已无心恋战，一见追兵到来便纷纷开始逃跑。主将谷大成一连砍死了几名逃兵，但仍然制止不住整个队伍的混乱。吴三桂见此情形，立即挥兵大进，他本人则一马当先，去找谷大成决战。大顺军已乱成一团，主将谷大成被乱兵们围在中间，是欲战不可，欲退不能。吴三桂横空出现，冲到了谷大成面前，那谷大成猝不及防，被吴三桂一刀砍于马下。吴三桂跳下马，一刀取了谷大成的首级。主将被杀，军无斗志，大顺军的兵士们拼命逃跑，慌不择路，自相践踏。

这时，大顺军殿后的副将左光先率军赶来救援，与吴三桂打个照面。

吴三桂大吼一声，手中大刀便挥了过去，那左光先情知不是对手，拍马便逃。谁知遍地的尸体挡路，他的马被绊倒了，把左光先摔下马来，腿也摔断了。吴三桂正要赶上去，结果左光先的性命。斜刺里，左光先的一伙亲兵涌出来，将左光先扶上另一匹马，慌张逃命去了。保定一战，吴家军大胜，杀死大顺军七千多人，夺回被带走的妇女两千多人，还从战场上缴获金银饼七百二十块，以及大批骡马和器械。

吴三桂在战后特别吩咐，将追回的妇女全部集中起来，他要亲自检查。这两千多名妇女，其中多数是大顺军将领的眷属，还有一部分是前明宫中的宫女。此时，她们一个个蓬头垢面，衣衫不整，神情恍惚，哭哭啼啼。吴三桂仔细地审视这些妇女，一个都不放过。他多么希望，能在这些女人中，找回他心爱的圆圆。可是，他失望了，眼见所有的女人都清点完了，还是没有发现圆圆的影子。把这些女人打发走后，吴三桂彻夜难眠，他在想，陈圆圆是否依旧留在北京？而杨坤又能不能找到她呢？

循着大顺军逃跑的路线，吴家军和清军向定州方向追击。一路上，到处都是大顺军遗弃的金银饼等黄白之物，路两旁的树上，挂满了各色绸、锦、绮等宫中的御用之物。这是李自成为了延缓追兵故意这么做的。吴三桂三令五申，不许士兵拾取路上的金银财物。可是，见钱眼开，士兵们还是禁不住诱惑，纷纷停下来，拾取路上的金银和树上的锦绸等物。后面的清军也冲上来抢夺金银绸缎，吴军和清军的士兵往往为争抢财物动起手来。不得已，吴三桂下令收兵，在定州进行临时休整。

吴三桂在定州招兵买马，他从当地百姓和大顺军的溃兵中吸收了一万多人，吴家军的总数又恢复到原先四万人的规模。那天，吴三桂正在训练自己的新兵，当地的地主武装派人送来了大顺政权任命的定州牧董复的人头。于是，吴三桂在定州找了一间祠堂，为父亲吴襄和继母祖夫人设置了灵位，将董复和谷大成的人头一起放在父母的灵位前祭奠。为了鼓舞将士们的斗志，吴三桂还把战场上缴获到的妇女，以及金银绸缎等物，全部奖励给有功的将士。经过几天的修整，骑兵的数量已增加了，吴家军的军容更加壮观了。

还没等吴三桂再度出发追击，李自成亲自带领着大顺军的主力就杀到了定州。原来，大顺军退至真定后，李自成越想越气，就是这个吴三桂，开关接引清军，才使得自己兵败山海关，撤离北京，众叛亲离。现在吴三桂仍紧追不舍，必欲置大顺军于死地。李自成带着刘芳亮和李双喜率领的中军营，要给吴三桂一点颜色看看。吴三桂率军出城，布成鱼龙大阵，迎战李自成。好汉不提当年勇，李自成虽然身先士卒，但大顺军如今已是江河日下。双方战至中午，大顺军便已露败象。这时，阿济格又带着清军骑兵赶到，投入了战斗。李自成见取胜无望，立即下令撤军，退回了真定。

第二天，阿济格又派遣固山额真谭泰与护军统领德尔德赫率兵一万，跟随吴家军一道杀往真定。在真定郊外，李自成也集中了大顺军剩余的人马，约七万人，准备与吴军决一死战。李自成亲自骑乌龙驹，手挥花马剑，在阵前高呼：

"三桂小儿，今日决战，勿令满兵来助乃豪杰耳!"

李自成喊话的目的是采用激将法，希望与吴军单打独斗，而清军不要参战。可吴三桂并不上当，他率领吴军居中，清兵为两翼，骑兵在前，步兵在后，同时向大顺军发动猛攻。好一场恶战，只杀得天摇地动，难解难分。大顺军为生存而战，死战不退，尤其是李自成的中军营战士作战十分顽强。吴家军与清军连战连捷，士气正盛，自然也不甘落后。这场仗从清晨直杀到傍晚，双方均死伤惨重。正杀得势均力敌、难解难分之际，忽然变了天，霎时狂风扑面，黄沙障目，几尺之外，敌我难辨。

风沙之中，混乱之时，吴三桂忽然发现闯王李自成那高大的乌龙驹。说时迟，那时快，吴三桂摘下背后的铁胎弓，搭上雕翎箭，瞄准乌龙驹的主人射去。虽然风沙影响了箭的准头，但吴三桂毕竟射艺超群，只听李自成"哎呀"一声，掉下马来，原来那箭正射中李自成肋下。大顺军将士乱马齐出，将李自成救起，簇拥着李自成向后退去。主帅受伤，军失斗志，大顺军再次溃败，被吴军和清兵一阵追杀，又死伤万余人。再次失败，李自成痛不欲生，他忍着箭伤的疼痛，在马上大叫道：

"天亡我也!"

保定、真定二战，彻底挫伤了大顺军的锐气，大顺军将士斗志全无，已经无力再战了。李自成经此二战，也失去了胜利的信心。他带着箭伤，带着愤恨，带着劫后余生的残部快速退到了山西，经获鹿、井隆进入固关。李自成无心在固关停留，他安排李过率领中吉营留守固关，自己则带领剩下的中军主力，匆匆撤回了陕西。五月八日，吴家军和清军追到了固关。这固关依山而建，墙高沟深，易守难攻。吴家军与清军多次攻关，都被李过的中吉营击退，白白损失了不少士兵。眼见得伤亡严重，已无力再攻，阿济格决定班师。由于一直没有陈圆圆的消息，所以尽管打了几个大胜仗，吴三桂仍然是郁郁寡欢。

早在真定战后，吴三桂又一次缴获了不少辎重和财物，又俘获了不少大顺军军官的眷属。吴三桂再一次在女人堆里仔细寻找，但无论是活人和死人中，都找不到陈圆圆的影踪。他到处打听，有几个大顺军的俘虏原来是刘宗敏的部下，他们说只见到陈圆圆曾跟着大顺军撤出北京，但后来的下落就没人知道了。失望之余，吴三桂把全部希望都寄托到了杨坤身上，希望杨坤能不辱所命，替自己找回心爱的女人。其实，杨坤和他带去的十几个兄弟，此时正风尘扑扑地奔波在归队的路上。

吴三桂接受多尔衮的命令，率军与阿济格带领的清军，绕过北京去追击大顺军后，北京成了一座空城。杨坤与十几个兄弟换上便装，很快就顺利地进入了北京城。杨坤决定，先到吴府所在的帽儿胡同探查。一进帽儿胡同，杨坤等人就傻眼了。胡同里，一路排开了大大小小三十四口棺材，每个棺材里都躺着死人，整个胡同里臭气熏天。杨坤一打听，才知道棺材里全是被李自成下令杀死的吴三桂的家人，是米巷的商人们凑钱买棺材将他们装殓起来的。杨坤不敢疏忽，一个一个仔细检查，最后发现，陈圆圆并不在其中。杨坤领着弟兄们朝着棺材拜了几拜，就匆匆离去。他心里清楚，死人并不重要，陈圆圆才是吴三桂迫切要找的人。

接着，杨坤便带人前往刘宗敏住过的前明皇亲田弘遇的府第。一进府门，便闻到一股烧焦的气息，院内的大部分房屋已经被烧毁，昔日华丽的皇亲府早已是破败不堪了。府内一片狼藉，到处是横七竖八倒着的尸体，尸体中多数是男人，也有少数女人。经过仔细辨认，田府的尸体中也没有陈圆圆其人。在后花园中，杨坤找到了一名藏匿起来的女佣。她哆哆嗦嗦地对杨坤说，她亲眼看见，刘宗敏在撤离北京时，将陈圆圆一道带走了。得到了这个准确消息，杨坤一行便不再在北京停留，急忙打马沿着大顺军撤退的路线一路追去。

原来，当大顺军撤离北京时，李自成曾经下令，将那些带不走的前明宫女和已经抢来的妇女通统杀掉，不留后患。但这个命令在执行时，多数都打了折扣。刘宗敏临从田府起程前，也下令杀死了李自成分给他的那些前明宫女。可是，当士兵们将陈圆圆带到刘宗敏面前时，他的心却有些软了。见到这位美若天仙的女人，所有在场的男人都酥了半边，连亲兵们手中的武器都拿不稳了。陈圆圆由于被刘宗敏在屋子里关了几天，容颜有些憔悴，皮肤显得苍白，但她那楚楚可怜的模样和掩饰不住的美丽还是让人大吃一惊。陈圆圆看到那些死去的宫女的尸体，立刻便明白了当前的处境，她知道，自己的生死就在刘宗敏的一念之间。

陈圆圆猛地扑向刘宗敏，倒在他怀中，她泪眼惺忪地说：

“侯爷，你千万不要杀我，你带我走吧！我一定会经心地服侍侯爷你的。”

哭泣中的美人更动人，刘铁匠起了恻隐之心。他吩咐亲兵们将陈圆圆安排在一辆单独的骡车中，随左营的眷属们一道行动，并叮嘱亲兵，不要让李自成知道这件事。就这样，陈圆圆再次躲过一劫。从北京出发之后，大顺军后有追兵，急于逃命，对陈圆圆的看管便有些放松起来。陈圆圆人虽然在骡车之中，心里却一直盘算着找机会逃跑。机会终于来了。大顺军兵败定州，兵不顾将，将不顾兵，人人只顾逃命。结果，不少财宝辎重和随军所带的前明宫女和眷属都成了吴家军的俘虏。陈圆圆本来就在随军的眷属之中，此时落在吴军手里，岂不是落叶归根，回到吴三桂身边？谁料到陈圆圆逃走心切，早在定州兵败之前，她已经脱离了大顺军的队伍。

替陈圆圆赶车的是一个二十多岁的小伙子，他的名字叫赵胜儿。赵胜儿是河南卫辉县人，从小在家务农。家乡遭灾，十室九空，赵胜儿食不果腹。恰巧，这时闯王李自成的大顺军路过她的家乡，赵胜儿心一横，就参加了大顺军。北京兵败以后，赵胜儿就有了逃跑之心。他在等待机会，想弄几个钱，回老家娶个媳妇，重新当农民。谁料时运不济，身边的同伴们升官的升官，发财的发财，他自己还是一介小兵，一个地地道道的穷光蛋。眼看着离家乡越来越近了，赵胜儿也越发着急起来。这时，车里的陈圆圆冲他摆摆手，让他把车停下来，说是要方便一下。

方便完毕，陈圆圆悄悄拿出一锭元宝，对赵胜儿说：

“小哥，你若能帮我逃走，这锭元宝就是你的。逃跑成功后，我再给你一锭。”

赵胜儿知道，要是逃跑被发觉，这项上的吃饭家伙可就悬了。可是，看着那一锭五十两的足色银子，又怎能不动心呢？于是，他伸手接过元宝，揣在怀里，准备见机行事。第二天，大顺军与吴家军交战，大败后溃逃，整个队伍都乱了。赵胜儿趁人不注意，将骡车赶进一条岔道，人不知，鬼不觉地脱离了大顺军的队伍。当晚，赵胜儿与陈圆圆就在野地里露营。陈圆圆按照事先的约定，又给了赵胜儿一锭元宝，并且对赵胜儿说，让他继续赶车去找他的夫君吴三桂，只要找到吴三桂，她绝不会亏待他。

赵胜儿一听到吴三桂的名字，他的腿都吓软了。他一直还不知道，陈圆圆有这样一个凶神恶煞似的丈夫。赵胜儿一面假惺惺地答应陈圆圆，一面又在肚子里盘算自己的小九九。真要把陈圆圆交给吴三桂这个魔头，自己的小命儿恐怕难保。此时，银子已经到手，又放着一个活脱脱、水灵灵的大美人，不如将陈圆圆弄回家当自己的媳妇，那后半辈子可是艳福不浅。一不做，二不休，歹心一起，赵胜儿便不管陈圆圆的死活，开始自作主张。第二天一早，赵胜儿便赶着骡车，往河南家乡的路上走去。陈圆圆却被蒙在鼓里，她还一心以为赵胜儿赶着车去帮她寻找夫君呢！

说来凑巧，也是陈圆圆命不该绝。正当赵胜儿赶着骡车前往家乡卫辉时，却在路上碰到了从北京急急赶过来的杨坤一行。杨坤见一辆骡车单独赶路，赶车的又是一个穿着大顺军军服的士兵，觉得事有蹊跷，便命人赶上去盘问。真是，踏破铁鞋无觅处，得来全不费功夫。骡车里坐着的，不是别人，正是他们千辛万苦要找的陈圆圆。

杨坤问赵胜儿是什么人，要带陈圆圆上哪里去？赵胜儿吓坏了，支支吾吾，半天答不上话来。眼见得赵胜儿不是什么好人，杨坤一刀劈下，结束了这厮的性命。手下人从赵胜儿的口袋中，找回了那两个银元宝。杨坤把银元宝赏给了手下人，然后让手下人掀翻了骡车，将陈圆圆扶上一匹备用的战马。他自己亲自在旁保护，一齐出发，去寻找吴三桂的队伍。

吴三桂班师回京途中，驻营获嘉县。当晚在大帐中，吴三桂因为一直得不到陈圆圆的下落而夜不能寐。这时，忽然亲兵来报，说是杨坤求见。吴三桂喜出望外，三步并作两步冲了出来。只见杨坤身后的骡车上，有一个女子正轻盈地从马上下来。那身装束，那个身段，那种体态，那种风度，不是陈圆圆又是谁？吴三桂激动地跑了过去，只一把，将陈圆圆抱进帐来。经过一场生离死别，两人再度相逢，真是又惊又喜。那陈圆圆惊魂未定，紧紧搂住吴三桂，久久不愿意放开。有诗为证：

若非壮士全师胜，争得蛾眉匹马还？
蛾眉马上传呼进，云鬟不整惊魂定。
蜡炬迎来在战场，啼妆满面残红印。

——《圆圆曲》

看着陈圆圆在怀中哭个不停，吴三桂也伤心起来，他一边给陈圆圆抹泪，一面不停地用好言相慰。良久，陈圆圆才止住哭声，抬起头来。这时，她才发现吴三桂身上，穿了一件马蹄袖的满服，头发剃秃了半边，背后还梳着一个长辫子。她蓦地放开了抱住吴三桂的双手，气急败坏地说：

“三郎，你怎么这身打扮？你降清了吗？你不是说要拥立明太子登基吗？你怎么连祖宗也不要了呢？”

“圆圆，闯贼势大，我关宁军独木难支，因此我不得不借来清兵才打垮他们。我这一切都是为了你啊！我这也是不得已而为之啊！”吴三桂面对陈圆圆的一连串的提问，不好意思地为自己辩解说。

“夫君降清，妾身受辱于贼。我还有何面目活在人间?”陈圆圆说着，就挣扎着要去拿吴三桂的宝剑自刎。

吴三桂赶忙伸手拦住，他紧紧地将陈圆圆抱住，然后轻声地对她说：

“你陷身于贼，乃为夫之过。为夫照顾不周，害你陷于贼手，怎么能怪你一个弱女子呢？圆圆，别再说了。现在好了，从今以后，我们不再分开，我要时时刻刻把你留在身边。”

陈圆圆轻轻地点了点头，再也没说什么。她无力地倒在吴三桂的怀里，闭上了她那双会说话的眼睛。说心里话，军国大事，她是不大懂的。在重大决策上，吴三桂并不会听她的意见，吴三桂只是将她作为一个玩偶。而此时的陈圆圆回到了朝思暮想的丈夫身边，靠在丈夫那宽厚的肩膀上，她已经别无所求。吴三桂，就是她这一叶小舟停泊的港湾。嫁鸡随鸡，嫁狗随狗，她别无选择。今后，她只有跟着吴三桂走下去了。无论是荣华富贵，还是穷困潦倒，她都不在乎，她在乎的只是这个人。

当晚，两人就睡在军队的大帐里。小别胜新婚，吴三桂曲意奉承，陈圆圆意马心猿。两人再修鸳盟，重续前缘，更是如胶似漆，格外缠绵。第二天，吴三桂便带着陈圆圆一起，胜利凯旋。一路上，吴三桂像喝了酒一样，志得意满，喜不自胜。他高兴的，不仅是在保定，真定两次战胜了李自成的大顺军，他更高兴的是，终于在战场上，找回了他心爱的陈圆圆。在他的心目中，陈圆圆是无可替代的，他叛顺降清，难道不就是为了这个女人么？

五月十二日，吴家军和阿济格率领的清军一道返回北京，摄政王多尔衮和大学士范文程等大批官员出城迎接。多尔衮第二天专门在北京为阿济格和吴三桂的联军班师举行了盛大宴会。吴三桂已经封王，不可能再封官了，便赏赐他大笔金银和财物。吴三桂属下的杨坤、郭云龙、孙文焕等将领也分别升了官和给予奖励。但吴三桂提出的，希望将他封王齐鲁，他愿率吴家军去做藩王的提议，多尔衮却迟迟未予答复。齐鲁大地，物丰人杰，多尔衮岂能将这样重要的地方给吴三桂？在多尔衮的心目中，满汉之分还是很清楚的，他在心中一直对吴三桂提防有加。

吴三桂回北京后，才知道全家被杀的消息。当时限于条件，是由米巷的商人出资，将吴家的死者装殓和草草殡葬的。这时，吴三桂在西山花费大笔银两，修了豪华的坟茔。他亲自披麻戴孝，将家人重新安葬。他还在家里专门设置了灵堂，将父亲吴襄和继母祖氏夫人的牌位供奉起来。吴三桂在灵前发誓，他一定要彻底消灭大顺军，为自己的家人报仇。同时，吴三桂又大张旗鼓地将帽儿胡同的吴宅予以重修和扩建，房屋造得比过去更高大、更排场。吴三桂的妻子张氏和陈圆圆就在帽儿胡同住了下来，而吴家军也在京城养精蓄锐，听候摄政王多尔衮的下一步安排。

过了两天，多尔衮召开会议，商量迁都问题。多尔衮开宗明义，对群臣说：

“天佑我邦，拿下北京。北京乃元明之都，人文荟萃，物华天宝，气象盛大。而今，我军已夺得天下之半，若欲一统江山，威震华夏，非迁都不可。吾意即日起整修宫室，将我大清皇都由盛京迁至北京，不知众位王爷意下如何？”

多尔衮刚发完言，他的哥哥、英郡王阿济格便提出了不同意见。他说：

“摄政王，以前初得辽东时，不随意杀人，所以清人被辽民杀掉很多。如今应乘此时的兵威声势，大肆屠戮一番，然后留诸王守北京。大军或退还盛京，或退保山海关，以根绝后患。”

豫亲王多铎也附和说：

“摄政王，英郡王说得对。我满族渔猎为生，不事农耕，现得到关内大片土地，可圈为牧场，由诸王守护。况我八旗兵只有二十余万，若欲控制中原庞大国土，恐力所难及。将来尾大不掉，后悔莫及。不若仍以盛京为都，守住山海关即可，不必兴师动众，劳民伤财。”

还有一些王公大臣也赞成阿济格和多铎的意见，同意迁都的人反而成了少数派。多尔衮毫不动摇，他力排众议，坚决主张迁都。他说：

“诸位王爷，我大清经三代努力，方有了今日之兴旺景象。目前，中原垂首可得，岂能鼠目寸光，放着到手的果实不吃。天予弗取，乃逆天而行，绝对不可。况且，先帝（指皇太极）在世时曾多次说过：‘若得北京，当即迁都，以图进取。’如今北京已在吾股掌之中，岂可违背先帝遗愿。吾意已决，自今往后，若再有敢反对迁都北京者，一律杀无赦。”

多尔衮这番狠话一说，虽然有些人心里还是不服，但表面上至少没有人敢公开反对迁都了。多尔衮一面让大学士范文程和刚林负责重新修复皇宫和城门，务要恢复原貌；另一方面派辅国公吞齐喀、固山额真何洛会等赶赴盛京，迎接顺治皇帝迁入北京。

八月二十日，庞大的迁都队伍从盛京出发。福临乘辇在前，诸王贵族押送辎重器物在后，最后面则是两宫皇眷。由于人马众多，道路拥堵，行进速度十分缓慢。九月初九，顺治皇帝一行抵达山海关。多尔衮派学士詹霸和护军参领劳翰等率军出北京三百里接驾。他自己则亲率诸王、贝勒、贝子及文武大臣到通州迎接小皇帝福临等人。九月十九日，经过一个月的长途跋涉，从盛京而来的顺治皇帝的大队人马，从正阳门浩浩荡荡地进入北京。

十月初一日，在北京举行了隆重的定都仪式。顺治皇帝亲自到天坛上香、行礼，然后回到武英殿，由司礼官宣读祝文：

大清国皇帝臣福临敢昭告于皇天后土：

帝鉴无私，眷隆有德。我皇祖宠膺天命，肇造东土，建立丕基。及皇考开国承宗，恢弘大业，臣以眇躬，攒此鸿绪。值明祚将终，奸雄峰起，以致生灵涂炭，徯望来苏。臣钦承祖宗功德，倚任贤亲，奚整六师，救民水火，扫除暴虐，抚辑黎元，内外同心，大勋克集，因兹定鼎燕京，以绥中国。臣工众庶，佥云神助不可违，舆情不可负，宜登大位，表正万邦。臣只荷天眷，以顺民情，于本年十月初一日，告天即位。仍用大清国号，顺治纪元，率由初制。伏惟天地佑助，早靖祸乱，载戢干戈，九州悉平，登进仁寿，俾我大清皇图永固。为此祈祷，伏惟歆飨。

祝文宣读完毕后，由多尔衮领衔，全体王公贵族，文武大臣向七岁的小皇帝顺治行三跪九叩大礼。紧接着，便是表彰功劳最大的摄政王多尔衮。顺治封他为“皇叔父摄政王”，并奖给他嵌有十三颗东珠的黑狐帽一顶，黑狐皮大衣一件，黄金一万两，白银十万两，缎一万匹，鞍马十匹，马九十匹，骆驼十头，同时还命令礼部尚书郎球、侍郎蓝拜、启心郎渥赫专门为多尔衮树碑立传。其他的王公大臣也各有封赏，英郡王阿济格升为亲王，豪格的亲王爵位也被恢复。吴三桂也因为战胜大顺军有功而得到一万两白银的奖励。

位极人臣的多尔衮一身荣耀，大权在握，顺治皇帝只是他手中的傀儡而已。此时的摄政王头脑仍十分清醒，他知道现在还不是庆功的时候。李自成回到陕西以后，正在迅速调集人马，准备卷土重来，所以大顺目前仍是大清的首要敌人。其次，南明小朝廷已在南京建立，对原来明朝的遗民仍旧有相当的号召力，必须趁其立足未稳时，将其消灭。但无论是大顺，还是南明，到底派谁领兵前去征讨，多尔衮却颇费思量。

吴家军战斗力很强，使用吴家军还可以保存八旗兵的实力，但多尔衮对吴三桂并不放心，这个多年效忠于明室的将军早就有恢复明室的打算，如果吴三桂继续出征，势力不断扩大，会不会故态复萌呢？出于这种考虑，多尔衮并没有马上派吴三桂去征讨大顺或南明，而是把他暂时留在北京。吴三桂也乐得在北京养精蓄锐，休养生息。他整天待在帽儿胡同的府邸里，一妻一妾，过着神仙一般的日子。他真想，就这样快活一世，也算没有白活。

清朝一统天下的战争即将打响，它的两个对手的情况，又是怎么样呢？李自成的大顺军退回陕西后，一直在积极备战，准备迎接清军的大举进攻。而那个南明小朝廷呢？我们先来看看，小朝廷是如何成立的吧！

第二十二章
弘光帝命运多舛

舞榭歌台，总被雨打风吹去。秦淮河上，依旧是画船穿梭，灯红酒绿。适值甲申之年，兵荒马乱之际，大明朝的陪都南京，这座虎踞龙盘的石头城，仍然是风光不改，热闹非常。街道上，人头攒动，熙熙攘攘；店铺里，买卖兴隆，生意红火。大顺军攻入北京，崇祯帝吊死煤山的消息，像一粒石子丢尽了玄武湖，虽然也激起了些许涟漪，一度引起了人们的不安，但不久就复归平静了，就像什么事都不曾发生过似的。但并不是所有的人都无动于衷，一些上层人士仍在积极地奔走着、活动着。

这天一大清早，南京户部尚书吕大器和礼部尚书高弘图便不约而同地来到兵部尚书史可法的家里，共同商量大事。这史可法是河南祥符人，自幼饱读经史，学识过人。崇祯元年考中进士，在西安府作了一名小小的推官。当时正值李自成在陕西起义，史可法多次与农民军周旋，竟显露出他的军事才能，先后在潼关、池州、安庆等地打败过农民军。崇祯皇帝发现他是一个人才，特地将他调到南京任兵部尚书。

这兵部尚书已是二品大员了，但史可法为政清廉、生活简朴，成为南方明臣中的一面旗帜。史可法为人谦和，没有架子，大臣们有事，也都愿意找他商量。这吕大器和高弘图二人也非等闲之辈，他们都是著名的东林党人，在南京内阁中，也都是重量级人物。当得知崇祯皇帝吊死煤山的消息后，二人心急如焚，特地来征求史可法的意见。

史可法在南京的府第并不大，是一座前后两进的小院。院内有瓦房十多间，用青砖铺地，房后翠竹长得十分茂盛，显得生机盎然。院中有上房三间，史可法用作客厅。客厅柱上，有一副史可法自己书写的对联，书法方正有力，写的是：

有猷有为有守；立德立功立言。

听到家人说吕、高二位大人造访，史可法连忙穿了件长衫走出来。他一面寒暄，一面让仆人沏茶。三人在客厅分宾主坐下，没等史可法开口，吕大器就开门见山地说：

“史大人，惊闻京师陨落，主上蒙尘，我二人坐立不安，不知大人有何打算？”

史可法听后，略一思量，当即回答：

“所谓国不可一日无君。目前太子下落不明，当于宗室诸王中择一贤者而立之，然后徐图恢复可也。”

“我二人亦有此意，但不知大人属意于何人呢？”高弘图说。

“宗室诸王中，有的远在外地，有的下落不明。眼下可供挑选的只有两位，一是潞王朱长淓，一是福王朱由崧。潞王是穆宗皇帝之孙、万历皇帝之侄。福王乃福恭王之长子，万历皇帝之孙。二王均为皇室贵胄，不知二位大人属意哪位呢？”史可法简单地介绍了一下情况。

“潞王有贤名，颇识大体，且德才兼备。福王则好酒贪杯，贪财好色，品行不端。当今国家处于多事危难之秋，当立贤者，宜立潞王。”吕大器说道。

“潞王最好，我亦赞成。”高弘图说。

“既然我三人意见一致，我们决计拥立潞王。下面，我们再分头去联络众臣，争取早日议定，也好一致对敌。”史可法做了决定，并做了简单的布置。高弘图和吕大器见史可法如此说，心里也有了底，便起身告辞，分头去进行准备。

与此同时，在明朝开国皇帝朱元璋的老家凤阳，也同样有人在密谋立帝之事。这凤阳本是个贫穷的小地方，灾荒之年，经常有人拿着三棒鼓出外讨饭。风水轮流转，自从洪武皇帝朱元璋登基，这个地方成了皇陵所在地，被立为中都，凤阳便发生了翻天覆地的变化。一时间，大批富裕人家被迁居凤阳，他们大兴土木，起房盖屋，买地建园，这个龙兴之地顿时显赫起来。

明朝在凤阳设有都督府，都督府下专门有一支部队负责守卫皇陵。崇祯八年正月十五，张献忠、高迎祥、李自成等先后袭破凤阳，掘了朱皇帝的祖坟之后，马士英被任命为凤阳总督。这马士英本姓李，小时候家里穷，被送给了马姓人家，从此改姓马。万历四十七年（1619 年），马士英考中进士，从此官运亨通，先后担任过南京户部主事和宣府巡抚。他的交游很广，三教九流的朋友认识得很多。除了逢迎拍马之外，这小子还有几手三脚猫的功夫，在当时也算是一个能文能武之人。

马士英到凤阳之后，将打散的军队重新召集起来，又到处招兵买马，使这支守陵部队的人数超过了五万人。有枪便是草头王，手中有了军队，马士英也神气起来，俨然成了一方诸侯。今天，凤阳都督府来了一位神秘的客人。这个客人一到，马士英就把他让进密室，并叮嘱下人闭门谢客，谁也不见，他与客人有要事商谈。

来人名叫阮大铖，五短身材，长得獐头鼠目，一看就不是善类。别看其貌不扬，凭着他溜须拍马的本事，在阉党掌权期间，也曾飞黄腾达过几天。魏忠贤死后，身为阉党成员的他也被罢了官，成了一名闲人。鱼找鱼，虾找虾，这些年来，他唯一的好朋友便是马士英。现在崇祯已死，拥立新帝一事是他东山再起的好机会，因此他风尘仆仆地赶到凤阳去向马士英游说。他知道，马士英现在是凤阳总督，手中握有兵权，说起话来还是有分量的。当此乱世，还是要凭武力说话。所以，在立新君一事上，马士英是一个举足轻重的人物。稍事寒暄，落座之后，阮大铖便直接说明了来意。他说：

“马督，兄弟此来，是要送你一桩富贵。目前，崇祯殉难，举国无君，谁要是在立新君上有所作为，那可是拥立大功啊！不知您是拥立潞王呢？还是福王？”

“当然是立潞王了。谁不知道，潞王贤达，福王贪鄙，五毒俱全。立君当立贤么。”马士英连想都没想，便立即回答。

“错了，大错！大人试想，贤达的潞王，一旦为君，会任人摆布吗？而福王则不同，他喜欢吃喝玩乐，一朝为帝，大权岂不操在大人手中？谋事还要以自己利益为重，大人说对不对？”阮大铖一语点醒梦中人，正击中了马士英的要害。

马士英听后一想，这阮大铖说得对啊！管他谁当皇帝，关键是自己要当家。正因为福王品行不端，他可不会去关心国政啊！立了福王，自己像当年魏忠贤那样把持朝政，又何乐而不为呢？想到这里，他主意已定。只是他还有一个担心，若自己出面拥立一个名声极差的福王，其他大臣们会买账吗？万一拥立福王失败，不但立功不成，搞不好连官都送掉了，岂不是得不偿失吗？他一世为人，可不愿做这亏本的买卖。于是，他问阮大铖：

“我赞成立福王，但以我目前这点实力，能成功吗？史可法那帮大臣，会听我们的吗？”

“大人，所谓先下手为强，后下手遭殃。拥立之事，关键在于先下手。今年二月，闯贼攻陷怀庆，福王逃到卫辉，与其母邹氏失散。目前，福王仅带内侍二人，逃到淮安，被淮安巡抚路振飞收留。那路振飞可是您一手栽培起来的，大人可派人速去淮安，密示路振飞拥立福王之意，让他好生保护福王。然后，大人提兵一旅，联络诸镇总兵，迎接福王，前往南京。只要诸镇总兵同心，我们将生米做成熟饭，群臣谁敢不依？那史可法与那些东林党人，俱是书生一流，根本想不到我们有这一招。届时，大人登高一呼，群臣必起而应之。一旦福王登上大位，则大人必立首功，以拥立之功挟天子而令诸侯，谁敢不遵？以大人之威而号令天下，谁敢不从？现在是万事俱备，只欠东风，请大人速做决断。”

阮大铖早有准备，一席话说得密不透风，彻底打消了马士英的顾虑。马士英此时决心已下，他说：

“你真是我的张良、范增啊！那就按你说的办。我写一封信，你带上信，立即动身赴淮安见路振飞。我现在就出发，去联络诸位总兵。然后，我带兵进南京，我们在南京会合。一旦福王得立，马某掌权，荣华富贵少不了你的。我身边也缺不了你这个智囊啊！”

马士英这次是说干就干，一路上，他先后拜访了江南的四镇总兵黄得功、高杰、刘良佐、刘泽清，没费多大力气便说服他们拥戴福王。接着，他马不停蹄地来到南京。他到南京办的第一件事，便是约见刘孔昭。这刘孔昭是开国元勋刘伯温的后代，朝廷封他为操江诚意伯，在江南一带很有威信。马士英知道，立福王一事，必须先经刘孔昭首肯，只要刘孔昭点了头，事情的成功就有八九分了。为了郑重其事，马士英特地在夫子庙的“六香居”定了一个单间，与刘孔昭见面。别看夫子庙是个鱼龙混杂的热闹地方，这“六香居”可是间百年老店，闹中取静，画栋雕梁，在南京是个大大有名的所在。

马士英早早到达“六香居”，在单间里等候。那刘孔昭要摆架子，故意姗姗来迟。刘孔昭一到，店小二便送上香茗一壶，还有店中的特色点心八种，马士英也特地起身行了礼。说了几句客气话，又喝了店家特意准备的香茶，马士英这才摆了摆手。他指了指身旁的两个大箱子，让随从帮他打开。只见一箱是绫罗绸缎，另一箱则是白晃晃的银元宝。他让随从合上了箱子盖，然后再度对刘孔昭拱了拱手，说：

“大人，马某这次到南京，专门来看望您，这些许礼物，还望大人笑纳。”

“马总督，所谓无功不敢受禄。你要有事，便可直说。这么贵重的礼物，我可不敢收啊！你我世交，又何必如此见外呢?”刘孔昭一副拒人于千里之外的样子，倒叫马士英一时不知所措。不过，他很快就转过弯来，明白这刘孔昭是假意推脱，世上哪有不爱银子的人呢？马士英说：

“老大人，不瞒您说，我确实有事求您。目前先帝弃世，太子、永王、定王均下落不明，吾意在南京立一宗室王为君，以便号令天下，恢复我明室江山。老大人意下如何?”

“这是大好事啊！我一定襄助大人，可不知欲立哪位宗室王为帝呢?”刘孔昭问道。

“秉老大人，我已与总兵黄得功、高杰、刘良佐、刘泽清等议定，立福王为君，还望老大人玉成。”马士英回答。

“听说福王品行不端啊！这样的人怎么能为人君呢?”刘孔昭说。

马士英知道这老狐狸是在卖关子，故意拿一把，便说：

“老大人有所不知，立君当立嫡，这福王乃万历帝之孙，与先帝血脉最近，不立他更立何人？而且福王在诸将中颇有威信，大家一致推举。人同此心，还求大人赏在下一个薄面。些许礼物，还望收下，今后仰仗老大人的地方尚多，望不吝赐教。”

“要按血脉之亲，则非福王莫属。既然你与诸将均有此意，老夫也无异议，可即开会议定，迎接福王入南京。大人之礼，却之不恭，老夫也就收下了。”见刘孔昭收下礼物，也表态支持，这马士英的一颗心才放下了。不过，他暗地里，还是骂这个老东西不识抬举，但为了大事，他也只好忍了。

第二天，在南京的弘文阁召开了会议，十九名给事中和南京的重要人物悉数到场。会议一开始，气氛便十分紧张，双方唇枪舌剑，互不相让。马士英在会上先发制人，他拿出黄得功、高杰、刘良佐、刘泽清联名推举福王的信函，申明要立福王。刘孔昭也立即发言表示支持，但与会的史可法、高弘图、吕大器则坚决反对，力主立潞王。史可法义正词严地说：

“诸位，当今之时，乃我大明生死存亡之秋，必立贤主以挽狂澜于既倒。福王有七不可立：父丧不归，不孝；驭下苛刻，不义；刚愎自用，不智；不读诗书，无知；贪财无厌，不仁；淫乱后宫，无德；酗酒无度，无行。似这等不孝、不仁、不义、不智、无知、无德、无行之人，焉能为人君，主天下？而潞王声名素著，洁身自好，知书达礼，体恤下情。立君立贤，当立潞王为君。”

虽然，会上支持马士英的人数较多，但史可法、高弘图等人拒不退让。会议从早上一直开到中午，也没议出结果。给事中李沾跳出来厉声说：“今日有异议者，以死处之。今日议不出结果，谁也不准走。”给事中韩赞同大叫：“快取笔来，让众臣签押。”刘孔昭也怒气冲冲，大骂史可法妖言惑众。无奈之下，史可法、高弘图、吕大器三人拂袖而去。史可法握有兵权，吕大器掌管印信，马士英拿他们也无可奈何。最后，一场重要的会议不欢而散，马士英十分郁闷地回到住处。没想到，阮大铖已从淮安赶到南京，正在驻地等他。见马士英一脸的不高兴，阮大铖早就知道了结果，他说：

“大人何必如此丧气，在下还有一计。我临走时，已与路巡抚约定，三日后，让他们从水路将福王送至仪征。大人可直接率众将前往仪征接驾，将福王迎至南京登基。我们先斩后奏，只要生米做成熟饭，不怕他史可法、高弘图、吕大器不俯首称臣？”

马士英听了阮大铖的话后，立即转怒为笑，他对阮大铖说：

“此计甚妙。早知如此，我也不必花那么大的代价去找刘孔昭了。就依你说的办，准备卤薄法驾，去仪征迎接福王。放心吧！福王登基之后，定少不了你的好处。”

三天后，马士英率黄得功、高杰、刘良佐、刘泽清四总兵在仪征码头迎接福王。他们替福王戴上平天冠，穿上衮龙黄袍，然后登上驷马安车，在全部仪仗的导引下，向南京进发。马士英亲率大队士兵，一路护送。崇祯十七年（1644 年）五月十五日，在马士英一手导演下，福王朱由崧在南京故宫弘仁殿正式即位，以明年为弘光元年。此时距崇祯去世也还不到两个月，这就是南明建立的第一个小朝廷，史称弘光政权。面对既成事实，史可法、吕大器、高弘图等人也只好低头就范，不再坚持自己立潞王的意见。

待诸臣朝贺完毕，弘光帝立即颁布诏书，大封百官，以报答大臣们拥立自己为帝之功。弘光帝封史可法、马士英为兵部尚书，张慎言为吏部尚书，高弘图为礼部尚书，王铎为户部尚书，并任命这五人为大学士。吕大器本也被封官，但是他生气自己立潞王的意见不被采纳，辞官不就。至于对那些积极拥戴自己为帝的诸镇总兵，弘光帝也不吝封赏。他封武汉的左良玉为宁南侯、黄得功为靖南侯、高杰为兴平伯、刘良佐为广昌伯，刘泽清为东平伯，其他各官也均升三级。文武百官各得其职，可谓皆大欢喜。

更奇怪的是，这弘光皇帝自继位后，就像变了一个人似的。他一改往日形象，每天认真上朝，待人平和，处事谨慎。一个多月以来，弘光帝重视国政，选贤任能，他公布施行“国政二十五款”，大有中兴气象。大臣们感到复国有望，百姓们也对小朝廷充满了期待，就连原来主张立潞王的史可法等人也开始怀疑，当初是不是自己错了？但此时，认为自己立了拥戴首功的马士英并不高兴。马士英与史可法均为兵部尚书，可他一直嫌史可法碍手碍脚。为了让朝廷大权由他独揽，他总想把史可法排挤出去，为此，他又把阮大铖找来，为他出谋划策。

阮大铖招之即来，他听了马士英的想法后，眉头一皱，便献上一计。他说：

“大人，你要史可法离开朝廷不难，只要如此这般，他史可法就会离开南京。只要史可法离开南京，一切还不由您说了算。只是事成之后，可不要忘记小人啊！”

几天之后，朝廷便公布了一份军事方面的诏命。除宁南侯左良玉继续镇守武昌外，将长江以北设立了江北四镇。由靖南侯黄得功辖滁州、和州，驻庐州，经略江苏；兴平伯高杰辖徐州，驻泗州，经略河北；广昌伯刘良佐辖凤阳、寿州，驻临淮，经略河南；东平伯刘泽清辖淮海，驻淮北，经略山东。各镇常设兵为五万，粮饷由各镇自行解决，辖区内的一切政事，也由各镇负责。此时，四镇的总兵马有二十多万，左良玉手中的人马更是超过三十万，若能统一整顿，用来对抗清兵，仍然是一支不可小视的力量。

史可法认为战争时期，如此措置，十分妥当。他本人也是积极支持这种安排的，可他做梦都没想到，这个安排是一个阴谋。一天，散朝之后，马士英单独把史可法留下来，与他在朝房叙话。马士英假惺惺地说：

“史阁老，你掌管军事，威名素著，将士们也都听命于您。目前，左良玉拥兵自重，不受朝廷调遣，四镇将领互不服气，谁也不服从谁。我想让阁老出任扬州督师，统一节制朝廷兵马，而我则留在南京居中调停，供给粮草。只要你我同心，何愁复国大计不成？”

马士英这样做的目的十分简单，就是要将史可法排挤去扬州，好让他一人掌权。为了让史可法离开，他编了一个理由，让史可法去扬州担任督师。其实督师只是一个虚名，目的是骗史可法离开南京。他虽然成算在胸，但担心史可法看破他的用心，不肯去扬州。所以他在说这番话时，怀里一直揣着个小兔，惴惴不安。谁知史可法与马士英共事以来，实在看不上他的所作所为，他已经忍耐了很长时间，再也不愿意与他同朝共事了。他一口便答应了马士英的请求，他说：

“常言道，居者守，行者御，二者莫能偏废，明公既有此意，史某敢辞难乎？”

弘光皇帝也一直不喜欢一本正经的史可法，当马士英提出让史可法去扬州督师时，他立即批准，派史可法去扬州。史可法前脚离开南京，这位弘光皇帝就旧态复萌。他开始大兴土木，修宫殿，扩建花园，在民间广选民女，充实后宫。他不再上朝，政事交给马士英全权办理，自己乐得逍遥，还大言不惭地说：“天下事有老马在。”弘光皇帝整天在后宫和御花园内饮酒嬉戏，晚上则荒淫无度，彻夜笙歌。他还经常招来戏班，在宫中演戏取乐。兴头来时，他还亲自粉墨登场，充当票友，百姓们称这位皇帝是“活神仙”。内宫的廊柱上，有一副弘光帝最得意的对联，是他让大学士王铎书写的，内容是：

万事不如杯在手，一年几见月当头。

马上要过年了，弘光帝皱着眉头，闷闷不乐。大臣们认为他是思念先帝或者忧虑前方的战况，因此纷纷向他叩头请罪。马士英知道，皇帝绝不是因为这些原因，大臣们都猜错了，但他一时也搞不清皇帝是为了何事，所以开口问道：

“陛下，您最近有什么心事吗？”

弘光帝连想都没想，便说：

“马爱卿，朕所忧者，梨园子弟无一佳者，意欲广选良家女子以充后庭，久不见动静，惟诸卿早行之耳！”

马士英的一门心思是，只要皇帝不理朝政便好。因此，一听皇帝此话，便立即行动起来。他出动锦衣卫，在南京城广选秀女。规定凡是有女之家，一律将女儿的情况写在黄纸上，将黄纸贴在门上，以备宫内太监前来挑选。若有隐瞒不报者，左右邻里俱一同连坐。这一来，把南京城搞得人心惶惶，鸡犬不安。谁愿意自己的亲生女儿进宫受罪啊！尤其是百姓们都知道，弘光皇帝是个什么德行。一时间，不少有女儿的人家，急着将自己的女儿嫁出去，南京城到处都是“拉郎配”，把个好端端的陪都搞得乌烟瘴气。

在南京之外，弘光帝还特别派遣司礼太监田成前往浙江，为他物色美女。当他得知浙江各县每县只选送一名美女时，心中大为不快。为此，他专门下了一道谕旨：“选婚大典，地方官漫不经心，且以丑类充数，罪不可赦。责成抚按道官于浙江各府广选，数额不限，务要端淑，如仍前玩忽，一并治罪。”此旨一下，整个浙江也乱了起来，户户骚动，村村若狂，甚至有的幼女被逼得投水自尽。

此时清兵前锋，已近长江，可弘光帝根本不闻不问，一心在那里忙着选美。弘光帝荒淫过渡，身体有些支持不住，他便召集许多道士为他配制房中药。道士们说配药要用大量的癞蛤蟆，皇帝便下令让城内的乞丐们去为他捉癞蛤蟆，每捉到一只癞蛤蟆，赏银一两。重赏之下，必有勇夫，全城的乞丐们纷纷行动起来。乞丐们抓癞蛤蟆时，人人在手上打一灯笼，并在灯笼上写上四个大字“奉旨捉蟾”。百姓们见到乞丐们到处捉癞蛤蟆，觉得十分可笑，戏称弘光帝为“虾蟆天子”。

史可法去了扬州，弘光帝忙着选美，这可让马士英得其所哉，朝廷大权全部落在他手里。一朝权在手，便把令来行，马士英的第一招便是结党营私，排斥异己。他先后把直言敢谏的大臣高弘图、张慎言、姜曰广等人赶出了朝廷，而将自己的亲信阮大铖任命为兵部侍郎。对于他的倒行逆施，人们都看不过眼，说他“人长智短，耳软眼瞎”。尤其是他把史可法排挤去扬州后，南京国子监的几百名太学生联名上书，结队请愿。他们在请愿的横幅上写道；“秦桧在内，李纲在外”，强烈要求“还我史公”。对于这些抗议和社会上的流言，马士英的回答是，一概不理，我行我素。他与阮大铖勾结在一起，大肆卖官鬻爵。

这阮大铖当上官后，立即开始报复。他将东林党和复社的正直人士列了一个黑名单，起名叫《蝗蝻录》。他把东林党人称作蝗，复社人士称作蝻，名单上共列了贰仟贰佰多人，这些人都是他报复的对象。除了报复之外，阮大铖还帮马士英弄钱。他们制定了一个卖官的标准：武英殿中书九百两、文华殿中书一千五百两、内阁中书两千两、待诏三千两。这些买官的钱统统进入了马士英和阮大铖的私囊。人们就此纷纷议论说：“南都之政，幅员愈小而官愈大，郡县愈少而官愈多，财富愈贫而官愈富。”

当时的民谣唱道：

中书随地有，都督满街走。监纪多如羊，职方贱如狗。相公只爱钱，皇帝但吃酒。扫尽江南钱，难填马家口。

街道上还贴了不少揭帖，看来是文人写的，用的词牌是《西江月》。第一首写的是：

弓箭不如私荐，人才怎比钱财，吏兵两部挂招牌，文武官员出卖。四镇按兵不举，东奴西寇齐来。虚传阁部过江淮，天子烧刀醉坏。

第二首写的是：

有福自然轮着，无钱不用安排。满街都督无人抬，遍地职方无赖。本事何如世事，多才不若多财。门前悬挂虎头牌，大小官儿出卖。

揭帖的事儿，马士英知道后，气得乱骂。他只好让兵丁满街去撕，可今天撕掉，明天又贴出来，马大人也无可奈何。眼见得清兵正大举向南明杀来，马士英是束手无策，他只想赶快敛点财，逃之夭夭。可这时，阮大铖来了。这小子自当上兵部侍郎后，身体发福，连脸上都放光了。见着马士英，他连忙躬身一礼，说：

“阁老，您还好吧！是不是有什么心事啊?”

“好个屌。你小子最近怎么连人都不见啊！这清兵正大举南来，你小子怎么连个屁也不敢放啊！是不是光顾着玩女人哪!”

“阁老，您消消气。学生今日前来，正是要向您献计。只要您用在下之计，就不用担心清兵了。”阮大铖说。

“有屁快放。别给老子卖关子!”马士英催他快说。

“阁老知道吴三桂这个人吧！他为了给先帝报仇，向清军借兵，把大顺军赶出了北京。清廷对他十分重视，他现在可是个举足轻重的人啊！我们可派一使团北上，给吴三桂以封赠，然后让吴三桂居中调停，与清军讲和。双方可划江而治，共同对付大顺与大西的农民军。阁老以为如何啊?”阮大铖说。

“此计甚好。我明日即上报皇帝，照此执行。”马士英像是捞到了救命稻草，连连点头叫好。

弘光皇帝本来就是个傀儡，对马士英是言听计从。五月二十八日，弘光帝下诏，称吴三桂“当闯百万，屡挫贼锋，雪耻除凶，功在社稷”，特封吴三桂为蓟国公，子孙世袭。并由户部发白银五万两，漕米十万石，命提督沈廷杨负责，经海路给吴三桂送去。同时，以兵部右侍郎兼都察院右佥都御史左懋第为正使，太仆寺少卿马绍愉、左都督陈洪范为副使，组成了一个三百多人的庞大使团，出使北京，与清廷和谈。马士英还特意在使团中加入了锦衣卫使祖泽溥，他是祖大寿的儿子，想让使团利用降清的祖大寿这一关系，与清廷接头。七月六日，弘光帝接见了使团的全体成员，并当面由尚书颜锡畴给使团布置了任务。

使团的使命共有三项。一是封赏吴三桂，并争取让吴三桂与他的吴家军效忠南明。二是请求清廷允许在天寿山重建陵园，改葬崇祯皇帝。三是与清廷议和，同意将山海关以北的土地划归清朝，南明为此愿每年给清朝白银十万两。左懋第接受使命后，觉得这三项使命几乎都是无法完成的。在使团启程前，他特意给朝廷上疏。他在疏中指出：

“望严谕诸臣整顿士马，勿以臣北行为和议必成，勿以和议成为可持。必能渡河而战，始能扼河而守，必能扼河而守，始能划江而安。”

左懋第的见解是很正确的，尤其是立足备战、整顿士马这一条。可马士英阅后，只笑了笑，就把它扔在一边了。七月十八日，使团出发，马士英亲自前往送行。使团成员一律骑马，使团所带礼物黄金千两、白银十万两和锦缎万匹，则用骡车拉运。使团队伍浩浩荡荡，倒也颇为壮观。七月底，使团到达淮安，驻防淮安的东平伯刘泽清对使团热情款待。使团在淮安停留了几天，决定由使团中的曹应试先行出发，给使团打前站。八月中旬，使团渡过黄河，到达山东临清时，先行的曹应试已到了天津。

这时，在天津任巡抚的不是别人，就是那个用皇帝銮驾在北京迎接多尔衮的骆养性。他本是明朝的锦衣卫内使，只因接待多尔衮以后得到赏识，被摄政王任命为天津巡抚。毕竟骆养性原来也是明臣，见到曹应试后十分热情主动，立即将南明使团的到来以及给清政府的礼单派专人去北京做了报告。多尔衮得知这一消息后，十分纳闷，不知南明政府究竟葫芦里卖的什么药。不过，既然是南明派人前来送礼，岂有不收之理？于是，他指示骆养性，先将使团接到北京来再说。九月十五日，骆养性派兵到临清将南明使团护送到了天津。

到了天津之后，使团才弄清楚，吴三桂并不是向清朝借兵复明，而是彻头彻尾地投降了清朝，当了清朝的平西王。正使左懋第感觉到吴三桂已经指望不上了，他的第一项使命已经无法完成。但是在和副使马绍愉和陈洪范商量后，左懋第决定还是去试探一下。他让曹应试带着南明的册命和南明官员们给吴三桂写的信，到北京去送交吴三桂，以便观察吴三桂的反应。曹应试在南京衙门中当过书办，为人很是机灵。他明知这个任务并不好完成，还是怀揣着书信和册命，打扮成商人模样，一个人悄悄地从天津来到了北京。

曹应试好不容易打听到吴三桂在北京的府第，然后登门造访，没想到门官压根就不让他进门。曹应试眉头一皱，计上心来。他对门官说，自己是从苏州来的，是陈圆圆的表哥，这次到北京做生意顺便来探望一下表妹。说着，他从怀里取出一锭十两银子的元宝，请门官行个方便。人不亲，银子亲，门官当即就把他领进内院，见到了陈圆圆。曹应试候门官走后，便扑通一声双膝跪倒，对陈圆圆说了实话。他坦白说自己是南明使臣，因为想见吴将军一面才编了谎话，请陈圆圆恕罪。陈圆圆本身心地善良，尤其那曹应试讲的一口流利的苏州话，更是打动了她，于是，她毫不犹豫地将这个南明使臣带到了吴三桂面前。

吴三桂一听说曹应试是南明官员，吓得大惊失色。他只将曹应试带来的册文和书信留下，然后立刻让门官将曹应试从后门送走。曹应试走后，吴三桂将册文和书信放在案上，一个人想了很长时间。他心里清楚，自己虽贵为王爷，但多尔衮根本不信任他，要是发现他与南明政府暗中来往，那可是掉脑袋的事情。他知道，自己的一举一动都在多尔衮的监视之中，无论如何不能冒这个险。

于是，第二天一大早，吴三桂便将未加启封的南明册文和曹应试带来的书信，原封不动地交给了多尔衮。多尔衮打开一看，发现在册封吴三桂为蓟国公的册文中有“永镇燕京，东通建州”的字样，勃然大怒。他撕掉了册文和书信，说要将南明使团的人全部杀掉。这时，身旁的范文程和洪承畴都劝阻多尔衮，让他先消消气。并说南明既然派使团前来，还带着大批礼物，还是应该见一见，所谓有礼不打上门客，否则还显得清朝方面不懂礼数了。

多尔衮本来也就说的是气话，二人一劝，便顺坡下驴，同意使团进京。不过，他又提出一个限制，就是使团人数不得超过一百人。当下，范文程便派人去通知天津巡抚骆养性，让使团的一百人进京，其余的人可留在天津待命。最后，多尔衮还不忘夸奖吴三桂几句，表彰他对大清朝的一片忠心。骆养性接到指令后，先是在天津著名的惠丰楼菜馆为左懋第等人饯行，然后又派遣兵丁护送使团进京。九月二十九日，使团到达河西务，因为听说顺治皇帝要在第二天举行开国大典，便在河西务停了下来。

多尔衮听说南明使团中，有祖大寿的儿子祖泽溥，十分重视，便先行派人，将祖泽溥一人接到了北京。祖泽溥在北京见到了摄政王多尔衮和父亲祖大寿等人，他们都劝他到北京团聚，不要再为南明卖命。祖泽溥虽当面没有答应，但心里也有些活动。过了几天，他又亲自到吴三桂家中看望这位表兄弟。祖泽溥与吴三桂年纪相当，一直相交甚密。这次相见，如同隔日，倒是有不少话叙谈。谈到南明政府，吴三桂表示，由于他现在已经降清，所以他既不接受南明的封赠，也不接待南明使团。但身为前朝故臣的他，对明朝还是有很深感情的，他对南明将“终身不忍以一矢相加”。祖泽溥见此情景，知道多说无益，便匆匆告辞而去。

十月初一日，使团到达北京城外的张家湾。清朝大学士冯铨提出，让南明使团自行入城。正使左懋第拒不同意，要求清政府官员出城迎接使团。副使马绍愉和陈洪范都劝左懋第说：

“时势异殊，图计国事，不妨稍从委屈。”

左懋第坚决不答应，他写信给摄政王多尔衮，说：“为国以礼，三使奉御书、礼币而至，礼宜遣官郊迎，岂有呼之即入之礼？若不以礼接御书，必不入城。”

见此情况，多尔衮做了让步，派礼部官员出城相迎。十月十二日，南明使团从正阳门进入北京城，住进鸿胪寺。到北京后，左懋第曾派人再次与吴三桂接洽见面，却遭到拒绝。吴三桂回话说："清朝法令甚严，恐致嫌疑，不敢相见"。

又过了两天，清户部官员瑞桑阿带人到使团驻地来收取南明赠送的礼物。使团当即将一千两黄金、十万两白银和八千匹锦缎都一一地交给了瑞桑阿。交割完毕后，瑞桑阿发现，还剩有白银一万两和锦缎二千匹，便命令手下一并搬走。陈洪范连忙出来拦阻，说那是送给吴三桂将军的。但那些人根本不听他的，继续乱搬。陈洪范不得已，便对瑞桑阿说：

"这剩下的一万两银子和二千匹锦缎，是赏给吴三桂的，请你转交给吴将军。"瑞桑阿心领神会，他只按礼单的数目将金银锦缎等物交到了内库，而南明送给吴三桂的那份儿，就由他照单全收了。他除了给上司和手下人分了一点外，大部分入了自己的腰包。而在此之前南明提督沈廷杨，还曾按朝廷指示从海上运来米五十万石，犒师银五万两给吴三桂，但吴三桂是一粒米不要，一文钱不收。至此，南明企图利用吴三桂的计划终成泡影。

十月二十六日，多尔衮本人不出面接待南明使团，而是派大学士刚林代表他前往。刚林盛气凌人，称他不过是奉摄政王之命前来索要"御书"。左懋第等人在使团驻地鸿胪寺席地而坐，左懋第代表使团先后提出了南北分治以及南明使团要求祭奠崇祯、重新埋葬崇祯的和谈方案和要求。可还没等左懋第说完话，刚林就一口回绝，并直接下了逐客令。他说：

"所提各项免谈。我大军不日即将南下，你们只有投降，否则玉石俱焚。你们这些人，明早请回，我派兵将，将你们押送到济宁。"

左懋第听后，实在是忍无可忍，他站起身来，厉声说：

"我们是一国使团，又不是俘虏，你们凭什么押送我们？你们收了我国的大礼，又这样对待我们，哪里有礼仪可言？我们有腿，自己会走，不劳护送。大学士，我们改日在战场上相见！"

就这样，使团的三项任务均未完成，就灰溜溜地离开了北京。十一月四日，当使团一行到达河北沧州时，还是出了意外。有一小队清军骑兵不期而至。为首的一名小头目向使团宣布，奉摄政王令，三位使节中，扣留左懋第和马绍愉，只准许陈洪范一人返回。左懋第当即表示，要留三人一起留，要回三人一起回。陈洪范也表示，他也不愿意一人回去。可小头目反复强调，他只是在执行摄政王的命令。说到后来，小头目干脆拔出了腰刀，态度强硬地说：

“我是在奉摄政王令行事，各位要是不遵王命，就别怪我们不客气了。”

说到这里，左懋第便对陈洪范说：

“既然如此，你就先回去吧！如果我们都不回去，谁去向主上汇报这边的情况呢?”

就这样，左懋第和马绍愉被清兵带回了北京，成了阶下囚，只有副使陈洪范返回了南京。其实，这一切，都是副使陈洪范暗中捣的鬼。原来这家伙早就对南明丧失信心，这一路走来，看到清军兵强马壮，吴三桂又封了王，他就决心降清。使团临离开北京的那天晚上，他偷偷写了一封信，托人转交给摄政王。他在信中表示，他不但愿意降清，回去后，还愿意策反高杰、刘泽清等大将为清廷做内应。为了方便开展活动，他请求多尔衮将左懋第和马绍愉扣留起来。多尔衮见信大喜，立即照计行事。他派兵将左懋第和马绍愉押回北京，同时命学士詹霸通知陈洪范，“按计行事，加意筹划，成功之日，当以世爵酬之。”

左懋第和马绍愉被押回北京后，拘禁在太医院。左懋第矢志不移，亲自在关押他的大门西边，写下了一副对联：“生为大明忠臣，死为大明忠魂。”多尔衮亲自审问他，并劝他降清。左懋第骂不绝口，宁死不屈。多尔衮没有办法，只好下令将他斩首。副使马绍愉却是个软蛋，他很快便剃发投降了清朝。最可悲的是，直到被杀，左懋第都不知道，是他的副使陈洪范将他送上断头台的。

充当内奸的陈洪范最后也没什么好下场。他回到南京后，谁都不相信他的话。他想拉拢高杰、刘泽清等大将，这些人回答他说，还想再等等看。到了第二年六月，这个南明政府的叛徒、内奸，就在千万人的唾骂声中死去，他的阴谋也没有得逞。

南明使团的北行从头至尾是一出地地道道的闹剧。他们把希望寄托在一个毫无气节可言的叛将身上。吴三桂既不敢接受封赠与礼物，更不敢与使团见面，充分显示使团此行的可笑。一个在清朝卵翼下苟活的旧将岂能使行将就木的南明死灰复燃？这无异于白日做梦！更可悲的是，使团千里迢迢送去了金银绸缎，得到的却是正使被杀，副使投降，使团受辱的结果，充分暴露了南明弘光小朝廷的无知和愚昧。

清廷以顺治小皇帝在北京登基的事实向世人宣告，它已经不再满足于占领北方数省，或与南明划江而治。大清野心勃勃，它要入主中原，完全取代昔日的大明王朝。更可悲的是，南明错误地将大顺和大西政权视为自己的主要敌人，想与清朝联合，与清朝划江而治。实际上，无论是李自成的大顺和张献忠的大西此时都已是强弩之末，而南明小朝廷刻意去巴结讨好的清廷政权，却最终成为自己的掘墓人。

这是一个特殊的时间段，当时，在神州大地上，同时存在着四个政权，即大清、大顺、大西和南明。如果大顺、大西和南明联手抗清，结局如何，还很难预测。可惜的是，他们没能团结起来，最终被清廷各个击破。在这个历史关头，应该说，清朝的睿亲王多尔衮是一个独具慧眼的人，他为清朝统一全中国居功至伟。

第二十三章

九宫山闯王罹难

一段时间以来，摄政王多尔衮闭门不出，他在考虑一件大事。实际上，对于南明使团的到来，他根本没放在心上，他念念不忘的，只有一个目标，那就是彻底取代明朝，统一全中国。不过，多尔衮在排兵布阵上，遇到了一个很大的问题，那就是兵力不足。入关以后，所有的八旗兵满打满算，也只有二十万人左右。辽东和盛京需要有兵留守，新设立的首都北京需要派兵驻守，新占领的地盘，更需要有兵守卫。这样一来，投入进攻的兵力，就所剩无几了，这真让摄政王感到捉襟见肘。

思来想去，多尔衮想到一个主意，那就是汉军，吴三桂、孔有德、尚可喜、耿忠明手下的汉军。让汉人去打汉人，让汉人去打头阵，而八旗兵则在后边督阵，这就是多尔衮想到的唯一解决办法。尽管多尔衮对汉人并不放心，但他没有别的选择，最终，他还是决定，让汉军作为主力随八旗军出征。

顺治元年（1644 年）十月十九日，即小皇帝顺治在北京登基的当月，多尔衮便命令他的哥哥、英郡王阿济格为靖远大将军，率平西王吴三桂、智顺王尚可喜，领兵十万，前往陕西进剿李自成的大顺军。六天之后，多尔衮又任命他的弟弟、豫亲王多铎为定国大将军，率恭顺王孔有德、怀顺王耿忠明，同样领兵十万，南下去讨伐南明政权。这是个大手笔，多尔衮双拳出击，要同时进攻大顺和南明，一统山河。但这个计划也是一个冒险的计划，两路清军虽各为十万人，但其中的八旗兵只有两万人。而此时的大顺军和南明的总兵力都还有五六十万人之多，仅从数量上来说，清军的兵力就逊人一筹。

古往今来，分兵乃兵家大忌。现在这两支清军，一往西北，一往东南，相隔何止数千里，难以互相照顾。一旦一路大军有失，就可能满盘皆输，到那个时候，清军就有可能重新被赶回关外。再者，两路大军同时出征，主力远离首都，如果此时，大顺军奇袭北京，京师空虚，北京城便有可能得而复失，大顺军便会卷土重来。其次，两路大军的人员组成便暗含着一个致命伤，那就是，在每支大军中，汉军的人数都远远超过了满兵的人数。一朝汉军前途倒戈，满兵不足以控制局势，那么，不待敌人攻击，两路大军自身便会溃不成军。所以，这是一个多尔衮在胜利冲昏头脑下制定的计划，这个计划既是大错特错的，又是十分危险的。

再说，李自成与刘宗敏等从山西固关撤退后，五月十日便抵达太原。这时，阿济格和吴三桂的追兵已经退回了北京，形势出现了暂时的缓和。李自成是个不轻易认输的人，尤其是山海关一战失败后，他咽不下这口气。他决定召开一次军事会议，讨论如何东山再起。会议在太原古老的晋阳宫举行。离开会还有一段时间，文臣武将们已经都到了，好久不见，他们在争相议论着什么。宫内外传来阵阵的槐花香，执刀的亲兵们站得笔直，把守着宫内的通道。毕竟是大败之后，毕竟是劫后余生，会议的气氛也显得与往日不同。众人都在等待闯王的出现，期待闯王拿出一个好主意，好与吴三桂和清军重新较量。

一小队全副武装的亲兵队伍鱼贯地进入了会议大厅，众人都静了下来，只见李自成、刘宗敏、牛金星、宋献策、李岩等头领们依次从屏风后走了进来。李自成在首位上坐下，冲众人点了点头，拱了拱手，然后开始讲话：

“弟兄们，我们这次进京赶考，没有过关。山海关一战大败，北京城得而复失，大明之后换来了大清。这一切，责在李某，罪在李某。自成愧对列祖列宗、愧对乡亲父老，更愧对死去的弟兄们。”

说到这里，李自成声泪俱下。他站起身来，在厅上向大家行了一个大礼，在座的人无不动容。然后，李自成突然握紧拳头，朝面前的木案狠狠地砸了一拳，继续说道：

“我李某起兵已经十七年了，多少大风大浪，多少次大起大落，我都经过了。可这一次，最让我难过。不要说东夷的辫子兵，我们竟然会输在吴三桂手上。我李自成不服，我李自成要报仇，我大顺要重振军威！”

“不服！不服！不服！报仇！报仇！报仇！”会场上群情激动，口号声此起彼伏。李自成摆了摆手，示意大家安静下来。他继续说：

“常言说得好，从哪里跌倒，就在那里爬起来。我们现在还控制着山西、陕西、山东、河南、湖北、甘肃、宁夏等数省地方，我们大顺军还有几十万弟兄，我大顺要奋起反击。今天开会，就是要确定下一步的行动方针，请大家像过去一样，各抒己见，我们最后再做出决定。”

闯王话音刚落，牛金星就迫不及待地站了起来。他说：

“陛下，我们家乡有句俗话：‘金窝、银窝，不如自家的狗窝；千好，万好，不如自己家乡好。’而今，我军连败，士气不高，不如放弃山西等地，将全部队伍撤回陕西。陕西是我们的家乡，陕西有我们的父老兄弟。在陕西休息整顿之后，再与满鞑子见个高低。这也是我在下面与众兄弟商量的意见，请陛下定夺。”

牛金星说完后，不少人表示赞成。但此时，一直没开腔的李岩却站了起来。他说：

“闯王，在下有不同意见。当此之时，军队不能全部撤到陕西。因为一旦陕西守不住，便没有别的出路。所谓胜败乃兵家常事，我们可以打败仗，但不能失锐气。哀莫大于心死，只要我们这股气不倒，大顺军便一定能重振军威。如果此时撤退，便是示弱，便是放弃，这是很伤士气的。而今之计，闯王可回陕西主持大局，山西可选一上将与敌周旋。我愿意率本部人马前往河南，那里是我的家乡，人地两熟，我可以在河南拖住敌军并相机发展。这样，我们以秦地为躯干，以晋豫为膀臂，进可以攻，退可以守，我们将立于不败之地。”

李岩的话，也有一部分将领赞成。牛金星与李岩各执一词，不肯让步，众将也议论纷纷，一时倒让李自成举棋不定。这时，刘宗敏出面讲话。他身上的伤还没好利落，他的胳膊上还吊着绷带，他的讲话明显是支持牛金星的意见。他说：

“大哥，当断不断，反受其乱。依我之见，清军和吴三桂很快便可能打过来，我们还是先退回陕西再说，一切到陕西再议。”

“那就按捷轩说的办，明天一早出发，全军开往陕西。”李自成做了决断，会议也就到此结束。

会议结束了，众将已纷纷离开，但宰相牛金星却单独留了下来。他故作神秘地对李自成说：

“陛下，有句话我早就想对您说了，不知道当讲不当讲。”

“有什么话就快说，你们读书人就是爱说一句藏一句的。”李自成说。

“陛下，李岩这个人，我看是有了异心。目前，我大顺正处在危急关头，他却想回家乡独树一帜，这可不是个好兆头啊！我看他是要另攀高枝，投靠满清啊！所谓防人之心不可无，像这种只能共富贵，不能共患难的人，还是早点清除为好。无毒不丈夫，陛下要当心啊！”牛金星说。

“启东，李岩的话是在会上说的，他这也是一家之言么。再说，你这话没什么根据，不要乱猜疑。李岩投奔我大顺以来，能文能武，出过不少好主意，也立过不少战功，不能轻易地去怀疑人家。”李自成说。

“陛下，我可不是随便说的。早在陛下去山海关讨伐吴三桂的时候，我与李岩守京师。他就整天发牢骚，说什么陛下不纳忠言，不相信他李氏兄弟，他早晚要远走高飞。自从大顺军山海关战败，他就去意已决了。当时从北京撤退时，他就曾提出，要留在北京，他是早就想和我们分道扬镳了。人么，都是可以共富贵，不可以共患难的。现在陛下新败，他就要离开。他要是一走，军心必乱，陛下可不能有妇人之仁啊！”牛金星说。

“启东，你就是李岩介绍给我的，怎么你现在反而怀疑他呢？大敌当前，我们可不能窝里斗啊！”李自成说。

“陛下，我可是一心为了大顺啊！我现在身为宰相，只能效忠陛下一人，只能效忠大顺。不要说，我和李岩只是朋友，就是亲兄弟，我也只能以国家为重。我是身在其位，不得不说啊！为了君臣大义，也顾不得朋友私情了。”牛金星继续说。

尽管牛金星反复游说，但事关李岩，闯王李自成仍在犹豫。可正在这时，刘宗敏前来报告说，原明宣府巡抚李鉴纠集了几千人，杀掉了十五名大顺军将领后，向清军投降。已经投降了大顺的原大同总兵姜瓖也杀掉了大顺军将领张天琳等人，占据了宁武、代州等地，向清军投降。尤为可气的是，那个在居庸关投降大顺，并被闯王李自成派去招降吴三桂的唐通，此时也摇身一变，投入了清廷的怀抱。听了刘宗敏带来的消息，李自成的心乱了。在这种危急时刻，李岩若是有什么异动，那是会牵一发而动全身的。他决定要防患于未然，下手除掉李岩兄弟。于是，他接受了牛金星的建议，派李双喜去通知李岩兄弟来大营商议军情。

李岩接到命令后，有些疑惑，怎么刚开完会，又要商议军情？难道是闯王接受了自己的意见，改变了主意？他没再细想，便带着兄弟李侔骑马赶往大营，他甚至都没来得及和红娘子告辞，他一向是按照闯王的命令行事的。可李岩兄弟匆匆赶到老营，一进大帐，闯王李自成便变了脸。李自成摔杯为号，预先埋伏在帐中的十多名刀斧手立时窜了出来，不由分说，将李岩兄弟按倒在地、五花大绑地捆了起来。李岩一边挣扎着，一边大声呼叫：

“李哥，我犯了什么罪？做错了什么事？你为什么要对我这样？”

李自成一句话都没回答，他只是挥挥手，让那些刀斧手将李岩兄弟推出帐外斩首。李岩气得跺脚大骂：

“李自成，你不是个东西！是我眼瞎，怎么会投奔了你？你这个丧尽天良的家伙，我做鬼也不会放过你！”

李自成依然没有说一句话。可惜才气过人，文武双全、赤胆忠心的李岩竟死在了自己人的刀下。噩耗传来，红娘子痛不欲生，她带着自己的女兵，去刑场抢回李岩兄弟的尸体，连夜离开了李自成的队伍。李自成在杀掉李岩兄弟后，自己也有些后悔。牛金星建议派兵去追杀红娘子，李自成阻止了，他放她们走了，他不想赶尽杀绝。李岩兄弟死后，不少大顺军将领感到寒心，又有一批人投降了清朝，大顺军的士气也就更加低落了。

李自成回到西安后，便开始积极组织反攻。他命令李过和高一功驻守陕北，又让田见秀和赵光远率军守汉中。自己则和刘宗敏等坐镇关中，统筹全局。李自成的反攻计划是，先出兵河南，然后伺机收复京畿。十月十二日，李自成派大将郝摇旗率军二万，渡过黄河，进攻河南怀庆。十月二十四日，大顺军兵分三路出潼关，一路向归德，一路向裕州，一路经陕县，排出了进攻的阵容。尤其是郝摇旗的队伍攻势很猛，连克济源和孟县，并且在柏香镇击毙了清军提督金玉和，紧接着就包围了怀庆府城沁阳。这怀庆府北临太行山，南临黄河，是南北的战略要冲。大顺军的进攻让清军乱了阵脚，清卫辉总兵祖可法慌忙带着队伍赶到沁阳亲自去组织守城。河南巡抚罗绣锦也频频向北京告急，雪片般的告急文书一封又一封的发往北京。

李自成这次看似成功的进攻，其实是一个重大的失误。清摄政王多尔衮在接到罗绣锦连篇的告急文书后，立即意识到，自己分兵同时进攻大顺和南明，是一个错误。怀庆地区十分重要，绝不能轻易丢掉。南明政府并没有什么大的力量，而大顺才是他的主要敌人。当务之急，是要集中力量，消灭李自成和他的大顺军。于是，多尔衮立即调整了战略部署，他命令多铎的大军立即火速救援怀庆，然后攻取潼关，与阿济格的大军南北夹击，会师西安，待击败大顺军后，再南下讨伐南明。同时，多尔衮派学士詹霸拿着他的手谕赶往阿济格军中，命令阿济格不得延误，迅速从陕北杀向关中。李自成的这次愚蠢的进攻帮助多尔衮纠正了原来的错误，将两只拳头集中地打向了大顺军。

如果李自成的这次进攻推迟到半个月以后，那多铎的大军便已经到达江南，与南明军队接上了火，那么，中国的历史还不知如何书写呢？李自成的大顺军在错误的时间、错误的地点，发动了一次错误的反攻，它无形中纠正了多尔衮计划中的失误，成就了大清朝的伟业。这是李自成继招降吴三桂失误后的又一次重大失误，这是一次致命的失误，它最终致大顺朝于死命。这确实是李自成的不幸，那个有勇有谋的李自成为什么在夺取北京之后屡屡失误呢？就以李自成这一次的反攻和多尔衮的变招来看，两人的指挥水平高下立判，胜负也就可想而知了。

再说多铎接到摄政王的命令时，他的队伍已到达了山东兖州。多铎立即命令停止向江南前进，他率领大军，马不停蹄，十天便赶到了怀庆。正在包围怀庆沁阳府的郝摇旗，见大队清军前来支援，便不战而退，撤回了陕西。多铎的清军于十二月十四日抵达孟津，准备渡黄河。由于缺乏渡船，清军便征用了黄河上行驶的全部货船，仅用了四天时间，就渡过了黄河，到达陕州。在河南灵宝，清军一举击溃了大顺果毅将军张有声和都司黄士欣的部队。途中，又有南明许定国和李际遇的三万多人向清军投降。在这些降兵的接引下，多铎的大军于十二月二十二日顺利抵达潼关，离城二十里扎下了营寨。

百二秦关中，首推潼关。潼关扼八百里秦川之首，是陕西的东大门。所谓得潼关者得关中，得关中者得天下，可见潼关重要的战略地位。潼关依山而建，城墙高大坚实，易守难攻。潼关因地势的关系，它没有北门，其南门和上南门都是通往关中的，而其东、西二门则是朝着河南方向的。防守潼关的，是大顺军第一猛将刘宗敏，他将三万步兵和两万骑兵，布置在东门外。大顺军在阵前设立了三道鹿砦，又挖了两道壕沟。壕沟挖得又深又宽，是专门对付八旗骑兵的。刘宗敏深知八旗兵野战的战斗力，他要用壕沟阻挡八旗骑兵，与敌人进行白刃战。李自成听说清军逼近潼关后，立即亲自率领中军营主力三万人，赶赴潼关，增援刘宗敏的队伍。

多铎并没有急于发动进攻，他视察了潼关的战场后，觉得如果硬攻，必然会损失惨重。多铎决定，等待孔有德的部队将红夷大炮运来，再开始发动进攻。一直等到正月十六日，五十门红夷大炮才陆续运抵潼关。第二天早上，清军开始发动进攻，红夷大炮既轰击城墙，又轰击大顺军东门前的阵地。炮声隆隆，硝烟弥漫，孔有德和耿忠明二顺王的部队在前，清军在后，向潼关发动了反复冲击。大顺军死战不退，他们用血肉之躯抵挡着敌人的连续进攻。清军连续攻了十天，也没能前进一步，清军入关以来，还从未遇到过如此顽强的抵抗。

到了第十一天，多铎开始使用骑兵进行冲锋，八旗铁骑以雷霆万钧之力，冲向了大顺军东门前的阵地。鹿砦被冲垮了，壕沟也被马匹和尸体填平了，大顺军岌岌可危。这时，刘宗敏毫不犹豫，率领大顺军骑兵迎了上去。刘宗敏因为左臂有伤，他已经不能舞动双刀，但他的右手刀仍然威力不减。刘宗敏马到人到，人到刀到，一个个敌人在他面前倒下。他已经杀红了眼，无论是辫子兵，还是辫子将，均死在他的刀下。但慢慢地，他发现，周围的人越来越少，喊杀声也弱了下来。

激战中，他回头一看，身边的亲兵只剩下十多个人，不少大顺军将士已倒在血泊之中。他再一看，战场上八旗兵以及孔有德和耿忠明的部队已经占了上风，正在四处围剿着各自为战的大顺军小分队。刘宗敏意识到，这一仗又打败了，他挥刀冲上去，将分散的大顺军将士一批批解救出来，然后撤进了城内。夕阳西下，东门前的战斗结束了。活着的大顺军已经全部进了潼关城，战场上留下了两万多具大顺军将士的尸体。

多铎命令乘胜攻击。红夷大炮开始猛烈轰击城墙的垛口，大批的砖石飞上了半空。在红夷大炮的掩护下，清军开始使用云梯攻城。李自成亲自率领中军营的兵士守城，整整一天，打退了敌人的十多次进攻。当天晚上，李自成又得到了一个很不好的消息，阿济格带领的清军正从陕北方向向西安进军，大顺军很快将面临腹背受敌的危险。李自成清楚，如果丢了西安，防守潼关就失去了意义。于是，在和刘宗敏商量后，李自成决定，他与刘宗敏带领主力回师西安，而将防守潼关的重任交给了部将马世耀。

李自成等主力一撤，多铎的清军便加紧攻城，红夷大炮将潼关城墙轰塌了多处，大队清军从缺口处一拥而入。在经过三天血战后，潼关宣告失守，潼关守将马世耀率所部七千人向清军投降。但马世耀并不是真降，而是诈降，他当晚便派一名小头目去给李自成送信，请李自成回军，双方夹击多铎的清军。谁知送信的小头目半道被清兵抓获，将信交给了多铎。多铎将计就计，他把队伍埋伏在潼关城西南十里的金盆坡口，等待马世耀的部队到来。马世耀不知就里，毫无准备地率队进入了埋伏圈。一时间，四下里伏兵齐出，喊杀声不断，马世耀和他的七千人马全部战死。

消灭了马世耀后，多铎的清军长驱直入，只用了两天时间，便到达了陕西重镇西安，而这时西安已是一座空城。李自成决定放弃西安，他已于两天之前率领大顺军主力，出蓝田关，经商州，向南阳方向转移。在撤离西安时，他命令殿后的大将田见秀将带不走的粮食和城内的宫殿全部焚毁。可田见秀是个信佛的人，他不忍心城内的饥民无粮可吃，也不愿千年古都西安化为灰烬。他只是让士兵们象征性地烧掉了北门和南门月城城楼，便率军追赶李自成的大部队去了。至今古城西安，只有东门、西门的城门楼完整，就是这个原因。

多铎的清军不战而获西安，大喜过望。由于田见秀没有执行李自成的命令，清军在西安获得了大量的粮食和物资的补给。稍加休整，多铎的清军便尾随大顺军，向河南方向追击。二月二十四日，多铎的清军到达南阳。在南阳多铎接到了摄政王的另外一道命令，让他停止追击大顺军，直接南下去剿灭南明弘光政权。多尔衮将追击大顺军的任务，留给阿济格带领的清军去完成。于是，多铎让部队在南阳修整了半个多月，于三月五日，从水陆两路进军，开始了讨伐南明弘光政权的战争。

再说阿济格率领的清军比多铎带的清军出发早，摄政王多尔衮命令他走宣府、大同，然后渡黄河，攻打大顺军的根据地陕北。阿济格一路上十分顺利，因为宣府的大顺守将就是唐通。清兵一到，唐通就立刻投降，他不但本人投降，还主动说服大顺的大同守将姜瓖也向清军投降。宣府、大同是历来兵家必争之地，李自成却用了这两个明朝降将去防守，怎能不败呢？仗打得太顺了，阿济格一时高兴，便忘记了摄政王的命令，自己跑到土默特和鄂尔多斯等蒙古族地区游玩去了，他主要是想去弄几匹好马。

土默特和鄂尔多斯的蒙古王爷将阿济格奉若上宾，他们用马奶酒、烤全羊和蒙古歌舞热情地款待这位亲王，每天晚上还选漂亮的蒙古姑娘侍寝。阿济格这一次，是美美地享受了一番。临走时，两位蒙古王爷还各送给阿济格五十匹骆驼和一百匹好马。正当阿济格兴高采烈地返回山西时，不知是谁告了他的状，摄政王多尔衮派来使臣，责备他擅自行动，限他迅速按原计划出兵陕北。阿济格知道犯了军纪，多尔衮不会饶他。他不敢怠慢，立刻带领着十万大军赶到了山西保德，准备从这里渡过黄河。保德是个渡口，但此时，大顺军早已将沿河的渡船转移，清军找不到船，望着滔滔黄河是干着急。

吴三桂提出建议，可造木筏渡河。阿济格接受了这个建议，让吴军抓紧造筏。吴军士兵遍砍山中乔木，然后用绳索扎成木筏，不到十天，便扎成了上百个木筏，每只木筏一次便可乘坐数十人。阿济格的清军以及吴三桂、孔有德的部队便用四天时间，乘坐木筏，全部渡过了黄河。阿济格命令唐通为保德州总兵，留在当地镇守。别看这唐通逢战必降，但他降清后却十分卖力，先后招抚了十多个县的农民军余部，很快便协助阿济格剿平了山西。

阿济格的清军进入了陕北后，大顺军已经斗志全无，纷纷弃城投降。只有李自成的心腹大将高一功镇守榆林，死战不退，击退了清军一次又一次进攻。这时，阿济格再次遭到多尔衮的书面申斥，要他迅速拿下陕北，然后与多铎会师西安。阿济格不敢怠慢，决定不再与高一功的大顺军纠缠。他任命降将姜瓖为榆林总督，让他与孔有德、唐通等人继续围攻榆林，自己则带领吴三桂部迅速赶往延安。

途中，吴三桂请求阿济格让他专程去李自成的家乡，挖掉李自成的祖坟，以报其杀父之仇。阿济格批准了他的请求，让他单独带兵前往李自成家乡，完事后到延安城下会齐。十一月十四日，吴家军到达米脂。大顺任命的米脂县令边大绶一见吴军到来，立即开城迎接，向吴三桂投降。吴三桂在县衙内坐定，然后对边大绶说：

“你能识时务，知大局，我让你继续在这里当县令。我想问你一件事，你可知道闯贼李自成的祖坟在什么地方?”

“回王爷的话，闯贼并不是土生土长的米脂人，他的祖辈是西夏人，后来迁到这里。他那个村子的人全都姓李，村名叫作李继迁寨。闯贼的祖坟，就在村外不远。小人愿意带路，请王爷派兵，我们去挖掉闯贼的祖坟，断了大顺的龙脉。”边大绶为了向吴三桂献殷勤，显得十分积极。

“好！你这就带路前去，挖掉闯贼的祖坟，本王要重重赏你。”吴三桂说。

吴三桂让大队人马在县城等候，然后点起五百骑兵，向李继迁寨出发了。他给了边大绶一匹骡子，让他在前边带路。十一月底的陕北已经十分寒冷，刚刚下了一场雪，大地一片银白。道路湿滑，行走非常困难。吴三桂等人虽然都骑着马，也走了整整一天。李继迁寨不是太大，约有一百多户人家，他们都住在西南的土岗上。每家都有两三孔窑洞，住得十分分散。吴军到达时，天都快黑了。吴三桂的骑兵包围了整个村子，然后兵士们挨家挨户地进家里搜查，把所有的村民都赶出家门，集中在村东头的一块空地上。

凛冽的寒风中，村中的男女老少黑压压地站在一起。望着面前“平西王吴”的旗号，村民们本能地感觉到，大祸要临头了。边大绶从挤在一起的村民中，找到一位头戴白毛巾，身穿翻毛羊皮袄的老汉，把他拖出来，带到吴三桂面前。这个老汉就是这一村的族长李青山老人。老人的脸上布满深深的皱纹，显然是一个饱经沧桑的人。老人那一撮微微上翘的山羊胡子，显示出老人的倔强。他站在吴三桂面前，双唇紧闭，一言不发。他的两眼始终注视着吴三桂，显得不卑不亢。老人的这种态度，反而把吴三桂弄得很不自然。吴三桂故意拍了拍老人的肩膀，然后笑着说道：

“老人家，你能不能告诉我们，李自成的祖坟在哪里？只要你说出来，我们绝不难为村子里的其他百姓。”

老人面无表情，依旧一言不发。吴三桂收起笑脸，冷冰冰地说：

“你可不要敬酒不吃吃罚酒。老子的耐心是有限度的。如果你们怜惜死人，那我就要开始收拾活人了。”

吴三桂说完，就让手下的兵士从村民中拖出了十个年轻人，站在队伍前面，然后用大刀对着每一个人。可还没等吴军士兵动手，李青山突然开口说道：

“我领你们去，你不要难为后生们。”

于是，吴三桂从村民中挑选了几十个年轻力壮的小伙子，让他们拿上镢头和铁锹，由军队押着，跟着李青山向村后走去。其他的村民则一律释放回家。坟地并不远，就在村后的山岗上，不到一袋烟的工夫就走到了。李青山指指雪地上几十个大小不一、高低不同的土包包说，这就是李氏家族的祖坟了。由于村子贫穷，墓地也十分简陋，每座坟前均未立石碑，一般都是插个木牌牌，在牌子上写上死者的姓名。时间长了，木牌牌多数已不见踪影，就是残存的少数木牌，也看不清上面写的是什么，因此，除了村里人，谁也弄不清坟主是谁。这个山岗看起来也没有什么出奇之处，既无龙盘虎踞之像，又无山水阴阳之胜，不过是一片乱葬岗子而已。唯一显得不同的，是坟地中央长着碗口粗的三棵柏树，亭亭如盖，郁郁葱葱。

边大绶首先开始盘问李青山，哪两座是李自成祖父李海和李自成父亲李守忠的坟墓？李青山摇摇头说，这就是李氏宗族的坟墓，李家死了人，都埋在这里。至于哪座墓埋的哪个人，他也弄不清楚。听来听去，吴三桂在一旁急了，他眼中冒火，从亲兵手中抓过自己的大刀，只一刀，就将李青山砍翻在地，接着，又“咔、咔、咔”三刀，将那三株柏树砍倒。然后他大声吆喝着，让那些村民和士兵将所有的坟头都统统挖开。

由于天寒地冻，一镢头只能挖出一个白印，挖了半天，只挖出几个浅浅的土炕。于是，吴三桂便命令一同来的士兵，用带来的炸药，将一个个坟头炸开。“轰隆隆”，“轰隆隆”，一连数十响，一座座坟头都被炸开了，一块块冻土四处飞溅。只见大多数坟里的棺材已经腐朽，露出了森森白骨。吴三桂命令士兵们将白骨搜集在一起，然后找来木柴，放火焚烧。在熊熊的火光中，吴三桂仿佛又看到了自己的爹、娘和家人，他感到终于报了仇，泄了愤。

挖了坟，烧了骨头，但吴三桂还不解气，他下令，杀掉了那些押来挖坟的年轻人。临走之前，他又率领骑兵将李继迁寨的村民全部杀掉。一时间，人哭狗咬，血流成河，惨不忍睹。除了少数几家人比较灵醒，早早逃跑了之外，全村的几百口人几乎全被吴三桂杀光。干完这一切后，吴三桂赏给了县令边大绶不少金银绸缎，然后扬长而去。第二天中午，他和五百骑兵与留在县城的大部队会合，按照事先的约定，赶往目的地延安。

等吴三桂和他的吴家军赶到延安时，阿济格的清军在延安遇到了麻烦。大顺军镇守延安城的是李自成的侄子李锦，他带领兵士守城，顽强抵抗，清军屡攻不下。吴家军的到来，增强了攻城的力量，但没想到守卫榆林的大顺主将高一功主动放弃了榆林，带着大批援兵赶到延安，协助李锦守城。阿济格的清军没有带红夷大炮，所以，一连二十多天，对延安城无可奈何。吴三桂给阿济格献计，由城外向城里开挖地道，阿济格同意了，就让吴三桂的部队实施。可挖地道是个慢活儿，一连几天，都没多大进展。可正当清军攻城乏力之时，却传来了好消息。高一功和李锦的大顺军乘夜主动撤出了延安城，他们接到了李自成的命令，让他们放弃延安，带兵向汉中一代转移。就这样，延安城终于落入清军手里。

阿济格的清军，拿下延安后，便赶紧向关中进发。一直到二月底，阿济格才进入西安。此时的西安，早被多铎的清军拿下，而多铎此时又挥师进入河南，追击大顺军去了。阿济格在西安再次接到学士詹霸带来的摄政王的手谕，责备他行动缓慢，贻误军机。阿济格知道多尔衮不讲情面，他不敢在西安停留，立即率领大军沿着大顺军撤退的路线，向河南追击。吴三桂对大顺军和李自成恨之入骨，他自己主动要求，由吴家军充当追击的先锋。有人愿意送死，阿济格何乐而不为，他让吴家军在前，自己和尚可喜的队伍在后，马不停蹄地向南阳方向追去。

李自成并未在南阳停留，他已经率大顺军主力前往湖北。李自成从西安撤退时，大约有十三万人，在撤退途中，又有七万多大顺军加入，所以到湖北时，总兵力已超过二十万人。大顺军重整旗鼓、浩浩荡荡地经过襄阳，到达湖北重镇武昌。这武昌本来是南明宁南侯左良玉的大本营，但此时已成为一座空城。左良玉于一周前带着他的全部人马，分乘三百多艘大船，沿江直下，赶往南京，“清君侧”去了。直到大顺军全部进入武昌，李自成还不敢相信，他竟然未费吹灰之力，便得到了这座长江中游最大、最富庶的城市。

左良玉倾巢出动，为的是要替太子出气。原来，高起潜接受吴三桂的嘱托，本想将太子和二王先送到天津，再走海路经扬州前往南京。谁知在半路上遇到清兵，高起潜和二王被清兵杀死，只有高起潜的干儿子高梦箕与太子躲过一劫，辗转来到武昌，见到了左良玉。左良玉不辨真伪，便派人把太子送到南京，请求进行认定。太监李继周曾在宫中当过差，认识太子。他一见太子，便大哭失声，下跪叩头。于是，李继周立刻回去向马士英汇报，说左良玉送来的人，就是太子朱慈烺。

马士英将太子暂时安排在兴善寺居住，并派两名太监服侍他。这两名太监都是从北京宫里过来的，一见太子，便抱头痛哭。见太子衣服单薄，立刻脱下自己的衣服给太子穿上。但马士英将太子的情况给弘光皇帝朱由崧汇报后，朱由崧却坚决不认，因为他心里明白，如果太子是真，他这个皇帝就当不成了。但事关太子，不可草率从事，必须有个说法。于是，朱由菘派遣原来在北京担任总督京营太监的卢九德，前往兴善寺探听虚实。

卢九德见到太子后，唯唯诺诺，但他心里明白，弘光帝是不愿意认真太子的，所以，他迟迟不敢表态。太子见卢九德这般模样，气不打一处来，大声喝道：

“卢九德，见了主子，为何不叩头?”

卢九德嘴上虽不敢认太子，退却不由自主地软了下来，下意识地叩了头，说：

“奴才无理，小主休怪!”

“近日不见，你怎么胖成这般模样？可见在南京是享福了!”太子接着说。

卢九德再一眼也不敢再看太子，低着头说：

“奴才告辞，小主保重!”

卢九德回去向弘光皇帝禀报说，此人与太子确实有些相像，但自己并没有服侍过太子，所以也认不准。弘光帝听后，十分失望，他觉得，再这样拖延下去，后果不堪设想。于是，他立即下令，杀死了李继周和服侍过太子的两个太监，并指使马士英将太子秘密关入监狱，严刑拷问，硬要逼他承认是冒牌的，以便根除后患。马士英心想，如果立太子当皇帝，肯定没有朱由崧这么好摆布，自己到手的大权也有可能失落。所以，马士英专门组织了几次会审，参加会审的大臣们一致认为，这个太子是假冒的。

这一下，可惹恼了左良玉，这位宁南侯手中，有三十多万人马，是南明最有实力的侯爷。加之，此前马士英曾多次克扣过左良玉的军饷，于是，左良玉一不做、二不休，率领全部人马，乘坐三百多条大船，沿江而下，朝南京进发。他的所谓“清君侧”，便是要废掉弘光帝，迎立太子，并除掉权臣马士英。

李自成的大顺军进入武昌之后，又是制备服装，又是打造兵器，又是招兵买马。屡战屡败的大顺军经过五十多天的休整，又多少恢复了几分元气。三月初，阿济格和吴三桂、尚可喜的部队赶到了武昌城下。李自成派刘宗敏、田见秀率军五万，出城迎战。两军对垒，吴三桂手挥大刀，当先出马挑战。刘宗敏因左臂有伤，由田见秀挺枪接战。这吴三桂报仇心切，手中大刀，上三下四，左劈右砍，直杀得田见秀浑身出汗，只有招架之力，没有还手之功。战至二十四合，只见吴三桂一刀将田见秀手中枪砍为两截，又一刀，将田见秀劈为两段。大顺军主将已死，兵士们掉头就跑，一部分逃进城中，一部分被吴军和清军消灭。

武昌战败，大顺军士气全无，有的人准备逃亡，有的人准备降清。李自成见军心不稳，便放弃了武昌城，向湖南一带撤退。清军紧追不舍，在湖南兴国州的富池口追上了逃跑的大顺军。李自成无心恋战，他丢弃了大部分辎重，继续率军向江西逃跑。四月下旬，李自成带着他的老营和剩余的大顺军到达江西九江。可刚刚扎下营寨，准备埋锅造饭，阿济格、吴三桂、尚可喜带领的追兵就赶到了。此时，李自成身边将士的人数只剩下三万余人，其中还包括老营中众多的眷属和伤号。清军士气正旺，总人数超过十万。这是一场力量悬殊的较量，但大顺军已无路可退，李自成决定背水一战。阿济格也调集了全部人马，准备在这里一举消灭李自成和他的大顺军。

军号吹响了，战鼓敲起来了，大顺军和清军之间最悲壮的一战展开了。吴三桂的吴家军冲在最前面，吴三桂令旗一举，上千只连弩齐发，大顺军倒下一片。吴三桂横刀跃马，专拣大顺军人数多的地方冲。大顺军此时的战斗已没了章法，每个将士都抱着拼死一个够本，杀两个赚一个的想法，与敌人展开了殊死的搏斗。只见刀枪并举，人马相迎，你死我活，血肉横飞。大顺军的将士没有一个逃跑的，没有一个后退的，连妇女和孩子都投入了战斗。

双拳难敌四手，好汉架不住人多。清军依仗人多势众，把大顺军分成一个个小块，在进行最后的围歼。整个这场战斗不到两个时辰便分出了胜负，大顺军全军覆灭。在激烈的战斗中，大顺军将领袁宗第、李过、刘芳亮等阵亡，李自成的两个叔叔赵侯和襄南侯、李自成的妻子高夫人及大批家属被清军俘获。刘宗敏、左光先等带着自己的亲兵拼死保护着闯王向南突围。刘宗敏身受多处重伤，但他仍亲自断后，让李自成先走。

时已傍晚，刘宗敏、宋献策、左光先等到了江边，他们找到一条渔船，划着船向下游驶去。谁知他们不懂水性，又弄不清道路，划来划去，转了一夜，这条船还在原地打转。这时天已大亮，正碰上清军在江上搜寻败兵。刘宗敏等人乘坐的小船被清军所乘的大船撞翻，刘宗敏等掉入江水中。清军兵多，在水中将刘宗敏等俘获，然后五花大绑捆起来，押送到阿济格的大帐中去领奖。

最怕死的当属大顺的宰相牛金星，他早在战斗开始前，就与儿子牛佺偷偷地溜走了，父子两人双双投降了清军。这一战，阿济格率领的清军大获全胜。阿济格十分高兴，他大摆筵席，犒赏有功的将士。吴三桂最恨的便是大顺军总哨刘宗敏，他恨刘宗敏囚禁并拷打他的父亲吴襄，抢走了他的爱妾陈圆圆。他要亲自将刘宗敏千刀万剐，凌迟处死。因此，他乘着酒兴，对阿济格说：

“王爷，刘宗敏是我不共戴天的仇人，请王爷能将他交给我来处置。”

谁料阿济格并不同意，他说：

“不可。军中无私刑。刘宗敏是败军之将，他要与其他人一起明正典刑。”

阿济格说完，就下令将刘宗敏与李自成的两个叔叔赵侯和襄南侯一起斩首示众。而那两个与刘宗敏一起被俘的军师宋献策和大将左光先却毫无气节，一起投降了清朝。

再说，九江战败后，在刘宗敏等人的掩护下，李自成和他的二十几名亲兵进入了湖北通山县的九宫山。这里山大沟深，已是人迹罕至之地，李自成一直提着的心此时也放了下来。谁知走到李家铺，在河滩饮马时，却与一小股到此搜查的清军不期而遇。激战之中，李自成的亲兵全部战死，战马也全被夺走，只有李自成只身一人逃了出来。李自成筋疲力尽，又累又饿，他慌不择路，进入了一条二里多长的山沟。这山沟名叫葫芦造，两边是陡壁悬崖，中间只有一条羊肠小道。好不容易，经一位药农指路，李自成才走出葫芦造，来到了牛迹岭。走得太累了，李自成直起身来，喘了一口气，他知道，只要翻过牛迹岭，就可以平安了。

大雨滂沱，岭上坡陡路滑，李自成吃力地向前走着。越过了牛迹岭，他看见了一座寨子。此时李自成饥渴难耐，便去寨中讨些水喝。此寨名叫山里朱寨，寨中人全为程姓。守寨乡勇反复盘问李自成的来历，李自成见势头不对，转身就走。见李自成支支吾吾，又是单身一人，寨中的乡勇头目程九百有些生疑，便带了十数个乡勇打开寨门，追了出来。山路崎岖，道路湿滑，李自成身乏无力，不久便被众乡勇赶上。程九百追上来盘问，李自成不敢答话。那程九百见李自成军人装束，便知他是大顺军将领，立即和李自成动起手来。

这程九百当先扑上，他虽无武功，却有一身蛮力，当下与李自成纠缠在一起。两人在泥地里翻来滚去，李自成一个“鲤鱼打挺”，将程九百压在身下，然后去抽刀，要把程九百杀死。谁知刀上原有血渍，刀鞘内又进泥水，连拔两下，竟未能将刀拔出。程九百在李自成身下大声呼救，他的一个外甥跑了过来，见舅舅被人压在身下，便举起手中铲，狠命地朝李自成头上一击。可怜这位身经百战的农民军领袖，未曾防备，竟死在一个不知名的乡勇铲下。程九百从李自成身下爬起来，便与众乡勇抬起李自成的尸身，找清军报功去了。

这一天是顺治二年（1645 年）五月二日，这位曾经叱咤风云的农民领袖李自成，死时仅三十九岁。李自成之死，是他个人的悲剧，也是整个中国的悲剧，正如著名的历史学家郭沫若先生在他著名的《甲申三百年祭》一文中所说的：“规模宏大而经历长久的农民革命，在这一年使明朝最专制的王权统治崩溃了，而由于种种的错误，却不幸换来了清朝的入主，人民的血泪更潸流了二百六十余年”。

第二十四章

多铎军屠戮江南

顺治二年（1645 年）八月四日，历经八个多月，转战山西、陕西、湖北、江西数省，彻底击败了李自成大顺军后，阿济格率领的清军与吴三桂、尚可喜率领的汉军胜利归来。清军在前，汉军在后，军旗招展，盔甲鲜明，雄赳赳、气昂昂地到达了北京城。奇怪的是，齐化门外冷冷清清，没有一个人来迎接，根本无人理会这支凯旋的队伍。正当阿济格等人纳闷之际，从城里跑出来一小队骑兵，为首的传令官向阿济格传达了摄政王的谕旨："着令各将在午门会齐后，各自回家。"

听完谕旨，众将都傻了眼，弟兄们打了大胜仗，怎么会受到如此的冷遇呢？只有阿济格心里明白，这是摄政王多尔衮对他的处罚。虽然这次出兵，打了胜仗，立了大功，但他绕道蒙古，私取驼马，违抗军令，贻误军机，这都是摄政王所不容的，即使对他这个一母同胞的哥哥，也不会放过。后悔已经来不及了，阿济格让吴三桂和尚可喜的队伍在城外扎营，然后把部队交给固山额真安排，自己怏怏不乐地回了王府。他已经料到，这一次，肯定没有好果子吃。

八月十日，顺治皇帝在午门设宴，招待阿济格、吴三桂、尚可喜等一干出征将领。酒宴后，分别宣布了对出征将领的处分和奖励。阿济格私自出边，违反军令，将其由亲王降为郡王，同时剥夺其名下三个牛录，并罚银五千两。吴三桂和尚可喜每人赏朝衣一袭、马两匹、黄金百两、白银一万两。此外，还特别封吴三桂为亲王。这可是不同寻常的待遇。有清一朝，亲王一职，只授予皇族子弟。这次授予吴三桂亲王爵位，那可是破天荒的。吴三桂高兴之余，多了个心眼，他坚决辞掉了亲王，还当他的平西王。没想到，他这一辞，反而更加取得了小皇帝和摄政王的信任，这也显出了吴三桂的成熟和老练。

一个月后，多铎率领的清军与孔有德、耿仲明率领的汉军班师时，情况就大不相同。到处张灯结彩，百姓夹道等候，顺治皇帝和摄政王亲自到南苑迎接，并举行了隆重的升旗、奏乐等欢迎仪式。这种盛况与阿济格班师时的无人问津，恰成鲜明的对比。因为多铎完全是按照摄政王的命令行事的，在占领西安，击败李自成的大顺军后，立即挥师南下，去消灭南明政权。顺治二年（1645 年）二月二十二日，多铎军攻占归德，二十九日，拿下颍州。

一路上，多铎的大军没有遇到像样的抵抗，连下亳州、徐州，于四月初到达泗州城下，南明泗州守将李遇春献城投降。至此，清军已越过黄河、淮河两道天然屏障，南明已无险可守，诸镇已暴露在清军面前。南明小朝廷乱作一团，一方面，左良玉率大军前来“清君侧”，另一方面，清军已逼近长江，南京城危在旦夕。马士英慌慌张张，出面召开会议，讨论御敌大计。会议在弘文殿举行，参加者除文武官员外，还有四镇总兵黄德功、刘良佐、刘泽清、高杰等人。督师史可法专门从扬州赶来，共商御敌之策，他对这次会议，抱了很大的期望。

问题本来很简单，当然是一致对外，抵抗清兵。但对于马士英和阮大铖来说，左良玉是主要敌人，因为左良玉之所以起兵“清君侧”，就是冲着他们二人来的。于是，这两个人在会上极力鼓吹，置清兵于不顾，要全力讨伐左良玉。俩人的这种做法，连昏庸的弘光帝都看不下去了，他说：

“马爱卿，朕看良玉似非真心反叛，而清虏已近在咫尺。是否紧急加强江防，令四镇严密守卫，否则，这南京可就不保了。”

按说，皇帝都发了言，当然要按皇帝说的办。但这马士英从来只把弘光帝当作傀儡，根本没把他的话当一回事。只见马士英不管不顾、声色俱厉地说：

“而今之计，宁可君臣死于清，不可死于左良玉之手。我决定，四镇兵马，齐聚京师，对付左贼。此事已决，有异议者斩。”

多数朝臣均附和马士英，尤其是四镇总兵黄得功、刘良佐、刘泽清、高杰等人，由于惧怕清兵，愿意待在南京，以避免与清军作战，所以都赞成马士英的主张。这可气坏了刚正不阿的史可法，他站起身来，大声说道：

“清军大敌当前，仍然不顾大局，只知内战，亡国不远矣！竖子不足与谋！你们就在这儿纸上谈兵吧！史某要去备战了！”

史可法实在看不惯这帮懦夫，他愤恨离场，带着自己的本部兵马回到了扬州。这史可法是崇祯元年（1628）进士，虽说他是个文人，但他后来在长期与各路农民军作战的戎马生涯中，积累了作战经验，成为一名文武全才。他能与士兵同甘苦，士兵不吃饱饭他不吃，士兵不穿暖衣他不穿，在军中享有很高的威信。他个子不高，皮肤也比较黑，但他言必信，行必果，士兵们情愿为他卖命。他为人忠厚，诚以待人，四镇总兵互相经常有矛盾，有时甚至拔刀相向，但他们对史可法佩服得五体投地，不管多大的矛盾，只要史可法出面调停，都会迎刃而解。即使像马士英这样的权臣，见了史可法，也忌惮三分。

史可法回到扬州后，专门在城头上竖起了两面大旗。一面写着：“誓与扬州共存亡”，另一面写着：“不灭鞑虏誓不休”。他将自己的全部家当变卖后充当军费，让他的夫人及所有家人全都上城参加守卫。他自己不张督师特有的伞盖，不吃专为他做的菜肴，晚上不回家睡觉，不脱衣服，就在城楼上打个盹儿，真正是枕戈待旦。在史可法精神的鼓舞下，扬州市民纷纷踊跃捐款捐物，为守城做贡献。年轻男子自愿参加守城，全城军民都投入了紧张的备战中。在整个南明政权控制的区域内，只有扬州，对不可一世的清军，进行了殊死的抵抗。大明督师史可法，勇敢地向敌人亮出了自己的剑。

四月二十日，多铎的清军和孔有德、耿仲明的汉军将扬州城团团包围起来。多铎首先派出使节，进城去劝史可法投降。史可法的回答是，大明没有投降的督师，咱们战场上见。多铎听到史可法的回答后，火冒三丈，他立即下令，所有的大炮向城上开火。城墙多处出现了坍塌，清军拼命从坍塌处攻城。史可法骑着马亲自督战，哪些地方出现险情，他就出现在那里。他的身上遍布血迹，他的坐骑已经换了三匹，但他仍然在指挥守军消灭敌人。一个个清兵被打下城，一个个孔有德、耿仲明的汉军士兵倒在血污中。

整整三天三夜，清军没能攻进扬州城，仅多铎的清兵就损失了三千多。在血与火的洗礼中，英雄的扬州城巍然屹立。多铎怒不可遏，他已经连斩了三名攻城中退下来的清将，但士兵们已经胆怯了，再也不敢往城上冲。多铎做梦都没想到，一向软弱的南明，怎么会有如此顽强的抵抗力？无奈之下，他只好暂停攻城，让兵士们歇一歇，喘口气。当天夜里，新近投降的泗州守将李遇春主动向多铎献计，说明日只要如此如此，便可以攻进扬州城。多铎听后大喜，决定第二天按李遇春说的计策办。

第二天一早，李遇春召集了几百名旧部的降兵，重新换上南明军队的号衣，诈称兵败从泗州逃回，到扬州城下叫门。史可法一时大意，没有仔细盘查，便把这批家伙放进了城。当天夜里，李遇春这伙叛军，呐一声喊，砍翻了把守城门的兵士，打开了城门。早已准备好的清军一拥而入，扬州城遂告失守。史可法半夜惊醒，见清兵已布满大街小巷，知道大势已去，便拔出佩剑自尽。手下一干将领，将剑夺下，连拉带拽，保护着史可法，到了小东门。

不料正要出城，迎头正碰上李遇春带领的大批清军。李遇春指着人群中身着官服的史可法，大声喊道：“抓住他，他就是史可法！”

史可法不慌不忙，挺身而出，说：

“我就是大明督师史可法，要杀要剐，随你们的便!”

就这样，史可法不幸被俘。史可法的弟弟和家人全部在巷战中战死，史可法的母亲和妻子闻讯后，在家中自尽。多铎抓住了史可法，大喜过望，他亲自给史可法松绑，劝史可法投降。史可法骂不绝口，誓死不降。多铎只好命令军士，将史可法推出斩首，但心里总还是觉得有些惋惜，他虽为清军统帅，但对史可法的为人和品德都十分敬佩。抗清英雄、南明督师史可法就这样牺牲了。他死时，年仅四十四岁。

在攻打扬州城时，清军死伤惨重，城破之后，便疯狂地进行报复。他们见人就杀，连老人和孩子也不放过。清军将躲藏在家中的平民百姓全部驱赶到街上，分成五十或六十人一组，拿绳索捆绑起来，然后用长矛捅杀，杀之唯恐不死，连刺三遍。被丢弃在池塘中的尸体堆积如山，河水被鲜血染成了红色，城中不断传来撕心裂肺的哀号声。血腥的屠杀整整进行了十天，前后共杀死扬州平民八十万余人。历史上将这次最黑暗、最血腥的大屠杀，称作“扬州十日”。繁华富庶的扬州城，在这次残酷的杀戮之后，变成了一座死城。真是，兴，百姓苦；亡，百姓苦。

清军在攻陷扬州后，经过短暂整顿，便迅速向镇江推进。镇江是南京的最后一道屏障，也是南明赖以生存的长江防卫的中坚。镇江巡抚杨文骢和总兵郑彩、郑鸿逵率重兵在江边防守。五月十日，清军征集了上万条民船，在镇江宽阔的江面上向对岸进发。明军江岸上的炮台和水师船上的大炮，一齐向船上的清军开火，不少清兵中弹落水。但大批清兵，不顾猛烈的炮火，奋勇地登上了江岸。清军夺取了炮台，明军全线溃败。巡抚杨文骢带着几百人逃到了苏州，而总兵郑彩和郑文逵则带领水师，逃到了海上。长江防线被攻破了，南明的首都南京已经暴露在清军面前。

镇江失守的当天夜里，弘光皇帝便带着四五十个亲信太监悄悄逃出了皇宫。他在长江边徘徊了好久好久，江涛起伏，心潮逐浪。作为一个即将亡国的君主，他知道，他的时日已无多。他几次想投江自尽，了此残生，但望着滚滚长江，他却没有勇气跳下去。最后，他还是带着从人，去了燕子矶，到了黄得功营中。谁料黄得功部下叛变，杀死了黄德功，走投无路的弘光帝连夜出逃，准备去杭州。天明以后，半路上碰到了总兵刘良佐和一大群兵丁。弘光帝以为刘良佐是来保护自己的，谁知刘良佐已经降清，他是来抓弘光帝去向多铎请功的。就这样，这个只当了一年皇帝的朱由崧，便被当作礼物送给了多铎。多铎将朱由崧作为战利品押解到北京，交给了摄政王多尔衮。多尔衮觉得这个废物一点利用价值都没有，便将他斩于宣武门外的柴市。

马士英发现皇帝逃走后，立刻慌了手脚，他连忙集合自己的卫队，向杭州逃跑，临走时，他还特意将太后带在身边。皇帝和马士英逃走后，南京城一片混乱，盗贼抢劫商店和富户，整个城市处于无政府状态。五月十五日，南明保国公朱国弼、忻城伯赵之龙、礼部侍郎钱谦益、王铎等手捧图册，跪在洪武门外道旁，向清军投降。五月二十四日，多铎的清军，以及孔有德、耿仲明的汉军，在大雨滂沱中，开进了南京城。据统计，仅投降的南明马、步兵人数就达二十三万八千人，是清军和孔有德、耿仲明汉军总人数的一倍还多。南明将士若都能像史可法那样坚决抵抗，清军能打进南京城吗？

马士英听说诸将投降后，不是加官，就是晋爵，便带着太后，到多铎大军军前投降。谁料多铎对这种佞臣十分看不惯，竟直接将马士英砍了头。这也是恶有恶报吧！清军占领南京后，多铎见到了关在监狱中的明太子朱慈烺。但王铎、钱谦益等降臣却对多铎说，这个太子是假的，是驸马都尉王昺的侄子王之明假冒的。多铎心想，管他真的还是假的，留着迟早都是祸害，不如斩草除根，以绝后患。于是，多铎下令，让手下大将何洛会，将太子秘密处死。真假太子这桩公案，就这样被多铎不明不白地了结了。

按说多铎大军平定江南，真是鸭子吃菠菜——平铲，并没费太大力气。高兴之余，多铎想起一件事，既然征服了南方，总得有个标志吧！归顺大清，就得剃头啊！清顺治二年（1645 年）六月二十九日，按照摄政王的指示，多铎在江南颁布了“剃发令”。这个“剃发令”的核心，只有两句话，即“留头不留发，留发不留头”。“剃发令”一下，大街小巷顿时多了不少剃头挑子，每个剃头挑子上都贴着“剃发令”的告示，旁边则跟着荷刀持枪的兵士。只要是在大街上遇见了没有剃头的人，兵士们不由分说，上前抓住，马上按倒就剃。这一下，可就乱套了。因为多数汉民，不愿意剃头。

当时，汉族人的习惯是，将所有的头发都留起来，盘在头上或垂在身后。之所以这么做那也是遵照孔圣人的教导，身体发肤，受之父母，不可毁损。而女真族的传统是，将前额的头发剃去，后边一大半头发则编成一根辫子。现在，要改变汉人几千年的传统，当然会遭到抵制。最强烈的反抗发生在江阴，一个并不起眼的小县。江阴人见到“剃发令”后，群情激愤，他们跑到县衙，去找县令说理。他们的要求是，保留汉族的发式和衣冠。这个县令，不是别人，就是原来南明的县令，新近投降清军，多铎命他继续在江阴当县令，他的名字叫作方亨。

本来民众并没有难为方亨的意思，想着都是炎黄子孙，同为华夏儿女，让他出面去求求情，看能不能保留汉族传统的发式和衣冠。谁知这小子是王八吃秤砣——铁了心了，咬定“留头不留发，留发不留头”，就是不松口。这一下，可气坏了大家。不知是谁喊了一声：“我们先要了这小子的头！”一时间，众人拳脚相加，方县令一命呜呼。打死父母官，这还了得？常州府尹立即派三百兵丁，前来捉拿凶手。众人一不做，二不休，揭竿而起，把这三百兵丁全部杀死。这一来，祸闯大了，清兵必定会来报复。大家索性反了，推县里的陈典吏为头领，准备抵抗来犯的清兵。

陈典吏倒不推辞，不过，他提出一个条件。说他不懂兵事，叫他当头可以，但还要请一个懂兵事的人，那就是前任典吏阎应元。这阎应元已经赋闲，就住在江阴城郊。陈典吏一说，众人当即派代表去请。阎应元也是一个有血性的人，一听缘由，马上答应，直接跟着代表就往县城走。走到半路，遇见一个土地庙。阎应元一时兴之所至，在土地庙的照壁上写了两句话：“事则万无可为，死则万无可免”。这就是说，阎应元此去，已经抱定了必死的决心。

阎应元来到江阴诚，局面顿时改观。阎应元过去曾在卢象升的部队里当过参将，搞军事可是他的老本行。当务之急是武器弹药缺乏，阎应元首先打开县军械库，补充了一部分。接着，他又安排人手制造黑火药，找来周围四乡的铁匠锻造冷兵器。城上的防卫，他安排三班倒，轮流值班，组织得井井有条。他还专门找了一批青年人，拆了不少民房，把拆下来的砖运到城上，当作武器。他还发明了一种新式武器，名叫木铳银鞘。样子是个木头盒子，长三尺五寸，宽二到三寸。盒子里面塞满石子儿、铁钉子、玻璃碴等，再装上火药和引线。木铳银鞘造了上千个，但究竟怎样使用，威力如何，还真没人知道。

没等江阴义军准备就绪，镇压义军的清军就到了。清军的将领是个熟人，他就是投降清朝没几天的原南明四镇将之一的刘良佐。多铎根本没把江阴百姓放在眼里，他觉得派刘良佐带兵去进剿，已经足够了。百姓为剃发闹事，乌合之众，何足道哉！刘良佐也是这么想的。区区草民，大军一到，还不束手就擒？这次，正是他向新主子表功的好机会。因此，他连攻城的云梯都没带，大摇大摆地，就到了江阴城。到了江阴城下，刘良佐就傻眼了。城上旌旗招展，刀枪林立，守城的人也很多，看来是早有准备。刘良佐不由得倒吸了一口凉气。

既然来了，不打一仗，是没法向主子交差的。于是，刘良佐硬着头皮，下了攻城的命令。没有云梯，怎么攻城呢？刘良佐下令，向城上放箭。霎时间，密集的箭支射上了江阴城头。江阴民兵早有对策，他们用锅盖挡箭，用扎好的草人接箭。乱箭不但没能伤人，反而给守城的民兵白白送去了许多箭支。城上本来缺箭，现在有了箭，也开始向城下射箭。居高临下，势如破竹，刘良佐的士兵纷纷中箭，哭爹叫娘，再也不肯参加攻城了。刘良佐看这形势，是没戏了，传令先撤兵再说。

到了第二天，刘良佐换了个办法，集中兵力进攻北门。刘良佐的士兵找来一根巨木，上百个士兵抬着这根巨木往城门上撞，想把城门撞开，好杀进城去。城上的民兵仍然朝清兵放箭，箭放完了就扔砖头，但清兵不管不顾，一心一意在撞城门，眼看城门就要被撞开了。这时，在北城指挥作战的阎典吏发话了，赶紧上木铳银鞘。几十个事先造好的木箱子被从城上扔了下来，炸药在空中爆炸，木箱子中装的石子儿、玻璃碴、铁钉子，到处乱飞。攻城的清兵弄不清这是什么先进武器。赶紧扔下那根巨木就跑，进攻北门又失败了。

第三天一早，清兵在城下开始搭起了牛皮做的帐篷，看来，是和城上的义军耗上了。牛皮又厚又硬，箭穿不透，砖砸不动，一时还真是拿它没办法。不过，人多点子多，很快就找到了对付牛皮帐篷的对策。民兵在城上，支起了大铁锅，将桐油和大粪掺在一起，架起木柴来烧。烧到滚烫时，用铁勺舀出，浇到牛皮帐篷上。热桐油把帐篷烫出一个个大洞，大粪汁沾到人身体上，就会发炎生脓。清兵吓得嗷嗷叫，赶紧撤到离城五里外的地方，重新扎营。

刘良佐招数使尽，只得回去向多铎请求增兵。多铎劈头盖脸把他臭骂了一顿，然后派贝勒博洛带领清兵一万、红夷大炮两百门前往江阴。要说这清军的战斗力，那可是非同寻常，红夷大炮的威力，就更不用说了。但奇怪的是，无论采取什么办法，就是攻不下江阴城。江阴的城墙已是千疮百孔，城下清兵的尸首堆积得一层又一层，但博洛的清军连续进攻了一个多月，仍然是望城兴叹。正当博洛束手无策之际，又是那个泗州降将李遇春，进帐献计，对博洛说，只要如此如此，便可拿下江阴城。博洛听后大笑，连说："好计！好计！"

八月二十一日，清军的红夷大炮像往日一样，连续向城上开炮。民兵们也习惯了清军这一套，他们躲在城下安全的地方，准备等炮火一停，再上城防守。但这次民兵们上当了。狡猾的清军，开始放的是真炮。后来放的是假炮。假炮里装的不是弹药，而是狼烟。趁民兵们大意，不少清兵在狼烟的掩护下，已经登上了城墙。当阎典吏发现清兵已经蜂拥进城后，知道大势已去。他从容地在城门楼上留下了一副对联：

八十日带发效忠，表太祖十七朝人物；
十万人同心死义，留大明三百里江山。

写完后，他带着身边的几十人，拿起武器，从城楼上冲向敌人。杀到一个湖边，同伴大都战死，阎典吏也筋疲力尽。他对身旁最后的几个从人说道："为吾谢百姓，吾报国事毕矣！"说完，他拔出短刀，刺进胸中，还担心不死，奋力跳入湖中。从人将他救起，最后还是落入清军手中。阎典吏怒斥敌人，宁死不屈，慷慨就义。陈典吏也在城破后英勇牺牲。十万江阴平民，凭着一腔热血、一身正气，在江阴城坚守了八十一天，他们用自己的生命，写下了一首不屈的正气歌。江阴城陷落后，清军疯狂地进行报复，开始屠城。据史料记载，经过这次屠杀后，整个江阴城，老少只剩下五十三人。

就在江阴百姓为剃发浴血奋战之际，另一座江南小城嘉定也掀起了反剃发运动。顺治二年（1645 年）闰六月十七日，清嘉定知县张维熙带领衙役挨家挨户地逼平民剃发，激起民愤。民众发动起义，捣毁了县衙，并在城中竖起"嘉定恢剿义师"的大旗，进行武装反抗。人们共同推举前明进士黄淳耀和前明故吏侯峒曾为首领，领导抗清斗争。清军多次攻城，义军防守严密，清军无懈可击。不料天降连阴雨，将嘉定这座土城浸泡，最后坍塌。七月四日，清军趁机攻入城中。

城内义军仓促撤退，但留在城中的两万多平民惨遭清军屠杀。在清军撤出城后，义军在朱士瑛带领下，返回城内，重新举起义旗。七月十六日，清军再次破城，又杀害了当地百姓一万余人。黄淳耀和侯峒曾又一次组织义军，夺回了嘉定城。八月十六日，嘉定再次陷落，包括首领黄淳耀和侯峒曾在内的义军三万余人，全部被清军杀害。小小的嘉定城经过这三次大屠杀后，家家举哀，户户哭声，整整二十年，都无法恢复元气。清军这三次血腥的屠杀，在历史上，被称作"嘉定三屠"。

在血腥镇压了江南百姓的反剃发斗争后，多铎的大军便返回了北京，与多铎一起回京的还有恭顺王孔有德、怀顺王耿仲明的汉军。这时，虽然江南后来又相继出现了南明的隆武、永历等小朝廷，四川还有张献忠的大西军在活动，但清朝统一天下的大业已基本完成，由清王朝取代明王朝的大局已不可逆转。欣喜之余，摄政王多尔衮又多了一件心事。现在，吴三桂和三顺王的汉军总兵力，已经超过了三十万人，比满洲八旗的人马还要多。非我族类，其心必异。摄政王不放心啊！一旦汉军有变，局势就控制不住了。每念至此，多尔衮都是提心吊胆啊！

让如此大量的汉人军队驻扎在京师，显然不妥。卧榻之侧，岂容他人酣睡？将这些汉人军队遣散，也有问题，如果再需要他们卖命的时候，一时又如何再召集呢？思来想去，多尔衮决定，让他们回老家，到关外去。既解除了潜在的危险，又便于将来重新使用，岂不是一举两得吗？于是，当年八月，他命令吴三桂部回锦州，十月，命孔有德、耿仲明部去盛京，尚可喜部回海州。其中，给吴三桂的地盘最大，除锦州外，还包括宁远、义州等，基本上是将山海关以外至锦州的整个河西走廊地区，全部划给了吴三桂。

顺治二年（1645 年）十月，吴三桂带着他的部属、家眷，以及部分农户约十万人浩浩荡荡地出了山海关。作为王爷，他的仪仗十分威风。共有：贴金红罗伞一柄、立爪两对、卧爪一对、骨朵一对、吾仗一对、大纛一杆、条纛两面、小旗八面、大刀两把、马六匹。此外还有：三品长史一员、头等护卫两员、四品典仪一员、二等护卫五员、五品典仪两员、三等护卫六员、六品典仪两员。本来衣锦荣归，光宗耀祖，是多么风光的事情，但今日的吴三桂却没有那种好心情。极目望去，昔日的良田沃土，已是遍地蓬蒿，过去的房屋村舍，已成断壁残垣。村子里没有炊烟，鸡不鸣，犬不吠。道路上没有行人，没有马牛。太荒凉了，四周竟是死一般的寂静，弄得吴三桂丧气垂头。

回到中后所，吴三桂做的第一件事，便是修建吴家祠堂。地址便用当年父亲吴襄购置的小院，也是吴三桂出生的地方。这次是大兴土木，极尽奢华，雕梁画栋，重脊飞檐。由于银子给力，工匠不敢怠慢，昼夜施工，不到三个月，就大功告成。父亲吴襄、继母祖氏、弟弟吴三辅等被李自成杀掉的亲属，都重新建坟安葬。吴三桂在父母的坟前焚香跪拜，大哭不止，他心里是百感交集。失去这么多的亲人，换回一顶王冠和自己的一身荣耀，这值得吗？此时此刻，他思绪很乱，自己也说不清楚。

再说将士们的安置，也很成问题。一是土地不够分配，看起来河西走廊四百里，有的是土地，但分到每个人名下，就显得捉襟见肘了。二是物资匮乏，没有口粮、没有种子、没有耕牛、没有农具，缺了这些东西，是没办法种地的。弟兄们卖命为清朝打江山，没有功劳，也有苦劳。这次不把弟兄们安置好，以后谁还会为朝廷再去卖命呢？于是，吴三桂不停地向朝廷打报告，先是要土地和银子，接着要粮食和农具，再要官位和世职。总之，吴三桂是能要就要，绝不客气，而清廷也是有求必应，尽量满足吴三桂的请求。

其实吴三桂不断地要这要那，是有高人指点的。为部下要东西、要官职，部下感激涕零，今后会更加死心塌地地为自己卖命。而贪得无厌，爱官爱钱，更表现出吴三桂利欲熏心、胸无大志。一个胸无大志的人，是最让朝廷、皇帝放心的。接到吴三桂的奏报后，朝廷先后拨给他白银三万两、米粮一万石。每名兵丁都分到了五垧地（一垧合十五亩）。至于吴三桂为部下所请的官职和世职，朝廷也是照批不误。吴家军上上下下对此都很满足，也毫无例外地感激吴三桂，更加忠于吴三桂。吴三桂的“韬晦”之策，取得了预期的效果。

顺治三年（1646 年）七月，摄政王多尔衮以小皇帝的名义，宣吴三桂进京觐见。为了显示吴家军的实力，吴三桂特意带了他手下的干将进京。其中：总兵官一员、副将十一员、参将、游击三十二员。摄政王多尔衮和小皇帝顺治在武英殿设宴，款待吴三桂一行。顺治皇帝当殿赐吴三桂蟒衣一袭、帽一顶、靴袜一双、鞍马一匹。为了资助吴三桂回乡种田，加赏十匹马、白银两万两。同时，为表示对吴三桂的器重，还将他的仪仗中，增加了绣花红罗团伞两柄、豹尾枪一对。这个规格，已达到了清王室中亲王的礼遇，远远高于孔有德等三顺王。当汉奸当到这个份上，也算是很有面子了。

回到锦州已经一年多了。刀枪入库，马放南山，这是吴三桂一生中最舒心的日子。不用为生计操心，不用为战事发愁，尤其是能和自己心爱的女人陈圆圆朝夕相处，又是多么难得啊！吴三桂为陈圆圆专门在锦州城外的渤海边，盖了一座小楼。小楼有三层，虽然面积不大，却是精致玲珑，吴三桂给这座小楼起了个名，叫“望月楼”。早上吴三桂和陈圆圆一起去看日出，沙滩上总是留下一大一小两双脚印。到了晚上，陈圆圆在月光下翩翩起舞，对月婉歌，把吴三桂看得、听得如醉如痴。他最难忘的，是陈圆圆唱的唐代诗人张九龄写的那首《望月怀远》：

海上生明月，天涯共此时。情人怨遥夜，竟夕起相思。
灭烛怜光满，披衣觉露滋。不堪盈手赠，还寝梦佳期。

寂静的晚上，熟悉的涛声，皎洁的月光，曼妙的舞姿，婉转的歌声。这一切，让吴三桂如临仙境，陶醉在他与圆圆的二人世界里。

高兴的日子总是过得很快，但这样的日子也是不会太长久的。从顺治三年（1646 年）开始，全国各地反清复明的浪潮波涛汹涌，一浪高过一浪，清政府不得不从中央派出军队前去弹压。八月，摄政王命孔有德为“平南大将军”，会同耿仲明部，开往湖广。用汉将单独率兵出征，从孔有德始，可见在汉将中，清廷最信任的，当属孔有德。谁知孔有德出师不利，连遭败绩，于是，月底又加派尚可喜率本部兵马去增援孔有德。三顺王已经先后开赴前线，吴三桂意识到，很快就该轮到自己了，他命令手下，开始准备行装。

谁知吴三桂等了整整一年，朝廷并没有命他出征。看来，多尔衮对吴三桂还是心存疑忌的，不到万不得已，朝廷是不会动用这支虎狼之师的。正因为如此，吴三桂感到很郁闷，他多么想独当一面，像孔有德那样带兵出征啊！他自信，凭他的本事，不会比别人做得差。顺治五年（1648 年）初，就在吴三桂捉摸不定之时，摄政王的一纸调令宣布了吴家军的去向。与三顺王不同的是，不是让他去征剿叛军，而是让他携家带口，去镇守陕西汉中。

三年来，他在关外自由自在，无所事事，过着神仙一般的日子。突然让他离开，还真有些舍不得。但军令如山，他必须服从调动。这次让他携带家眷同行，就不一定能回来了。所以，他要把自己的家安顿好。为此，他特地给朝廷写了一份奏折，内容如下：

“本藩奉命西迁，已将起行日期奏报。但本藩生于辽，长于辽，有祖父坟园葬立中后，叨蒙皇恩特赐葬祭。今本藩领全家及官兵全家往西剿抚，本藩思源之念虽殷，不敢私自留人看守。中后原有本藩安设庄田十处，今留人丁百余，并本藩兄吴三凤、部劄游击张羽高督率看守，以备祭扫。恳祈皇上、皇叔父摄政王洪慈俯勅户部，准给原设庄田留人看守坟园，即本藩之祖父得沾圣恩于九泉，本藩矢忠之心得图报于万一矣。”

其实，吴三桂考虑得还是挺周到的。他的父母、弟弟都已经死了，他不愿意让哥哥再上战场。战场上刀枪无情，吴家总需要个传香火之人吧！他将哥哥留在家乡，既可以为父母尽孝，又对哥哥是个保护，实为两全。多尔衮在这用人之际，对吴三桂的请求，当然是全盘照准。而吴三桂解除了后顾之忧，也就积极准备出发了。一月初，刚刚过了年，吴三桂的队伍就出发了。进入山海关之后，他把大部队交给女婿郭壮图带领，让他们行进至涿州待命，自己则率领五千精骑赶到北京。按照摄政王的安排，吴三桂离京前，要向顺治皇帝和摄政王辞行。为了谨慎起见，吴三桂将五千骑兵驻扎在北京城外的南苑，这里比较僻静，既不扰民，又便于从这里出发，去涿州与大部队会合。

一月二十日，吴三桂突然接到摄政王的通知，让他于二十二日，去参加迎接肃亲王豪格班师的宴会。原来顺治小皇帝登基之后，豪格一直心怀不满，经常在背后发牢骚，说一些对摄政王不满的话。豪格原来的亲信何洛会，为了投靠摄政王，便将豪格告发。摄政王早就想收拾肃亲王豪格，知道这件事后，正好有了借口，勃然大怒，立即将豪格逮捕入狱，要治他的死罪。可是，顺治小皇帝不答应，又哭又闹。于是，摄政王不得不取消了处死豪格的决定，改成废为庶人，实行圈禁。

顺治三年（1646 年）十一月，反清复明浪潮席卷全国，不少降清明将降而复叛，张献忠趁机在四川成都建立了大西政权。顺治皇帝决定，恢复豪格和硕亲王的封号，任命他为“靖远大将军”，率领延禧郡王罗洛浑、贝勒尼堪等征剿大西军。摄政王本不愿予豪格军权，但一来缺少将才，二来皇命难违，便勉强同意，让豪格挂帅出征。在清廷贵族中，除了多尔衮兄弟，豪格毕竟也算得上是一位能征善战、富有作战经验的统帅。

再说，崇祯十六年（1643 年）五月五日，正当李自成率大顺军与明督师孙传庭在汝州进行决战之际，八大王张献忠和他的大西军，也取得了一场辉煌的胜利，攻占了湖北重镇武昌。大西军活捉了楚王朱华奎，张献忠下令将朱华奎扔进长江中淹死，楚王府中上百万的金银财宝都落入张献忠手中。张献忠住进了楚王府，自称“大西王”，在武昌建立了大西政权。大西军在武昌城头竖起了两面大旗，旗上写着：“天与人归，招贤纳士”，“天下安宁，威震八方”。

仅仅过了两个月，当得知明总兵左良玉率兵向武昌杀来的消息后，张献忠主动放弃了武昌，挥师入湘。此后，大西军便与左良玉的军队围绕着岳州与袁州展开了反复的拉锯战。张献忠不愿长期与左军纠缠，遂率军挺进至湖北荆州、夷陵一带。在这里，遇到了农民军老回回马守应的旧部，恰巧这时马守应病故，老回回的部下便加入了大西军，张献忠的队伍更加壮大了。经过再三考虑，张献忠接受了手下谋士的建议，决定效法当年刘备故事，夺取四川作为大西军的根据地。

崇祯十七年（1644 年）二月，大西军水陆并进，占领了四川万县。长江水流湍急，两岸峡谷高耸，粮草筹集困难，大军在万县滞留了三个月才继续行进。六月十八日，大西军水陆两路在重庆会齐。张献忠亲自乘坐大船，船上立着一面“澄清川岳”的大旗，溯江而上，直抵重庆城下。重庆古称巴郡，城建于长江和嘉陵江汇合处的石山上，三面临江，城墙高十多丈，易守难攻。有一首诗专门描写重庆城的坚固：

军驻严关扼上头，凭栏百里望皆固。
群山翠点高低列，两水清涵上下流。

明守军拒不投降，大西军遂从西面陆路，翻过陡峭的岩壁，攻占了天险浮图关，扼住了重庆的陆上咽喉。但在攻城时，遇到了守军的顽强抵抗，大西军损失惨重。六月二十一日夜，张献忠命令士兵在通远门城楼下，挖掘地道，用几十桶炸药，炸毁了城楼，连守城的副将卞显爵也被送上了西天。大西军在浓烟烈火中拥入城中，一举攻下重庆。攻下重庆后，张献忠将端王朱常浩、四川巡抚陈士奇、重庆知府王行俭等人，一律在校场公审后处死。凡据城抵抗的士兵，则每人砍断一只手，然后释放。此举传开，一时各州县军民，无不震骇。

七月四日，张献忠只留下少量军队守重庆，自己则亲自统领水陆大军向成都进发。成都古称益州，山川险阻，沃野千里，号称天府之国。成都城墙垛高墙厚，城内还有太城、少城与皇城，与十八道城门相连接，固若金汤。张献忠用二十营精兵将成都包围起来，费了不少力气，只拿下了外城，却怎么也攻不破内城。成都是蜀王朱至澍的封地，眼见大西军围了内城，不得不拿出两万两银子，募兵守城。张献忠见一时攻城受阻，干脆停止了进攻。

大西军撤退了，围城的部队撤退了十里，紧张的形势顿时缓和下来。整整快一个月都没有动静，守军的防守也松懈下来。八月七日，大西军突然又重新将成都内城包围起来，兵力较上一次还有所增加。原来这一个月里，大西军暗地里做了两件事。一是陆陆续续将两千精兵伪装成明军，潜入了成都城。二是挖出了一条长达四里的地道，直通到城墙根下，地道内预先埋好了一万斤火药。

八月九日凌晨，风雨交加，电闪雷鸣，守城的兵士大多还在睡梦中。突然，北门城楼燃起了火光，这是埋伏在城内的大西军发出的信号，他们已经动手了。接着，只听一声巨响，埋在城墙根的炸药剧烈爆炸，半里长的城墙被炸得倒塌下来。大西军将士从倒塌的城墙缺口处冲进了内城，与事先埋伏在城内的伏兵里应外合，占领了成都城。城破以后，蜀王朱至澍和王妃投井而死，新任巡抚龙之光、总兵刘佳胤投水自尽，三万多守军全部溃散。

攻取成都后，张献忠于崇祯十七年（1644 年）八月十五日宣布，正式建立大西国，以成都为西京，建元大顺，以蜀王府为宫殿。十月，铸造“大顺通宝”。十一月十六日，张献忠正式称帝，并任命了政府和地方的大批官员。其中，养子孙可望为平东将军，养子李定国为安西将军，养子刘文秀为抚南将军，养子艾能奇为定北将军。当天，在蜀王府大殿举行了称帝仪式，文武百官山呼万岁，并在殿前立了一块“西朝皇帝万岁”的牌子。张献忠自称“老万岁”，孙可望为东府千岁，李定国为西府千岁。

和李自成一样，当了万岁的张献忠骄傲起来，开始作威作福，他身上的残暴本性逐渐暴露出来。他大开杀戒，杀王府宗室、杀降官降将、杀赶考的学子，很多无辜百姓死在大西军的屠刀之下。此时的大西，若能和李自成的大顺联合起来，共同对付清军，局势定可改观。但可惜的是，张献忠亲自率兵将大顺军的大将马科逐出了川北，马科率军返回汉中，两家从此反目成仇。而南明的弘光朝廷一成立，就任命大学士、兵部尚书王应熊总督云、贵、川、陕四省军务，任兵部右侍郎樊一蘅总督川陕军务，任都督佥事贾登联为四川总兵官，联合各地残明势力，开始向大西政权反扑。

南明、大西、大顺，都忘记了自己的主要敌人——大清。三方缠斗在一起，这就给了大清以可乘之机。清军在消灭了大顺军之后，分兵两路，一路杀向南明，一路杀向四川。四川一路的统帅，正是肃亲王豪格。豪格的先锋不是别人，就是那号称“满清第一勇士”的固山额真鳌拜。鳌拜入川以后碰到的第一个敌人，便是大西军镇守达县的刘进军。刘进军在大西军中也是数得上的悍将，但他在鳌拜手下还没有过上三招，便被生擒。这小子倒也痛快，一旦被擒，立即投降。

刘进军投降后，立刻给清军带路。在他的指引下，豪格的大军神不知、鬼不觉地来到了大西军主力的所在地——西充县凤凰山。原来几天前，张献忠已经主动放弃了成都，率领全部人马，来到了这里，准备与清军决战。十一月二十六日拂晓，天刚蒙蒙亮，哨兵就来向张献忠报告，说是发现了清兵。张献忠睡意正浓，被人叫醒，很不高兴。他从床上爬起来，揉了揉惺忪的双眼，骂道：

“你他娘的真是见鬼了？一早晨起来就说梦话。清军难道个个长了翅膀，能飞到凤凰山来?”

张献忠虽然不太相信哨兵的消息，但出于作战的习惯，他还是跨上了自己的战马，亲自出帐查看。由于走得很急，他没穿铠甲，人也没多带，只有几个亲兵跟着他。树影摇曳，张献忠模模糊糊地看见对面有一哨人马，但一时还分辨不出是哪方面的队伍?可这时，叛徒刘进忠已经发现了他。刘进忠小声地对肃亲王豪格说：

“王爷，那个骑在马上的大高个，就是八大王张献忠!”

还没等肃亲王发话，身边的鳌拜早已拈弓搭箭，一箭朝张献忠射去。也不知是鳌拜的箭法神奇，还是张献忠时运不济，这一箭正射中张献忠的胸口。张献忠登时从马上摔下来，眼见是不得活了。张献忠手下的亲兵不敢怠慢，发一声喊，抱住张献忠的身体就往回窜。豪格一声令下，八旗骑兵排山倒海般地冲了过去。事情太突然了，张献忠一死，大西军群龙无首，乱作一团，将不管兵，兵不管将，四散奔逃。清军斩首无数，一战便摧毁了大西军的主力，大西政权也土崩瓦解。

西南奏凯歌，得胜把京还。对于溃散的大西军官兵，豪格并未下令追击，他下达的命令是班师回朝。顺治五年（1648 年）一月二十二日，豪格的大军回到北京，驻扎在崇文门外的南苑。由于豪格平定了西南，消灭了大西军，杀死了张献忠，可以说是立下了不世之功，摄政王和小皇帝顺治特地出城迎接。这时，吴三桂正要率兵出发去陕西汉中，正在北京等候向摄政王和皇帝辞行，所以，摄政王让吴三桂也顺便出席欢迎肃亲王班师的宴会。

在南苑，举行了盛大的献俘仪式。豪格向皇帝和摄政王献上了张献忠的首级，以及大批从大西军手中缴获的金银财宝。摄政王代表皇帝宣读了奖励豪格及其他有功人员的诏书，并当场赏赐豪格三个牛录和白银两万两。接着，豪格在军营的大帐中设宴款待摄政王和皇帝一行，豪格和与他一同出征的副帅成亲王罗洛浑，向皇帝、摄政王以及陪同的亲王、郡王、将军和大臣一一敬酒。宴会上，交杯换盏、谈笑风生，气氛十分热烈。

过了一会儿，只见豪格走到小皇帝顺治面前，说了几句话。接着，顺治就起身与豪格还有随身太监一道，往帐外走去。众人都想着，皇帝肯定是出外方便一下，都没有在意。但不多时，豪格却突然带了几百名兵丁，闯进帐来，身边却不见了顺治皇帝。豪格手中执剑，铁青着脸，大声说道：

“奉皇帝口谕，摄政王多尔衮结党营私，图谋不轨，着即捉拿，余党一概不问。”

事发突然，好多人都不知所措，只有多尔衮反应最快，他立即高声叫道：

“豪格，狗东西，你敢矫旨谋反，天理不容，与我拿下！”

说时迟，那时快，豪格一声令下，几百名荷枪持刀的兵士已经向摄政王这边冲了过来。千钧一发，刻不容缓。宴会上的每一个人的脑子都在飞速转动，何去何从？是拥护多尔衮，还是拥护豪格？必须选边站队，而一旦站错了队，可能连命都搭上了。而与此同时，几乎在电光一闪之间，所有的人都做出了选择。阿济格、多铎、阿巴泰、罗洛浑、刚林、范文程、宁完我、祁允格、洪承畴、吴三桂，差不多所有人都站在了摄政王一边，而唯一选择了肃亲王豪格的，是郑亲王济尔哈朗。

局势很明朗，肃亲王豪格早有预谋，他的三百甲士都是优中选优选出来的，而且这三百人只听命于肃亲王，是他的死党。至于郑亲王济尔哈朗，则是不满多尔衮专权，排挤自己这个摄政王。现在机会来了，他要趁机报复。而摄政王多尔衮这边，由于事太仓促，毫无准备，虽然关键时刻受到众人拥戴，但真正能与肃亲王的甲士对抗的，只有这几位亲王和他们所带的亲兵，总共也就三十几人。加之刚林、范文程等一干文人，不但手无缚鸡之力，不能与敌人刀枪相对，还需要专人保护他们。肃亲王以十敌一，稳操胜算。

吴三桂在整个事变中，头脑是最清醒的。他毫不犹豫地站在了摄政王多尔衮一边，他很清楚，没有多尔衮，就没有他这个平西王。眼见敌我力量悬殊，如果没有援兵，多尔衮必败无疑。这时，他想起了自己的五千骑兵，恰巧就驻扎在这附近，只要吴家军到来，何愁肃亲王不灭？此时，他已经没时间请示睿亲王多尔衮，当机立断，转身出了大帐。里面剑拔弩张，外面却是空无一人。吴三桂三步两脚窜到了马厩，找到了自己那匹甘草黄。他急忙砍断缰绳，跳上马背。那马似通人性，高高跃起，跳过营寨栅栏，像驾云似的，朝吴家军驻扎的营地奔去。

再说帐中早已动起手来。所谓仇人相见，分外眼红，肃亲王豪格手握宝剑，直朝多尔衮扑过来。亲兵早将多尔衮的随身宝剑递给了他，但这几年，多尔衮疏于战阵，无论是武功，还是体力，都远逊于豪格，手中的剑只能护身，毫无还手之力。阿济格和多铎兄弟情深，拼命挡在多尔衮身前，而成亲王罗洛浑因为和豪格一起出征，却未发现豪格的阴谋而暗暗自责，所以也带着自己的亲兵，全力向豪格身上招呼。而礼亲王代善领着几个人把刚林那几个文臣围在角落里，进行保护。阿巴泰则在另一边，正在紧张地对付郑亲王济尔哈朗与他的亲兵。

还不到一刻钟工夫，胜负已初见分晓。摄政王和诸亲王的亲兵已伤亡殆尽，多尔衮、阿济格和阿巴泰都受了伤。肃亲王方面虽然也死伤了七八十人，但因为人多势众，显然已占了上风。多尔衮已经没有力气，一个踉跄，摔倒在地。见此情形，豪格一跃上前，就要痛下杀手。成亲王罗洛浑这时却扑在了多尔衮身上，替多尔衮挡了那致命的一剑。阿济格和多铎同时发现了危机情况，急忙奔过来相救。豪格也在此时大声呼叫，众党羽都闻声扑过来。

突然，大地震动，尘土飞扬，万马奔腾。吴家军前来救驾，吴三桂带着他的五千骑兵杀进帐来。霎时间，一切都结束了，形势在顷刻间逆转。肃亲王豪格束手就擒，他手下的甲士扔掉了手中的武器，抱头跪地求饶。济尔哈朗也放弃了抵抗，灰溜溜地被人五花大绑地捆了起来。摄政王多尔衮被亲兵扶起，坐在椅子上，他的呼吸还没有稳定，他的胳膊还在淌血，但他的情绪已经恢复如常了。成亲王罗洛浑的尸体移到了一边，整个尸身都裹上了白布。

豪格虽然已经被捆起来，但他丝毫没有害怕，一副破罐子破摔的样子。阿济格和多铎都扬起剑来，要立即杀掉豪格和济尔哈朗，但却被多尔衮断然制止了。多尔衮说，事涉谋反，关系重大，要将两人交给皇帝处理，同时吩咐，赶紧去找顺治皇帝。不多一会儿，吴三桂的亲兵在帐外不远的小树林中，找到了小皇帝。他被豪格的亲兵软禁在那里。到底是个孩子，顺治这时已吓得小脸煞白，半天说不出一句话来。痛定思痛，摄政王多尔衮则紧紧地握着平西王吴三桂的手，久久没有松开。

这次事件之后，连一向同情豪格的顺治皇帝都发了脾气，坚决要处死豪格。倒是摄政王多尔衮一力主张，虽然罪不可恕，但毕竟是先皇骨肉，将死罪改为圈禁。见摄政王尚且如此主张，皇帝和众人也不好再说什么。而郑亲王济尔哈朗则反复为自己辩护，说他是信了豪格的话，以为豪格真是奉了圣旨。所以最后处理时，对他的处分更轻，只是免去亲王爵位，让他闭门思过。

而吴三桂这一次真是出了彩，尤其是让多尔衮刮目相看。摄政王经请示皇帝，再次封吴三桂为亲王，并将吴三桂的长子吴应熊留在北京当官。这两条对于汉官来说，都是史无前例的。它说明，经过这次事件，无论是皇帝，还是摄政王，都对吴三桂更加信任了。当然，吴三桂心里也明白，儿子在北京当官是假，做人质是真。毕竟这次自己是独自领兵，摄政王还是不放心，要将儿子留京作为人质。但吴三桂表面上还是很高兴地同意了。他懂得在人屋檐下，岂能不低头的道理。虽然身为父亲，他有些伤心，但这也是没办法的事，只有今后看有什么机会，能尽早让大儿子脱离虎口。

吴三桂临行前，顺治皇帝和摄政王在新建成的位育宫为他践行，并赐他蟒袍一袭、凉帽一顶、金腰带一围、玲珑撒袋一副、弓矢一套、鞍马一副、白银两万两。这些赏赐，也是对吴三桂在粉碎肃亲王叛乱中立了大功的嘉奖。四月二十二日，吴三桂率领自己的五千骑兵，与等候在涿州的大部队会合，离开北京，前往陕西汉中。更让吴三桂高兴的是，这次远征，有爱妾陈圆圆随行，漫长的西征路，他可就不寂寞了。对吴三桂这次西行，吴伟业的《圆圆曲》是这么描写的：

专征箫鼓向秦川，金牛道上车千乘。
斜谷云深起画楼，散关月落开妆镜。

第二十五章
平西王转战川陕

吴三桂的大军到达了陕西汉中。汉中位于陕西、甘肃、四川的交界处，战略位置十分重要。当年楚汉相争时，楚霸王项羽将刘邦封为汉中王，而将关中封给秦朝的章邯等三降将，企图将他困在那里。谁知刘邦却以汉中为根据地，拜韩信为将，最后杀出汉中，成就了汉家天下。萧何月下追韩信的故事，就发生在汉中。这段历史，吴三桂还是很熟悉的。站在当年刘邦为韩信所修筑的“拜将台”上，吴三桂十分感慨，望着北方的天空，他暗暗发誓，自己可决不能做屈死在未央宫中的韩信啊！

比吴三桂更早一些来到汉中的，还有“定西将军”李国翰。李国翰也是辽东人，他的父亲早在天命六年（1621 年）就投降了后金。父亲去世后，他承袭父职，成为清军中的一名汉将。他有勇有谋，深得皇太极信任，被封为“墨尔根”侍卫。摄政王多尔衮这次派吴三桂与李国翰一起行动，也是有他的目的的。表面上是让吴三桂与李国翰联手对敌，实际上身为“定西将军”的李国翰还有监督吴三桂的责任。多尔衮从心底里，还是不太相信吴三桂的。对于吴三桂这只猛虎，他是要使用的，但在用的时候，他随时又都留了一手，所谓防人之心不可无吧！

顺治六年（1649 年）元月，吴三桂开始了他入陕后的第一次战斗。这次战斗发生在汉中西部的阶州（今甘肃武都）。当时明宗室王朱赤釜与定远侯赵荣贵，趁乱起事，率领上万人马进攻阶州，阶州告急。这时，吴家军刚到汉中不久，吴三桂立功心切，闻报后，立即带领本部骑兵出发，李国翰随后也带兵赶去。吴家军由于全是骑兵，所以很快就到了阶州城外。那朱赤釜和赵荣贵正在率军攻城，不料吴三桂突然从斜刺里杀出，立时乱了阵脚。

见吴三桂十分勇猛，朱赤釜亲自提枪来迎。那朱赤釜哪里是吴三桂的对手？吴三桂一个"横刀夺爱"，就把朱赤釜吓得双手拿不住枪。吴三桂接着一招"举重若轻"，早把朱赤釜拦腰砍为两段。赵荣贵见朱赤釜已死，吓得拨马便逃。吴三桂带住马，从背后取出镶金铁胎弓，搭上一支雕翎箭，只一箭，就将赵荣贵射落马下。两名主将一死，手下兵如鸟兽散。吴军乘胜追杀，大获全胜，共歼敌七千余人，缴获金银、骡马无数。等李国翰带兵赶到战场时，连打扫战场都没赶上，战斗已经结束了。

吴三桂率军回到汉中，屁股还没坐稳，陕北又出事了。原明参将王永强在延安起事，不少原大顺军的将领和士兵纷纷加入，攻陷榆林以南十九个州县，声势十分浩大。绥德巡抚王正志、靖远道夏时芳被杀，宜君知县贾士璋全家自尽。延安知府宋心、鄜州道王希舜被俘。而榆林道孙士宁、洛川知县左射斗等人则向农民军投降。接着，这股农民军又乘胜前进，陆续攻陷了同官、定边、花马池等地。摄政王多尔衮大为震怒，严令平西王吴三桂等迅速剿灭该股农民军。

吴三桂不敢怠慢，为了围剿这股农民军，顺治六年（1649 年）三月十三日，在咸阳召开了军事会议。参加会议的除平西王吴三桂外，还有平西将军李国翰、汉羌镇总兵张天福、兴安镇游击盛嘉宝等。陕西巡抚黄尔性、吏部侍郎哈哈木也参加了会议。在会上，吴三桂强调，摄政王的命令必须不折不扣地执行，完不成任务提头来见。他最后与众将和陕西地方官商定，分别由同官、黄龙、澄城三路出击，然后会师洛川，最后共同攻取延安。

谁知王永强听说清军即将大举进攻，他却率主力南下关中，企图逃避清军的打击。吴军到达宜君后，得知农民军到了蒲城，便立即回师，连夜追到蒲城。不料在蒲城又扑了个空，王永强已经拔营西行。于是，吴三桂让步兵在后，自己则亲率骑兵追击，终于在富平县流曲镇追上了王永强的队伍。吴军连续追击，又累又气，一阵猛冲猛打，农民军四散奔逃。王永强被副总兵杨坤刀劈马下，余众溃散。这一战，吴军歼敌七千余人，获马五百多匹，又一次大获全胜。

五月，吴三桂进军陕北，接连收复了延安、绥德、安塞、清涧诸城，大战在榆林城下展开。农民军首领刘登楼、任一贵、谢汝德率兵在榆林城坚守，战争持续了很长时间。直到这年年底，吴家军才在红夷大炮的帮助下，拿下了榆林城。城破之后，刘登楼被吴三桂手下将领刘芳名俘获，当即被处死。另一名清将马永爵则射杀了农民军首领任一贵，而谢汝德则是被自己手下将领齐进才杀死，首级被拿去向清军请功。而吴三桂攻下榆林后，更是大开杀戒，城中大户杜姓、尤姓之人，被全部杀光。

顺治七年（1650 年）初，吴三桂率军渡过黄河，进攻山西的保德州。为了减少损失，吴三桂采取了围而不攻的方法。城内由于缺粮，引发内部矛盾最后发生内讧。以崔耀为首的守军，杀死了“定国公”牛化麟，开城投降。但此时，与吴三桂一起讨伐农民军的平西将军李国翰，却在陕北府谷遇到了麻烦。围城十个月，守军拒不投降。李国翰派人向吴三桂求援。吴三桂在拿下保德州后，率军赶到府谷城下。两军会合后，同时向府谷发动猛攻。三天后攻下了府谷城，守城的将领高友才与五千多士兵全部被处死。一直到顺治八年（1651 年）正月，吴三桂与李国翰的部队才平定了陕西和山西，返回了汉中。

正当吴三桂戎马倥偬、转战山陕之际，清廷出大事了！顺治六年（1649 年）三月十八日，豫亲王多铎因患痘症死了，他只活了三十六岁。多铎久经沙场，他在消灭南明弘光政权后，还曾带兵平复蒙古苏尼特部叛乱。郑亲王济尔哈朗出事后，他被晋封为辅政叔德豫亲王，地位仅次于摄政王多尔衮，达到了他人生事业的顶峰。哥哥是摄政王，弟弟是辅政王，权倾天下，一时间，人们只知道多尔衮和多铎兄弟，不知有顺治皇帝。

可就在这时，多铎却英年早逝，撒手而去了。失去了弟弟，失去了左膀，最伤心的莫过于多尔衮了。在所有的兄弟中，和多尔衮最亲近的，就是多铎。他二人不但是一母所生，而且志同道合。多铎无论在任何时候都是多尔衮最坚定的支持者。多尔衮没有儿子，只有一个女儿，而多铎却有八个儿子。多铎主动将自己的第五个儿子多尔博过继给多尔衮当儿子。多铎死时，多尔衮身在外地。得知多铎的死讯，多尔衮连夜赶回北京，他抚棺大哭，痛不欲生。他亲自为多铎主持了隆重的葬礼，并立碑勒石纪念。

祸不单行。多铎死后不几天，多尔衮的第六位福晋也去世了。这第六位福晋不是别人，就是给那个给多尔衮生育了唯一女儿的李氏。这李氏是朝鲜人，是多尔衮从朝鲜抢来的，只是因为李氏生了一个女儿，才给了她福晋的名号。李氏死后，孤独的多尔衮更加寂寞，这时，他想起了自己当年和庄妃的约定，此时不兑现这个约定，更待何时呢？但这件事自己出面，还是不太合适，于是，他想到了足智多谋的范文程，这件事由范文程去办最合适。说干就干，他立即派人将范大学士召进了自己的王府，让他出面操办太后下嫁这档事儿。

太后下嫁，这可是个大事，摄政王交办的事儿谁敢马虎？范文程为了这件事挖空心思，上下奔走。范文程首先替皇帝起草了一份谕旨，当他将这份谕旨交给顺治皇帝看时，小皇帝心里是打翻了五味瓶，说不出是什么滋味？他一连问了几遍：

“范爱卿，你确定这是母后和摄政王的意思吗？”

范文程不敢正面回答，只是连连点头。这倒把小皇帝难住了。按照满族的习惯，兄弟娶寡嫂，并无不妥，这样的例子也比比皆是。但小皇帝近年来读了不少四书五经，他清楚，如果要按汉族的观念，这样做就是件天大的丑闻。母亲贵为太后，从古到今，谁听说过太后下嫁的事情呢？但话说回来，这件事，如果母后和摄政王决心要做，自己能挡得住吗？现在，连玉玺都在摄政王手里，自己只不过是个傀儡皇帝，何必去惹母后和摄政王不痛快呢？思来想去，这杯苦酒，只有自己往肚里吞了。于是，顺治提起笔来，在范文程草拟的谕旨上，写下了三个字："知道了。"

顺治六年（1650 年）五月六日，顺治皇帝的谕旨向全国公布，还是用的范文程的稿子，内容如下：

> 太后盛年寡居，春花秋月，悄然不怡。朕贵为天子，以天下养，乃独能养口体而不能养志，使圣母以丧偶之故，日在愁烦抑郁之中，其何以教天下之孝？皇叔父摄政王，现方鳏居，宗室懿亲，元勋贵胄，其身份容貌，皆为国中第一人，太后颇愿纡尊下嫁。朕体慈怀，敬谨遵行。一应典礼，着所司预办。从今往后，对皇叔父摄政王，改称皇父摄政王。钦此。

有了太后下嫁这一纸明诏，多尔衮终于可以和心上人堂而皇之地结婚了。举国庆祝，群臣道贺，盛大的婚礼空前绝后。慈宁宫中，张灯结彩，一派欢乐气氛。多尔衮打扮得十分光鲜，喜气洋洋地来到了小玉儿面前，比他小一岁的小玉儿反而显得有些不好意思。在一对大红喜烛的见证下，这对相恋了多年的有情人终成眷属。这个婚礼虽然迟到了十五年，但它就像那存放了多年的陈酿，历久弥新。新婚之夜，二人翻云覆雨，彻夜未眠，真是干柴遇烈火，越烧越旺，已经寡居了七年的太后，又重新焕发了青春。前明旧臣张煌言写过十首诗，诗名《建夷宫词》，其中的第七首，单道太后下嫁这件事：

> 上寿觞为合卺尊，慈宁宫里烂盈门。
> 春官昨进新仪注，大礼躬逢太后婚。

俗话说，盛极必衰，喜极则悲，世间万物都有不可违背的规律。就在多尔衮事业和爱情都达到顶峰的时刻，他的身体却出现了问题。在一次外出视察的路上，正在骑马的多尔衮，突然从马上一头栽了下来，摔坏了膝盖。多尔衮当时并没有在意，骑了一辈子马，这点小伤算什么？可是，这一次却出乎意料，膝盖伤越来越严重，又是肿，又是发炎，最后化了脓。顺治七年（1650 年）十月，多尔衮接受医生的建议，前往边外的喀喇城疗养。谁知这一去，就再没回来。十二月初九，皇父摄政王多尔衮病死在蒙古草原，他只活了三十八岁。

摄政王一命归西，这可是天大的大事。皇太后首先派固山额真何洛会、大学士刚林将摄政王的遗体运回北京。灵车到达北京那天，北风刺骨，顺治皇帝和所有的文武大臣都身着素服，在东直门外五里迎接。所有的命妇都在睿亲王府门前哭灵，所有的官员都要连夜守灵。多尔衮的葬礼全部按照皇帝的标准，顺治亲自封多尔衮为“懋德修道广业定功安民立政诚敬义皇帝”，封多尔衮的结发妻子为“义皇后”，并将多尔衮夫妇的牌位放在太庙内供奉。

摄政王刚一去世，英郡王阿济格就跳了出来。他特别让他的第五子劳亲带兵两千进京，准备以武力胁迫顺治皇帝，由他来接替多尔衮担任摄政王。他大言不惭地对部下说：

“我弟弟多尔衮当过摄政王，我弟弟多铎当过辅政王，现在轮也该轮我当摄政王了。小皇帝要是答应，还则罢了，要是不答应，那老子就自己当他娘的皇帝！”

在清朝，造反是灭九族的大罪，知罪不举，也是死罪。手下人额克亲、吴拜、苏拜等人，听了阿济格的话后，吓得浑身发抖。当天夜里，三人便连忙赶到顺治皇帝那里告发。顺治听后大惊，但眼前却无人可用，稍一寻思，他立即派人将在家待罪的济尔哈朗找来商量。好个济尔哈朗，他立即率领镶蓝旗五千骑兵，在半路上将阿济格及其子劳亲逮捕，交给皇帝发落。顺治皇帝以谋反罪赐阿济格自尽，并抄了阿济格的家，将他的家人一律逐出宗室。顺治皇帝还当众宣布，今后，不再设立摄政王，由他自己亲政。

顺治八年（1651 年）正月十二日，在太和殿为十三岁的少年天子福临举行了亲政大典。按说，福临并未成年，并未到亲政时间。但小皇帝等不及了，他受够了多尔衮的专权跋扈，他不愿再当有名无实的傀儡皇帝，他要彻底清算七年来加在他心灵上的所有伤痕，他迫不及待地要拿皇父摄政王开刀。正好，那个受多尔衮多年排挤的郑亲王济尔哈朗，这时，也要为自己翻案，向死去的摄政王进行反攻倒算。

二月，郑亲王济尔哈朗上书给皇帝，说摄政王多尔衮生前有十六桩大罪，顺治如获至宝，当殿命郑亲王彻查。奉了圣旨的济尔哈朗，当天就带了一帮如狼似虎的侍卫，闯进了睿亲王府，将玉玺、印符、赏功牌通通拿了回来。济尔哈朗将睿王府抄了个底朝天，所有眷属、仆妇均严加拷问。仕女吴尔库尼等人揭发说，摄政王生前便命她们准备了皇帝专用的八补黄袍、大东珠、黑貂皮褂等物，摄政王死后，这些东西都已经放入棺中陪葬。于是，立即开挖多尔衮的坟墓，打开棺椁，侍女说的那些东西赫然在目。

济尔哈朗将情况禀明皇帝，顺治大怒，新仇旧恨涌上心来，新账老账一起清算。小皇帝下旨，将多尔衮开棺暴尸、焚骨扬灰。同时，对多尔衮削爵位、撤庙享、罢谥号、黜宗室，将其所辖正白旗转归皇帝亲辖，籍没家产、人口入官，养子多尔博、女儿东莪给与信亲王多尼。多尔衮的心腹何洛会、刚林、祁允格被处死，范文程、宁完我、洪承畴被拘禁，等候发落。这个为大清江山呕心沥血、废寝忘食的第一号功臣，最后竟落得如此下场，岂不令人寒心？不知为什么，太后似乎并没有为摄政王主持公道。

消息传到陕西汉中，吴三桂坐不住了。他剃发降清、东征西讨、封为亲王，哪一件，不是听命于多尔衮？他之所以有今日，哪一桩，不是拜多尔衮所赐？如今，皇帝对多尔衮及多尔衮的手下痛下杀手，能放过他吴三桂吗？顺治皇帝现在还信任他吴三桂吗？所有这些，都必须立刻搞清楚，他吴三桂也得为自己早做打算。于是，吴三桂让心腹谋士顾君恩替自己写了一道奏章，递到北京，要求进京觐见顺治皇帝，他要亲自观察一下皇帝对自己的态度。

八月初，吴三桂奉命进京，顺治皇帝在中和殿召见了他，召见后并当殿赐宴。九月八日，顺治帝还赐给他平西王金印、金册。通过这两件事，吴三桂感到，顺治皇帝对他还是信任的。其实，顺治这样做，有他自己的考虑。当时，小皇帝的江山还不稳定，全国各地反清浪潮风起云涌，吴三桂、孔有德、尚可喜、耿仲明这些汉人将军还有利用价值，还需要他们继续为清王朝卖命。这不，就在给吴三桂颁发金印、金册的当天，朝廷又宣布，调吴家军入川作战。

顺治九年（1652 年）二月，吴家军便与墨尔根侍卫李国翰离开汉中，兵分两路入川。有诗云：

巴山千丈擘云根，节使征西入剑门。
蜀相军营尤石壁，汉高原庙自江村。
全家故国空从难，异性真王独拜恩。

当吴三桂率军进入四川时，整个四川已落入南明永历朝手中。为了叙述的方便，我们先来讲讲南明政权的来历。南明弘光小朝廷覆灭后，顺治二年（1645 年）闰二月，浙江各路义军共迎鲁王朱以海，在绍兴建立了鲁王政权。几乎同时，福建的郑芝龙、黄道周等在福州拥立唐王朱聿键做皇帝，建元隆武，是为唐王政权。两个政权互不统属，彼此指责，甚至势同水火。这就削弱了共同抗清的力量，给清军各个击破造成了可乘之机。

顺治三年（1646 年）夏天，浙江大旱，钱塘江水特别浅。五月二十七日夜，清军顺利地策马过河，直扑绍兴。南明主将方国安带头逃跑，士卒也四散奔逃，鲁王见势头不妙，立即从海上乘船逃往舟山一带。小朝廷偃旗息鼓，不敢声张，在海岛上躲了起来，清军一时倒也找它不着。一直到顺治八年（1651 年）七月，由于叛徒告密，清军分三路向舟山发动进攻。舟山被清军攻破，鲁王政权也就此覆灭。

再说在福州建立的唐王隆武政权，存在的时间比鲁王政权更短。在南明这几个小朝廷中，唐王朱聿键是很有个性的。他曾经带着自己的一千多名家丁，去和李自成的大顺军对垒，虽然败得一塌糊涂，但勇气可嘉，是条汉子！唐王手下，还有一文一武两根台柱子可以依赖，文指的是大学问家黄道周，武指的是福建军阀郑芝龙。这个郑芝龙可是个人物，他十几岁就跟着他舅舅在澳门跑码头，后来嫌不挣钱，干脆干起了一本万利的海盗生意，在海上收买路钱。生意越做越大，到后来，他已经拥有二十万人的私家军和大大小小三千艘兵船。但他的人品可不怎么样，一言以蔽之，就是个地地道道的流氓！

唐王对郑芝龙很器重，封他为南安伯、兵部尚书，即武将中的第一号人物。没法子，谁让人家手握兵权呢？顺治二年（1645 年）九月，清军打过来了，走的还是那条老路——仙霞关。唐王急了，让郑芝龙赶紧去仙霞关迎敌，但任你无论多少面金牌催促，郑芝龙和他的郑家军就是躲在安平，一动也不动。无奈何，唐王只好和大学士、礼部尚书黄道周商量应敌之事。黄道周是福建漳浦人，天启进士，崇祯时曾任右中允。他能书会画，学富五车，为人正直，是一位道德楷模，在福建很有影响。

黄道周虽是个文人，但他不缺勇气，家乡有难，义不容辞。他二话不说，告别皇帝，直接前往仙霞关。跟随他的，有三千多人，有的是他的学生，而多数则是他招募来的百姓。他的这支队伍衣衫不整，一共只有十匹马，武器更是残缺不全，多数人拿的还是锄头、菜刀。黄道周在仙霞关遇到的清军统兵将领不是别人，乃是他的老乡，那个投降清朝的洪承畴。洪承畴此时很受顺治皇帝信任，担任五省经略，受命征讨南方各省的反清势力。仙霞关战斗的结果可想而知，黄道周全军覆没，自己也成了清军的俘虏。

但当洪承畴审讯他时，情况却倒转了。黄道周当面把洪承畴骂得体无完肤，说他把福建人的脸都丢尽了。也只有在这时，洪承畴才真正体会到了当汉奸的痛苦。因为恰巧在几天前，洪承畴的母亲也刚刚把他骂了一顿，而且老夫人骂过不忠不孝的儿子后，当夜便悬梁自尽。洪承畴既然无法审问黄道周，便厚着脸皮劝黄道周投降，但黄道周根本就不理睬他。黄道周是个顶天立地的汉子，他从被俘的那天起，就开始绝食，到了第十天，他不屈而死。

拿下仙霞关后，清军长驱直入，攻陷建宁，直扑延平。唐王见大势不好，只好逃往汀州。清军统领努山率兵赶往汀州，他事先派了几百名降兵，打着明军旗号，骗开了城门。汀州陷落，唐王夫妇被俘。清将努山大喜过望，他弄了两顶轿子，要把唐王夫妇押解回福州领赏。谁知行至半道休息时，皇后曾氏乘人不备，突然大喊一声："陛下，妾先去了！"她纵身跳进路边的深崖自尽。唐王被押到福州后，不吃不喝，绝食而死。与唐王夫妇不同，那个拥有二十万大军的郑芝龙，却乖乖地俯首称臣，投降了清军。至此，隆武小朝廷只维持了一年多的时间，便寿终正寝。

隆武之后，南明又产生了一个新的政权，即永历政权，担任永历小朝廷皇帝的人，名叫朱由榔。隆武二年（1651 年）十月初十，朱由榔在广东肇庆宣布，由他担任监国。其实，朱由榔本人并不愿意出任监国，他是被人逼着当这个监国的，真正是赶着鸭子上架。朱由榔是万历皇帝的嫡孙，天启和崇祯皇帝的堂弟，被封在广西，当桂王。逼他当皇帝的人有两个，一个是两广总督丁魁楚，另一个是广西巡抚瞿士耜。朱由榔一听说要他当皇上，两腿就直打哆嗦，坚决不干。可丁魁楚和瞿士耜两人跪在地上，软磨硬泡，就是不起来。朱由榔的母亲拄着拐棍，颤颤巍巍地跑出来说：

"诸臣何患无君？吾儿性格懦弱，非拨乱才，请另选贤明。"

知子莫如母，太妃是最了解自己儿子的。但丁魁楚和瞿士耜却不顾太妃阻拦，仍旧不依不饶，执意要桂王应允。朱由榔见再三推脱不掉，这才答应不当皇帝，只当监国。一旦有了合适人选，他这个监国立马走人。为了强调与隆武政权的继承性，朱由榔担任监国后暂不改元，当年仍称隆武二年，第二年起，则称永历元年，而朱由榔就是南明历史上的永历皇帝。

要说这朱由榔也真背，当上监国才十天，清军就打过来了。要兵没兵，要将没将，胆子又小，只好逃跑。先跑到梧州，再接着跑到阳朔。可就在这朱由榔到处逃窜之际，又出事了。十一月初二，隆武的弟弟朱玉锲却在广州宣布，由他出任监国，并且改元绍武。朱由榔不愿意当这个皇上，但还是有人抢着当这个皇上。不过，朱玉锲的命运更惨，他这个皇上还没满月，清军就攻破了广州，他自己也成了俘虏。

清军由降将李成栋率领紧追不舍，先攻下肇庆，又攻下梧州。永历皇帝一行，只好跑回了老家桂林。在这关键时刻，大学士兼兵部尚书丁魁楚却叛变了，带头投降了清军。大势已去，眼看南明又一个小朝廷即将油尽灯枯，不料这时，朱由榔的枕边人王皇后却在他耳边说了一句话：

“陛下，兵来将挡，水来土掩。赶紧物色兵将抵挡清兵啊！”

“你真是站着说话不腰疼，连丁大学士都投降了，哪里去找兵将啊？”朱由榔说。

“我朝没有，难道大顺、大西那些打散的兵将就不能用吗？我们把所有的汉人都联合起来，难道还打不过满人吗？”

一语提醒梦中人。朱由榔立即将瞿士耜找来，让他迅速落实这件事。这个主意还真管用，很快就联系上了大顺军的旧将郝摇旗、刘体纯等人。刘体纯等接受了永历朝的封号后，马上投入战斗，一战就解了桂林之围。接着，又连战连捷，不但收复了广西，还把永历朝控制的版图扩大到安徽、湖南等地。瞿士耜还从澳门的葡萄牙人那里，弄来了三百条洋枪和好几门重炮。一时间，永历朝还真叫人刮目相看。

永历发现王皇后这一招挺灵验，于是，照方抓药，派湖广总督何腾蛟去贵州联络大西军旧部。其实，大西军旧部比大顺军旧部实力更强。当年肃亲王豪格大胜大西军、杀死张献忠后，急忙撤军回京搞政变，大西军的主力得以保存下来。大西军余部在张献忠义子孙可望的带领下，陆续退往云南、贵州，总兵力还有二十多万。但孙可望气量狭窄，不孚众望，与李定国、刘文秀等大将也有矛盾，因此几年来一直无所作为。

何腾蛟派人前来联络，正是时候。双方一拍即合，孙可望宣布效忠永历政权，永历帝封孙可望为秦王。顺治七年（1650 年）正月，清军在恭顺王孔有德的率领下，大举进攻广西，攻占了桂林。永历朝四百多官员及眷属被俘，永历帝只带着十八个亲信大臣逃往贵州，依附于孙可望。孙可望将贵州安隆改名为安龙，将永历帝和他的十八个臣子安顿在那里。穷蹙来投，永历暂时得到了一块安身立命之地，但在孙可望眼里，则根本没把这些亡命君臣当一回事。

大西军另一员大将李定国，却对永历帝一行情有独钟。一来，李定国对孙可望高高在上、无所作为，早已不满；二来，人心思明，永历帝在抗清斗争中还有相当的号召力。所以，李定国愿意利用这一契机，打出抗清的新局面。李定国主动提出，带领本部人马进攻广西，为永历帝收复失地。孙可望虽然表面上不好阻拦，但他心里不以为然。眼见李定国带领八万人马出发，孙可望心里偷着乐，他真心希望李定国这一次兵败身亡，也好去掉自己的一块心病。

其实，张献忠手下的四员大将，孙可望名义上虽排第一，但他所擅长的，不过是溜须拍马而已，若要说打仗，那还属李定国和刘文秀。李定国的最大特点是能与士兵同甘共苦，打仗时身先士卒。他待士兵亲如兄弟，士兵们都情愿为他两肋插刀。所以说孙可望部下，真正能打硬仗的，还就属李定国。这一次，李定国军经湖南靖州、武冈，到达广西全州，一路上势如破竹，锐不可当，真可以说是顺风顺水。

顺治九年（1652 年）七月，李定国、白文选等率军从小路逼近桂林，三天三夜，连续攻城。孔有德亲自在城上组织防守，被箭射中了脸颊，血流不止。桂林城附近多山，李定国遂率兵从城北的山上攻入城内。城破后，孔有德的独生子孔廷训被俘，女儿孔四贞在一老妪的带领下，逃出了城，而他自己和妻子则在家中自焚而死。恭顺王孔有德的死，大长了南明军的士气，大灭了清军的威风。

顺治十年（1653 年）春，李定国携胜利之师进军湖南，与清军在衡州城下会战，清军的统帅是定远大将军和硕敬谨亲王尼堪。这尼堪也非等闲之辈，其父就是礼亲王代善。衡州即衡阳，是湖南中部的重镇。宋人范仲淹有词云：“塞下秋来风景异，衡阳雁去无留意”，说的就是这个地方。当时两军就在衡阳南边的回雁峰前交战。李定国当先出马，尼堪也不甘落后，亲自披挂上阵。

这一战，只杀得天昏地暗。那李定国一杆银枪，如蛟龙出洞，翻江倒海。这尼堪手舞大刀，似猛虎下山，张牙舞爪。李定国使一招“蛟龙吐信”，尼堪回一招“虎口拔牙”。李定国连使“指东打西”“摇头摆尾”“七上八下”这夺命三招，尼堪不慌不忙用“东躲西藏”“游龙戏凤”“上下其手”三招化解。李定国突然将枪法变成了棍法，使出一招“泰山压顶”，尼堪吃了一惊，不由自主地用刀去挡，这也有个名堂，唤作“霸王扛鞭”。哪知李定国又变回枪法，一招“银枪锁喉”，把尼堪挑落马下。

在万人惊诧之际，李定国已经下马，取了尼堪首级。南明军精神大振，齐声高唱岳飞的《满江红》，同时向清军冲了过来。那清军主帅已死，哪里有心恋战，一窝蜂散了个干净。李定国连续战胜孔有德和尼堪，史称“两蹶名王”，取得了骄人的战绩，这也是南明有史以来对清军取得的最大胜利。败报传到北京，顺治皇帝捶胸顿足、痛哭失声道：

“我朝用兵，从无此失。呜呼哀哉！”

就在李定国在广西、湖南高奏凯歌、两蹶名王的同时，孙可望派遣另一员大将刘文秀率军从云南攻入四川。当时四川处于一种各地军阀混战，互不统属的割据局面，这给刘文秀平定四川提供了一个最佳战机。刘文秀是大西军中另一位有勇有谋、不可多得的将才。他指挥有方，在大西军中有很高的威望。这次他首先攻占遵义，接着攻下重庆，然后顺流而下，占领乐山。前后不到半年，四川省大部都被刘文秀平定。刘文秀留下白文选守乐山，刘镇国守雅安，自己则带领大部队回了云南。

顺治九年（1652 年）二月，当吴三桂和李国翰率军进入四川时，他们面对的，已不是割据一方、互相混战的大小军阀，而是前大西军中响当当、硬邦邦的精锐部队，这也是吴三桂始料不及的。而这时刘文秀已经得到了线报，说是吴三桂和李国翰率大队清兵入川。刘文秀不敢怠慢，亲自率主力赶来增援。临出发前，刘文秀还特意向云贵土司借了十三头大象和三千“猓猡”兵，他要出奇兵，战胜吴三桂和李国翰。而这时，吴三桂已经率先攻占了重庆。于是，刘文秀率兵六万，径直来到山城重庆。

负责防守重庆的，是吴三桂手下的都统白元贞和总兵白广生。二白岂是刘文秀的对手，不到半天，刘军就拿下重庆，二白也成了俘虏。永历朝廷为表彰刘文秀重庆大捷，特意封刘文秀为南康王。打下重庆后，刘文秀乘胜追击，在叙州遇上了吴家军的主力。两阵对圆，吴三桂身边，齐刷刷地排列着两个“百人队”。而刘文秀那边，则是十三头大象排在阵前，三千“猓猡”兵充当先锋。

鼓号齐鸣，双方正面交锋。大象冲过来了，“猓猡”兵冲过来了。吴三桂黄旗一挥，两个“百人队”从两边冲了上去，同时齐发连弩。谁知大象皮厚，多数弩箭根本射不进去，个别弩箭即使射入象的身体，也就跟蚊子叮了一下一样，大象照旧横冲直撞。而那些“猓猡”兵则更不寻常，他们人人身穿藤甲，刀枪不入，个个勇猛异常。两个“百人队”片刻便被冲得人仰马翻、尸横遍野。两军一碰面，刘文秀的军队首先给了吴家军一个下马威。

吴三桂见此情景，亲自挥刀冲上前去。更让他吃惊的是，刘文秀也驱兵大进，把他团团包围起来。任凭他左冲右突，就是脱不了身。骑在马上的吴三桂的汗都下来了，他心里想，大江大河都闯过来了，难道今天要在这小河沟里翻船？他有点后悔，自己如此托大。脑子一分神，手下也慢了下来，差点被敌人的长枪刺中。正在这万分危急之时，都统杨坤带着一队骑兵杀进重围，拼命把吴三桂救了出来。主将落败，吴家军魂飞胆丧，慌忙逃离了战场。吴三桂第一次尝到了刘文秀的厉害。

吴家军逃到绵州，刘文秀率军追赶。不得已，吴家军又退到保宁。吴三桂军前脚刚刚进城，刘文秀军后脚就追到城下，把保宁城团团包围起来。刘文秀手下大将王复臣劝刘文秀说：

“刘帅，三桂乃一劲敌，所谓穷寇勿追，困兽犹斗。不如见好就收，撤军回营为上。”

“不，吴三桂勾引清军入关，是天字第一号大汉奸。如今，其败象已露，我们不趁机打落水狗，更待何时？”刘文秀说。

“刘帅，即便与吴军决战，也不必四面围城。兵法有云：围师必阙，围久必溃。请大帅三思。”王复臣再次劝说道。

此时，刘文秀已经被胜利冲昏头脑，王复臣的话他根本听不进去，自顾自地把保宁包围了个严严实实。吴三桂站在保宁城头向城外一看，他大吃一惊。环城被围了个结结实实，十三头大象威风凛凛地站在最前面，后边是使挨牌长枪的兵，再后是持匾刀的兵，最后面是持鸟铳的兵。整个阵势，杀气腾腾，锐不可当。吴三桂看后，倒吸了一口凉气。他这时思想十分矛盾，强兵压城，固守下去，整个部队有覆灭的危险；撤出保宁，回归汉中，无法向朝廷交代。思来想去，他决定和墨尔根侍卫李国翰商量以后，再做定夺。

谁知李国翰也打怕了，他坚决主张撤回陕西。既然如此，吴三桂便决定撤军。可这时，他身边的都统杨坤却提出了反对意见。杨坤十分激动地说：

“我王威名夙著，今若退走，名声扫地，何以对朝廷？何以对主上？何以对家乡父老？而今之计，有进无退。”

“敌众我寡，敌强我弱，退兵乃万全之计也。”李国翰说。

“将军若退，请自退。吾王独进，与贼势不两立。”杨坤说。

见杨坤态度如此坚决，吴三桂打消了退兵的念头，李国翰也表示愿意留下来。于是，吴三桂、李国翰、杨坤等三人便一起上了城头，观察敌情，准备破敌。在城上转了良久，吴三桂突然指着城西南角的一支军队，大声地说：

“天赐良机，我们就从这里下手！”

杨坤不解，问道：

“王爷何出此言？”

“此军虽军容耀日，然军纪不整，士兵懈怠，显然未经大敌，可击尔破之。”吴三桂说。

吴三桂所指的那支包围城西南角的部队，便是刘文秀手下悍将张先壁的部队。这张先壁作战十分骁勇，外号“黑神”，他使一柄宣花斧，有万夫不当之勇。但他勇而无谋，骄傲自大，他认为吴军已不堪一击，因此军士都在饮酒嬉戏，他自己也喝得酩酊大醉。所谓骄兵必败，这就是吴三桂选中这支部队作为突破口的原因。

十月十一日，吴三桂派杨坤率领川军出东门在观音庙诱敌，李国翰军出北门土地关迎敌，自己亲率主力出西门重点攻击张先壁营。张先壁怎么也没想到，昨日的败军之将，突然变成了天神下凡。他本人喝得醉醺醺的，连宣花斧都拿不住了，只好在亲兵保护下逃之夭夭。果不出吴三桂所料，张先壁军在吴军的强大攻势下，溃不成军，四散奔逃。

在张先壁军的影响下，王复臣的南营也发生混乱。吴三桂和他手下大将吴国贵两杆大刀，似砍瓜切菜般砍去，杀得敌兵望风逃窜。王复臣见突不出重围，又不愿被俘，遂挥刀自刎。接着，吴军和李国翰军开始合围刘文秀的大部队，刘文秀不敌，大象和“猓猡”兵也不听指挥，最后只好率少数残兵逃回了云南。此战吴家军大胜，阵斩敌兵四万余人，缴获大象、印、马、器械无数。

吴三桂一战定四川，捷报传到北京，小皇帝顺治特别兴奋。他特别派遣两名侍卫携带赏银和大批赏物，到四川军前交付。其中，赏给吴三桂的有：貂帽一顶、貂褂一件、貂袍一袭、朝靴一双、镀金玲珑鞓带一束、镀金玲珑腰刀一口、镀金甲胄一副、镀金玲珑撒带一副、弓矢一具、镀金玲珑鞍辔一副、马一匹。这些物品，都是皇宫内库中的御用之物，十分名贵。除此之外，还将吴三桂的年俸由七千两升至八千两。李国翰以下的立功军官则另赏白银五千两和一些小礼品。

除了对吴三桂的奖励之外，顺治皇帝还封吴三桂结发妻子张氏为福晋，并颁发金册。为了笼络吴三桂，顺治皇帝还将父亲庶妃奇垒氏所生的第十四女，下嫁吴三桂的儿子吴应熊。这位和硕公主是皇太极最小的女儿，是顺治皇帝的异母妹妹。如此一来，吴应熊成了顺治皇帝的亲妹夫，名副其实的和硕额驸，而吴三桂也就成了人人羡慕的皇亲国戚。对于一般汉人来说，这可是难得的殊遇啊！当然，这也是顺治皇帝对吴三桂为满清朝廷卖命的一种犒赏。

取得保宁大捷之后，皇帝还命令吴三桂和墨尔根侍卫李国翰返回汉中驻守。其实，这也是对吴家军的一种爱护。当时全国并未平定，大大小小的战争此起彼伏，但吴家军这一次却在汉中平平安安地待了五年。

第二十六章

永历帝误入缅甸

顺治十四年（1657 年）九月，南明秦王孙可望携带妻子及眷属到湖南长沙，向清朝五省经略洪承畴投降。这到底是怎么一回事呢？原来，在南明内部，孙可望与李定国、刘文秀之间发生了内讧。

长期以来，仗着过去张献忠的宠幸，孙可望从来以老大自居。李定国和刘文秀虽不以为然，但一直隐忍不发。投奔南明后，孙可望压根没把永历皇帝放在眼里，总想取而代之。永历八年（1654 年）三月，孙可望授意其党羽马吉祥、庞天寿，劝永历干脆将帝位禅让与他。永历帝本来就不想当皇帝，他自己倒无所谓，但大学士吴毓贞等十八人坚决反对。孙可望恼羞成怒，他以永历皇帝的名义下旨，将吴毓贞等十八人全部处死。

在法场上，十八位大臣面不改色，慷慨就义。吴毓贞临刑前特意赋诗一首，诗中有“击奸未遂身先死，一片丹心不肯休”这样的句子。赋完诗后，吴毓贞向前来送行的官员们说：

“我去了！中兴大事就交给诸位了。你们一定要忠于朝廷，切不可附和马吉祥和庞天寿二贼。保住帝位，我等虽死犹生。”

孙可望倒行逆施，遭到了李定国的坚决反对和抵制。孙可望下决心，要除掉李定国。八月十五日，孙可望假意邀请李定国在一起赏月，准备在酒席宴上杀掉李定国。有人给李定国透漏了消息，李定国拒不赴会。一计不成，又生一计。孙可望干脆指使手下大将冯双礼，去偷袭驻扎在柳州的李定国。谁知李定国又一次发现了这个阴谋，率军埋伏在半道上。冯双礼的部队进入埋伏圈，伏兵四起。冯双礼被俘，部众溃散。冯双礼本来就不愿意窝里斗，所以他干脆改投李定国，孙可望弄了个赔了大将又折兵。

孙可望专横跋扈，永历帝度日如年。为了摆脱孙可望的控制，永历帝秘密派人给李定国下了密诏，希望李定国将他搭救出来。永历十年（1656年）三月，李定国亲自带领一支奇兵夜袭安龙，将永历帝救出后，带到云南。李定国以昆明为“滇都”，重建永历政权。脱离了孙可望的魔掌，永历帝终于获得了自由。永历皇帝十分高兴，特意封李定国为晋王。

永历十一年（1657 年）八月，孙可望率领八万人马，号称十五万，杀向云南，要与李定国决一死战。孙可望骑着高头大马，在昆明城下耀武扬威，带头骂阵。李定国带着一队人马，从城内杀出。孙可望一拍坐下马，迎了上去。谁知身后突然大乱，原来他手下的刘文秀、白文选早已与李定国约为内应，此时前敌倒戈，大杀回马枪。孙可望大败而逃，李定国紧追不舍。孙可望逃回贵州时，身边只剩下了十多个人，实在是狼狈不堪。

走投无路，孙可望决心向清军投降。说走就走，孙可望收拾了细软，带着家眷，往湖南而行。走到沙子岭时，又遭到南明总兵杨武的袭击，差点将孙可望活捉。还是闻讯赶来的清军将孙可望救出，并将他们一行护送到长沙。清五省经略、总督洪承畴代表清廷接受了孙可望的投降，孙可望当场上缴了他的秦王镀金银印。为了表示他降清的诚意，他和全家人在长沙就剃发，并且改换了装束，彻底投入了清廷的怀抱。

当洪承畴等将孙可望投降的消息报告到北京时，顺治皇帝喜出望外，他敏锐地感觉到，一统云贵的时机到来了。顺治封孙可望为“义王”，并让他进京觐见。孙可望到京后，顺治皇帝亲自在中和殿赐宴，并赐给他大量珍贵的服饰，还特意下旨，规定了义王所用的顶戴、坐褥、仪仗等。孙可望感激涕零，他三次上表，建议清朝出兵云贵，剿灭永历政权，他愿意为消灭南明小朝廷效犬马之劳。孙可望的这个建议是想报答清朝的恩惠，它也正好符合顺治皇帝的心思。

顺治十四年（1657 年）十二月中旬，顺治皇帝先后颁布进军云贵的命令。受命进军贵州的部队有三支。其中，吴三桂和李国翰为一路，从陕西汉中出发，以吴三桂为“平西大将军”。第二路由固山额真赵布泰为“征南将军”，从广西出发。第三路由贝勒罗托为“宁南靖寇大将军”，从湖南出发，五省经略洪承畴与大军同行。同时，任命多罗信郡王多尼为“安远靖寇大将军”，进攻云南。四路大军，均于顺治十五年（1658 年）二月二十五日，同时进兵，显示了顺治皇帝志在必得的决心。

吴三桂选择的行军路线是，从汉中，经沔县、宁羌，进入四川，从朝天关起，顺嘉陵江而下，至保宁。然后，经顺庆、合州，到达重庆。虽然一路上，人烟稀少，道路难行，有时甚至需要伐木开道，但沿途南明军队均望风逃遁，加之有孙可望提供的云贵地图，所以进军相当顺利。四月十三日，吴军兵至黄葛江，砍伐竹木搭建浮桥过江。天气炎热，湿气很大，行军十分困难。吴军历经艰险，终于到达綦江。渡过綦江后，经东溪驿、安稳寨，进入贵州。

贵州的三坡、红关、石壶关一带，山势高耸，直插云天，悬崖断壁，实为天险。李定国派部将杨武、刘正国在这里设伏，对付吴三桂的部队。但吴军中已专门配备了孙可望提供的向导，对地形十分熟悉，杨武和刘正国的伏兵一触即溃，经水西逃回了云南。吴军进驻桐梓，守军不战而降。接着，吴军就进入贵州重镇遵义，五千守军投降。吴三桂在遵义意外地得到了在那里储存的三万石粮食，在缺粮的贵州，这还真是雪中送炭。

在遵义休息了三天后，吴三桂挥师南下。经新站铺、乌江、息烽、扎佐，到达贵阳。五月二十一日，吴三桂与罗托、赵布泰三路大军在贵阳会师。一路上，南明军不是望风而逃，就是献城投降，即使抵抗，也是稍战即溃。对贵州的征剿进行得十分顺利，只用了两个多月的时间，兵力损失也不大。于是，顺治皇帝决心继续对云南用兵，他命令吴三桂，等信郡王多尼的大军一到，便开始出兵云南。因为粮食紧张，吴三桂军仍返回遵义驻扎。七月二十八日，定西将军、墨尔根侍卫李国翰在遵义病死，从此，李国翰的部队改归吴三桂指挥。

顺治十五年（1658 年）九月，多尼率军到达贵州平越。十月五日，由多尼主持，在平越的杨老堡召开了军事会议，参加人有吴三桂、赵布泰、经略洪承畴等。经过讨论，最后确定，由贝子罗托和洪承畴留守贵州。夺取云南，仍然采取三路进攻的办法。吴三桂军为北路，由遵义出发，经水西，攻七星关，至昆明，约一千五百里。赵布泰为南路，自都匀、平浪、永顺，趋黄草坝，至昆明，约一千八百里。多尼为中路，由贵阳出发，经关岭、铁索桥，至昆明，约一千二百里。三路军约定，十二月会师昆明。

李定国在得知三路清军大举进攻云南的消息后，在关岭召开了军事会议。关岭有一座蜀汉时期的马岱将军庙，当地人将马岱奉为神明，专门立庙祭祀。李定国有意将会议放在马岱庙举行，就是想借助庙的神力，团结众将，一致对敌。因为，李定国心里明白，他的将领中，有不少人曾经是孙可望的手下，现在孙可望降清，难免会在他们身上产生影响，所以要事先做点工作。李定国派人在马岱庙前准备了牛羊等祭品，他自己在神像前倒了一杯酒，然后用刀割破手指，让血流入碗中。李定国举起碗，大声说：

“定国奉命御敌，若不以身殉社稷佐中兴者，神威当截其头！”

李定国说完，众将也一一发誓，准备以死报国。誓毕，大家饮了血酒。接着，李定国针对清军的三路进攻，做了相应的布置。李定国命大将冯双礼扼守距贵阳仅几十里的鸡公背，阻击多尼的中路军。由“黑神”张先壁把守南盘江的黄草坝，阻击赵布泰的南路军。由巩昌王白文选率兵四万，把守七星关，阻击吴三桂的北路军。李定国本人则亲自把守北盘江的铁索桥。虽然防守布置得很周密，但由于分兵作战，难以集中兵力，也犯了兵家大忌。

十一月初十，吴家军从遵义出发，十一日，到达七星关。此关四面环山，周围石壁林立。关前有七星关河，水流湍急。关势险要，易守难攻。吴三桂早已物色好入云南的向导，他率军走小路，跨过连接一线天的“天生桥”，突然于十二月三日，出现在七星关大道上。白文选发现敌军突然出现在面前，大吃一惊，遂放弃了七星关，烧毁可渡桥，逃往云南。

最激烈的战斗发生在罗顺渡口。守军将渡船沉入水底，据险抵抗。赵布泰军得到泗城土司岑继鲁的帮助，挖出沉船，连夜渡河，攻陷安隆，南明总兵张成、张骐战死。李定国亲自带兵三万，赶来增援。双方激战半日，南明兵不敌，纷纷败逃，李定国烧掉铁索桥，退保北盘江。此战李定国损失了三十多员将佐，连家属都被清兵俘获，多少年积累起来的精兵强将损失殆尽。经过这场战斗，赵布泰的南路军从普安州进入云南。

多尼的中路军在鸡公背战胜了冯双礼，南明军败逃，清军追至北盘江。李定国下令弃守北盘江，逃回昆明。清三路大军于顺治十六年（1659年）二月中旬在云南曲靖会师。曲靖距昆明仅数百里，面对清军即将展开的大举进攻，永历小朝廷已是风雨飘摇。大敌当前，南明军屡战屡败，永历帝不知所措。二月十九日，永历帝在勤政殿召开御前会议，讨论当前形势和未来的去向。所有的文武大臣都很清楚，昆明无论如何是守不住的。

第一个发言的是蜀王刘文秀的部将陈建。几天前刘文秀在昆明病故，所以陈建的所谓发言，便是当着皇帝和众位大臣的面，宣读刘文秀临终前写就的遗疏。刘文秀在遗疏中说：

“陛下，臣染重疾，将不久于人世。中兴未果，实为一大憾事。临终唏嘘，恨夷虏未靖，干戈未宁。臣有精兵三万人，在黎（平）、雅（州）、建（昌）、越（州）之间。另有窖金二十万，臣将郝承裔知之。臣死之后若有仓促，请驾幸蜀。臣妻操盘匜，臣子御羁靮，以十三家（李自成农民军余部）之兵，出营陕、洛，庶几可转败为功也。”

太仆寺正卿辜延泰很赞成刘文秀的意见，他说：

“陛下，人之将死，其言也善。蜀王之计，未雨绸缪，有先见之明。况蜀地有兵有金，可事半而功倍。望陛下早做决定，以便脱险出困，转危为安也。”

李定国却不同意朝廷迁往四川，他说：

“蕞尔建昌，何当十万人之至？不如入湖南之峒，乌车里、里角诸蛮不相统摄，我今临之，必无所据。安跸峒内，诸将设御于峒口。胜则六诏复为我有，不胜则入交阯，召针罗诸船，航海至厦门，与延平王（郑成功）合师进讨。如此则进退有据，应变之上策也。”

但多数人并不同意李定国的意见，黔国公沐天波又提出自己的建议，他说：

“自迤西达缅甸，其地粮糗可资，出边则荒远无际，万一追势稍缓，据大理两关之险，犹可为屏障也。”

这沐天波可是个有来头的人物，他是明朝开国功臣沐英的第十五代孙。沐英曾跟随朱元璋南征北战，立下了汗马功劳，朱元璋认他为义子，封他为黔宁王，后又封为黔国公，子孙世袭。这沐天波使得一手流星锤，在当地有很高的威信。永历到贵州后，沐天波第一个前去迎驾，并从此跟随在永历皇帝左右。奸臣马吉祥等人，把沐天波恨得牙痒痒的，但就是奈何沐天波不得。

现在，沐天波的意见得到多数人的赞同，最终，永历帝拍了板，暂时撤离昆明，就在云南境内和清军周旋，万一出现不测，则可进入缅甸。永历这时有些伤感，虽然他不愿意当皇帝，但也当了十多年了。此一去，山高水长，此一去，生死难卜，实在是故土难离，故国难舍啊！李定国还是有些担心，他考虑，为万全之计，想请太子留下督师。但永历帝不忍心与儿子分离，非常犹豫，尤其是王皇后更不赞成太子和父母分开。于是，李定国便不再坚持自己的意见。

十二月十五日，永历与百官，在大军的护卫下，离开了昆明，启程前往永昌。成千上万的百姓，不愿接受异族的统治，他们携儿带女、哭哭啼啼，跟随队伍西行。庆阳王冯双礼不愿意离开，他对李定国说：

“某与公俱生于滇，公辅帝西行，图后再举为其难者，某愿死守昆明，与城共存亡。”

李定国含泪与冯双礼道别，踏上了西行的道路。他为防不测，亲自率领精兵断后，不敢有丝毫大意。果不其然，艾能奇的儿子艾承业，正带着一伙亲信，埋伏在道旁一座大庙中。他一心想劫持李定国去投降清军，将李定国作为见面礼。可当他们看到李定国亲自带着大队人马殿后而行，似乎早有准备，便没敢下手，悄悄地离开了。李定国这才躲过了一场流血冲突。

队伍走到碧鸡关，这里离昆明不过三十余里。道路狭窄，人喊马嘶，哭声不断。永历帝于心不忍，命令停车。他走下车来，扶着沐天波的肩膀，回头望着昆明城的方向，眼含热泪，哽咽着说：

“朕行未远，已见军民如此涂炭。以朕一人而苦万姓，诚不若还宫死社稷以免生灵惨毒。”

说毕，永历帝放声大哭，沐天波赶忙劝说安慰。李定国也从后面飞骑赶到，请永历继续前行，以安兵民之心。永历这才止住哭声，重新登车。一行人继续西行，永历十三年（1659 年）正月初一，他们到达云南西部的永平。新年佳节，没有鞭炮声，没有一丝喜气，甚至连年夜饭都没有吃饱。而且，他们不能在此停留，因为据说清兵已经追来，饥肠辘辘的永历君臣还得在崎岖的小道上向西前行。

正月初四，永历君臣到达了预定的目的地——永昌，暂时安顿下来。李定国经皇帝同意，带领主力去防守永昌东北的大理。在大理城外的下关，李定国意外地遇到了从霑盖溃退下来的巩昌王白文选，白文选手中部队尚有上万人。两人见面后都十分激动，白文选主动要求由他守卫大理。李定国同意了，两人含泪而别，李定国带领本部人马返回了永昌。李定国走后，白文选率领手下的万余人，驻扎在大理北边的玉龙关，这里是通往永昌的必经之路。

正月初三，三路清军陆续到达昆明城下，遇到了庆阳王冯双礼的坚决抵抗。冯双礼手下只有五千人马，但他们抱着必死的决心，全部穿着孝服，与清军做殊死战。敌强我弱，敌众我寡，五千人全部战死，冯双礼自刎而亡。消灭了冯双礼的队伍后，清军进入昆明。为了追击永历一行，决定由信郡王多尼驻守昆明，而由平西王吴三桂和征南将军赵布泰兵分两路，去追击永历君臣。经过短暂的休息，二月初二日，吴军和赵布泰军分别从罗次和昆明出师。

九日，吴军和赵布泰军到达普洱，与南明总兵王国勋部激战。王国勋战死，楚雄全郡被清军占领。十五日，吴军和赵布泰军联合攻打战略要地玉龙关。白文选损失四千余人、大象三头、马一百五十匹，率余部进入缅甸境内的木邦。清军占领了大理全境。李定国得知玉龙关失守，立即命总兵靳统武率兵四千，保护永历一行连夜撤出永昌，自己则率领主力准备迎击清军。李定国很清楚，要是不能击败紧追而来的清军，不但永历君臣不能幸免，自己也不能全身而退。现在，李定国手中的兵力已经不多，所以，他计划选择一有利地形，与清军决一死战。

李定国率军跨过了怒江，江水虽不宽，但水流湍急，浪涛汹涌。到了怒江西岸，才走不过二十里，地势突然改变。只见群峰高耸，林木茂密，群峰之中只有一条蜿蜒的羊肠小道，再无其他道路。李定国向当地人打听以后才知道，此地叫磨盘山，最是险要无比。这真是求之不得，这是设伏的最好地形，这里就是清军葬身的地方。李定国在磨盘山上，设下了三道埋伏。泰安伯窦民望为“初伏”，广昌侯高文贵为“二伏”，总兵王玺为“三伏”。三伏的伏兵各为两千人，全都是训练有素、以一当十的劲卒。待到清军行至山顶，以号炮为令，三伏齐发，首尾夹击，务必将敌人全歼。他自己则将大营设于山后四十里的橄榄坡，以免被敌人察觉。

吴三桂的大军紧随南明军之后，渡过了怒江。眼看就要追上敌人，吴三桂信心满满。走到磨盘山时，险要的地形引起了他的警惕，但一路上，南明军丢盔撂甲，已不堪一击，他万万没有想到，李定国会在这里设伏。于是，他命令兵士继续向山顶上爬去。吴军成一字长蛇，一个挨一个地朝山上攀登。前锋已接近山顶，进入埋伏区的已有一万余人。

眼望旌旗捷，耳听好消息。李定国这时正站在号炮旁边，准备发令。吴军大部已进入埋伏圈，伏击即将打响。李定国心跳得咚咚响，他深深地吸了一口气，令旗在手中已经捏出汗来。突然，前面跳出来个穿着明军制服的人，手里挥舞着白色小旗，朝正在上山的吴军迎面跑去。他一边跑，一边喊：

“我是明朝的大理寺卿！我是来投降的！有机密事相告！”

这个人果真是南明大理寺正卿卢桂生，他不但自己投降，还要向清军邀功。兵士们将他带到吴三桂面前，他立即说出了李定国的伏兵之计。吴三桂听后，大惊失色，马上命令队伍后撤，并同时让炮手和弓箭手向道路两边的树丛中射箭、放炮。

眼见伏击就要成功，眼见大功即将告成，却被这小子破坏，李定国眼中都要冒出火来。他从身边的一个兵士手中拿过一支鸟铳，只一枪，就结果了卢桂生的性命。接着，李定国一声令下，响起了三声号炮。磨盘山上顿时旗帜飘飘，杀声震天，所有伏兵都同时从埋伏的树林中冲了出来。最勇猛的当属第一伏的首领窦民望，他说：

“我姓窦，此地叫磨盘山。窦（豆）入磨中，必然粉身碎骨。今日我窦某死期到了，拼一个够本，拼两个赚一个。弟兄们，为国尽忠的时候到了！”

窦民望大喊着，抡起双刀，冲了上去，所有的士兵也紧跟着他，投入了战斗。本来，明军无论从人数上和士气上都不如清军，而且伏击的突然性也被卢桂生破坏。但一来吴军有些麻痹大意，没把南明军当回事，二来吴军进入埋伏圈的人数有限，在狭窄的山道上更缺乏用武之地。三来南明军人虽少，但都是精兵，而且他们已把生死置之度外。所谓胆小的怕胆大的，胆大的怕不怕死的。所以，磨盘山之战，反倒是南明军占了上风。

窦民望像一头出山的猛虎，他双手的刀，像割麦子一样，一刀一个，仅他一人，就砍倒吴军一百多人。李定国手挥宝剑，身先士卒，为兵士们做出了榜样。在崎岖的山道上，短兵相接，人自为战。到处流淌着鲜血，满山布满了尸体。战斗从早晨持续到中午，吴三桂只是在两个“百人队”的拼死保护下，才撤回到山下。中午时分，征南将军赵布泰的队伍，信郡王多尼的队伍都赶来增援。窦民望倒下了，他身上有几十道伤口，他的血已经流干了。总兵王玺也战死了，南明军活着的人也不多了。李定国含泪带着剩下的一百多人撤回了橄榄坡，追赶永历皇帝去了。

磨盘山战斗结束了。吴家军遭受重创，辅国公干图、扎喀纳，固山额真沙里布以及祖泽润等十八名将官阵亡，已上山的清军几乎无人生还，损失精锐近万人。后人有诗，赞扬李定国的磨盘山大战：

凛凛孤忠志独坚，手持一木欲撑天。
磨盘战地人犹识，磷火常明日色鲜。

再说，李定国回到大营，橄榄坡尚有四千多人马。他们立即启程，向西去追赶永历一行。一直追到中缅边境，还不见永历君臣的踪影。李定国向当地百姓打听，才知道永历他们已经进入了缅甸。大战之后，定国的队伍急需休息和整顿，皇帝又去向不明，听说白文选的队伍在缅甸木邦一带，于是，李定国决定去投奔白文选，再做打算。李定国果然在木邦找到了白文选，但两人见面后却意见不一。白文选主张去保卫皇帝，而李定国认为先将部队休整一下，然后再将皇帝接回国。话不投机，白文选率本部人马去迎接永历，李定国则带领自己的部队到了孟艮。

当李定国与清军在磨盘山大战时，永历一行由总兵靳统武护驾，已到达中缅边境的铜壁关。二月二十八日夜，护驾的部分兵士在护从将领孙崇雅的鼓动下叛变，他们抢劫了永历君臣的财物，然后一哄而散。总兵靳统武制止不住叛军，一气之下，也带领部分兵士出走。乱兵散去后，只剩下一百多名官员和少量卫兵，共一千余人。举目无亲，无处可去，黔国公沐天波建议进入缅甸，永历此时已乱了方寸，只好点头同意。

沐天波在缅甸无人不晓，有很高的威信。所以当沐天波等人来到边境时，缅甸人都下马罗拜。沐天波向守关将领说明情况后，缅方同意永历一行入境，但提出一个条件，所有入境人员必须解除武装。于是，兵士们携带的武器、盔甲等全部留在关前。除了沐天波悄悄地带了自己的流星锤外，其余人都赤手空拳地进入了缅甸。这时，永历一行大概还有一千五百多人。缅甸国王得知永历皇帝和沐天波等人来到缅甸后，十分热情，专门派地方官员沿途相迎。

二月初二，永历一行来到了大金沙江边，缅王派了四条船前来迎接。四条船只能坐六百多人，其余九百多人则骑马走陆路。二月十八日，永历一行乘舟到达井梗。缅王这时起了疑心，怀疑永历君臣别有他图，遂纵兵袭击。南明将吏手无寸铁，无法抵抗，死伤不少，有的人干脆投奔暹罗去了。少数有气节的臣子，如总兵姜承德等，在树上自尽而死。此时南明君臣是叫天天不应，叫地地不灵，沦落为一群无家可归的流浪汉，就连一日三餐，也没有保证，真正体会到了寄人篱下的滋味。

沐天波气愤不过，亲自去找缅王交涉。直到五月四日，缅王才派了两艘龙舟，将永历一行从井梗接到了赭蛭。缅方在赭蛭建造了十间草房，供永历君臣居住。草房外，用竹子编起了一道围墙，并配置了兵士看守。南明君臣只能在竹墙内活动，等于被缅方软禁起来。从此，永历君臣开始了流亡生活。有的人彻夜笙歌，有的人公开赌博，百无聊赖，醉生梦死。所有吃用都靠缅方供应，有时连一日三餐也无法保证，真是度日如年。

白文选率兵入缅，进入阿瓦城。缅王有些害怕，便请永历下令阻止白文选前来。沐天波等人觉得这是离开缅甸的好机会，但马吉祥却害怕，一旦将永历交给白文选，自己就不能再从中弄权了，极力破坏，不与白文选联系。白文选一直没有永历的确切消息，只好率军回了云南。过了不久，李定国派咸阳侯祁三升带兵进入缅甸，接永历回国。马吉祥故伎重演，派锦衣卫通知祁三升，说永历皇帝已经乘船跨海到福建投靠郑成功去了。祁三升不明真相，只好回去向李定国复命。

顺治十七年（1660 年）七月，白文选弄清永历仍在缅甸，再一次率兵来到阿瓦城，迎接永历。马吉祥对永历说，如果回云南，整天担惊受怕，不如在缅甸，反而安全。永历没有主见，便派人通知白文选，说他不愿回国。白文选不相信这是永历的本意，坚持迎请。缅王予以拒绝，白文选遂下令攻城。眼看就要攻破阿瓦城。缅王急中生智，答应三天后送永历君臣出境。既然如此，白文选下令退兵十里，在城外等候。谁知三天后缅王变卦，拒绝交出永历君臣。白文选大怒，再次发动进攻，可缅方利用这三天时间，重新加强了戒备。攻城失败，白文选望着阿瓦城，大哭而去。

白文选回来后，心有不甘，他联络李定国，准备再度赴缅。李定国这时已攻占孟艮，兵力也达到上万人。两人商定先以智取，他们贿赂缅人，给永历送去密信，希望皇帝能主动出逃。李定国和白文选还在江上造了一座浮桥，准备迎接永历过江。谁料被缅方发觉，派人将浮桥烧毁。智取不成，李定国和白文选决定使用武力。双方在锡箔江展开激战。缅王拥兵十五万，有大象上千头。而李定国和白文选两人合兵，也不过一万五千人。虽然兵力悬殊，但南明一方士气很高，一战毙敌万人。

打了胜仗后，李定国和白文选的联军度过了锡箔江，双方在大金沙江对峙。江对面就是阿瓦城，如果拿下阿瓦城，缅甸人就会投降了。但没有渡船，无法过江。李定国这次志在必得，在江边造船，做长期打算。谁知缅军主力在正面牵制明军，却在夜间派兵偷袭造船厂，烧毁了造好的船以及造船用的木料。造船不成，疾疫流行，粮食短缺，南明军坚持不下去了。面对宽阔的大金沙江的江面，李定国和白文选只有望江兴叹，决定撤兵。营救永历帝的行动又一次失败了。

再说吴三桂等追击永历一行，一直到了中缅边界，都没有永历君臣的踪迹。磨盘山一战给了吴三桂一个沉重的教训，所谓穷寇勿追。于是，清军决定班师。按说，三路清军，历经艰险，替大清朝征服了云贵两省，立下了汗马功劳。但由于磨盘山一战的失利，顺治皇帝非但没有奖励，反而受到了处分。信郡王多尼被罚银五千两，征南将军赵布泰则被革去一切职务，削职为民。其实，磨盘山一战，吴三桂应负主要责任，但顺治却独独对吴三桂没有任何处分。道理很简单，因为守卫云南，还要靠能征善战的吴家军。

顺治十六年（1659 年）三月二十三日，顺治皇帝颁布诏书，决定由平西王吴三桂驻镇云南，平南王尚可喜驻镇广东，靖南王耿继茂（耿仲明之子，父死，继父职为王。）驻镇福建。当时，全中国已归入大清版图，大规模的武装反抗已不多见。但清王朝的统治尚不稳固，时不时地还会发生小股的武装暴动，需要藩王坐镇弹压。而且，三藩在全国统一战争中，立有大功，也需要适当地加以安排。这份旨意是顺治皇帝与朝中大臣反复商量后，才定下来的。这个安排也反映出顺治皇帝在驾驭臣下方面胸襟开阔，独具匠心。

得到这个任命，吴三桂从心眼里感到高兴。从顺治五年（1648 年）离开锦州算起，吴三桂到过山西、陕西、四川、云南、贵州等省，他最喜欢的还是云贵。这里四季如春、风光宜人、物产丰富，可以说是物华天宝、人杰地灵。想当年，他剃发降清时，曾向摄政王多尔衮提出一个条件，就是划地封王。他很羡慕沐天波一家，世世代代在云南称王。他自己出生入死，为清廷效命疆场几十年，还不为的就是今天。所以，他对顺治皇帝还是发自肺腑的感激，他也愿意将世代镇守云南作为自己的归宿。

顺治十七年（1660 年）正月，清五省经略洪承畴因为右眼失明，左眼也发炎，看不清东西，特向顺治皇帝上疏，请求回京养病。顺治皇帝批准了洪承畴的请求。洪承畴与吴三桂是故交，洪承畴也提携过吴三桂，所以，在洪承畴离开云南之前，吴三桂备了一份厚礼，特地前往贵阳送行。两人稍事寒暄，就进入正题。吴三桂低头问道：

"洪先生，这次一别，山高水长，再见就难了。三桂晚辈，担此重任，不知先生何以教我？"

"贤侄，你我乃忘年交，临行之际，吾有一句心腹之言，贤侄谨记在心。常言道'狡兔死，走狗烹；飞鸟尽，良弓藏'，若要长治久安，不可使滇一日无事也！谨记。谨记。"洪承畴说。

"多谢恩师教诲。"吴三桂送上礼单，然后告辞而去。

回到昆明不久，吴三桂就接到了儿子吴应熊的密函，信中说，近来朝中军费紧张，朝臣们纷纷建议，计划陆续缩减军队的规模。有枪便是草头王，吴三桂最担心的，便是削减他的军队。吴三桂现在手上的关宁铁骑，由于连年征战，已经所剩无几了，大约不到一万名。但吴三桂十分重视在战场上补充新兵，这几年，吴家军先后从大顺、大西、南明军的降卒中，招募了不少新兵，总数约有六万人。这些人，多数是原来大顺、大西、南明军中的精锐，所以，吴家军的实力，可以说是有增无减。怎样才能保存这些精锐部队呢？

思来想去，吴三桂耳边响起了恩师洪承畴的临别赠言：“不可使滇一日无事也。”要想不裁撤军队，就需要找出点事儿来。于是，吴三桂让从人拿出文房四宝，他亲自给顺治皇帝写了一封奏疏，要求率军入缅，殄灭永历。同时，他又给儿子吴应熊写了一封密信，让吴应熊在朝中用银子大肆活动，让朝臣们支持他率军入缅的请求。有钱能使鬼推磨。顺治十七年（1660 年）八月，顺治皇帝正式下达了诏书，决定由内大臣爱星阿为“定西将军”，会同吴三桂，出兵缅甸，务必将永历一行捉拿回国。

为了减少人员伤亡，吴三桂在未出兵缅甸前，向缅甸发出了最后通牒，要求缅方交出永历一行。兵法上说，不战而屈人之兵，上之上也。吴三桂想以武力为后盾，逼迫缅方就范，如果缅方不按要求办，再动武不迟。可就在这时，清廷出大事了，顺治皇帝死了，年仅二十四岁。顺治皇帝六岁登基，在位十八年。顺治前期，多尔衮摄政，打败了李自成的大顺军，奠定了一统天下的基础。顺治亲政以后，完成了中国大陆的统一。对于他的英年早逝，正史上是说死于天花，其实是另有隐情。

顺治十三年（1656 年）正月的一天，顺治皇帝进宫去给太后请安，太后身边站着一个娇小的女人。她温文尔雅，穿着也很朴素，但在顺治眼里，却是一个美若天仙的女人，年轻的皇帝怦然心动。她是谁？我以前怎么没见过？从太后那里出来后，顺治是茶饭无心，坐也不是，站也不是。他找来心腹太监吴良辅，让他速去打听后回报。不到一顿饭的工夫，吴良辅就打听清楚了。这个女人，姓董鄂氏，是内务府大臣鄂硕的女儿，前年嫁给了襄亲王博穆博果尔为福晋，今天是作为亲王夫人进宫服侍皇太后的。

顺治听后，气就不打一处来，真是恨不相逢未嫁时。按照清廷规矩，凡八旗亲贵家的女儿，十二三岁便要入宫选秀，只有皇帝看不上眼的，才能另许他人。为什么选秀时，自己没见过这位貌似天仙的女人呢？顺治又让吴良辅接着查，查一查董鄂氏是否参加过选秀？结果却让顺治皇帝说不出话来。原来，董鄂氏六年前曾参加过选秀，那时，她年纪小，尚未发育成熟，看来貌不惊人。而且，顺治当年刚亲政不久，根本没把选秀放在心上，匆匆一看，就过去了，谁知却漏掉了国色天香。

这吴良辅一看皇帝的猴急样子，早猜到了顺治的心事。第二天，他便到襄亲王府传旨，宣襄亲王福晋进宫，陪皇帝下棋。还别说这董鄂氏真是乖巧聪明，琴棋书画，无所不能。仅仅进宫一天，就把少年皇帝的心抓住了。顺治皇帝是站在身边怕摔了，含在嘴里怕化了，再也不想与她分开。这一来，襄亲王可气坏了，就算你是皇帝，也不能横刀夺爱呀！当天晚上，襄亲王就把福晋数落了一番。董鄂氏又冤枉，又无奈，又不能辩解，只是在那里低声地哭。

到吴良辅再次传唤董鄂氏时，董鄂氏不肯进宫，说她病了。这可把少年皇帝气坏了，他这一天是坐立不安，干什么都没有心情。他思来想去，肯定是襄亲王从中作梗，破坏他的好事。第二天上朝时，顺治看到襄亲王后，心里就不舒服。鬼使神差，顺治皇帝竟当着满朝大臣的面，打了襄亲王一巴掌。这个打击太大了，襄亲王博穆博果尔满腹委屈，既不敢声张，也不敢反抗，每日以泪洗面。还不到一个月，这位年轻的亲王就抑郁而死，他死时，年仅十六岁。

博穆博果尔前脚刚一去世，顺治后脚就将董鄂氏娶进了宫。进宫二十七天后，顺治就封董鄂氏为贵妃，将她的父亲鄂硕官升三级，并赏赐了大批礼物。这一年，董鄂妃十八岁，顺治皇帝十九岁。董鄂妃也真争气，一年后，她为皇帝生下了皇四子。可命运多舛，皇四子只活了三百多天，就夭折了，董鄂妃哭得死去活来。顺治帝也伤心不已，他本来是要立皇四子为太子的。顺治封死去的皇四子为荣亲王，并为他专门修了陵寝。

皇四子死后，董鄂妃思念不已，身体也一天不如一天。顺治为讨董鄂妃的欢心，准备废掉皇后，立董鄂妃为皇后。顺治刚满十四岁时，已经废过他的第一个皇后博尔济吉特氏，她是蒙古科尔沁亲王吴克善的女儿。现在的皇后是皇太后的侄孙女，所以，太后坚决不许顺治皇帝废后。董鄂妃知道此事后，跪在顺治面前不起来，请皇帝不要废后，顺治这才打消了废后的念头。好景不长，佳期难再，多病体弱的董鄂妃经受不住丧子的痛苦，香消玉殒，她只活了二十二岁。

虽然顺治皇帝和董鄂妃在一起只有四年，但她却是顺治皇帝十九个后妃中唯一真正爱过的女人。董鄂妃死后，顺治追封她为“孝献皇后”，并亲自为她撰写了洋洋数千言的《孝献皇后行状》。为了寄托哀思，董鄂妃死后，顺治皇帝改用蓝笔批本。按照惯例，用蓝笔批本最多只不过二十七天，而顺治这次用蓝笔批本长达四个多月。顺治思念董鄂妃几乎到了发狂的程度，他的耳边，总想着董鄂妃那百听不厌的声音；他的眼前，总是出现董鄂妃那挥之不去的面容。

董鄂妃死后，顺治皇帝对一切都失去了兴趣，他甚至不愿意再活下去。他觉得，人生是这样冷酷无情，自己即使身为帝王，也主宰不了自己的命运。他生无乐趣，求死不能，于是，他决定去除一切烦恼，剃发出家当和尚。顺治是一个信佛的人。他听说名僧玉林琇二十三岁就当上了湖州报恩寺的主持，便不远千里，请他来京说法。玉林琇的弟子均为“行”字辈，顺治便起法名为“行痴”，甘当玉林琇的弟子。

有一天，顺治一个人到御花园散心。走到他以前和董鄂妃一起观鱼的池塘边，看见塘边梧桐树的叶子一片片飘落下来，很有感触地说：

“人生在世，不过数十寒暑，追名逐利，何时可已？朕贵为天子，登大位十有八年，长此营营，何时到头？世间万物，过眼云烟，事后追忆，味同嚼蜡。不如修真悟道，实为无上境界。朕幼时便有此愿，而今饱经忧患，勘破情缘，此时还不解脱，更待何时？”

说完，他就让太监去请玉林琇大师来，为他剃度。小太监飞快禀报皇太后，太后乘銮舆赶来，威胁顺治说：

“汝今若敢剃度，吾则命人纵火焚杀此僧。”

太后放出如此狠话，顺治帝这才作罢。不过，从这天起，顺治不理朝政，穿上黄色袈裟，戴顶喇嘛帽，日夜诵经不止。太后见顺治态度坚决，知道劝不过来，便悄悄派了一队护卫，将他送到山西五台山清凉寺出家。对外则谎称皇帝中天花而死，由皇三子玄烨继位，是为康熙皇帝。那年，玄烨才八岁。之所以选玄烨继承皇位，乃是听了意大利传教士汤若望的意见，因为玄烨小时出过天花，当皇帝可以更长久些。顺治到五台山后，曾写过一首《慈善寺题壁》诗：

吾本西方一衲子，因何流落帝王家？

十八年来不自由，江山坐到几时休？

顺治出家之前，还特意办了最后一件事，那就是送“义王”孙可望回老家。按说，孙可望献计、献策、献地图，对于清朝平定云贵，还是有贡献的。但狡兔死，走狗烹。当清军占领云贵后，孙可望就失去了利用价值。有一天，顺治外出打猎，特意带上了孙可望。孙可望打猎时，穿着一身兽皮，扮作一头鹿。顺治帝侍卫一不小心，一箭将孙可望射死。到底是误杀？还是有意为之？一直说不清楚。这个卖主求荣的汉奸最后也没有好下场。

顺治出家，康熙登基。吴三桂心里又起了波澜，皇帝换人了，对自己还信任吗？于是，他暂时停止了入缅的行动，以吊唁顺治皇帝为名，要求进京。清廷对吴三桂进京很纠结，既不便拒绝，但对他还是不太放心。专门命令吴三桂不需进城，在北京城外“搭场设祭”即可。从云南到北京，沿途布满了吴三桂的部队，声势浩大。吴三桂走到哪里，那里就有人招呼接待。吴三桂按朝命在城外的顺治灵位前，哭拜了一番，然后就提兵返回云南。

还没等吴三桂出兵缅甸，缅甸却出事了。缅甸国王的弟弟莽猛白带领五万兵士到缅都，准备抵抗清军的进攻。他劝哥哥干脆将永历交出去，以免南明和清军反复纠缠。谁知缅王认为，将永历交出去，是不义的行为，不同意交出永历。莽猛白一怒之下，将兄长装进竹篓后，沉入江中淹死，自己当了缅王。莽猛白当了缅王之后，一改其兄长对待永历一行的方针，积极策划将永历君臣交给清廷，以解除永历给缅甸带来的麻烦。

七月十六日，莽猛白遣人前来，邀永历帝的大臣过江议事。沐天波觉得事有蹊跷，推辞不去。十八日，缅王再遣人来，说是要和大臣们一道喝符水盟誓，共同对付清军。沐天波仍表示不去，但马吉祥和李国泰却主张去，说缅甸人最相信符水这一套。缅王设宴款待马吉祥等人，酒过三巡，却突然出动兵卒，把去赴宴的大臣们包围起来。赴宴诸臣一个个被当场杀死，只有沐天波从袖中取出暗藏的流星锤，进行反抗，杀死了十几个缅兵。不到一刻钟功夫，四十几个南明大臣全部被杀死。

大臣们走后，一伙缅人包围了永历驻地，吓得永历帝的后妃和宫女四处奔逃，有的被杀死，有的则吊死在树上。最后，只剩下永历帝后与宫眷二十五人，缅方将他们单独关在一间小屋中。经过这一番杀戮，永历一行已无任何反抗能力，他们犹如一群圈中的羔羊，任人宰割。永历帝病了，剩下的人中女人居多，他们没有任何主意，不是愁眉苦脸，就是哭哭啼啼。永历直到这时，才后悔没有及早离开缅甸，但为时已晚了。

顺治十八年（1661 年）九月，吴三桂调动满、汉、土司兵共十万人，进军缅甸。吴三桂自己和“征南将军”爱星阿带领五万人马出南甸为一路，总兵王辅臣、马宝率五万人出姚关为另一路，两路大军约定在木邦会师。吴三桂并不想与缅军进行大规模的战斗，他只想用军队的声势恫吓对方，让对方乖乖地交出永历皇帝即可。十一月初八，清两路大军在木邦会师。到达木邦后，吴三桂命王辅臣、马宝率军去追击白文选，自己则和爱星阿进兵腾越。

白文选得知清军到达木邦，大吃一惊，他立刻派副将冯国恩前去侦察情况。不料，冯国恩被吴三桂的伏兵抓获。冯国恩这小子胆小如鼠，立即向吴军投降，并供出了白文选的行踪。吴三桂当即决定，由冯国恩做向导，率领轻骑快马加鞭，追赶白文选，务必将其擒获。吴军编筏渡江，疾驰八百余里，终于在猛卯追上了白文选。白文选此时虽尚有一万余人，但多系眷属，能战士兵不足四千人。前有大江，后有追兵，白文选思虑再三，决定向清军投降。

解决了白文选后，吴三桂率军到达距阿瓦城仅六十里的旧晚坡。这时，缅王慌了手脚，派宰相锡真持贝叶缅文来见吴三桂，表示只要吴军退到扎锡坡，就送出永历。吴三桂此时已成竹在胸，同意将部队撤到扎锡坡。这时，缅王又再次派使者通知吴三桂，三日内，必将永历等人送交清军。

十二月初二，夜幕降临，万籁无声。永历的房门忽然被推开，进来的是两个缅甸官员。他们悄悄地对永历说，晋王李定国接皇帝回国。没等永历答话，又进来几个人，将永历扶到座椅上，抬起来便走。太后、皇后和妃嫔等人见此情况，一边哭叫，一边跟着往外走。走不多时，迎面来了三顶轿子，轿夫将皇帝、太后和皇后扶上轿子抬着走，其余人跟在后边步行。走了约莫五里，到了河边。河上有几艘船，早就停在那里等候。永历一行上船后，船便开了，周围黑漆漆的，也不知道船开往什么地方？

船停了，但并没有靠岸。黑暗中，有一人淌水来到永历船上，背起永历就下了河，涉水而行。永历在那人背上问道：

“你是何人？姓甚名谁？”

背他的那人高声答道：

“臣平西王前锋高得捷也！”

永历这才知道，自己已经成了吴三桂的俘虏。鸟入笼中，还有什么办法？永历只是长长地叹了一口气。

第二天，永历在吴三桂营中南面独坐，不少吴营将官前来行跪拜礼。吴三桂来时，长揖不跪。永历问他是谁？吴三桂不答。永历连问三声，吴三桂不由自主地跪下，并说出了自己的名号。永历说：

“今亦已矣！别不多言。朕本京人，欲还见十二陵而死，汝能任之乎？”

“臣能任之。”吴三桂回答道。

永历挥手让他出去，吴三桂汗流浃背，半天起不来。还是手下人把他扶起来，搀着他走出了房间。吴三桂感到这次见面很不舒服，从此，他不再单独去见永历。十二月十日，吴三桂率军从缅甸班师。回到云南昆明后，他将永历安置在世恩坊原明崇信伯李本高的故宅中，重兵守卫，不准见人。生活上，吴三桂倒对永历、皇太后、皇后照顾有加，衣服饮食都十分讲究。

当李定国得知永历皇帝被吴三桂劫持回国的消息后，他悲痛万分，大叫三声，一口血从嘴里喷出，然后昏死过去。他后悔，后悔没有早一点将永历救出来，他痛恨，痛恨吴三桂这个汉奸在他眼皮底下又干了一件坏事。从此，李定国一病不起。他不想活了，一连七天水米不进。康熙元年（1661 年）六月二十七日，李定国病故。死前，李定国将大将靳统武和儿子李嗣兴叫到床前，吩咐道："任死荒郊，勿降也！"过了不久，靳统武去世。不肖子李嗣兴违背父亲的遗言，向吴三桂投降。

擒获永历帝消息传到北京，九岁的康熙皇帝兴奋异常。一方面颁诏天下，祭告祖宗，一方面对立功的吴三桂、爱星阿等大加褒奖。当吴三桂请示如何处置永历时，朝廷的意见是："仁皇帝命恩免献俘，着即将永历正法。"

康熙元年（1662 年）四月二十五日，吴三桂派心腹大将吴国贵去执行永历的死刑。吴国贵的亲兵将永历、太子，以及另一个宗室王维恭的儿子分别带到离住室不远的一座小庙中，分别用弓弦勒死。永历一言未发，坦然赴死。太子才十二岁，临刑前大骂吴三桂：

"狗贼，我朝何负于你？我父子何负于你？竟如此狠毒！"

永历死后，他的母亲、皇后等被押解进京，她们都在途中自尽。永历死时三十八岁。永历帝身材高大，仪表堂堂，不饮酒，不好声色，为人谦恭，在南明诸帝中，无论是品行，还是操守，都是首屈一指的。他的惨死，引起很多人的同情。吴三桂杀害永历，背上了一个很坏的名声。吴三桂杀害永历的地方原名"篦子坡"，当地百姓为纪念永历，将该地改名为"逼死坡"。

永历小朝廷在云贵等地维持了十五年，是南明诸政权中维持时间最长的。永历之死，宣告了大规模反清活动的基本结束。至此，中国大陆（郑成功占据着台湾）已全部纳入大清朝的版图。永历之死，也为南明小朝廷画上了句号。吴三桂绞杀永历父子，逼死其母后和中宫皇后，斩草除根，为清朝一劳永逸地除掉了一大隐患。在追捕永历的过程中，吴三桂显示了他对大清朝的忠诚，吴三桂要用这种忠诚换取他世代为王云南的理想，但他没有想到，这只是他的一厢情愿。

第二十七章

吴三桂位高爵显

永历升天了，全国各地的反清武装纷纷向清军投降，南明小朝廷灰飞烟灭。局势急转直下，就连那些一直为“反清复明”到处奔走的义士，也已经意识到，大清代替大明，已经不可逆转。神州处处，已是歌舞升平。康熙登上了皇位，别看他只是个八岁的孩子，身边还有先帝留下的四大辅臣，索尼、苏克萨哈、鳌拜和遏必隆，但他志不在小，他急切地盼望亲政，好实现自己的主张。

康熙元年（1667 年）十二月，一道圣旨传到了云南。圣旨是直接下给吴三桂的，内容是：“贵州地接云南，皆系边疆要地，苗蛮杂居，与云南无二。其一切文武官员，兵民各项事务，俱照云南例，着平西王管理。”这道圣旨话虽不多，却是吴三桂盼望已久的。有了这道圣旨，吴三桂就名正言顺地成了云贵的土皇帝。他上马管军，下马管民。云贵的地方很大，吴三桂手中的权力，就连清廷一般的王爷也赶不上。

其实，这道旨意，名义上虽出自康熙，却不是康熙的本意。给一个汉人，如此巨大的权力，并不是康熙的初衷。目前康熙岁数尚小，还没有亲政，所以发出这道旨意，实际上是四大辅臣的主意。在四大辅臣眼里，云贵地方偏远，民风强悍，交给吴三桂去管，并不是什么大事。况且，他们私下里都收了吴应熊的银子，正是吴三桂通过长子吴应熊买通了四大辅臣，吴三桂这才得到了自己朝思暮想的云南和贵州两省的地盘。

早在吴三桂剃发降清的时候，摄政王多尔衮就曾答应吴三桂，一旦消灭了农民军，就给他划出一块地方，让他在那里世袭为王。而吴三桂到云南之后，更是羡慕黔国公沐天波在云南的地位。沐天波的先祖名叫沐英，是一员虎将，也是明太祖朱元璋的养子。明洪武十五年（1382 年），平定云南后，朱元璋命沐英留守云南。洪武二十五年（1392 年），沐英病故，追封黔宁王。沐英死后，其子沐春袭爵，始封黔国公。沐氏子孙世袭，替明朝镇守云贵，一直传到沐天波，共十二代。沐家可以为明朝世守云贵，我吴三桂为什么就不能为大清世守云贵呢？这就是吴三桂的如意算盘。

贵州划归吴三桂管理之后，贵州巡抚曹申吉和贵州提督李本琛，便多次邀请吴三桂前往视察。戎马倥偬，十几年来战事频仍，吴三桂是身不离甲，手不离刀。他自己倒没有什么，只是觉得对爱妾陈圆圆有所亏欠。军营，岂能是一个女人常待的地方呢？这次借视察贵州的机会，他决定带爱妾陈圆圆一起去，也是对陈圆圆的一个补偿。所谓视察，不过是游山玩水罢了。对这个杀人不眨眼的王爷，谁又敢不小心伺候呢？

到了贵阳的第二天，吴三桂便在贵州巡抚曹申吉的陪同下，去参观贵阳的第一名胜——甲秀楼。仪仗前行，兵马开道，吴三桂一行，前呼后拥，朝甲秀楼而来。吴三桂还是骑马，不过，他今天特意换了一件蓝绸绣花马褂，脚蹬一双皂靴，显得十分精神。陈圆圆不会骑马，曹巡抚专门替她备了一乘两人抬的小轿。吴三桂骑马走在轿旁，夫妇相随，寸步不离。

甲秀楼建在贵阳城南的鳌头矶上，地势较高，远远便可望见。楼高三层，斗拱重檐，雕梁画栋，确实秀甲天下。楼的对面，便是著名的翠微阁，阁分两层，竹木搭建，清新怡人，与甲秀楼形成鲜明的对比。甲秀楼前有一条弯弯的小河，河上有一座石桥，名叫“浮云桥”。桥头有一对联，写得很有味道：

银汉浮空星过水；
玉虹抱雨雁横秋。

浮云桥上还建有一六角亭，红色木柱，绿色琉璃瓦。亭名“涵碧”，亭柱上也有一联：

水从碧玉环中出；
人在青莲瓣里行。

不见了刀光剑影，到处是楼台亭阁。陈圆圆就像那刚出笼的小鸟，看什么都新鲜，她那银铃般的笑声一路不断。别看陈圆圆已经四十出头了，但她一点不显老。皮肤还是那么细嫩，脸上一丝皱纹都没有，尤其是那天生的一种风韵，真是徐娘未老。更难得的是，尽管吴三桂身边经常有不同的女人，但他对陈圆圆的感情却始终未变。在吴三桂眼里，就连那替他生过一男六女的结发妻子张氏，也没有陈圆圆来得重要。

美丽的女人，如画的风景，引得吴三桂诗兴大发。曹巡抚早令人备好了笔墨纸砚，吴三桂稍加思索，写了一首《七绝》：

闲晨信步甲秀楼，翠微观日碧波收。
天水一色镜留影，河畔鸠鸣柳梢头。

众人都道好诗，吴三桂硬拉过陈圆圆，将笔塞给她，让她也作诗一首。那陈圆圆诗词歌赋，无所不通，见推辞不过，只好接过笔来。她抬眼见红日已落西山，便借景生情，写了一首《五绝》：

甲秀水日影，日归水不归。

晴天一度照，空留日月辉。

过了几日，吴三桂又带着陈圆圆到贵州安顺游玩，安顺境内的天台山，更是远近闻名。所谓“山不在高，有仙则灵”，天台山最有名的，是山顶那座五龙寺。此寺建于万历年间，是当地士绅为祭祀山神所修。寺内有一山泉，泉水甘甜凛冽，一年四季不竭。相传喝了泉水，可治百病。庙中还有一株千年银杏，高大挺拔，每年可产白果千余斤。庙门前有一块巨石，石面平整，方圆有十余丈，这就是所谓“天台”。

吴三桂等人站在“天台”上，眼前悬崖壁立，脚下万壑生风，身旁浮云缭绕，如入九天仙境。陈圆圆心里害怕，不敢在“天台”久站，她只是热心地在各个菩萨像前烧香许愿。最后，吴三桂和陈圆圆一起来到大雄宝殿，殿柱上有一副泥金对联：

云从山出，天然奇峰天生就；
月照台前，台中风景台上观。

吴三桂问陈圆圆许的什么愿？陈圆圆答，当然是阖家平安了。吴三桂非常高兴，当即向主持捐助“功德银”一万两，并将自己的朝服一件、朝笏一块，赠送给五龙寺。从五龙寺回来后的第二天，吴三桂又兴致勃勃地带着陈圆圆去安顺镇宁，观看远近闻名的黄果树大瀑布。那真是人间奇观，只见一条六丈多宽的银色水链，从二十丈高的崖顶倾泻而下，注入犀牛潭中。水声如雷鸣，水花飞溅，气势如虹，叹为观止。曾有人为这一大瀑布写了一副对联：

白水如棉，不用弓弹花自散；
红霞似锦，何须机织天生成。

吴三桂对瀑布大加赞赏，对那副对联却不以为然，觉得对联过于纤巧，没有写出瀑布的气势。他自己琢磨了半会儿，写了一副新的对联：

黄果瀑布岭头悬，苍碧空中垂白练；
镇宁山川湖内翠，水晶盘里涌青螺。

从贵州返回昆明后，吴三桂开始大兴土木。他本来占据了南明蜀王刘文秀在昆明的府第，作为自己的王府。现在觉得太小了，便霸占了南明永历皇帝的故宫，当平西王府。地方虽大，但建筑不多，于是，吴三桂开始大规模扩建。他首先开挖了一座人工湖，名唤“翠湖”。沿湖修建了大量的亭台楼阁，湖边还建起了长长的回廊。其中，最主要的一座建筑，名“列翠轩”，是专供吴三桂挥毫写字的地方。另有一楼，是府中的最高建筑，名“万卷楼”，即吴三桂的私人藏书阁。吴三桂喜欢附庸风雅，他把各地抢来的书籍字画，藏在这里，不时还请一些文人墨客前来品评。

王府旁边，吴三桂还仿照皇室的御花园，建造了一座“安阜园”。园中从全国各地弄来不少奇花异草、珍禽异鸟、名石古玩。园中参天大树，均从深山中移来。水边奇石，全是太湖边所产。昆明气候宜人，四季如春。步入此园，绿草如茵，鸟语花香，奇石异树，见所未见，闻所未闻，真是帝王家气象。但“安阜园”空旷，平西王府喧闹，陈圆圆是个喜欢清静的人，这两个地方，她都不喜欢。于是，为讨陈圆圆欢心，吴三桂又专门为陈圆圆造了一座梳妆楼，名唤“野园”。

“野园”不野。它规模较小，但十分精巧，完全仿照苏州园林建造，想给陈圆圆一个家乡的感觉。园内有一小小的人工湖，湖边垂柳依依。湖中的二层小楼，便是陈圆圆的居所。居所有小桥相通，也可乘小舟到达。湖中遍植荷花、浮萍和菱角，还养有鱼虾。园内建有假山、月洞门和木桥，循环往复，曲径通幽。“野园”建成后，吴三桂十分高兴，请了当地一些文人前来给园内建筑题名书联。有一书生夏严给园中的“月台”，撰写了一副对联：

月遥故国难回首；
台近荒坟易断魂。

乍一看，这是副不错的藏头联，吴三桂也觉得很有水平，但总觉得什么地方有点别扭，直到有一天，大学士方光琛才一语道破了其中的奥秘。原来，修建“野园”时，不但占用了不少农民的耕地，还捣毁了一处当地人的坟园。书生的对联正是对吴三桂降清、毁坟的讽刺与诅咒。吴三桂恍然大悟，一怒之下，杀掉了姓夏的书生。

为诗句杀人，确实有失厚道。但后来，吴三桂在“西寺”落成时，却显得很大度。当时，“西寺”殿前新塑成的两尊泥塑金刚虎虎生威，吴三桂指名让手下巡盐道赵廷标写一首诗，因为赵廷标在当地小有诗名。这赵廷标并不推让，稍加思索，写出四句：

金刚本是一团泥，张拳舞掌把人欺。
你说你是硬汉子，你敢和我洗澡去？

此诗明显有挖苦的意味，但吴三桂却一笑了之。“野园”建成后，吴三桂还要仿汉武帝“金屋藏娇”故事，为陈圆圆建造一座“金殿”。当然，这座“金殿”不可能用金子来造，金子太贵不说，它的硬度也不够。“金殿”是用铜合金铸造而成的，先铸出各种部件，最后再焊接到一起。这座“金殿”分为上下两层，仅铜就用去了四十万斤之多。

“金殿”建成后，一来不实用，二来陈圆圆也不喜欢，所以，“金殿”并没有放置在“野园”，而是将它放在昆明城东北的鸣凤山上。“金殿”的修建，不仅显示了吴三桂的巨大财力，同时，也表达了他对陈圆圆那深深的爱。至今，在那座“金殿”的主梁上，还可以找到“大清皇帝康熙十年岁次辛亥大吕月十有六日之吉，平西亲王吴三桂敬筑”的字样。

吴三桂有三件宝物，他经常拿出来向客人展示。第一件宝物是一张虎皮。这张虎皮的特殊之处在于，它是一张白色老虎的皮，身上有黑色的花纹。与普通的黄色老虎相比，白色的老虎稀少，也更珍贵些。这张虎皮的头顶部位，有一个明显的“王”字，这也是吴三桂如此钟爱这张虎皮的原因。身为平西王的他，拥有一张头上有“王”字的虎皮，显然是个吉兆。这只白色猛虎是吴三桂在辽东时，亲自猎取的，陈列在那里，也是为了彰显吴三桂那孔武有力的英雄本色。

第二件宝物是一架大理石屏风，这架屏风本是黔国公沐府的旧物。沐天波死在缅甸，吴三桂霸占了沐府，不但得到了沐府的七万亩土地，也得到了这架罕有的屏风。云南盛产大理石，这架高六尺的屏风每面都镶有天然大理石面。其花纹有的像山水，有的像花草，每幅画面都像巧夺天工的山水画，浑然天成。所以说，它的珍贵性就在于它的独一无二，它的举世无双。

第三件宝物是一颗镶在帽顶上的红宝石。这颗宝石体积硕大，直径盈寸。它的光芒似火，发出的光芒可以照耀数丈，确实是价值连城的宝物。吴三桂很珍惜这颗宝石，只有逢年过节或者有什么喜庆事的时候，他才戴他出来。平时他总是收藏起来，一般人想见，那是见不到的。

又是八月十五，又是月圆之夜，陈圆圆在翠湖边翩翩起舞。还是那样轻盈，还是那么曼妙，吴三桂看得如痴如醉。夜阑人静，陈圆圆稍事休息，又弹起琵琶，唱了一曲晏殊的《浣溪沙》：

一向年光有限身，等闲离别易销魂，酒宴歌席莫辞频。
满目山河空念远，落花风雨更伤春，不如怜取眼前人。

歌罢此曲，陈圆圆泪眼迷离，半晌说不出话来。吴三桂走上前，抱住她，低声问道：“怎么哭了？”

“妾如今锦衣玉食，富贵无比，不免想起家乡养育我的父母亲。”陈圆圆轻轻地说。

“这有何难？我马上派人到武进去寻找你的亲人，把他们接到这里，共享天伦罢了！你稍微等几天，不久就会有好消息来！”吴三桂安慰她说。

功夫不负有心人，有钱能使鬼推磨。吴三桂派他最信任的都统杨坤前往苏州武进一带，去寻找陈圆圆的父母。临行前，陈圆圆详细地向杨坤讲述了家庭的情况，并将一枚家传的银锁交给了他。这杨坤大海捞针似的将武进县搜索了一遍，终于先后找到了陈圆圆的几位亲人。第一个找到的，是陈圆圆的养父陈货郎。陈货郎已经老了，日子也没有什么起色，还是整天摇着不郎鼓，卖他那针头线脑的杂货。杨坤专门派了十名亲兵把陈货郎送到了昆明。

朝为田舍郎，暮登王爷堂。陈货郎像做梦一样，衣来伸手，饭来张口，过起了神仙般的日子。陈圆圆高兴极了，把他接进“野园”，每天早晚寸步不离地陪着他。吴三桂也没有嫌弃这个又老又穷的老丈人，隔三岔五地请他听戏喝酒。在一次酒宴上，吴三桂亲自给老丈人敬酒。陈货郎拿着玉杯的手不断打战，一不小心，杯子掉到了地上，酒也洒了，杯子也摔碎了，弄得大家都不知所措。陈圆圆过意不去，没过几天，就把陈货郎送回了老家。临走时，吴三桂特意安排了专门的马车，又送了不少银两，陈货郎一下子就成了当地的富豪。

陈货郎走了不到一个月，杨坤又从武进县找到了陈圆圆的亲生母亲和哥哥。这可给陈圆圆了一个巨大的惊喜，她本来以为这辈子都见不到生身母亲和兄长了。这杨坤真会办事，他找到了武进县令，说明要找陈圆圆生身母亲之事。那县令听说是平西亲王要找丈母娘，哪敢马虎，马上派出三班衙役在全县遍贴告示，悬赏寻找。陈圆圆的老娘在告示上，看到了当年她亲自放在圆圆身边的银锁，这才知道，自己当年抛弃的女儿，如今已成为平西亲王的王妃，真是喜出望外。由于陈圆圆的关系，这个乡下的穷老太婆和她那一贫如洗的儿子，成了平西王爷的座上宾。

爱屋及乌，吴三桂对陈圆圆的亲娘和哥哥同样十分热情，殷勤招待，摆酒接风。但没住几天，这个乡下老太太就待不住了，她实在受不了王府的规矩和约束，吵着闹着非要回去。陈圆圆无奈，只得答应她们返乡。临行之际，吴三桂同样赠送了不少银两和财物。虽然生母、哥哥和养父来云南都没住多长时间，但陈圆圆从心里感激吴三桂，感激他为自己所做的一切。陈圆圆感到庆幸，在这个世界上，有一个真心喜欢自己的男人。

陈圆圆的家人送走了，却又有一个人找上门来，并且大言不惭地对别人说，他是平西王的女婿。他三十多岁，自称王永宁，身上穿得破破烂烂，简直像个叫花子。门人不肯通报，但王永宁从衣袋中掏出一件东西，交给门人，请门人转交给平西王。吴三桂看了王永宁的那件东西，立即交代，将那人安排进宾馆暂住。吴三桂看到的是一份婚帖，上面有吴三桂的亲笔签字。原来，二十多年前王永宁的父亲王振山与吴三桂一起当兵吃粮。两人脾气相投，结为金兰，并成为儿女亲家。吴三桂答应，将小女儿许配给王振山的儿子为妻，待长大后成婚，双方当时就立了婚约。

时过境迁，吴三桂平步青云，当上了亲王，而王振山中年病故，家道中落。王永宁长大后，生计艰难，靠典当家里的旧物为生。有一天，王永宁翻检父亲的书箱，想看看有什么东西能换两个钱花，却意外地在书箱中发现了多年前的婚帖。吴三桂这时镇守云贵，威名远扬，全国谁个不知，哪个不晓？亲戚朋友们便给王永宁出了个主意，带上这份婚帖，去云南碰碰运气，若是平西王还肯认这门亲，后半辈子吃喝可就不用愁了。

吴三桂还是很念旧情的，他立即发文，委任王永宁为三品文官，同时给小女儿准备了一份丰厚的嫁妆，在昆明买了所宅子，择日成婚。婚后，吴三桂便把女儿、女婿送回了苏州，并给江苏巡抚发了一件公文，让江苏巡抚在当地给女儿、女婿买地置房。江苏巡抚哪敢怠慢，立即在苏州郊区为王永宁置地三千亩，并将苏州城齐门内的拙政园拨给王永宁夫妇作为府第。

这拙政园原为明嘉靖时的御史王献臣，在大弘寺的旧址上，为自己营造的别墅。清初，京官海昌将其据为己有。海昌犯事，被流放到宁古塔，拙政园遂没入官，成为驻防清军的兵营。清军北撤，拙政园便空了出来。恰巧平西王给女婿要住宅，顺便就拨给了王永宁。好个王永宁，有了良田美宅，顿时成了苏州首富。仗着平西王的势力，欺压百姓、包揽词讼、夺人田产、放高利贷，简直是无恶不作。官府睁一只眼闭一只眼，老百姓是敢怒而不敢言。这才是，吴三桂认了个女婿，苏州城多了个恶霸。

再说王永宁夫妇回苏州以后，吴三桂并没有什么要事，但他却很反常，连陈圆圆那儿也不太去了。原来，他又有了新的女人。这吴三桂天生就是个风流鬼，但他要求很高，等闲女子他还看不上眼。前两天，昆明给事高安孝敬给吴三桂两个女人，吴三桂一见，就丢了三魂，失了九魄。这两个女人本是明左中允李明睿的家妓，是南昌人，虽赶不上陈圆圆那种天生丽质，但的确是两个尤物，一个叫“四面观音”，另一个叫“八面观音”。这两人年轻貌美，又受过特殊训练，有一套对付男人的床上功夫，怎不叫吴三桂意马心猿？

不过，吴三桂的原配夫人张氏，那可是“河东狮吼”，一个标准的悍妇。仗着她替吴三桂生养了一男六女，她在家里可是说一不二，吴三桂的好几个侍妾，都被她整得死去活来。倒是陈圆圆和这个第一夫人一直保持着良好的关系，陈圆圆不争宠，不争权，从来不越雷池一步。特别是顺治十七年（1660 年），清廷下诏，封平西王正室为妃。这可是一次千古难逢的机会，吴三桂准备把这个机会留给陈圆圆，而不是给张氏。陈圆圆得知此事后，坚辞不受，她写信给吴三桂：

“妾以章台陋质，谬污琼寝。始于一顾之恩，继以千金之聘。流离契阔，幸得残驱。获与奉匜之役，珠服玉馔，依享殊荣，分已过矣。今我王析珪祚上，威镇南天，正宜续鸾戚里，谐凤侯门。上则立体朝廷，下则重型裨属，稽之大典，斯曰德齐。若欲蒂弱絮于绣裍，培轻尘于玉几，既蹈非耦之嫌，必贻无仪之刺，是重妾之罪也！其何敢承命。”

此信写得非常诚恳，入情入理，吴三桂不好勉强，便按照陈圆圆的意思，立张氏为王妃。而张氏因此也非常感激陈圆圆，虽然她生性刻薄，但从此她对陈圆圆网开一面，再也没有刁难过陈圆圆。对于“四面观音”和“八面观音”，陈圆圆也是从不妒忌，这一点，也让吴三桂对陈圆圆另眼相看。吴三桂对“四面观音”和“八面观音”，虽然经常光顾，但和他对待陈圆圆有本质的不同，陈圆圆与他情投意合，如胶似漆，而“四面观音”和“八面观音”只不过是吴三桂发泄性欲的工具罢了。

日子一天天过去，吴三桂过得很称心，金屋藏娇，优哉游哉，真是要风得风，要雨得雨。但是，康熙皇帝不开心了，首先是军饷。当时，全国的军饷每年约需白银二千万两，仅云贵两省就要花费九百万两，朝廷越来越感到不堪重负。其次，三藩控制着云南、贵州、广东、福建等地，尾大不掉，形成了国中之国，权力欲很重的康熙简直不能接受。康熙皇帝在其居住的养心殿的柱子上亲笔写了六个字：三藩、河务、漕运。他每天都要把这六个字看几遍。三件事中，削除三藩，被列在第一位，可见削藩已经成了康熙皇帝的心病。

尽管康熙小皇帝急于削藩，但四大辅臣不同意，所以康熙再着急也是干着急，他还没有亲政，他说了还不算。削藩，就这样拖下来了，三藩照旧各行其是。康熙六年（1667 年）七月，康熙满十四岁，在太和殿举行了隆重的亲政仪式。四大辅臣中的索尼刚刚去世，三大辅臣正式将朝廷大权交还给少年皇帝。一朝权在手，便把令来行。康熙亲政后要做的第一件事，便是削藩。康熙没有想到的是，他在朝会上刚刚提出削藩的事，立刻便被大臣们否决掉了。直到这时，康熙才明白，还没有到自己说话算数的时候。

康熙可不愿做傀儡皇帝，他决心夺回自己应有的权力，他发现，他的最主要的对手便是鳌拜。这鳌拜在当时可是大大地有名，他是开国五大臣之一的费英东的侄子，曾任镶黄旗固山额真。他力气很大，作战勇敢，屡立战功，人称“满洲第一勇士”。本来，皇帝已经亲政，辅政大臣任务完成，该干什么干什么去。可这时，太皇太后插了一句话，说皇帝太小，请三位辅臣再坚持一两年。其实，这只是一句客气话，可一根筋的鳌拜却当了真。

鳌拜事必躬亲，而且凡事较真，跟他当辅政大臣时一模一样。鳌拜自认为是在尽臣子的本分，可康熙却认为鳌拜一手遮天，把他恨得牙痒痒的。既然不喜欢鳌拜，直接下旨，将他免职就是。但康熙不这样做，他要干掉鳌拜，灭鳌拜的九族，以平息心中的怨恨。为了做到这点，康熙开始给自己物色一批亲信侍卫，但选来选去，始终没找到一个合适的。这时，皇帝的师傅伍次友给康熙推荐了一个人，他的名字叫魏东亭。

魏东亭是河北保定府人，从小在大清河边长大。保定府人习武成风，魏东亭七岁开始练武，他的师傅是太极剑第八代传人吴之风。由于魏东亭练的是童子功，身体结实得像铁打的一样。他禀赋聪明，十八般武艺，一学就会，尤其是一柄青峰剑，使得出神入化，炉火纯青。除了武功超群之外，魏东亭还有一大优点，就是嘴严，从不乱说话。他和康熙皇帝同岁，又很有眼色，很快便成了康熙须臾不可离开的心腹，康熙命他再找几十个武林子弟进宫，陪康熙练"布库"。

"布库"是一种满族的游戏，其实，也就是练习摔跤与武功。魏东亭先后从家乡和师兄弟中，找来几十个人，进宫陪康熙练武。这些人被称作"布库汉"，其中，便有犟驴子、狼曋等人。前后差不多有两年多时间，这些"布库汉"每天陪康熙在宫中练武。康熙沉迷于"布库"戏中，政事基本不问。满族素来有玩"布库"的习俗，一般人自然是司空见惯。就连鳌拜本人，也一直以为，皇帝岁数小，贪玩，根本没当作回事。有时在宫里碰到康熙在嬉戏，他还抽空指导"布库汉"们一两招。

康熙八年（1669 年）五月，一天清晨，鳌拜像平常那样，在乾清门外等候上朝。这时，康熙身边的太监小毛子赶来传旨，单独宣鳌拜到养心殿面圣。鳌拜觉得有点奇怪，平日都是在太和殿召见，今日怎么改到了养心殿呢？但他已经没有时间多想了，只好跟着小毛子，直接朝养心殿走去。

一进入养心殿，鳌拜就觉得气氛不对。殿内空气凝重，没有一丝声响。康熙皇帝坐在御案之后，魏东亭仗剑立在皇帝身旁。三十几个"布库汉"分立两边，显得杀气腾腾。鳌拜跪下叩头，还没等他站起来，康熙便将御案一拍，厉声问道：

"鳌拜，你知罪吗？"

"臣不知罪。"鳌拜一边回答，一边站了起来。

"与朕拿下！"康熙不再多说，直接下了命令。

康熙话音刚落，十几个"布库汉"便同时向鳌拜扑了过来。鳌拜根本没把他们放在眼里，他双臂一振，两腿一分，十几个"布库汉"已经东倒西歪，被打倒在地。但这次康熙是下了死命令的，只许成功，不许失败。所以，另外十几个布库汉立刻又扑了上去。他们采取车轮战法，轮番近身格斗，没有一个退后。不时有人受伤倒地，但都是立即起身，继续围攻鳌拜。好个“满洲第一勇士”鳌拜，绝非浪得虚名，只见他长辫甩动，脚底用力，两臂生风，没过两轮，已经有十几个“布库汉”躺倒在地，爬不起来了。

这时，只见魏东亭拔出宝剑，揉身而上。一招“长虹贯日”，他使出了十分真力，一股剑气，直冲鳌拜而去。鳌拜早有准备，他不慌不忙，从衣袖中取出两根长约尺余的戒尺，直迎来剑。魏东亭脚踏巽位，气沉丹田，连出数招。“一鹤冲天”“大鹏展翅”“横扫千军”“万山红遍”招招如长江之浪，源源而至，银剑如出水蛟龙，上下翻飞。鳌拜吃亏在手中兵器太短，但他遮挡护拦，沉着应对，丝毫并不落下风。

“刷、刷、刷”，魏东亭使出他的成名招数“凤凰三点头”。这三剑一气呵成，以体内真气驭剑，快若闪电，疾若骤风，力透剑尖，锐不可当。鳌拜的手臂上，出现了三个红点，血顿时流了出来。鳌拜立刻感到臂上发麻，手脚的动作也不那么利索了。此时，只听魏东亭大喊一声：

“弟兄们！并肩子上哟！”

立时，所有还能动弹的“布库汉”又扑了上来，尤其是犟驴子和狼瞫，一人抱着鳌拜一条腿，死不撒手。其他人抱头的抱头，搂腰的搂腰，抓胳膊的抓胳膊，终于把倔强的鳌拜制服，用绳子捆了起来。康熙激动地站了起来，当场让人宣读了鳌拜的八大罪状，把他打入了天牢。审问鳌拜时，鳌拜揭起了自己的上衣，露出了身上的斑斑伤痕。大概是这一举动让康熙发了慈悲，皇帝没有杀鳌拜，而是将他终身监禁，最后死在狱中。

收拾了权臣鳌拜，少年康熙走进了自己的时代，现在已经没有任何人敢于挡道了。别看康熙年龄不大，他还是很有心计的。他懂得，三藩经营有年，盘根错节，要想削藩，不是一朝一夕可以成功的，需要做长期细致的工作。三藩之中，尤以吴三桂兵力最强，所以，相比之下，撤吴藩比另外两藩更加困难。康熙皇帝像下棋一样，一步一步地朝着自己目的去进行，他的想法是，千万不要打草惊蛇。

康熙九年（1670 年）五月，兵部突然以战事减少为由，将吴三桂忠勇五营中的三营裁撤，两营调至外省。明眼人都可以看出来，这是康熙的釜底抽薪之计，也反映出朝廷已经对吴三桂起了疑心。吴三桂手下有个浙江人，名叫吕黍子，他建议吴三桂将“义勇”五营也交出去，省得朝廷怀疑。于是，吴三桂不但上交了“义勇”五营，同时还主动交出了云南、贵州两省的管理权。这正中康熙皇帝的下怀，毫不犹豫地照单全收。

打仗，除了有兵，还得有将。吴三桂带兵征战多年，手下名将如云。康熙从亲政伊始，便不显山、不露水地开始将吴三桂的党羽，尤其是重要将领，陆陆续续调离云贵。比如，贵州总督赵廷臣调任浙江总督，调张勇任宁夏提督，王辅臣为固原提督，马宁为山东提督，吴得功为湖广提督，严自明为广东提督，刘进忠为潮州总兵，王进功为福建提督，赵良栋为山西大同总兵等。这些人多数是吴三桂的亲信，但调离之后，基本上都升了官，其中相当一些人对康熙感恩戴德，这就大大地分化了吴三桂的将官队伍。

除了调走吴三桂部分亲信将领外，康熙还采用掺沙子的办法，将一些他最信任的臣子调进云贵，试图打乱吴三桂的人事部署。例如，调江宁巡抚朱国治任云南巡抚，调原吏部右侍郎曹申吉任贵州巡抚，调原直隶巡抚甘文焜任云贵总督，调原陕西陇右道李兴元任云南按察使。这些人都是康熙皇帝的眼线，吴三桂一有动静，朝廷会立刻采取行动。有这些朝廷的耳目在云贵，吴三桂即使要铤而走险，也必然会有所顾忌。

这些做法，当然引起了吴三桂的警惕，也让吴三桂增加了对朝廷的不满。为了消除吴三桂的疑虑，康熙特意授予吴三桂的儿子、额驸吴应熊少傅兼太子太傅的职衔。康熙九年（1670 年）八月，康熙还批准吴应熊带着公主回云南探亲。吴三桂也很知趣，小两口只在昆明待了十几天，吴三桂就赶紧打发他们回京。康熙十一年（1672 年），吴三桂满六十岁，在昆明举行六十大寿的庆典。康熙再次派吴应熊与公主一道回云南拜寿。吴三桂非常高兴，他逢人就讲：

“你们看，应熊来去自由，可见朝廷不怀疑我。今后，大家做事更要小心些!”

自从不再管理云贵事务后，吴三桂无所事事，除了喝酒宴饮之外，经常带着自己的女婿、侄子和一些亲信在一起射箭取乐。在演武场中，专门设一铁甲箭靶，射箭时，人要站在一百五十步开外。比武时，射穿箭靶的，得头奖。射中箭靶、但未穿透铁甲的，得二等奖。这本来就是吴三桂闲得无聊、打发日子的一种游戏，不知怎么，却传到了康熙皇帝的耳朵里。康熙特派自己的心腹侍卫吴丹，携带三千副弓箭去云南，奖给吴三桂的将士。实际上，吴丹是以赏弓箭为名，特地前来观察一下吴三桂的虚实。

吴三桂当然知道吴丹的来意，他亲自出城十里，隆重地将吴丹迎进昆明，并请吴丹在大校场观看士兵们比试射箭。吴三桂有意隐藏了他的精锐，只让一些老弱残兵参加较射。于是，在昆明大校场上，便闹出了不少笑话。队伍参差不齐，行动毫不统一，不断有人掉队，甚至有人从马上掉了下来。射箭的时候，不少士兵脱靶。更差的是，竟有大部分士兵射出的箭，离箭靶很远就落在了地下。校场上不时传出阵阵哄笑，吴三桂不好意思地对吴丹解释说：

“上差请见谅。现在，吴某的关宁铁骑已老，不复当年模样，再无余勇可贾；加之缺饷，将士们平时也不太训练，让上差见笑了。”

吴丹嘴上没吭气，心里却偷着乐，就凭这样的队伍，岂能与朝廷为敌？他笑话朝中那些大臣们，实在是太多虑了。吴丹在昆明一住就是半个月，吴三桂殷勤招待，三日一小宴，五日一大宴，美女相陪，歌舞相伴。临走时，吴三桂还送给吴丹大批金银珠宝，把吴丹高兴得合不上嘴。他一个侍卫，哪见过如此阵仗？哪受过如此礼遇？回京以后，吴丹大讲特讲吴三桂的好话，力言吴三桂忠于朝廷。他以自己的亲身经历现身说法，说吴三桂的军队早已雄风不再，关宁铁骑不过是明日黄花。吴丹的汇报，消除了康熙和朝臣们的大部分疑虑，减轻了对吴三桂的戒心。

为了麻痹三藩，康熙十二年（1673 年）二月，康熙再派一等侍卫吴丹和二等侍卫赛扈立，到云南去慰问吴三桂。康熙赏给吴三桂御用貂帽一顶，团龙貂裘、青蟒狐腋袍各一袭，束带一条。同时，康熙还另派两名侍卫分赴广东和福建，慰问尚可喜和耿精忠，只是礼物的规格比起吴三桂来稍微低一些。又打又拉，别看少年皇帝岁数不大，驾驭臣下的功夫，还是有一定火候的。

三月十二日，平南王尚可喜突然给皇帝上书，请求归老辽东。其实，这已经是他第三次上书，要求回家乡了。前两次，都是在顺治皇帝当政时期，皇帝都没有批准。这个请求回乡的主意，是尚可喜手下一个叫金光的谋士替他出的。金光对他说，树大招风，功高震主，现在，皇帝对三藩已经产生疑心，不如交出兵权，急流勇退，回辽东养老，可得善终。尚可喜老谋深算，他最担心的，是他的长子尚之信一贯横行不法，一旦获罪，会给全家招致杀身之祸。因此，他听从了金光的建议，主动上书给皇帝，要求回辽东安度晚年。

瞌睡正碰上枕头。康熙正在策划削藩，尚可喜的上书来得正是时候。经过与廷臣商议，康熙决定顺水推舟，就从尚可喜开始，实施酝酿已久的撤藩计划。康熙立即下诏，批准尚可喜隐退并举家迁回辽东，但对于尚可喜将其子尚之信留在广东、继承其王爵的请求则予以否决。得到这道诏书后，父子两人的心情各不相同。尚可喜回乡的请求被批准，感到如释重负。尚之信却因为没能继承王爵，而耿耿于怀，此时他虽然敢怒而不敢言，但这笔账他已经深深地埋在心底。

继尚可喜之后，福建的靖南王耿精忠也向朝廷上书，愿意撤藩返乡。吴三桂在京的长子吴应熊得知这一消息后，惶惶不可终日，他当即派人秘密返回云南给父亲送信。信是这样写的：

“父亲大人：

朝廷对你素来有疑，今尚藩、耿藩均先后上疏，自请撤藩。而您却一直未这样做，这显然是不妥当的。现朝廷猜忌日深，望父亲早上撤藩请求，派使者送至北京，时犹未晚。否则，恐祸事不远矣！”

吴三桂觉得儿子说得有理，便找来心腹谋士刘玄初，让他来起草这份撤藩申请书。可刘玄初却提出了不同意见，他说：

“王威素著，权高位重。今皇亲政以来，早欲将王调离云南，只是忌王功大，难以启齿。王若上疏请撤，必定是朝上而夕调也！尚、耿二藩，非王可比。彼自请撤，与王何干？王子孙万代留镇云南，何乐而不为？为何效法尚、耿，岂非东施效颦乎？王万不可上疏请撤，惟王思之！”

刘玄初这番话十分精辟，他是真正读懂了康熙内心世界的人。但吴三桂听后，却不以为然，他说：

“我偏要上疏，我就不信，皇上敢撤我？我之所以上疏，不过是做个姿态，消除朝廷对我的疑心罢了。”

康熙十二年（1673 年）七月三日，吴三桂给皇帝上了一道自请撤藩的奏疏。他是这样写的：

“臣驻镇滇省，臣下官兵家口于康熙元年迁移，至康熙三年迁完。虽家口到滇九载，而臣身在岩疆已十六年。念臣世受天恩，捐糜难报，惟期尽瘁藩篱，安敢遽请息肩？今闻平南王尚可喜有陈情之疏，已蒙恩鉴，准撤全藩。仰持鸿慈，冒干天听，请撤安插。”

见到吴三桂自请撤藩的上疏，康熙那一颗惴惴不安的心，这才放了下来。他毫不犹豫地在吴三桂的奏疏上，写下了批示：

“王自归诚以来，克殚忠荩，勠力行间，功绩懋著，镇守岩疆，宣劳岁久。览奏，请撤安插，恭谨可嘉。今云南已经底定，王下官兵家口，作何搬迁安插，着议政王大臣等，会同户、兵两部，确议具奏。”

很快，康熙就在中和殿召开会议，命议政王大臣会同六部九卿共同商量撤除吴藩之事。户部尚书米思翰首先发言，他说：

“陛下英明，撤藩实属明智之举。三藩俸饷，举国不堪重负，以平西王尤甚。三藩尽撤，事权归一，既可减轻朝廷负担，又可避免养虎为患。此诚利国利民之举，应尽速实施。至于吴藩，可将其本人及属下官兵家口全部迁往关外辽东安置。请圣上定夺。”

“此议甚妥，请陛下裁夺。”兵部尚书明珠与刑部尚书莫洛都赞同米思翰的意见。

“不可！不可！万万不可！”米思翰的意见也招来多数大臣的反对。弘文院大学士图海说：

“陛下，云南地当边陲，苗蛮杂处，历来疏于管理。吴三桂收复云南后，不避艰险，深入缅境，擒杀永历，绝南明士民之望。十多年来，云贵屡有土司生事，均被吴藩荡平，平西王功不可没。若一旦撤藩，不仅边疆难保安宁，亦恐生不测。非治国久安之长策也！”

内大臣索额图也出班奏道：

“圣上，臣亦以为此时撤藩欠妥。先帝曾赐金册予三藩，应允其‘世世子孙，长享富贵，如山河之永也。’骤行撤藩，则名不正，言不顺。

臣有上中下三策，供圣上选择。上策是三藩均缓撤，待其下一代子孙继任时再撤。这样做，既维护了皇室的承诺，又减小了撤藩的影响，是上之上者。中策是先撤尚、耿二藩，后撤吴藩。其好处是，尚、耿二藩威望不足，力量较弱，撤起来要容易得多，不大会引起骚动。吴藩缓后再撤，将三藩分而治之，区别对待，以免矛盾激化。下策是三藩同撤，一次性解决问题，但恐变生肘腋，激起事变，那时则悔之晚矣！”

听了索额图的一番话，康熙颇不以为然，他对撤藩之事信心满满，做出了自己的决断。他说：

“三藩坐大，其势已成，若不及早除之，岂非养虎为患？今其撤亦反，不撤亦反，不若先发制之可也！朕意已决，三藩同撤，克期完成，以收全功。”

康熙下了决心，由于好大喜功，他拒绝了多数大臣的正确意见，一意孤行。康熙还是太年轻，把问题想得太简单了，尤其是，他对吴三桂还是不够了解。他犯了一个无法挽回的错误，这个错误所产生的严重后果，也是他始料不及的。

第二十八章

康熙帝撤藩逼反

平地一声惊雷，康熙帝的撤藩诏命到了云南。九月十日，礼部右侍郎折尔肯和翰林院学士兼礼部侍郎傅达礼两位钦差，携带康熙亲笔谕旨到了昆明。他们是八月十五日从北京出发的，临行前，康熙特意赠送每人御用的佩刀一口、御马两匹，以示郑重。两人不敢大意，快马加鞭来到昆明，当面向吴三桂宣读皇帝的手诏。康熙的诏书，是这样写的：

“自古帝王平定天下，必赖师武臣力，及海宇谧，必振旅班师，休息士卒，俾封疆重臣，优游颐养，赏延奕世，宠固海山，甚盛典也。王夙笃忠贞，克摅猷略，宣劳勠力，镇守岩疆，释朕南顾之忧，其功懋焉。但念王年事已高，师徒暴露，久驻遐荒，眷怀良切。近以地方底定，故允王所请，搬移安插。兹特遣礼部侍郎折尔肯、翰林院学士傅达理前往宣谕朕意，王其率所属官兵趣装北来，慰朕眷注，庶几旦夕沟止，君臣偕乐，永保无疆之休。至一应安插事宜，已敕所司饬庀周详，王到日即有宁宇，无以为念。钦哉！”

诏书给吴三桂弄了个措手不及，他被打了一闷棍，霎时间目瞪口呆。他万万没有想到，康熙会借坡下驴，批准他的撤藩请求。听完诏书的宣读后，吴三桂慢慢地站起身来，从钦差手里接过诏书，狠狠地摔在桌上，然后对折尔肯和傅达理说：

“你们怎么还不走？你们站在这里逼我上路吗？你们就这么着急吗？你们视本王为何人？如此咄咄逼人！”

折尔肯和傅达理见状，只好连连赔不是，说：

“王爷只管慢慢准备，待确定了日期，告知我二人即可。我二人这就告退。”

二人离开后，吴三桂思绪如潮。他实在后悔，后悔没听刘玄初的话，后悔上了自请撤藩的折子。想当年，多尔衮曾与他歃血盟誓，答应他裂土为王，世代继承。顺治皇帝更是将这一条印在金册上，言之凿凿。谁能想到，小皇帝康熙刚亲政不久，就不认账了。真是用人朝前，不用人朝后啊！想自己出生入死，戎马半生，南征北战，为清廷打下了大半个江山，如今却落得兔死狗烹，实在令人寒心！非我族类，其心必异。这鞑虏真不是东西。

人生一世，草木一秋。自己辛辛苦苦，如今已在云南创下了偌大家业，富可敌国，难道真要重回辽东？虽说辽东是自己的故乡，可如今，那里是一片废墟，怎能和平西王府相比？怎能割舍那安阜园、列翠轩、万卷楼、金殿、野园？自己已五十多岁了，难道后半生真要在寒冷的辽东度过？自己已经舍弃了军队、舍弃了爱将、舍弃了云贵两省的管理权，甘愿在这荒僻的大西南老老实实地当一个土王爷，连这一个小小的愿望也不能实现吗？思来想去，心潮澎湃，瞻前顾后，热土难离啊！

以吴三桂的性格，他忍不下这口气。但投鼠忌器，若贸然起兵反清，他的儿子吴应熊尚在北京，他不能不有所顾虑。不孝有三，无后为大。他只有这一个儿子，倘儿子出现不测，谁来继承吴家的香火呢？吴三桂辗转反侧，举棋不定，最后，他决定还是找老谋深算的方光琛，征求一下他的意见。但方光琛这次却很反常，他的态度十分暧昧。吴三桂第一次找方光琛，方光琛说让他考虑考虑。吴三桂第二次找方光琛，并明确告诉他，自己准备起兵，方光琛劝他慎重从事。

吴三桂第三次去方家找方光琛，决心一定要问出个究竟。那天天还没大亮，仆人说方光琛还没有起床。吴三桂在客厅耐心等了约有一盏茶的时间，方光琛才梳洗完毕，走了出来。吴三桂一见面，便急切地问他这几天考虑的结果。方光琛呷了一口茶，慢悠悠地说道：

“小人先请王爷恕罪。不是小人拿乔，王爷所问，关乎千家万户的性命，小人不得不谨思慎言。王爷三顾，视方某如知己，方某不得不殚精竭虑，解王爷心中块垒。王爷今亲顾陋室，方某请借箸代筹。王爷出生入死，戎马半生，胜李闯，擒永历，功莫大焉。裂土酬王爷之功，非为过也。而今欲僻处云贵、做一逍遥王爷而不可得，是欺人太甚也。如遵圣命，回转辽东，衣食固无忧，终老故土，不过一富家田舍翁耳！在下窃以为不可取。大丈夫生在世上，当效项羽、刘邦，做一番轰轰烈烈的事业，不知王爷以为然否?”

吴三桂一边听着，一边点头，方光琛的话，句句说在他的心上。他觉得，他这次找方光琛商量，是找对了人。见吴三桂频频点头，方光琛便继续说：

“方今之世，清室初定，天下汹汹，人心不稳，此诚举大事之时也！康熙少年，乳臭未干，未谙政事，妄自尊大。清初名将，丧亡殆尽，八旗劲旅，今不如昔。王爷天纵英才，武功盖世，遍览寰中，能与王爷比肩者，有几人乎？清廷背信弃义，撕毁盟约，擅改承诺，过在朝廷。王爷揭竿而起，义旗一举，正义之师，天下响应。闽浙、湖广、川陕，可传檄而定也。

然后战胜攻取，进可将清廷取而代之，退可与清廷划江而治，此千载不世之功也。若听命撤藩，回归辽东，兵权一失，势难再举。望王爷速作决断，率雄师饮马长江，也不枉英雄一世！机不可失，时不再来。某有生之年，赞画左右，任王驱使。愿以胸中才学，助王爷一臂之力。王爷意下如何?”

吴三桂听后，十分激动，他紧紧地握住方光琛的手，高兴地说：

“献亭，你就是吴某的诸葛亮、刘伯温也！吾意已决，宁为玉碎，不为瓦全。大丈夫岂能任人宰割？我现在就命你为中书给事，在吴某左右赞画大计。”

吴三桂决心起事，他首先将他的侄子和女婿召集到一起，向他们宣布了自己的打算。其实，连问都不用问，吴三桂手下的大部分将士都是赞成反清的。十多年来，将士们纷纷在云南安了家，有了房屋，有了土地，过着富足的日子。云南是他们的安身立命之地，一旦撤藩，一切将化为乌有，他们顿时就会变成一文不名的穷光蛋。切身利益所在，所以，无须动员，将士们都反对安土重迁。至于吴三桂的侄子和女婿，更是坚定地支持吴三桂的决定。女婿胡国柱说：

“以王之威望、兵势，举世第一。戎衣一举，天下震动！只要把世子世孙从北京接回，便可与朝廷分庭抗礼，这就是汉高祖的‘分羹之计’也。若迁至辽东，他日朝廷吹毛求疵，吾辈手无寸铁，只能引颈就戮。不如举兵，拼死一搏，我吴家尚可保全！”

侄子、女婿们意见一致，义愤填膺，摩拳擦掌，准备投入战斗。正在七嘴八舌，议论纷纷之际，张氏夫人突然闯了进来。她捶胸顿足，痛哭流涕，声嘶力竭地喊道：

“你们要造反，我儿子还在北京，你们这不是要我儿子的命吗？吴三桂，你还是人吗？你不要儿子，我还要儿子！你敢造反，我就跟你拼命！”

众人又拉又劝，直到吴三桂答应立即派人去北京接回儿子，她才停止哭闹，被人搀着，离开了会议厅。不过，她的哭闹，也提醒了吴三桂，必须尽快把儿子从北京接回来。他立即决定，派李恕、张镳秘密赴京，带着自己的亲笔信，去接回他唯一的儿子吴应熊。这李恕、张镳都是在吴家长大的奴才，也是吴三桂最信任的家丁。二人受命赴京，少不得风餐露宿，日夜兼程。他俩脚程奇快，不到一个月，便到了北京。进了吴应熊的额驸府，二人轻车熟路，不用人通报，直接进书房见了吴应熊。

看过父亲的亲笔信，吴应熊左右为难。父亲要起兵反清，让他速回云南，他并不赞成。多年来，他已经习惯了养尊处优的额驸生活，不愿意加以改变。而且，娇妻难舍，十几年来，公主待他有情有义，夫妻感情很好，实在不愿意分开。但父命难违，他知道父亲的脾气，父亲定下的事，就是九头牛都拉不回来。他多次劝父亲恪守臣节，父亲都不以为然，现在父亲已下了决心，他就是再劝也无济于事。而且，他更担心的是，一旦起兵失败，会落得满门抄斩的下场。

几天过去了。吴应熊吃不下饭，睡不好觉，一直在暗暗哭泣。眼见得日子一天天过去，吴应熊还没有动身的打算，李恕、张镳着急了，再次来见吴应熊。吴应熊将李恕、张镳叫进密室，哭着将庶子吴世璠交到二人手上，说：

"吾意已决，听天由命。不管将来发生多大变故，我都留在京城。庶子世璠，你二人替我带回云南，交与家父，将来可由他继承吴家香火。你们收拾一下，赶紧出京去吧！"

李恕、张镳见此情景，也不敢再劝吴应熊，拉起十三岁的吴世璠的手，连夜出了北京，直接返回了云南。吴三桂见儿子没有回来，大失所望，好在有一个孙子回到昆明，也算是后继有人，便加快了起事的进度。名义上吴三桂只有四镇十营兵马，实际上吴三桂各地隐藏下来的人马还不下十几万。这几年，他还利用与西藏互市的机会，买到了不少战马。所以，一旦起事，兵马都不成问题。朝廷允许云南用当地的铜铸钱，所以财政上也很充裕。现在，万事俱备，关键是要选择如何起兵的方式了。

吴三桂的侄子吴应期建议，就在云南当地举事，进可以攻，退可以守，比较稳妥。吴三桂的女婿夏国相则建议，假意同意撤藩，然后在撤藩途中起事，一举攻占北京。这两个方案可以说各有利弊。前者虽较稳妥，但云南距北京太过遥远，不利于进攻。后者虽然有利于向北京进攻，并且有突然性，可以一招致敌死命，但失去云南这块根据地，实在可惜，况且家属随军，也不利作战。思来想去，吴三桂最终选择了在云南就地起兵。事后看来，这个选择还是有些偏于保守，失去了一招制胜的先机。

主意已定，吴三桂决定向部下摊牌。他在王府大摆筵席，邀请诸将宴饮，所有参将以上的武官都到了场。酒过三巡，吴三桂拿起酒杯，起身讲话。他连连叹气，老泪纵横，说：

“老夫与大家共事垂三十年，机缘可谓不浅。今四海升平，天下无事，我们这帮武将已无用武之地。如今，我们即将返回辽东，前途未卜，世事难料。今日与诸位在此叙旧，务必尽兴尽欢，他日能否再见，可就难说了。”

众将闻言，群情激奋。胡国柱说：

“朝廷亏待王爷，刻薄寡恩，我们不服！我们愿跟随王爷举旗造反，重整河山，惟王爷马首是瞻。”

话音未落，方光琛站起来说：

“朝廷对我们不仁，我们就可以对它不义。关宁铁骑，岂能任人玩弄于股掌之间？王爷，您下令吧！我们都跟着你干！”

“王爷，您发令吧！我们都听您的！”众将纷纷表态。

吴三桂见火已经点起来了，立刻将手中的酒杯奋力摔在地上，然后拔出身上佩剑，高高举起，大声说道：

“只要弟兄们跟着我吴某一道起事，我包你们人人享荣华，个个得富贵。大家回去分头准备，我们吴家军要重振雄风，大干一场！”

“愿随王爷赴汤蹈火！”众将齐声吼道。

眼见群情激昂，火候已到，吴三桂用手中剑的剑尖划破手指，鲜血立时流了出来。吴三桂将血滴入一个大碗中，众将也跟着划破手指，将血滴入碗中。然后，吴三桂将盛着血酒的碗高高举起，带头盟誓：

“兄弟同心，其利断金；生死相共，富贵相依；一心一意，共举义旗；铲平鞑虏，饮马长江！”

盟誓以后，众将纷纷散去，向兵士们传达吴三桂的决定。前后不到一个时辰，只见军营上下，群情汹汹，一股临战前的气氛弥漫开来。兵士们不再交头接耳，走路也跟小跑一样，大家都在紧张地等待着那个激动人心的时刻到来。

康熙十二年（1673 年）十一月十五日，钦差折尔肯、傅达理见吴三桂迟迟没有动静，便拉着云南巡抚朱国治一起来到平西王王府，打探一下情况。朱国治性子急，甫一落座，便开门见山地说：

“我们今日前来，想要一个准信儿。王爷能否确定一下搬迁的具体行程？二位钦差大人已经在驿馆等了不少日子，也不知王爷如何打算？如果王爷根本无意搬迁，两位大人也好回京复命。”

吴三桂听了这话，气不打一处来，他脸涨得通红，指着朱国治，大声骂道：

“好你个朱国治，一介贪污犯，也敢在这里教训本王？这天下都是本王打下来的，云南也是吴某用血汗挣来的，你小子还轮不上在这里指手画脚。如今你咄咄逼人，难道还不容老夫在这里安身吗？”

朱国治一听这话，也急了，他马上反问道：

“你说我贪污，我贪在何处？”

“贪在何处？我现在就告诉你。去年你向大理知府冯苏索要的三千两银子，就是从我这里借的。至于你历年所贪赃款，我这里一笔一笔都有账目记录。你敢不承认？要不要对一对账？”吴三桂得理不饶人，振振有词地说。

折尔肯见朱国治实在下不来台，便赶忙出来打个圆场。他说：

“王爷请息怒。这搬迁之事，与朱巡抚无干。朱巡抚是陪我们二人前来见王爷的，既然王爷今天心情不好，先谈到这里，我们几个改日再来。”

说完这话，三人便匆匆告辞。他们回到巡抚衙门后，还没坐稳，朱国治就气呼呼地说：

“平西王这等态度，哪里是要搬迁？我看不如我们三人联名上奏，请求暂缓搬迁，以免激起变故。二位大人也可早日返京，省得在这里空耗时间。”

“我等奉旨而来，岂可半途而废？这样回去，如何向皇上交代呢？我留下，请傅大人先行回京禀告，再行定夺。”折尔肯说。

第二天，傅达理就骑着骡子踏上了返京的旅途。没想到，只走了几十里，到第一个关卡就被拦住了。守关的兵士说，没有平西王的手谕，任何人不准离境。原来吴三桂此时已发布了封关令，防止消息走漏，傅达理只好乖乖地回到了昆明。此时，云南同知刘昆又来向朱国治报告，说吴三桂秘密地让工匠铸了一枚“天下都招讨兵马大元帅”的印信。朱国治立即写了奏疏，将这一情况向朝廷汇报。这时吴三桂已封锁了云南全境，朱国治的上疏当然也被吴三桂得到。吴三桂见阴谋已经败露，便决定立即起兵。

康熙十二年（1673 年）十一月二十一日，吴三桂齐集众将，在昆明大校场阅兵。军号声声，战鼓咚咚，一队队骑兵、步兵，在统一的指挥下齐步行进。队伍荡起了阵阵烟尘，刀枪耀日，戈矛如林，整个校场显得杀气腾腾。三声号炮响过，队伍停了下来，校场上鸦雀无声。只见吴三桂骑着一匹高大的枣红马，身穿一套银白的铠甲，手持大刀，带着大批将官，威风凛凛地出现在人们面前，头盔上的红缨发出火一样的光芒。

“请王爷演练刀法!”执行官手执令旗喊道。

吴三桂座下的枣红马跑动起来，校场上闪过了一朵红云。吴三桂手握大刀，稳稳地骑在马上，花白的胡须在胸前飘动。他一脸杀气，像一座雕像，显得不怒而威。他首先摘下背上的铁胎弓，在马上发出连环三箭，箭箭俱中靶心。校场上欢声雷动，将士们发出由衷的赞叹。在将士们的叫好声中，吴三桂收了弓箭，开始演练刀法。

吴三桂的大刀舞动起来，像蛟龙出海，像大鹏展翅。刀风卷过，云雷滚滚。这是吴三桂近年在云贵悟出的一套刀法，名唤“云雷十式”。它们分别是：横空出世、一柱擎天、风生水起、推波助澜、平沙落雁、大漠孤烟、金蛇在渊、亢龙有悔、八荒宾服、万象归一。

他的这套刀法中含有象数，使起来大开大合、大挥大砍，如五丁开山，似天神下凡，隐隐有云雷之声，隆隆若雷鸣闪电。吴三桂已经六十二岁了，但精神不减当年。一套“云雷十式”使下来，心不乱，口不喘，气定神闲。校场上又是一片欢呼声，吴三桂挽住了丝缰，坐定了雕鞍，大声说道：

“弟兄们！我来问问。你们今日的富贵，都是谁给的?”

“都是托王爷之福!”兵士们齐声喊道。

“关宁铁骑，铮铮硬汉，离家万里，来到云南。本想与弟兄们长此以往，共享荣华，无奈朝廷决定撤藩，本王只好遵命出关。现在，钦差、巡抚天天逼我上路，你们愿意跟随我的，赶紧回去收拾行装。愿意自谋出路的，本王奉送盘缠。天下没有不散的宴席，我与大家就此别过，弟兄们好自为之吧！”吴三桂说着说着，情绪激动，声音哽咽，有些说不下去了。

“朝廷逼人太甚，我们愿跟随王爷造反！”胡国柱带头喊道。

“我们愿跟随王爷造反！”校场上的将士们齐声呐喊。

“王侯将相宁有种乎？弟兄们有种吗？是男子汉吗？”吴三桂大声问道。

“我们都是男子汉！”众人又是齐声大喊。

“好！带朱国治！”吴三桂发出了命令。

云南巡抚朱国治被五花大绑带进了校场，看起来十分狼狈。红顶子官帽早被摘掉了，一条细长的发辫在身前耷拉着，一张瘦脸更黄了，几根老鼠须一样的胡子稀稀拉拉地挂在下巴上，巡抚的威风早就跑到爪哇国去了。两名士兵架着他的胳膊，几乎是拖着，把他拖进了校场。原来这朱国治曾任江苏巡抚，是个有名的贪官。他在江苏屡兴大狱，徇私舞弊，著名文人金圣叹就死在他的手上。由于作恶多端，当地百姓士绅群起而攻之。眼看在江苏待不下去，他又花了不少银子，买通吏部，到云南当了巡抚。

到云南后，他十分巴结吴三桂，希图得到些实惠。他虽多次暗示，但吴三桂看不起他，根本不买他的账。一怒之下，他开始给朝廷打小报告，揭发吴三桂的所作所为。这些小报告又通过吴三桂的儿子吴应熊传到吴三桂手中，吴三桂恨他恨得牙痒痒的，一直想找机会除掉他。这次，朱国治又趁着撤藩之际，隔三岔五地前来催逼，更激起了吴三桂的无名怒火。一不做，二不休，吴三桂决心趁起兵之际，清除这颗眼中钉、肉中刺。

“朱国治，你个大贪官，竟敢在老夫面前作威作福！老子今天拿你祭旗，你到阴间去效忠康熙小皇帝吧！把他推下去！”吴三桂说完，不屑地挥了挥手。

吴三桂手下大将胡国柱奉命监斩。三通鼓罢，朱国治的人头已经挂在了旗杆之上。当年，苏州曾流传过一首民谣：“天啊天！圣叹杀头真是冤。今年圣叹国治杀，明年国治又被国柱歼。”今天，这首民谣终于应验，也是朱国治恶事做绝的一种报应。当然，吴三桂杀朱国治并不是为了顺应民心，他是在泄私愤、图报复，同时，他也用这一行动，宣布与康熙政权彻底决裂。

杀了朱国治后，吴三桂立即派兵将钦差折尔肯、傅达理软禁起来。对于不愿追随他反清的云南按察使李兴元、昆明知府高显辰、云南同知刘昆等人，则全部关进了监狱。然后，吴三桂当众宣布，自任“天下都招讨兵马大元帅”，起兵反清。

第二天，吴三桂带领众将去拜谒永历皇帝的陵墓。事前，吴三桂已派人对陵墓进行了修葺。临行前，吴三桂指着自己头上戴的红顶子，问大家：

“我先朝曾有此帽子吗？”

接着，他又指着身上穿的官服，问道：

“我先朝曾有此衣服吗？”

“没有！没有！”众将回答道。

“我堂堂华夏子孙、炎黄贵胄，岂能着此蛮夷冠裳？从今天起，我们要蓄发，改穿汉族服饰，恢复我中华古风。”吴三桂说。

说完这番话，吴三桂带头摘下头上的官帽，脱下身上穿的满服，扔在地上，然后换上明朝的服饰。他头戴方巾，身穿长袍，带领众将，来到永历帝陵前。吴三桂先上了三炷香，然后端起盛满酒的酒杯，朝天举了一举，再把酒洒在地上。突然，他猛地掷出酒杯，开始号啕大哭。他趴在地上，哭得十分伤心。他难过的是，自己为清廷卖命半生，却落得如此下场。他后悔从缅甸擒获永历帝，并将其杀害。他更后悔自己背叛祖宗，被人骂做汉奸，落下千秋骂名。

吴军将士也在哭天抹泪，他们痛恨满人对汉人的压迫，更恨朝廷撤藩，剥夺他们已经到手的财富。眼看，他们又要重新跟随吴三桂，开始生命的赌博，离妻抛子，背井离乡，谁能不伤心呢？所以，他们也跟着吴三桂，放声痛哭起来。这阵阵哭声，撕心裂肺，这阵阵哭声，传遍四野。这一哭，团结了军心，这一哭，激发了斗志。吴三桂要的，就是这种效果，他要带领自己这支百战百胜的军队，去推翻满清王朝，建立他自己的新王朝。

接着，吴三桂发布了讨清檄文，这篇檄文是由吴三桂的谋士刘玄初、吕黍子等人精心撰写的，不但措辞严谨，而且颇有文采。其全文如下：

原镇守山海关总兵官、今奉旨总统天下水陆雄师兴明讨虏大将军吴，檄请天下文武官吏军民人等知悉：

本镇深叨明朝世爵，统镇山海关。一时李逆倡乱，聚贼百万，横行天下，旋寇京师，痛哉毅皇烈后之崩摧，惨矣！东宫定藩之颠踣，文武瓦解，六宫恣乱，宗庙瞬息丘墟，生灵流离涂炭，臣民侧目，莫可谁何。普天之下，竟无仗义兴师勤王讨贼，伤哉！国运夫曷可言？

本镇独居关外，矢尽兵穷，泪干有血，心痛无声，不得已歃血定盟，许虏藩讨，暂借夷兵十万，身为前驱，斩将入关。李贼逃遁，痛心君父，重仇冤不共戴，誓必亲擒贼帅，斩首太庙，以谢先帝之灵。幸而贼遁冰消，渠魁授首，正欲择立新君，更承宗社封藩，割地以谢夷人。不意狡虏遂再逆天背盟，乘我内虚，雄踞燕都，窃我先朝神器，变我中国冠裳，方知拒虎进狼之非，莫挽抱薪救火之误。本镇刺心呕血，追悔无及，将欲反戈北还，扫荡腥气。适值周、田二皇亲，密会太监王奉抱先皇三太子，年甫十三岁，刺骨为记，寄命托孤宗社是赖。姑饮泣隐忍，未敢轻举。以故避居穷壤，养晦待时，选将练兵，密图恢复。枕戈听漏，束马瞻星，磨砺警惕者，盖三十年矣。

兹彼夷君无道，奸邪高张，道义之儒，悉处下僚，斗筲之辈，或居显职。君昏臣暗，吏酷官贪，山惨水悲，妇号子泣，以至彗星流陨，天怨于上，山崩土震，地怒于下，鬻官卖爵，仕怨于朝，苛政横征，民怨于乡，关税重征，商怨于途，徭役频兴，工怨于肆。

本镇仰观俯察，正当伐暴救民，顺天应人之日也。爰率文武臣工，共襄义举，卜取甲寅年正月元旦寅刻，推奉三太子，郊天祭地，恭登大宝建元周启，檄示布闻，告庙兴师，刻期进发。移会总统兵马上将耿、招讨大将军总统使世子郑，调集水陆官兵三百六十万员，直捣燕山。长驱潞水，出铜驼于荆棘，奠玉灼于金汤。义旗一举，响应万方，大快臣民之心，共雪天人之愤。振我神武，剪彼膘氛，宏启中兴之略；踊跃风雷，啸歌雨露，建画万全之策。倘能洞悉时宜，望风归顺，则草木不损，鸡犬无惊。敢有背顺从逆，恋目前之私恩，忘中原之故主，据险扼隘，抗我王师，即督铁骑亲征，蹈巢覆穴，老稚不留，男女皆诛。若有生儒，精谙兵法，奋拔岩谷，不妨献策军前，以佐股肱，自当星材优擢，无靳高爵厚封。其各省官员，果有洁己爱民、清廉素著者，仍留仕。所催征粮谷，封贮仓库，印信册籍，赉解军前。其有未尽事，宜另颁条约，各宜禀遵告诫，毋致血染刀头。本镇幸甚！天下幸甚！

这篇檄文，由吴三桂手下在全国各地广为张贴和散发。同时，他自己还亲自致书耿藩、尚藩，以及其他各省与他有关系的将官，动员他们起兵响应。得知吴三桂起兵的消息，妻子张氏坚决反对，她闯进军营，大闹了一番。她不敢直接骂吴三桂，而是指着侄子、女婿们又哭又吵。她说：

“朝廷有什么对不住你们的？你们竟撺掇王爷干出这种事来！这不是要害死我儿子、孙子吗？造反可是满门抄斩的大罪啊！你们这不是往火坑里跳吗？”

吴三桂让人作好作歹，把她连说带劝，掩回了王府。但经她这么一闹，给每个人心中都留下了一抹挥之不去的阴影。而对于起兵反清这样的大事，陈圆圆的反应却是出奇的平静。当吴三桂亲自到“野园”，告诉她起兵的消息时，她十分委婉地表达了自己的看法。她说：

“王戎马半生，何曾息肩？只有近十年来得有闲暇，尽享天伦之乐。何必再动干戈、又起杀伐？妾与王相处已近三十年，总想与王白头偕老，共度今生。现刀兵再起，王势必与妾分离，怎不令妾伤心流泪啊！”

话未说完，两行清泪已潸然而下，陈圆圆哽咽着，扑倒在吴三桂的怀里。吴三桂赶忙用好言安慰，好半天才止住了陈圆圆的哭声。陈圆圆仰起脸，轻声地对吴三桂说：

“三郎即将出征，妾今日再献上一曲，与三郎送行。今后，还望郎好自珍重。”

说完，她怀抱琵琶，轻舒纤指，弹奏起来。琴声似雨打芭蕉，似风吹梧桐，如泣如诉。她展开歌喉，唱了一曲晏殊的《木兰花》：

> 绿杨芳草长亭路，年少抛人容易去。楼头残梦五更钟，花底离愁三月雨。无情不似多情苦，一寸还成千万缕。天涯地角有穷时，只有相思无尽处。

陈圆圆一曲唱罢，又亲自斟了一杯酒，递给吴三桂，说：

“劝君更尽一杯酒，西出阳关无故人。王走后，妾当独处静室，日夜为王诵经，为王祈祷平安。王当无为妾担忧也。”

吴三桂接过酒杯，将杯中酒一饮而尽，他的心中也不禁泛起阵阵离愁。他一生遇女人无数，但只有陈圆圆让他一见倾心，一生难忘，是他的红颜知己。风风雨雨三十年，他每次见到陈圆圆，都保持着一种新鲜感和满足感。陈圆圆从来没有主动向他要求过什么，而他却总感到对陈圆圆有所亏欠。看到眼前这梨花带雨的女人，他的心都碎了，半天说不出一句安慰的话来。更让他没有想到的是，他这一次与陈圆圆的离别，竟是最后的诀别。

箭在弦上，不得不发。吴三桂即将率领大军离开云南出征了，但关于是否用“周”为国号起兵，吴三桂集团内部却持有两种截然不同的意见，吴三桂本人也一直是犹豫不决。那篇讨清的檄文就反映出吴三桂的矛盾心理。老谋深算的刘玄初曾多次劝说吴三桂，说：

“明亡未久，人心思旧。宜立明朝后人为君，奉以东征。如此则民心所向，老臣宿将无不愿为前驱，则大事可成。”

另一位谋士方光琛却不同意刘玄初的意见，他说：

“王当初深入缅境，擒获南明永历并处死，与前明已然恩断义绝，怎能再用明帝之后呢？王若出尔反尔，何言以对天下？而今以王之威望，立明朝的后人甚易，但不知事成之后，王仍然奉之忠之乎？篦子坡之事，可一而不可再。当年项羽立楚后而后终杀之，此前车之鉴也。况王天纵英才，何必为他人卖命打天下？王可自立，天下即掌握于王之手中。”

刘玄初坚持自己的看法，他反复强调：

“自古以来，得民心者得天下。民心向背，是头等大事。而今，反清复明的呼声很高，王仍应奉明朝为宜。王可以仍称平西伯，并缟素待罪，以告天下。如此，则忠义之士群起而应之，推翻清廷指日可待。若王自立新朝，自称君主，岂不是使天下义士心寒？又有谁还追随王之左右呢？常言说得好，名不正则言不顺，言不顺则事不成。是否打前明旗号，抑或王自立新朝，乃今日起兵之头等大事，愿王三思再三思之。”

吴三桂本来还是认可刘玄初的观点的，在刘玄初为他起草的起兵檄文中，就明确提出拥护朱三太子为帝，打出了反清复明的旗号。但他经不住方光琛、胡国柱等人的蛊惑，立场发生了动摇。其实，方光琛、胡国柱劝他自立为帝是有私心的。只有吴三桂当了皇帝，他们才可以堂而皇之地当上新朝的功臣。吴三桂思来想去，也想自己当皇帝，他头脑发热，听不进刘玄初的逆耳忠言，最终还是决定建立自己的“大周”王朝。听到吴三桂的决定后，刘玄初气得捶胸顿足，他大失所望，从牙缝里吐出了六个字：

“竖子不足与谋！”

过了几天，吴三桂聘请原明太常寺少卿李长祥为记室，李长祥一见面，便向他提议：

“王请速立思宗（崇祯帝）后为帝，奉明朝国号，则天下景从，共讨蛮夷，复我华夏，光复神州。此诸事之要，王速定之。”

吴三桂见李长祥再次提出了这个问题，他心中又犹豫起来，所以，他再次征询了谋士方光琛和女婿胡国柱的意见。方光琛说：

“当初楚霸王项羽曾立楚王之后为义帝，异日终杀之。今天下尽在王掌握之中，王又何必立思宗之后呢？何必多此一举呢？”

胡国柱也附和着说：

“李长祥之议，腐儒之见也。王今兵强马壮，胜券在握，又何必为别人流血汗、打江山呢？”

听了方光琛、胡国柱的话后，吴三桂很以为是，便不再考虑奉明帝之后起兵的建议。李长祥见此情景，心灰意冷，长揖而别，离开了吴三桂。不少反清复明的志士，见吴三桂自立“大周”，便纷纷远走，不再支持吴三桂。例如，吴三桂曾专门派人到徽州，请隐居在那里的名士谢四新出山相助。谢四新回答说：

“我只奉皇明，不事大周。”

谢四新还让去请他出山的人，捎给吴三桂一首诗，诗中写道：

李陵心事久风尘，三十年来讵卧薪。
复楚未能先覆楚，帝秦何必又亡秦。
丹心早为红颜改，青史难宽白发人。
永夜角声应不寐，那堪思子又思亲。

吴三桂看了这首诗后，无奈地说：

“真是薄福小人。”

吴三桂起兵前，在“反清复明”、还是建立自己“大周”朝这个关键问题上，做出了错误的选择。这个错误的后果是非常严重的。他的这个选择，将大批“反清复明”的有志之士拒之门外，没能建立全国反清的统一战线，葬送了一个全民族奋起反清的大好局面。所以说，吴三桂从起兵反清一开始，就种下了失败的种子。仅从这一点来看，吴三桂就不是一个成熟的政治家，而是一介赳赳武夫。

康熙十二年（1673 年）十二月初一，吴三桂正式出兵，他的第一个目标是贵州。贵州长期归吴三桂管辖，贵州的多数官员与吴三桂有着千丝万缕的关系，拿下贵州应该不会费多大周折。贵州与云南毗邻，拿下贵州后，云贵两省就连成一片，吴三桂的根据地就扩大了一倍，所以，吴三桂对贵州是志在必得。吴三桂以女婿吴国贵、夏国相为左右先锋，率兵三万，向贵阳挺进，自己则亲率大队人马随后接应。吴军这次起兵，均用白色旗帜，士兵均带着白色的毡帽，表示为永历皇帝戴孝，不忘明朝旧恩。

此时，贵州总督甘文焜刚刚办完母亲的丧事，回到贵阳。当他得知吴三桂杀了朱国治，软禁了钦差折尔肯、傅达理后，便立即派他的族弟甘文焻进京报告，同时，又写信给四川、湖广巡抚蔡毓荣，向他报告吴三桂起兵的情况。接着，他紧急命令贵州提督李本琛带领本部人马扼守战略要地——盘江，准备抵抗吴三桂的进攻。

李本琛是西宁人，他是明朝兴平伯高杰的外甥。南明兵部尚书、大学士史可法推荐他当了总兵，隶属高杰。后来，高杰被李定国杀掉，李定国任李本琛为提督，统率高杰的部属。顺治二年（1645 年）多铎率军南征，李本琛率所部十余万人降清，在洪承畴手下任左标提督总兵官。后经洪承畴推荐，当上了贵州提督。吴三桂以亲王名义全权管理贵州后，对李本琛刻意拉拢，两人的关系也日渐亲密。吴三桂起兵反清后，李本琛决意相从，他首先写信给总督甘文焜，试探他的态度。甘文焜表示，他坚决忠于清廷。于是，李本琛便派兵去抓捕甘文焜，以便向吴三桂邀功。

那天，甘文焜正在总督府接待康熙派来的使臣，他们是兵部郎中党务礼，户部员外萨穆哈、席兰泰，兵部主事辛珠，笔帖式萨尔图等人。他们的任务是，为吴三桂人马的搬迁安排车船、粮草等具体事务。说是替吴家军安排车马，其实，也是康熙见吴三桂迟迟没有动身，变相地派人再次前来催促。正在这时，甘文焜手下送来了刚刚截获的一份密件，甘文焜阅后大吃一惊。密信是提督李本琛写给巡抚曹申吉的，约他共同举事，响应吴三桂的兵变。

甘文焜见提督李本琛反水，便知道大祸临头。他立刻安排党务礼一行返京向康熙汇报这一新的情况。党务礼他们走到镇远时，遇到当地守军盘查。此时，吴三桂已下令封关，任何人不准出入。事情已十万火急，党务礼、萨穆哈、席兰泰三人果断闯关而出，而兵部主事辛珠和笔帖式萨尔图没能逃出来，被守军杀死。党务礼等三人逃到沅州，进入湖南省境，终于逃出了吴三桂的势力范围。三人所乘的马匹全都累死，只好乘船到湖南常德，再从常德驿站换乘驿马，马不停蹄地赶往北京。

党务礼等人前脚刚走出总督衙门，甘文焜也返回了自己的家。他进门就让自己的妻妾先行在府中上吊而死，然后自己带着儿子甘国成和十几个亲兵即刻出走镇远，准备前往湖北。镇远守将江义已决定投向吴三桂，他不准甘文焜一行进城，并派兵将他们包围在城外的吉祥寺中。甘文焜既逃不出去，又不甘心被俘，父子均自刎而死。甘文焜死时，年仅四十二岁。

十二月二十八日，吴三桂率军到达贵阳。李本琛亲自率军出城迎接，吴三桂封李本琛为贵州总管大将军。同时，贵州巡抚曹申吉、黔西镇总兵官王永宁也向吴三桂投诚。吴三桂让曹申吉继续担任贵州巡抚。就这样，没有经过什么战斗，吴三桂兵不血刃，便夺取了贵州，取得了起兵后的第一个胜利。胜利来得如此容易，吴三桂有些飘飘然起来，他不再犹豫，决心以云贵为根据地，建立自己的“大周”王朝，与清王朝分庭抗礼。

康熙十三年（1674 年）正月，吴三桂自称“周王”，国号“大周”，废弃“康熙”年号，改元“利用”。同时废止康熙制钱，自铸铜钱，名“利用通宝”。吴三桂仿照清朝的六部，设立了“六曹”。他任命方光琛为吏曹，来度为户曹，钱点为礼曹，韩大任为兵曹，冯苏为刑曹，吕黍子为士曹。吴三桂初步建立了自己的政府机构框架，以便随着军事行动的扩展，逐步完善。

同时，他又封自己的侄子、女婿和大批亲信为各路将军。他封女婿郭壮图为留守云南路总管，女婿胡国柱为金吾左将军，女婿夏国相为金吾右将军，女婿吴国贵为金吾前将军，侄子吴应期为金吾后将军。任命马宝为铁骑总管将军，王屏藩、卫朴为骠骑前后将军，陶继志、张足法为骁骑左右将军，钱维明、田进学为铁骑前后将军，范齐韩、廖进中为铁骑左右将军。

军号已经吹响，战车已经启动。六十多岁的吴三桂不甘寂寞，率领着他亲自缔造的关东铁骑，开始了他人生的谢幕演出。

第二十九章

大清朝遍地烽烟

吴三桂起兵反清，占据了云贵两省，打出了“大周”的旗号，西南的天被捅了一个窟窿。可康熙皇帝还蒙在鼓里，他还在北京做着撤藩梦，眼巴巴地等着吴三桂俯首帖耳地撤往辽东呢！

康熙十二年（1673 年）十二月二十一日，三个风尘仆仆的骑马人，跌跌撞撞地跑进了报国寺胡同的兵部衙门。三人骑着马，端直闯进大门。马倒下了，骑马人也从马上摔了下来。这三个人就是刚从贵州跑回来的兵部郎中党务礼、户部员外萨穆哈和户部郎中席兰泰。三人已骑马疾驰了十一个昼夜，实在累得不能动了。守门人赶紧给三人分别灌了几口凉水，他们才缓过气来、三人清醒后的第一句话便是：“反了！反了！吴三桂反了！云贵反了！”

直到这时，康熙皇帝才得到了吴三桂起兵造反的消息。第二天，四川、湖广总督蔡毓荣快马送来的报告也到了。二钦差被扣，朱国治被杀，甘文焜自尽，李本琛、曹申吉叛归吴三桂等情况才陆续传到京师。康熙皇帝还是感到十分意外，尽管他一直说，无论撤藩还是不撤藩，吴三桂都会造反。但现在吴三桂真的反了，康熙心里还是一阵阵发紧，惊得目瞪口呆。甚至到现在，他都不愿意相信吴三桂造反的事实，当然，他更不承认，是他的撤藩决策逼反了吴三桂。

十二月二十三日，康熙在保和殿召开议政王大臣会议，专门讨论对付吴三桂的办法。此时，康熙的方寸已经乱了，会议上大臣们的建议他全部采纳。会议做出了如下决议：

一、停撤尚藩和耿藩，防止三藩联合作乱。

二、罢免吴三桂的亲王爵位，将吴三桂的儿子、额驸吴应熊拘禁起来。

三、任命驻防广西的已故定南王孔有德的女婿孙延龄为“抚蛮将军”，线国安为都统，加强广西的防卫。

四、命令西安将军瓦尔喀率本部人马迅速进军四川，平定那里的叛乱。

五、以多罗顺承郡王勒尔锦为“宁南靖寇大将军”，率八旗将士十万，开赴湖北荆州，抵御吴军。出征士兵，每人赏银十两。

在这次会议上，康熙才了解到，八旗劲旅，早已雄风不在。不仅战斗力今非昔比，就是人数上也大打折扣。派往荆州的满洲八旗的十万人马，硬是把王爷们的家丁抽出来，才凑够的。要是不发每人那十两安家银子，将士们还不肯出发呢！不但缺兵，尤其少将。当年身经百战的、像皇叔多尔衮、多铎那样的老一辈的满洲将军都已故去，如今娇生惯养的年轻王爷，又有哪一位真正指挥过真刀真枪的战斗呢？而汉将，尤其不敢信任，他吴三桂就是个典型。真是不看不知道，一看吓一跳。大清朝，竟然外强中干，只是一个空壳，想起来，还真有点后怕呢！

不但缺兵少将，财政上也很拮据。这十万人，每人发十两银子，就是一百万两，国库里竟然空空如也，硬是拿不出来。没办法，康熙只有自己掏腰包，从内帑中出吧。还有一点，更让康熙生气。那个内大臣索额图竟然在会上提出，对吴三桂实行招安，只要他归顺朝廷，就可以让他继续当他的云南王。这是康熙无论如何也不同意的，这不是让朝廷承认撤藩是撤错了吗？如果这样做，朝廷以后还有什么威信呢？他这个皇帝还怎么当呢？

别看康熙还只有十几岁，他的主意却很正。对吴三桂这样的叛贼，只有剿灭，只有杀头，没有别的选择。敢跳出来，和我康熙叫板的人，那就势不两立，那就鱼死网破，没有其他的道路。康熙不相信吴三桂有多大能耐，康熙从心底就没看起过汉人。他有一个坚定的信念，就是不管花多大代价，不管死多少人，一定要彻底消灭吴三桂，取得平叛战争的彻底胜利。

十二月二十六日，康熙向全国发出了讨伐吴三桂的通告。通告全文如下：

逆贼吴三桂，穷蹙来归，我世祖章皇帝念其输款投诚，授之军旅，赐封王爵，盟勒山河。其所属将弁崇阶世职，恩赉有加，开阃云南，倾心倚任。迨及朕躬，特隆异数，晋爵亲王，重寄干城，实托心膂，殊恩优礼，亘古所无。讵意吴三桂，性类穷奇，中怀狙诈，宠极生骄，阴图不轨，于本年七月内，自请搬移。朕以吴三桂出于诚心，且念其年齿衰迈，师徒远戍已久，遂允所请，令其休息。乃敕所司安插周至，务使得所。又特遣大臣前往，宣谕朕怀。朕之待吴三桂，可谓礼隆情至，无以加矣。

近见川湖总督蔡毓荣等疏称，吴三桂径行反叛，背累朝豢养之恩，逞一旦鸱张之势，横行凶逆，涂炭生灵，理法难容，神人共愤。今削其爵，特遣宁南靖寇大将军统领劲旅，前往扑灭，兵威所至，刻期荡平。但念地方官民人等，身在贼境，或心存忠义，不能自拔，或被贼驱迫，怀疑畏罪，大兵一到，玉石莫分，朕心甚为不忍。爰分敕旨，通行晓谕。尔等各宜安分自保，无听诱胁，即或误从贼党，但能悔罪归诚，悉赦以往，不复究治。至尔等父子兄弟亲族人等，见在直隶各省出仕居住者，已有谕旨，

> 俱令各安职业，并不株连。尔等毋怀疑虑，其有能擒斩吴三桂头献军前者，即以其爵爵之；有能诛缚其下渠魁及兵马城池，归命自效者，论功从优叙录。朕不食言。尔等皆朕之赤子，忠孝天性，人孰无之？从逆从顺，吉凶判然，各宜审度，勿贻后悔。地方官即广为宣布遵行。

康熙帝的通告在文采上显然不如吴三桂的檄文，但在态度上却更加决绝。他的通告显得杀气腾腾，他在通告中悬赏缉拿吴三桂的人头。通告充分表达了康熙皇帝决不妥协的强硬态度，显示出年轻皇帝平叛的决心和其铁的手腕。他不惜停撤两藩，甚至将无名小辈孙延龄提拔为“抚蛮将军”，其目的便是，集中主要力量，全力打击吴三桂。双方已经剑拔弩张，一场旷日持久的大战即将展开。

云贵川三省山水相连，方言相近，生活习惯相同。所以早在吴军进攻贵州时，吴三桂就派大将王屏藩率军挺进四川。部队刚入四川境，就传来好消息，四川提督郑蛟麟和川北总兵谭弘便宣布投诚。吴三桂封郑蛟麟为总督将军，封谭弘为川北将军。这谭弘是四川万县人，弟兄三个，都是武将。谭弘曾任前明总兵，郑蛟麟则是前明都司，他们也都是南明永历政权的支持者。这些人不满异族统治，所以，王屏藩大军一到，他们便立即投向了吴三桂。在郑蛟麟和谭弘的影响下，四川巡抚罗森和四川总兵吴之茂，也投降了吴三桂。就这样，整个四川全省很快就落入吴三桂手中。

四川到手后，吴三桂将进攻的矛头指向了湖南，这也是谋士方光琛给他出的主意。湖南与贵州相邻，是云贵通往北方的重要通道，地理位置十分重要。湖南是鱼米之乡，拿下湖南便可解决军队目前日益紧张的粮饷问题。占领湖南后，进可以继续北上，威胁都城北京，还可以以此为筹码，与清廷谈判划江而治。所以，吴三桂对湖南是志在必得。他在夺取贵州后，便立即派大将胡国柱、马宝率军杀向湖南。

胡国柱和马宝很快便攻下了湖南边境的沅州，俘虏了沅州总兵崔世录。吴三桂自己则于康熙十三年（1674 年）正月十二日，率军离开贵阳，二十日到达镇远。他派手下总兵官杨宝应进攻湖南重镇常德。无巧不成书，杨宝应恰巧是常德人，他的父亲就住在常德城内。杨宝应与父亲秘密联络，约定由家丁接应队伍进城。当天夜半三更，放火为号，杨家的家丁打开了城门。杨宝应的队伍，就这样不费吹灰之力，占领了常德，常德知府翁应非投降。

二月初八日，澧州城的清军献城投降，吴军大将夏国相率军进入澧州。面对吴军的大举进攻，驻守长沙的清偏沅巡抚卢震吓破了胆，他带着家属连夜逃走。守城副将黄正卿、参将陈武衡见巡抚逃走，干脆率部投降，长沙也不战而下。吴将胡国柱在攻陷衡州后，率部进入长沙。二月底，吴三桂亲率大军攻克辰州。吴军大将吴应期水陆并进，逼近洞庭湖边的重镇——岳阳。吴应期派遣细作入城联络，守城清将李国栋同意倒戈，献出了岳州城。至此，吴军已占领湖南全境。

康熙见战事打得如此不堪，大为光火。他连下数旨，逮拿卢震下狱治罪，将川湖总督蔡毓荣、新任云贵总督鄂善革职，让他们戴罪立功。正当康熙手忙脚乱地应付吴军的大举进攻之时，九门提督来报，北京也有一伙人准备起事响应吴三桂。为首的人名叫杨起隆，是一个当地的无赖，但他自称“朱三太子”，因此，还具有相当的号召力。这些准备起事的人多数是官员和旗主的家人，他们相约头裹白布，身扎红带为标记，于康熙十三年（1674 年）元旦之夜动手。先杀掉各自的主人，然后城内城外同时放火，聚众起事。

谁知行事不密，参与其事的镶黄旗监生郎廷枢的家人黄裁缝喝醉了酒，酒后说出了起义的计划。郎廷枢得知计划后，连夜跑到九门提督衙门告密。当夜，正黄旗的周公直也来报告，说是有一帮人在他家聚会。官兵及时赶到周家，把正在开会的二百余人全部抓获，只有为首的杨起隆趁乱逃脱。对待这些下人，康熙一点也不手软，为首的李株、黄裁缝等九人被凌迟处死，其余的一百九十四人全部砍头。

四个月后，侍卫关保向康熙密报，河北总兵蔡禄父子联络已叛变的襄阳总兵杨来嘉，购买骡马，制造鸟枪，准备起事。河北与京师，近在肘腋，一旦举事，危害更大。康熙不敢大意，立即派内大臣阿密达率领护军前往查看。这蔡禄和杨来嘉原来都是郑成功的部将。郑成功死后，两人降清，但一直心系明朝。吴三桂起事后，杨来嘉率先响应，蔡禄也积极与他联系，准备起事。

阿密达率军到达怀庆后，便直扑蔡禄的衙署。蔡禄见势不妙，便指挥军士施放火炮和箭矢。阿密达身先士卒，带头冲了进去，将蔡禄父子及侄子蔡鼎席一并擒获，并押解到北京，交康熙处置。康熙一个不留，全部在菜市口处斩。京城和河北的两次叛乱，由于发现得早，处理及时，没有引起更大的震荡，总算让康熙皇帝松了一口气。

可康熙并没有消停几天，康熙十三年（1674 年）二月二十七日，康熙又收到了一个令人震惊的消息，广西的孙延龄响应吴三桂，起兵反清。康熙无论如何也没想到，刚刚在上个月才被加封为“抚蛮将军”的孙延龄，不但不感激自己，反而恩将仇报，狠狠地反咬了一口，这对康熙的打击简直是太大了。

孙延龄的父亲是定南王孔有德的旧将，一直追随孔有德，并因功升任总兵。孔有德南下广西后，与孙父结为异姓兄弟，并将自己的独生女儿孔四贞许配给孙延龄。由于双方年纪尚幼，二人并未成婚。南明大将李定国率军进攻桂林，孔有德兵败自杀，孙延龄的父亲也死于战场。朝廷为褒奖孔有德，赐封孔四贞为郡主，赏白银万两。孙延龄袭了父爵，孔四贞也与孙延龄完婚。康熙五年（1666 年）五月，康熙任孙延龄为广西将军，统领孔有德旧部，镇守广西。

孙延龄少年得志，年轻气盛，肆意作威作福。他把持广西大权，贪污军饷，夺人妻女，霸占田地，简直是无恶不作。有一次他心血来潮，竟然命令大白天关闭城门，不让四乡百姓进城。孔四贞为这些事经常劝他，但他仍然一意孤行。手下人实在忍不下去了。康熙十二年（1673 年）七月，他的部下，都统王永年、副都统孟一茂，参领胡同春、李一第等人，联名向朝廷举报他的罪行，朝廷派兵部侍郎勒德洪到广西查处。

勒德洪到广西后，很快便落实了孙延龄的罪行，建议康熙皇帝对孙延龄从严治罪。可康熙考虑到孔四贞这层关系，只训斥了孙延龄几句，并没有处分他。皇帝姑息养奸，孙延龄更加骄纵。他恨透了告发他的王永年等人，随时准备除掉这些人。恰巧吴三桂这时派人给孙延龄送来一封密信，劝孙延龄在广西起兵，事成后共享荣华富贵。吴三桂曾认孔四贞为义女，因此他们之间还有一层亲戚关系，相互之间来往也比较密切。孙延龄看完密信后，感到这是一个除掉王永年等人的机会，他决定就在这时动手。

康熙十三年（1674 年）二月二十八日，孙延龄谎称议事，把手下众将骗入自己府中。众将刚刚坐定，孙延龄摔杯为号，事先埋伏的亲兵冲了出来，将众将一个个杀猪般捆了起来。孙延龄首先把那些参与告发他的三十多人全部杀掉，接着便宣读吴三桂的亲笔信，并宣布从即日起，起兵响应吴三桂。在座诸将在这种情势下，谁还敢再有异议，纷纷表示愿意跟随孙延龄起兵反清。

接着，孙延龄就派兵包围了广西巡抚马雄镇的衙署。马雄镇拒不投降，在衙内上吊自杀，却被家属发现把他救了下来。马雄镇求死不能，便趁包围衙门的士兵懈怠的机会，深夜凿开院墙，先后让他的长子马世济、次子马世勇、长孙马国祯通过墙洞逃了出去。马世济辗转来到赣州，江西巡抚董卫国接待了他，并连夜将广西叛乱的情况上报给康熙皇帝，康熙皇帝这才知道，广西的孙延龄叛变了。

孙延龄的从叛，踢了康熙皇帝一个窝心脚，他一直担心的广西终于还是出事了。孙延龄投向吴三桂，壮大了叛军的声势，弄得康熙手足无措。但康熙是不服软的，他也从来不肯认输。没有别的选择，他立即宣布，免除孙延龄的职务，并进行讨伐。康熙在发给兵部的谕旨中写道：

逆贼孙延龄，原系定南王下末弁之子，本无才能功绩。只缘定南王孔有德航海归诚，出师尽节，世祖章皇帝悯其忠贞茂著，官兵人等不忍分离，收拾散亡，俾为一旅，仍以所属官员统之，养赡加恩，概从优厚。迨朕御极，念孙延龄既配王女（孔四贞），理应量加宠荣，故授为将军，使之管理定南王所遗官兵，镇守粤西。孙延龄叨冒崇阶，自应恪恭职掌，殚忠报效。乃历任以来，屡有过犯。及累经王永年等讦奏赃罪，部议从重处分。朕犹以定南王之功，曲加贷宥，令管兵如故。近复赐以抚蛮将军印，委任有加，恩宠罔替。不意孙延龄包藏祸心，背恩忘义，结连逆贼吴三桂，辄行反叛，煽乱地方，国法难容，宜加显戮！

今削其将军职衔，大兵指日进剿，立正典刑。但念其所管官兵，系定南王旧人，受恩累朝，忠义素著，必不甘心从逆，毁弃前勋。其所管人员及地方官兵，有能擒斩孙延龄投献军前者，优加爵赏。或以兵马城池纳款者，论功叙录；或力有不达，能自拔来归者，亦免罪收用。至于伊等父兄子弟，见在京城、直隶各省者，概不株连，毋得心怀疑畏，自罹法网，负朕好生之意。

尔部即速行遍谕。

这道圣旨大话连篇，此时由于吴三桂的大举进攻，康熙皇帝捉襟见肘，朝廷已无兵可调。孙延龄自称“安远大将军”，派兵前往柳州，命令广西提督马雄归降。长期以来，孙延龄与马雄之间，积怨很深，虽然同在广西，但二人是心不和，面也不和。马雄看不上孙延龄的所作所为，根本不听孙延龄的指挥。但马雄兵力单薄，无法与孙延龄正面抗衡，于是，他宣布“降平西王，不降孙延龄”。马雄直接派人去湖南，面见吴三桂请降。吴三桂大喜，当即封马雄为“怀宁公”，让他继续镇守柳州。稍后，广西都统线国安也向吴三桂投降。至此，广西全境都纳入了吴三桂的版图。孙延龄和马雄虽然都宣布，改弦更张，效忠吴三桂，但因为二人之间的旧怨，相互之间不时还会有战斗发生。

就在孙延龄起事后不到一个月，康熙最担心的事发生了。康熙十三年（1674 年）三月十五日，耿精忠在福州正式宣布，断绝与清朝的一切关系，自称“总统天下兵马大将军”，蓄发并改穿明朝服饰，铸钱“裕民通宝”。与孙延龄不同，耿藩经营多年，在三藩中，实力仅次于吴藩。耿精忠的总兵力不下十万人，他手下的白显忠、曾养性、马九玉都是著名的悍将。耿藩的起兵比孙延龄起兵影响更大，也更让康熙头疼。

这耿精忠是耿藩第三代王。他的祖父耿仲明，父亲耿继茂先后去世，他作为耿家长孙，继承了王爵。顺治十一年（1657 年），耿精忠被留在京城充当人质。顺治皇帝将他大哥豪格的女儿许配给他，他也和吴应熊一样，当上了和硕额驸。康熙二年（1663 年），他的父亲耿继茂以回福建学军事为名，将耿精忠弄回了身边。父亲去世后，耿精忠袭爵，当上了靖南王。

康熙十二年（1673 年），继平南王尚可喜之后，他也曾违心地请求撤藩，并得到皇帝的批准。而在他心里，他是一千个、一万个不愿意撤藩的。虽然，前不久康熙下令停撤耿藩，但那是吴三桂起兵逼迫的结果。耿精忠心里明白，只要形势改变，三藩迟早是康熙砧板上的肉。与其任人宰割，不如拼他个鱼死网破，这就是耿精忠所以起兵的原因。耿精忠从心底里对康熙充满了反感，充满了仇恨。

福建的大多数官员，都是支持耿精忠起兵反清的，但有一个人例外，他就是福建总督范承谟。这范承谟是大学士范文程的次子，他于顺治九年（1652 年）中进士，康熙七年（1668 年）出任浙江巡抚，康熙十一年（1672 年）被任命为福建总督。范承谟在福建很有声望，所以，耿精忠希望，能劝说范承谟支持自己起兵。起事当天清晨，耿精忠就打发人去请范承谟过府议事。来人对范承谟说：

“王守制数月，未亲理军务。今有海寇游荡，乘云南多事，萌发窥我之心，讹言四起，众情深惑。王今新接到固守地方之命，不敢以私情废公务，愿与诸公会商内外防范之策。因丧服未除，故遣下员前来促驾。”

范承谟正在犹豫之时，福建巡抚刘秉政也到了他的家，并约他一同去参加会议。范承谟这才放心地和刘秉政一起前往耿府。其实，这是耿精忠的特意安排。他怕范承谟不来，才有意让刘秉政去约，而刘秉政此时早已投入了耿精忠的怀抱。一进议事厅，耿精忠手下便亮出了兵刃。耿精忠喝退手下人，假意请范承谟坐下，并向他说明请他来共举大事的原委。范承谟怒斥耿精忠，骂道：

“你枉披人皮，干出这背主求荣、欺世盗名的勾当！你这是灭族之罪，放着好好的王爷不当，非要铤而走险，这是死路一条。我范某人绝不与你同流合污！”

见范承谟态度如此坚决，耿精忠便不再劝他，把他关在一间柴房里。范承谟一连绝食十天，虽然奄奄一息，但并没有死。耿精忠再次派刘秉政到柴房劝降，希望范承谟能够回心转意。刘秉政一进柴房，就被范承谟踢了一脚，摔了一跤。他没话找话，自我解嘲说：

“这柴房的地怎么这么不平啊？”

“刘巡抚，你就别演戏了。我知道你是来当说客的。你也不要多费唇舌，人各有志，我是不会投降的。”范承谟斩钉截铁地说。

刘秉政听了范承谟的话后，不仅不生气，他还专门凑到范承谟跟前，对他说：

“记得先生在杭州时，曾与灵隐寺的水月和尚参禅。那水月和尚曾送给你两句偈语，你还记得吗？”

原来范承谟任浙江巡抚时，经常去灵隐寺参禅拜佛，与灵隐寺方丈水月和尚成了莫逆之交。这水月和尚是当地著名的有道高僧，能知过去未来之事。范承谟调任福建时，去与水月和尚道别。临别时，水月和尚赠给范承谟两句偈语：“虫莫入门，火莫近耳。”当时范承谟并未在意，现在想起来，倒是有个说头了。“虫”入“门”是“闽”，“火”近“耳”则是“耿”。看来，范承谟是要死在福建的耿精忠手里了。不过，范承谟此时已将生死置之度外，他厉声对刘秉政说：

“我信奉孔孟，以忠孝为先。水月偈语，不过一说罢了。死生有命，富贵在天。回去告诉耿精忠，善自为计，好自为之，毋招灭门之祸也。”

耿精忠见劝说无效，便将范承谟一家五十余口全部圈禁起来。他敬重范承谟的人品，一时还不想杀他。而康熙对于耿精忠的起兵，仍然是照方抓药，照旧发出一份隔靴搔痒的《通告》，而《通告》的内容与声讨吴三桂、孙延龄的大同小异。《通告》全文如下：

逆贼耿精忠，庸懦无能，疾愚寡识，只缘伊祖耿仲明航海来归，太宗文皇帝念其投诚之功，特封王爵，宠眷优隆。世祖章皇帝定鼎燕京，复加委任，令其统兵镇粤，中道殒身。其子耿继茂，叨恩承袭，两镇岩疆，恪其职守。朕眷怀勋裔，恩礼有加，及其兵亡，尤深轸恤，特遣部臣，颁赐敕谕，俾耿精忠袭封王爵。自伊祖以及伊身，受恩三世四十余年。耿精忠赖祖父之余勋，冒朝廷之崇秩，自宜感恩图报，殚竭忠忱。不意其包藏祸心，潜谋不轨，乘吴逆之变，辄行反叛，煽乱地方，罪恶昭彰，国法难容。今削其王爵，遣发大兵进剿，指日荡平。但念其所属官兵及地方官员军民人等，或被逆贼迫胁，虽怀忠义，莫能自明，恐大兵一到，玉石难分。有能擒献耿精忠投献军前者，优加爵赏；或以兵马城池纳款者，论功叙录；或力有不逮，自拔来归者，亦免罪收用。其原系所属之人，见为直隶各省文武官员者，概从宽宥，虽有父子兄弟见在福建者亦不株连。勿得心怀疑畏自罹法网，负朕好生之意。

几篇《通告》，文字近似，大意相同，都是一派官话，根本打动不了任何人。但对耿藩，康熙在发《通告》之外，还增加了一个特殊措施。他没有杀在京作为人质的耿精忠的弟弟耿昭忠、耿聚忠，只是将他两人圈禁起来，作为手中的筹码，派工部郎中周襄绪和原耿精忠手下的一等护卫陈嘉猷，携带康熙帝亲笔信前往福州招降。康熙之所以这样做，并不是他发了慈悲，而是朝廷已无兵可派。一个吴三桂，就抽干了满洲八旗，现在加上一个孙延龄、一个耿精忠，康熙已经是有心无力了。

周襄绪和陈嘉猷到福州后，靠着陈嘉猷的老关系，先见了耿精忠的母亲周氏。周氏本来就反对儿子起兵反清，尤其她还有两个儿子在北京，所以周襄绪和陈嘉猷的到来，她好像看见了救星。她把耿精忠叫进了后堂，周襄绪和陈嘉猷当面把皇帝写的信交给了耿精忠，并口头传达了康熙皇帝希望他悬崖勒马的旨意。耿精忠不为所动，他扣留了康熙的两位钦差，拒绝向朝廷屈服。周氏再三劝说，耿精忠都置若罔闻，最后，周氏绝食而死。

耿精忠对康熙的招降说“不”，他用实际行动打了康熙皇帝一个脆生生的耳光。他命令手下大将白显忠出兵江西建昌、广信等地。他同时两路出兵浙江。一路由马九玉为将，出仙霞岭攻浙江的金华、衢州。一路由都统曾养性为将，进攻浙江沿海地区。耿精忠还派人跨海去台湾送信，邀请延平王郑锦派兵来大陆，共同对付清军。耿精忠大刀阔斧地开辟了第二战场，这无疑是对吴三桂最大的支持和鼓舞。

台湾的郑锦也感觉，这是一个千载难逢的机会，他派大将刘国轩率领一百多条船、一万多人马，从福建沿海登陆，占领了漳州和泉州。耿精忠见郑锦出兵，大喜过望，他立刻封郑锦为大将军，并派人送去敕印。没想到郑锦接到敕印后，却勃然大怒。他说：

“你耿精忠自己不过是个将军，你有什么资格封我为大将军？我们是堂堂大明臣子，不接受其他人的封赠。”

我们先按下耿藩起兵的事不表，再把目光转向西北。康熙十三年（1674 年）十二月，已经焦头烂额的康熙又收到了一个让他心惊肉跳的坏消息，陕西提督王辅臣在宁羌州起兵造反，杀死了大学士、陕西经略使莫洛。这个消息是“定西大将军”董鄂从陕西汉中五百里加急报上来的。康熙的眼前一阵发黑，拿着塘报的手剧烈颤抖，身子从御座上溜到了地上。皇帝这次受到的刺激太大了。吴三桂、孙延龄、耿精忠他们起兵，都在南方，虽然声势很大，但对京城的威胁却有限。

可陕西不同，陕西号称京师右臂，出了潼关，便是一马平川，进攻北京毫无阻拦。陕西在西北诸省中，有举足轻重的地位，对北方各省影响很大。陕西带了造反的头，整个局势便会急转直下。而陕西提督王辅臣，甘肃提督张勇，过去都曾是吴三桂的部下，吴三桂在起兵之初，便多次派人与他们联络，希望他们加入反清阵营。康熙皇帝对陕西的重要性有清醒的认识，他也一直有计划地拉拢王辅臣、张勇二人，防止他们反水。

王辅臣本姓李，是河南杞县人。他小时候，家里很穷，曾经给地主放羊，吃了不少苦头。杞县举人李岩造反时，他就加入了起义的队伍，后又跟随李岩投奔李自成，成了大顺军的一员。他身长七尺有余，卧蚕眉，丹凤眼，白脸膛，长相有点像三国时期的名将关羽。他作战勇敢，冲锋在前，尤其是能在马上奔驰如飞，百步穿杨，人送绰号“马鹞子”。大顺军失败后，他郁郁不得志，加入了明将姜瓖的队伍，充当健儿。姜瓖手下有一参将名叫王朝进，膝下无子，便收他为义子，此后他便改姓王。

姜瓖在山西降清，王辅臣也就成了一员清将。顺治皇帝很欣赏王辅臣的武功，把他调到京城，授予他一等御前侍卫的官职，他也成为皇帝的亲信。洪承畴奉命经略河南，顺治皇帝特意派王辅臣前去效力，从此他一心一意跟着洪承畴转战南北。洪承畴没吃饭，他不敢先吃；洪承畴未穿衣，他不敢先穿；洪承畴乘轿，他手扶轿杆；洪承畴骑马，他牵着马缰。遇到行走不便之处，他就背着洪承畴。他从不以御前侍卫的身份自居，令洪承畴十分感动。洪承畴进军云南时，提拔他为曲靖总兵。洪承畴回京后，他便归吴三桂指挥。

吴三桂久闻“马鹞子”之名，对王辅臣关爱有加，甚至超过了对他的子侄。吴三桂经常请王辅臣到王府切磋武艺，长恨相见之晚。有了珍贵的器物或者难得的衣裳，他都要赏给王辅臣。逢年过节，他都要请王辅臣到王府赴宴。王辅臣也很懂得感恩，他像对待洪承畴那样，对待吴三桂，忠心耿耿地在吴三桂鞍前马后奔走，不蔽风雨，不辞劳苦。两人的关系也超越了一般将帅的关系，可以说是情同手足。

有一年，王辅臣参加征讨乌撒土司的战斗。仗打胜了，大家都很高兴，一起到总兵“马一棍”营中喝酒。这“马一棍”也是吴三桂手下爱将，他治军极严，士兵有小小的过错，便会用棍棒惩罚，往往一棍就将人击毙，所以得了这么一个绰号。别人用这个绰号挖苦他，他却引以为荣。酒过三巡，众将已有醉意，兵士们开始上饭。王辅臣端起碗正要吃时，旁边一位李总兵却发现碗里有一只苍蝇，大喊大叫起来。王辅臣生怕“马一棍”会因此打杀做饭的士兵，因此说：

“我们都是在战场上出生入死的人，啥事儿没经过，有饭吃就不错了，还挑什么食儿？死苍蝇我过去也吃过。”

“你吃过死苍蝇？那你现在就把这只苍蝇吃下去。咱俩打赌，你吃下去，我愿把我骑的黄膘马输给你。”那位不识趣的李总兵却在这时提出，要与王辅臣打赌。

这王辅臣是个极要面子的人，当着这么多人的面，他绝不会认输。他硬着头皮，将死苍蝇和饭，一口吞进肚里。本来这事，到此也就完了。谁知此时，吴三桂的侄子吴应期却插了一句嘴，说：

“这李总兵的马，怎么就这么好骑呢？人家跟你赌吃死苍蝇，你就吃死苍蝇，如果人家与你赌吃大粪，难道你也吃大粪吗？”

王辅臣吃了死苍蝇，本来就一肚子的不高兴。听了吴应期这话，再也控制不住情绪，他一拳砸向了饭桌。王辅臣那是天生神力，饭桌的四条腿当即折断，碗碟全都碎了，饭菜撒得满地都是。他骂道：

“吴应期，你小子仗着是平西王的侄子，敢当众辱我？别人怕你是王子王孙，我姓王的不怕！我敢吃王子的脑髓，王爷的心肝！”

众将见势头不好，纷纷上前解劝。吴应期一见惹了祸，撒丫子跑了。第二天，王辅臣酒醒了以后，想起昨天的事儿，说过的话，有点懊悔。手下人都劝他，去给吴应期赔个不是，事情也就过去了。王辅臣觉得大家说得有理，正准备起身出门。谁知，吴应期已经骑马进营了。吴应期一下马，便拉着王辅臣的手，进了大帐。他拜倒在地，痛心地说：

“昨天我多喝了几杯黄汤，出言得罪了兄长，兄长责怪我是应该的。今日我特来赔罪，希望兄长能宽恕我的鲁莽，不要记仇。”

王辅臣也立刻下拜，然后拉着吴应期的手，一同站了起来。他十分真诚地说：

“我也是酒吃醉了，出口伤人。你不怪罪我就好了，怎么能让你来赔罪呢？昨天的事全怪我。”

经过这番解释，双方重归于好。王辅臣还特意拿出自己珍藏的“茅台”酒，二人喝了个一醉方休。本来这件小事到这儿也就了了，可不知怎么搞的，这件事传进了吴三桂的耳朵里。有一天曲靖的差官到昆明来领饷，临走时，吴三桂把他叫住，说：

“你回去替我问候弟兄们，另外，再给辅臣捎句话。不久前征乌撒，他和应其酒后争吵。都是同年兄弟，酒醉吵骂，也是常事，就是挥拳相殴，又有何妨？吵架也罢，何必把老夫牵扯进去。说什么要‘吃王爷的心肝’。这是什么话？别人会说，王爷平日待王辅臣情同手足，王辅臣却要吃王爷的心肝。这岂不让人笑话？你回去告诉辅臣，今后不能再说这类话！”

按说，吴三桂这样讲，也没有恶意，不过是劝王辅臣今后说话注意点罢了。可王辅臣听后，却很不爽，顿时萌生去意。他想：“你虽然贵为王爷，但你我都是朝廷的臣子，我又不是你家的奴才！你动不动就偏向自己的侄儿，我这个外人再怎么说都是外人，只有受气的份儿。天下没有不散的宴席，我还是早早离开这是非之地。”从这以后，王辅臣便多次秘密派人进京，用大量金银买通主管吏部的明珠，请求调离云南。恰巧平凉提督出缺，明珠就推荐王辅臣担任这个职务。

当任命王辅臣为平凉提督的调令下达时，吴三桂十分突然，他感到失去了左膀右臂，心里很不是滋味。他说：

“王辅臣这小子真是胡来，不知花了多少银子，才谋到这份差事。可老夫真舍不得让他走啊！”

王辅臣临别时，去向吴三桂辞行。吴三桂拉着他的手，久久不肯松开。他依依不舍地说：

“你跟我这么多年，真舍不得让你走啊！你到了西北，可不要忘了老夫。你家里人口多，开销大，千里迢迢，可怎么好啊！”

说完，吴三桂让人取来白银贰万两，送给王辅臣做盘缠。王辅臣也十分感动，他再三告别，才骑上马，赶路去了。王辅臣上任前，先到北京，向康熙皇帝辞行。康熙对王辅臣也很重视，除了在保和殿正式接见外，还特地在宫中赐宴。临别时，康熙皇帝深情地说：

“你是个将才，为人忠厚。朕真想把你留在身边，也好朝夕相见，但平凉乃边塞要地，非你去不可，朕就不留你了。朕有蟠龙豹尾枪一对，是先帝留下来的。朕每次出行，必把此枪列于马前，示不忘先帝。你是先帝之臣，朕是先帝之子。它物不足珍贵，朕把此枪赐给你。此枪为一对，你持一枪往镇平凉，见枪如见朕。朕留下一枪，见枪如见你。”

王辅臣感动得说不出话来。他长跪于地，久久不起，哽咽着说：

“圣恩如此深重，臣即使肝脑涂地，不能稍报万一。臣敢不尽股肱之力，报效圣上。”

这王辅臣是个血性汉子，说出来的话都是由衷之言。他表里如一，怎么说，也就怎么做。当他的好友汪士荣带着吴三桂的亲笔信和任命书，前来劝他背叛朝廷，加入吴三桂阵营时，他拒绝了。康熙临别的话还响在耳边，康熙赠他的豹尾枪就在眼前。康熙十三年（1674 年）二月初，王辅臣派他的儿子王继贞，将吴三桂派来的使臣汪士荣押送到北京，面见康熙，说明了情况。康熙十分高兴，当即封王继贞为大理寺少卿，并处决了汪士荣。

过了不久，康熙又收到了甘肃提督张勇送来的、吴三桂手下的四川总兵吴之茂写给张勇的劝降信。吴三桂连续策反西北的清军将领，引起了康熙帝的警觉，他决定，派曾任陕西总督的莫洛任陕西经略使，掌管陕西的军政大权。为了提高莫洛的地位，康熙还特意授莫洛为武英殿大学士。康熙在太和殿接见了莫洛，并调拨禁军一千人，跟随莫洛，前往陕西。

康熙十三年（1674 年）十一月，莫洛奉命进军四川，他带领清军到达保宁。吴三桂手下大将吴之茂率军连续攻占了七盘关与朝天关，切断了清军的饷道，加之，行驶在嘉陵江上的粮船，被吴军抢走，驻广元的清军已断粮两月。康熙急令莫罗军从四川保宁撤回宁羌州，以防止退路被切断。这时王辅臣的部队正驻守宁羌州，与驻扎在南校场的莫罗军，相隔仅二里。

这是很危险的，因为两军此前已经有了矛盾。莫洛是个蠢材，他从心底里看不起汉人。当王辅臣到西安去见莫洛陈述进兵方略时，莫洛根本不听，几句话就把他打发了。这种傲慢的态度让爱面子的王辅臣十分恼火，他回去后，直接要求康熙，将他调离，脱离莫洛的管辖。此外，莫洛将王辅臣所部的好马全部调走，换来的全都是又老又瘦的劣马。作战全靠好马，好马被换走，兵士们怨气冲天。莫洛还迟迟不发王辅臣部下兵士的饷银，士兵们靠饷银养家糊口，这一来，更激怒了王部的士兵，也让王辅臣气得火冒三丈。

十二月初四，王辅臣兵营中的士兵蜂拥而出，冲向驻扎在南校场的莫洛大营，并高喊要好马，要粮饷。莫洛吩咐手下的满兵放箭，用密集的箭矢将王辅臣的部队击退。王部中箭死伤的士兵多达上百人，群情更加激愤。王辅臣亲自指挥反击，动用了火枪和大炮。莫洛也拼命组织部下进行抵抗，不料，一颗鸟枪的流弹飞来，恰巧击中莫洛的脑袋。莫洛当即身死，其所带的几千名士兵如鸟兽散。

康熙接到董鄂的报告后，虽然惊吓不小，但很快便镇定下来。因为康熙手中还有一张牌，那就是王辅臣的儿子王继贞。派军队镇压，现在是无兵也无将，只有把希望寄托在王继贞身上了。康熙立刻召见王继贞，劈头盖脸地对他说：

“你父亲反了，你知道吗?”

王继贞吓得脸色苍白，支支吾吾地回答：

“臣一点也不知道。”

于是，康熙对王继贞详细地讲述了兵变的经过。王继贞是越听越心虚，越听越害怕，张口结舌，说不出一句话来。康熙反而安慰他说：

“你不要怕。朕知汝父忠贞，断不会轻易谋反，必是经略莫洛措置不当，才导致士兵哗变，胁迫汝父从叛。朕现在派你回去，当众宣布，杀经略莫洛，过在众人，汝父无罪。只要汝父能约束部众，破贼立功，朕特赦免其所有罪过，决不食言。”

王继贞走后，康熙还不放心，他再派科臣苏拜带着他的谕旨前往陕西，希望能和平解决这一事变。康熙谕旨的内容如下：

“近据将军董额奏称，你部进剿四川途中，军人哗变，部众溃乱，朕甚为骇异！朕思你自大同归属英王阿济格，后归于正白旗。世祖知你赋性忠义，才勇兼优，特入选侍卫之列，继而命你随经略洪承畴进取滇黔。你不负众望，竭诚精忠，大建功勋，因而晋级总兵，宠任优渥。及朕即位，以你为勋旧重臣，岩疆所赖，特升为平凉提督。召你进京陛见，当面垂询。知尔天性忠贞，计略超群，朕心甚悦。特赐密谕，言犹在耳，当未忘怀。

去冬吴逆叛变，人心观望，谣言四起。独尔首创忠义，揭举逆札，擒捕逆使，差你子继贞驰奏。朕召见继贞，当面问询。知尔纯正笃厚，果不负朕。疾风知劲草，板荡识忠臣，于此一现。其后，你奏请觐见，面陈方略。朕思你一向忠诚，且边疆要地，不可轻离，故未让你进京。经略莫洛奏请率你入蜀，朕思你与莫洛和衷共济，彼此无间，故命你同往建功。直到此次兵变之后，始知莫洛对你心怀私隙，颇有猜嫌，致有今日之事。此乃朕知人不明，使你变遭意外，难诉忠贞，责在于朕，与尔何干？朕与你，谊则君臣，情同父子，信发于心，恩重于山。以朕如此眷望，知你必不负朕。至于所部官兵被调进川，征戍困苦，行役艰辛，朕亦悉知。今事起仓促，实出于不得已。朕惟矜恤，并无谴责，已令陕西督抚，招徕安排。遣还你子，代传朕意。唯恐你仍犹豫，因特发此专敕。尔果能不忘累朝恩眷，幡然悔悟，收拢属兵，各归营伍。即令你率领，仍回平凉，原任职不变。以往之事，一概从宽赦免。或许经略莫洛，别有变故，亦系兵卒一时激愤所致，朕不再追究。朕推心置腹，决不食言，望你勿生疑虑，勿负朕笃念旧勋之意。”

康熙的这道谕旨写得娓娓动情，鞭辟入里，拳拳之心，溢于言表，自责己过，古今罕闻。全篇无一句责骂之言，字里行间，流露出一股体贴之心，甚至牺牲莫洛，也在所不惜。倒不是康熙特别大度，也不是康熙特别宽容，而是形势所迫。此时，吴三桂的动乱，已经波及半个中国，大清江山已处于风雨飘摇之中。康熙无兵将可派，当然希望和平解决了。如果招抚成功，稳定住整个西北，则前途尚有可为。若是招抚失败，西北动荡，局势就很难说了。

儿子王继贞回到了自己身边，王辅臣一颗心总算放下来了。没有了后顾之忧，王辅臣可以放开手脚大干了。王辅臣对康熙还是很了解的，他根本不相信康熙谕旨中的那些鬼话。莫洛是满人中的大员，杀了莫洛就与清廷结下了死仇，康熙绝不会放过这件事，什么“宽恕”“赦免”，都是骗人的谎言，时候一到，康熙是一定要秋后算账的。但目前，王辅臣还不想与朝廷彻底闹翻，他想再糊弄朝廷一段时间。

王辅臣给康熙回了一封信，派莫洛手下的郎中祝表正送去北京。信的内容主要是解释兵变的原因，并要求康熙派遣使臣来陕西安抚官兵。其实，这只是王辅臣的障眼法，麻痹皇帝的神经。他自己已经率军返回了平凉，并向陕甘两地发出了起兵的函件。在他的号召下，陕西除西安府及邠、乾二州外，都打出了反清的旗帜。而甘肃方面，王辅臣亲自率兵攻下了甘肃首府兰州，清甘肃巡抚华善逃走。固原、阶州、岷州、临洮等地纷纷响应，清朝只保有河西走廊一狭长地区。

康熙皇帝接到王辅臣的信后，不敢怠慢，立即有起草了一道手谕，让王辅臣派来的祝表正带上手谕，立即返回。可是已经来不及了，王辅臣已经在西北竖起了反清的大旗。气急败坏的康熙皇帝这才知道，自己上了王辅臣的当。招抚失败，又无兵可派，康熙决定就地取材。康熙十四年（1675 年）三月，康熙授予甘肃提督张勇为“靖逆将军”，王进宝为都督同知，陈福为陕西提督，让他们去对付王辅臣的叛军。

王辅臣的事，先交代到这里。我们再来看看，吴三桂起兵之后，三藩中的尚藩有什么动作。三藩之中，耿藩和尚藩的关系更加密切，他们两家是亲戚。耿精忠是尚可喜长子尚之信的妻兄，而耿精忠的儿媳又是尚可喜次子尚之孝的女儿。孙延龄起兵时，有意在檄文中加了“三藩并变”四字，其目的很明显，就是要将尚藩拖进反清的联盟。但老奸巨猾的平南王尚可喜，并不是这样想的。康熙十三年（1674 年）四月十三日，尚可喜将吴三桂约他起兵的信札和两个信使，一并解往北京，表明他坚决忠于大清的立场。尚可喜还同时附了一封奏疏，

他在奏疏中特意解释道：

“孙延龄伪檄有‘三藩并变’之语，闽省又倏告变。臣与耿精忠本系姻娅，不能不踧踖于中。窃臣叨王爵，年已七十有余，虽至愚极陋，岂肯

向逆贼求功名富贵乎？惟知捐躯矢志，竭力保固岭南，以表臣始终之诚。”

康熙看了尚可喜的奏疏后，十分欣慰，他在奏疏后专门写了一段批语：

“王累朝勋旧，惟笃忠贞，朕心久已洞悉。近复虑摅猷略，保固岩疆，其功甚茂。览奏，披历悃忱，深为可嘉，著益殚心料理，相机剿御，以副朕倚任之意。”

尽管尚可喜忠心耿耿，言之凿凿，但全国反清形势的发展在广东也掀起了波澜。就在尚可喜将吴三桂信使押赴北京的第二天，潮州总兵刘进忠便公开举兵造反。四月二十日，刘进忠将耿精忠的队伍迎进了潮州城，并将住在城里的续顺公沈瑞逮捕后带到了福建。尚可喜急令其子尚之孝统兵讨伐刘进忠。刘进忠接连吃了几个败仗后，向台湾的郑锦求救，郑锦派大将刘国轩率兵救援。二刘合兵后，不但解了潮州之围，而且攻破了尚可喜的普宁大营，并乘胜追至惠州的博罗。

同年六月，广东高州总兵祖泽清宣布起兵抗清，并将广西马雄的部队迎进了高州。祖泽清是名将祖大寿的第四子，与吴三桂是表兄弟。他当年降清就很不情愿所以这次举兵反清，响应吴三桂，就在情理之中了。马雄的广西兵很有战斗力，接连战胜尚可喜的队伍，并攻下广东十多个州县。尚可喜已七十多岁，他已经无计可施，只是频频向朝廷要求，快派救兵到广东来。

这时，吴三桂派大将胡国柱出兵广东，兵临肇庆。肇庆离广州不过二百里，骑兵一天就可到达。在吴军的攻击下，尚可喜手下总兵官苗文秀等人相继降吴，广东全省已有半数地方脱离了尚可喜的控制。吴三桂进军广东的目的是，以武力逼迫尚藩起兵反清。若尚藩执迷不悟，就消灭尚藩，以保证后方的安全。尚可喜迟迟等不到救兵，他意识到前途堪忧，就在自己家中的后楼准备了大批木柴，以便在不得已时自焚殉国。

康熙十五年（1676 年）二月二十一日，尚可喜的长子尚之信发动兵变，宣布接管平南王的一切权利，接受吴三桂封的“招讨大将军”名号。他派兵封锁了父亲尚可喜的府第，同时向清军大营发炮。两广总督金光祖、巡抚佟养钜等也宣布效忠吴三桂。至此，整个广东也纳入了吴三桂的势力范围。为什么会出现这种戏剧性的变化呢？这需要从平南亲王的王位继承说起。

尚之信是尚可喜的长子，生于明崇祯九年（1636 年），字德符。他生来神勇，上阵杀敌，所向披靡。但他嗜酒如命，经常借酒生事。十九岁上，尚之信进京充当人质，直到康熙十年（1671 年），尚可喜才以年老多病为由，将他弄回身边。身为长子，尚之信是当然的王位继承人。但他回广东后，依旧酗酒滋事，引起尚可喜的不满。有一天，尚可喜问他的谋士金光，说自己百年之后，哪个儿子更适宜继承王位？金光回答道：

“安答公（皇帝赐尚之信的号），刚而多虑，勇而寡仁，若以嗣位，必不利国。请废之信，立次子之孝。”

金光的话，正中下怀。尚可喜决定废长立幼，由次子尚之孝继承王位。康熙十三年（1674 年）四月，尚可喜给皇帝上疏，说：

“太宗皇帝时，袭职之子，不论年长，必选才能。今臣年逾七十，若不早决于生前，窃恐偾辕于异日。臣察众子中惟次子都统尚之孝律己端慎，驭下宽厚，可继臣职。至于军机战守缓急事宜，臣虽衰老，不能驰驱，然一日尚存，当尽一日之心，指挥调度，断不至有误封疆也。”

其实，尚可喜在去年也曾给皇帝上疏，说的也是王位继承问题。不同的是，上一次他的意见是由长子尚之信继承王位，而这一次，他却建议由次子尚之孝继承王位。巧的是，上一次的请求，康熙皇帝以没有先例为由，没有批准。而这次却由于吴三桂起兵，引起了全国动乱，出于稳定形势的需要，康熙皇帝很快就批准了尚可喜的请求。

康熙的御批惹恼了尚之信，身为长子，却不能继承王位，这是他无论如何也不甘心的。于是，他整天在家中大吵大闹，无端生事，搞得阖家不安。在这种情况下，弟弟尚之孝也不敢接受王爵，力辞不就。无奈之下，只好仍由尚可喜担任平南王，让尚之信主事。而尚之孝继承王位的事，就暂时搁置起来。虽然这样做，不符合朝廷的本意，但康熙和议政王大臣会议还是接受了这个折中方案。但尚之信却不接受，他毅然决然地发动了兵变，将平南王的王冠戴在了自己头上。

吴三桂答应，只要尚之信夺权成功，并站在自己这一边，就封他为王，世代镇守广东。实际上，表面粗鲁莽撞的尚之信，却是一个很有心计的精明人。他明里接受吴三桂“招讨大将军”的封号，宣布与清廷决裂，投入吴三桂阵营。但暗里他却秘密地向康熙保证，他这样做，不过是为了保持地盘和实力，清军一到，他就立即率军反正。这真是一桩稳赚不赔的买卖，尚之信脚踏两只船，在那里观望，哪一方胜利，他就投靠那一方，真是首鼠两端，狡狯之极。

尚之信起兵后做的第一件事，便是将那个建议他弟弟继承王位的谋士金光杀掉。而对于自己的父亲，他虽然也有气，但毕竟是父子，他只是把他软禁起来。病中的尚可喜，经此巨变，病情加重，从此昏迷不醒。又过了几天，尚可喜就去世了，他活了七十三岁。尚可喜死后，大权就完全掌握在尚之信手中了。吴三桂多次催促尚之信出兵庾岭，尚之信就是按兵不动。他每天喝得烂醉，不理政事。吴三桂逼急了，尚之信便拿出十万两银子送给吴三桂犒军，弄得吴三桂是哭笑不得。

吴三桂起兵后的短短两年，从西南边陲到都城北京，从东南沿海到辽阔的西北，烽烟四起，干戈不断。战火遍及一十三省，大半个中国陷入了水深火热之中。康熙的宝座已经摇摇欲坠，大清王朝危在旦夕。年轻的康熙皇帝做梦都没想到，撤藩的举动，竟然引起了如此强烈的连锁反应，小小的吴三桂竟然折腾出这么大的动静。吴三桂起兵是出于个人的私欲，但逐渐演变为一场民族战争，一场要推翻满族统治的全民暴动。

战火在脚下燃烧，空气中弥漫着血腥的气味，大清王朝的旗帜从一座座城头坠落。瞬息万变、波诡云谲的形势，肯定是康熙没有预见到的。在内心深处，不知道康熙是否有过后悔，但从表面上看，小皇帝没有认输，他使出浑身解数，去挽救被他拖入深渊的帝国。他不停地调兵遣将，去消灭敢于对抗自己的敌人，他把斗争的主要矛头，始终对准了吴三桂这个十恶不赦的罪人。

第三十章

定平凉威震九边

康熙皇帝手忙脚乱，吴三桂却是志得意满。由于王辅臣在陕甘开辟了第三战场，形势变得空前有利。吴军在紧紧控制住云南、贵州、四川、湖南四省的基础上，其前锋已进至湖北松滋，与对岸清军的荆州大营隔江相望。吴军大将胡国柱出兵广西，与孙延龄一起占领了广西全境。广东的尚之信虽不肯出兵，但他已宣布效忠吴三桂。福建的耿精忠派出军队，攻占了江西和浙江的部分地区。康熙皇帝这次的确感到了一股寒意，在北京扬言要御驾亲征，可他并没有底气，群臣稍一劝阻，他也就偃旗息鼓了。

吴三桂决定，在岳州召开一次军事会议，讨论下一步的行动计划。岳州位于洞庭湖畔的长江南岸，三面环水，一面是陆地。它是湖南的门户，要想穿过湖南，必须通过岳州。它是南北交通的命脉，自古以来都是兵家必争之地。吴三桂深知岳州的重要，命其侄儿、大将吴应期率兵七万驻守。吴应期奉命镇守岳州后，不断加固岳州的城防。陆路挖掘三道堑壕，并修筑堡垒，设置陷阱、鹿角、挨牌等；水面上设立梢桩、拦网，防止清军的船只进入湖内。同时，还在洞庭湖内新建水师，日夜操练。吴三桂对吴应期的各项布置十分满意，所以决定在这里召开这次重要的军事会议。

军事会议的会址设在举世闻名的岳阳楼上。岳阳楼为唐代建筑，宋代滕子京曾经重修过。楼高三层，重檐歇山顶，下临洞庭湖，波涛万顷，遥望君山，气象万千。北宋名相范仲淹曾写下《岳阳楼记》，其中有传诵千古的名句，“先天下之忧而忧，后天下之乐而乐”。吴三桂的军事会议在二楼大厅举行。大厅中央专门为吴三桂设置了饰有白色虎皮的帅椅，帅椅旁立着吴三桂使用的大刀，墙上挂着那把有名的铁胎弓。楼柱上挂着一副镶金对联：“气蒸云梦泽，波憾洞庭湖”。横批是：“惟楚有才”。

楼下，万里长江浩浩荡荡向东流去。洞庭湖中，烟波浩渺，吴军水师的战船星罗棋布，小船在其中穿梭往来。吴三桂在众人簇拥下走进了大厅。他身着战袍，头戴冲天冠，冠顶上镶着那颗红得耀眼的宝石。他大不咧咧地坐到虎皮帅椅上，指着面前的地图，大声说：

“众位将官、六曹椽吏、弟兄们：

自去年起兵以来，我大周势如破竹，连下黔、蜀、湘等地，兵锋所指，所向披靡。孙延龄西粤麾兵，率先响应；耿精忠八闽出击，江浙易帜；王辅臣揭竿陕西，西北雄起。而今，大半个中国变色，满鞑小朝廷朝不保夕。没想到，我们仅用了一年多的时间，就提前实现了饮马长江的目标。真是人心大快，大快人心啊！本次会议十分重要，下一步何去何从，请诸位各抒己见，再做定夺。他日富贵，必与众卿共享，决不食言。”

吴三桂说完这段开场白，就端起面前湘白细瓷锺，呷了一口清香的君山银针茶，悠闲地坐在虎皮帅椅上，等候众人发言。只见一位清癯的白眉老者，颤颤巍巍地站了起来，原来是吴三桂的重要谋士刘玄初。当初吴三桂没有采纳他反清复明的建议，他已经心灰意懒，但到了关键时刻，他还是忍不住，要发表自己的意见。只见他清了清嗓子，不疾不徐地说：

“王爷，我大军兴师一年，响应者风起云涌，满清大势已去，足见人心可用、人心可用啊！人心齐，泰山移。现兵将云集，饮马长江，正是一统山河、推翻清廷的千载难逢之机。机会难得，稍纵即逝。兵法云：动如脱兔。值此千钧一发之际，必须紧紧把握，挥师过江，直趋北京，推翻满清，痛饮黄龙。万不可迁延不决，坐以待毙。我军新兴，气势正盛，利在速战。如今引军向北，民心可用，上报先帝之厚恩，下解黎民之倒悬。

弱者与强者争，利在迅捷；强者与弱者斗，贵在持久。富者与贫者争讼，贫者望从速结案，富者愿拖延不决。云南地处边陲，不如东南一郡之富。若王屯兵不进，非独机会尽失，粮饷亦恐不继。当今之时，清廷乃富者、强者。我正当贫者、弱者。贫弱之人，若能舍命一搏，或能有可胜之机。若举棋不定，顿兵湘鄂，不但军机尽失，犹恐我辈死无葬身之地也！当断不断，反受其乱。老臣耄耋之年，时日无多。所谓人之将死，其言也善。言尽于此，不吐不快。望王速定大计，早日北上。老臣冒死进言，死而无憾。王速决断。”

本来这是一个主张进取的上佳方案，刘玄初说得也头头是道，很有道理，谁知却不对吴三桂的心思。吴三桂勃然大怒，说：

“什么死无葬身之地，出此不吉之言，与我轰了出去。”

刘玄初毫不畏惧，直立厅中，面不改色，大笑数声。说：

“良药苦口，忠言逆耳。王今日不听在下之言，他日追悔莫及。嗟乎！天岂不佑我大周乎？”

说完，他走到栏杆前，纵身一跃，跳下了楼。事出突然，所有人都不知所措。老先生如此倔强、如此决绝，连吴三桂事先都没有想到，他只得让人好生装殓安葬。这突如其来的一幕，打乱了会议的计划，也让原本支持刘玄初主张的人不敢吭声。这时，只见谋士方光琛站了出来，说：

“王爷，在下以为刘玄初之策不可取。今虽兵动四方，但清廷并未伤筋动骨。满蒙八旗劲旅，毫发未损，北方大半河山，仍属大清。我军若贸然北进，岂非以卵击石，强弱立判。即使万一得逞，拿下京师，也未必能长久。试想当年李闯，从西安出发，不足三月，拥兵百万，攻取北京。但因缺乏根基，一败而失京畿；再败则失陕甘；三败身死通山。前车之覆，后车之鉴。北上进攻北京，风险太大。臣以为，王爷以目前得胜之师，与清廷划江而治，是上之上策。以滇、黔、蜀、湘为根基，以江南富庶之地为饷源，依靠长江天险，进可以攻，退可以守。此万全之策也!”

方光琛的一番话，正中吴三桂下怀。他已经六十三岁了，虽然被迫起兵，顺风顺水，但当年的那股锐气与豪情，却早已不在了。他本来就没有推翻大清的想法，若能偏安一隅，他已经很满足了。他决定，听从方光琛的建议，与清廷划江而治。他说做就做，立即请幕僚吕黍子写了一封信，将软禁中的钦差折尔肯和傅达理放了出来，由他二人将信转交康熙。吴三桂独断专行，做出了决定，手下人也不好再说什么。但这是一个天大的错误，这个错误最终断送了大周王朝，也把吴三桂集团的核心人物通统送上了不归路。

其实，在是否渡江北上直接进攻北京这件大事上，吴三桂本来也很犹豫。有谁不想夺取天下，成为一统天下的君王呢？吴三桂之所以最终决定放弃渡江北上，这其中还有个故事。吴三桂这人很迷信，特别是上了岁数以后，就更相信巫师、占卜那一套了。前些天，吴三桂听说衡山岳神庙里有只神龟，活了上千年了，始终长不大，用它占卜十分灵验。吴三桂这时正为是否进攻北京拿不定主意呢，便选了一个黄道吉日去庙里碰碰运气。

庙中果然藏有有一只白色小龟，背上有金钱花纹，个头只有铜钱般大小，当地人称它“金龟”。吴三桂叫人把全国的山川地理图铺在案上，然后把“金龟”放在地图上让它爬。只见那白色的小东西爬来爬去，总处在长沙、岳州、常德之间，最后回到云南就不动了。一连试了三次，结果都一样。于是，吴三桂认为，这是上天暗示他不能北上，只要守住湖南就行了。这种愚蠢的迷信做法，误了吴三桂，也误了跟随吴三桂造反的人。

康熙看了折尔肯和傅达理带来的吴三桂的亲笔信，气得他一蹦三尺高。他本来估计吴三桂是要表示投降的，万没想到，吴三桂提出，要与他分庭抗礼，平起平坐。“划江而治”，你小子想得美！你也配！天无二日，国无二君。想与我比肩的人，老天爷还没生出来！普天之下，莫非王土；率土之滨，莫非王臣。“划江而治”，门儿都没有！他立刻传令，将监禁中的吴三桂的儿子吴应熊与其长孙吴世霖在菜市口当街处斩，他要出一口胸中的恶气。当然，他也是杀鸡给猴看，他用杀吴应熊表示他绝不与吴三桂妥协的态度。

吴应熊父子被杀的消息传到湖南时，吴三桂正在长沙与众将喝酒。虽然他知道，自己既然造反，儿子和孙子被杀是早晚的事儿，但真正成为事实，还是让他血脉澒张，气恨难平。毕竟父子连心，毕竟是骨肉亲情。他钢牙咬碎，双目圆睁，老泪纵横，泣不成声，愤怒地摔碎了手中的酒杯，发誓说：

“康熙小儿，我与你不共戴天！”

康熙在处死吴应熊父子后，便决定与吴三桂血战到底，决不能与吴三桂搞什么“划江而治”。他开始集中兵力，两路出兵，重点进攻湖南。一是由多罗顺承郡王勒尔锦指挥的湖北荆州大营的清军为主力，伺机进攻湖南常德。一是由安亲王岳乐率领的清军从江西出发，相机进攻湖南岳州。康熙的方针是，射人先射马，擒贼先擒王，只要消灭了吴三桂，其他几路人马都不在话下。康熙要在湖南，全歼吴三桂的主力。他在写给安亲王岳乐的信中，谈到了他的战略思想：

“逆贼吴三桂，久据湖南，奸宄承势窃发，滇、黔、川、闽，遂尔沦陷，广西、陕西逆孽猖獗。湖南一隅，诚贼根蒂，四方群寇所观望，必速灭吴三桂，底定湖南，则各地小丑闻风自散。今荆州兵未能渡江，而岳州兵又难骤进。王抵江西，宜由袁州直取长沙，一以断贼饷道，一以分贼兵势，一以扼广西咽喉，一以固江西门户。乌合之众，自当瓦解，荆、岳大兵即可乘机直进。况宁羌告变，川贼必通杨（来嘉）洪（福）二贼，窥我郧襄，扰我随邓，侵我荆州后路。揆其大势，进兵湖南，刻不容缓。且南方卑湿，延至夏月，霪雨连绵，大兵坐守日久，不但战马多毙，粮饷亦恐不继，是进取湖南，不再计决矣。王宜将江西要地，速行整理，稍有就绪，即进取湖南。勿得坐视，致误机会。”

虽然康熙料敌，洞若观火，无奈他手下的满将，却不太争气。满族是马上的民族，它的传统是：“大将生来黄带子，亲王自领八旗兵”。这句话的意思是，皇族的王爷生下来就能带兵，至于其他人想带兵，门儿都没有。满族人把兵权看的是至高无上的，必须由皇族自己掌握。这就是所谓祖制，即使是康熙，也无法改变这祖上传下来的规矩。清荆州大营是康熙寄予厚望的，但其统帅勒尔锦却是个怂包，一点也不争气。勒尔锦是礼亲王代善的孙子勒克德浑的儿子，一个标准的公子哥，从未经过战阵。只因他是皇亲国戚，便担任“大将军”，并且委以荆州大营统帅的重任。勒尔锦到荆州后，不敢出战，只是不断地向康熙要兵要饷。气得康熙在其请求增兵加饷的奏折上批示道：

“勒尔锦统领大兵，进剿逆贼，二载有余，未获寸土，以至师老饷匮，坐失机宜。今不直陈其罪，又巧饰具奏，殊为不合，应即处分。但见在进兵，俟旋师之日，严治其罪。”

康熙也很无奈，明知勒尔锦无能，还不得不用，所谓处分，也只能是保留职务，以观后效。除了勒尔锦之外，其他的领兵将领也都是皇室贵族。如荆州大营的副统帅、安远靖寇大将军尚善，他是郑亲王济尔哈朗之弟、贝勒费杨武的儿子。派往江西的统帅安亲王岳乐，是皇太极的兄长阿巴泰的儿子。江西大营的副统帅、简亲王喇布，则是济尔哈朗的孙子。派往陕西征剿王辅臣的定西大将军董鄂，是多铎的儿子。而派往福建对付耿精忠的奉命大将军、康亲王杰书，是礼亲王代善的孙子。他们顶着爱新觉罗的姓氏，揣着满清贵族的黄带子，承袭了先辈的爵位，担任方面军的统帅，其实，都不过是养尊处优的纨绔子弟。

如此不堪的将帅，岂能有好的战绩？两年来，顺承郡王勒尔锦，整天在搜刮金银财宝，准备打完仗回家享受。简亲王喇布到江西后，躲在南昌城内，拒不出战。信郡王董鄂更是胆小如鼠，待在西安城里，任凭王辅臣攻取兰州。康亲王杰书也是守在金华城里，避免与耿精忠的部队作战。尽管康熙皇帝心急似火，四处调兵，不断训斥，但由于主将怯战，畏敌如虎，所以战事毫无进展，叛乱愈演愈烈。

针对康熙重点进攻湖南的策略，吴三桂也采取了分兵两路、主动出击的战术。吴三桂的想法是，打通湖北和江西，与王辅臣、耿精忠的地盘连成一片，这样，各路反军可以互相支援，免得被清军各个击破。第一路由吴三桂的女婿夏国相率领七万大军，以及少数民族“猓倮”兵三千，出兵江西。一路上势如破竹，吴军攻占了萍乡、安福、上高、新昌诸县，并在醴陵筑起木城防守。康熙急令安郡王岳乐率兵进入江西，夺回上高、新昌等县。夏国相坚守萍乡，清军久攻不下。双方在江西打起了拉锯战，呈现一种胶着的局面。由于未能攻下江西，吴三桂与耿精忠联络的想法也落了空。

康熙十四年（1675 年）五月，吴三桂亲率另一路大军从湖南常德进入湖北松滋。吴营连绵数里，刀枪鲜明，刁斗声声，军容耀日。吴三桂调集了大量战船，集结在虎渡河上游，扬言要渡江与清军决战。松滋对面，便是与吴军对峙的清军荆州大营，清军的统帅便是顺承郡王勒尔锦。勒尔锦压根就没打算向吴军进攻，只要吴军不来进攻荆州，他就阿弥陀佛了。到底是否进攻荆州呢？这也是吴三桂此时正在考虑的问题，来到松滋后不久，吴三桂曾带了不少人去看地形，以便决定下一步的动作。回来后，与他一同去观看地形的心腹谋士顾君恩对他说：

“王爷，今天看了地形后，在下有一个建议。对面的荆州大营是清军的主力，半数的八旗兵都集中在这里。如果消灭了荆州大营，天下就在您掌握之中了。荆州地势偏低，城南门外五里就是长江。荆州城的东、南、西三面均修有长堤，如果没有这些长堤，荆州城将变成泽国。请王爷派兵掘开长堤，或者用炸药炸开长堤。只要长堤一破，大水将淹掉荆州城，同时淹掉荆州大营，当年关云长水淹七军的故事就会重演。王爷将不费一兵一卒，消灭掉荆州大营。十万清军都喂了鱼鳖虾蟹，剩下的清军将不堪一击。从荆州向北，一马平川。王爷命一上将，率关宁铁骑，杀向北京。一路上，摧枯拉朽，风卷残云，完成改朝换代的伟业。大周将取代大清，华夏将重归一统。您就是开国君主，您就是千古一帝！请王爷速做决断，此天赐良机，天与不取，悔之晚矣！”

“计是好计，高屋建瓴。但荆州尚有数十万百姓，一旦掘堤，荆州大营固然化为乌有，可数十万百姓的性命，也要付之东流了。如果这样做，百姓还会拥护我吗？我大周还怎么立足于天下呢？百年之后，后人会如何评价我呢？我看此计不妥。还是另想别的办法吧！”吴三桂说。

“王爷，大丈夫举大事，万不可有妇人之仁！所谓成者王侯败者贼，当务之急，是要打败清军这个强敌，其他都可忽略不计。生时荣辱，尚难预料，身后功过，谁能顾得？如迁延不决，失去机会，胜败尚未可知。到那时，王爷就是想划江而治，都不可能了。当断不断，后患无穷啊！”顾君恩再次诚恳地劝说。

但最终，吴三桂还是没有采纳顾君恩的这一建议，在错误的道路上又迈出了一大步。吴三桂在松滋集结战船也是虚晃一枪，他没有与清军荆州大营决战的打算。他这样做的目的是迷惑敌人，声东击西。他暗地里调出部分军队，占领了湖北宜昌东北的镇荆山，约好四川杨来嘉、洪福的部队，进攻湖北的谷城、郧阳、均州等地，企图打开与陕西王辅臣联络的通道。不过，由于清军的连续反击，吴三桂的这一目的也未能实现。

康熙十四年（1675 年）三月二十五日，康熙又收到了一个不好的消息，蒙古察哈尔部的布尔尼也响应吴三桂，起兵造反，奈曼王札木山也加入了布尔尼的队伍。布尔尼的祖父便是林丹汗，当年林丹汗的儿子额哲被多尔衮找到后主动降清，皇太极将一位公主许配给额哲，布尔尼就是这位公主所生。四月六日，康熙任命多罗信郡王董鄂为“抚远大将军”，大学士、都统图海主动请缨，担任副将军，出兵讨伐布尔尼。

图海，姓马佳氏，满洲正黄旗人。顺治时，他从笔帖式干起，先后担任秘书院学士、宏文院学士，后升任议政大臣。他很受顺治皇帝赏识，官阶不断高升，但一直都是文职。康熙即位后，他弃文从武，担任满洲都统。吴三桂、孙延龄、耿精忠先后叛清后，康熙觉得他办事能力强，让他担任户部尚书，为军队筹饷。布尔尼叛乱后，康熙已无将可用，图海自告奋勇，随同信郡王董鄂前往讨伐。

谁知这布尔尼骁勇异常，所部蒙古兵全是骑兵，行动迅疾，骑射尤精。清军与布尔尼的蒙古兵三次交锋，三次败北。这时，图海献了一计。清军谎称主帅中箭，收拾行装，准备撤军。布尔尼不知是计，当晚便率军前来偷营。图海命军士在营前挖了不少陷阱，前来偷营的蒙古兵一个个掉入陷阱被活捉，布尔尼本人也当了俘虏。就这样，这次平定蒙古察哈尔部布尔尼的叛乱，前后只用了不到十天时间，便宣布结束。康熙非常高兴，在平叛战争中，取得了首场酣畅淋漓的胜利。他更高兴的是，实战中发现了一位智勇双全的满族将军。战后，康熙特意在保和殿接见了图海，图海当面向康熙建议，要消灭王辅臣的叛军，首先应该攻取秦州。

秦州即古代的天水，是三国蜀将姜维的家乡。秦州处于兰州、巩昌、平凉、汉中之间，地理位置十分重要，夺取秦州，控制了中心地带，就可以使叛军前后左右不能相顾，一举夺回战场的主动权。康熙很欣赏图海的建议，他命令信郡王董鄂率军攻打秦州。信郡王董鄂不敢怠慢，他迅速调集精兵三万人，将秦州包围起来。秦州城墙高大坚固，易守难攻，几次攻城，都无功而返，董鄂请求调红夷大炮协助攻城。四月上旬，康熙派都统海尔图押运二十门红夷大炮到达秦州。

吴三桂和王辅臣都意识到秦州的重要，分别派遣援军从四川和平凉赶往秦州。四月二十日，两支援军都到达了秦州城外。两支援军共有一万多人，四川援军由大将吴之茂亲自带领。两支援军开始进攻包围秦州的清军，秦州城内守军八千人也从城内冲出，内外夹攻城外的清军。战斗进行得相当激烈，双方打得难解难分。这时，清总兵官孙思克率领五千骑兵赶来增援，清军顿时占了上风。

吴之茂慌了手脚，急忙带领本部兵撤走，平凉的援军和城内的守军也迅速退回城内。这时，董鄂命令发射红夷大炮，一时间炮声隆隆，硝烟弥漫，多处城墙被崩塌。城内守军大乱，总兵巴三纲率部分兵士逃走，另一总兵陈万策率余众投降。经过十天激烈的战斗，清军成功收复了秦州城。

秦州的胜利极大地鼓舞了清军的士气，清西宁总兵王进宝决定收复西北另一重镇——兰州。王进宝率兵连续一个月、不间断地进攻兰州城，并切断了守军的粮道。守军缺粮，军心不稳，他们连夜绑扎羊皮筏子，准备沿黄河逃跑。得到守军准备逃走的消息后，王进宝第二天便派兵夺取了守军的羊皮筏子，守军逃跑的计划也随之落空。守军总兵赵士升见粮道被断，逃跑无门，遂率领残兵五千余人献城投降。

在王进宝进攻兰州的同时，清甘肃提督张勇，向被叛军占据的另一座城市——巩昌发起攻击。巩昌与平凉唇齿相依，不容有失，王辅臣当即派遣副将任国治，率三千兵连夜从巩昌东门潜入城内增援。守城的总兵官陈科、郑元经得到增援后，信心大增，第二天便率领六千人从四门冲出，向清军发动反攻。城上城下互相开炮，双方步兵展开肉搏，死伤惨重。六月二十五日，清安西将军穆占及总兵孙思克率兵万人前来增援，巩昌城被清军紧紧包围起来。守军总兵陈科见势头不好，率余部投降，巩昌被清军收复。

西北连克三城，清军将平凉团团围住，准备毕其功于一役。但平凉由王辅臣亲自驻守，“马鹞子”并非浪得虚名，整整半年，清军在平凉城下，未能前进一步。尽管平凉被清军包围，但王辅臣根本没把围城的清军放在眼里。有一次巡城时，看到城外密密麻麻的清军，多数士兵露出怯意，可王辅臣斜眼望了望城外的清军，抬起一只脚，挥了挥手中的马鞭，漫不经心地说：

“这些辫子兵，有什么能耐？姑缓其死，等过了这两天，老子把他们一锅烩了！”

十二月，清军副将贾从哲和游击张大经奉命攻城，王辅臣亲自出战。好个“马鹞子”，他连正眼都懒得瞧贾从哲和张大经一眼，勒住坐骑，从容地从背上摘下铁弓，轻舒猿臂，挽弓如月，朝清军连发三支雕翎。只见清军阵中，三人接连中箭倒地。这一手绝活一亮，清军中人个个胆丧魂飞，贾从哲、张大经更是吓得脸色发白，二话不说，带头逃跑。主将一逃，清军顾头不顾腚，溃不成军，手中的武器丢得遍地都是。王辅臣哈哈大笑，敲起得胜鼓，打马回城。

战败的消息传到北京，康熙震怒，他下令将临阵脱逃的贾从哲和张大经就地正法，并免去了“抚远大将军”董鄂的职务，由图海取而代之。康熙十五年（1676 年）二月二十六日，康熙皇帝在太和殿为图海举行送别仪式，封图海为宏文院大学士、一等男爵，全权负责西北的军事。康熙将京城三大营的一万名禁军交给图海，并赐给图海帑金五万两，以及御用的貂皮帽子和靴子。临别之际，康熙拉着图海的手，殷殷叮嘱道：

“爱卿，西北之事，朕就交给你了！”

图海感激涕零，他辞别康熙，风餐露宿，日夜兼程，于三月十七日赶到了平凉前线。图海一到平凉，就召集全体将士宣读了康熙皇帝的谕旨，将贾从哲和张大经就地问斩，并将信郡王董鄂解职，然后用囚车押回北京问罪。同时，他将康熙赏赐的帑金全部发给将士们，并宣布赏格，申明纪律，一时军中士气大振。其实，城中的王辅臣还有五万兵马，而且多数是跟随他多年的老兵，只要他集中兵力突围，完全可以逃往四川等地，清军是挡不住他的。但此时，在王辅臣心中，还抱着一线希望，希望康熙能念旧情，赦免他的罪过。正是这一线希望，让他犹豫不决，继续留在了平凉城。

图海虽然带来了一万名禁军，但图海心里清楚，这些兵，装装样子还可以，真让他们冲锋陷阵、攻城拔寨，那是万万不行的。禁军中，多数是贵族子弟，平时也很少训练，战斗力就别提了。但要拿下平凉，战胜“马鹞子”，非得要猛将劲卒不可，这兵从何来？将自何方？他思来想去，整晚上睡不着觉。满兵满将不行，汉兵汉将如何呢？突然，他眼前一亮，前一段攻秦州、攻兰州、攻巩昌，主力不全是汉人吗？图海笑了，他从床上跳了起来，他已经有了主意。

经过条分缕析，反复推敲，图海选中了三员汉将，他们是甘肃提督张勇、陕西提督王进宝、宁夏提督赵良栋。这甘肃提督张勇原本也是吴三桂的部将，曾任镇守云南临安、元江、广西州等处总兵官。吴三桂起兵造反，曾派汪世荣携带印信及任命札共两份来到西北，一份给王辅臣，另一份给张勇，希望二人能起兵响应。谁知这王辅臣立功心切，给张勇连招呼都没打，就直接让儿子王继贞押着汪世荣及他带来的印信、任命扎等，到北京交给了康熙。

康熙十三年（1674 年）二月初，王继贞面见康熙，交出印信及任命扎，禀明了事情经过。康熙喜出望外，指示兵部说：

“陕西提督王辅臣，久历戎行，劳绩素著，近举首反贼吴三桂所送伪劄，遣子奏闻，坚守臣节，益见忠贞，朕心深为嘉悦。前已有旨，事平之日，从优议叙。今应即行加恩，以彰激励。”

康熙的奖励是，授予王辅臣三等精奇尼哈番世职，任其子王继贞为大理寺少卿。没想到，此举却得罪了张勇。张勇觉得王辅臣事先不与他商量，就自作主张单独向皇帝表忠心，容易引起朝廷对自己的怀疑。这件事做得既不够哥们儿，也不讲义气，在这件事上，王辅臣出卖了他。用这种方式去换取父子的荣华富贵，让张勇瞧不起他。从此，张勇暗自决定，与王辅臣分道扬镳。所以，当王辅臣响应吴三桂，起兵反清时，张勇偏偏反其道而行之，坚定地站在康熙皇帝一边。

康熙十四年（1675 年）四月，当王辅臣派人携带吴三桂封张勇为“陕西西路总管平远大将军”的札印，前往甘肃诱降时，张勇不容分说，便把来人推出去斩首。王辅臣同时还给宁夏总兵王进宝写了一封信，劝他归降吴三桂，被王进宝断然拒绝。康熙知道这两件事后，加封张勇为“靖逆将军”，授王进宝为一等阿思哈尼哈番。康熙十四年（1675 年）宁夏突发兵变，造反的士兵杀死了宁夏总兵陈福。康熙此时已无将可用，便让张勇举荐，张勇思虑再三，推荐了他的老部下、宁夏本地人赵良栋。赵良栋时任天津总兵，为了加重事权，康熙改宁夏总兵为提督，任命赵良栋担任宁夏提督。张勇、王进宝、赵良栋都是河西人，在清廷与吴三桂的较量中，扮演了重要角色，人称“河西三汉将”。

也是图海慧眼识人，在芸芸众将中，他独独相中了张勇、王进宝、赵良栋三人，而“河西三汉将”也没有辜负他的信任。攻城的将领既已选定，图海便亲自带着三将沿平凉城外围踏勘地形。绕城走了一圈之后，随行的三将均建议，立刻从四面同时开始攻城，而且每个人都表示，愿意打头阵。但图海却摇了摇头，他指着城北的一座山岗说：

“此地名叫虎山墩，是平凉的咽喉，只要占领了虎山墩这个制高点，平凉城则不攻自破。吾观虎山墩守卫甚严，你们有谁能自告奋勇去夺取虎山墩吗？”

三将都应声愿往。图海最后决定，由三位提督，分别率领本部人马轮番进攻虎山墩，率先拿下虎山墩的，便是头功。王辅臣也深知虎山墩的重要，守卫虎山墩的总兵陈军、李锐都是他手下悍将，兵士也有上万人，他们居高临下，利用火器和挨牌防守，十分顽强。图海下了死命令，只能前进，不准后退。张勇、赵良栋、王进宝三将身先士卒，轮番带头进攻。清军的进攻像潮水一样，一浪高过一浪，但由于地势原因，清军损失惨重。三将毫不退缩，厮杀了整整一天，以牺牲近万人的代价，夺取了战略高地——虎山墩。守军陈军、李锐二总兵双双战死。

夺取了虎山墩之后，平凉城内的一举一动，都处于清军的眼皮底下，平凉城内的大小设施，均在清军炮火的射程以内。图海命令，将红夷大炮和缴获的重炮都送到虎山墩上，不断地向平凉城内发射。炮声隆隆，硝烟阵阵，平凉城内百姓，一片混乱，平凉城内守军，士气全无。是发起总攻的时候了，众将纷纷要求出战，但图海再次摇了摇头，他从身后请出一个人来。此人个子不高，其貌不扬，虽穿着七品的官服，却是个儒生模样。

此人姓周名昌，字培公，湖北咸宁人。他自幼习文，聪颖异常，但累试不第，穷困潦倒。他父亲死得早，母亲也殉节而死，家道中落，本人也十分落魄。但他毫不气馁，立志要博取功名，光宗耀祖。俗话说："天上九头鸟，地上湖北佬"。这话是说湖北人脑筋很好使，很会出点子。周培公就是这样一个人，既然科举的路走不通，何妨走走别的路。经人引荐，他进了振武将军吴丹的幕府，当了一名幕僚，吴丹给了他一个小小的七品官。图海从北京赴平凉上任途中，夜宿潼关。周培公得知究竟，求见图海，献取平凉策。图海很欣赏他的胆识，便把他留在身边，充当幕僚。首取虎山墩的主意，就是出自周培公。

虽然攻取虎山墩后，清军取得了一定的优势，但"马鹞子"的实力不可小觑，对平凉硬攻，就是侥幸拿下，也要死个几万人。周培公的主意是，他要凭三寸不烂之舌，劝说王辅臣投降。众将七嘴八舌，没有一个人相信周培公的主意，有一人甚至打赌说，周培公进平凉，非把小命搭上不可。但图海对他有信心，同意他进平凉城劝降，为加重他的代表身份，图海还临时任命周培公为从五品的参议道。临行前，图海再次询问他还有什么要求，周培公说希望他成功后，可以旌表他殉节的母亲，图海满口答应。

其实，周培公还是胸有成竹的，他有两个老乡在王辅臣手下干事，一个是布政使龚荣遇，另一个是参将黄九畴。这两人曾多次规劝王辅臣反水，王辅臣已经有些动心。他两人还秘密地将城中的情况写成文字，做成蜡丸，派人交给周培公。所以，周培公此番进平凉城，对王辅臣的心理，还是了如指掌的。而且，虎山墩的丢失，对王辅臣打击很大，他对当初起兵反清，已经产生了悔意。周培公劝说王辅臣的一番说辞，也是早就准备好的。

周培公进了平凉城，立即被五花大绑捆了起来，带到了王辅臣的面前。王辅臣指着两旁明晃晃的钢刀，对他说：

“你一介儒生，手无缚鸡之力，竟敢进我的龙虎宝帐，你难道不怕死吗？”

周培公面不改色心不跳，不慌不忙地指着帐前陈列的、康熙御赐的豹尾银枪，说：

“你看看此枪，皇上待你，可谓天高地厚之恩。你不思报效，反而从贼叛逆，你良心何在？忠义何存？死生有命，富贵在天。我虽一介儒生，但读圣贤书，行君子路，就是死，也要死得堂堂正正。可惜你一世英名，却落得个不忠不义、不仁不孝的下场。大丈夫生为何求，死为何往，难道你就不好好想一想吗？”

周培公毫无惧色，义正词严，听得王辅臣汗毛倒竖，音容俱变。他立即亲自给周培公解了绑绳，并请周培公上座。龚荣遇和黄九畴趁机在旁劝说，王辅臣决定投降，并派黄九畴与周培公一道出城去见图海，但他本人仍然不愿出城。图海再次派周培公和他的侄儿侍卫保定一起进平凉城去见王辅臣，王辅臣这才亲自出城到图海大帐表示彻底归降。图海出帐迎接，二人握手言欢，盟誓交好。王辅臣当即重新剃了头，表示心悦诚服。其时，王辅臣手下还有将士五万余人。第二天，王辅臣交出了吴三桂给他的“平远大将军”“陕西东路总管将军”印信，并献出军民册。

图海到任三月，即收复平凉，康熙兴奋异常，重加赏赐，加太子太保。同时，赦免参与叛乱的全体将吏，恢复王辅臣原官并授予“靖寇将军”职衔。提拔周培公为布政使，并遣专官旌表其母，立贞节牌坊。吴三桂得知清军围攻平凉的消息后，立即派大将王屏藩、吴之茂带兵从四川赶来增援，援军兵分两路，前锋已逼近秦州。听到王辅臣投降的消息，吴之茂随即撤兵，不料受到张勇、王进宝等率领的清军的追击。一战牡丹园，二战西和县北山，吴之茂一败再败，仅带着十几名亲兵逃回了四川。

王屏藩率领的另一支援军在红崖遭遇满洲将军穆占，被清军打败。王屏藩逃往汉中，清军收复了礼县。两路援军撤回后，关陇的大部分叛军闻风归降，除陕西的兴安、汉中仍被叛军占据外，其余地方重归清廷管辖，整个北方归于平静，一度摇摇欲坠的康熙王朝转危为安。王辅臣的归降，也标志着以吴三桂为首的三藩叛军与清王朝之间的僵局被打破了，双方的相持阶段结束了，清军将开始战略反攻，吴三桂集团失败的日子不远了。

王辅臣的投降，安定了半壁江山，也让一直处于高度紧张状态的康熙松了一口气。同时，康熙还从中悟出了一个道理，擒贼擒王不一定有错，但有时候也需要各个击破。吴三桂是反叛的中坚，也是诸路反军中力量最强的，因而对付吴三桂也最吃力，前期之所以进展不大，就在于急于啃吴三桂这个硬骨头。如果暂时置吴三桂于不顾，集中力量消灭其他路叛军，或许还是一个釜底抽薪的好办法。兵者，诡道也。必须及时变化，不能拘泥不变。

于是，康熙改变了他的用兵方略，对吴三桂方面采取相持的手段，暂时不发动进攻，而将主力用于进攻孙延龄、耿精忠等相对实力较弱的反军。各个击破，这个变招到底是否正确呢？这还要经过历史的检验，但康熙肩上的担子明显减轻了，他现在不必考虑社稷的存亡了，他已经看到了胜利的曙光，他只需要计划如何将叛乱的头目们一个个消灭，时间已经站到了康熙一方。

第三十一章

大周帝命丧黄泉

康熙选中的下一个打击目标，是替吴三桂开辟了第二战场的耿精忠。耿精忠叛变后，首先将福建据为己有，然后兵分三路，进攻浙江和江西。进攻这两个地方的目的，首先是扩大自己的地盘，其次是希望与吴三桂占领的湖南连成一片，以便于互相支持。进攻浙江的部队分成两路，一路由总兵曾养性率军从东路进攻，先后攻下了温州、处州、台州等地。另一路由都统马九玉率领，出仙霞岭，攻占了浙江金华、衢州等地。进攻江西的部队由总兵白显忠统领，很快便拿下广信、建昌、饶州等地。

康熙皇帝洞若观火，早就察觉了耿精忠的意图。他命令“定南将军”希尔根，大将军、安亲王岳乐赶赴江西，“平南将军”、贝子赖塔与康亲王杰书率兵赴浙江，以阻挡耿军北上和西进的道路。交战的局面呈拉锯状态，耿军未能实现与吴军会师的意图，清军也没有取得多大的进展。眼见武力进攻受挫，康熙又主动改为招抚。康熙十四年（1675 年）八月，安亲王岳乐遵照康熙的谕旨派遣陈廉前往福建劝说耿精忠归降。耿精忠对陈廉热情接待，并发给他银两和衣服。陈廉离去时，耿精忠托他给安亲王捎话，说：

“我承王差人来，心欲归顺，但属下人心不一，待我将属下安顿后，亲至王爷处投诚。我已居王位，位极人臣，复欲何为？我所反者，俱系范总督逼反，还请代我向皇上做一解释。”

康熙听到这番话后，觉得招抚有望，便立即派耿精忠的弟弟耿聚忠带着圣旨，前往康亲王岳乐的军营，再次招降。康熙的敕谕是这样写的：

> 尔祖父宣力累朝，勋绩茂著，俾世袭王爵，格外加恩。逮尔父病殁，令尔袭封，仍镇闽疆，方谓尔克绍前猷，殚忠报国。不意尔反为吴逆狡谋所惑，蹂躏土地，戕害生民。朕犹念尔祖父前功，终不忍绝，将尔在京诸昆弟及所属人员，盖行宽宥，给还官职，恩礼如常。今大军云集，时势昭然，尔自知之。朕复念尔变乱，必有所由，或为逼迫所致，故复下敕书，遣尔弟耿聚忠赍至军前，明谕朕意。尔若即悔罪，率众归诚，当复尔王爵，仍旧镇守，所属人员职任俱各如故，兵民人等照前安插。倘能剿除海寇，共奏肤功，仍优叙加以爵赏。前使臣周襄绪等，不遣之归，或别有故，朕不介意。朕以诚待天下，断不食言。尔勿听信煽惑之言，终怀疑惧，负朕始终保全之意。

按说康熙之言，还算中肯，所列条件，还算宽宏。但耿精忠曾在北京当过多年人质，对清朝皇帝了解得可谓入木三分，尤其是康熙，他更是感同身受。不管话说得再好听，翻脸就不认人。至于出尔反尔、秋后算账，那更是家常便饭。所以，尽管康熙的谕旨由弟弟耿聚忠亲自带来，耿精忠的态度是，我行我素，拒不接待。康熙碰了这么大的一个钉子，确实忍无可忍。眼见招降无功，康熙对耿精忠只好兵戎相见，再次以武力对付耿精忠。

康熙十五年（1676 年）七月，康亲王杰书、总督李之芳、将军赖塔等奉康熙之命，齐聚浙江衢州，准备夺取这个战略要地。衢州位于衢江右岸，顺流而下，则可至浙江另一重镇金华，如果溯江而上，则可通仙霞关。仙霞关是通向福建的重要关隘，福建是耿精忠的巢穴，因此，衢州就成了双方必争之地。耿精忠派其心腹大将马九玉统兵五万镇守衢州，马九玉在衢江左岸的九龙山扎营，同时，马九玉还派其部下总兵林福领兵万人，在衢江右岸的大溪滩扎营，以便保护粮草。

康亲王杰书采纳了总督李之芳的建议，决定首先断绝耿军的粮道，以摧毁其坚守衢州的信心。八月十五日，将军赖塔带领一万骑兵乘着月色，直扑耿军储粮之大溪滩。总兵林福正在呼呼大睡，听到敌军攻来，慌忙起床应战。仓促间队伍不整，指挥混乱，只得弃营而逃。清军夺去了大溪滩耿军的大批粮草，同时还占领了附近的江山县。军粮被夺，饷道已断，马九玉斗志全无，连夜撤军。康亲王帐下副都统胡图趁势率军掩杀，马九玉军落荒而逃。

马九玉决定逃往仙霞关，以堵住清军入闽的通道。岂料马九玉率残兵到达仙霞关时，从关门中冲出的却是清将赖塔的骑兵，原来清军已提前一天占领了仙霞关。马九玉这一惊非同小可，他不敢接战，拍马便逃，只带着五十余骑回到福州。清军紧随其后，于八月二十三日进至浦城。浦城石塘乃进入福建腹心的要隘，由耿精忠手下大将连登云镇守。清军势如破竹，连破连登云九座营寨，连登云战死，清军打通了通向福州的通道。

这时，江西的安亲王岳乐命将军希尔根收复建昌、饶州，“江宁将军”额楚收复广信，耿精忠手下大将白显忠连败数阵，走投无路，向安亲王岳乐投降。要隘已失，损兵折将，耿精忠心里发毛，眼看着两路清军即将杀到福州，耿精忠不得不为自己的前途着想。而在这时，台湾的郑锦已与耿精忠反目，派大将刘国轩率军侵扰莆田、惠安一带，真是屋漏偏逢连夜雨，行船却遇顶头风。顽抗下去，只可能是死路一条，耿精忠想到投降，他现在唯一担心的是，投降以后，康熙会不会要他的头。

还有一事，也让他十分头疼，就是被他拘禁的范承谟一家，到底该如何处置？留下来，恐是祸根，思来想去，他决定还是杀掉为好，不留后患。康熙十五年（1676年）九月三十日，半夜时分，一小队黑衣人闯进了关押范承谟一家的小院。一阵砍杀，五十三人倒在血泊中。除范承谟一家老小外，他的从弟范承谱，幕客嵇永仁、王龙光、沈天成，甚至连看守范承谟的隶卒，都统通成了刀下之鬼。范承谟的尸体被弄到野地烧成灰烬，不留任何痕迹。

耿精忠给康亲王杰书写了一封信，表示愿意投降，但提出了一个条件，要求朝廷给他正式下一道赦诏。康亲王没有答应，继续挥兵大进，九月底到达延平，守城的大将耿继美献城投降。眼看清军就要打到福州，耿精忠慌了手脚。他急忙派儿子耿显祚和原来被他扣留的使臣周襄绪一起赶赴延平，上缴了吴三桂给他发的“总统将军”印，并迎接康亲王来福州受降。十月四日，康亲王杰书率大军到达福州，耿精忠率大小官员到城外迎接，并献上所部官兵的册籍。

康亲王杰书用六百里加急，将耿精忠投降的情况报告康熙。康熙批准耿精忠仍然担任靖南王，戴罪立功。耿精忠投降后，防守温州的耿军大将曾养性、潮州总兵刘进忠、碣石总兵苗之秀等也纷纷缴械投降。清军乘胜向盘踞在福建漳州、泉州的郑经军发起进攻，很快收复了泉州。康熙十六年（1677年）二月，郑经军一败再败，仓皇逃回了台湾。至此，福建、江西、浙江三省的叛军全部讨平，胜利的天平再次向康熙倾斜，吴三桂的日子越来越不好过了。

在解决了福建的耿精忠之后，康熙下一步的打算是收复广东。康熙十六年（1677年）四月二十四日，“镇南将军”莽依图奉康熙之命，进军广东。其实，早在莽依图进兵之前，尚之信就两次写密信给康熙，表示归顺之意。别看尚之信表面上酗酒闹事，实际上他颇有心计，一看吴三桂方面形势不好，他马上就皈依朝廷，真是翻手为云、覆手为雨啊！五月四日，莽依图大军一到，尚之信立即率手下官员出广州城迎降，康熙帝也重新任命他继承其父的亲王爵位。

由于尚之信带头归降，原来反叛的两广总督金光祖、高雷总兵祖泽清等也全部反正，没费一刀一枪，整个广东又重新归入大清版图。尚之信降清，广东变了天，对吴三桂震动极大，他忧虑后路被断，立即派大将马宝、胡国柱等领兵三万进攻广东重镇——韶关。韶关居五岭之脊，是通往湖南、江西的咽喉要冲，是兵家必争之地，不能有失。康熙丝毫不敢掉以轻心，急令“安南将军”舒恕与“镇南将军”莽依图率军增援。

莽依图接到命令，立即率领人马自广州翻越大庾岭，直奔韶关。这马宝、胡国柱都是吴三桂手下悍将，所带兵马都是吴军主力，一连两月，向韶关发动了潮水般的进攻。先后断掉了清军水道，占据了城外的制高点——莲花山。吴军在莲花山上架设大炮，居高临下向韶关城轰击，清军被迫退至土城防守。关键时刻，清“江宁将军”额楚率援军赶到，莽依图也率军从城内杀出，内外夹攻之下，吴军溃败，马宝、胡国柱率兵逃回湖南，广东全境重归太平。

耿藩、尚藩先后反正，康熙决定进军广西，先解决掉孙延龄，最后收拾吴三桂。而孙延龄此时的心理也发生了变化，福建、广东归顺朝廷，给了他很大压力，他感觉吴三桂靠不住了，自己孤掌难鸣，他开始后悔当初起兵的莽撞，后悔没听孔四贞的劝告。促使他转变的还有一个他身边的人，此人名叫傅弘烈。傅弘烈原任甘肃庆阳知府，他最早弹劾吴三桂图谋不轨。当时朝廷不想得罪吴三桂，便将傅弘烈贬职到广西苍梧。孙延龄起兵时，傅弘烈假意拥护，暗地里却一直劝说孙延龄归顺朝廷。

康熙十六年（1677 年）十月，清“安南将军”舒恕领兵进入广西，傅弘烈头一个起兵响应，康熙为表彰他率先反正，特封他为广西巡抚。当了巡抚的傅弘烈感激涕零，他立即为康熙出谋划策，说只要康熙能赦免孙延龄的罪过，恢复孔四贞的郡主称号，他愿意亲自赴桂林劝说孙延龄投降，广西可不战而平。这个消息也传到吴三桂的耳朵里，他立即派从孙吴世琮带兵赴桂林察看，如果孙延龄有投降清廷的迹象，就相机除掉孙延龄。

吴世琮到桂林后，将部队驻扎在城外，打着调解孙延龄和广西提督马雄之间矛盾的旗号，派人进城去约孙延龄出城议事。孙延龄毫不疑心，只带了几十个亲兵，就到了城外吴世琮的驻地。吴世琮假意询问了几句孙延龄和马雄之间最近的关系，孙延龄就告辞了。当孙延龄刚要跨上坐骑的时候，只见吴世琮使了个眼色，背后的一剑便刺穿了孙延龄的胸膛，孙延龄当即身死。吴世琮接管了广西的军权，派人将孔四贞和孙延龄的其他眷属均送到昆明安置。

康熙十七年（1678 年）初，清“镇南将军”莽依图和广西巡抚傅弘烈联兵进攻广西平乐，将城包围起来。吴世琮率军五千，分水陆两路来援，与清军夹桂江立营。第二天，吴军渡过桂江，攻击傅弘烈部，杀得傅弘烈军大败而逃。由于当时江水暴涨，莽依图所带的八旗军只在江边观望，不敢过江救援。吴世琮率军乘胜追击，渡过左江，逼近了傅弘烈的老巢——广西梧州。莽依图军粮饷不继，先退至中山镇，再退至德庆。

广西战局不利，康熙十分着急，他命令尚之信迅速出兵救援。可还没等尚之信出发，广东又出了问题，已经投降的祖泽清又据高州、雷州反叛。没办法，还得尚之信亲自出马。康熙十七年（1678 年）四月十一日，尚之信在电白一举击垮了祖泽清的叛军，解放了高州，雷州，守将投降，祖泽清携家属逃进了深山。康熙痛恨祖泽清降而复叛，严令尚之信务必将祖泽清捉拿归案。

于是，尚之信带领本部人马逐山仔细搜查，终于在八月，将祖泽清与其子祖良梗从一个山洞内搜出。祖泽清双膝跪地，泪流满面，请求尚之信放他父子一马。看着跪在自己面前的昔日战友、须发皆白的老将军，尚之信有些动容，但转念一想，要是放了他父子二人，康熙追究下来，自己的小命难保。尚之信狠了狠心，向身后的亲兵摆了摆手，清兵门便扑向了祖氏父子。祖泽清无奈，泰然就缚。他给尚之信留了这样一句话：

“今日王爷抓我，不知他日何人抓你？你要保重了！”

祖泽清父子被押送至北京。康熙十九年（1680 年）二月，祖泽清父子均被凌迟处死，家属被籍没为奴。尚之信又为康熙皇帝立了一功。

康熙十八年（1679 年）正月，“镇南将军”莽依图、“安南将军”舒恕以及尚之信的三路援军在梧州城下会师，开始向包围梧州的吴世琮的队伍发起反击。清军以绝对优势的兵力打败了吴军，并乘胜收复桂林。吴世琮不甘心失败，率余军转攻南宁。南宁本为马雄占据，马雄病死，其子马承荫降清，所以吴世琮很想夺回南宁。一连攻了三月，眼看南宁即将攻陷，莽依图、舒恕、尚之信联合率军救援，吴军再败，吴世琮身中两箭，带伤而逃。至此，广西全省被清军收复。

现在清军已经战胜了除吴三桂集团之外的所有叛军，形成了对吴军的战略包围，双方的军事力量发生了逆转。现在，吴军空前孤立，清军对吴三桂的总反攻即将开始了。吴军的主力在湖南，但在江西仍占据着萍乡和吉安两个据点。这两个城市都占据着重要的位置，随时可以支援湖南。康熙决心在攻打湖南前，先拔掉萍乡和吉安这两颗钉子。康熙下令，命和硕安亲王岳乐进攻萍乡，命简亲王喇布进攻吉安。

吴军大将、吴三桂的女婿夏国相驻守萍乡。这夏国相其实是个怂包，仗着吴三桂女婿这一特殊身份，他克扣军饷，中饱私囊，打骂士兵。跟着这样的长官打仗，焉有不败之理？安亲王岳乐手下，有一猛将鄂鼐，他身高七尺，力大无比，双手使一对八角铜锤，有万夫不当之勇。夏国相列阵对敌，鄂鼐只一锤，便打得夏国相双手发麻，眼冒金星。夏国相见势头不好，拍马便逃，连印信都来不及拿，只带着一千残兵，狼狈地逃回湖南。毕竟是自己女婿，吴三桂只把夏国相降了两级完事。

镇守吉安的是吴军大将高得捷，就是那个在中缅边境，曾经背着永历皇帝淌河的将军。这高得捷是个人物，他使双刀，百十个人不是他的对手。他又爱兵，士兵没吃饭他不先吃，士兵没喝水他不先喝。每次打仗，高得捷都是手持双刀，冲在最前头，所以，他手下的士兵，战斗力最强。当简亲王喇布的清军向吉安城发起进攻时，高得捷命令打开城门，他连马都没骑，只带了百十名亲兵就大摇大摆地走了出来。战斗只进行了一刻钟，高得捷一人便砍死了一名参将和三十多个清兵，其余的清兵吓得抱头鼠窜。在高得捷的防守下，吉安城坚如磐石。

打了胜仗，高得捷心里高兴，不免和部下多喝了几杯。正当酒酣耳热之际，亲兵来报，在原吉安清将色勒的故宅中，发现了窖金，数量有四五万两。这真是个好消息，部队正缺饷银，这下饷银有着落了，高得捷兴奋地又连喝了几大口。谁知，没过几天，吴三桂的女婿胡国柱就知道了这事，派人来把窖金全部收走了。真是把高得捷气了个半死，到手的银子打了水漂。高得捷一查，原来是他的副将韩大任把窖金之事捅给了胡国柱，这才走漏了消息。朝夕相处的身边兄弟出卖了自己，从此高得捷和韩大任结下了梁子。

韩大任这个人不学无术，文不文武不武，整天靠着巴结上司混日子。但他的这一套，却得到了吴三桂的赏识。就在韩大任就窖金的事告发高得捷之后不久，吴三桂就任命韩大任为“扬威将军”，与高得捷平起平坐。高得捷的肚皮都要气炸了，从此他自暴自弃，整日喝酒，不理军务。体壮如牛的高得捷感到受了侮辱，他郁郁不得志，竟然生病了。没过多少日子，一代名将高得捷在吉安病逝，年龄还不到五十岁。高得捷的死，却便宜了韩大任，他接替高得捷任吉安吴军的统帅。

不比不知道，一比吓一跳。韩大任刚当上一把手，简亲王喇布就联合江西总督董卫国，率十万大军包围了吉安。韩大任见清军势大，吓得紧闭城门，不敢出战，每天在城里喝酒消遣，根本不过问城守之事。吴三桂得知吉安被围，不敢大意，立即派大将马宝带领陶继志、王绪二总兵领兵一万，前来救援。马宝计划与城内的韩大任军实行内外夹击的办法，以解吉安之围，便派人进城与韩大任联络。谁知韩大任却不相信来人是马宝派来的，他对来人说：

“现在兵荒马乱，奸细很多，我怎么分辨你的真伪呢?”

来人立即出示了马宝写的亲笔信，但韩大任仍不相信，他说：

“回去告诉马帅，如他真来增援，明天你让他到城下会我，只要真是马帅，我自当开城迎他。”

马宝的援军受到清军的阻击，陶继忠和王绪的营寨先后被清军攻占，城内又不见韩大任的消息，马宝决定退兵。本来完全可以与援军合作，粉碎清军的包围，却在韩大任无端的怀疑下，断送了大好机会，真是自作孽，不可活啊！清军连续围困吉安二百多天，吉安城内既无粮草，又无救兵，韩大任决定弃城逃跑。康熙十六年（1667 年）三月二十一日夜，吉安城内向外发射大炮，同时敲起了战鼓。清军以为敌兵前来劫营，各营兵均不知所措。谁知韩大任却趁着夜色，悄悄率军出了南门，渡过白鹭洲，逃出了吉安。

韩大任虽然逃出了吉安，但清军不放过他。根据康熙指示，韩大任跑到哪里，清军就追到那里，坚决不让韩大任逃回湖南。这下可苦了韩大任，简直如丧家之犬，惶惶不可终日。转眼之间，已过半年，不觉已到了九月九日，中国传统的登高节。这天，韩大任与其心腹幕僚孙旭，一起在江西兴国登山望远。两人来到山上，只见云雾缭绕，树木苍翠，流水潺潺。韩大任触景生情，不由得连连叹息。孙旭见时机一到，便对他说：

“大帅，我见你面带忧色，连声叹息，想必是为军事担心。今日只有你我二人，有几句贴心窝子的话，不知当讲不当讲?”

这孙旭颇有计谋，韩大任吉安夜奔之计就是他出的主意。他一直很受韩大任的信任，两人经常是无话不谈。韩大任此时六神无主，举棋不定，所以，正想听听他的主意。便说：

“你我虽分上下，但情同手足，眼下形势吃紧，先生何以教我?”

话已至此，孙旭便打开窗子说亮话，开诚布公地说：

“大帅，眼前形势，已非当年起兵之日。倘那时主上挥师北上，直捣京城，天下事尚未可知。而今王辅臣、耿精忠、尚之信先后倒戈，广西孙延龄也有意归降。无广东，则湖南腹背受敌；无平凉，则汉中孤军难立；无福建，则我军坐以待毙。此安危存亡之机不可不察。俗话说，覆巢之下，岂有完卵？现今，大厦将倾，大帅不可不早为之计也！当今圣上气量宽宏，若能投诚，仍可享半世富贵。若一意追随平西王爷，吾恐大帅之九族不保。何不乘此机会，弃暗投明，为自己谋一条生路?”

孙旭的一番话，正中韩大任下怀。清兵紧追不舍，韩大任气急败坏，韩大任一败再败，情绪低落到极点。此外，他已经注意到吴三桂的实力在下降，败象已露，他该为自己打算了。他是一个非常势利的人，他活着，是为了个人的功名富贵，他可不愿意为吴三桂的大周政权陪葬。他和孙旭开始下山了，他的脚步比上山时轻快许多，因为他这时已经想清楚了，要找机会，尽快脱离吴三桂阵营，回归清廷的怀抱，这才是对自己最有利的。仅从这一点看，韩大任与高得捷相比，韩大任差的不仅是武艺，更重要的是人品。而从吴三桂对两人的使用来说，吴三桂比康熙欠缺的则是知人之明。

康熙十七年（1678 年）正月初二，在江西一个叫老虎洞的地方，韩大任的部队与清军遭遇。由于主将无能，又失去信心，这一仗败得很惨，总兵、副将等各级将官阵亡三百余人，兵士死六千余人。可怜高得捷多年训练的百战精兵，就这样毁在韩大任手里。二月，在孙旭的劝说下，韩大任带领剩下的九百五十四名官员、兵一万三千三百一十九人，到福州向康亲王杰书投降。高得捷的这支队伍，是吴三桂手下最有战斗力的队伍之一，这支队伍降清，双方的力量对比发生了显著的变化，战争胜利的天平更加向大清这边倾斜。

江西方面，取得了彻底胜利，其实，康熙最在意的，还是他念念不忘的长、岳决战。只要把吴军赶出长、岳，清军就稳操胜算；只要吴军能守住长、岳，清军就对吴军无可奈何。战争双方都意识到长、岳的重要性，所以长、岳决战是双方时间最长、也是最激烈的战斗。早在康熙十五年（1666 年）三月，大将军尚善就奉康熙之命，出动水陆大军，进攻岳州。清军水师进入洞庭湖，打败了吴军水师，缴获吴水军船五十多只，并占领了君山。

与此同时，清顺承郡王勒尔锦率五万大军渡过长江，在丰州太平街与吴军激战，占领了太平街。吴三桂立即从松滋调回主力，只一战，勒尔锦就吓得退回了荆州。而这时，康熙调动的另一路大军已经到达了长沙。这一路大军的统帅是安亲王岳乐，他的队伍中有满、蒙、汉诸路人马，总兵力接近十万。岳乐在长沙东边的官山一带布阵，阵呈半圆形，绵延数十里，兵分十九路。吴三桂也不示弱，他的军队出城西布阵，横亘岳麓山，枪矛如林，营寨如城。

这真是一场酣畅淋漓的战斗。吴军先锋王绪抢先冲入敌阵，王绪和他的士兵们都骑着白马，身披白色战袍。这支白色队伍，刚一冲进敌阵，便陷入数万清军的包围之中。眨眼间，已不见了吴军旗号。吴三桂大吃一惊，以为王绪已全军覆没。正当吴三桂准备再度调兵遣将之时，忽见阵中白浪翻滚，杀气腾空，呼声震天，气势如虹。王绪的白色骑兵队伍，如出水蛟龙，如天兵天将，从清军重围中杀了出来，生龙活虎，锐不可当。清军骑兵纷纷落马，清军大阵分崩离析。战鼓擂响，万马奔腾，只见吴三桂的侄儿吴应正、女婿夏国相、大将马宝等一起率兵杀了过去。

虽然形势危急，但清军仗着人多，并没有崩盘，仍在拼命反击。尤其是清军骑兵的弓箭，占了上风，箭镞密集，有很大的杀伤力。吴应正一马当先，勇不可当，但由于冲在最前面，身上连中两箭。一见吴应正中箭落马，清军兵将一拥而上，要来取吴应正的首级。夏国相连忙拍马上前，将吴应正救起，送回营寨。清军趁势攻到吴军寨前，突然从寨中冲出来四十多头大象，把清军撞得人仰马翻。这场血战，一直持续到中午。这时，天降倾盆大雨，双方不得不收兵回营。吴应正箭伤很重，当晚身死。

官山之战，吴军虽胜，但损失一员大将，士气受到影响，双方进入一种僵持状态。为了打破这种僵持，夺取长沙和岳州，在康熙的督促下，清军做了很多准备工作。一是造船。攻岳州需要大量船只，除了调集各地沙船之外，江宁巡抚还奉命在当地大造乌船。从康熙十六年（1667 年）正月，至康熙十七年（1668 年）三月，清廷调集的沙船和新造的乌船，已达数百艘，从数量上已经大大超过了吴军的拥有量。康熙皇帝得意地说："贼船仅四十余，我船甚多。"

除备船外，还需要补充战马。大批战马不断从蒙古运往内地，但前线对战马的需求还远远不能满足。无奈之下，康熙动员王公、贝勒以及文武官员捐献自己私人的马匹，报效国家。康熙十六年（1667 年）三月，康熙将蒙古马匹、王公大臣们捐献的马匹以及从内厩拨出的一千匹马，共三千多匹，运往长沙。大将军尚善为了确保马匹押运的安全，特地在原来六百名蒙古押运兵的基础上，又增派了一千名绿营兵参加押运。

吴三桂的军队也急需马匹，战争中，最难补给的就是马匹。吴军没有朝廷的便利条件，蒙古不会给它提供战马。以前，吴军曾从西藏通过贸易换来过战马，但这些马匹个子矮小，而且数量也不大。吴三桂起兵造反后，就连这种小规模的交易也停止了。打探到清军运送马匹的消息后，大将马宝主动向吴三桂请缨，要求去半道上劫夺马匹。吴三桂是从小在马鞍上长大的，不仅喜欢马，更懂得马匹在战争中的重要作用，他同意马宝去劫马，但叮嘱他一定要小心。马宝临行前，他说：

"马将军，我军急需马匹，你今天要去夺清军的三千匹御马，可不要大意呀！祝你马到成功，吴某在这里亲自敬你美酒三杯。"

马宝从吴三桂手中接过玉盅，连饮三盅，然后作了个揖，告辞而去。这马宝的队伍里什么人都有，不少人本来就是江洋大盗，杀人越货，更是家常便饭。三月八日，马宝打听到运马的官军夜宿七星台，便带了五百名精干弟兄，于当夜三更赶到了官军的宿营地。运马的官军扎了二十几顶帐篷，在野外露营，只有部分绿营兵巡营瞭哨，多数蒙古兵在帐中饮酒作乐。

马宝的士兵先用喷筒吹迷香麻翻了哨兵，接着分头闯入官军的营帐。大部分官军都在睡觉，一阵砍瓜切菜般的砍杀，不少官兵在睡梦中就成了无头之鬼。除了那些醉醺醺的蒙古兵看到了敌人的钢刀，多数官兵根本就不知道自己是怎么死的。不到一刻钟功夫，押运的官兵就全部被解决了，马宝的士兵从营后找到了押运的马匹，总共三千多匹，一匹也不少。临起身时，马宝命令弟兄们在官军的营寨里点起了火，火光熊熊，映红了半个天。大家高兴地连夜赶着马匹上路，第二天上午就回到了自己的营地。

这趟差事办得漂亮，吴三桂看着那一匹匹膘肥体壮的战马，把马宝夸了又夸，并当即决定，拨一千匹马，给马宝的部队使用。这次劫夺马匹，吴军欢欣雀跃，康熙却暴跳如雷，好不容易凑够的马匹却白白便宜了叛军，真是岂有此理？他把大将军尚善一顿臭骂，并将他革职留用。骂归骂，前线所需的马匹还得解决。康熙打掉牙齿往肚里吞，又责成理藩院再筹集四千匹马，连同新铸成的二十门红夷大炮，一同解往湖南前线。

由于全国各地叛军已陆续降服，康熙可以从容调集部队对付吴三桂，至康熙十六年（1677 年）底，长、岳前线清军的总兵力已达十五万人，超过了吴军在湖南的人数。危险已逐渐逼近，但吴三桂任命的岳州守将吴应期却仍旧我行我素，不以为意。其实，早在起兵之初，谋士方光琛就对吴三桂说："吴应期妄自尊大，夏国相轻浮浅陋，此二人必不可重用。"但吴三桂并没有听方光琛的话，由于吴应期是自己的侄子而任人唯亲，仍然让吴应期独当一面任岳州主将。

果不其然，问题接踵而来。为了做长期抗战的准备，吴三桂在岳州储存了三年的军粮。吴三桂在长期的戎马生涯中，深深懂得"军中有粮，心中不慌"的道理，仅从储粮这一点来说，吴三桂是有战略眼光的。吴应期听说，荆州米一两一石，而湖南米价贱，只有三钱一石。荆州食盐，一钱一包，而湖南盐贵，三钱一包。这真是桩有利可图的好买卖。吴应期见钱眼开，竟大胆做起了生意，以军粮倒换食盐，从中牟利，中饱私囊。真是胆大忘了害怕！

岳州濒临洞庭湖，防守岳州，水军尤为重要。吴应期的水军将领，一名杜辉，一叫林兴珠。这两人都曾是郑成功的部下，久在海上，驾舟船如履平地，水上功夫十分了得。两人率领水军镇守洞庭湖要地布袋口，清军数度进攻均无功而返。但时间一长，吴应期态度傲慢，林兴珠桀骜不驯，两人渐生嫌隙。在吴应期的要求下，吴三桂将林兴珠调往湘阴，只留杜辉一人守布袋口。林兴珠离开布袋口后，觉得不被重用，闷闷不乐，便起了降清的念头。

林兴珠到湘阴上任后，前去拜访湘阴知县王刚。恰巧王刚因为得罪了马宝，担心马宝报复，正找机会反水。两人一拍即合，密谋一起投清。谁知二人正准备搬移家属之时，被马宝发现。结果知县被杀，林兴珠仗着自己上乘的水上功夫，才只身逃走，向安亲王岳乐投降。开始，岳乐见他未带家属，以为他是诈降，并不信任他。后来得知林兴珠儿子被杀，妻子被发配云南，这才相信他是真降。安亲王岳乐就林兴珠投降一事给康熙皇帝打报告，康熙很高兴，封林兴珠为"建义侯"。林兴珠感激涕零，决心全力帮助朝廷攻克岳州。

杜辉有一次战败，从湖底潜水逃回，吴应期遂对杜辉产生了怀疑。事有凑巧，杜辉的儿子在清军中当兵，派人来劝杜辉投诚。这件事又被吴应期发现了，他不分青红皂白，就把杜辉拉出去斩首，其实杜辉本人并没有投降朝廷的想法。杜辉的部将黄明见此情况，干脆率领三百人投降了清军。还有一位姓王的副总兵，只因劝吴应期不要倒卖军粮，吴应期怀恨在心，将这位副总兵打了三十军棍。当晚，这个王姓副总兵便投降了清军。此类随意杀人的事件层出不穷，引起岳州百姓的普遍不满。百姓们编了个民谣，说“吴应期、吴应期，杀了你献康熙！”

康熙十七年（1678 年）三月，林兴珠投清后，立即向安亲王岳乐献上“破岳州”之计。他的计划是，以清军水师的一半舟船驻泊君山，彻底切断岳州与常德之间的交通，另一半船只停泊在香炉峡、扁山、布袋口等地，断绝岳州与衡州之间的联络。如此布置，困也会将吴军困死。这是一个狠毒的计划，如此一来，岳州粮饷被断，军心必乱，清军可不战而胜。只有林兴珠这种在吴水军中担任过头目的人，才能想出这种主意。这一招，正打中吴应期的七寸，可直接致吴军于死地。

康熙何等聪明，他立即批准了安亲王报上来的林兴珠的计划，并奖励林兴珠白银三千两。按照林兴珠的计划，从五月十八日起，“安远靖寇大将军”尚善、湖广总督蔡毓荣、提督桑格等便率领清军水师，浩浩荡荡地开进洞庭湖，与吴军水师进行了大小十多次战斗。由于缺乏懂得水战的将领指挥，吴水军一败再败。重要的泊地，如布袋口、香炉峡等地，均被清军占领，吴军水师的战船也损失了半数以上。在洞庭湖水战中，清军已明显占了上风。

就在吴应期与清军在岳州及洞庭湖一带鏖战之时，吴三桂却在筹划另一件大事——称帝。早在吴三桂起兵之初，就有称帝的打算，只是戎马倥偬，一直没有举行称帝仪式的时间。现在，吴三桂已经六十七岁了。战事每况愈下，战局发展不利，吴三桂有些担心，他在有生之年，还能不能戴上这顶皇帝的皇冠？人生一世，草木一秋。他的一生，功名、富贵、女人，都有了，他还想尝一尝当皇帝的滋味。

吴三桂手下的将军们见吴三桂整天闷闷不乐，也纷纷劝进。他们这样做，一是巴结吴三桂，二也想通过称帝，鼓舞起吴军的斗志，好东山再起。康熙十七年（1678 年）三月一日，是个黄道吉日，在心腹、党羽们的劝进声中，吴三桂在湖南衡州称帝。衡州，古称衡阳，是出入广东、广西、贵州的必经之路，战略位置十分重要。衡州城经过历代加固，城墙由条石和青砖砌筑，异常坚固。衡州城背倚衡山，面临湘江，水陆交通相当发达。

南岳衡山虽不特别高大，但自古以来就是中国名胜，山水俱佳，名扬天下。衡山脚下的衡州城虽不太大，吴三桂却由于相信风水，从而选中了这里，把它作为大周的都城。但衡州城确实太小了，没有什么像样的高大建筑，吴三桂只好把衡州的官衙作为自己的宫殿。时间太紧了，宫殿上缺少琉璃瓦，胡国柱便叫人在屋瓦上刷上黄油漆，看起来倒也是黄黄亮亮的。皇帝需要祭天，胡国柱便让兵士们在衡山顶上临时筑了一座土坛，充作祭天的场所。

三月一日大清早，吴三桂头戴翼善冠，身穿衮龙红袍，登上了衡山。祭天仪式刚刚开始，突然天变了，乌云翻滚，电闪雷鸣，风雨大作。仪仗乱了套，衣服湿淋淋的，山风刺骨，遍地泥泞。吴三桂大为扫兴，感到很不吉利，祭天仪式便草草收场了。在胡国柱等人的簇拥下，吴三桂一行人灰溜溜地下了衡山，回到刚刚收拾好的简陋的皇宫，准备举行大周皇帝的登基大典。

三十六声礼炮响起来了。钟鼓齐鸣，军号阵阵。文武百官，分列两行，手舞足蹈，山呼万岁。吴三桂坐上龙椅，享受着文武百官的三跪九叩。接着，司礼大臣宣读诏书，周王吴三桂改元称帝，国号“大周”，改元“昭武”，改衡州为“定天府”，作为都城。立张氏为皇后，封胡国柱等三十二人为“国公”；李芳华等四十三人为“郡公”；王绪等六十八将为“侯”；洪福等一百五十人为“伯”。立吴应熊的庶子吴世璠为“太孙”。铸造大周国的钱币，名“昭武通宝”。

“昭武”这个年号是吴三桂自己选的，当时，他也没有过多考虑，只是在李芳华递上来的名字中，随便划定了一个。可有人说，“昭武”这个年号不吉利。“昭”字，左右分开，便是斜“日”与“刀口”。日已西斜，表示日薄西山，气息奄奄；斜“日”又在“刀口”之侧，岂有好结果？当时便有人就“昭武”年号做这样的解释，指“大周”政权不会长久。其实，这只不过是一种迷信的说法，但短命的“大周”政权却恰恰被它说中了。

大周国建立了，皇帝也当上了，但吴三桂的心情却怎么也高兴不起来。清军步步紧逼，长、岳岌岌可危，战局如何扭转呢？吴三桂在认真思考。恰在这时，清军穆占部，攻下了郴州、永兴，直逼衡州。吴三桂决定就从面前敌人开始，打一个漂亮的反击战。他命大将马宝率兵万人正面迎敌，自己亲率主力在永兴北六十里的盐沙岭埋伏。穆占乃一勇之夫，冒冒失失地率领大队人马进入了伏击圈。吴三桂一声令下，伏军鸟枪、火铳同时开火，清兵哭爹叫娘，死伤惨重。

接着，吴军发起了冲锋，马宝如天神下凡，挥动大刀，大杀大砍。吴家军的将士们以一当十，杀出了威风。此一战，清军损失上万人，都统宜里布、统领哈克三被击毙。吴军乘胜追击，渡过耒水，夺回郴州、永兴。清前锋都统硕岱、副都统托岱的营垒被吴军攻占，后退五十里。康熙听到这两次败仗的消息后，说：“近来行兵，致有大量阵亡，闻之不胜伤悼。”本来还要处分硕岱和托岱二人，但由于无人可替代，便改为革职留用。

康熙十七年（1678 年）四月，为了打破封锁，转守为攻，吴三桂分别派遣胡国柱、夏国相率军进攻广东和广西。其中，胡国柱率军进攻广西，非常顺利，在不到一个月的时间里，除梧州外，广西全境均落入吴军之手。广东方面，夏国相军在韶关受阻，但清军处于守势，根本不敢出关与吴军交战。适值七月，连阴雨一下就是二十多天，双方处于对峙状态，没有进行大规模的作战。八月中旬，一夜之间，吴军突然从广东、广西撤走，消失得无影无踪。这一举动，倒把与吴军对峙的清军弄得丈二和尚，摸不着头脑。

原来，吴三桂死了，死得十分突然。按说，吴三桂自幼锻炼身体，体格强壮，异于常人，应该长寿，谁知竟一病不起。他病得很古怪，那是八月三日，吴三桂正在案前读信。信是留守昆明的郭壮图写来的，信中向吴三桂报告，皇后张氏于六月十三日不幸去世了。张氏姿色平常，吴三桂并不喜欢她。尤其是有了陈圆圆之后，就没有再亲近过她。而且，张氏嫉妒的个性，也经常与吴三桂发生矛盾。但她是吴三桂的原配妻子，替吴三桂生了一子六女，两人共同生活了四十多年，所以，张氏的去世，还是让吴三桂感到了极度的失落和悲伤。

情绪的低落和战事的紧张，使这个昔日健壮的汉子已不复当年。他的腿脚已不那么灵便了，须发已经花白，脸上满是皱纹。皮肤上也出现了一个个黑色的老年斑。但他不服老，不要人搀扶，不要人帮忙，独自处理着朝政和军务。现在，这个老人紧闭双眼，正沉浸在往事的回忆中。忽然，一条卷毛黑狗窜上案来，安详地蹲在案上，眼睛一动不动地盯着他。吴三桂觉得很蹊跷，他揉了一下眼睛，再仔细看时，那条黑狗却“倏”地一下，不见了。

吴三桂受了惊吓，立时昏倒，待醒来时，已是嘴歪眼斜，半身不遂。第二天，竟然吃不下饭，甚至连水都不能下咽。医生看后，说是得了“中风噎嗝”症。接着，又添了“下痢”的症状，狂泻不止，什么药都不见效。吴三桂明白，来日已经无多，他把女婿们叫到床前，用尽力气说了一句话：“速接太孙即位。”说完这句话后，他的眼里逐渐失去了光芒，他的嘴角最后动了动，艰难地吐出了两个字：“圆圆”。此后，他就昏迷了，再也没有清醒过来。

吴三桂是多么想再见一次心爱的女人，他一生最喜欢的女人。尽管他有过无数的风流韵事，有过比陈圆圆更风骚的“四面观音”“八面观音”，但没有一个人在他心中占有那么重的分量，他从来都没有改变对陈圆圆的一往情深。但他从起兵开始，就再没有见过她，没想到野园一别，竟是永诀。前两天，他派专使回昆明去接陈圆圆来湖南，但已经太晚了。临终时，他托付了江山，但没有见到他最想见的美人，这也是这位一代枭雄的悲哀。人生常有许多不如意的事，吴三桂也是如此。八月十八日，吴三桂去世了，他活了六十七岁。

对于吴军来说，吴三桂的死，就像是天塌了下来。失去了吴三桂的吴家军，如同失去了灵魂。没有了参天大树，没有了精神领袖，没有了主心骨，没有了号召力，没有了权威，没有了依靠。昔日生龙活虎的吴家军，而今成了一盘散沙。看不到前途，找不到希望，吴家军何去何从？吴三桂死后，为防止清军趁机进攻，衡州城四门紧闭，吴军秘不发丧，等待胡国柱等人回来主持大事。一直等到四天后，吴国贵、胡国柱、马宝等先后回到衡州，衡州城才打开城门，正式为吴三桂发丧。

吴三桂死了，但吴家军尚有十多万人，下一步作何打算，是吴家军面临的首要问题。八月二十一日，在衡州召开了军事会议，参加者包括了吴家军几乎所有的重要将领。会议参加者公推吴三桂的女婿吴国贵总理军务，这次会议的召集者正是这个吴国贵。形势紧急，前途未卜，吴国贵开宗明义，说明了会议的意图。他说：

“诸位，周皇已逝，往事不可追。但我们活着的人还要活下去，大周的事业还要继承。这次会议的目的，就是要解决下一步的行动方针。我这里抛砖引玉，先说说本人的拙见。毋庸讳言，前一阶段，我们犯了错误。当初悔不听刘玄初之言，坐困湖南五年之久，没有挺进中原，丧失了天赐良机。但我们现在，仍有铁骑十万，猛将上百，奋力一搏，胜负尚未可知？当今之际，必须改弦更张，弃云南于不顾，全军束甲，轻装上阵，北上以争天下。

吾意可以兵分两路，一军夺荆州，略襄阳，直趋河南。另一军下武昌，取信阳，到达河南。两军会师南阳，然后经许昌、新乡、邯郸，杀往北京。舍得一身剐，敢把皇帝拉下马。吾辈勿畏难，勿惜身，宁进死，勿退生。拼死决战，逐鹿中原，断东南之漕运，拯黎民于水火。即令不能混一中华，黄河以南，我当有之。此破釜沉舟之日，鱼死网破之时，不能再有一丝一毫的犹豫。

两军相逢勇者胜，置之死地而后生。若继续畏首畏尾，瞻前顾后，屯兵于坚城之下，徘徊于数省之间，则军心失，民心失，大事去矣。到了那时，吾辈即使欲求一生路，亦不可得矣。胜败存亡之际，还望诸君三思！”

吴国贵一席话，说得慷慨激昂，令人动容。吴国贵是个人才，他有头脑，有谋略，有计划，有担当，确实是人中之龙。吴国贵是个狠角色，他临危不乱，逆境不屈，是一般人做不到的。可惜在吴军中，像吴国贵这样的人才，不过是凤毛麟角，大多数将领，即使似马宝这样身经百战、勇冠三军的大将，都没有吴国贵的胆略，都没有吴国贵的勇气，都没有吴国贵的魄力，也都不赞成吴国贵的主张。马宝说：

“国贵之言，不无道理。但败军之将，不可言勇，而今机会已失，我军已疲，所谓强弩之末，势不能穿鲁缟矣。我方根本，在于云贵，若失去根本，则无异于丧家之犬，只有被动挨打的份儿了。吾意当前仍应以固守湘、蜀为主，静观时局变化，得胜则挥师北上，失败则退保云贵，不失为进退有据，万全之策也！”

其实，吴国贵的方案虽然是一着险棋，但却是一个妙招。兵者，诡道也。当时，大部分清兵齐聚江南，守卫地方的兵力明显不足。如武昌、南阳等要地，守城的士兵都不过三五千人。防御力量的不足，给吴军实行运动战留下了很大的空当，吴军若拼死一搏，胜负犹未可知。吴军的多数将领也未必不明白其中的道理，但他们不愿意冒这个险。因为他们的家在云贵，他们的家产也在云贵，放弃云贵他们将一无所有。就因为这点私心，他们不同意吴国贵的方案，而赞成马宝的意见。虽然众将公推吴国贵主持军务，但吴国贵毕竟没有吴三桂那种绝对权威，最后，他只得尊重多数人的意见。

可惜，在这个关键时刻，一己之私，葬送了吴国贵这一起死回生的妙计，大周的天下也在吴家军众将的反对声中即将寿终正寝。

第三十二章

看神州沧海桑田

衡州会议之后，胡国柱和马宝赶回云南。马宝带着吴三桂的遗体回云南安葬，胡国柱则是去昆明迎接太孙吴世璠到衡州即位。迎接太孙的事很不顺利，总管云南事务的郭壮图就是不肯放人。郭壮图强调，云南是大周根本重地，太孙不能轻易离开云南。实际上，郭壮图另有打算。郭壮图的女儿嫁给了吴世璠，吴世璠即帝位后，他的女儿就可以当上皇后，他这个国丈就可以操纵国政了，所以，他一定要把吴世璠牢牢地控制在手中。胡国柱接不走吴世璠，气得在昆明城外顿足大哭，徘徊数日，不肯离去。但郭壮图丝毫不为所动，就是不放吴世璠出城。胡国柱无奈，只得望城兴叹，只身返回衡州。

直到这年十月，湖南和云南两地的吴将才达成折中协议，将吴世璠迎到贵州即位，以贵阳府贡院为新皇帝的行宫。吴世璠尊其祖父吴三桂为“太祖高皇帝”，尊其父吴世熊为“孝恭皇帝”。郭壮图的女儿也如愿地当上了皇后。大学士方光琛和郭壮图两人担任首相，其他文武官员也都加官晋级。吴世璠的叔叔、大将吴应期被封为楚王，继续镇守岳州。

吴三桂死后，清军更加肆无忌惮地向岳州发起了猛攻。康熙指出："岳州、长沙势如两足，此蹶则彼不能独立。"他又说："岳州是湖南咽喉要地，必此处恢复，则长沙、荆州之兵始能前进。"可这时，清军统帅、大将军尚善病故。康熙急调贝勒察尼代替尚善的职务，并命令他水陆夹击，进攻岳州。这时，吴应期倒卖军粮的恶果显露出来，他当时用一石米换五包盐，占了便宜。现在军中缺粮，一日三餐只能维持一餐，军心开始浮动，吴应期也傻了眼。

天下没有卖后悔药的，吴应期肠子都悔青了。白花花的银子换不来粮食，银子可是顶不了饥的。岳州的粮食全靠长沙供应，但水陆交通已全被清军封锁，没办法，为了粮食，吴应期只得出击了。康熙十七年（1678年）十月二十二日，吴应期派水军将领巴养元、姜义等率战船二百五十艘，进攻陆石口，企图打通水上交通，以取得粮食，但清军防守很严，没有成功。当年年底，洞庭湖湖水下降，露出不少陆地。吴应期觉得这是个机会，他水陆并进，水路由水师进攻柳林嘴，陆路则从高家庙再次进攻陆石口。

两路进攻均告失败，军粮难继，岳州实在守不下去了。康熙十八年（1679年）正月十八日，守军粮食已尽，饿疯了的士兵纷纷逃跑，向清军投降。吴应期手下总兵王度冲、游击刘鹏等，率大小船四十余只，家人及兵丁数千人在高家庙登岸降清。岳州城内大乱，四处起火。吴应期再也沉不住气了，率领余部四万多人放弃岳州，向东南方向逃跑。十九日清晨，两湖总督蔡毓荣、清将桑格等率兵进入了岳州。吴应期守岳州城历时五年，终被清军收复。

岳州已失，湖南门户洞开，荆州清军于正月二十七日，万船齐发，渡过长江，向湖南吴军发起了总攻。吴应期逃到长沙，不敢停留，他与守长沙的胡国柱商量后，同时从长沙撤退。吴应期退往辰州，胡国柱退往辰龙关，两人互为犄角，准备长期固守。守卫衡州的吴国贵、夏国相等人也弃城而逃，率兵到达辰州。顺承郡王勒尔锦率领的清军，兵不血刃，收复了长沙、常德、衡州等，湖南的大部分地区回到了清军手中。

辰州位于沅江之畔，临近贵州和四川，陆路和水路都可直达贵州。辰龙关是辰州的门户，破不掉辰龙关，就进不了辰州。辰龙关乃天险，山势险峻，林木茂密，道路崎岖，羊肠小道一次只能过骑兵一人。康熙十八年（1679 年）三月，清顺承郡王勒尔锦率军来到了辰龙关前，只见群山林立，树木繁多，道路狭窄。正巧那天大雨滂沱，黑云阵阵，闪电雷鸣，吓得勒尔锦倒吸了一口凉气，一句话也没说，连忙带兵退走。整整好几个月，没有一支清军敢进攻辰龙关，这就给吴军的集结留出了足够的时间。

直到八月一日，简亲王喇布的队伍才开始向据守在武冈的吴军吴国贵部发起了攻击。简亲王的前锋穆占勇不可当，很快便攻下了新宁县。接着，简亲王喇布和安亲王岳乐两部联军约四万人，与吴国贵部的两万人在枫木岭隘口激战。两军奋力拼杀，战斗异常惨烈。吴国贵部在人数上虽处于劣势，但他们已无路可退，越战越勇。关键时刻，叛将林兴珠、赵国祚等率兵从背后偷袭，吴军有些慌乱。正在这时，吴国贵被冷炮击中，倒在血泊中。主将一死，吴军四散，清军趁势拿下了枫木岭和武冈。

康熙十九年（1680 年）初，清新任大将军察尼的部队利用当地人做向导，从辰溪小道插到了辰龙关前。吴军猝不及防，仓促应战，第二天便丢失了辰龙关。三月十三日，清军抵达辰州城下。知府傅祖录率各级官员二百九十四人、兵士一万一千余人开城投降。接着，清军又攻下了沅州，吴应期、胡国柱等带领残兵退往贵阳。

在清兵总攻辰州之前，大将军图海就奉康熙之命，率领河西三汉将张勇、王进宝、赵良栋进军四川。图海首先向盘踞在陕南兴安、汉中一带的吴军王屏藩、吴之茂部发动进攻。康熙十八年（1679 年）十月，王进宝攻破武关，攻占汉中，赵良栋收复略阳，张勇攻克兴安。王屏藩、吴志茂等人战败，退入四川保宁。至此，陕西全境叛军已全部平定。康熙皇帝接获克复汉中、兴安等地的报告后，十分兴奋，他特授赵良栋为“勇略将军”，以示表彰。同时，康熙又命令图海率军收复四川。

康熙十九年（1680 年）一月，王进宝率军进抵保宁，而赵良栋则率领一万一千人直逼成都。赵良栋顺风顺水，经广元、江油、绵竹，到达成都。叛军一路迎降，赵良栋不费吹灰之力，进了成都城。王进宝可没有这么好的运气，他在保宁遇上了王屏藩、吴之茂、陈君极的抵抗。这三人都是吴军中的铁杆，双方在保宁城外三十里的锦屏山激战。王屏藩等手下还有两万多人马，但此时已成惊弓之鸟，士气全无，不到半天就败下阵来。王屏藩和陈君极在乱军中自杀身死。吴之茂等十七名将官被俘后押送至北京，均被康熙下令凌迟处死，人头被割下，与王屏藩、陈君极的首级一起悬挂在城门上示众。到康熙十九年（1680 年）二月底，四川全境已重新归顺清廷。

现在，进攻吴军老巢——云贵的时机终于成熟了，康熙平定三藩的伟业已经进入了收官阶段。为了这一天的早日到来，康熙大刀阔斧地调整了军队将领的人选。安亲王岳乐、康亲王杰书、顺承郡王勒尔锦、贝勒察尼等将帅全部被解职，并分别给予处分。康熙十九年（1680 年）九月，康熙任命贝子章泰为“定远宁寇大将军”，赖塔为“平南将军”，提督赵良栋为“勇略将军”，三路出兵，进军云贵。值得一提的是，三位统帅中，只有赵良栋是汉人，而以往汉族将领是很难独掌军权的。这一举措凸显了康熙对赵良栋的信任，也说明康熙在粉碎叛军的过程中，注意使用“以汉制汉”的方针。

谁知三路大军还没有出发，便出了意外。留守昆明的吴将郭壮图突然决定以攻为守，他带着小皇帝吴世璠驻守贵阳，命令胡国柱、马宝、夏国相等三将率兵杀入四川。刚刚平定的四川又起波澜，吴军重新占领了泸州、叙州、永宁等地；已经降清的谭洪、彭时亨等也趁机复叛，占领了夔州、永州、涪州等地。叛军进至保宁地区，直接威胁着清军的饷道。不得已，康熙命令“勇略将军”赵良栋推迟出发，先保住四川再说，而其他两路军则继续按计划向贵阳进发。

康熙十九年（1680 年）九月十二日，中路军由林兴珠、蔡毓荣为先锋，乘船从沅州走水路到达镇远。镇远守将张足法已于清军到达的前一天夜里，悄悄逃走了。十月十二日，章泰的后续部队在镇远与林兴珠、蔡毓荣的先头部队会师。十月十七日，清军打败了吴将韩天福部，占领了平越州。十月二十一日，清中路军来到了贵阳城下。清军的神速进攻，把郭壮图吓坏了，他一面以吴世璠的名义命夏国相、高启隆二将迅速回师救援贵阳，一面与吴应期、吴世璠等匆忙逃回了昆明。留在贵阳的李本琛等二百零二人向章泰大军投降，清军兵不血刃，收复了贵州省会贵阳。

章泰的大军并没有在贵州多事停留，而是按照康熙的指示，直接杀向云南。同年十一月初清军便夺取了安顺、都匀等地，平远知府郑开枢献城投降。十一月十日，清军进至永宁州。清军突然杀到，吓坏了守卫天险鸡公背的吴军。这批吴军有一万三千多人，如果坚守天险，守住铁索桥，清军要想过去，也要大费周章。可他们保命要紧，放弃了鸡公背，烧掉了盘江上的铁索桥，撒丫子溜了。普安土司龙天祐、永安土司沙起龙趁机给清军献殷勤，他们重新给铁索桥上铺了木板，帮助章泰的大军顺利地跨过了盘江。

康熙二十年（1681 年）二月五日，章泰的大军到达安南卫，八日，进至北盘江的江西坡。吴军大将线緎正在江西坡候着他们。江西坡山势险峻，道路曲折盘旋，如螺旋状。线緎因山势层层设伏，准备打清军一个措手不及。清军登山之际，吴军突然出现，惯用的象阵布置在最前面。清绿营兵及他们的马匹见到大象后，吓得转身就跑，连在后面督战的正红旗满兵也一起奔逃。清军大败，互相践踏及被大象踩死的士兵不计其数，不少兵士一直跑到山下还惊魂未定。

过了两天，章泰稍微缓过神来，便继续督军与吴军交战。吴军一如既往，带着大象，从山上冲了下来。可这次清军早有准备，都统龚图指挥军士用火炮去轰击大象，两头大象当即死去，其余的大象逃之夭夭。去除了大象的威胁，清军越战越勇，从中午战至傍晚，吴军开始败退，线緎不得不率领残部向交水方向逃去。

逃回昆明的吴世璠，惊魂未定，便在内廷设宴招待叔父吴应期。现在，吴应期既是吴家的长辈，也是吴氏政权的靠山。吴世璠希望叔父能挽狂澜于既倒，支撑大周这破碎的江山。但吴应期不是这样想的，他已经被清军吓破了胆，斗志全无。酒席宴上，他摔碎杯盏，耍起了酒疯，又骂又哭。他大骂方光琛是“祸害”，就是这个方光琛劝吴三桂起兵，才落得如今这凄凉的下场。他这一骂，引得在场的人无不失声痛哭，宴会也不欢而散。

在从贵阳逃回昆明的路上，吴应期在身边收罗了两三千人马。由于他与郭壮图面和心不合，不愿意留在昆明，便带着这些人驻扎在昆明附近的交水。无事生非，吴应期有个门人私下向他建议，在这个危难时刻，吴世璠不过是个孩子，根本控制不住局面，可取而代之，重整山河。危急关头，岂可自相残杀？但吴应期根本不顾大局，他看不起吴世璠这个侄子，在门人的鼓动下，他的野心又冲动起来，开始筹备动手的计划。吴世璠是个孩子，而且天真幼稚，但他的身边，还有一位老谋深算的岳父。郭壮图可不是个省油的灯，他一直在为自己的女婿贴身保驾。他是个小心谨慎的人，他从不放过任何蛛丝马迹。吴应期的动向他早就留意多时，他决心要及早清除这身边的隐患，他暗地里为吴应期准备了一张网。

再说东路的赖塔军是康熙十九年（1680 年）十月，从广西南宁出发的，十一月十五日进入云南。在安龙所附近的石门坎隘口，清军遇到了吴军大将何继祖的抵抗。石门坎隘口是个险要的地方，山高林密，只有羊肠小道。赖塔以都统希福与汉将马奇为先锋，在前面开路。自己则与广西都督金光祖率大军跟进。希福勇冠三军，马奇不敢落后，他们以密集的弓箭开道，硬是冲破了何继祖的防线，攻下了石门坎隘口。天险已失，何继祖慌忙逃走，安龙所的守将，吴军总兵陈义魁献城投降。

何继祖逃到新城所，又联络吴将詹养等人，拥兵两万多，据守另一要津黄草坝。二月二日，双方在黄草坝决战。吴军以六头大象为首，向清军发起攻击。清军惧怕象阵，很快败下阵来。赖塔连斩两名逃跑的副将，清军这才稳住阵脚，回头反攻。战斗从清晨持续到下午，清军依靠人数上的优势，终将吴军击败，并俘获了詹养、王有功等将。赖塔乘黄草坝之胜，进入曲靖，吴军总兵尹士元、道员刘世忠献城投降。康熙二十年（1681 年）二月十五日，先后出发的赖塔与章泰这两路清军在交水会师。

其实，就在清军会师前几天，这里刚刚发生了一场内讧。那是三天前，吴军大将线緎在江西坡打了败仗后，带着四五千残兵逃到交水，在这儿碰到了驻扎在此地的吴应期。吴应期设宴招待线緎，席间，吴应期问起线緎的打算。线緎回答说，要去收复贵州。吴应期说：

“线将军，现在局势紧张，你也不要去贵州了。我们两人合作，杀回昆明，干掉吴世璠，重起炉灶，大干一场！”

岂料线緎听了吴应期的话后，突然翻脸，掀翻了酒桌，从身上取出一份吴世璠的诏书，念了起来：

奉天承运皇帝诏曰：

皇叔吴应期图谋不轨，逆天作乱，着将军线域捉拿，就地处决。余党概不追究。钦此。

吴应期猝不及防，早被线緎的亲兵结结实实地绑了起来。线緎毫不迟延，立即命令亲兵就在帐外用麻绳将吴应期勒死。吴应期死后，他手下的兵丁也一哄而散。原来线緎此来，乃是和郭壮图事先商量好的，只把吴应期蒙在鼓中。线緎杀了吴应期后，便带领自己的人马回到了昆明。郭壮图得知吴应期已死，立即派人将吴应期的两个儿子吴世琚、吴世珵抓起来，也用麻绳勒死。吴应期父子一死，大周朝廷的实权就掌握在郭壮图一人手中。其实这郭壮图只会玩弄权术，胸中并无韬略，这次内讧进一步削弱了吴军的力量，吴世璠小朝廷的末日为时不远了。

章泰和赖塔两军会合之后，直接从交水向昆明挺进。康熙二十年（1681年）二月十九日清军到达昆明市郊区，在归化寺一带扎营。归化寺北面的鹦鹉山，西北面的金马山，东南面的石虎岗等地，遍布着清军的营垒。两路清军共约二十万人，连营数十里，昼夜鼓角交鸣，灯火辉映。二十一日，郭壮图派遣胡国炳、刘起龙、黄明三将军率兵万人，出昆明城三十里，与清军交战。吴军以五头大象开路，向密集的清军大阵冲去。章泰的湖广清军居左，赖塔的广西清军居右，清军的人数数十倍于吴军，但吴军毫不怯阵，紧随象阵冲了过来。

战斗十分惨烈，从早晨持续到中午。吴军人数虽少，但均以性命相拼，气势上反更胜一筹。中午时分，胡国炳、刘起龙二将先后战死，吴军始败下阵来。清军乘胜进至昆明城下，吴世璠高挂免战牌，紧闭城门不出。清军连续攻城数日，损失惨重，遂停止攻城，只是沿城掘壕，将昆明城紧紧地包围起来。清军多次将劝降信用箭射进城去，但吴世璠不理不睬，就是不肯投降。康熙猜测，吴世璠不肯投降，必定是在等待四川的援兵，所以给在四川作战的将军赵良栋、佛尼勒下了死命令，无论如何，要拖住在四川的吴军马宝、夏国相、胡国柱三部，要就地消灭他们，不能让他们带兵回到云南。

康熙二十年（1681 年）三月，马宝接到吴世璠撤军的密令，立即从四川撤军，先撤至贵州的遵义，又与遵义守将巴养元等带着家属一起撤到云南的楚雄。康熙派人持康熙的亲笔信去楚雄招降马宝，信中答应，只要马宝现在投降，以前所有的抗拒之罪一笔勾销，但马宝忠于大周，拒不投降。马宝此时手下兵将已不足万人，清军将领希福奉命追击马宝，一直将马宝追至乌木山中。马宝不得已，回身与希福大战。此战马宝全军覆没，与巴养元逃到姚安山中，收集残兵败卒，总共不到百人。战不能战，退无可退，马宝不得不选择投降。七月五日，马宝与巴养元到姚安府去向希福投降。

马宝穿着一套明式的深色服装，坐在八个亲兵抬的大轿上，神色自若，逢人便说：

“我若不出来，必然连累更多的人。我不惜一死，但愿能救一方百姓。”

在从姚安府去楚雄的路上，马宝面不改色，神情悲壮。当清提督桑格亲自出城迎接他时，马宝大不咧咧地挽着桑格的胳膊，谈笑风生地一起进城。过了几天，桑格专门招待马宝喝酒。酒过三巡，马宝突然流下泪来，哽咽着说：

“大丈夫戎马一生，不能马革裹尸，反落得捐尸世上，真是天不佑我，实在令人心寒。我一生倾慕英雄单雄信，二十年后，当又是一条好汉！”

说完这番话，马宝摔碎酒杯，离席而去，在座的人也唏嘘不已。他自知不久于人世，每天喝得烂醉，嘴里还喃喃自语。接着，马宝被带到云南，然后转送北京。康熙对马宝恨之入骨，九月，康熙在刑部报上来的奏折上批示：

“逆贼马宝，所在抗拒天兵，桀骜不驯。今无地可遁，力穷势迫，始来投诚，殊属可恶。所犯罪情重大，断不可恕，着即凌迟处死。”

九月九日，马宝被押赴菜市口处以极刑。他的肉一刀一刀被割下，他一直咬牙忍着，不吭一声。直到最后一刀洞胸，马宝始大叫一声死去。他的头被割下，悬挂在城门楼上示众。

吴军的另外一位大将胡国柱，也接到了吴世璠让他撤回云南的密令。他丝毫没有犹豫，立即放弃了叙州，率兵赶回云南。但他在姚安府遇上了都统希福带领的大批清军，双方战不多时，胡国柱的部队便败下阵来。胡国柱与手下大将王绪、李匡等，逃进了鹤庆、丽江一带山中。山中缺粮，胡国柱等又辗转进入云龙州的青里屋。清提督桑格和都统希福率兵把他们紧紧包围起来。胡国柱已知在劫难逃，便问他身边的幕客王愈扩，征求他的意见。王愈扩说：

“君侯不见落花吗？或缤纷于裀席之上，或狼藉于泥土之中……”

还没等他说完，胡国柱就打断了他的话，说：

“说得是，说得很是。先生之意，我已尽知。先生爱我，敢不受命。”

第二天，胡国柱就招齐了家人和部属，对他们说：

“我位至大臣，死不足惜。我唯独担心的是，清军搜不到我，会连累你们。我决心一死，你们或死或逃，可自己决定。”

说完，胡国柱走进内室，以白绫悬梁自尽。胡国柱死后，部将王绪和李匡为他发丧。二人先把所有家私全部发给胡国柱的家属和部下，让他们各自逃生。然后王绪和李匡命人将院内堆满柴草，柴草下再放上火药。两人自己跳上柴草堆，坐在柴草堆上，不停地喝酒。喝了一会儿后，王绪忽然对他的仆人说：

“你去告诉我的两个妾，她们可以不死，叫她们赶快逃命去吧！”

过了一会儿，仆人回来说，二妾已经悬梁自尽了。王绪听后，大笑三声，说：

“她们也肯死吗？真不愧是我的爱妾。”

说完这句话后，王绪与李匡又各自干了一大杯酒，然后对仆人下令说：

“时候到了，你们可以点火了！”

仆人点着了火，然后就跑掉了。柴草燃烧起来了，木柴冒出火苗，并且噼啪作响。又过了一会儿，火烧到了木柴下的火药，立时烈焰飞腾，一声巨响之后，王绪与李匡已消失在火焰之中。三位主将死后，剩下的数百兵丁在总兵王公良的带领下，向希福的清军投降。

吴三桂的女婿，吴军的另一员主将夏国相的部队，战斗力本来就不强，在四川就被清军打散。夏国相带领少数残兵败将逃入广西境内。清大将军章泰和赖塔部下的士官依朋和临安总兵李国梁，将夏国相等人包围在西板桥。清兵已从四面围了上来，夏国相见无路可逃，遂带领手下王永庆、李攀龙等人赴清营缴印投降。章泰和赖塔商量后，将王永庆、李攀龙就地斩首，单独将夏国相押送到北京，交康熙发落。康熙当即下令，对夏国相处以凌迟极刑。

吴世璠与郭壮图一直在昆明苦苦支撑着，等待援兵，但马保、胡国柱、夏国相三人均兵败身死，看来，援兵已成泡影。但他们仍然拒不投降，因为他们知道康熙的秉性，投降死，不投降亦死。与其束手就擒，不如顽抗到底。清军围城已经半年多了，始终攻不下昆明。清军中，由于水土不服，兵士患病的很多，病死的也与日俱增。时间一久，士气低落，加上粮饷也接济不上，根本没有心思攻城。交战的双方暂时处于一种僵持状态。

围城的将军不急，士兵也不急，但京城的康熙急了。康熙二十年（1681年）九月十六日，康熙给围城清军下达了最后通牒：

“云南省城围困已久，若不速为克取，未免劳蔽兵民，靡费粮饷。今逆贼外援已绝，株守孤城，穷迫已极。若迁延时日，待敌食尽，恐粮饷至于虚靡，兵丁亦苦于疾病。见敕后速行攻取云南省城。不得有误。”

虽然康熙下了严令，但围城的清军还没有下定攻城的决心。昆明一面靠山，一面临湖，要想围得水泄不通是很难做到的。尤其是沿昆明城百里的水道，在那里参与包围的军队多数是不久前才投降的吴军旧部。他们把守不严，对进出昆明湖的吴军船只，采取睁一只眼闭一只眼的态度。这样，吴军可以通过水路获取粮食。所谓军中有粮，心中不慌，三万多守军与数十万清军对峙半年多，仍然坚持抵抗，拒不投降。

赵良栋的到来改变了这种状况。九月底，消灭了四川叛军的赵良栋带领宁夏兵，渡过金沙江，经武定，绵竹，抵达昆明，与先期到达的章泰、赖塔两部清军会师。赵良栋一到昆明，立即布置水师舟船不分昼夜，在昆明湖内巡逻。这一措施，封锁了昆明水道，断绝了吴军的粮食来源，起到了立竿见影的效果。到十月份后，昆明城内粮食已经告罄，出现了人吃人的现象。

赵良栋建议立即对昆明城发起进攻，但大将军章泰却不同意，他说：

“皇上豢养的满洲兵岂可轻动？若有损失，谁能任责？你的军队远道而来，也应该先休息一段时间，何必急于进攻呢？还是少安毋躁为好。”

可赵良栋还是坚持自己的意见。因为满洲兵和汉族士兵的待遇差别很大，远道运来的粮食首先满足满洲兵的需要。汉族绿营兵不但吃喝没有保证，平时还要为满洲兵做杂役，受凌辱，挨打骂。日子长了，满洲兵和绿营兵就会发生矛盾，到那时倒霉的还是绿营兵。所以，赵良栋坚持自己的意见，他说：

“如果大将军的士兵需要休息，我部愿率先出战。况且，立即夺取省城，这也是皇上的旨意。”

赵良栋搬出了皇上，章泰不敢再固执己见了。十月八日，章泰下达了三路大军同时向昆明发起总攻的命令。吴世璠不得已，派大将吴国柱领兵与清军在归化寺一带激战，结果大败而归。此时，吴军士气全无，赖塔部进入银锭山，蔡毓荣攻占重重关与太平桥，赵良栋、穆占等夺得玉皇阁。

现在，清军已逼近外城，肉眼已经可以看到城墙上走动的人影。胜利在望，章泰也一改消极的态度，亲自督战。清军不分日夜，猛烈进攻。同时，清军还发动政治攻势，用弓箭向城内射进一封封招降书。城中已经断粮，食不果腹的吴军再也无心战斗下去了。十月二十二日，吴将余从龙、关成鳌等悄悄出城投降。章泰又把余从龙派回城里充当内应。

康熙二十年（1681 年）十月二十八日，眼见昆明即将陷落，吴将线緎与吴国柱等密谋发动政变，准备逮捕吴世璠与郭壮图，作为礼物献给清军领赏。当线緎带兵拥入皇宫时，吴世璠迅速穿好皇帝的衣冠，在大殿举刀自刎。一刀未死，又照着脖子再刺一刀，当时身亡。吴世璠死时，只有十六岁。后宫的郭皇后闻讯后也上吊自杀，宫中还有一百多人跟着自尽。接着，线緎又带兵闯入郭壮图家，郭壮图与其子郭宗汾已自杀身死。线緎杀死了郭壮图的亲信郭得胜，又进入大学士方光琛家，抓住了方光琛及其子方学潜、侄子方学范等。第二天，线緎命打开昆明城门，向清军献城投降。

昆明城的城门开启了，它可是富可敌国的吴三桂的老巢啊！城里财宝如山，美女如云，谁不想冲进去，分一杯羹啊！但是，几十万清军，要是都进了城，那还不乱了套。所以，大将军章泰、赖塔和赵良栋商量后，决定只准穆占、马奇二部进城受降，其他部队一律在城外待命。十月三十日，穆占和马奇的队伍开进了昆明城。经过清点，吴军共有将吏五千六百人、兵士三万三千多人投降。收缴大金印十四颗、小金印七颗、银印九十二颗、金册八件。

良好的秩序只维持了一天。第二天，各路人马便纷纷进了城。抢劫开始了，昆明城遭受了一场浩劫。清兵见什么，抢什么，抢金银、抢珠宝、抢女人，一切值钱的东西都在抢劫之列，不少清兵为了抢东西，自己人之间都打了起来。两湖总督蔡毓荣抢了吴三桂的爱妾“八面观音”，将军穆占则抢了吴三桂的另一名爱妾“四面观音”，其他军官也都抢了不少好东西，大发战争财。只有“勇略将军”赵良栋严格约束自己的部属，他自己也是分毫不取。

对于已经死去三年的兵变头子吴三桂，清军当然不能放过，他们在昆明城到处搜寻吴三桂的棺柩，准备挖出来戮尸示众。吴三桂是秘密埋葬的，很少人知道下落。清军逼近昆明时，吴世璠和郭壮图为了安全起见，又重新将吴三桂的尸骨改葬他处。现在，吴世璠和郭壮图都已经死了，没有人知道尸骨埋葬的地方。虽然有不少人前来举报，清军也根据这些举报乱挖一气，有一天甚至挖出了十三具骸骨，但均莫衷一是，真假难辨。

一天，一个吴三桂的侄子跑来举报，说吴三桂的尸骨已经火化，骨灰藏在安福园石桥下的涵洞中。结果，果然在石桥下找到一个骨灰盒，但是不是吴三桂的骨灰，就只有天知道了。大将军章泰和赖塔简单商量了一下，就将这具骨灰盒和吴世璠的人头一道送往北京，交康熙处置。康熙哪辨真假，他吩咐将吴世璠的人头悬挂在宣武门示众，所谓吴三桂的骨灰则在房山的深山里扬撒掉。

当昆明城被攻下，吴三桂的余党被擒获的消息报到京城后，康熙皇帝欣喜的心情是可想而知的。喜爱写诗的康熙，在养心殿中，写下了《滇平》这首诗：

洱海昆池道路难，捷书夜半到长安。
未矜干羽三苗格，乍喜征输六诏宽。
天末远收金马隘，军中新解铁衣寒。
回思几载焦劳意，此日方同万国欢。

成者王侯败者贼。在这场平定三藩的赌博中，康熙孤注一掷，成了最后的赢家。但这场赌博的风险也是显而易见的，大清统治者险些失去了奋斗几十年才打下的江山。这场赌博的赌注也太大了，吴三桂输的是自己的身家性命、毕生富贵，那是他咎由自取，怨不得他人。但长达八年的平三藩战争，是一场罕有的浩劫，刚刚建国不久的大清，陷入了长达八年的战乱之中，渴望太平的百姓，被拖入了一场旷日持久的战祸。神州大地，平添了多少新坟；芸芸众生，增加了多少新寡。多少家庭离散，多少田园荒芜，多少生灵涂炭。可爱的祖国，打得遍体鳞伤，富饶的江南，已是满目疮痍。战争，带给人间的是灾难，是毁灭，是永远的伤痛。八年战争，仅军人就死伤了上百万人，无辜的民众，被战争夺取生命的，又何止成千上万。

这一切，都是谁造成的呢？吴三桂只要当他的云南王爷，舒舒服服地逍遥过日子，他压根没有造反的念头。倘若只撤尚藩、耿藩，暂时保留吴藩，也就不会有八年的战争。可康熙不顾群臣的反对，刚愎自用，一意孤行，不但坚持撤藩，而且要三藩同撤。这才酿出大祸，逼反了吴三桂。一个视百姓生命如草芥，置祖宗江山于不顾的君主，又有什么值得歌颂的呢？任性的康熙皇帝，一时心血来潮，便引起一场血雨腥风的战争，难道不应该深刻反思吗？仅从康熙平定三藩这件事来看，他不但不值得称道，简直是一个不合格的君主。

昆明城拿下后，康熙曾亲自追问陈圆圆的下落。但清军搜遍了全城的犄角旮旯，就是没有陈圆圆的踪迹，连吴三桂王府的名册上，都没有陈圆圆的名字。陈圆圆好像从人间蒸发了似的，从此音信全无。她是死是活，她的结局又是怎样的呢？原来，吴三桂临终之前，特别想见陈圆圆一面，他特派专使去昆明接陈圆圆来湖南。专使出发后两天，吴三桂的病情突然加重，他已经上气不接下气，喘不过气来了。他心里清楚，自己已病入膏肓，朝不保夕了。昆明离衡州，又何止数千里，他已经不可能再见到心爱的女人。于是，吴三桂吩咐爱将马宝秘密回云南，去完成一件特殊任务，而这也是他清醒时所做的最后一件事。

吴三桂起兵离开云南后，陈圆圆一直单独住在野园一个僻静的院落里，过着平静的生活。荣华富贵，不是她想要的，饮食起居，不用她操心。有时，她到附近的华国寺去烧烧香，祈祷她心爱的吴三桂能够平安。已经快五年了，陈圆圆以泪洗面，靠回忆过日子。她做梦都盼望，吴三桂回到野园，共同走完余下的日子。但她的这个愿望终于破灭了。

康熙十七年（1678 年）中秋节的晚上，陈圆圆独自一人在小院中摆上了香案。香案上放着火腿月饼和时令水果，香炉里燃烧着三炷香，香烟冉冉上升，陈圆圆对着明月焚香祈祷。每逢佳节倍思亲，她的父母都已经去世了，她和哥哥也久不来往。她现在最放心不下的，还是那与她相伴了三十多年的三郎。突然，一阵怪风吹来，吹翻了香案，吹倒了香炉，陈圆圆大惊失色。正在此时，院外人声鼎沸，原来是吴三桂的使者到了，他们是专程来接陈圆圆去湖南的。听到吴三桂病重的消息，陈圆圆就像被霜打了一样，花容失色，两只明亮的大眼睛里噙着泪珠，她的心都要碎了。

没有怎么准备，也没说上几句话，陈圆圆便连夜带着几个随身的仆人、使女随专使出发了。她比谁都着急，人坐在车里，心早飞到了湖南，她多么希望，能再与吴三桂见上一面。一个像她这样的女人，得到一个男人的终生疼爱，她知足了。她之所以活着，也是为了这个男人。她吃不下饭，睡不好觉，不断地催促驭者快马加鞭。走了好几天了，晓行夜宿，已经来到了贵州的镇远，这里离湖南已经不太远了。

在镇远驿站，陈圆圆意外地遇到了吴三桂手下的大将马宝，而马宝则是专程在这里等候她的。一见马宝身穿孝服，马宝的亲兵也都是白衣白帽，陈圆圆立刻就明白了，吴三桂已经死了，她永远都见不到了，她当即昏了过去。第二天，当陈圆圆清醒后，马宝详细地向她说出了吴三桂去世的经过，并问她今后有什么打算？此时此刻，陈圆圆的心已经死了，她万念俱灰。她对马宝说，她现在只想找一个没人的偏僻地方，静静地度过余生。

“娘娘所想，正是吾皇的愿望。末将此来，乃奉先皇遗命。末将知道一个地方，很适合娘娘隐居。不知娘娘是回昆明收拾一下再去，还是直接前往?”马宝说。

陈圆圆连想都没想，便说：

“不用回昆明了。我也没有什么好收拾的，随身的衣服，我们已经带了。只要去一个僻静地方，有几亩薄田可耕，有几株桑树可种，过个粗茶淡饭的日子，就可以了。”

于是，在马宝的带领下，陈圆圆一行人向贵州的山里行进。陈圆圆乘了一座小轿，其余人或骑马，或步行，走了十多天，才来到山中的一个小坝子。这里山清水秀，竹木苍翠，而且人迹罕至，确实是一个隐居的好地方。它位于湖南和贵州的交界处，属于贵州所辖恩州的水尾镇。恩州在黔东南，始建于唐，开府于明，今称岑巩县。恩州出产一种名砚，叫作金星砚，与广东的端砚、安徽的歙砚齐名。恩州古砚色调乌郁，取材于星石潭中，因其在阳光照射下闪闪发光，故称金星砚。

吴三桂生前喜欢挥毫写字，所以马宝曾为寻砚来过这个地方，如今倒成了陈圆圆隐居的落脚地。马宝领着兵，一连忙活了好几天，采伐竹木，搭建了几间草房，又开垦出一块菜地。临走前，马宝还将随身带的三千两银子，全部留给了陈圆圆。跟随陈圆圆来到这里的吴姓家人和仆妇等十余人，都自愿留下来陪伴陈圆圆，从此，他们便在这里住了下来。马宝行前还特意留下两把大刀，作为纪念。一把是吴三桂生前用过的，重四十八斤。另一把是马宝自己用的，重四十斤。

当清军进入昆明，吴三桂被诛灭九族的消息传来时，悲痛之余，陈圆圆做了一件事。她从跟她来的吴氏族人中挑选了一名男丁，认作自己的儿子，起名吴启华，并将自己的侍女涂氏许配给他，让他们为吴三桂传宗接代。这也算是陈圆圆对吴三桂的一种报答吧！当马宝在京城被凌迟处死的消息传来后，陈圆圆又做了一件事，她在自己的屋后，为马宝修了一座衣冠冢，将马宝的那把大刀立在坟前。陈圆圆终其一生，都感激马宝为自己找了一块安宁的避难之地。

清雍正六年（1728 年），陈圆圆无疾而终，她活了一百多岁。她死后，就葬在居屋后的狮子山上。为了避免清廷的迫害，陈圆圆的墓碑上，只刻了“吴门聂氏之墓”六个字。“吴门”一指陈圆圆的家乡苏州，二指陈圆圆是吴家的人。雍正年间，“聂”字，当时的写法是三个“耳”。墓碑上的“聂”字，为吴氏族人特创。陈圆圆的生母姓“邢”，养父姓“陈”，两姓氏的偏旁都有一个“耳”，故为双“耳”。“双”字繁体字的写法，上面是两个“佳”字。“佳”者，好也。花好月圆，两个“佳”字，即代表“圆圆”。所以，墓碑上的字，翻译过来便是“苏州陈圆圆之墓”。

吴氏族人的居住地，叫作“襄子家屋场”，这个名字也是因吴三桂的父亲名叫“吴襄”而取的。康熙对吴三桂恨之入骨，必欲使其断子绝孙而后快。所以清廷历代对吴三桂的亲属极严。因此，数百年来当地人一直不敢承认自己是吴三桂的后代。全村人明明都姓吴，村名却不叫“吴家寨”，而叫“马家寨”，其目的显然也是为了保密。而且，之所以叫“马家寨”，恐怕和当年的马宝也不无关系。

在吴三桂后人吴启华的墓碑上，有一副对联透漏了其中的隐情：

隐姓于斯上承一代统绪；藏身在此下衍百年箕裘。

这副对联写得非常明白，吴氏族人隐居此地，就是为了延续吴门的一脉香烟。

在马宝的衣冠冢前，也有一副奇怪的对联：

重垒土茔人祖即己祖；复修石台若翁如吾翁。

仔细揣摩对联后，这副对联便好理解了，它出自吴氏族人的口吻，表示感谢当年马宝的护送之恩，把马宝当作吴家的先人一样祭祀。现在，在贵州岑巩县马家寨生活的吴三桂的后人，已经有了一千多人。本以为已将吴三桂的子孙赶尽杀绝的康熙皇帝，做梦都想不到，一个弱女子陈圆圆，竟敢违抗他的意志，为吴三桂保存了一门香火。

陈圆圆是幸运的，她不但得以善终，而且活了一百多岁。但是，吴三桂的其他亲属和部属，就没有那么幸运了。在平定三藩之后，康熙举起了屠刀。留在山海关外中后所的吴三桂的哥哥吴三辅等人全部被杀，坟园被彻底捣毁。在将吴三桂诛灭九族后，他又将已经投诚的吴军的军官和官员逐个予以甄别，重新定罪。康熙下令，将原贵州提督李本琛处以磔刑，其孙李象乾、李象坤，其侄李济善、李济民，通通斩首。将原镇远副将江义凌迟处死，原将军王公良、王仲礼，巡抚吴谠，侍郎刘国祥，太仆寺卿肖应秀，员外郎刘之延等一律处斩。这些人十六岁以上的儿子一并处斩，家产没收，妻子及未成年子女均流放。曾经在四川反清的彭时亨和谭氏兄弟也被凌迟处死。

这还不算，在平定云南后，康熙还把已投降的吴军兵丁及家仆共三万余人悉数调往京师。其中，副将官职以上的，全部杀掉。副将以下的人，发配到塞外，从事驿卒、轿夫、站丁等下贱职业，而且，还特别做了一个规定，他们从事这种职业为世袭，子子孙孙都得干这个行当，永世不得翻身。

对于那些随同吴三桂起兵叛乱的各路人马，虽然他们最后不是投降就是归顺，但康熙也不放过他们。当吴家军濒临覆亡，康熙就腾出手来，开始秋后算账了。想当初，为了分化、瓦解、孤立吴三桂，康熙到处发通告，宣谕旨，公开承诺，不管在吴氏政权中担任多高的职务，不管做过多少大逆不道的事，只要归顺朝廷，一概赦免，既往不咎，而且多次表示，“朕决不食言”，“此心可昭日月”。信誓旦旦，言犹在耳，但战争刚刚结束，康熙皇帝就像地痞流氓一样，背弃了自己的诺言，将参与吴三桂叛乱的“逆贼”，一个个送上了断头台。

在吴三桂的同伙中，康熙最恨的，要数靖南王耿精忠了。吴三桂起兵后，耿精忠率先在福建发难，杀死了福建巡抚范承谟，并出兵江西和浙江，替吴三桂开辟了第二战场，是康熙平定三藩战争中的第二号罪魁祸首。康熙十五年（1676 年）冬天，耿精忠投降，康熙赦免他一切罪过，恢复他靖南王爵位，让他继续统兵。为了表示效忠康熙，耿精忠于康熙十六年（1677 年）四月，将其子耿显祚送到北京当人质，并亲自率兵，夺回了被台湾郑军占领的泉州和漳州。

尽管耿精忠卑躬屈膝地百般讨好康熙皇帝，但都无法改变皇帝对他的制裁。早在康熙十六年（1677 年）十一月，耿精忠部下的参赞徐鸿弼等，就曾向康熙皇帝告发耿精忠的五款大罪。一是隐瞒奸党。二是勾结海贼。三是暗藏火药。四是遣散旧兵时，让他们带走武器。五是对刘进忠说：“乞降非所愿。”这五款大罪，只要坐实其一，便可治耿精忠死罪。但康熙却隐而不发，因为此时正在全力对付吴三桂，如果这个时候收拾耿精忠，那今后还有谁会再投降？可继续将耿精忠留在福建，岂非纵虎留山，康熙实在不放心。

为了顾全大局，康熙忍了三年。康熙十九年（1680年）三月，耿精忠给皇帝上疏，要求进京觐见皇帝。这不是把自己往虎口里送吗？耿精忠真的这么傻吗？原来，是康熙秘密给大将军、康亲王杰书写信，由康亲王杰书出面，劝耿精忠赴京的。说起来，耿精忠这样做，也是情非得已。康熙正中下怀，立即批准，同意靖南王耿精忠进京。五月，耿精忠忐忑不安地来到了北京。他做梦都没有想到，一到北京，便进了大牢，告发他的，不是别人，而是他的嫡亲兄弟耿昭忠和耿聚忠。

这些，都是康熙皇帝安排好的。耿昭忠和耿聚忠之所以告发兄长，也出于无奈，不告发兄长，不按康熙的旨意办，他们自己便难逃活命。人在矮檐下，谁敢不低头啊！康熙在将耿精忠下狱的同时，任命马九玉为福建将军，管辖原来耿精忠的部队。这一招也很重要，马九玉本来就是耿精忠手下的大将，他担任福建将军，部队不至于动乱。康熙这时拿出了三年前徐鸿弼控告耿精忠的揭发信，他要新账老账一起算。耿精忠百般表白他的忠心，但都无济于事。处治耿精忠，根绝隐患，是康熙的既定方针，绝对不会改变。

康熙二十一年（1682年），议政王大臣会议提议，将耿精忠及其子等十人凌迟处死，同党黄国瑞等十九人斩首。对这个提议，康熙假惺惺地做了如下批示：

“耿精忠身为祸首，应处极刑。但其子有可怜悯之处，可否改为斩刑？”

最后的决定是：将耿精忠革去王爵，与其主要党羽徐文耀、王世瑜、白显中、江元勋、曾养性、王振邦、蒋得、刘进忠等均凌迟处死，耿精忠之子耿显祚与黄国瑞等十五人斩首。耿精忠和刘进忠在处死后，还割下首级，当众示众。

就在耿精忠进京觐见的同时，另一封告状信递到了康熙手上。告状人是平南王尚之信的护卫张永祥和张士选，告的不是别人，而是他们的主子尚之信。这两个人万里迢迢从广东跑到北京，以谋反大罪状告自己的主人，难道他们吃了熊心豹子胆？我们知道，护卫与自己的主将之间的关系，是再亲密不过的，不是父子，胜似父子，一损俱损，一荣俱荣。难道张永祥、张士选吃错药了？非也。他们之所以敢于进京告状，也是受了康熙的指使。

康熙密令刑部侍郎宜昌阿以巡视海疆的名义，带着张永祥、张士选，前往广东调查。宜昌阿到达广州时，尚之信正领兵在广西作战。宜昌阿发现广州城中没有满族士兵，立即命将军赖塔率两千满军连夜进驻广州。在张永祥、张士选的鼓动下，广东总督金光祖、尚之信的弟弟尚之璋、广东都督王国栋，以及尚之信的两个母亲舒氏和胡氏都向宜昌阿揭发了尚之信企图谋反的种种罪行。宜昌阿向康熙请示后，决定先将尚之信予以逮捕。

尚之信可是只猛虎，宜昌阿决定逮捕尚之信要秘密进行。这时，尚之信正在广西参加平叛战争，他与镇南将军舒恕按照康熙的谕旨，夺回了广西的武宣。打了胜仗之后，广东总督金光祖、提督哲尔肯、总兵班际盛、副都统金榜选四人带着赏银到武宣劳军。尚之信毫不知情，大不咧咧地骑着马出来迎接劳军使臣。谁知金光祖突然脸色一变，从怀中取出圣旨，念了起来。当念到“尚之信蓄意谋反，着即擒拿归案”时，早有如狼似虎的亲兵将尚之信拖下马，五花大绑地捆了起来。事发突然，尚之信大呼冤枉，但他并没有反抗，他要求面见康熙，他相信，这只是一个误会。宜昌阿决定，先关押起来，择日进京质对。这一次，祖泽清被捕前对尚之信说的那句话应验了，自以为效忠朝廷的尚之信，自己也被朝廷抓了起来。

可是，还没等将尚之信送去北京，广东就出事儿了。那个广东都督王国栋，本来就一直想取代尚之信的位置，人又很贪心。一见尚之信被囚禁，觉得机会来了，立即带兵抄了尚之信的家，并趁机将不少财物运回了自己的家。王国栋的所作所为惹恼了平南王府长史李天植。李天植是尚之信的死党，在王府内一向很有权势，他气愤地说：

“王国栋旗奴出身，要不是先王（尚可喜）赏识，破格提拔，岂能有今天？如今他既不替公（尚之信）辩白冤屈，又不遵旨将公（尚之信）送入京师勘问，却如此恣意妄为，是将图谋不轨。”

李天植立即将尚之信之弟尚之节找来商量，要设计除掉这个王国栋。于是，尚之节假意约王国栋到城外密谈，待王国栋来时，预先埋伏好的刺客冲出来，当即将王国栋杀死。螳螂捕蝉，黄雀在后。一直秘密监视尚家动静的将军赖塔趁机出手，将尚之节、李天植等一并拿获。在审问李天植时，李天植一口咬定，刺杀王国栋之事，都是他一手策划的，与尚之信没有任何关系。同时，尚之信的母亲舒氏和胡氏也出来翻供，说她们从来没有揭发过尚之信谋反，所谓以她二人名义写的揭发材料，都是王国栋伪造的。

事情出现了变数，尚之信及家人以为会有转机，但这时康熙却已经做出了决定。康熙十九年（1680 年）闰八月十七日，钦差来到广州，宣读圣旨："尚之信不忠不孝，罪大恶极，法应立斩，不必赴京勘问。念其曾授亲王，从宽发落，赐帛一条，就地自裁。钦此。"

听完圣旨后，尚之信捶胸顿足，大呼冤枉，连声大骂："康熙小儿，冤枉老夫，老夫来世做鬼，也要报这大仇!"尚之信自尽后，葬于广州西报资寺后山。他的弟弟尚之节、长史李天植被处斩，妻子籍没入官，家产全部充公。平南王藩被撤销，他的部队被遣散。想当初，尚之信接受吴三桂的封号，宣布起兵，背地里却与朝廷暗通款曲，首鼠两端，左右逢源，自以为得计。最后还是着了小皇帝康熙的道，落得个身死藩灭、家破人亡的下场。真是自作聪明，反误了卿卿性命。

对于曾经叛变过自己的王辅臣，康熙当然也不能放过。康熙二十年（1681 年）七月，清军正在围攻昆明时，协助图海镇守汉中的王辅臣突然接到了康熙的诏书，宣王辅臣随图海一同进京陛见。诏书中还特意对王辅臣及其子王继贞，分别加官晋爵。将士们纷纷前来，向王辅臣道喜并表示祝贺。但王辅臣却把自己关在一间小屋里，不吃不喝，独自思量，他的直觉告诉他，大祸临头了！他要是进了北京城，那可是肉包子打狗，有去无回。他对康熙，还是有所了解的。

王辅臣命人打开了库房，将库中的银两打成了很多包，每包中的银子数量不等，有的几十两，有的几百两。最后在库房中还剩了一万两银子，王辅臣让人贴上封条，存在库中。还留了一本账簿，账簿中记录了库存的银两和所有物品。其余的旧账簿则全部烧掉。等把这一切都有条不紊地安排好后，王辅臣把他的主要部属和随从人员都召集到一起，然后对他们说：

“兄弟们跟我很久，东西南北奔走多年，出入枪林箭雨，吃尽风霜雨露，受了不少苦。天下没有不散的宴席，现在，大家要分别了。你们愿归田的归田，愿意继续当兵吃粮的，可速投其他军镇，但谁也不要说在我这里待过。我给各位准备了一点盘缠，略表一点心意吧！你们快走，我的事我一人承担，绝不连累大家。从今天起，咱们就永别了！”

说完，他就叫人把事先准备好的银子分别发给大家，每个包上都有各人的名字。将士们拿了银子，互道珍重，洒泪而别。就这样，他把自己上万人的部队遣散了，最后坚决不肯走的，只剩下了十几个人。于是，王辅臣就带着这十几个人，一起到了西安。八月二十九日，他和这剩下的十几个人一道喝酒。喝到半夜，王辅臣忽然老泪纵横，对他们说：

“我出身行伍，战场上厮杀多年，什么事儿都经过。我官至提督，威震一方，也曾享过荣华富贵。前迫于众人，我做了不义之事，今虽反正，但朝廷积怨已深，岂肯饶我？大丈夫宁可战死疆场，岂可受刑于刑场，我决定自己去死。若用刀自刎、以绳自缢、饮药毒死，都会留下痕迹，将会连累他人。我有一法，跟病死的完全一样。待我喝得烂醉，不省人事，你们可将我手脚捆住，用纸蒙上我的脸，多蒙几层，再用冷水喷之可立死，而且别人看不出来。你们就以‘痰厥暴死’向上报告，这样方保无事。”

这些人都是跟随王辅臣多年的老部下，和王辅臣的交情很深，纷纷劝他不要这样做。王辅臣当下就生气了，拔出剑来，立刻就要自刎。大家看实在劝不住王辅臣，这才答应，按王辅臣吩咐的去做。王辅臣酒量很大，一直喝了二斤多白酒，才醉了过去。手下人按照王辅臣的说法如法炮制，果然不到天亮，王辅臣就死了。手下人以王辅臣病故上报，并没有引起朝廷的怀疑。

但康熙紧接着就下令，削去王辅臣的爵位，免去王辅臣儿子王继贞太仆寺卿的官职。在王辅臣死后，他的女婿薛英曾要求将王辅臣的骸骨和家属一并送回平凉，但兵部却不同意，最后只得按兵部的意见办，将王辅臣的骸骨和家属送到北京。从以上种种迹象看来，康熙让王辅臣进京陛见，确实没安好心。王辅臣率先自杀，倒是得了个善终，既保全了家属，也保全了名声。好个“马鹞子”，不但仗打得精，并且有先见之明。

身为一国之君，康熙无论是气度，还是肚量，都远逊于一般人。尤其是出尔反尔，粗暴践踏自己的诺言，更是为人所不齿。俗话说，君无戏言。在全国已经安定，需要休养生息的时候，却大张杀伐，秋后算账，血腥报复，实为人君所不取。杀了那么多人，而且对那么多人处以凌迟的极刑，恐怕在有清一代都是空前绝后的。难道这都是仁君所该做的事吗？仅从平定三藩这件事来说，始作俑者，非康熙莫属。不顾国家安危，只凭一时意气，逼反吴三桂，把整个中国拖入八年战祸之中。几十万人死于内战，几百万人流离失所，这个代价不是有点太高了吗？一个视百姓生命财产如草芥的君主，还有什么英明伟大可言呢？

历时八年的平藩战争结束了，本书的故事也告一段落。这段明清之际转折时期发生的故事曲折离奇，它对中国发展的前途和命运影响深远。吴三桂，为了一个女人，从投降大顺改为投降大清，并接引清兵入关，从而让一个只有几十万人的少数民族入主了中原。一个落后的游牧民族，取代了一个先进的农耕民族的政权。一个在十七世纪，与路易十四的法兰西同样强大的大明帝国，被农民战争摧毁，而政权却意外地落到了野蛮的满族人手里。一个产生了初步的商品经济，正在向资本主义迈进的明王朝，戛然而止，最后沦为受资本主义列强欺压、凌辱的半封建半殖民地的国度。

一个在明朝末年便拥有成千上万火铳、鸟枪、火炮、红夷大炮的强大军队，在雅克萨和沙俄哥萨克对垒时，使用的却只有大刀、长矛等冷兵器。五千训练有素的正规军却打不垮二百多手持火药枪的冒险者。更不可思议的是，仅仅两万多手持洋枪的洋鬼子，为了推销害人的毒品鸦片，竟打进了大清国的都城北京，烧毁了“万园之园”圆明园，把不可一世的慈禧太后吓得跑到了西安。拥有英国购买的先进战舰和克虏伯大炮的北洋舰队，在甲午海战中更是被东洋鬼子打得全军覆没。

大清王朝带给我们的是什么呢？是割地，是赔款，是一个个不平等条约，是屈辱，是苦难，是眼泪，是落后，是倒退。一个以四大发明闻名于世的华夏古国，却远远地被西方列强抛在后面，一个独立于世界民族之林的泱泱大国却被瓜分得四分五裂。清朝统治中国的二百六十七年，闭关锁国，故步自封，夜郎自大，落后了其他先进国家何止二百六十七年？

落后就会挨打，落后就受欺负。满族入主中国的一幕，是历史的偶然，是民族的悲剧。历史是不以任何人的意志为转移的，回顾明清之交的这段历史，分析李自成、张献忠、吴三桂、多尔衮在其中所担任的角色，难道不会给今天的人们带来有益的启示吗？这也是作者写作本书的初衷。让我们再一次重温，郭沫若先生在《甲申三百年祭》中所说的那段意味深长的话：

> 这无论怎么说都是一场大悲剧。李自成自然是一位悲剧的主人，而从李岩方面来看，悲剧的意义尤其深刻。假使初进北京时，自成听了李岩的话，使士卒不要懈怠而败了军纪，对于吴三桂等及早采取了笼络政策，清人断不至于那样快的便入了关。又假使李岩收复河南之议得到实现，以李岩的深得人心，必能独当一面，把农民解放的战斗转化而为种族之间的战争。假使形成了那样的局势，清兵在第二年绝不敢轻易冒险去攻潼关，而在潼关失手之后，也绝不敢那样劳师穷追，使自成陷于绝地。假使免掉了这些错误，在种族方面岂不也就可以免掉了二百六十年间为清朝所宰制的命运了吗？就这样，个人的悲剧扩大而成为种族的悲剧，这意义不能说是不深刻的。
>
> 要就中国来说吧，就在清朝统治的二百六十年间，一直都没有亡，抗清的民族解放斗争，一直都是没有停止过的。然而，甲申年总不失为一个值得纪念的历史年。规模宏大而经历长久的农民革命，在这一年使明朝最专制的王权统治崩溃了，而由于种种

的错误，却不幸换来了清朝的入主，人民的血泪更潸流了二百六十余年。这无论怎样说，也是值得我们回味的事。

好在由于中国共产党的领导，建立了中华人民共和国，中国人民站起来了。好在由于改革开放，古老的中国获得新生，神州大地发生了翻天覆地的变化，中国重新进入了世界强国之列。转折是一种奇妙的现象，历史没有如果，前事不忘，后事之师。写历史是为了将来，写历史是给今天的人读的。古为今用，这才是目的。在历史转折关头，一个人的作用往往超出平常许多倍，而在日常生活中，一个人却又显得多么渺小。让我们记住历史，回味历史吧！历史往往会给我们带来很多有益的东西。

后记

把历史交还给历史

斗转星移，韶光易逝，人生苦短，不觉已垂垂老矣！回首往事，自己读书十九年，教书十九年，出书三十余年，一生竟与书结下了不解之缘。三十多年来，辛勤耕耘，为人作生嫁，也记不清为几多人出版了几多书？一生爱书、嗜书，但却未能留下自己写的一本书，这不能不说是人生的一大缺憾。

怎样弥补这一缺憾呢？我决心在垂暮之年，出版一本自己写的书。写什么题材呢？我想到了历史。从古到今，全世界只有中国流传下来一部完整的由文字记录下来的二十四史。我是学历史的，二十四史伴随了我数十年的光阴，我对历史可谓是情有独钟。我国是五千年文明的古国，我国有光辉灿烂的历史，周、秦、汉、唐，闪耀千秋，读来豪情倍增，但接触到清史时，却往往让人不忍卒读，思之弥痛！

清史无言，读者有泪。为什么一个在全世界上最先发明了火药的国家，它的军队在十七、十八世纪却仍然挥动着大刀、长矛？为什么西方的鸦片贩子公然在中国土地上横行无忌，而大力禁烟的林则徐却被清廷流放？为什么一直作为中国内陆水道的黑龙江却变成了中俄两国的界河？为什么作为当时亚洲第一的清政府北洋舰队，却在甲午海战中葬身海滔？为什么只有二万多士兵的“八国联军”竟攻陷了北京，打得清朝太后、皇帝狼狈而逃？为什么一纸“马关条约”，竟向侵略者赔偿白银两万万两，并割让了台湾用澎湖列岛？为什么堂堂的中国海关竟让一个爱尔兰人赫德把持了四十九年？为什么变革图强的“戊戌六君子”却倒在了血泊之中？

为什么在清王朝统治中国的二百六十七年里，那个曾经与路易十四的法兰西同时称雄世界的泱泱大国，却一败于日本，再败于八国联军，割地赔款，丧权辱国，逐渐沦落为一个积贫积弱、任人宰割的半封建半殖民地的弱国。说起这段波诡云谲、催人泪下的历史，每一个有良知的中国人莫不扼腕叹息！

这一切，莫不与明清之交这样一个重大的历史转折关头有关。一六四四年，是中国农历的甲申年。这一年中国发生了翻天覆地的巨变。统治中国长达二百七十六年的明帝国寿终正寝，而仅仅占领北京四十一天的李自成的大顺军则仓皇出逃，继而土崩瓦解。一个实行野蛮落后的奴制的女真族入主中原，建立了清王朝。沧海桑田，历史在这里拐了一个弯！对于历经苦难的中国人来说，这究竟是民族的幸事，抑或是民族的悲哀？

历史是一面镜子，温故可以故新。我决定选取明清之交历史转折这样一个重大题材，以历史人物吴三桂一生为主线，写一部长篇历史小说，试图回答上述问题。写历史是自己的长项，写小说则是自己的短处，但小说更容易让读者喜欢读。我决定试一试，写一部读者喜闻乐见的历史小说。说时容易做时难，理性思维过渡到思维是一个痛苦的转变。在搜集和阅读了大量史料后，历经十载寒暑，三易其稿，我终于长出了一口气，完成了这部六十万字的长篇历史小说的创作。

小说之所以选择吴三桂为主角，因为在明清之交，他是一位关键先生。副标题之所以选择《吴三桂与陈圆圆》，只是为了增加小说的可读性。江山美人，自古以来，便是中国读者最喜欢的题材。既然是历史小说，首先便追求历史的真实性。小说中共描述了三段历史。一段是从努尔哈赤统一女真、建立后金，多尔衮率清军进入北京，以及从顺治到康熙的清初史。另一段则是从李自成起兵到进入北京，直到最后败亡的大顺史。再一段则是从明万历皇帝三大征，到崇祯十七年，及到南明诸帝的明末史。

与一般历史小说不同，书中所写的人物、时间、地点、事件都是真实可信的，丝毫没有那些“戏说”“传奇”的成分。此外，为了使小说更加生动，笔者注重了对人物的塑造，力求使书中人物有血有肉，栩栩如生。

如对于性格具有多面性的吴三桂、李自成等人，笔者既没有将贴着“汉奸”标签的吴三桂写得一无是处，也没有将农民英雄李自成曲意拔高。他们各自在特定的历史条件下生活，笔者尽可能真实地还原了他们的本来面目。

金庸先生是笔者崇拜的作家。巧合的是金先生对本书中描写的名将袁崇焕也十分推崇，他不仅写出了感人的《袁崇焕评传》，还特意在武侠小说《碧血剑》中塑造了袁崇焕的后人袁承志。虽然这个人物是杜撰的，但也体现了金庸先生褒扬爱国主义精神的一贯态度。笔者在本书的部分武打描写中，有意模仿了一些金庸先生的笔法。东施效颦，难免有斧凿痕，尚望读者能够谅解。

对于民间传说中的皇太极猝死之谜、孝庄太后下嫁之谜、顺治皇帝出家之谜、李自成生死之谜、陈圆圆失踪之谜等老百姓津津乐道的话题，笔者也在现有历史资料的基础上，经过条分缕析，给出了自己的回答。当然，史料不足，时光已远，书中的解释难免有不尽人意之处。见仁见智，还是让读者诸君去评说吧！

小说中，笔者还斗胆提出了不少与众不同的见解。比如一些人大为称道的康熙皇帝平定三藩一事，笔者就觉得值得商榷。假如在吴三桂死后再进行撤藩，或先撤尚藩和耿藩，暂不撤吴藩，那就策略得多。康熙操之过急，不听从群臣的意见，刚愎自用，陷全国百姓于水火，是一种不成熟的表现。康熙固执己见，坚持三藩同撤，险些葬送了大清江山，显然有急功近利之嫌。而吴三桂起兵反清，固然是出于其个野心，但也反映出清初实行的“圈地”“屠城”等政策，是不得民心的。

笔者创作这部长篇历史小说的初衷，还是受到了郭沫若先生所著的《甲申三百年祭》的启发。著名历史学家郭沫若，应中共中央南方局邀请，针对明清之交的这段历史，专门撰写过一篇一万多字的史论文章《早申三百年祭》，于一九四四年三月，分四期在《新华日报》上发表。郭老在文章最后总结说：“三百年了，种族的遗恨幸已消除，而三百年前当事者的功罪是应该明白判断的时候了。”

文章发表后，在全国引起重大反响。伟大领袖毛主席在延安读了郭沫若的文章后，亲自写信给郭沫若，说；“你的《甲申三百年祭》，我们把它当作整风文件看待。小胜即骄傲，大胜列骄傲，一次又一次吃亏。如何避免此种毛病，实在值得注意。”“你的史论、史剧有大益于中国人民，只嫌其少，不嫌其多。”

一九四九年三月二十三日，建国前夕，当中共中央从西柏坡迁往北京时，毛主席再次向全党提到李自成的教训，说：“我们是进京赶考，我们绝不当李自成，李自成进京后就变了，我们一定要考个好成绩。”毛主席还说；“今天的中国是历史中国之一发展，我们是马克思主义的历史主义者，我们不应该割断历史。”

前事不忘，后事之师。忘记历史，就意味着背叛。历史的经验告诉我们，闭关锁国，故步自封，就会落后，而落后就会挨打，就会断送国家、人民的大好前途。今年是二零一六年，明王朝灭亡、李自成失败，距今已经三百七十二年了。在改革开放取得重大成就的今天，在全国各族人民在中国共产党的领导下，为追求实现中国梦而努力奋斗的重要时刻，温习明末清初之际的这段历史，还是有很强的现实意义的。相信这部长篇历史小说，将会带给广大读者以强大的正能量。

丙申中秋作者于古都西安